毛泽东年谱

第八卷

中共中央党史和文献研究院 编

主编 逄先知 冯蕙

副主编 陈晋 李捷 熊华源 吴正裕 张素华

中央文献出版社

参加本卷编写的有：

陈　晋　冯　蕙　张素华　唐洲雁

目　　录

1961 年（7 月—12 月） …………………………………… (1)
1962 年 …………………………………………………… (67)
1963 年 …………………………………………………… (180)
1964 年 …………………………………………………… (300)
1965 年 …………………………………………………… (460)
1966 年（1 月—9 月） ……………………………………… (551)

1961年 六十八岁

7月初 同由湖南来北京的文涧泉和赵迎[1]谈话，详细询问家乡农民的生产生活情况。毛泽东说：现在农民生活很苦，国家暂时有困难，过几年会好一点。人民公社没有办好，群众有意见，下情不能上达，我们犯了严重的官僚主义。你们回去后，要及时写信，把农村情况告诉我。在赵迎谈了农村教育工作的情况后，毛泽东说：我对农村教育工作考虑得少了一点。我们是文明古国，旧社会，人民缺少文化，受人欺压，这个教训不能忘，要在农村普及文化。现在办学有困难，可以发动群众办，分散办，办农校、夜校。我在韶山办过夜校。把夜校办好，群众晚上上学，等条件好了，普及小学、中学教育。在我们这一代，总要为农民做点好事才行。

7月3日 约陈叔通、黄炎培、张治中、章士钊、傅作义、

〔1〕 文涧泉，毛泽东的表兄。赵迎，毛泽覃原配赵先桂的继子。

程潜、李烛尘[1]到中南海谈话，并一起进餐，徐冰[2]参加。

7月4日 下午，同周恩来[3]谈话。

7月5日 晚上，乘专列离开北京南下。

7月6日 在天津同中共河北省委负责人刘子厚[4]等谈话。刘子厚提出在农村实行以生产队为基本核算单位的问题。毛泽东说：可以去试。

7月7日 下午，到达济南。在专列上同中共山东省委负责人谈话。毛泽东提出河北主张以生产队为基础，即以生产队为基本核算单位。山东省委负责人说他们都这么办了。

7月8日 到达蚌埠。在专列上同中共安徽省委负责人谈话。曾希圣[5]汇报安徽试行“责任田”的情况，说：过去包产的办法，只有队长一个人关心产量，社员只关心自己的工分；现

---

〔1〕 陈叔通，当时任全国人大常委会副委员长、全国政协副主席、中华全国工商业联合会主任委员。黄炎培，当时任全国人大常委会副委员长、全国政协副主席、中国民主建国会中央主任委员。张治中，当时任全国人大常委会委员（1965年1月任副委员长）、全国政协常委、国防委员会副主席、中国国民党革命委员会中央副主席。章士钊，当时任全国人大代表、全国政协常委、中央文史研究馆馆长。傅作义，当时任全国人大代表、全国政协常委、国防委员会副主席、水利电力部部长。程潜，当时任全国人大常委会副委员长、国防委员会副主席、中国国民党革命委员会中央副主席。李烛尘，当时任全国人大代表、全国政协常委、轻工业部部长、中国国际贸易促进会副会长、中国民主建国会中央副主任委员。

〔2〕 徐冰，当时任中共中央统战部副部长（1964年12月任部长）、全国政协秘书长。

〔3〕 周恩来，当时任中共中央副主席、国务院总理、全国政协主席。

〔4〕 刘子厚，当时任中共河北省委书记处书记（1964年3月任第二书记）、河北省省长。1961年9月又任中共中央华北局书记处书记。

〔5〕 曾希圣，当时任中共中央华东局第二书记、中共安徽省委第一书记、安徽省政协主席、中国人民解放军安徽省军区第一政治委员。

在搞责任田的办法，不仅队长关心产量，而且每个社员也关心产量。田间管理，长年包工好处很多。缺点是：（一）可能私心重；（二）年年要调整，增减人口都要调整责任田。毛泽东表示：你们认为没有毛病就可以普遍推广。又说，如果责任田确有好处，可以多搞一点。

7月9日 复信张维〔1〕："惠书读悉，甚以为慰。送上照片三张及薄物一份，尚祈哂收为幸。顺祝贵体早日康复，并问夫人安好！"

7月10日 到达上海。十一日，到达杭州，住汪庄。

7月12日 收到陈云〔2〕的来信。信中说，他昨天晚上由青浦乡间到达杭州，来杭州的目的是想找嘉兴、嘉善等三个与青浦情况相仿的地多人少的县，研究一下种双季稻和种春小麦的问题。在杭州耽搁几天，再想到苏州专区找几个县谈一下。希望到毛泽东处报告一些乡间情况。不久，毛泽东约陈云谈话。毛泽东认为他谈的意见很好，要他先向柯庆施、江渭清、江华〔3〕谈一下，等回到北京后，再提交中央政治局讨论决定。这些地方的情况有一些共同点。当毛泽东听陈云说青浦的自留地只占全部耕地的百分之零点五时指出：过去规定自留地是占耕地的百分之五到百分之七。

---

〔1〕 张维，早年同毛泽东有较多交往。当时任上海中国人民解放军第二军医大学教授。

〔2〕 陈云，当时任中共中央副主席、中央财经小组组长、国务院副总理。

〔3〕 柯庆施，当时任中共中央政治局委员、华东局第一书记兼上海市委第一书记、上海市市长、中国人民解放军南京军区第一政治委员。江渭清，当时任中共中央华东局书记处书记、江苏省委第一书记、江苏省政协主席、中国人民解放军南京军区第三政治委员兼江苏省军区政治委员。江华，当时任中共中央华东局书记处书记、浙江省委第一书记、浙江省政协主席、中国人民解放军浙江省军区第一政治委员。1962年9月又任中国人民解放军南京军区第五政治委员。

7月13日　上午，在杭州汪庄会见金日成[1]，周恩来、陈毅[2]、江华等在座。金日成问：国际上能不能打起来？毛泽东说：帝国主义很害怕。一九五八年赫鲁晓夫[3]来的时候，我们讲了六七条，究竟是谁怕谁？是帝国主义怕我们多，还是我们怕帝国主义多？我说两方面都怕，我们怕他们，他们也怕我们。说我们一点不怕是不对的，问题是谁怕谁更多一点。我说我们怕，但不那么怕得厉害。帝国主义怕我们更厉害一些。这是主题。根据这个主题，我们讲了几条：紧张局势，实力政策，边缘政策，大规模报复政策等等。美国越是紧张，越压迫，革命就越多，反美运动就越发展。只有在一种形势下，帝国主义会进攻，那就是社会主义阵营分裂，天下大乱。这种时候，他们就会进攻；不是这种时候，他们就防御。我这个观点，赫鲁晓夫没有反驳。赫鲁晓夫同志大有好转，我们很高兴。核武器停止试验也停不了，这是看到真理了，资产阶级、帝国主义怎么会把武器抛到海里去呢？我说常规军不能裁，禁止核武器还有可能，因为它太厉害了。第一次世界大战后，曾禁止过化学武器——毒气[4]，大家搞个协议，共同遵守。化学武器比核武器差远了，当时大家能同意不用。我想到，用核武器打起来，人类不是一半也得三分之一

---

〔1〕　金日成，当时任朝鲜劳动党中央委员会委员长、朝鲜民主主义人民共和国内阁首相。

〔2〕　陈毅，当时任中共中央政治局委员、中央外事小组组长、国务院副总理兼外事办公室主任、外交部部长、全国政协副主席、国防委员会副主席。1966年1月又任中共中央军委副主席。

〔3〕　赫鲁晓夫，当时任苏联共产党中央第一书记、苏联部长会议主席。1964年10月被解除领导职务。

〔4〕　指1925年6月17日，几十个国家在日内瓦签署的《关于禁用毒气或类似毒品及细菌方法作战议定书》。

被搞掉，社会主义阵营受损伤，但资本主义要灭亡，他们敢打吗？我想将来还是要打常规战争。中国还没有原子武器，我们也在搞，哪一年搞得成，没有把握。要造就得几十、几百个，少了不顶事。会见后，毛泽东设午宴招待金日成。

同日 下午，同周恩来、陈毅谈话。

同日 阅一份日本关于国防工业发展问题的材料，批示："林彪、贺龙、荣臻、瑞卿〔1〕四同志：此件值得注意，你们谅已看过了。中国的工业、技术水平，比日本差得很远，我们应取什么方针，值得好好研究一下。可否请你们先谈一谈，然后在八月我同你们再谈一谈。"材料说：现在已到了洲际导弹时代，防御洲际导弹的办法只有用洲际导弹进行回击，因此不能生产洲际导弹的国家，其国防只不过是一种慰藉。日本国防的重点是保持地面部队的战斗力和海上补给力，军火生产应努力促进枪炮等常规武器现代化，加强地面部队的机动性，充实其通讯机能；航空方面应仅限于巡逻、侦察、联络、运输等中小型飞机的生产；海军方面可以考虑生产潜艇、猎潜艇、直升机、P2V飞机等。关于导弹生产，将生产若干小型导弹。

7月14日 下午，回访金日成，周恩来、陈毅陪同。十五

〔1〕林彪，当时任中共中央副主席、中央军委副主席、国务院副总理兼国防部部长、国防委员会副主席。贺龙，当时任中共中央政治局委员、中央军委副主席、国务院副总理兼国家体育运动委员会主任、国防工业委员会主任、国防委员会副主席。荣臻，即聂荣臻，当时任中共中央军委副主席、国务院副总理兼国家科学技术委员会主任、国防部国防科学技术委员会主任、国防委员会副主席。1966年8月又任中共中央政治局委员。瑞卿，即罗瑞卿，当时任中共中央军委秘书长、国务院副总理兼国防工业办公室主任、国防部副部长、中国人民解放军总参谋长。1962年9月又任中共中央书记处书记。1965年1月又任国防委员会副主席。

日，金日成由杭州回国。

7月15日 晚上，同周恩来谈话。

7月16日 下午，在杭州汪庄召集周恩来等开会。

7月17日 晚上，离开杭州。

7月20日左右 到达庐山。

7月25日 应古巴《革命报》请求，通过该报向古巴人民祝贺“七二六”古巴人民武装起义八周年。祝词说：“在‘七二六’古巴人民武装起义的光荣节日，我代表全体中国人民，向古巴人民表示热烈的祝贺。古巴人民革命的伟大胜利，为拉丁美洲各国人民的民族民主运动，树立了光辉的榜样，并且大大地鼓舞了世界上一切被压迫民族争取解放的斗争。中国人民把古巴人民革命的伟大胜利，看作是对自己的一个有力的支持；古巴人民在反对美帝国主义的侵略、维护民族独立和建设自己国家的伟大事业中，将永远得到六亿五千万中国人民的全力支持。”

7月30日 写信给江西共产主义劳动大学。信中说：“你们的事业，我是完全赞成的。半工半读，勤工俭学，不要国家一分钱，小学、中学、大学都有，分散在全省各个山头，少数在平地。这样的学校确是很好的。在校的青年居多，也有一部分中年干部。我希望不但在江西有这样的学校，各省也应有这样的学校。各省应派有能力有见识的负责同志到江西来考察，吸取经验，回去试办。”“中央机关已办的两个学校，一个是中央警卫团的，办了六七年了，战士、干部们从初识文字进小学，然后进中学，然后进大学，一九六〇年，他们已进大学部门了。他们很高兴，写了一封信给我，这封信，可以印给你们看一看。另一个，是去年（一九六〇年）办起的，是中南海党的各种机关办的，同样是半工半读。工是机关的工，无非是机要人员、生活服务人员、招待人员、医务人员、保卫人员及其他人员。警卫团是军队，他们有警卫职务，即是站岗放哨，这是他们的工。他们还有严格的军事训练。这些，与文职机关的学校，是不同的。”“一九六一年八月，江西共产主义劳动大学三周年纪念，主持者要我写几个字。这是一件大事，因此为他们写了如上的一些话。”

8月3日 阅周恩来本日报送的对中共中央书记处商定的参加八月中央工作会议人员名单批注的两点意见，批示同意。周恩来的两点意见是：一、谭震林〔1〕需来开会，北京恐仍以留陈毅同志为妥，并便于指导日内瓦会议我代表团的经常工作。二、在上次中央工作会议上，主席曾提到将来会议各省要来两人。这次可否规定各省、市、区党委除第一书记外，还可再来一位书记，人选由他们自己决定。

8月9日 阅刘宁一〔2〕八月三日关于拟请会见古巴炮兵学校校长桑切斯少校的请示报告，批示：“可以见，如对方能推迟回国时间二三天，可于十五日或十六日见面，地点临时通知。”报告说：桑切斯是一九五六年跟菲德尔·卡斯特罗〔3〕乘格拉玛号在古巴登陆的八十一人之一，是冲破巴蒂斯塔〔4〕军队包围的十二个英雄之一。他此次是第一次访问中国，多次表示敬仰毛主席之意，希望能见到毛主席。我们意见，如毛主席能抽出时间接

---

〔1〕谭震林，当时任中共中央政治局委员、中央书记处书记、国务院副总理。1962年10月又任国务院农林办公室主任、国家计划委员会副主任。

〔2〕刘宁一，当时任中共中央对外联络部副部长（1966年5月至1968年4月任代理部长）、国务院外事办公室副主任、中华全国总工会主席。1965年1月又任全国人大常委会副委员长兼秘书长。1966年8月又任中共中央书记处书记。

〔3〕菲德尔·卡斯特罗，当时任古巴革命统一组织第一书记、古巴革命政府总理。

〔4〕巴蒂斯塔，原古巴总统，在菲德尔·卡斯特罗领导的起义军于1959年1月1日解放哈瓦那前，逃往多米尼加。

见他一次比较好。

同日 致电赫鲁晓夫，祝贺苏联成功发射第二个载人宇宙飞船。电报说：在苏联胜利发射第一个载人宇宙飞船不到四个月的时间内，苏联又成功地发射了第二个载人宇宙飞船，在人类征服宇宙空间方面，创造了新的奇迹。这一光辉成就，将大大鼓舞社会主义各国人民和全世界人民争取和平和人类进步事业的信心。

8月14日 到达杭州，住汪庄。

8月16日 下午，在杭州汪庄会见并宴请加纳总统兼政府首脑恩克鲁玛，周恩来、周建人〔1〕等参加。毛泽东说：我很高兴会见非洲的朋友，我曾见过不少非洲好朋友，都谈得很好。非洲人民正在进行反对帝国主义和殖民主义的斗争，从事民族解放、民族独立的运动。我们亚、非、拉的被压迫人民都要团结起来，进行推翻帝国主义的斗争。你们的国家是一个很好的国家。当晚十一时半，毛泽东到杭州饭店回访恩克鲁玛，周恩来等陪同。恩克鲁玛谈到他这次到社会主义国家进行访问，就是把加纳的命运投到社会主义这一边。毛泽东说：中国的经验只能作为你们的参考。方针、政策要根据你们的具体情况来制订，不要照抄外国的。在中国的历史上，有一个照抄外国经验的阶段。你们也可能有这样的阶段。过了这个阶段后，才会有所创造，按照自己民族的特点应用普遍的建设原则。当恩克鲁玛表示他们要同社会主义阵营建立直接的贸易关系时，毛泽东说：有两个方面，一个方面是同西方的贸易，另一个方面是同社会主义国家和其他国家的贸易。要像古巴那样使经济为自己服务，就会有宽广的活动范围，逐步减少同西方国家的贸易，向社会主义国家和其他国家开辟贸易途径。

---

〔1〕 周建人，当时任全国人大常委会委员、全国政协常委、浙江省省长、中国民主促进会中央副主席。

8月18日 晚上，在杭州汪庄会见巴西副总统古拉特等，陈毅等在座。毛泽东说：看到巴西领导人和你的同事们，非常高兴。在谈到美国时，他说：我说的美国人，指的是美国政府、垄断资本，不是讲美国人民。美国垄断资本不仅对中国人民不友好，对世界各国人民也是不友好的。它不仅压迫社会主义国家，也压迫民族主义国家或争取民族独立的人民。在谈到发展工业时，他说：我们想搞点工业，需要时间。现在还搞得很少，因为中国搞社会主义建设还只有十一年。帝国主义决不帮殖民地半殖民地发展工业。要发展，也是为他们自己发展。古拉特说：最近巴西政策有很大变化，正在和人民中国建立关系。巴西总统任命我担任代表团团长来商讨初步建立贸易关系问题。我知道我是拉丁美洲第一个来华访问的政府领导人。毛泽东说：见到你我很高兴。世界事情发展快一点，我也可以去巴西看你们。现在障碍只有美帝国主义。由贸易关系将来可以进一步发展到政治关系。古拉特说：拉丁美洲一些国家出现人民的运动，形成人民的觉悟，英国过去雄冠全球，现在什么也没有了。毛泽东说：变化很大，第一次、第二次世界大战后变化很大。许多国家是第二次世界大战后独立的，比如印度等亚洲许多国家。非洲已有许多独立国家。现在拉丁美洲也在变化。这是帝国主义的三个后方，亚、非、拉。十九日晚上，毛泽东到杭州饭店回访古拉特，陈毅等陪同。在得知古拉特参观了杭州的工厂、疗养院、人民公社时，毛泽东说：可以到上海去看看工业区。中国现在还没有工业化，就是说基本上还是农业国。要工业化，就要时间，时间短了不行。也要各国朋友帮忙。我们不怕朋友多，就怕朋友少。你们是大国，你们应该发展起来。为什么北美能有一个美国，南美就不能有一个“美国”，我讲的不是帝国主义，是讲经济、文化上强大的巴西。

8月19日 下午，在杭州汪庄会见巴西共产党干部参观团和干部学习团，李启新[1]等在座。毛泽东在询问巴西农村的土地所有制、地租形式和剥削制度之后，说：建议你们做一些农村方面的典型调查，进行阶级分析，要由中央的同志、州委第一书记亲自做，不能假手于人。中国的经验只能供你们参考，不能机械搬用。你们到外国考察不要光是考察外国党的胜利的原因，而且也要考察犯过的错误，我觉得这样对你们会很有用。你们不要满足看到中国党只有正确没有错误，中国党四十年中经过了曲折的道路，经过了胜利和挫折的道路。接着，毛泽东回答客人提出的问题。第一个问题是，在目前国际局势紧张的情况下，帝国主义会不会发动战争？还是能够和平共处？毛泽东说：我们的看法同去年十一月召开的八十一国共产党和工人党代表会议声明的看法一样。声明说世界大战可能不打，但也可能打，就这么两条。你们会说你没有回答问题呀，你没有肯定到底打不打呀。问题在于：按照社会主义阵营的意见，按照各国共产党的意见和各国劳动人民的意见，是不要打的，现在社会主义阵营、各国共产党和各国劳动人民的力量很大，资本主义也怕灭亡，因此有可能不打；但如果按照帝国主义以及它在各国的走狗的意见，那就要打。所以要警惕，每天说不会打，使大家睡觉，一个早上忽然打起来怎么办？还不如说帝国主义要打，准备好对付帝国主义要打好一些。就是说，做坏的方面的准备，做了准备，也许可以不打。帝国主义反对我们，如果我们都睡觉，那是很危险的。第二个问题是，中国和巴西建立外交关系是快还是会拖一个时期？毛泽东说：有可能快，所谓快也是一年、两年、三年；有可能拖一个时期，就是超过三年。要做两种打算。如果按照我们党、我们

---

〔1〕 李启新，当时任中共中央对外联络部副秘书长、中国拉丁美洲友好协会副会长。

政府、我们人民以及你们党、你们人民的意见，应该快一点；但按照美帝国主义及它的走狗、地主、买办资产阶级的意见，事情要拖。无论快或慢，我们两国总是要建立外交关系的。第三个问题是，关于中国进入联合国问题。毛泽东说：也不能肯定回答。可能这几年不会，过几年以后有可能。第四个问题是，毛泽东有没有新的理论著作打算发表？毛泽东说：可以肯定回答现在没有，将来要看有没有可能，我现在还在观察问题。

8月21日 离开杭州，前往庐山，到后住芦林一号。

8月23日—9月16日 中共中央工作会议在庐山举行，毛泽东主持会议。会议议程有六项：粮食问题，市场问题，一九六一、一九六二两年计划和工业问题，工业企业管理工作条例，高等学校工作条例，干部轮训问题。会议讨论通过了《中共中央关于当前工业问题的指示》、《国营工业企业工作条例（草案）》（通称“工业七十条”）、《教育部直属高等学校暂行工作条例（草案）》（通称“高教六十条”），作出《中共中央关于轮训干部的决定》。这次会议，强调“把工业生产和工业基本建设的指标降下来，降到确实可靠、留有余地的水平上”，以最大的决心，重新安排各项主要产品的生产指标。一九六一、一九六二两年计划规定全国共生产煤炭五亿吨以上，钢一千五百万吨以上。一九六一年钢的产量由原来计划的一千一百万吨降为八百五十万吨。会议通过的工业问题的指示指出：“一定要从实际出发，从全局出发，在必须后退的地方，坚决后退，而且必须退够。”“所有工业部门，在今后七年内，都必须毫不动摇地切实地贯彻执行调整、巩固、充实、提高的方针。在今后三年内，执行这个方针，必须以调整为中心。”

8月23日 主持召开有中共中央局第一书记参加的中央政治局常委扩大会议，安排中央工作会议的议程。毛泽东询问各地的年成，各省、市、自治区召开三级干部会议的情况，贯彻“农业六十条”后农村的情况。大家说现在农村情况好一些了。毛泽东说：是不是好一些了？当然，现在不搞“几高”了，高指标、高估产、高征购。中南的同志谈到现在土地、耕畜、劳力等归生产队所有，分配则是以生产大队为单位，所有制与分配有矛盾。毛泽东说：这个问题应当加以研究。接着，他说：我们有把握的、有成套经验的还是民主革命。民主革命搞了几十年，经过了陈独秀的错误，三次“左”倾错误，又经过了抗日战争时期的右倾错误，犯了许多错误，碰了许多钉子，最后经过了整风，才搞出了一套包括理论的和具体政策的为大家所公认的教科书。讲到社会主义革命，则不甚了了。公社工作条例六十条，讲的是所有制、分配、人与人的关系，都是社会主义。这个问题究竟如何？你们说有了一套了，我还不大相信。不要迷信广州会议、北京会议搞了一套，认为彻底解决问题了。我看还要碰三年，还要碰大钉子。会不会亡国，蒋介石来，打世界大战？不会。会不会遭许多挫折和失败？一定会。现在遭了挫折和失败，碰了钉子，但还碰得不够，还要碰。再搞两三年看看能不能搞出一套来。对社会主义，我们现在有些了解，但不甚了了。我们搞社会主义是边建设边学习的。搞社会主义，才有社会主义经验，“未有先学养子而后嫁者也”。说没有经验，已经搞了十二年，也有一些，但也只有十二年。我们现在还处在斯大林时代即苏联两个五年计划时期。我们还没有原子弹。这不能怪我们，因为我们时间还短。现在刚搞了一个“六十条”，不要认为一切问题都解决了。搞社会主义我们没有一套，没有把握。比如，工业，我就不甚了了；计划工作怎么搞，现在总搞不好。

8月24日　下午，在庐山人民剧院主持中央工作会议全体会议，由邓小平[1]讲会议的议程和安排，周恩来报告粮食问题。毛泽东说：这次中央工作会议，时间大概要二十天左右。明天开小组会，讨论粮食问题。明天开不完，后天继续开。

8月25日 复信胡乔木[2]："八月十七日信[3]收到，甚念。你须长期休养，不计时日，以愈为度。曹操诗云：盈缩之期，不独在天。养怡之福，可以永年。[4] 此诗宜读。你似以迁地疗养为宜，随气候转移，从事游山玩水，专看闲书，不看正书，也不管时事，如此可能好得快些。作一、二、三年休养打算，不要只作几个月打算。如果急于工作，恐又将复发。你的病近似陈云、林彪、康生[5]诸同志，林、康因长期休养，病已好了，陈病亦有进步，可以效法。问谷羽[6]好。如你转地疗养，谷宜随去。以上建议，请你们二人商量酌定。我身心尚好，顺告，勿念。"

---

〔1〕 邓小平，当时任中共中央总书记、国务院副总理、国防委员会副主席。

〔2〕 胡乔木，当时任中共中央书记处候补书记、毛泽东的秘书。1964年夏又任中共中央马列主义研究院副院长。

〔3〕 胡乔木在信中说："从今年6月休息，到现在快3个月了。""近半月来情况又有些变坏，还是走不动路，睡不着觉，认真谈话就觉得脑子发胀。推测起来，大概是因为这些时多看了一些文件，多谈了一些话之故。因此，原来想到庐山会议来听听报告，现在为求真正复原，免得反而拖久，只好请假了。"

〔4〕 见曹操《步出夏门行》。中华书局1962年6月出版的《曹操集》中为："盈缩之期，不但在天；养怡之福，可得永年。"

〔5〕 康生，当时任中共中央政治局候补委员（1966年8月又任政治局常委）、中央文教小组副组长、全国政协副主席（至1964年12月）。1962年9月又任中共中央书记处书记。1965年1月又任全国人大常委会副委员长。1966年5月又任中共中央文化革命小组顾问。

〔6〕 谷羽，胡乔木的妻子。

8月27日 阅田家英[1]八月二十四日报送的关于天津市第一钢厂和天津市机床厂的调查材料及他的附信，批示："印发各同志研究。"田家英在附信中说：我感到，目前工业工作主要存在三个问题。第一，指标高，任务重。第二，管理体制有许多不当的地方，权力过于分散，瞎指挥作风严重，许多传统的协作关系被破坏了。第三，工厂内部的管理工作非常混乱，主要是各方面的责任废弛，不讲经济核算。

同日 致信胡乔木："关于苏联在第一、第二两个五年计划时期大量缩减国家机关费用的经验，请着人摘录给我。又，斯大林答复丘吉尔说军队不缩减不可能进行经济建设的话，亦请摘录给我为盼！"

同日 晚上，在庐山芦林一号主持召开中共中央政治局常委扩大会议，讨论粮食问题和国际问题。

8月28日 下午，在庐山人民剧院主持中央工作会议全体会议，李先念[2]报告市场和物价问题。

8月29日 阅林彪本日的报告。报告说：军队广大士兵热爱和迫切需要读毛主席著作，但由于书籍缺乏，且不善于选择必需读的文章。为着解决这一问题，总政从《毛选》中抽选了一部分文章拟印发到连队，以适应现实需要。但所选文章和章节，不知是否恰当，盼主席交有关人员予以审查。毛泽东批示："田家英同志：请你看一下。如大体可用，即退回林彪同志办理。"

8月31日 下午，在庐山芦林一号主持召开中共中央政治

---

〔1〕 田家英，当时任中共中央办公厅副主任、中央政治研究室副主任、毛泽东的秘书。

〔2〕 李先念，当时任中共中央政治局委员、中央书记处书记、国务院副总理兼财贸办公室主任、财政部部长、国家计划委员会副主任。

局常委扩大会议。邓小平讲工业的情况与调整的措施，他说：以前的计划实际上是大部分无计划，目前工业生产和建设大部分处于瘫痪状态。八字方针，中心在调整，用两三年的时间调整，建立新的平衡，在调整过程中不断充实、提高。只有退够才能调整。邓小平讲话后，李富春〔1〕讲工业计划问题。

8月 同卫士张仙朋聊天谈到自己的愿望时说：我有三大志愿：一是要下放去搞一年工业，搞一年农业，搞半年商业，这样使我多调查研究，了解情况，我不当官僚主义，对全国干部也是一个推动。二是要骑马到黄河、长江两岸进行实地考察，我对地质方面缺少知识，要请一位地质学家，还要请一位历史学家和文学家一起去。三是最后写一部书，把我的一生写进去，把我的缺点、错误统统写进去，让全世界人民去评论我究竟是好人，还是坏人。我这个人啊，好处占百分之七十，坏处占百分之三十，就很满足了。我不隐瞒自己的观点，我就是这样一个人。我不是圣人。

9月1日 下午，在庐山芦林一号主持召开各中共中央局第一书记汇报会。周恩来说，今后两年补充计划初步确定，煤为五亿吨，钢为一千五百万吨。毛泽东说：我看现在这样的指标不是悲观的指标，因为只是这两年嘛，是补充计划嘛，就像我们红军在万里长征之后要补充一样。那时候，只留下两万多军队，一方面军只有八千多人。我在一个会上作报告说，留下两万多人，我们更强了，因为我们有了经验。后来果然如此，政策一变，又发展到一百二十万。不要以为现在的情况很坏，达于极点了就好了。（陈云：由中央有关的综合单位，按产业系统召开重点企业各方面人员参加的小型会议，让大家畅所欲言地从各方面把问题

〔1〕 李富春，当时任中共中央政治局委员（1966年8月又任政治局常委）、中央书记处书记、国务院副总理兼国家计划委员会主任。

兜出来，然后一个一个地研究。）我赞成陈云同志提的办法，主要开小型会议，要取得一致认识，然后去做，接近客观实际就好办。（陈云：建议在《关于当前工业问题的指示》中把综合平衡问题单写一条。）讲得好，请陈云同志为工业指示写一条综合平衡。毛泽东还说：生意我们总是要做的，美国人不跟我们做，他要政治条件，并不是我们不跟美国人做。

9月4日 下午，在庐山芦林一号主持召开中共中央政治局常委会议。在谈到邓小平将率代表团参加朝鲜劳动党第四次全国代表大会时，毛泽东提出请邓小平下山之前，在中央工作会议上就当前的情况谈一谈自己的意见。五日上午，邓小平在大会上作长篇讲话，讲了五个问题：（一）对最近三年主要是最近二年工作的估计；（二）三年调整的目标，包括粮食、棉花、煤、钢、日用品、副食品、外贸、市场、物价、税收等；（三）方法问题；（四）集中统一，分级管理；（五）统一认识问题。邓小平说：毛主席说统一认识就好办了。我们这次会议把认识统一了，就可以在一个目标下面积极地去干。

9月5日 在庐山芦林一号主持召开中共中央政治局常委会议。

9月6日 阅中共中央农村工作部八月二十四日编印的《农村简讯》登载的《各地贯彻执行六十条的情况和问题》。这个材料说：各地反映，“六十条”初步贯彻执行以来，农村形势已明显好转，主要表现在十个方面：初步调整了社队规模；退赔已经部分兑现；进一步确立了以生产大队为基础的三级集体所有制；给社员分配和补充了自留地，发展了家庭副业；普遍地恢复了“三包一奖”和定额管理、评工记分等制度；过去用行政命令方式组织起来的“全民食堂”大部分有领导地解散了；普遍实行了粮食分到户的办法，农民的生活问题一般的比去年缓和；多数地方对于今年夏收比较重视；高级社时期一系列有效的经营管理制度，大部分得到了恢复和发展；各地对于恢复和发展生产有了更大的信心，约有百分之十几的县、社、队有一两年的时间就可以恢复到一九五七年的生产水平和生产力水平，一般地区需要三四年时间，另有百分之二十到三十的县、社、队还需要更长的时间。存在的问题也有十个方面：许多地方群众留粮和国家征购的数字都不能落实，群众普遍要求把征购任务定下来；退赔普遍不彻底，有的地方又发生新的平调现象；一部分地区还没有按照规定给社员留足自留地；平均主义思想依然存在；在一部分生产力破坏严重的地区，相当一部分干部和农民对于集体生产丧失信心，以致发展到“按劳分田”、“包产到户”、“分口粮田”等变相恢复单干的现象，更值得注意的是，推行包产到户的做法，带有一定的普遍性，差不多每个省、市、区都有发现，个别地方则是有领导地自上而下地执行这种做法；在经营管理方面，有些地方把全年一半以上的农活包工到户，导致变相的“包产到户”或“部分产量包到户”，损害了集体生产；有的生产大队和生产队分得过小，不能充分发挥集体生产的优越性；去冬今春改造的一部分三类社、队中，错排队、错划成分、干部处分面过宽等问题，尚未处理；部分干部怀疑“六十条”是否“太宽了”，是否“倒退”；群众对“六十条”热烈拥护，但普遍存在怕变的心理。毛泽东阅后批示：“此件很好，印发各同志。并带回去，印发省、市、区党委一级的委员同志们，开一次省委扩大会，有地委同志参加，对此件第二部分所提出的十个问题，作一次认真的解决。时间越早越好，以便在秋收、秋耕、秋种和秋收分配时间政策实行兑现，争取明年丰收。冬春两季六个月整风整社，训练干部，也在这一次省委扩大会上作出布置，主动权就更大了。生产、征购、生活安排，同时并举，就更加主动了。”

9月8日 应宁夏同志的要求，为他们书写一幅一九三五年十月作的《清平乐·六盘山》。致信董必武[1]："遵嘱写了六盘山一词，如以为可用，请转付宁夏同志。如不可用，可以再写。"

9月9日 作《七绝·为李进[2]同志题所摄庐山仙人洞照》："暮色苍茫看劲松，乱云飞渡仍从容。天生一个仙人洞，无限风光在险峰。"

9月10日 阅中共辽宁清原县委组织部部长徐振叶八月二十八日的来信。来信说，清原县正在召开的县委三级干部会议，开得很好，人人心情舒畅，个个畅所欲言，但当市委提出要给清原县增加五千一百八十五吨"周转粮"的征购任务时，与会同志的情绪大变，气凉了，劲懈了。因为这个县原定的征购任务一万八千八百吨，已在春耕前落实到生产队。正当这个时候，又增加征购任务，将会严重影响党在群众中的威信，将严重挫伤农民参加集体生产的积极性。毛泽东批示："宋任穷[3]同志：此件请你和黄火青[4]同志一阅。此事，省委如何处理，请告。原件阅后还我。"

9月12日 下午，在庐山芦林一号主持召开中共中央政治局常委会议。

9月13日 阅彭真[5]九月十二日报送的《中共中央关于当

---

〔1〕 董必武，当时任中共中央政治局委员、中央监察委员会书记、中华人民共和国副主席。宁夏同志的要求是由董必武转报的。

〔2〕 李进，即江青。

〔3〕 宋任穷，当时任中共中央东北局第一书记、中国人民解放军沈阳军区第一政治委员。1965年1月又任全国政协副主席。1966年8月又任中共中央政治局候补委员。

〔4〕 黄火青，当时任中共辽宁省委第一书记、辽宁省政协主席、最高人民检察院副检察长。

〔5〕 彭真，当时任中共中央政治局委员、中央书记处书记、北京市委第一书记、全国人大常委会副委员长兼秘书长（1965年1月不再兼任）、全国政协副主席、北京市市长。

前工业问题的指示（草案初稿）》和他的附信，批示："退彭真同志办。"彭真的附信说："主席、刘[1]、周、朱、林[2]：这是根据常委扩大会和各组讨论的意见修改的稿，已同时分送中共中央书记处和各中央局第一书记。如你们认为原则可以，书记处即邀大家共同谈一次通过。"

9月15日 阅彭真九月十四日报送的中共中央关于当前工业问题的指示、高等学校工作条例的指示、轮训干部的决定三个文件和他的附信。信中说：这三个文件，已于今日下午书记处扩大会议通过。这个会议，除各中央局第一书记外，总理也参加了。请核定。毛泽东批示："即送彭真同志照办。"

同日 下午，在庐山芦林一号主持召开中共中央政治局常委扩大会议。毛泽东说：四高问题（高指标、高估产、高征购、高安排）、所有制和分配问题，不能失信于民。现在，我们已经退到极点了，退到谷底了，今后要稳步上山。关键在于做好我们的工作，工作不能越做越粗，要越做越细。要注意不好的地方，也要注意好的地方。农村、工厂都有好的地方，都是两头小、中间大，不是一律减产了。要用好坏典型对比来教育干部。

9月15日或16日 审阅《中共中央关于轮训干部的决定（修正稿）》（一九六一年九月十五日）。修正稿中说："轮训的目的，是帮助干部在毛泽东思想指导下进一步认识和掌握社会主义建设的客观规律，克服某些片面性的认识和在实际工作中右的或'左'的错误"。毛泽东删去了"在毛泽东思想指导下"九个字，

〔1〕 刘，指刘少奇，当时任中共中央副主席、中华人民共和国主席、国防委员会主席。

〔2〕 朱，指朱德，当时任中共中央副主席、全国人大常委会委员长。林，指林彪。

批注“这个插句可以不要”。

9月16日　阅周恩来九月十五日报送的国家经委关于今后四个月煤的分配意见和中央批示草案及他的附信。附信说：今年煤的产量可达到二亿七千万吨，钢八百五十万吨。如果重点调整工作做得好，明年煤的产量可达到二亿六千万吨，钢八百三十万吨；后年煤可达到二亿九千万到三亿吨，钢一千万吨。粮、棉的问题较大，使后年秋后不再进口粮食，各地现在还计算不出。从现在起就需要在支援农业的任务上，重点支援商品粮食和棉花产量多的地区。回北京后，要将重点调整煤的生产和重点支援农业两项工作抓紧进行。毛泽东批示：“退总理。已阅，很好，可照发。”

同日　审阅中共中央为轮训干部编印的学习材料《社会主义建设的几个问题》，批示：“林克〔1〕同志：此本已看，下本〔2〕待阅。请先将此本送交田家英同志。田家英同志：折页处有修改与恢复，共有六处，请你们酌定。”这个材料辑录了马克思、恩格斯、列宁、斯大林、毛泽东、刘少奇和中共中央文件关于社会主义建设的若干论述，分三个部分：一、什么是社会主义；二、社会主义经济建设的几个问题；三、加强学习，克服主观主义。毛泽东审阅时，对摘录的他一九五九年三月在第二次郑州会议上的讲话中所说的“现在有许多人还不认识公社所有制必须有一个发展过程，在公社内，由队的小集体所有制到社的大集体所有制，需要一个过程。这个过程要有几年时间才能完成”这段话，删掉了最后一句“这个过程要有几年时间才能完成”。对摘录的他一九五八年十二月一日在八届六中全会上讲话中的一段谈话：“头脑要热又要冷，又是统一性的两个对立面。冲天干劲是热。科学

---

〔1〕林克，当时任毛泽东办公室秘书。

〔2〕指《关于党的生活的几个问题》（学习材料）。

分析是冷。在我国，在目前，有些人太热了一点。他们不想使自己的头脑有一段冷的时间，不愿意做分析，只爱热。……另有一些人爱冷不爱热。他们对一些事，看不惯，跟不上。观潮派，算账派，属于这一类。对于这些人，应当使他们的头脑慢慢热起来。”删去了其中的“观潮派，算账派，属于这一类”。对摘录的他一九六〇年六月十八日《十年总结》中的“错误不可能不犯。……郑重的党在于重视错误，找出错误的原因，分析所以犯错误的客观原因，公开改正”这段话，将其中“分析所以犯错误的客观原因”改为“分析所以犯错误的主观和客观的原因”。

同日 书写李白《庐山谣寄卢侍御虚舟》一诗中的四句：“登高壮观天地间，大江茫茫去不还。黄云万里动风色，白波九道流雪山。”并题写：“登庐山，望长江，书此以赠庐山党委〔1〕诸同志。”又应庐山管理局党委书记楼绍明的要求，书赠刘禹锡诗句：“沉舟侧畔千帆过，病树前头万木春。”

9月17日 晨，审阅中共中央关于讨论和试行国营工业企业管理工作条例（草案）指示稿和工作条例（草案）的总则，批示：“退彭真同志：指示及总则已阅，很好，只在指示有一些小的修改。”毛泽东删去条例标题中的“管理”二字。指示稿说：“这个条例草案的目的，是要用毛泽东思想，把我们领导工业企业的经验，特别是最近三年多的经验，系统地加以总结，制定出一个适合我国实际情况的和能够更好地为总路线、大跃进服务的，管理企业的规章制度”。毛泽东删去其中的“用毛泽东思想”六个字。指示稿强调“各省、市、自治区党委要把讨论中的意见，在十一月上旬以前报告中央”，毛泽东将“上旬”改为“中旬”。

同日 下午，乘汽车离开庐山，前往南昌。

---

〔1〕 指庐山管理局党委。

9月18日 晚上，乘专列到达长沙，住蓉园。

9月21日 晨，到达武昌，住东湖客舍（今东湖宾馆）。

同日 下午，同王任重[1]谈话。除向王任重了解湖北的旱灾情况外，着重谈生产队为基本核算单位问题。二十二日下午，再次同王任重谈生产队为基本核算单位问题。

9月22日 为即将在武昌会见英国陆军元帅蒙哥马利，同熊向晖、浦寿昌[2]谈话。熊向晖说：蒙哥马利对毛主席十分钦佩，似乎想探询毛主席的继承人是谁，从一些迹象揣测，他可能认为毛主席百年之后，中国不能保持稳定。毛泽东说："继承人"这个名词不好，我一无土地，二无房产，继承我什么呀？"红领巾"唱歌"我们是共产主义接班人"，叫"接班人"好，这是无产阶级的说法。浦寿昌说：英文里没有同"接班人"意思相近的字，"接班人"翻成英文，还是"successor"，习惯上理解为继承人。毛泽东说：这个元帅讲英语，不懂汉语，他是客人，就用"继承人"吧。这个元帅过去打仗很勇敢，打败了隆美尔[3]。这次在北京也很勇敢，讲了三原则[4]。谁是我的继承人，为什么他不敢问呀？是不是也像中国人那样怕犯忌讳？你讲他是来搞战略观察的。我看，他对我们的观察不敏锐，对共产党的事情不那

〔1〕 王任重，当时任中共中央中南局第二书记（1966年8月任第一书记）、湖北省委第一书记、湖北省政协主席、中国人民解放军武汉军区政治委员。

〔2〕 熊向晖，当时任外交部办公厅副主任。1962年任中国驻英国代办处常任代办。浦寿昌，当时任国务院总理办公室秘书兼英语翻译。

〔3〕 隆美尔，纳粹德国的陆军元帅。第二次世界大战中，蒙哥马利指挥的英国第8集团军在北非击败了隆美尔指挥的德国、意大利非洲集团军。

〔4〕 指蒙哥马利提出的和平三原则：大家都承认只有一个中国（中华人民共和国）；承认有两个德国；一切地方的一切武装部队都撤回到他们自己的国土上去。

么清楚。共产党没有王位继承法，但也并非不如中国古代皇帝那样聪明。斯大林是立了继承人的，就是马林科夫[1]。不过呢，他立得太晚了。蒙哥马利讲的也有点道理，斯大林生前没有公开宣布他的继承人是马林科夫，也没有写遗嘱。马林科夫是个秀才，水平不高。一九五三年斯大林呜呼哀哉，秀才顶不住，于是乎只好来个“三驾马车”。其实，不是“三驾马车”，是“三马驾车”。三匹马驾一辆车，又没有人拉缰绳，不乱才怪。赫鲁晓夫利用机会，阴谋篡权，此人的问题不在于用皮鞋敲桌子，他是两面派。斯大林活着的时候，他歌功颂德。斯大林死了，不能讲话了，他做秘密报告，把斯大林说得一塌糊涂，帮助帝国主义掀起十二级台风，全世界共产党摇摇欲坠。这股风也在中国吹，我们有防风林，顶住了。毛泽东还说：这位元帅不了解，我们和苏联不同，比斯大林有远见。在延安，我们就注意这个问题，一九四五年七大就明朗了。当时延安是穷山沟，洋人的鼻子嗅不到。一九五六年开八大，那是大张旗鼓开的，请了民主党派，还请了那么多洋人参加，从头到尾，完全公开，毫无秘密。八大通过新党章，里头有一条：必要时中央委员会设名誉主席一人。为什么要有这一条呀？必要时谁当名誉主席呀？就是鄙人。鄙人当名誉主席，谁当主席呀？我们的副主席有五个，排头的是谁呀？刘少奇。我们不叫第一副主席，他实际上就是第一副主席，主持一线工作。刘少奇不是马林科夫。前年，中华人民共和国主席改名换

---

〔1〕 马林科夫，1953年3月斯大林逝世后，任苏联共产党中央第一书记、苏联部长会议主席。1953年9月只任苏联部长会议主席（1955年2月改任副主席）。1957年6月，苏联共产党中央通过《关于马林科夫、卡冈诺维奇和莫洛托夫反党集团的决议》，马林科夫被取消苏联共产党中央主席团委员和中央委员的资格。同年7月，被撤销苏联部长会议副主席职务。

姓了，不再姓毛名泽东，换成姓刘名少奇，是全国人民代表大会选出来的。以前，两个主席都姓毛，现在，一个姓毛，一个姓刘。过一段时间，两个主席都姓刘。要是马克思不请我，我就当那个名誉主席。谁是我的继承人，何需战略观察？这里头没有铁幕，没有竹幕，只隔一层纸，不是马粪纸，不是玻璃纸，是乡下糊窗子的那种薄薄的纸，一捅就破。这位元帅讲了三原则，又对中国友好，就让他来捅。捅破了有好处，让国内国外都能看清楚。

9月23日 晚上，在武昌东湖客舍会见蒙哥马利并共进晚餐，王任重参加。蒙哥马利说：我想问的是，主席对解放十二年后的中国的看法如何，以及主席现在主要考虑的是哪些问题。毛泽东说：就是这两个问题？我首先谈对中国的看法问题。我们对搞社会主义没有经验，包括社会主义革命、社会主义的经济建设、社会主义的文化建设在内，要取得经验需要一个过程。蒙哥马利问：在一九四九年，你们所面对的问题主要是什么？主席当时主要考虑的是哪些头痛的问题？毛泽东说：一九四九年，全国很困难，首先是恢复经济的问题。那时候，革命的性质由民主革命转变为社会主义革命。首先必须解决土地问题，还有经济恢复问题，其中包括工业，扫除帝国主义的残余问题，就是这些问题。过去那一套我们会办的事情完成了，要办的是社会主义革命和社会主义建设，怎么干社会主义革命、社会主义建设，我们没有干过，没有经验。蒙哥马利问：主席能否告诉我，在什么时候你们才开始看到黎明？毛泽东说：一开始就看到了。对我们来说，前途一直是明朗的，至于道路，那是人走出来的。小路是人走出来的，大路也是人开辟出来的。逐步取得经验，逐步看到光明。蒙哥马利说：我想，那个过程就好比在一条黑暗的隧道里摸索，只能看到隧道出口处的一点亮光。在摸索前进的过程中，你们什么时候才开始感到走上了正确的道路？毛泽东说：没有那么黑暗，大局是光明的，但是摆在面前的困难很多，遇到许多过去没有遇到的事，如一九五四年这里的大水灾，汉口都几乎淹掉了，还有最近几年的大旱。你问我对中国怎么看法，我要说我对前途乐观。对于搞社会主义，我们已积累了十二年的经验。我们搞经济的经验还不很充分。同英国相比，我们还没有像你们那样会办工厂的经验。蒙哥马利问：一九四九年着手恢复经济的时候，有没有足够数量有能力的人？毛泽东说：根本没有。我们第一靠国民党留下来的工程师、知识分子、技术工人，第二靠苏联帮助。我们讲苏联帮助，指的是新建的工厂，上海就没有靠苏联，苏联专家没有去过，全部是靠国民党留下来的人。办学校也要靠国民党留下来的人，我们自己没有大学教授。我们连唱戏也不会，要靠国民党留下来的人。这批人对我们来说是宝贝。毛泽东说：你问我的第二个问题是我主要考虑的有哪些问题，首先是国内问题，其次才是国际问题。蒙哥马利说：你说的国内问题是哪些？是不是关于粮食问题，住房问题，提高人民生活水平的问题？毛泽东说：就是这些，无非是人民的吃饭、穿衣、住房、走路、生活用品。蒙哥马利问："枪杆子里面出政权"这句话，不知应怎样理解？毛泽东说：就是说革命要经过战争。蒙哥马利问：主席是否认为这句话现在还适用？毛泽东说：恐怕对有些国家还有效，我还相信这句话。革命不是哪个想干不想干的问题，我最初就没有想过干革命的问题，是因为形势所逼，不得不干。蒙哥马利说：中国革命胜利已经十二年了，你们做了很多工作，但不可能在十二年内把两千年遗留下来的暴虐一扫而光。毛泽东说：对，多少年还要遗留下去。蒙哥马利说：你们的工作做得很不错。毛泽东说：做了一点，还不多，要有几十年到一百年的时间，比如五十年到一百年。一个世纪不算长，你们英国的发展用了两三个世纪。蒙哥马利说：你们在十二年内所做的工作就已经很可观了，再过五十年，你们就应该很不错了。毛泽东说：可能好一点。但是我看不到共产主义了。共进晚餐后，蒙哥马利说：我现在想跟主席谈谈三原则问题，这三项原则我以前都单独提过，这一次我把三项原则作为一揽子提出。我认为西方把自己陷入了一个烂泥坑。在德国和中国问题上，西方完全缺乏常识。西方的人民越来越强烈地呼唤要一个和平的世界，但除非各国把武装部队撤回各自的国土上，就不可能有一个和平的世界。毛泽东说：一揽子提出更有力量，比分别提出更好，各国人民能更好地理解。反对的人会不少，欢迎的人更多。多次提出，总可以见效。提得对，提得好。蒙哥马利说：第二次世界大战以后，我问斯大林苏联是一个共产主义国家吗？斯大林说苏联是一个社会主义国家，各尽所能，按劳分配。中国的情况是不是也是这样？毛泽东说：中国也是这样，是社会主义，按劳分配，这个阶段可能要一个很长的时期，半个世纪到一个世纪。蒙哥马利说：那末你们为什么把自己党叫做共产党，而不叫社会党呢？毛泽东说：因为共产主义是我们的最高目标。蒙哥马利问：什么时候可以实现共产主义呢？毛泽东说：很难说，至少是半个到一个世纪后的事。要完成社会主义的阶段，需要很长的历史时期。最后，蒙哥马利说：今天谈话非常有趣，我能否明晚再回来谈谈。毛泽东说，明晚我到别处去了。

同日 收到王任重送来的关于以生产队为基本核算单位的三份材料。其中两份是：中共孝感地委工作组八月十二日关于武昌县锦绣生产大队试行以生产队为基本核算单位的调查和中共荆门县委工作组九月关于金山大队扩大生产队核算试行情况的材料。他们的实际做法是：取消“三包一奖”，生产队的收入除了完成国家征购任务和上交大队的公积金、公益金、管理费之外，其余全归生产队进行分配。王任重附信说：两个大队试行这种做法，看来效果是好的，以生产队为农副业生产的基本单位和以大队为统一分配单位的矛盾解决了，瞒产私分的问题可以从根本上得到解决。穷队与富队之间“一平二调”的问题也可以基本上得到解决。这样在经营管理上简便易行，看来这样做适合当前农业生产力的水平和干部、社员的文化水平。信中还说：主席如有时间，希望找省委书记处同志和地委书记见见面，对我们的工作给予指示。二十四日，毛泽东对王任重说：按照这两份材料办就很好。当天，毛泽东接见了湖北省委书记处书记和在武昌参加省委常委扩大会议的地委第一书记，再次谈了他的上述看法。

9月24日 下午，在武昌东湖客舍再次会见蒙哥马利，王任重在座。蒙哥马利说：我很高兴主席改变了主意。毛泽东说：我回去想了一下，你说还要见我，我想不见不好。我现在只有一个五年计划，到七十三岁去见上帝，我的上帝是马克思。蒙哥马利问：主席现在是否已经明确，你的继承人是谁？毛泽东说：很清楚，是刘少奇，他是我们党的第一副主席。我死后，就是他。蒙哥马利问：刘少奇之后是周恩来吗？毛泽东说：刘少奇之后的事，我不管。当蒙哥马利谈到英国没有同俄国打过仗，希望以后也不跟它打仗时，毛泽东说：我们也不想跟美国打。我们的志愿军跟美国在朝鲜打了三年，美国军队是有战斗力的，它的武器好。但是，只要不打原子弹、氢弹，打常规武器，我们是有办法对付的。蒙哥马利问：在许多年打仗的时期，主席有没有亲自在战场上指挥作战？还是说主席主要是在上面指挥？毛泽东说：二十二年中有十年亲自在战场指挥，有四年当全军的统帅。他们要给我军衔，我不要。蒙哥马利问：主席对核武器是怎么看法？毛泽东说：我对核武器不感兴趣。这个东西是不会用的，越造得多，核战争就越打不起来。要打还是用常规武器打。打常规武器还可以讲点军事艺术，什么战略、战术，指挥官可以临时按照情况有所变化。用核武器的战争就是按电钮，几下子就打完了。蒙哥马利说：刘主席告诉我说，因为美国、英国、法国、苏联都有核武器，你们也要搞一点。毛泽东说：是，准备搞一点。哪年搞出来，我不知道。美国有那么多，是十个指头。我们即使搞出来，也只是一个指头。这是吓人的东西，费钱多，没有用。是不是能够像禁止化学武器那样达成一个协议，核武器也不用？蒙哥马利说：现在还做不到。又说：我认为，领导的艺术就在于为每一项工作选择适当的人。毛泽东说：对。我现在在北京一年最多四个月到五个月，别的时间我到处跑，中央的工作交给他们，我并不每天指挥。蒙哥马利问：中央的控制是不是很紧？现在是不是有些分权？毛泽东说：开头很紧，后来太松，现在不紧不松。紧了，底下哇哇叫，后来就下放，下放了又太松，原料不集中了，应该一致的也不一致了。蒙哥马利说：你们找到了一个折中吗？毛泽东说：找到了。现在是第三个时期，有了两种经验，所以不紧不松。一九五八、五九、六〇年，搞得太松，包括今年上半年。我学问不多，如搞社会主义还要积累经验。苏联、英国、美国、法国、日本的经验，我们都愿意接受。蒙哥马利问：主席遇到难题的时候，是不是同马克思联系？毛泽东说：他只有理论，他没有办过社会主义。社会主义，列宁办过。所以遇到实际问题，要问自己，问苏联。至于办工业，我们也很愿意问你们。我看过一份报告，是我们的一个贸易代表团到你们那里去以后回来写的，很有趣味。他们说，看到你们的一些工厂，并不富丽堂皇，房子也不整齐，但是做出来的东西，质量好。谈话结束后，毛泽东和蒙哥马利来到长江第二码头。毛泽东邀蒙哥马利一起游长江，蒙哥马利说他不奉陪了，坐在船上观看。毛泽东游泳后上岸，亲自送蒙哥马利回到下榻的胜利饭店，王任重、李达[1]、熊向晖、宋之光[2]等一同前往。毛泽东将亲笔书写的一幅《水调歌头·游泳》赠蒙哥马利，并说：送给你个人，希望不要发表。蒙哥马利问：主席为什么不在游泳池里游？毛泽东说：哪里能修那么多游泳池，要利用江水河水，长江就等于几万个游泳池。多游几次胆子就放大了。然后又问英吉利海峡有多少公里宽？水有没有长江这么急？还说，密西西比河是北美洲第一大河，我想去游一次，还有亚马孙河，不过恐怕不好游，太热。

同日 晚上，乘专列离开武汉。

9月25日 晨，到达郑州。在专列上同中共河南省委负责人谈话，听取他们的工作汇报。晚上，离开郑州。

9月26日 晨，到达邯郸。在专列上听取中共河北省委、山东省委负责人的汇报。[3]当刘子厚说他们想谈谈上次谈过的大包干问题时，毛泽东说：这是一个大问题。不以“脚”为基础，以“腰”为基础，“脚”去生产，“腰”在分配，闹平均主义。毛泽东问山东是怎么做的，当周兴介绍山东一些地方搞大包干的情况后，毛泽东说：噢！那就是交公积金、公益金、管理费，还有征购粮。我过济南时说，河北唐县有一个公社几年来连年增产，并不闹大队统一核算、统一分配，他们叫分配大包干，年年增产，生活好，也能完成征购任务。真正调动积极性靠这一条。“三包一奖”，算账算不清，强迫命令定局，搞平均主义。“三包

---

〔1〕 李达，当时任国家体育运动委员会副主任、中国人民国防体育协会主任。

〔2〕 宋之光，当时任外交部西欧司副司长。

〔3〕 参加汇报的有：中共河北省委书记处书记刘子厚，河北省委书记处分管农业的候补书记王路明，石家庄地委第一书记康修民，邯郸地委第一书记庞均，张家口地委第一书记胡开明，邢台地委第一书记刘琦，保定地委第一书记李悦农，山东省委书记处分管农业的书记周兴，山东省委农村工作部副部长程怀仁。

一奖”搞了六年之久，从来没有搞清楚这个问题。刘子厚说：“三包一奖”太麻烦，保定有个调查，三十七道工序，四十九个百分比，一千一百二十八笔账。张家口比较简单的办法，也还有八百多笔账。毛泽东说：这是烦琐哲学嘛。广州会议时，河北要在全省实行小队核算。山东开了个座谈会，也提出了这个问题，讲所有制名义在大队实际在小队。生产在小队，分配在大队，这不是矛盾吗？在广州开会时，我批了一个文件，让大家议一议，大家议的结果都不赞成。农村现在二十户左右的生产队，有人说规模太小。二十户不小了，山里头更小一些也可以，十来户、七八户搞一个核算单位。二十户有八九十人，三十个、四十个整半劳动力，不算少啦。生产队有四十来个劳动力，就是个大工厂嘛，再大了管不好。河北平均四十二户，有八十个到九十个整半劳动力，已经很大了。这个工厂难办，它是生产植物、动物的工厂，是生产活的东西，钢、铁是死的东西。刘子厚说：今春在北京开会讨论生产队为基本核算单位问题的时候，有人开玩笑说你们退到初级社了；有人又说对基本建设不利；第三是说征购辫子多了，头绪多了；第四是说有的队遭灾，不利于互相支援；第五是说不利于向机械化发展。毛泽东对这五个问题，逐个作了回答。他再次肯定唐县那个公社搞分配大包干的做法，说：粮食年年增产，牲口也很壮，照它的办法就行了，还有什么讲的？生产队富了就好办了，过去是搞“均”。整风整社，“六十条”是根据，可是“六十条”就是缺这一条。刘子厚又汇报到粮食如何按劳分配时，毛泽东说：按劳分配就是搞嘛。还有什么问题？还讨论了什么？唐二里那个地方，口粮按劳分配部分是百分之五到百分之十，太少了。湖北孝感规定每人基本口粮三百六十斤，这不行。有了这些基本口粮，就可以不做工了。最好定一百八十斤，吃不饱就得努力。看来基本口粮高了不行。刘子厚说，对困难户进行补助，人们是同意的。对投机倒把的、只搞自留地小片开荒的、懒汉、盲流这四种人，人们都不同意补助。毛泽东说：基本口粮要减少。对只搞小片开荒的，给他算算账，有的可以不给基本口粮，懒汉、投机倒把的人不给基本口粮，盲流也不给。基本口粮定多了不好，就没有积极性了。最后，毛泽东说：什么叫队为基础，就是以现在生产队为基础，就是过去的小队。三级所有，基础在队，在“脚”。这样搞上十年八年，生产发展了就好办了。大队、公社有了积累，可以办些赚钱的事业。大队、公社兴修水利可以采用出工的办法。公社、大队、生产队各管些什么，应该有个细则。大包干以后，大队并不是没有工作做了。生产队的八权，再加上两个，一是耕畜、农具所有权，二是分配权。

9月27日 晨，回到北京。

9月28日 晚上，在中南海勤政殿会见古巴总统多尔蒂科斯，刘少奇、周恩来、陈毅等在座。毛泽东说：我们是兄弟国家，是好朋友。对于美国来说，古巴是一个意外，不是一个愉快的意外。你们的朋友很多，不孤立。我们过去打了二十二年仗，打到一九四九年，在国内国际进行反帝、反封建的阶级斗争，这是武装的阶级斗争。所以，除了打原子战争，如果打常规战争，我们是有一套办法对付敌人的。打完仗之后，遇到经济建设我们就不行了。所谓不行了，就是不能用过去的方法来搞建设了，是新事情，完全是新的问题。我们没有工程师、教授，搞经济建设、办大学我们没有人，全靠旧社会的人。我们这些人不会唱戏，不会办工厂，开矿山。慢慢学，可以学会。在学习的过程中可能经历一些挫折，但是遭受挫折可能有好处，没有挫折就没有经验。干劲是第一的，没有干劲是不行的。有干劲，不会的可以学会。为什么革命可以学会，经济建设就不能学会呢？我就不相信。但是十二年我们还没有学会。

9月29日 关于解决农村基本核算单位问题致信中共中央政治局常委及有关各同志。全文如下:"送上河北深县五公公社耿长锁的一封信〔1〕,山东省委一九六一年三月关于大小队矛盾问题座谈会材料一份,湖北省委九月二十五日的报告〔2〕一份,九月二十六日邯郸座谈纪录〔3〕一份,另有河北的一批材料〔4〕,请你们一阅,并和你们的助手加以研究。然后我们集会讨论一次。这些材料表明:我们对农业方面的严重平均主义的问题,至今还没有完全解决,还留下一个问题。农民说,'六十条'就是缺了这一条。这一条是什么呢?就是生产权在小队、分配权却在大队,即所谓'三包一奖'的问题。这个问题不解决,农、林、牧、副、渔的大发展即仍然受束缚,群众的生产积极性仍然要受影响。如果我们要使一九六二年的农业比较一九六一年有一个较大的增长,我们就应在今年十二月工作会议上解决这个问题。我的意见是'三级所有、队为基础',即基本核算单位是队而不是大队。所谓大队'统一领导'要规定界限,河北同志规定了九条。如不作这种规定,队的八权有许多是空的,还是被大队抓去了。此问题,我在今年三月广州会议上,曾印发山东一个暴露这个严重矛盾的材料。又印了广东一个什么公社包死任务的材料,并在这个材料上面批了几句话:可否在全国各地推行。结果没有被通过。待你们看了湖北、山东、广东、河北这些材料,并且我们一起讨论过了之后,我建议:把这些材料,并附中央一信发

〔1〕 指全国劳动模范、全国人大代表耿长锁1960年12月30日给谭震林的信。信中分析了五公公社1960年比1959年减产的原因。

〔2〕 指中共湖北省委1961年9月25日关于试行以生产队为基本核算单位的请示报告。

〔3〕 指毛泽东在这次座谈会上作的记录。

〔4〕 这批材料主要介绍保定、张家口一些公社试行分配大包干的情况。

下去，请各中央局，省、市、区党委，地委及县委亲身下去，并派有力调查研究组下去，作两三星期调查工作，同县、社、大队、队、社员代表开几次座谈会，看究竟哪样办好。由大队实行‘三包一奖’好，还是队为基础好？要调动群众对集体生产的积极性，要在明年一年及以后几年，大量增产粮、棉、油、麻、丝、茶、糖、菜、烟、果、药、杂以及猪、马、牛、羊、鸡、鸭、鹅等类产品，我以为非走此路不可。在这个问题上，我们过去过了六年之久的糊涂日子（一九五六年，高级社成立时起），第七年应该醒过来了吧。也不知是谁地谁人发明了这个‘三包一奖’的糊涂办法，弄得大小队之间，干群之间，一年大吵几次，结果瞒产私分，并且永远闹不清。据有些同志说，从来就没有真正实行过所谓‘三包一奖’。实在是一个严重的教训。”

9月30日 下午，在中南海勤政殿会见尼泊尔国王马亨德拉和王后，刘少奇和夫人王光美，朱德，周恩来和夫人邓颖超〔1〕，贺龙，陈毅和夫人张茜等在座。毛泽东说：非常欢迎国王和王后陛下的来访。佛教发源于尼泊尔。很久前中国同尼泊尔宗教文化往来很多，中国的高僧玄奘和法显都曾经去过尼泊尔。尼泊尔是我们的很好的邻国，两国有很久的友好关系。我们希望你们好起来。毛泽东问：中尼边界问题这一次是否能定下来？国王说：这次肯定能定下来。毛泽东说：这是一件大事，对两国关系有深远的影响。

秋 作《七绝·屈原》：“屈子当年赋楚骚，手中握有杀人刀。艾萧太盛椒兰少，一跃冲向万里涛。”

10月1日 上午十时，和刘少奇、宋庆龄〔2〕、董必武、周

〔1〕 邓颖超，当时任中共中国妇女联合会党组副书记、中国妇女联合会副主席。

〔2〕 宋庆龄，当时任中华人民共和国副主席、中国妇女联合会名誉主席。

恩来、朱德、陈云、林彪、邓小平等党和国家领导人，出席在天安门举行的中华人民共和国成立十二周年庆祝大会，检阅群众游行队伍。晚上，毛泽东在天安门城楼观看焰火和群众联欢，并会见来中国访问的阿尔巴尼亚、波兰、匈牙利等国代表团。

同日　会见一些国家的首任或新任驻中国大使。这些国家是古巴、加纳、几内亚、德意志民主共和国、马里、尼泊尔、阿尔巴尼亚、瑞典、罗马尼亚、阿尔及利亚。会见时陈毅、姬鹏飞〔1〕在座。

10月2日　下午，到钓鱼台迎宾馆回访古巴总统多尔蒂科斯，周恩来和中国驻古巴大使申健陪同。毛泽东说：你明天就要走了，我来看看你。你这次访问促进了两国进一步的团结，很有意义。多尔蒂科斯谈到他们参观了一个人民公社，毛泽东说：人民公社我们在试验，在把一些缺点改正之后，有可能成功。公社组织必须适合农民的要求。在适合农民要求的情况下，农民的积极性就很高。人民公社还要经过一些年才能作结论。谈到国际问题时，毛泽东说：国际情况现在需要一种妥协。三种力量代表三个方面。反动势力代表美国，革命力量反映社会主义阵营和世界革命力量的利益，中间力量反映中立国家利益。世界在变化，现在非洲在变化，看来拉丁美洲也可能在起变化。

10月3日　向邓小平提出，电话通知陶铸〔2〕、王任重、刘

---

〔1〕姬鹏飞，当时任外交部副部长。

〔2〕陶铸，当时任中共中央中南局第一书记（至1966年8月）兼广东省委第一书记（至1965年2月）、中国人民解放军广州军区第一政治委员。1965年1月又任国务院副总理。1966年5月又任中共中央书记处常务书记、中央宣传部部长，同年8月又任中共中央政治局常委、中央文化革命小组顾问。

建勋[1]、刘子厚、李雪峰[2]等同志，请他们日内到京，谈生产队为基本核算单位问题。四日晨，又写信给邓小平、彭真："率性请柯老、井泉、澜涛、任穷[3]四同志，于五日来此一谈，使这个'队为基础'的大问题，弄个明白。如大家同意进行调查，使省、地、县三级在两个月内都有所酝酿，十二月就可作出决定。如同意，请彭真同志即办。五日到，晚上即可谈一下，六日会毕，七日他们即可回去。"

10月4日 将中共湖北省委九月二十五日关于试行以生产队为基本核算单位的请示报告批给陈伯达[4]、田家英阅，并让将这个报告加印十份给他。报告说：在今年六月间召开的全省三级干部会议上，就有人提出是不是以生产队为基本核算单位的问

---

〔1〕 刘建勋，当时任中共中央中南局书记处书记、河南省委第一书记、中国人民解放军河南省军区第一政治委员。

〔2〕 李雪峰，当时任中共中央书记处书记、华北局第一书记、中国人民解放军北京军区政治委员。1965年1月又任全国人大常委会副委员长。1966年5月、8月又先后任中共北京市委第一书记、中央政治局候补委员。

〔3〕 柯老，指柯庆施。井泉，即李井泉，当时任中共中央政治局委员、西南局第一书记兼四川省委第一书记（至1965年2月）、中国人民解放军成都军区政治委员。1965年1月、3月又先后任全国人大常委会副委员长、西南局三线建设委员会主任。澜涛，即刘澜涛，当时任中共中央书记处候补书记、中央监察委员会副书记（至1962年9月）、西北局第一书记、中国人民解放军兰州军区政治委员（1964年6月任第一政治委员）。1965年1月又任全国政协副主席。1966年1月又任中共中央西北局三线建设委员会主任。任穷，即宋任穷。

〔4〕 陈伯达，当时任中共中央政治局候补委员（1966年8月任政治局常委）、中央宣传部副部长、中央政治研究室主任、《红旗》杂志总编辑、中国科学院副院长、毛泽东的秘书。1962年10月又任国家计划委员会副主任。1964年夏又任中共中央马列主义研究院院长。1966年5月又任中央文化革命小组组长。

题。会后，孝感地委和荆门县委作了试点。这次我们根据主席的指示，在有地委第一书记参加的省委常委扩大会议上，认真地讨论了这个问题。省委认为，主张以生产队为基本核算的同志们的意见是有道理的。但是，由于试点时间不长，可能还有一些问题一下子看不出来；绝大多数的同志还没有亲身取得试点的经验，许多问题的讨论，目前还难以充分展开。为了慎重对待这个问题，省委请求批准我们进一步搞试点。几个月以后，再看试行的经验如何。如果还没有很大把握，就再继续试行；如果证明利多弊少，普遍可行，就在明年春季普遍推广。

同日 下午，同周恩来谈话。

10月5日 晚上，到钓鱼台迎宾馆回访尼泊尔国王马亨德拉和王后，周恩来等陪同。毛泽东问：边界问题都解决了吗？马亨德拉说：都已经谈好了。毛泽东问：公平合理吗？马亨德拉说：是的，我们同意。毛泽东说：双方都同意就好。我们有良好的愿望。我们希望你们好起来，你们也希望我们好起来。我们不准备损害你们，你们也不准备损害我们。不能说一个国家比另一个国家高或低，我们是平等的，不平等待人是不应该的。我们教育我们的党员和人民不要犯大国沙文主义的错误。在中国还可以看到许多落后的痕迹，例如农业就是落后的生产部门，拖拉机很少，要机械化还得很多年，我们主要依靠手工。近代工业开始有一些，但不多。十二年前，旧社会给我们留下的东西太少了。帝国主义统治我们实际上有一百多年，他们就是从中国拿东西走，不在中国建设什么。现在，我们一方面要发展农业、畜牧业，解决吃的穿的问题；另一方面要搞重工业。没有重工业就没有钢铁，也不会有机器，这就不行了。我们的国家还是个穷国，要搞得好一些至少要五十年到一百年。一个世纪不算长，欧洲、美洲花了几个世纪才到今天的程度，我们用一个世纪超过就算好了。

10月6日 晚上，在中南海颐年堂主持召开有各中共中央局第一书记和王任重、刘建勋、刘子厚等省委负责人参加的座谈会，讨论人民公社以生产队为基本核算单位问题。

同日 阅胡耀邦[1]十月二日报送的农村考察报告《二十五天三千六百里路的农村察看》，批示："此件写得很好，印发各同志，值得一看。原件退毛。"考察报告说：我带了三名工作人员，从九月四号到二十九号，在黄河、淮河平原农村跑了一趟，一路上，我们注意观察了生长的庄稼以及群众的劳动、体质和气色，有时候停下车来找群众作了一些访问。形势确实比去年好，群众生产情绪相当高。他们说，不平调了，不瞎指挥了，干部不打人整人了，能多劳多得，生产、生活都有了奔头。报告认为过去存在的问题主要是"五风"伤了元气，现在好转的原因，在于认真而具体地贯彻了"农业六十条"，强调调动生产队小集体积极性的关键是实行分配大包干。报告认为在安徽实行的分田到户或包产到户，是一种起过作用但具有危险性的做法。报告还就农村集市贸易怎样做到管而不死、活而不乱，以及水利建设和如何恢复农业生产力等问题提出建议。

10月7日 审阅中共中央关于农村基本核算单位问题的指示稿，批示："照印发各同志。请彭真同志办。"为指示稿拟题目《中央关于农村基本核算单位问题给各中央局，各省、市、区党委的指示》。指示说：为了进一步调动农民群众对集体生产的积极性，究竟以生产大队为基本核算单位好，还是以生产队（即原来的生产小队）为基本核算单位好的问题，很需要研究。从一些材料看来，就大多数的情况来说，以生产队为基本核算单位，是比较好的。它最大的好处，是可以改变生产的基本单位是生产队

---

〔1〕 胡耀邦，当时任共青团中央第一书记。

而统一分配单位却是生产大队的不合理状态，解决集体经济中长期以来存在的这种生产和分配不相适应的矛盾。请各中央局，各省、市、区党委，各地委、县委，在十月下半月和十一月上半月内，仔细地研究一下这个问题。各级党委的有关负责同志，都要亲自下乡，并且派得力的工作组下去，广泛地征求群众意见，深入地进行调查研究。各县还可以选择一两个生产大队进行试点，以便取得经验，但是目前还不要普遍推广。中央准备在今年十二月的工作会议上作出决定。在指示所列的参考材料中，毛泽东加上湖北省委九月二十五日的报告及其所附的两件材料，山东省的两件材料，广东省的一件材料。

同日 上午，在中南海勤政殿会见日中友协代表团、日本民间教育家代表团等日本客人，廖承志〔1〕、刘宁一等在座。毛泽东说：日本除了亲美的垄断资本和军国主义军阀之外，广大人民都是我们的真正朋友。你们也会感到中国人民是你们的真正朋友。朋友有真假，但通过实践可以看清谁是真朋友，谁是假朋友。日本人民同中国人民是好朋友。我们两国人民都遭受美帝国主义的压迫，我们有着共同的遭遇，就团结起来了。我们要扩大团结的范围，把全亚洲、非洲、拉丁美洲以及全世界除了帝国主义和各国反动派以外的百分之九十以上的人民团结在一起。十个人当中，我们要团结九个人以上。在谈到中国革命的经验时，毛泽东说：我原来是个小学教员，过去不知道世界上还有个共产党，也没有想过要进共产党。后来被压迫的环境迫使我们成立了共产党。一九二一年只有几十个党员，开第一次党代表大会时只

〔1〕 廖承志，当时任国务院外事办公室副主任、国家华侨事务委员会主任、中国人民保卫世界和平委员会副主席、中国亚非团结委员会主席。1963年10月又任新成立的中国日本友好协会会长。

有十二个代表。那时谁也看不起我们，说共产党吹牛皮，根本不在话下。关键问题是能否团结群众，有无正确的政治路线。毛泽东说：尽管斗争道路是曲折的，但是日本人民的前途是光明的，日本人民是有希望的。鲁迅是中国黑暗时代的伟大革命战士、文学战线的领导者。他写了一首诗《无题》：“万家墨面没蒿莱，敢有歌吟动地哀。心事浩茫连广宇，于无声处听惊雷。”这一首诗，是鲁迅在中国黎明前最黑暗的年代里写的，说明他在完全黑暗的统治下看到了光明。我把我书写的这首诗送给你们。

10月9日 下午，同林克一起重读《矛盾论》英译本。毛泽东谈到有一些附属国后来成了大国。历史上西班牙统治拉丁美洲，现在拉丁美洲国家已纷纷独立；葡萄牙统治过巴西，英国统治过美国，巴西和美国后来都成为独立的大国。毛泽东又讲到中国，讲到中国共产党第一次全国代表大会只有十二名代表。

同日 阅《光明日报》十月六日发表的《论假说——谈谈假说的一般特征和它的形成》一文，批示陈伯达：“此文可以一阅，阅后还我。请调查一下，作者是一个什么样人〔1〕，在何处。”文章从假说是科学发展的形式、假说与世界观、假说形成的步骤、假说的内容结构、假说产生的根源等七个方面作了论述。

10月10日 在中南海怀仁堂观看绍剧《孙悟空三打白骨精》。

10月12日 下午六时，在中南海颐年堂主持召开中共中央政治局常委会议。晚上，和刘少奇、周恩来、朱德、陈云、林彪、邓小平、彭真会见并宴请途经中国前往苏联参加苏共二十二大的胡志明、黎笋〔2〕。在谈到老挝、南越的一些情况时，毛泽

---

〔1〕 作者是张巨青，武汉大学哲学系讲师。

〔2〕 胡志明，当时任越南劳动党中央主席、越南民主共和国主席。黎笋，当时任越南劳动党中央第一书记。

东说：南越形势很好，越南党的工作做得好。胡志明说：那里有些斗争形式，以前越南没有，中国也没有。

10月14日　签署中共中央主席致苏共二十二大的贺词。贺词说：从苏联共产党第二十一次代表大会以来，苏联人民在以赫鲁晓夫同志为首的苏联共产党中央委员会的领导下，在全面开展共产主义的建设中，取得了辉煌的成就。苏联的工业和农业都获得了巨大的发展。苏联人民的物质和文化的生活水平得到了不断的提高。苏联载人宇宙飞船两次遨游太空，并且胜利地返回地面，为人类征服宇宙的事业作出了光辉的贡献。苏联人民在共产主义建设事业上所取得的伟大成就，无可置辩地表明了社会主义制度对资本主义制度的无比的优越性。中苏两党和两国人民之间一向存在着亲密的团结和友谊。我们两党和两国人民这种建立在马克思列宁主义和无产阶级国际主义基础之上的团结和友谊，对于全世界人民反对帝国主义、保卫世界和平、争取人类进步的共同事业的胜利，具有极其重要的意义。

同日　阅田家英十月十三日的来信。信中说：送上《人民日报》工商部记者写的《乐亭见闻纪要》一份，供主席参考。这篇报道里反映的目前城乡交流中的一些不正常现象，很可注意。农民手里的东西逐渐多了，可是国家拿不到。那些农产品，一部分“自给”掉了，一部分同国营企业“对流”掉了，还有一部分进入了自由市场。看来，怎样逐步地使城乡交流纳入正轨，已经成为当前经济工作中一个迫切需要解决的问题。大力恢复和发展轻工业、手工业，使我们有更多的工业品同农民进行交换，大力改进商业工作，使有限的物资发挥更大的作用，这恐怕是当前搞活经济的一个很重要的环节。毛泽东批示：“印发政治局、书记处及有关各同志。”

10月15日　阅国家经委生产办公室十月九日整理的材料

《目前开滦煤炭生产中存在的几个问题》。这个材料说：从最近情况看，影响煤炭生产水平上不去的主要问题，是人的问题。总的说来，当前职工意见最多的，是工人家属粮食不够吃、蔬菜价格过高和如何能够买到日用品的问题，工资问题虽然有些意见，但不是主要的。毛泽东批示：“陈伯达同志：此件请一阅。你到唐山去时，请研究一下这个问题。阅后退毛。”

10月16日 审阅中共中央为轮训干部编印的学习材料《党的生活的几个问题》，批示：“此件已阅，除关于六十条者〔1〕、已圈掉不用者〔2〕外，其他都可用。送田家英同志。”这个材料辑录了马克思、恩格斯、列宁、斯大林、毛泽东、刘少奇和中共中央文件关于党的生活的若干论述。

10月18日 在中南海游泳池住处同刘少奇、邓小平、杨尚昆〔3〕讨论出席苏共二十二大的中共代表团发回的周恩来在苏共二十二大的致词中拟增加的一段话。这一段话是批评赫鲁晓夫在大会的报告中公开攻击阿尔巴尼亚劳动党。毛泽东表示同意增加这段话。

10月19日 在中南海游泳池住处主持召开中共中央政治局常委会议，会议决定召开政治局扩大会议，报告中央对苏共二十二大的方针和对阿尔巴尼亚劳动党的支持，并决定对赫鲁晓夫在

〔1〕 指这份学习材料摘录的《工作方法六十条（草案）》中的第26条和第28条。

〔2〕 指这份学习材料在报送毛泽东前已圈掉的毛泽东1959年3月17日《党内通信》中的一段话：“我们的公社党委书记同志们，一定要每日每时关心群众利益，时刻想到自己的政策措施一定要适合当前群众的觉悟水平和当前群众的迫切要求。凡是违背这两条的，一定行不通，一定要失败。”

〔3〕 杨尚昆，当时任中共中央书记处候补书记、中央办公厅主任。

二十二大的报告只刊登摘要。

10月20日　中共中央政治局扩大会议在中南海怀仁堂召开，在京的中央委员出席会议。刘少奇主持会议，他说：这次苏共二十二大是有斗争的。公开指责阿尔巴尼亚，实际上也就是要整我们，锋芒是向着我们的。这个问题在中央常委讨论过几次。这个问题是个重要问题，毛主席也认为是一个重要问题。接着由邓小平报告。他说：苏共二十二大，他们准备很久了，在我们中央同志的脑筋中也装得很久了，估计要出一点点子。出什么问题呢？不知道。没有估计到大会上这样公开骂阿尔巴尼亚，这是出乎我们意料的。这个问题出来以后，我们代表团的致词要给以回击，加了那么一段话，指出对任何一个兄弟党进行公开的片面的指责，是无助于团结、无助于问题的解决的。这种态度，只能使亲者痛、仇者快。总之，常委讨论，主席也讲过，反正我们的态度就是：人不犯我，我不犯人，人若犯我，我必犯人。就是这样一个态度，就是这样一个原则。理论的斗争，看来可能这又是一个开始，我们也应该有准备。

同日　接见延安时期的劳动英雄杨步浩。毛泽东详细询问延安人民的生产生活、经济收入和分配情况，问延安的飞机场还有没有，问杨步浩去年分了多少钱和粮食，今年分了多少钱和粮食。杨步浩一一答复后说：延安人民很想念毛主席，希望主席回延安看看。毛泽东说：可以。最后同杨合影。杨离开北京前，毛泽东派人送去路费。

10月21日　下午，在中南海游泳池住处主持召开中共中央政治局常委会议，讨论是否公布阿尔巴尼亚劳动党中央委员会的声明〔1〕。会议决定再等一下，并去电出席苏共二十二大的中共代表团，征求他们的意见。代表团复电，也同意等几天，看看再说。本日会议中，毛泽东还谈到不怕孤立的问题，说：哥白尼、伽利略，最初都是孤立的，法国、荷兰、比利时资产阶级革命时，也都是孤立的。

10月22日 阅中共河北邢台地委十月六日《关于南宫县贯彻大包干政策促进粮食征购和种麦运动的通报》，批示："尚昆同志：河北省委所送南宫县经验一件，请你为中央起草一个转发指示，送我一阅为盼！"二十三日，对杨尚昆起草的转发指示稿批示："少奇、小平阅后，请尚昆用电报发出。"

同日 同邓子恢〔2〕谈人民公社改变基本核算单位问题。邓子恢说：我看，以生产队为基本核算单位，要几十年不变。毛泽东说：大队为基本核算单位的问题，现在根本不考虑，这是三十年、五十年以后的事情。毛泽东问邓子恢，基本核算单位划小下放后，会不会出现单干？邓子恢说不会。毛泽东将《河北省委关于分配大包干暂行办法》及其附件给邓子恢，说：你看看，他们

〔1〕 1961年10月20日，阿尔巴尼亚劳动党中央委员会发表声明。声明说：赫鲁晓夫在苏共二十二大上公开攻击了阿尔巴尼亚劳动党。赫鲁晓夫把苏共领导同阿尔巴尼亚劳动党之间久已存在的分歧暴露在敌人面前，粗暴地违反了1960年的莫斯科声明。声明着重指出，兄弟党之间产生的分歧应该耐心地本着无产阶级国际主义的精神、根据平等和协商的原则求得解决。赫鲁晓夫应对这一反马克思主义的行为及由此产生的一切后果负全部责任。声明还说：阿党不能保持沉默，将以事实和文件，说明阿党和苏共领导之间的关系的真相，揭露赫鲁晓夫及其集团的反马克思主义和反阿尔巴尼亚的行为。

〔2〕 邓子恢，当时任中共中央农村工作部（1962年11月撤销）部长、国务院副总理。1962年10月又任国家计划委员会副主任。1965年1月又任全国政协副主席。

的办法可不可以推广？邓子恢回去阅后，立即写信给毛泽东，说文件很好，应该在全国推行。

10月24日　中午，和刘少奇、朱德、邓小平等到机场迎接从莫斯科回国的中国共产党代表团团长周恩来〔1〕。从机场直接到中南海颐年堂，毛泽东召集在京中共中央政治局委员和书记处书记开会，听取周恩来汇报苏共二十二大情况和十月二十二日中共代表团与赫鲁晓夫等谈话的情况。会议决定公布阿尔巴尼亚劳动党中央委员会的声明。

10月25日　晚上，在中南海游泳池住处召集周恩来等开会。

10月28日　向杨尚昆交办一批文件，并听取杨尚昆汇报彭德怀的情况〔2〕。

10月30日　晚上，在钓鱼台十二号楼主持召开中共中央政治局常委会议，讨论出席苏共二十二大的中国共产党代表团的请示〔3〕。会议决定，对苏共二十二大公开指责阿尔巴尼亚劳动党，

---

〔1〕周恩来1961年10月23日离开莫斯科回国，由彭真代理中共代表团团长，继续参加苏共二十二大。

〔2〕彭德怀，当时任中共中央政治局委员、国务院副总理、国防委员会副主席。在1959年庐山会议上被错误地定为“反党集团”首要成员，撤销所担任的国防部部长职务，不再主持中央军委工作。关于彭德怀的情况，杨尚昆1961年10月23日的日记说：“上午去彭德怀同志处，谈话到12时始回，他要求下乡到湖南去视察，主席和常委都同意，要我去同他谈。”25日的日记说：“晚间彭德怀同志来看我，由8时谈到10时才走。”

〔3〕请示的内容，可能指在苏共二十二大闭幕后苏共中央举行的酒会上发言的问题。周恩来1961年11月9日、10日在给中央国家机关17级以上干部所作关于苏共二十二大的报告中说：我们再在酒会上发言，继续争论，也不会得出结果。所以，我们的方针就是不讲话。正好他的酒会不是闭幕后的当天晚上，是第二天开，我们的代表团得了这个机会，31日晚上就回来了。

默声抗议，不写文章，并决定十一月四日召开中央局第一书记会议。

同日 审阅杨尚昆本日送审的中共中央关于当前农村工作的几点指示稿及附上的四个文件[1]，批示："这些材料都可转发。""即送刘、周、朱、陈、林、邓阅后，交尚昆发。关于材料部分，各同志可以不看。"指示说：对于改生产队为基本核算单位，在目前还是按照十月七日中央的指示，只进行调查研究和试点工作，不要普遍推广。关于实行分配大包干的办法，除少数地区可以分批推行以外，多数地区仍应先进行试点，取得经验，然后再分批推行。为了使牵动的面不要太大，各地的秋后分配和年终分配，一般地都按照原来决定的分配方案进行，不要轻易变动。

11月2日 晚上，在钓鱼台十二号楼主持召开中共中央政治局常委会议，听取彭真汇报周恩来回国后苏共二十二大的情况。会议决定就苏共二十二大问题向干部作一次报告。

同日 阅林彪十月三十一日转报的萧劲光[2]视察北海舰队的报告，批示："退还林彪同志。此件已阅。"报告从军训、政治思想工作、部队生活、领导问题四个方面汇报了北海舰队的情况。

11月5日 晚上，在钓鱼台十二号楼召开有各中共中央局第一书记参加的中央政治局常委扩大会议，决定从六日起召开的中央局第一书记会议主要讨论四个问题：人民公社以生产队为基本核算单位问题，粮食问题，苏共二十二大问题，第二届全国人大

---

〔1〕 指中共中央东北局1961年10月26日关于东北三省实行大包干办法的电话汇报；中共中央西北局10月23日关于讨论农村人民公社基本核算单位等问题给中央的报告；中共江苏省委10月24日关于贯彻执行大包干政策给中央、华东局的请示报告；中共广东省委10月18日关于实行以生产队为基本核算单位问题给中央、毛泽东并中南局的报告。

〔2〕 萧劲光，当时任国防部副部长、中国人民解放军海军司令员。

三次会议是否按期召开问题。毛泽东说：这次苏共二十二大，赫鲁晓夫自己暴露了自己，对敌人和，对自己人狠，反阿尔巴尼亚、反斯大林、反莫洛托夫反党集团。反阿尔巴尼亚实际上是反我们。

11月6日 先后三次写信给田家英。晨六时信中说："请找宋人林逋（和靖）的诗文集给我为盼，如能在本日下午找到，则更好。"上午八时半信中说："有一首七言律诗，其中两句是：雪里山中高士卧，月明林下美人来，是咏梅的，请找出全诗八句给我，能于今日下午交来则最好。何时何人写的，记不起来，似是林逋的，但查林集没有，请你再查一下。"后又写信说："又记起来，是否清人高士奇的〔1〕。前四句是：琼枝只合在瑶台，谁向江南到处栽？雪里山中高士卧，月明林下美人来。下四句忘了。请问一下文史馆老先生，便知。"

11月8日 阅谭震林十一月三日转报的陈正人的电话汇报。陈正人汇报说，他在湖北十多天，看过孝感与荆州两个专区，并找黄冈地委第一书记谈了一晚上。湖北农村一片新气象，有如一九五八年春，即使是重灾区，也看不出是灾区，人、畜都和非灾区一样，每户都有十几只或几十只鸡子，养猪的很多，人的脸色很好，群众很高兴。孝感早在七月已实行委托以生产队为分配单位，荆州也有相当一部分县以生产队为分配单位，凡是这样做了的，都比未做的更好。毛泽东批示："请尚昆将此件印发到会各同志。同时用电报发给各中央局，各省、市、区党委。"

11月11日 阅《内部参考》国际版第一九五期刊载的《我歌舞剧院演出轰动了列宁格勒》和第二〇〇期刊载的《保人民敬

---

〔1〕 应是元末明初诗人高启的《梅花》九首之一。全诗为："琼姿只合在瑶台，谁向江南处处栽？雪满山中高士卧，月明林下美人来。寒依疏影萧萧竹，春掩残香漠漠苔。自去何郎无好咏，东风愁寂几回开。"

仰毛主席，热爱中国》两篇通讯后，写一批语，题为《苏联和保加利亚的两件事》。批语说："从这两件事，可以看出各兄弟国家的人民群众对中国人民所表示的感情的深度和广度。修正主义者一心一意要孤立中国，究竟被孤立的是谁呢？修正主义者脱离群众，使自己陷于孤立，而我们（所谓教条主义者）却得到广大群众的拥护。""总之，一切剥削、压迫人民的反动派及其走狗，在全世界不过几亿人，只占百分之十以下，而革命人民及其同盟者则占百分之九十以上，达到二十几亿人之多，这是毫无疑义的。"

11月12日 晚上，在钓鱼台十二号楼主持召开有各中共中央局第一书记参加的中央政治局常委扩大会议，听取邓小平等关于中央局第一书记会议情况的汇报。毛泽东提议，全国人大决定不开了，召集县委书记来开个会，时间在中央工作会议之后。他说：中央工作会议十二月二十日开，过年之后，一月八日县委书记报到。一个县一人少了，要来两个人，地委来三个人，省市来四个人，中央局也来四个人。要把这次会议当作小整风。几年来中央在工作上犯了什么错误，要讲。全局观念、纪律、先整体后局部后个人，要讲。现在小天地太多，一个县也是小天地。中央的账要讲清楚。我们交了心，才能要求他们交心。毛泽东表示他要在会上讲话，还要中央各同志和中央局的同志也讲一讲。各省不能只讲自己的错，不讲中央的错，要用这次会讲清楚，不要怕鬼。现在气不壮，很沉闷。收购不到东西，粮食状况不好，要两三年转过来。庐山会议[1]说一九六三年转，明年要改观。现在不是没有东西，猪是少，但其他有，就是收不上来。要鼓气，就是总结经验、鼓足干劲八个字。总结经验就是讲清道理，好坏经验都找。会议搞十天，大会套小会，中央、大区同志都讲讲话，

〔1〕 指1961年8月23日至9月16日在庐山召开的中共中央工作会议。

搞思想一致，解决小天地太多的问题、集中统一问题。

11月14日　和刘少奇、周恩来、邓小平在中南海颐年堂会见参加苏共二十二大后途经北京回国的胡志明，并共进晚餐，彭真、杨尚昆等参加。胡志明首先邀请毛泽东、刘少奇访问越南，并说：我已邀请过许多次。我来的次数越多，你们欠的债也越多。毛泽东说：债欠得太多了，还不起，要还只能还你一点。谈到苏共二十二大反对阿尔巴尼亚问题时，毛泽东说：赫鲁晓夫反对阿尔巴尼亚，其实就是反对中国，反对越南，反对朝鲜，反对日本党、印尼党，有连带关系。关于斯大林，毛泽东说：他领导苏联人民建设社会主义，打败希特勒，有功劳，但是他有错误，有缺点。我们曾说过，斯大林一生功过三七开，即是过三分，功七分。斯大林在战争问题上的确有过一些错误。他对希特勒进攻苏联估计不足，不在边境设防，不在波苏边界、波罗的海三国和乌克兰设防，以致苏德战争初期苏联吃了较多的亏。波罗的海三国不设防，致使列宁格勒遭受的损失大。乌克兰不设防，致使德军在南线轻易深入。虽然这样，最后打了胜仗，苏联把法西斯德国打败了。斯大林最少做了两件大事：在苏联建设社会主义和打败了法西斯德国。斯大林在党内把肃反扩大化，把苏共十七大的代表搞掉百分之七十，犯了大错。但他整社会上反革命分子，搞错的是少数，搞对的是多数。我们这里也有搞错的。你们国内肃反，一个人也没有搞错，你能相信吗？我不信。阶级斗争进行得这么激烈，规模这么大，情况这么复杂，社会主义革命的事业这么艰巨，以前没有经验，在工作中犯错误是不可免的。在谈到赫鲁晓夫时，毛泽东说：赫鲁晓夫早就有野心，在斯大林还没有死的时候就有。他搞阴谋手段是有步骤的：第一步，杀掉贝利亚[1]，抓住公安；第二步，拉拢布尔加宁[2]，推倒马林科夫；第三步，搞反党集团事件，整掉莫洛托夫[3]、马林科夫、卡冈诺维奇[4]；以后继续搞掉布尔加宁、伏罗希洛夫[5]等等。斯大林杀错人，难道斯大林周围的人没有份？贝利亚有份，莫洛托夫、马林科夫、卡冈诺维奇有份，赫鲁晓夫也不会没有份。赫鲁晓夫在苏共二十大反斯大林，全世界来个反苏反共大浪潮，搞了一年多。然后是反党事件。现在是第三阶段，反斯大林，反反党集团，加上反阿尔巴尼亚。对阿尔巴尼亚的做法不得人心。你是

---

〔1〕 贝利亚，曾任苏联共产党中央主席团委员、苏联部长会议第一副主席兼内务部部长。1953 年 6 月，被开除党籍，撤销党内外一切职务。1953 年 12 月，被苏联最高法院特别法庭以“背叛祖国”、“组织反苏维埃的阴谋集团”等罪名判处死刑。

〔2〕 布尔加宁，1953 年 3 月任苏联共产党中央主席团委员、苏联部长会议第一副主席兼国防部部长。1955 年 2 月任苏联部长会议主席。1958 年 3 月辞去苏联部长会议主席一职，由赫鲁晓夫接任。1961 年 10 月，在苏共二十二大上被指责为参加了“反党的派别活动集团”，未当选中央委员。

〔3〕 莫洛托夫，曾任苏联共产党中央主席团委员、苏联部长会议第一副主席兼监察部部长。1957 年 6 月，苏联共产党中央通过《关于马林科夫、卡冈诺维奇和莫洛托夫反党集团的决议》，他被取消苏联共产党中央主席团委员和中央委员的资格。同年 7 月，被撤销苏联部长会议第一副主席兼监察部部长职务。

〔4〕 卡冈诺维奇，曾任苏联共产党中央主席团委员、苏联部长会议第一副主席。1957 年 6 月，苏联共产党中央通过《关于马林科夫、卡冈诺维奇和莫洛托夫反党集团的决议》，他被取消苏联共产党中央主席团委员和中央委员的资格。同年 7 月，被撤销苏联部长会议第一副主席职务。

〔5〕 伏罗希洛夫，曾任苏联共产党中央主席团委员、苏联最高苏维埃主席团主席。1961 年 10 月，在苏共二十二大上被指责为参加了“反党的派别活动集团”，未当选中央委员。

大国，好比是房子，阿尔巴尼亚是小国，好比是茶杯，这么大的房子怎么容不下一个这么小的茶杯。到底是房子不容茶杯，还是茶杯不容房子，是房子怕茶杯，还是茶杯怕房子？霍查[1]敢登赫鲁晓夫的东西，然后回驳，为什么霍查的东西苏联不敢登出来？我们是两边的东西都登。胡志明说：总的说来，现在是天下正多事。毛泽东说：天下正多事，人人自危之。

同日 审阅田家英十一月十三日报送的中共中央关于在农村进行社会主义教育的指示稿[2]和附信，批示："已阅，退田家英同志，交尚昆同志办。"田家英的附信说：这个指示稿，已经发给各大区的同志看了。大家都同意，没有提多少修改意见。今天下午的书记处会议已经通过，准备日内即发出。

11月17日 晚上，和周恩来、邓小平在中南海颐年堂会见参加苏共二十二大后途经北京回国的艾地[3]，并共进晚餐，杨尚昆、刘宁一参加。毛泽东说：苏共二十二大出了不少问题，同时也促使许多人觉悟。苏共二十二大主要不是讨论建设共产主义问题，主要是反对斯大林、反对反党集团、反对阿尔巴尼亚、反对中国。赫鲁晓夫连资产阶级民主都不讲，他采取封建统治的方法，凡是不同意他的，统统加上反党集团的帽子，把他们赶走。斯大林建成了社会主义的苏联，打败了德国法西斯，解放了东欧国家，他的功劳是主要的。他晚年有错误，把肃反扩大化，多杀

---

〔1〕 霍查，当时任阿尔巴尼亚劳动党中央第一书记。

〔2〕 这个指示共有7项：（一）努力发展生产，克服当前困难。（二）提高对集体生产的积极性，巩固和发展集体经济。（三）家庭副业必不可少，同时不要妨害集体生产。（四）发扬爱国热情，积极完成征购任务。（五）积极支援城市，支援国家工业建设。（六）厉行节约。（七）维护正常的社会秩序。指示所署时间是1961年11月13日。

〔3〕 艾地，当时任印度尼西亚共产党中央主席。

了一些人。斯大林对中国，做了不少好事，他的错误主要有两个：一个是，他支持我们党内的“左”倾机会主义者，使我们党在白区的工作损失几乎达百分之百，在苏区的工作损失百分之九十以上，最后迫使我们长征。另一个是，他不同意我们同蒋介石打仗，这是在日本投降之后的事情。他考虑到，如果我们同蒋介石打仗，可能引起苏美间的战争。当时苏联处境很困难，苏德战争刚刚结束，在战争中苏联死了二千万人。帝国主义怕斯大林，不怕赫鲁晓夫。因为斯大林坚决地要革命、要反帝；赫鲁晓夫对敌人讲和，对自己人不讲理。二十二大的后果有多大，现在还很难判断。帝国主义欢迎苏共二十二大所产生的趋势。美国一面鼓励赫鲁晓夫继续搞所谓非斯大林化、民主化、自由化；一面继续施加压力，逼苏联对它让步。帝国主义利用赫鲁晓夫反对斯大林，大肆攻击社会主义制度。赫鲁晓夫每年总要搞一两次新花样，苏共二十二大花样特别多。你们看着，今后还会出现新花样，小平同志说得对，戏还刚开始呢！苏共二十二大之后，全世界又掀起一个反华运动。但是，赫鲁晓夫吓不倒阿尔巴尼亚，吓不倒我们中国，也吓不倒革命的人民。赫鲁晓夫搞的一套是不得人心的。反对斯大林并把斯大林灵柩搬走这件事，连西方资产阶级都有异议。开明的资产阶级的看法比赫鲁晓夫的看法还要高明些。他们说，反对希特勒法西斯的胜利，要归功于斯大林的领导，不能抹煞斯大林在反法西斯战争中的功劳。

同日 作《七律·和郭沫若同志》[1]："一从大地起风雷，便有精生白骨堆。僧是愚氓犹可训，妖为鬼蜮必成灾。金猴奋起千钧棒，玉宇澄清万里埃。今日欢呼孙大圣，只缘妖雾又重来。"

11月19日 写批语给江青："一批材料[2]，送给江青，从中选一些看，不必全看。我好，勿念。最近信已收到，待另复。"这批材料中，有一篇是《美国认为赫鲁晓夫是马列主义"理论的革新者"》。其中说，赫鲁晓夫令美国人难以置信的有三点：一、目前国际形势对世界共产主义运动空前有利，为什么赫鲁晓夫却偏偏要在这个时候"放弃世界革命"。二、西方仍有着"广泛的（军事）联盟体系"，"核打击力量，和遍布全球的基地网以对付共产主义集团"，赫鲁晓夫有什么理由断言"猎获物已放进口袋"或"资本主义包围已不再存在"？三、"非暴力的革命策略从来没有能够使任何一个国家落入共产党的统治之下"，赫鲁晓夫怎么会相信"在美国有可能在得不到苏联武装力量帮助的情况下实现一次共产主义革命"？毛泽东批注："这三条都可以解释。"

11月21日 晚上，在中南海颐年堂召集陈伯达等谈苏共二十二大后的近况和一些理论上的问题，提出要准备文章。陈伯达提议写一篇《列宁主义的历史命运》。

---

〔1〕 郭沫若1961年10月25日写了《七律·看〈孙悟空三打白骨精〉》："人妖颠倒是非淆，对敌慈悲对友刁。咒念金箍闻万遍，精逃白骨累三遭。千刀当剐唐僧肉，一拔何亏大圣毛。教育及时堪赞赏，猪犹智慧胜愚曹。"他将这首诗送给了毛泽东。郭沫若，当时任全国人大常委会副委员长、全国政协副主席、中国科学院院长兼中国科学院哲学社会科学部主任、中国文学艺术界联合会主席、中国人民保卫世界和平委员会主席。

〔2〕 这批材料中，有关于解决公社食堂、试行"六十条"的3份文件，还有《美国军事家说西方国家无法对付毛主席的持久战战略》、《美国认为赫鲁晓夫是马列主义"理论的革新者"》等。

同日 阅张有晋[1]十月二十七日的来信。信中说：现年满八十六岁，精力大非昔比，到八月手足冰冷，不着棉衣，则寒气丛生。虽文史馆每月工资八十八元，生活勉强支持，实无余资添置衣服，祇望主席再赐寒衣费数百元以济眉急。毛泽东批示："送五百元给张先生，直接送去。"

11月23日 晚上，会见日共中央书记处书记兼《赤旗报》总编辑土岐强、日共中央书记处书记安斋库治等，廖承志、刘宁一、吴冷西[2]在座。毛泽东说：看到日本同志非常高兴。日共是伟大的党，工作做得很好，政治路线是正确的，特别是你们能自己判断重大问题，不请教外国，这点非常好。一个党开始时大概都会有这种情况，即遇事非同外国商量不可，我们也经过这个阶段，以后才做到了能独立自主。这当然不是不参考外国经验，外国经验是应该参考的。外国经验包括成功和失败的经验，要特别注意别国为什么走弯路，失败和受挫折的经验往往被人忽视。毛泽东在介绍中国共产党在民主革命时期所犯的"左"、右倾错误后说：过去的错误，属于认识问题者居多，当时名之为教条主义，即不按中国特点办事，硬搬外国经验。一个党要把政治路线搞正确不容易。我们从一九二一年到一九四五年，差不多经过二十四年，全党才统一了认识。单有总路线还是不够的，还必须有各方面的具体政策，这些政策，通过在实践中不断总结经验，才能完满起来。如无政治、经济、文化、党的建设等各方面的比较完善的政策，总路线即不可能完全实现。你们对中国经验可以研究，但主要是靠你们在实践中找出自己的经验。我们的经验也是

---

〔1〕 张有晋，毛泽东在湖南省立第一师范学校读书时的数学教师。

〔2〕 吴冷西，当时任新华社社长、《人民日报》总编辑、中华全国新闻工作者协会主席。1964年9月又任中共中央宣传部副部长。

列宁的经验，即十月革命前后列宁在世时的经验，主要的是相信群众、组织群众，党的政策要反映群众的意见。在列宁的著作中，可以充分看到他对群众路线的重视。毛泽东最后说：慢慢来，革命急不得，越急越不成功。“左”倾路线就是太急，急了反而受损失。

同日 为转发邓子恢十一月九日关于农村人民公社基本核算单位下放试点情况的调查报告，起草中共中央给各中央局、各省市区党委的批语：“邓子恢同志这个报告很好，发给你们参考。因为目前各地正在普遍试点，此件可发至地、县、社三级党委参考。认真调查研究，对具体问题作出具体的分析，而不是抽象的主观主义的分析，这是马克思主义的灵魂。建议在十二月二十日以前，各省委第一书记带若干工作组，采取邓子恢同志的方法，下乡去，做十天左右的调查研究工作。”并批示：“总理、小平、彭真、震林阅后，尚昆用电报发去。另印发中央各部委党组若干份。”邓子恢的调查报告说，根据他在福建龙岩、连城派工作组在几个大队进行试点的情况，对基本核算单位下放，各级干部和群众一致拥护。报告还反映了生产队规模的调整，生产队改划以后土地和牲畜的调整、大队主要应该负担的工作、粮食分配和山林问题等方面的情况。

11月24日 上午，在中南海勤政殿会见巴西、厄瓜多尔、玻利维亚、萨尔瓦多四国共产党和巴拿马人民党派来中国学习的学员，周恩来、邓小平、彭真、杨尚昆等在座。毛泽东说：中国人对你们有没有大国主义？你们可能没有遇到，没有看到，所以说没有。我们党有一千七百万党员，其中有相当大一部分，我个人认为可能有二三百万人，是不太纯的，要对他们进行教育。三百万不纯，留下一千四百万是纯的，但我还不太相信，这数字还有些过高，还有左、中、右。任何党都有左、中、右。我们说左、中、右时，是指思想问题，指对问题的认识的水平，对马列主义的理解的问题。不要以为世界上的事情那么简单，事情不是简单，而是错综复杂的。左翼首先的问题是争取中间派，说服中间派，不是压服而是说服，不能用压服的方法，只能用说理的方法。我们叫做和风细雨的方法，不要心急，需要多少时间就给多少时间。但是，左翼就是容易犯气大心急的毛病。如果看不起中间派，尤其是看不起右翼，事情就办不好。要做真正的左翼，而不是教条主义式的左翼。真正的马克思主义者应该有很大的耐心，以同志式的精神去说服中间派，不能摆官僚的架子。毛泽东还谈到共产国际问题，他说：共产国际第七次代表大会是好的，一九三五年开的，它给了各国党以自主权，共产国际只能建议，不能下命令。当时季米特洛夫同志是领导人，他是很好的同志。那时共产国际最好是解散，后来也就解散了。最后毛泽东说：我还想说几句，你们在中国了解的经验，只能供参考，绝不能硬搬外国的经验，只能参考外国的经验，不然你们要栽筋斗。要选择。列宁讲过，马克思主义的灵魂就是对具体事物作具体分析。这句话我们永远要记住，我劝同志们也考虑它。

11月27日 晚上，在钓鱼台十二号楼主持召开中共中央政治局常委会议。

11月30日 复信臧克家〔1〕：“惠书收到（两次），因忙未能如愿面谈，还是等一会儿吧。我近日要外出走一遭，不久回来。明年一月内看能否找得出一个时间，和你及郭沫若同志一同谈一会儿。那时再通知你。”

同日 晚上，在中南海颐年堂主持召开中共中央政治局常委

〔1〕 臧克家，诗人。当时任全国人大代表、中国作家协会书记处书记、《诗刊》主编。

会议，会议谈了最近几天的情况和各党派座谈会[1]情况。毛泽东提出在七年计划的基础上搞十年计划。

11月 阅张闻天[2]本月十一日来信，批示："周、朱、陈、林、邓、彭阅，尚昆存。"张闻天在信中说：听了周恩来关于苏共二十二大的报告后，完全同意中央的看法和中央所采取的方针；拥护中央制定的"工业七十条"以及有关教育方面的和科学方面等的指示，经过工作经验的不断总结使总路线不断具体化，不断完善，就能保证社会主义取得不断的胜利。

12月1日 乘专列离开北京南下。二日，到达上海。三日晚上，到达杭州。

12月5日 下午，在杭州会见委内瑞拉加拉加斯市议会代表团，江华、冯基平[3]在座。谈到中国的情况时，毛泽东说：中国人口六亿五千万，城市一亿三千万，还有五亿二千万在农村。我们现在有重工业、轻工业，工人已经达几千万人。美国是一个工业国，大概有四五千万工业工人，它的生产效率高，技术高。我们的生产技术不如他们，差得很远，机械操作程度差得很远。我们也有高级的机械，也有精密的机械，但是太少。当得知委内瑞拉的面积有九十一万二千平方公里时，毛泽东说：你们有相当于我国九个浙江省的面积。浙江是二千六百万人口住在十万平方公里土地上，你们是七百万人口住在九十一万二千平方公里土地上，所以你们国家的前途是大有可为的。你们事业的环境是

---

[1] 1961年11月27日中共中央在北京人民大会堂召开各党派座谈会，周恩来作关于苏共二十二大的报告，30日下午各党派座谈会进行讨论。

[2] 张闻天，当时任中共中央政治局候补委员、中国科学院经济研究所特约研究员。

[3] 冯基平，当时任中共北京市委常委（1962年6月又任书记处书记）兼外事工作小组组长、北京市副市长。

很好的，人口和国土的比例是很好的，有发展余地。革命之后，这么大的国土，丰富的资源，解决七百万人口的衣、食、住、行，就同我们完全不一样了。我们革命胜利后，首先对付的是几亿人民的吃饭、穿衣、住房、交通问题。中国的人口是个大问题，但有办法解决，我们正在用各种办法来解决。准备用五十年至一百年来根本解决工业、农业生产问题。我们不是讲大跃进吗？但是我们需要时间，大跃进也需要几十年到一百年的时间来解决问题，使很穷的国家变成一个比较富裕的国家。十二年来成就是有的，但我们一穷二弱，现在还是这样。有人说我们是一个强大的国家，我不同意。有什么可讲的，每人只有几公斤钢。在谈到如何用马克思主义方法来分析国内情况时，毛泽东说：马克思主义、列宁主义有很多书都要看，但其中有几卷特别值得仔细看的，就是关于列宁所说的马克思主义的最本质的东西，马克思主义的活的灵魂是对于具体情况的具体分析，就是说深入分析具体情况。当代表团团长、加拉加斯市议会副议长谈到他家里挂了马克思、列宁、斯大林和毛泽东等人的画像时，毛泽东说：我的画像不值得挂。马克思写过《资本论》，恩格斯写过《反杜林论》，列宁写过《谈谈辩证法问题》，他们的画像是应该挂的。像《资本论》、《反杜林论》这样的作品我没有写出来，理论研究很差。人老了，也不知道是否还能写出些什么东西来。

12月8日 从杭州到达上海。

12月13日 到达无锡，住小箕山招待所。

12月14日 上午，在无锡召开座谈会，听取江渭清关于江苏情况的汇报，许世友〔1〕及中共无锡市委、苏州地委、镇江地

〔1〕 许世友，当时任中共中央华东局书记处书记、国防部副部长、中国人民解放军南京军区司令员。

委的第一书记等参加。江渭清说：我们注意了对情况的具体分析，不可搞混而统之。今年农村粮食计划分配比去年少，但加上自留地、十边田，估计百分之七十的地方比去年好，百分之十五的一般，百分之十五的有困难。存在的问题，主要是生产不平衡，底子薄，安排不落实。毛泽东表示赞成对情况作具体分析。江渭清谈到工作中出现缺点、错误不是有意的。毛泽东说：不要怕鬼，没有经验，讲清楚可以了。缺点可以有几千条，但这是可以克服的。不可理不直、气不壮，不要灰溜溜。分析形势要有比较，从积极方面考虑，要充分利用有利条件发挥主观能动性，去战胜困难。潜力是很大的，有困难，有办法，有希望。久卧思起，现在是起床的时候了。到了谷底，就要上山了。在谈到群众生活问题时，毛泽东说：要把群众生活安排落实好。克服困难要向土地要粮食，不可向上要粮食。在谈到农村基本核算单位下放问题时，毛泽东说：贯彻要快一点，一传达下去可以调动积极性。有人认为这是倒退，这不是倒退，是前进。不是讲底子薄吗？主要是生产队底子薄，要使生产队由薄变厚，就要发展生产力，就要以生产队为基本核算单位。要肥料就要养猪，要把猪养好，把牛养好，也是生产队来管。要明确大队干什么，生产队干什么，不弄清楚，生产队的积极性起不来。毛泽东特别指出，包产到户这事不可干。谈到一九六二年的工作时，毛泽东说：明年工、农、商、学、兵、政府、党委要全面走上轨道。党是领导一切的。要搞个几十条，大家遵守。明年要开会，开个大动员的会议。明年一月开中央工作会议，无论如何要抓好工作，争取主动。要识大体，顾大局，要加强纪律性。当毛泽东听到江苏征购已完成百分之九十四，棉花超产，猪、家禽、外贸、财政情况都比较好时，很高兴。他说：棉花超额部分留给江苏，调动积极性。关于对市场管理、货币回笼问题，他说：要紧农村，保城市。农村活路比较多，要支持城市。毛泽东强调工业要注意质量，质量提高是个大跃进。工业体制要改变，还是集中统一好。十五日，毛泽东又找江渭清、曾希圣、许世友谈话。

12月15日 致信李先念、姚依林〔1〕："江苏有一些好经验，工业、农业和财贸几方面的，很值得听一听。请你们返北京以前，到南京停一天。你们于十二月二十日或二十一日到达北京，就可以了。"

12月16日 听取中国人民解放军驻无锡部队负责人钟国楚〔2〕汇报部队的建设等情况。傍晚离开无锡。

12月17日 到达济南。在专列上听取中共山东省委负责人谭启龙、裴孟飞、白如冰、苏毅然〔3〕等汇报。在谈到基本核算单位下放问题时，毛泽东说：权力下放，实行大包干后，生产队三十户是否大了？可以搞十几户。山区里三户五户的怎么办？二十户规模就是大的。在汇报到山东的牲口已经停止死亡时，他说：基本核算单位下放到生产队，牲口就不会死，农具破坏也不会那么严重。"三包一奖"是大平均主义，是粮食下降的主要原因，使牲口、农具损失这么大。大平均主义六年没有解决，现在解决了。有人说，这是不是退步？是不是社会主义？这不是退步，按劳分配就是社会主义。照顾五保户、困难户，有共产主义因素。还有积累，还有征粮，有了前途。这是整个人民的利益。

---

〔1〕 姚依林，当时任国务院财贸办公室副主任兼商业部部长。

〔2〕 钟国楚，当时任中国人民解放军第27军军长。

〔3〕 谭启龙，当时任中共中央华东局书记处书记、山东省委第一书记、山东省省长（至1963年12月）、山东省政协主席、中国人民解放军济南军区政治委员。裴孟飞，当时任中共山东省委书记处书记。白如冰，当时任中共山东省委书记处书记、山东省副省长（1963年12月任省长）。苏毅然，当时任中共山东省委书记处书记、山东省副省长。

12月18日　到达天津。在专列上听取中共河北省委负责人刘子厚、阎达开[1]和天津市委负责人万晓塘[2]等的汇报。毛泽东看了河北的代食品，说：守着这样一个渤海湾，为什么不搞些鱼呢？搞一二十只渔轮嘛！搞个几年计划，增加几十条渔轮。天津市能生产渔轮，就要搞一些嘛！谈到整风整社问题时说：先教育干部这一条，过去我们就没有学到。现在先要搞几十条，让他们学习嘛！讲了十几年的马克思主义，社会主义的原则是什么等等，结果一做起来就忘了，刮“共产风”。谈到分配大包干问题时说：分配大包干，基本核算单位下放，我看了南宫的报告，大包干推动了秋收、种麦和征购。基础还是放在“脚”上，不能放在“腰”上。谈到劳动组织时说：十几户的就不要分小组了，二十几户的要分。田间管理包工到户有利，能利用全家的辅助劳力。当刘子厚谈到邢台的包工到组结合包工到户的经验时，毛泽东说：这与安徽的差不多，大农活集体干，小农活包到户。但有的大小农活都到户了，就成了包产到户了。谈到过去经验教训时说：你们过去一百四十多个县，合成六十个太大了，现在又分成一百三十多个就好了。一百四十多个县并成六十个县，也是一股风呀！这也是宝贵经验。过去搞过“三包一奖”，搞过平均主义，搞过形式上的评工记分，取消地委，搞食堂，搞粮食供给制等等，这都是非常宝贵的经验。现在看来，这是很可笑的事，但是非常宝贵。工业上也出过许多笑话。如果没有这些，就没有反面的经验。谈到目前各县正准备搞生产规划时说：还是要留有余地，再搞计划，要踏实，别搞主观主义呀！要求实。你们各县搞计划不要一股劲

---

〔1〕　阎达开，当时任中共河北省委书记处书记、河北省副省长、河北省政协副主席。

〔2〕　万晓塘，当时任中共河北省委书记处书记、天津市委第一书记。

高指标，也不要低指标，叫平均先进指标。谈到即将召开的中央工作会议时说：这次会议，“工业七十条”、“农业六十条”都暂不议。“六十条”没有解决分配大包干问题，要搞个三级核算、队为基础的文件。中心是搞财贸一百条，七年计划也只能大体谈一谈。谈到形势问题时说：困难不要好久就可以克服，再有一年就过去了，还是大有希望。你们去年说好的县有百分之二十，恐怕不只百分之二十。要弄清总的形势，一年之间就有好转，就产生了“七十条”嘛！商业也有一百条嘛！开会时讲讲形势，恐怕需要。

12月19日 晨，回到北京。

12月20日—1962年1月10日 中共中央在北京召开有各中央局、省市区负责人和中央各部门负责人参加的工作会议，讨论国内国际形势，一九六二年度国民经济计划及长远计划，商业问题，农村基本核算单位问题，党的工作等，并为召开扩大的中央工作会议作准备。毛泽东提出一九六二年在工、农、商、学、兵、政、党七个方面要大抓一下。

12月20日 晚上，在中南海颐年堂主持召开有中共中央政治局常委和各中央局第一书记参加的会议，讨论中央工作会议的议程和安排。当邓小平谈到这次会议要讨论国内国际形势时，毛泽东说：这样好，有形势，才有气。会议不要开得太紧，上午休息，下午开会，晚上看戏。白天出气，晚上看戏。当周恩来谈到需要集中统一时，毛泽东说：我起初是支持地方的，后来我看不对头，现在要支持集中了。过去民主革命，证明集中统一才能打胜仗。现在的毛病是“五风”、“五多”。当周恩来谈到他对形势的估计是“形势好，成绩大，困难多，任务重”时，毛泽东说：形势是好的，错误都在改正，比去年好，在向好的方面走。农业有了“六十条”，工业有“七十条”，教育有“六十条”，商业也将要有几十条或者一百条，这就有办法。接着，毛泽东着重讲了对过去几年走弯路的责任问题，以及对建国十二年来的工作的基本估计问题。他说：过去走了弯路，应该首先由中央负责，然后是省委，然后才是地委、县委。我到下边一看，省委说错误主要由他们负责，也说到中央，但总是说中央总是正确的英明领导，这不符合事实嘛。这就不能真正得到经验教训。这几年的高指标、高估产、高征购、高分配和几个大办，大办水利、大办交通、大办养猪场等，都是中央的。虽然材料是由你们来的，但是谁叫你相信呢？我们头脑这个加工厂，没有了解实情。四高、几个大办、供给制、食堂，这些都是错误的，做了有损于人民利益的事，为人民服了不好的务。服务服得不好，这是一方面。还要看到，有了这些错误，这是我们的宝贵财产。人的认识总有个过程的。问题是认识得慢了一点，时间长了一点。比如“三包一奖”，今年我才看到耿长锁的信、山东的材料、广东大沥公社一个大队的材料，开始怀疑这个办法。找胡乔木、廖鲁言〔1〕谈，他们都说大队为基本核算单位好，这是中国的创造，苏联没有的，胡乔木还给我举了韶山的例子。那时，河北的同志在北京、在广州都讲了他们的主张，但是经过了大半年，我们才了解。人对于事物的认识，就是这样子奇怪。有了这样错误的经验，我们就可以不再犯了。这十二年，恐怕还是做对了的是主要的，占第一位，错误占第二位。我们十二年，已经有了两方面的经验，这就更强了，而不是更弱了。这是一。民主革命时还有一条经验，即有了总路线，还必须有一套完整的具体政策，不然不能把事情办好。这是两条很重要的经验。

12月22日 对书报简讯社编印的材料《仇者快——资本主

〔1〕 廖鲁言，当时任中共中央农村工作部（1962年11月撤销）副部长、国务院农林办公室副主任兼农业部部长。

义国家怎样看苏共二十二大》，批示："小平同志：请考虑此件是否可以印发到会各同志。"

12月24日 写信问候患感冒的卫士张仙朋："你好了些吗？好好静养，过几天再上班不迟。我想你。你到我的厨房吃饭吧。"

12月26日 复信臧克家："几次惠书，均已收到，甚为感谢。所谈之事，很想谈谈。无耐有些忙，抽不出时间来；而且我对于诗的问题，需要加以研究，才有发言权。因比请你等候一些时间吧。"

同日 复信周世钊〔1〕："惠书收到，迟复为歉。很赞成你的意见。你努力奋斗吧。我甚好，无病，堪以告慰。'秋风万里芙蓉国，暮雨朝云薜荔村。'〔2〕'西南云气来衡岳，日夜江声下洞庭。'〔3〕同志，你处在这样的环境中，岂不妙哉？"

同日 晚上，在钓鱼台十二号楼召开会议，听取中央工作会议各组讨论情况的汇报。毛泽东首先问关于形势讨论的情况。接着他说：梁襄王问孟子曰："天下恶乎定？"孟子曰："定于一。"〔4〕我们要定于一，修正主义也要定于一，还不说帝国主义。是争领导权的问题，我们只管我们这一块天下定于一，别人的我们不管。要来参观的让他看，要书的给他书，要谈话的同他谈。要告诉我们的外交人员，不管所在国的政府是否反动，一概不搞颠覆活动。苏联就是搞窃听、造谣、收买、干涉、颠覆、撤

---

〔1〕 周世钊，毛泽东在湖南省立第一师范学校读书时的同学。当时任全国人大代表、湖南省副省长、湖南省政协副主席、中国民主同盟中央委员、中国民主同盟湖南省委员会主任委员。

〔2〕 见谭用之《秋宿湘江遇雨》。下句原为"暮雨千家薜荔村"。

〔3〕 这是湖南长沙岳麓山云麓宫望湘亭上的一副对联，录自清末诗人黄道让的《七律·重登岳麓》中的诗句，上句为"西南云气开衡岳"。

〔4〕 见《孟子·梁惠王上》。

退专家、断绝关系，一共总有七八种，我们一概不搞。赫鲁晓夫怕鬼，越怕鬼，就有鬼。他们欺软怕硬，应该是欺硬怕软。《西厢记》上讲惠明和尚，有几段唱词，里面有："我从来欺硬怕软，吃苦辞甘"。共产党人就应该这样。"强凌弱，众暴寡"，从来不得人心嘛。（陈伯达：美国《基督教科学箴言报》上有一篇文章说，如果中苏分裂了，世界力量对比就改变了。）那也不对。中苏也不可能分裂，不会分裂，首先我们不分裂，你搞撤退大使，我不搞。

12月27日 批示将《西厢记》第二本第二折印发到会同志。这一折中有惠明的唱词"我从来欺硬怕软，吃苦辞甘"。

同日 审阅中共中央关于支持美共反迫害斗争的宣传通知稿，批示："尚昆同志：此件请即办。可以印发到会各同志。在发之前，请问一下联络部，此件是否与在京的美共同志共同商量过。〔1〕如未，应和他们好好商量一下。"

12月28日 上午，阅邓小平报送的廖承志、刘宁一关于对世界和平理事会的看法的报告。邓小平在报告上批写："主席：这场斗争反映了二十二大后的若干动态，拟印发工作会议。如同意，即交尚昆办理。"毛泽东批示："同意。请尚昆照办。"

12月29日 上午，批示机要秘书徐业夫："这几首诗好，印发各同志。"几首诗，指《光明日报》十二月二十八日发表的教育家吴研因的《赏菊》和全国人大代表、全国人大法案委员会

〔1〕 中共中央办公厅机要室1961年12月27日注明："主席批示的问题已问过中联部，此件陆定一同志已与在京的美共同志商量过。"

委员钱昌照的二首诗。[1]

同日 复信刘松林[2]："信已收到，很高兴。我身体尚好，勿念。你要注意休养。希望你写点日记。"

12月31日 晚上，和刘少奇、周恩来、邓小平等中央政治局常委，同中央工作会议与会者在北京饭店聚餐。

12月 作《卜算子·咏梅》："风雨送春归，飞雪迎春到。已是悬崖百丈冰，犹有花枝俏。 俏也不争春，只把春来报。待到山花烂漫时，她在丛中笑。"毛泽东在题下写有："读陆游咏梅词[3]，反其意而用之。"

同月 阅新华社十二月二十三日编印的《内部参考》刊载的波兰哲学家兼政论家沙夫谈人道主义文章的摘要。文章认为，社会主义人道主义"表现了现代共产主义运动的本质和内容"，它的目的是"发展个人和为个人的幸福创造条件"等。"人道主义是科学社会主义的精华，而个人幸福的主张则是人道主义的精华"。毛泽东批注："为哪一些阶级的个人幸福和集体幸福？范围是全世界呢？还只是本民族？是最大多数的工人、贫苦农民和革

〔1〕吴研因的《赏菊》一诗为："不期青女忍相欺，老圃新枝竞吐奇。秋色还如春色好，西风莫漫撼东篱！嫩红老紫百千盆，蟠错如虬况有根。为证明年花更艳，手题诗句待重温。"钱昌照的二首诗是：一首题为《芦台农场》："麦苗肥壮谷登场，谁信当年一片荒？排灌齐全轮作好，芦台今日是粮仓。"一首题为《藁城农村》："薯曝墙头菜挂檐，棉田片片麦无边。农村活跃歌声里，绿女红男夕照前。"

〔2〕刘松林，原名刘思齐，1949年10月同毛泽东的长子毛岸英结婚。1950年11月25日毛岸英在抗美援朝战争中牺牲。刘松林这时在中国人民解放军工程兵科学技术研究部任俄文翻译。

〔3〕陆游原词《卜算子·咏梅》为："驿外断桥边，寂寞开无主。已是黄昏独自愁，更著风和雨。 无意苦争春，一任群芳妒。零落成泥碾作尘，只有香如故。"

命知识分子呢？还是以‘全民’为幌子，进行欺骗，实则只是为资产阶级和工人贵族呢?”

同月 两个苏联公民分别写信给毛泽东，对赫鲁晓夫在苏共二十二大攻击阿尔巴尼亚、反对斯大林，表示强烈不满。毛泽东阅后写了一个批语：“极好，极正确，可阅。”

本年 作《七律·答友人》[1]：“九嶷山上白云飞，帝子乘风下翠微。斑竹一枝千滴泪，红霞万朵百重衣。洞庭波涌连天雪，长岛人歌动地诗。我欲因之梦寥廓，芙蓉国里尽朝晖。”

本年 作《七绝二首·纪念鲁迅八十寿辰》。其一：“博大胆识铁石坚，刀光剑影任翔旋。龙华喋血不眠夜，犹制小诗赋管弦。”其二：“鉴湖越台名士乡，忧忡为国痛断肠。剑南歌接秋风吟，一例氤氲入诗囊。”

---

〔1〕 友人，指周世钊。毛泽东曾将原题《答周世钊》改为“答周世钊同学”，后改定为“答友人”。

1962年　六十九岁

1月2日　会见印度尼西亚、古巴、巴西、怯尼亚[1]、洪都拉斯的外宾，刘宁一、刘长胜、李颉伯、楚图南[2]等在座。

同日　阅一九六一年十二月三十日《参考资料》摘登的《美报评苏阿关系》一文，批示："印发各同志。"文章认为：赫鲁晓夫担心的不是霍查，而是在苏联和其他各国有许多共产党人都认为，斯大林的政策是正确的，而赫鲁晓夫的政策是错误的。最重要的是，共产党中国的毛泽东既不同意赫鲁晓夫的意识形态上的言论也不同意他的具体政策。中国和阿尔巴尼亚、南斯拉夫都有一个基本原则，就是每一个共产党国家都应该有权决定它们自己的外交和内政的政策，而不是盲目地接受苏联的命令。

1月3日　下午，同周恩来谈话。

同日　晚上，在中南海颐年堂会见日本禁止原子弹氢弹协议会理事长安井郁，廖承志、刘宁一在座。毛泽东说：现在的世界，社会主义阵营算一个方面，美国算另一个方面，除此以外，都算中间地带。但是中间地带国家的性质也各不相同：有些国家

---

〔1〕 怯尼亚，今译肯尼亚。

〔2〕 刘长胜，当时任中华全国总工会副主席兼书记处书记、中国非洲人民友好协会会长。李颉伯，当时任中共中央办公厅副主任、中华全国总工会副主席。楚图南，当时任全国政协常委、中国人民对外文化协会会长、中国对外文化联络委员会副主任、中国拉丁美洲友好协会会长、中国民主同盟中央副主席。

有殖民地，如英、法、比、荷等国；有些国家取得了真正的独立，如几内亚、阿联[1]、马里、加纳；还有一些国家取得了名义上的独立，实际上仍然是附属国。英国和法国是帝国主义，但同美国也有矛盾，可以作为人民的间接同盟者。

1月4日　指示杨尚昆找黄克诚[2]谈谈，希望黄克诚也出去走走。

同日　在中南海颐年堂主持召开中共中央政治局常委扩大会议，讨论精简问题。

1月5日　晚上，在中南海菊香书屋召集周恩来等开会。

1月6日　阅黄炎培谈"农业六十条"的来信后，复信说："一月五日惠书收读，甚为感谢！出去调查一番，必有益处。天寒，尚望注意珍摄。敬祝健康！"

1月7日　致信巴西总统古拉特。信中说：去年八月你访问中国期间，一再强调巴西人民维护民族独立的决心，使我印象特别深刻。"在你离开中国以后不久，巴西人民掀起了一场保卫巴西独立、反对美帝国主义干涉巴西内政的斗争。中国人民十分关切地注视这场斗争，并且热烈地祝贺巴西人民所取得的胜利。"信中还对巴西实行尊重别国主权、不干涉别国内政、同各国建立外交关系的外交政策表示赞赏。

1月9日、10日　审阅刘少奇、邓小平主持起草的在扩大的中央工作会议上的报告稿（通称第一稿或初稿）的第一部分和第

---

〔1〕阿联，阿拉伯联合共和国的简称。1958年2月由埃及和叙利亚合并组成。1961年9月叙利亚脱离阿联后，阿联单指埃及，1971年9月改名为阿拉伯埃及共和国。

〔2〕黄克诚，曾任中共中央书记处书记、中央军委秘书长、中国人民解放军总参谋长。在1959年庐山会议上被错误地打成"以彭德怀同志为首的反党集团"成员。同年8月、9月先后被解除上述职务。

二部分。这个报告准备由刘少奇代表中共中央在大会上宣读。十日上午十时，批示田家英并告刘少奇、邓小平、陈伯达：报告的前“两部分已经看过一遍，觉得好，但还没有细想，提不出不同意见。须要看第二遍，才有可能想一下。第三部分还没有看。其他一百多同志，可能也是这样。因此建议：推迟三天做报告。在此三天内（一月十一、十二、十三），扩大工作会议的同志们，先分组讨论农村基本核算单位那个问题及别的问题（例如总理报告的二十二大问题）。请考虑一下是否适当？”稍后，同邓小平、陈伯达、田家英谈报告稿，说：这个报告的中心（反分散主义）不能变动，必须坚持，报告就不要先开政治局会议讨论了，立刻发给参加大会的同志们，请大家评论，提意见，根据大家意见再作修改，然后提交政治局通过后正式作报告。这样，就更能充分发扬民主，集中各方面的智慧，对各种不同的看法有所比较，会也开得活泼一些。我们把革命干成功了，不怕讲缺点，要有信心。报告中，你们把我看成圣人了。这次会议，其他的问题不搞，就是搞报告这一个问题。十日当天，中央办公厅根据毛泽东的意见，将中央的报告（第一稿）发给参加会议的同志，并通知：“请你们在十一日仔细阅读一天，十二日、十三日两天，组织讨论，提出修改意见。这个报告稿子，还准备再作修改。”

1月9日 阅杨尚昆一月八日报送的经中共中央书记处讨论修改的《中共中央关于谴责美国政府反共暴行〔1〕、支持美共正义斗争的声明》稿，批示：“退尚昆办。看过，同意。”这个声明一月十五日在《人民日报》发表。

〔1〕 美国政府宣布：从1962年2月1日起，美国共产党作为“外国代理人”要进行登记。这实际上是宣布美国共产党为非法。美国共产党表示拒绝登记。

同日 写信给李讷[1]："贺片收到，高兴。你为什么不写封信给我呢？为什么那样吝啬呢？你不爱爸爸了，是不是呢？我希望不是，你是爱我的，只因我对你帮助太少，缺乏长谈，互不交心，所以如此。你给我来封信吧。祝你上进！"

1月11日—2月7日 扩大的中共中央工作会议（通称七千人大会）在北京召开，毛泽东主持。出席会议的有中央、各中央局、各省市自治区党委、地委、县委、重要厂矿党委及军队的负责干部七千余人。这次会议的主要目的是：总结建国以来十二年特别是最近四年以来的工作经验，统一全党的思想认识，加强团结，加强纪律，加强民主集中制，加强集中统一，鼓足干劲，做好工作，以确实贯彻调整国民经济的方针，战胜当前的困难。

1月11日 晚上，同周恩来谈话。

1月12日 读郭沫若对《七律·和郭沫若同志》的和诗《再赞〈三打白骨精〉》[2]后，复信康生："八日惠书收到，极高兴。请告郭沫若同志，他的和诗好，不要'千刀当剐唐僧肉'了，对中间派采取了统一战线政策，这就好了。近作咏梅词[3]一首，是反修正主义的，寄上请一阅。并请送沫若一阅。外附陆游咏梅词[4]一首。末尾的说明是我作的[5]，我想是这样的。究竟此词何年所作，主题是

---

〔1〕 李讷，毛泽东的女儿。当时在北京大学历史系学习。

〔2〕 这首和诗是郭沫若1962年1月6日在广州写的。全诗是："赖有晴空霹雳雷，不教白骨聚成堆。九天四海澄迷雾，八十一番弭大灾。僧受折磨知悔恨，猪期振奋报涓埃。金睛火眼无容赦，哪怕妖精亿度来！"

〔3〕 指《卜算子·咏梅》（1961年12月）。

〔4〕 即陆游《卜算子·咏梅》。

〔5〕 指1961年12月27日毛泽东批示内部印发他写的《卜算子·咏梅》时，对陆游原词作的说明："作者北伐主张失败，皇帝不信任他，卖国分子打击他，自己陷于孤立，感到苍凉寂寞，因作此词。"

什么，尚有待于考证。我不过望文生义说几句罢了。请代问郭老好!”

同日 上午，阅杨尚昆一月九日的报告。报告说：“主席：小平同志嘱向你报告两件事：一、在中央扩大的工作会议上的报告（初稿），共三部分，前两部分已于昨日送上（已同时发工作会议，今天各组即将讨论），第三部分今晨已送出。这个稿子是少奇同志主持修改的，报告也即由少奇同志作。小平同志希望你审阅。二、书记处向常委的报告和几个材料，应如何处理，请示。出席扩大工作会议的同志们，昨天基本上已到京，近几天他们都在参观。”毛泽东批示：“尚昆同志：这两件事都已办了。”

同日 晚上，会见以日本社会党顾问铃木茂三郎为团长的日本社会党访华团，张奚若〔1〕、廖承志、刘宁一等在座。毛泽东对访华团团员、研究军事理论的石桥政嗣说：从前德国有两位军事理论家，一位是恩格斯，另一位是克劳塞维茨。克劳塞维茨的书，我在战争中被迫多少研究过一些，不过研究得也很少。《孙子兵法》是中国古典军事学当中比较好的书，比克劳塞维茨的书要早。当日本客人谈到他们非常喜欢毛主席去年为他们书写的鲁迅的一首诗〔2〕时，毛泽东说：鲁迅的那首诗是写给中国人民的。如果它对你们有帮助，那就好。这不是我对你们的帮助，是鲁迅对你们的帮助，鲁迅对日本人民是有感情的。

同日 复信毛岸青〔3〕，信中说：“寄来的信，收到，甚为高兴。你现在住院治疗，望遵医嘱，不要变方法治疗、休息。一切待今年上半年机会成熟时，就会解决的。我好，时有点小毛病，

---

〔1〕 张奚若，当时任全国人大代表、全国政协常委、中国对外文化联络委员会主任、中国人民外交学会会长。

〔2〕 指1961年10月7日毛泽东为日本朋友书写的鲁迅的诗《无题》。

〔3〕 毛岸青，毛泽东的次子。

一下子就过去了，勿以为念。”

1月13日 上午，同杨尚昆、田家英谈话，对扩大的中央工作会议的进程提出意见，说：可延长会期，对报告稿进行充分的讨论。报告稿经大会讨论定稿之后，直接发给大会，少奇同志在大会作报告时，不念这个报告，只对报告涉及的一些问题，另作发挥和说明。下午，刘少奇、邓小平等在钓鱼台八号楼开会，根据毛泽东的上述意见，对会议进程重新作了安排，会期准备延长至一月二十八日，以小组会议为主讨论报告。

同日 晚上，同王任重谈话。王任重谈了他对这次会议以来听到的和个人想到的一些意见。

1月14日 晚上，在中南海勤政殿会见由部长会议副主席凯莱齐率领的阿尔巴尼亚政府经济代表团，刘少奇、李先念、罗瑞卿、叶季壮、方毅、黄镇、李强〔1〕等在座。在谈到国际共运出现的一些问题时，毛泽东说：天是塌不下来的。过去在我国河南有一个小国叫杞国，那里的人就怕天塌下来，杞人忧天，不该怕的他也怕。坚持下去，就是胜利。

1月16日 晚上，在钓鱼台十二号楼召集刘少奇、邓小平、陈伯达、田家英等开会，谈修改报告第一稿的问题。鉴于大会对报告第一稿有许多意见，毛泽东提议成立报告起草委员会。他说：委员会可以由各中央局第一书记和中央的一些同志参加，在委员会内充分讨论。先谈谈主要矛盾是什么，统一思想之后再写稿子。原报告稿中不好的可以推翻，可以全部推翻。不合理的，

---

〔1〕 叶季壮，当时任国务院财贸办公室副主任兼对外贸易部部长。方毅，当时任国务院外事办公室副主任、国家计划委员会副主任、对外经济联络总局局长（1964年6月撤销）。1964年6月又任中国对外经济联络委员会主任。黄镇，当时任外交部副部长。李强，当时任对外贸易部副部长、中国科学院学部委员。

不是真理的，都可以推翻。正确的不能推翻。第二稿拿出去再推翻也不要紧，不过，最好不推翻。当晚，报告起草委员会组成，共二十一人：刘少奇、周恩来、邓小平、陈云、林彪、彭真、李富春、李先念、柯庆施、李井泉、陈伯达、薄一波〔1〕、陶铸、乌兰夫〔2〕、刘澜涛、宋任穷、杨尚昆、王仁重、胡绳〔3〕、田家英、吴冷西。从十七日起，起草委员会每天下午开会，由刘少奇主持，对报告第一稿进行讨论和修改。二十四日，改出第二稿。

1月22日 阅田家英一月十日的报告。报告说：主席的军事文选，由编译局组织进行英文、法文、俄文和西班牙文的翻译，现已基本译完，大约在三月内可以分别出版。为了适合外国读者的需要，我们增加了一些注释。在《抗日游击战争的战略问题》一文中，讲到建立游击根据地的条件之一是地区广大，在小国进行游击战争的可能性便很小甚至没有。我们准备在这段文章的后面加一条注释，说明在新的历史情况下，各国人民进行革命战争已经同我国抗日战争所需的条件不完全相同，国家幅员大小，已经不是游击战争能否最后胜利的决定性的条件。这条注文已请康生同志看过，现在请主席审阅。毛泽东批示："照办。"

1月24日 审阅报告起草委员会改出的报告第二稿，批示：

---

〔1〕 薄一波，当时任中共中央政治局候补委员、中央财经小组副组长、国务院副总理兼工业交通办公室主任、国家经济委员会主任。1962年10月又任国家计划委员会副主任。

〔2〕 乌兰夫，当时任中共中央政治局候补委员、华北局第二书记、内蒙古自治区委员会第一书记、国务院副总理兼国家民族事务委员会主任、内蒙古自治区人民委员会主席。1965年5月又任内蒙古自治区政协主席。

〔3〕 胡绳，当时任中共中央政治研究室副主任（1964年夏任在中央政治研究室基础上成立的中央马列主义研究院副院长）、《红旗》杂志副总编辑、中国科学院哲学社会科学部委员。

"即送田家英同志：在第一章中有几处作了一些修改。用后退毛。"随后，约刘少奇、邓小平等谈话，说：报告没有看完，赞成这个方向，有的地方作了修改。

1月25日 中共中央政治局扩大会议在中南海怀仁堂举行，刘少奇主持会议。会议基本通过报告的第二稿。报告共三个部分：关于目前形势和任务；关于集中统一；关于党的问题。

1月26日 下午，在钓鱼台十二号楼主持召开中共中央政治局常委会议，讨论大会的安排和刘少奇代表中央向大会作口头报告的提纲。决定二十七日下午举行全体大会，刘少奇作口头报告。预定会议在一月三十日结束。

1月27日 下午二时，在人民大会堂主持扩大的中央工作会议全体会议。刘少奇在会上作口头报告，对书面报告作说明和补充。刘少奇说：过去我们经常把缺点错误和成绩，比之于一个指头和九个指头的关系。现在恐怕不能到处这样套。有一部分地区还可以这样讲。在那些地方虽然也有缺点和错误，可能只是一个指头，而成绩是九个指头。可是，全国总起来讲，缺点和成绩的关系，就不能说是一个指头和九个指头的关系，恐怕是三个指头和七个指头的关系。还有些地区，缺点和错误不止是三个指头。如果说这些地方的缺点和错误只是三个指头，成绩还有七个指头，这是不符合实际情况的，是不能说服人的。我到湖南的一个地方，农民说是"三分天灾，七分人祸"。你不承认，人家就不服。全国有一部分地区可以说缺点和错误是主要的，成绩不是主要的。在刘少奇讲话中间，毛泽东多次插话。在刘少奇讲到这几年工作中发生的缺点和错误首先要负责任的是中央，包括中央各部门，包括国务院和国务院所属的各部门时，毛泽东说：包括中央一些不恰当的东西。在刘少奇讲到要清理一下最近几年提出的口号时，毛泽东说：中央书记处已经清理了一次，但是还没有清理完毕。《人民日报》、新华社、《红旗》杂志、广播事业局，究竟还说了哪一些对人民不利的话，要清理一下。在刘少奇讲到对中央提出的一九六三年到一九七二年的十年奋斗目标，有的同志认为太低了，还应当高一点时，毛泽东说：有一种可能是还达不到。在刘少奇讲到地方企业不是地方所有制的企业，是由地方管理的全民所有制的企业，为了全体人民的利益，各地方应该把这些企业管理好时，毛泽东说：对于地方利益还是要照顾。在刘少奇讲到在一般党员和不脱离生产的干部中间不要进行反对分散主义的斗争时，毛泽东说：不存在分散主义的地方也不要进行斗争。在刘少奇讲到过去有些老实人说老实话吃了亏，而不老实的人却占了便宜时，毛泽东说：总有一天要吃亏的。

1月29日 下午四时，在人民大会堂主持扩大的中央工作会议全体会议。林彪在大会上讲话，讲关于党的工作和军事工作两个问题。他说：我们党所提出的总路线、大跃进、人民公社这三面红旗是正确的。这两三年以来，我们国家在某些方面发生了一些困难。但我们取得了经验，付出一点学费是值得的。在困难的时候，我们更应该加强党的团结，更加依靠和更加相信党的领导、中央的领导、毛主席的领导。事实证明，这些困难在某些方面、某种程度上，恰恰是由于我们没有照着毛主席的指示、毛主席的警告、毛主席的思想去做。我深深感觉到，我们的工作搞得好一些的时候，是毛主席的思想能够顺利贯彻的时候，是他思想不受干扰的时候。反之，他的意见受不到尊重或者受到很大干扰，事情就要出毛病。林彪还说：我们国内的责任，就是要使我们的国家富裕起来，人民富裕起来。我们是一个落后的国家，但是我们有足够的条件成为先进的国家、强大的国家，成为全世界最强大的国家。不但要比已经落后了的老帝国主义英国强，也能够比美国强。只要一个国家变成团结的国家，只要这个国家有先进的领导，不要很长的时间，有几十年的时间就可以翻过来了。关于军事工作，林彪说：我们对战争的方针，第一是不挑衅，不主动发动进攻，我们要争取和平，尽量推迟战争的爆发。第二是不搞单纯防御，而是打进攻防御战。林彪讲完后，毛泽东说：林彪同志讲得很好，给你一个月时间整理出来，一个月不行两个月，请你整理出来。接着，毛泽东讲话。他根据会上有一些人话还没有说完，憋着一肚子气，还有人压制民主，不让人讲话的情况，经同中央政治局常委同志商量，向大会提出再延长会期、开“出气会”的建议。他说：现在，要解决的一个中心问题是：有些同志的一些话没有讲出来，觉得不大好讲，这就不那么好了。要让人家讲话，要给人家机会批评自己。你自己不批评自己，也可以，得让人家批评你。最好的办法还是自己来批评自己。我看是不是在这次会议上就解决这个问题，县委、地委、省委都有同志在这里，不要等回去了再解决。另外，还有几位中央的同志准备在大会上讲话，我也想讲几句。我们可以一面开小会，一面开大会。不过，你们都急于回去过春节，这是一个矛盾。我看春节无关大局，我主张集体在北京过一个春节。我相信能够解决上下通气的问题。我建议让人家出气，不出气统一不起来。没有民主，就不可能有正确的集中，因为气都没有出嘛，积极性怎么能调动起来？到中央开会，还不敢讲话，回到地方就更不敢讲话了。我们常委几个同志商量了一下，希望解决出气的问题，有什么气出什么气，有多少气出多少气，不管是正确之气、错误之气，都不记账，不打击，不报复。要建立民主集中制。讲了几十年马克思主义，我们党内生活的民主集中制没有很好建立起来，民主集中制的思想在有些同志脑筋里没有产生，没有民主。

同日 接见湖南省华容县一个生产大队的大队长，对这个大队实行“五定大包干”[1]，基本核算单位下放到生产队，表示满意，称赞他们认真执行了中央的政策。

1月30日 下午四时，在人民大会堂主持扩大的中央工作会议全体会议，并作长篇讲话。讲话共六个问题：一、这次会议的开会方法；二、民主集中制问题；三、我们应当联合哪一些阶级？压迫哪一些阶级？这是一个根本立场问题；四、关于认识客观世界的问题；五、关于国际共产主义运动；六、要团结全党和全体人民。中心是讲民主集中制问题，突出强调在党内党外发扬民主的重要性。他说：不论党内党外，都要有充分的民主生活，就是说，都要认真实行民主集中制。要真正把问题敞开，让群众讲话，哪怕是骂自己的话，也要让人家讲。骂的结果，无非是自己倒台，不能做这项工作了，降到下级机关去做工作，或者调到别的地方去做工作。现在有些同志，很怕群众开展讨论，怕他们提出同领导机关、领导者不同的意见。一讨论问题，就压抑群众的积极性，不许人家讲话。我在一九五七年这样说过，要造成“又有集中又有民主，又有纪律又有自由，又有统一意志、又有个人心情舒畅、生动活泼，那样一种政治局面”。没有这样的政治局面，群众的积极性是不可能发动起来的。没有民主，不可能有正确的集中，因为大家意见分歧，没有统一的认识，集中制就建立不起来。没有民主，就不可能正确地总结经验。没有民主，意见不是从群众中来，就不可能制定出好的路线、方针、政策和办法。我们的集中制，是建立在民主基础上的集中制。各级党委是执行集中领导的

[1] 当时在湖南农村的一些生产大队，有实行定时间、定任务、定劳力、定要求、定工分和包翻田、包刨杂草、包播种、包不受虫害的五定几包责任制的，也有实行定任务、定时间、定工具、定工分、定质量的五定责任制的。

机关。但是，党委的领导，是集体领导，不是第一书记个人独断。在党委会内部只应当实行民主集中制。第一书记同其他书记和委员之间的关系是少数服从多数。要使全党、全民团结起来，就必须发扬民主，让人讲话。在党内是这样，在党外也是这样。让人讲话的界限是什么呢？一个是，遵守党的纪律，少数服从多数，全党服从中央。另一个是，不准组织秘密集团。我们不怕公开的反对派，只怕秘密的反对派，这种人，当面不讲真话，当面讲的尽是些假的、骗人的话，真正的目的不讲出来。只要不是违反纪律的，只要不是搞秘密集团活动的，我们都允许他讲话，而且讲错了也不要处罚。讲错了话可以批评，但是要用道理说服人家。说而不服怎么办？让他保留意见。只要服从决议，服从多数人决定的东西，少数人可以保留不同的意见。许多时候，少数人的意见，倒是正确的。历史上常常有这样的事实，起初，真理不是在多数人手里，而是在少数人手里。对几年来工作中发生的缺点、错误，毛泽东说：有了错误，一定要作自我批评，要让人家讲话，让人批评。去年六月十二号，在中央北京工作会议的最后一天，〔1〕我讲了自己的缺点和错误。我说，请同志们传达到各省、各地方去。事后知道，许多地方没有传达。似乎我的错误就可以隐瞒，而且应当隐瞒。同志们，不能隐瞒。凡是中央犯的错误，直接的归我负责，间接的我也有份，因为我是中央主席。我不是要别人推卸责任，其他一些同志也有责任，但是第一个负责的应当是我。我们这几年工作中的缺点、错误，第一笔账，首先是中央负责，中央又是我首先负责；第二笔账，是省委、市委、自治区党委的；第三笔账，是地委一级的；第四笔账，是县委一级的；

〔1〕 应为1961年6月8日召开的有各中共中央局第一书记参加的中央政治局常委扩大会议，不是北京中央工作会议的最后一天。

第五笔账，就算到企业党委、公社党委了。总之，各有各的账。关于认识客观世界的问题，毛泽东说：人对客观世界的认识，由必然王国到自由王国的飞跃，要有一个过程。从党的建立到抗日时期，我们经过了两次胜利，两次失败。在抗日时期，我们才制定了合乎情况的党的总路线和一整套具体政策。这时候，中国民主革命这个必然王国才被我们认识，我们才有了自由。对于社会主义建设，我们还缺乏经验。我对蒙哥马利说："在我国，要建设起强大的社会主义经济，我估计要花一百多年。"中国的人口多、底子薄，经济落后，要使生产力很大地发展起来，要赶上和超过世界上最先进的资本主义国家，没有一百多年的时间，我看是不行的。对于建设社会主义的规律的认识，必须有一个过程。必须从实践出发，从没有经验到有经验，从有较少的经验，到有较多的经验，从建设社会主义这个未被认识的必然王国，到逐步地克服盲目性、认识客观规律、从而获得自由，在认识上出现一个飞跃，达到自由王国。在社会主义建设上，我们还有很大的盲目性。社会主义经济，对于我们来说，还有许多未被认识的必然王国。拿我来说，经济建设工作中间的许多问题，还不懂得。工业、商业，我就不大懂。〔1〕对于农业，我懂得一点。但是也只是比较地懂得，还是懂得不多。我注意得较多的是制度方面的问题，生产关系方面的问题，至于生产力方面，我的知识很少。社会主义建设，从我们全党来说，知识都非常不够。我们应当在今后一段时间内，积累经验，努力学习，在实践中将逐步地加深对它的认识，弄清楚它的规律。一定要下一番苦功，

---

〔1〕这之后原来还有一段话："别人比我懂，少奇同志比我懂，恩来同志比我懂，小平同志比我懂。陈云同志，特别是他，懂得较多。"在1966年2月中共中央将毛泽东的这个讲话印发党内领导干部阅读时，经毛泽东本人同意，删去了这段话。

要切切实实地去调查它，研究它。他说：有了总路线还不够，还必须在总路线指导之下，在工、农、商、学、兵、政、党各个方面，有一整套适合情况的具体方针、政策和办法，才有可能说服群众和干部，并且把这些当作教材去教育他们，使他们有一个统一的认识和统一的行动，然后才有可能取得革命事业和建设事业的胜利，否则是不可能的。毛泽东最后说：我今天的讲话，中心是讲了一个实行民主集中制的问题，在党内、党外发扬民主的问题。我们充分地发扬了民主，就能把党内、党外广大群众的积极性调动起来，就能使占人口百分之九十五以上的人民大众团结起来。做到了这些，我们的工作就会越做越好，我们遇到的困难就会较快地得到克服，我们事业的发展就会顺利得多。

同日 晚上，在中南海颐年堂召集中共中央政治局常委和各中央局第一书记参加的会议。会议就如何开好“出气会”作出安排，决定政治局常委几个同志分别参加几个省的会议，以三天时间开小组会，放手让大家提意见。毛泽东说：一月三十一日，二月一日、二日专门进行讨论，先放，上级不忙于作自我批评，有的上边先讲一讲也可以。如果省委书记妨碍下边同志讲话，就先回避一下。晚上，省委要召集地委书记开会谈一谈。省委要检讨，态度要老实诚恳，要抓住本质，简明扼要，关键性的东西讲一个小时就够了，讲长了反而有坏处。有“左”讲“左”，有右讲右，有多少讲多少。对于人家讲的，即使不对，也不要忙于解释。如果你检讨的时候，说你负责，回头又说，你当时不在，这就不诚恳嘛。毛泽东举例说：过去人家告罗炳辉〔1〕两条，我告

〔1〕 罗炳辉，曾任中国工农红军第22军军长、红军第9军团军团长、新四军第2师师长、新四军第二副军长兼山东军区副司令员等。1946年6月21日因病去世。

诉罗炳辉的也是两条：一条是人家对你有意见就应该听，准备听十年八年，让人家讲够，讲够了他就不讲了；第二条，你自己讲，你讲了，人家就不讲了，或者讲得就少了。总之，不听不讲是不行的。我劝同志们对过去发的文件、讲话，仿照中央书记处的办法，清理一下，看哪些是对的，哪些是错的，当然不是错的不要承认是错的，不要为了过关，对自己乱戴帽子。你有十条错误，你就承认十条，人家多讲了十条，他讲错了，他就要改变，因为他冤枉了你十条。对检讨自己错误的人，不要勉强，检讨不彻底的人也不要勉强，因为检讨总要觉悟到了才行，能检讨多少就检讨多少。过去我们犯错误的同志，一犯了错误就过不了关，总说是不彻底，没有彻底的。不要怕开除党籍，只要你对，你就不要怕。我就曾经三次被迫离开过红军，结果还不是回来了。在会议上讲的话，不管错误和正确，一律不许追究；凡是犯了错误的干部，只要是能改正的一律要使用。毛泽东讲了秦穆公的故事，他说：秦国进攻郑国，被晋国抄了后路，秦国军队全军覆没。晋国俘虏了三个秦国将军，这三个将军在晋国都有私人关系，晋国的人把这三人放走了。三个将军跑回秦国，秦穆公穿着孝衣去迎接他们，并且说打了败仗不怪你们，这是我的责任。秦穆公仍然重用这三位将军。三年以后，秦国攻打晋国，晋国全军覆没。对犯了错误的人，只要能改正一定要使用，就像秦穆公那样。会议怎么开，总之一定要有民主，没有无产阶级的民主就不会有无产阶级的集中，没有无产阶级的集中就不会建成社会主义。核算单位下放，最好在三月以前搞完，以便调动积极性，一下弄不好，没有关系，以后再巩固。

1月31日 上午，邀溥仪[1]到中南海颐年堂作客，并请章士钊、程潜、仇鳌、王季范[2]作陪。谈话中关切地询问溥仪的近况。看到溥仪有点紧张，毛泽东说：几十年前我也是你的臣民。对于过去的有些事，你要负责任，而有些事也不是你一个人做的，要好好总结一下历史上的教训。你写的自传《我的前半生》，我看过初稿，里边检讨好像太多了，看了一半就不想看了。你过去是帝王，是压迫人民的。现在是人民的一分子了。你溥仪可以再结婚，不过，要慎重考虑，不能马马虎虎，因为这是后半生的事。会见后，同溥仪等共进午餐并合影。

1月底或2月上旬 审阅修改《中共中央扩大的工作会议关于刘少奇同志报告的决议（草稿）》。在草稿中的“扩大的中央工作会议，充分地讨论了刘少奇同志代表中央在这次会议上所作的报告”后，加写“及中央常委几个同志的讲话”。在草稿中的“参加这次会议的全体同志，完全同意这个报告”后，加写“及这些讲话”。草稿中说“会议一致认为，中央提出的加强集中统一、反对分散主义的方针，是很适时的，是完全正确的”，毛泽东在“加强集中统一”后加写“加强和恢复民主集中制”。

2月1日 晚上，在中南海颐年堂主持召开中共中央政治局

---

〔1〕 溥仪，当时任全国政协文史资料研究委员会专员。1964年12月又任全国政协委员。他是清朝末代皇帝，1912年中华民国建立后被迫退位。1932年在日本帝国主义策划下出任伪满洲国“执政”，1934年改称“满洲帝国皇帝”。1945年日本投降后被苏军俘虏，1950年8月被移交给中华人民共和国政府。1959年12月被特赦释放。

〔2〕 仇鳌，中国同盟会会员，曾任国民党政府铨叙部次长、国民参政会参政员。对湖南和平解放作出贡献。当时任全国政协委员、中国国民党革命委员会中央委员。王季范，毛泽东的表兄，毛泽东在湖南省立第一师范学校读书时的教师。当时任全国人大代表。

常委扩大会议，听取华北、东北、华东三个大区开“出气会”的情况汇报，并决定扩大的中央工作会议延长到春节之后。

2月2日 晚上，在中南海颐年堂继续主持中共中央政治局常委扩大会议，听取西北、中南、西南三个大区开“出气会”的情况汇报。邓小平、彭真提议把党内生活的紧张空气缓和下来，县以下不再搞“出气会”，逐步地恢复党内正常的生活秩序。会议决定在二月三日由各省负责人作一次检讨报告，就结束这一段的会议。四日、五日放假，六日、七日上午开小会，下午开大会。

2月4日 农历除夕。和刘少奇、周恩来、朱德、林彪出席中共北京市委、市人民委员会在人民大会堂举行的春节联欢晚会，同出席扩大的中央工作会议的同志、首都各界人民一起共度春节。

2月5日 晚上，和刘少奇、周恩来、朱德、董必武、陈云、林彪、邓小平等出席中国人民解放军总政治部在人民大会堂举行的拥政爱民春节联欢晚会，同首都四万多军民共度春节。

2月6日 下午四时半，在人民大会堂主持扩大的中央工作会议全体会议。邓小平在大会上讲话，他说：这几年工作中的缺点和错误的责任，中央首先负责，而在中央，首先应由做具体工作的中央书记处负主要责任。要搞好国内建设，搞好各方面的工作，首先决定于我们党的领导。我们党有五个优点：有好的指导思想，即毛泽东思想；有好的党中央；有大批好的骨干，包括大批新的积极分子；有好的传统、好的作风，包括实事求是，有理想、有志气、不怕“鬼”，有一套健全的党的生活制度等；有对党高度信赖的人民。邓小平讲话时，毛泽东多次插话。在邓小平讲到不准搞派别活动时，毛泽东说：不准搞暗藏的派别活动。有一部分人，他公开发表不同的意见，是不是许可呢？在邓小平讲到党委会里面，应该有那么一段时间交交心，真正造成一个好的批评和自我批评的空气时，毛泽东说：检查工作，总结经验，交换意见。在邓小平讲到党委会内当“班长”的，要学会弹钢琴，这是不容易学会的，我们恐怕是永远要学的，不能说都会了时，毛泽东说：会了，又可以不会的。在邓小平讲到在省的党的委员会、常委会或者书记处的范围内，在地、县、部门、单位一级的党委会内部，要开一个会交交心，检查一下时，毛泽东说：有气的让他们出。出错了不怪人家。出得对，你应该接受；出错了，你怪人家也不好。在邓小平讲到这几年的教训是忙于事务，不注意学习，思想容易庸俗化时，毛泽东说：不重视学习理论，天天搞事务，一定要迷失方向。

2月7日 下午四时半，在人民大会堂主持扩大的中央工作会议全体会议。周恩来在大会上讲话，他说：几年来的缺点、错误，国务院及其所属的各综合性的委员会、各综合口和各部，要负很大责任。不切实际地规定跃进的进度，就使人们只注意多、快，不注意好、省；只注意数量，不注意品种、质量；只要高速度，不重视按比例；只顾主观需要，不顾客观可能；只顾当前要求，没有长远打算；不从整个历史时期来计算大跃进的速度，而要求年年有同样的高速度。结果是欲速则不达。必须认识如果不按比例，不搞综合平衡，不认识客观规律，不按客观规律办事，就要受客观规律的处罚。目前国内经济形势还存在着相当严重的困难。一般地说，全国农业生产的恢复需要三年至五年。一九六二年是国民经济计划以调整为主的关键年。周恩来讲话后，毛泽东宣布扩大的中央工作会议闭幕。他说：会议到此结束了。会议是开得好的。时间长一点，差不多一个月。经过一个月的时间，我们上下通气，总结经验，定出方针、政策、办法。虽然办法不完全，不可能一次会议把所有问题都解决，只能解决现在已经成熟了的问题。会议闭幕了，一些同志明天还要留一天，各省还有些问题要谈一谈，明天开一次小型中央工作会议。后天都回家，个别的省要留两天。

2月8日 晚上，在中南海颐年堂主持召开中共中央政治局常委扩大会议。毛泽东说：一张一弛，现在要弛一下，不要搞得太紧了。七月开北戴河会议，几个月内不开会。会后，毛泽东乘专列离开北京南下。

2月10日 上午，到达上海，住西郊宾馆。

2月11日 阅田家英二月八日关于改变农村人民公社基本核算单位的文件的报告。报告说：小平同志主张把基本核算单位下放到生产队后不变的时间"写成二十年。究竟写'四十年'，还是写'至少二十年'，请主席决定"。毛泽东批示："田家英同志，并请告小平同志，刘、周：以改为'至少三十年'为宜。苏联现在四十三年了，农业还未过关，我国也可能需要几十年，才能过关。"毛泽东将自己的意见"至少三十年内"直接改在《中共中央关于改变农村人民公社基本核算单位问题的指示（草案）》上。在二月十三日正式下发的指示中，这段文字是："在我国绝大多数地区的农村人民公社，以生产队为基本核算单位，实行以生产队为基础的三级集体所有制，将不是短期内的事情，而是在一个长时期内，例如至少三十年内，实行的根本制度。"

2月13日 下午，在上海锦江饭店同毛华初〔1〕谈话，询问湖南群众的生产积极性、去年全省粮食产量等情况。不久在又一次谈话中，毛华初受张平化〔2〕之托向毛泽东请示，今后调查研究工作应着重了解哪些问题。毛泽东说：现在已经有了人民公社

---

〔1〕 毛华初，毛泽东弟媳王淑兰的养子。当时任中共湖南省委政策研究室副主任。

〔2〕 张平化，当时任中共中央中南局书记处书记、湖南省委第一书记、湖南省政协主席、中国人民解放军湖南省军区第一政治委员。1966年5月、6月先后任中共中央文化革命小组成员、中央宣传部常务副部长。1966年9月，中共中央决定调张平化回中共湖南省委工作。

六十条，应根据“六十条”去调查研究问题。现在又规定了基本核算单位以生产队为基础的三级所有制，先实行一段，看看再说，不要老变，变来变去容易使群众思想波动，影响他们的生产积极性。搞调查研究，每到一个地方，找几个知情敢说话的人，在一起开座谈会的方式最好。我出来，每到一个地方，找几个人来座谈或谈一谈，就能知道很多情况和问题，这个方法好。毛泽东嘱咐毛华初，要把调查的材料直接寄给他一份。

2月14日 下午，同柯庆施谈话。

2月21日—23日 刘少奇在中南海西楼会议室主持召开中共中央政治局常委扩大会议（通称西楼会议），讨论一九六二年国家预算和经济形势问题。会议分析了我国近几年农业减产、市场紧张、物价高涨和当年财政预算有三十亿元赤字的情况，认为我国现在类似非常时期，必须确定一个恢复时期〔1〕，全面地调整国民经济。会议提出了克服困难的一些具体措施。

2月22日 致信刘少奇、邓小平：“人代会以三月二十日报到，二十一或二十二、三开会为好，这原是恩来提议，我现在赞成这样做，较为从容一些。”

2月23日 复信刘少奇：“二月十七日的信及两个文件〔2〕，均已看过，修改得很好了，即请你处理！人大会期，照恩来提议，以移至三月二十日报到，看两天文件，然后开大会一天，随即开座谈会。开一次生动活泼的大会极为必要。”

同日 阅邓小平二月二十日报送的中共中央对外联络部关于建议召开各国共产党会议问题的报告。邓小平附信说：“这个文

---

〔1〕 后来用“调整时期”的提法。

〔2〕 指刘少奇在扩大的中共中央工作会议上的书面报告和口头报告。

件[1]送你先看。我们还没有讨论，主要是目前由我们建议召开国际会议，是否适当的问题。最好能将你的意见先告诉我们。”毛泽东批示：“小平同志：此件已看过。请你们先讨论一下，以初步意见告我。我还在考虑这个问题，还提不出意见。待三月中旬我到北京，同你们研究这个问题。我在研究此点。”

同日 下午，到达杭州，住汪庄。

2月24日 阅田家英整理的毛泽东一月三十日在扩大的中央工作会议上的讲话稿，写了一个批语给当时也在杭州的田家英：“我看还是我的那个原始讲话[2]好。请你即刻通知北京，叫机要室再送一份我的讲话来，我和你每人有一本，两人对照一起修改，有两天就改好了。如有三份，可以叫林克参加。如你身边有一份，就不要北京再送了。”二十六日，毛泽东在改出的讲话整理稿的第一次稿上批示：“田家英同志：改好了（初步地），请你看一遍，看还有什么错误没有。看完后，即送江青看，然后还我。”二十七日，田家英写报告说：“主席：这个稿子我今天又改了一遍。原记录稿中的内容，凡是可以保留的，都加上了。主席在记录稿上加的意思，也都补入了。如采用再看这个稿子，请看这份（指第三

---

〔1〕 指王稼祥1962年2月14日报送的中共中央对外联络部的3个文件和王稼祥为报送这3个文件给邓小平并报毛泽东、中央的信。3个文件中有一件是中联部副部长刘宁一、伍修权给王稼祥并中央的请示报告。报告说：最近接到一些国家兄弟党的来信，其中有的建议召开世界各国兄弟党会议。我们考虑采取统一复信的办法，表示赞成召开兄弟党会议，既讨论苏联、阿尔巴尼亚问题，也讨论世界和平理事会以及其他问题。通过会议使各兄弟党面对面地、心平气和地坐下来讨论问题，消除分歧，实现团结。中联部表示可以赞成这个建议，使我党处于主动地位。后来中共中央接受了这个建议，于同年4月7日向苏共中央提出，没有得到响应。

〔2〕 指毛泽东在扩大的中共中央工作会议上讲话的记录稿。

次稿——编者注）。”三月十日，毛泽东在第三次稿上批示：“田家英同志：此件请印清样七份。最好今天印出交我。原稿还我。印时，校对清楚。”十四日，毛泽东在第五次稿上批示：“田家英同志：在第三页上加了一句〔1〕，请酌。”二十日，毛泽东在第七次稿上批示：“照此付印，共印九份，分交刘、周、邓、彭、伯达各一份，请他们看一遍（刘、周、邓，请他们看第二遍），提出修改意见。另交田家英、林克、江青、毛泽东各一份存阅。印后版拆掉，原稿毁掉。”四月七日下午，陈伯达写报告说：“主席：我约胡绳、吴冷西、邓力群〔2〕几位同志在一起，把您这篇讲话读了一遍，大家都认为很好。提的一些意见，请您考虑是否妥当。如要找我谈话，请随时通知。”七日晚，毛泽东阅陈伯达等的修改意见后批示：“少奇、小平同志：此件已请陈伯达等几位同志读了一遍，有些修改，我看过了，认为修改得好。现送上请审阅。如认为可用，请交尚昆同志处理。”四月十日，中共中央将毛泽东的讲话印发各中央局，各省市区党委，西藏工委，中央各部委，国家机关和人民团体各党组，人民解放军总政治部。一九六六年二月十二日，这个讲话经过修改，再次印发，发至全党县团级以上干部阅读。一九七八年七月一日，这个讲话在《人民日报》公开发表。

同日　阅邓小平二月六日在扩大的中央工作会议上讲话的整理稿，批示：“邓小平同志：全文看过，很好。”“林彪、恩来、朱德三同志的讲话〔3〕，请紧催，速送来，看一下，以便早日印

---

〔1〕毛泽东在第5次稿中的“这种下降和调动，不论正确与否，都是有益处的，可以锻炼革命意志，可以调查和研究许多新鲜情况，增加有益的知识”一句后加写：“我自己就有这一方面的经验，得到很大的益处”。

〔2〕邓力群，当时任《红旗》杂志副总编辑。

〔3〕指林彪、周恩来在扩大的中共中央工作会议上讲话的整理稿和朱德在这次会议山东组会上讲话的整理稿。

成一本，早日下达。”

2月25日 同田家英谈话，要他组织一个调查组，到湖南农村作调查，主要了解贯彻执行“六十条”的情况和问题。毛泽东指定的调查地点是：湘潭的韶山（毛泽东的家乡）、湘乡的唐家圫（毛泽东的外祖家）、宁乡的炭子冲（刘少奇的家乡）、长沙的天华大队（刘少奇一九六一年四月曾在这里蹲点调查）。并嘱咐田家英向刘少奇报告一下，问他有什么指示，他那里是否有人要参加调查。田家英回北京向刘少奇作了汇报，刘少奇对这次调查表示同意。

2月27日 同中共浙江省委负责人江华、林乎加、霍士廉〔1〕谈话。

2月28日 到达南昌向塘。

3月2日 在专列上同中共江西省委负责人杨尚奎、邵式平〔2〕谈话。

3月4日 阅上海工人金祥根二月十二日的来信。来信反映最近物价不断上涨，人民币贬值，很多人不愿意储蓄，并提出两项建议：一、请政府尽最大努力稳定物价，使人民对币值有充分的信心；二、每月公布物价总指数，对存款采取保本保值办法。毛泽东批示：“先念同志：请你找几个内行同志在一起，研究一下，看这个文内所提两项办法是否可能做到，怎样做到，何时做

---

〔1〕 林乎加，当时任中共浙江省委书记处书记（至1965年2月）。1964年12月又任国务院小计委成员。霍士廉，当时任中共浙江省委书记处书记、浙江省副省长。

〔2〕 杨尚奎，当时任中共中央华东局书记处书记、江西省委第一书记、江西省政协主席、中国人民解放军江西省军区政治委员（1962年9月又任福州军区第三政治委员）。邵式平，当时任中共江西省委书记处书记、江西省省长。

到。如有结果，请告我。”

3月5日 到达长沙，住蓉园。下午，同中共湖南省委负责人张平化、王延春、胡继宗〔1〕谈话。

3月6日 下午，同中共湖南省委负责人张平化、谭余保、周礼、徐启文〔2〕谈话。

3月7日 同李瑞山〔3〕谈话。

3月8日 在长沙蓉园邀程潜、周世钊共进晚餐，张平化、王延春、苏钢、汪东兴〔4〕、毛华初参加。毛泽东同程潜、周世钊谈及往事时说：何键〔5〕这个人，就是杀人太多了。

〔1〕 王延春，当时任中共湖南省委书记处常务书记（1965年5月任第二书记）。胡继宗，当时任中共湖南省委书记处书记。

〔2〕 谭余保，当时任中共湖南省委监察委员会书记、省委党校校长。周礼，即周里，当时任中共湖南省委书记处书记、湖南省副省长、湖南省政协副主席。徐启文，当时任中共湖南省委书记处书记。

〔3〕 李瑞山，当时任中共湖南省委书记处书记、长沙市委第一书记。

〔4〕 苏钢，当时任中共湖南省委秘书长。1964年5月又任中共湖南省委书记处候补书记。汪东兴，当时任中共中央办公厅警卫局局长、公安部副部长。1965年11月又任中共中央办公厅主任。

〔5〕 何键，曾任国民革命军第35军军长、国民党军赣粤闽湘鄂五省“剿匪”联军西路军总司令、国民党湖南省政府主席。

3月10日 下午，到达武昌，住东湖客舍。同王任重谈话。[1] 到后几天，在这里修改在扩大的中央工作会议上的讲话。

3月12日、13日 刘少奇主持召开中共中央政治局常委扩大会议，会议讨论和通过中央批转陈云、李富春、李先念在国务院各部委党组成员会议上讲话[2]的批语等。刘少奇提议由陈云担任中央财经小组组长，得到与会者的赞同。刘少奇说：几个人的讲话，我们这个会是通过了，可是毛主席不在北京，我们要立即向他汇报。主席同意，我们就下发，主席不同意，回来再议。

3月13日 嘱咐已到达武昌的田家英打电话通知杨尚昆：约刘少奇、邓小平十六日到武昌，谈当前财经问题，国际问题，包括复苏共中央二月二十二日来信的问题。十五日，再次嘱田家英打电话通知杨尚昆：约周恩来十六日与刘少奇、邓小平一同到

---

〔1〕 王任重在1962年3月10日日记中说：主席一天多没睡觉了，很疲乏的样子，说不谈什么，休息两天再谈，但坐下来就谈起来了，还是谈了半个多小时。我向他谈了农业生产没有什么巧办法，主要是解决水和肥的问题。当前要着重解决生产工具的问题，其次是选用良种的问题。关于因时因地种植的问题，只要纠正瞎指挥就行了。对于瞎指挥和弄虚作假的问题，我向他汇报了麻城闵集的一些故事，他笑了。关于农业增产问题，我说每年可以增产百分之五左右，好年景是百分之十左右。主席说可以增产百分之三点五到百分之四，看来这样就比较接近实际。问题也就增加了，粮食既然增产幅度不大，那么工业发展的速度应当如何？农村应当办什么工业？这是一系列的经济政策问题，应当进行深入的研究。再就是我谈了这次扩大的中央工作会议，解决了粮食问题和党内民主问题，我想向他说明这次的一些争论，他可能不大清楚。还谈了经济统帅的问题，我说陈云同志当统帅好，主席再一次表示这是他的主张。

〔2〕 指1962年2月26日陈云作的《目前财政经济情况和克服困难的若干办法》的讲话、李富春作的《关于工业情况和建设速度问题》的讲话、李先念作的《当前财政、信贷、市场方面存在的问题和应当采取的措施》的讲话。

武昌，请周恩来把准备在第二届全国人大三次会议的报告稿，不管用得否，带来商量。

3月16日 晚上，在武昌东湖客舍听取当天到达武昌的刘少奇、周恩来、邓小平关于中央政治局常委扩大会议情况的汇报。随后看了陈云、李富春、李先念的讲话稿。

3月17日 下午，在武昌东湖客舍召集刘少奇、周恩来、邓小平、罗瑞卿、谢富治〔1〕、王任重、田家英开会。同意中央批转陈云、李富春、李先念的讲话，发至省军级；同意陈云担任中央财经小组组长。

3月20日 上午，审阅修改林彪在扩大的中央工作会议上讲话的整理稿，加写："要超过世界最强大的美国，尽多一百多年，也就可以了，因为我们的社会主义制度优胜于资本主义制度，我们的无产阶级政党——共产党的领导优胜于资产阶级政党的领导。资本主义需要三百多年才能发展到现在这样的水平，我们肯定在几十年内，至多在一百多年内，就可以赶上和超过它。"批示："田家英、罗瑞卿二同志：此件通看了一遍，是一篇很好、很有分量的文章，看了很高兴。（一）是否应当送给林彪同志再看一遍，请瑞卿酌定。我意要送他看。如送，请瑞卿办理。（二）同时送少奇、恩来、小平三同志看一遍，并征求他们的修改意见。如有修改，到北京最后酌定。如无，即交尚昆办理，不要再送我看了。（三）我在第一个问题部分，有一些小的修改，请你们酌定。（四）此件没有什么特殊秘密〔2〕，可以和别的同志的讲话一同发

〔1〕 谢富治，当时任中共中央政法小组组长、公安部部长。1963年5月又任国务院内务办公室主任。1965年1月又任国务院副总理。1966年8月又任中共中央政治局候补委员、中央书记处书记。

〔2〕 指林彪讲话中的军事工作部分。

给那些人看或者读给另一些人听。这个问题向高级中级干部保守秘密，不让他们知道、好好想一想、早作精神和物质准备，是极为有害的。”

同日 下午，同罗瑞卿谈话。毛泽东说，要懂得一些马列主义，要认真读几本马列主义的书。他要罗瑞卿回北京后去找陈伯达商量开出一个学习马列著作的书目来。

同日 写便函给江青：“来信及附李讷信，收到。我好，工作未完，还要几天，才能返京。”

同日 审阅《中共中央对苏共中央二月二十二日来信的复信（草稿）》（三月十五日稿），批示：“不用，要重改。”审阅四月二日修改稿时，在一段话旁批注：“善意互相支持和援助，与指手画脚、包办代替，是根本对立的两回事。”

3月21日 就周恩来在扩大的中央工作会议上讲话的整理稿，致信周恩来：“此件由田家英同志主持，有罗瑞卿、谢富治、王任重及其他几位同志参加，集体读过两遍，作了一些小的修改。然后我又读了一遍，觉得很好。现送上，请酌定，即办。第八、第十两页中的问题〔1〕，请着重研究一下。”

3月22日 上午，听取谢富治、汪东兴关于公安工作的汇报。毛泽东指出：无产阶级领导的、以工农联盟为基础的人民民主专政，必须经过共产党的领导，团结占全国人口的百分之九十五、九十六的赞成、拥护和参加社会主义建设的阶级和阶层，向着占全国人口的百分之四、五的反动阶级实行专政，这只靠公安机关和军队是不行的。杀人要少，杀一个人就要牵涉到他的亲

〔1〕 第8页中有一段叙述美国农业发展速度的情况，第10页中有一段对照美国来谈我国的煤炭、钢铁工业在一个历史时期的发展速度问题。这两段文字经研究后，均删去。

属，这些人的工作不好做。我们要少杀人，留下来劳动改造。唐德宗派李愬去打吴元济，李愬对俘虏都不杀，取得了很大的胜利。我同罗瑞卿谈过，抓住国民党的特务，都不要杀，送回香港。送出去后，无非是骂我们或者再派进来，再来就再抓再放，七擒七纵。要训练干部，主要是教育基层公安干部懂得政策，懂得我们对敌人的政策。刑法需要制定，民法也需要制定，没有法律不行，现在是无法无天。不仅要制定法律，还要编案例，包公、海瑞也是注重亲自问案，进行调查研究的。谢富治、汪东兴汇报说，现在想把杀人和判刑的批准权控制得更严一些，凡判无期徒刑以上的要由中央审批。毛泽东说：可以，控制严一点好。

同日 下午，在武昌东湖客舍接见田家英调查组全体成员十七人。先是问每个人的名字，又讲了一些当时流传的政治笑话，谈笑风生。最后向调查组提出几点希望：第一，要同当地干部，省、地、县、社各级干部相结合。第二，不要乱指挥。第三，头脑里不要带东西（指思想框框——编者注）下去，只带一件东西，就是马克思主义。第四，要做历史的调查，这是马克思主义的历史主义观点。第五，看到坏人坏事不要乱说，好的可以说。第六，参加点轻微劳动。接见时，王任重在座。毛泽东同大家一起照了相。随后，田家英调查组分别赴韶山大队、大坪大队（即唐家坨）、炭子冲大队调查，没有到天华大队。

同日 深夜，离开武汉。

3月23日 下午，到达郑州。同陶铸、刘建勋以及郑州、开封、许昌、新乡、洛阳、安阳的地市委书记谈话。

3月24日 晚上，离开郑州。

3月25日 在邯郸召集刘子厚等开座谈会。询问河北水利建设、盐碱地改良等情况，指出：平原地区蓄水恐怕大部分不能搞，还是要打井。河南废地太多，一千多万亩，以蓄为主搞坏了。还询问河北是否还存在着“五风”、基本核算单位下放的贯彻情况等，指出：基本核算单位下放至少是三十年不变，群众是不愿意变的。牲口，户养好，小槽喂好，集体养吃亏了。

同日 为物色秘书事，致信邓小平、杨尚昆、吴冷西。信中说：“林克下放，我这里缺少一个替我看国际资料的人，也没有人帮助我读英文了。因此，请你们替我从新华社国际部编辑及翻译同志们中，找一位适当的人。年龄不要太大，以二十五至二十八岁之间、又有过翻译英语新闻一段经验的为宜。又是聪明、诚实、有朝气、有造就为理论干部可能的。又性格较温和，说话不甚刺耳。英文程度，有中等水平即可。”“还有，要能保守机密。此外，我这里的两位秘书，文化、政治水平都低，不能很好地替我阅选内部文件，更不能向我提意见，需要有一位文化、政治水平较高的同志来帮助我。此人最好是在地方群众工作中有过实际经验的。如能找到，也要讲明试用，不行另换他人。至于‘收发’性质的秘书，有一人够了，可以减去一人。以上两事，请你们费心一办为盼！”

3月26日 晨，回到北京。当晚，在中南海菊香书屋召开会议。

3月27日 下午，出席在人民大会堂举行的第二届全国人民代表大会第三次会议开幕会议。周恩来作《政府工作报告》。

3月28日 致电祝贺日本共产党中央主席野坂参三七十寿辰。电文说：您是日本人民和日本共产党的久经考验的坚强不屈的战士，是中国人民和中国共产党的亲密的朋友。在第二次世界大战期间，您从远道来到延安，不断地揭露了日本军国主义黑暗统治的真相，指出了日本人民应该走的道路。您当时所写的政论，教育了日本人民，也帮助了战斗中的中国人民。

3月29日 下午，在中南海颐年堂主持召开中共中央政治局常委会议，讨论中共中央对苏共中央二月二十二日来信的复信稿。四月三日下午，在颐年堂再次召开常委会议，讨论复信稿。四月七日，中央政治局举行扩大会议，讨论通过中共中央给苏共中央的复信。复信针对苏共指责中共坚持“特殊立场”、采取和兄弟党不同的路线、支持阿尔巴尼亚等问题，提出召开兄弟党国际会议，解决共同路线问题和苏阿关系问题的建议。

3月30日 下午，会见古巴军事代表团和古巴著名黑人歌唱家伊格西奥·维亚，楚图南在座。毛泽东询问拉丁美洲一些国家的革命发展情况以及地理、人口、特产等情况。他说：对于外国的经验要注意两点，一不可不知道，二不可硬搬。第二个哈瓦那宣言是一个革命的宣言。各国反对帝国主义及其走狗的斗争正在酝酿和发展，有的取得了胜利，有的正在进行斗争，有的暂时失败了。社会主义国家应当团结起来，各国反对帝国主义的人民应当团结起来。

4月9日 下午，在中南海勤政殿出席最高国务会议第十八次会议的第二次会议。会议讨论刘少奇三月二十一日在第一次会议上通报七千人大会精神的讲话。在一些民主党派负责人和无党派民主人士发言后，毛泽东讲话。他说：今年一月间，我们开了一个党的干部会议，有七千多人参加。这次会议，可以说是对于过去的工作，犯了哪一些错误，有哪一些成绩，经验教训有多少条，作了一个初步的总结。这些总结，究竟正确不正确，要在今后的实践中间去考验，这样的问题不是一个理论问题。现在对有些问题有许多不同的意见，比如“三面红旗”究竟还要不要、究竟还对不对之类，要有一个实践的过程，要有一个做的过程。最近这几年，我们有了总路线，也有若干具体政策，就缺乏一整套的具体政策。在今年一月的会议上，我着重讲了民主集中制，讲了单有总路线还不够，还要有一整套的具体政策，才能教育干部。而一整套的具体政策，不是凭空就能够得到的，非从经验中间总结不可。而要总结经验，就要有一个认识过程，要有几年时间。这一点，我们过去是认识不足的。现在我们已经搞了或者正在搞一整套具体政策，说服干部，教育干部，发扬成绩，纠正缺点错误。要制定一整套的具体政策，就要作调查研究，就要走群众路线，就要认真实行民主集中制。民主集中制是一种制度，也是一种方法，就是要让人家讲话，要听不同的意见，还是从前讲过的，叫做不戴帽子、不抓辫子、不打棍子。现在我们党内党外都实行这三条，讲错话不要紧。从前老是讲言者无罪，闻者足戒，事实上没有实行，言者还是有罪。右派猖狂进攻，不得不反，你不反怎么办呀？但是带来一个缺点，就是人家不敢讲话了。刚才不是有一位同志说了吗，政治上不敢讲话，工作上不敢负责，学术上不敢争鸣。要实行民主集中制是很不容易的，要造成一种气氛，现在逐步在造成这种气氛。毛泽东最后说：现在有困难，不能说现在困难很小，现在有相当大的困难。国内有困难，国际上也有困难。我们的方针，在国际上要团结苏联，在国内要团结一切可以团结的人，共同进行工作。要团结国内一切可以团结的人，这是老话，老生常谈，这个常谈里头有真理。

4月12日 审阅中共中央批转国务院财贸办公室《关于一九六一年财政信贷执行情况和一九六二年如何实现中央“当年平衡，略有回笼”方针的报告》的指示稿及附件附表[1]，批示：“即送总理：此件及附件、附表，均已看过，认为很好，可即发出。附件、附表留我处备再阅。”中央指示说：同意报告中提出的平衡收支、消灭赤字的各项措施。当前财政经济的困难，比一九六二年

---

〔1〕 附件，指国务院财贸办公室的报告。附表，指1962年国家预算收支指标调整表（草案）、1962年信贷收支计划表（草案）、1962年现金出纳计划表（草案）。

一月中央扩大工作会议时的估计，还要更大一些。今年国家财政，在采取措施以前有五十亿元的赤字，[1] 这是当时所没有完全估计到的。全党必须下定决心，采取一切可行的办法，包括增加生产，厉行节约，包括紧缩企业、事业、行政费用和国防费用和增加某些高价商品，以便完全消灭赤字，真正达到收支平衡。

4月中旬 收到刘少奇四月十六日的信。刘少奇请毛泽东阅《陈云同志几年来有关经济建设的一些意见（提要）》和陈云本年三月七日在中央财经小组会议上的讲话，说很值得一看。毛泽东阅读了陈云三月七日的讲话，在重要之处画了线。

4月下旬 从《人民文学》编辑部请求发表的毛泽东诗词十余首中，选出六首，略加修改，题为《词六首》，寄还编辑部，并请《人民文学》副主编陈白尘斟酌修改。

4月24日 获悉《词六首》准备在《人民文学》五月号发表，以及编辑部还希望得到《词六首》的部分手迹在刊物上同时发表后，复信陈白尘："请你斟酌修改，然后退我，你为何不给我认真地修改一次呢？要我写字，似乎可以，你们的五月刊物几时出版，几时交稿呢？请告为荷。"

同日 为《词六首》发表问题，复信臧克家："数信收到，甚为感谢！同时在两个刊物发表，不甚相宜，因为是《人民文

---

〔1〕 国务院财贸办公室1962年3月25日《关于一九六一年财政信贷执行情况和一九六二年如何实现中央"当年平衡、略有回笼"方针的报告》中说：1962年国家预算收支指标，在2月21日向政治局和书记处的汇报中，初步拟定为收支各300亿元。最近根据中央的指示，我们对这个方案进行了检查。检查的结果证明，正如中央所指出的，有些收入不落实，有些支出有缺口，表面上平衡，实际上有一个相当大的赤字。这次核算的结果（按没有采取措施以前计算），收入288亿元，支出338亿元，赤字50亿元。

学》搜集来的。另有几首，可以考虑在《诗刊》上发表。《诗刊》五月号何时排版，请告确期。你细心给我修改的几处，改得好，完全同意。还有什么可改之处没有，请费心斟酌赐教为盼！”二十七日，再次复信臧克家：“数信都收到，深为感谢！应当修改之处，都照尊意改了。唯此次拟只在《人民文学》发表那六首旧词，不在《诗刊》再发表东西了；在《诗刊》发表的，待将来再说。违命之处，乞谅为荷！”

同日 晚上，主持召开中共中央政治局常委会议，听取周恩来汇报他和李先念主持起草的《中央财经小组关于讨论一九六二年国民经济调整计划的报告（草稿）》要点。

4月27日 为《人民文学》手书“词六首”三字并作引言。引言说：“这六首词，是一九二九——一九三一年在马背上哼成的，通忘记了。《人民文学》编辑部的同志们搜集起来，寄给了我，要求发表。略加修改，因以付之。”毛泽东还对《渔家傲·反第一次大“围剿”》中“不周山下红旗乱”一句作注，说对共工头触不周山的故事，一些书籍的记载有多种不同的说法，他“取《淮南子·天文训》，共工是胜利的英雄”。

同日 对赛福鼎〔1〕鉴于新疆发生群众外逃事建议中央考虑让他回新疆工作的问题，批示：“总理：赛福鼎是否以回去工作为宜，请酌定。”

同日 中共中央发出《关于加速进行党员、干部甄别工作的通知》。通知上注明：“小平同志批。主席、少奇、恩来、朱德、

---

〔1〕 赛福鼎，即赛福鼎·艾则孜，当时任全国人大常委会副委员长、中共新疆维吾尔自治区委员会书记处书记兼自治区区委党校校长、新疆维吾尔自治区人民委员会主席、中国人民解放军新疆军区副司令员，在北京工作。毛泽东批示后，他即回新疆工作。

林彪、尚昆诸同志已阅。”通知说：目前还有一些地区和部门对甄别平反工作重视不够，进度很慢，必须根据扩大的中央工作会议的精神，加强领导，加速进行。“当前甄别工作的重点，是县级以下的农村基层干部。凡是在拔白旗、反右倾、整风整社、民主革命补课运动中批判和处分完全错了和基本错了的党员、干部，应当采取简便的办法，认真地、迅速地加以甄别平反。”

5月1日 晨，审阅周恩来主持修改后的《中央财经小组关于讨论一九六二年国民经济调整计划的报告（草稿）》的第一部分〔1〕，批示：“已阅，退总理。此件更切实际一些，可以供五月上旬有各大区书记参加的中央小型会议讨论的基础。”下午，在中南海颐年堂主持召开中共中央政治局常委会议，对上述报告的第一部分进行讨论。毛泽东表示同意报告的方针。

同日 晚上，和刘少奇、朱德、周恩来等党和国家领导人及各国来宾，在天安门城楼观看广场的群众联欢和节日焰火，共庆五一国际劳动节。毛泽东在城楼上会见世界工联、社会主义各国和亚洲、非洲、拉丁美洲国家以及世界其他国家的工会、政治、经济贸易、文化、友好组织、学生等代表团的负责人和代表。

5月2日 晨，乘专列离开北京南下。

5月3日 晨，到达江苏无锡，下车住宿。

5月5日 下午，离开无锡到达上海，住西郊宾馆。

5月7日—11日 中共中央工作会议在北京举行，讨论《中

---

〔1〕 第一部分中提出的1962年国民经济调整计划的方案是：一、尽可能地挤出一部分材料来增加农业所需要的生产资料。二、尽可能地安排较多的原料、材料和燃料，增加日用品生产。三、根据农轻重的方针和实际的可能，降低绝大多数重工业产品的指标，比原计划分别降低百分之五到百分之二十。四、进一步缩小基本建设的规模，从原计划的60.7亿元降低为46亿元。

央财经小组关于讨论一九六二年国民经济调整计划的报告（草稿）》，刘少奇主持会议。会议进一步分析了全国财政经济方面的严重困难情况，指出一部分地区和一些部门最困难的时期还没有过去。刘少奇强调，目前的经济形势应该说是一个很困难的形势。现在的主要危险还是对困难估计不够。会议同意中央财经小组的报告，决定对国民经济进行全面的大幅度的调整，切实地按照农、轻、重次序进行综合平衡，坚决缩短工业生产建设战线，大量减少职工和城镇人口，加强农业战线，增加农业所需要的生产资料和日用品生产，保证市场供应，制止通货膨胀等。会后，由周恩来主持起草中共中央转发《中央财经小组关于讨论一九六二年国民经济调整计划的报告》的指示〔1〕稿，中央指示稿和中央财经小组的报告一并报毛泽东审批。二十四日，毛泽东批示："退总理，照办。"二十六日，中央指示和中央财经小组的报告发给各中央局、省市自治区党委，中央各部委，国务院各部委党组。

5月上旬 在上海同周兴、杨得志、许世友等谈话，了解夏

〔1〕 中共中央的指示要求将中央财经小组的报告传达到相当于县委第一书记以上的干部中，必须向全党主要干部说清楚当前全国财政经济方面的严重困难情况，说清楚一部分地区和一些部门最困难的时期还没有过去，一部分地区和一些部门虽然最困难的时期已经过去，但是要完全克服困难，还需要一个相当长的时间。指出那种不愿意承认困难，或者困难本来有十分只愿意承认几分，总怕把困难讲够了会使干部和群众丧失信心，以为回避困难问题就容易解决的人，绝不是真正的勇敢，绝不是革命家的气概，绝不是马克思列宁主义者应该有的态度。我们曾经说，我们最困难的时期已经过去了，主要是从认识了困难，找到了解决困难的办法上讲的。指示强调全党目前必须抓紧落实中央财经小组提出的工作任务。

季作物长势及预计收成等情况。[1]

5月12日　以江青的名义写复信给陈宗娥[2]："你一九六一年六月二十七日给我的信，我于今天早上才收到。在北京压了十个半月，真是岂有此理！至于你说，去年三月有信，则至今未收到，正在查询。我已两年不在北京了，患了重病，不习北方气候。现病略为好些，勿以为念。闻你如此重病，又如此困难，心极不安。今送上五百元，以济眉急。如有所需，望随时告我。有病不要性急，越急越坏。安心治疗，是为上策。有信请写：北京中南海十七支局一〇九号信箱徐业夫同志收转江青。祝你健康！"

5月15日　阅周恩来五月十二日报送的外交部关于不派代表作为观察员参加波兰倡议举行的苏、保、捷、德、波、罗、匈七国领导人会议的报告和他批注的意见。周恩来批注的意见是："我们认为只能用修改的措辞谢绝参加他们商量好的一次带有陷阱性的会议。"毛泽东批示："总理：同意你的意见，不派代表。是否应以我们的态度，告诉朝、越、蒙三国，请你酌定。"

5月16日　听取田家英关于在湖南韶山大队、大坪大队、炭子冲大队调查情况的汇报。田家英反映：韶山大队、大坪大队的社员要求包产到户和分田到户的呼声很高。毛泽东听后反应冷

---

〔1〕 周兴，当时任中共山东省委书记处书记、最高人民检察院副检察长。杨得志，当时任中国人民解放军济南军区司令员。关于这次谈话，毛泽东在1964年5月12日说：1962年的5月上旬，我在上海找一些同志谈话，其中有山东的同志，也有周兴。当时周兴就估计山东不行，麦收只能有29亿斤。杨得志是管军队的，他有几个师在下面做救灾工作，他说根据他几个师报告的一些情况还比较好，说行。许世友也不相信就不行，说比较好。以后我从武汉又回到山东，到了7月初，情况大变，都又说行了。因为那时麦子已收了，有42亿斤。

〔2〕 陈宗娥，是江青1929年至1930年在山东实验剧院学习时的同学。这时在中央实验歌剧院工作。

淡，对田家英说：我们是要走群众路线的，但有的时候，也不能完全听群众的，比如要搞包产到户就不能听。

5月17日 同李富春、罗瑞卿谈话。

5月18日 在上海文化俱乐部召集罗瑞卿、汪东兴、田家英、雷英夫〔1〕等开会，决定成立一个小组，负责修改中共中央军委《关于战略方针的建议（草案）》。七月二十日，将中央关于同意军委提出的战略方针的建议的指示稿，批送刘少奇、周恩来、林彪、邓小平、彭真阅，交杨尚昆办。中央指示说：望即依此拟制全军的作战计划，和国防建设的远景规划。

5月26日 晚八时，同柯庆施谈话。十一时，同罗瑞卿谈话。

5月30日 下午，同李富春、柯庆施、陈伯达、罗瑞卿谈话。晚上，到达杭州，住汪庄。

5月 修改郭沫若送阅的《喜读毛主席的〈词六首〉》一文。毛泽东将这篇文章中介绍《忆秦娥·娄山关》写作背景的那段文字，全部删去，替郭沫若重写了一大段文字："我对于《娄山关》这首词作过一番研究，初以为是写一天的事。后来又觉得不对，是在写两次的事，头一阕一次，第二阕一次。我曾在广州文艺座谈会上发表了意见，主张后者（写两次的事），而否定前者（写一天），可是我错了。这是作者告诉我的。一九三五年一月党的遵义会议以后，红军第一次打娄山关，胜利了，企图经过川南，渡江北上，进入川西，直取成都，击灭刘湘，在川西建立根据地。但是事与愿违，遇到了川军的重重阻力。红军由娄山关一直向西，经过古蔺、古宋〔2〕诸县打到了川滇黔三省交界的一个地方，叫做'鸡鸣三省'，突然遇到了云南军队的强大阻力，无法

〔1〕 雷英夫，当时任中国人民解放军总参谋部作战部副部长。

〔2〕 古宋县，今四川文兴县古宋区。

前进。中央政治局开了一个会，立即决定循原路反攻遵义，出敌不意打回马枪，这是当年二月。在接近娄山关几十华里的地点，清晨出发，还有月亮，午后二三时到达娄山关，一战攻克，消灭敌军一个师，这时已近黄昏了。乘胜直追，夜战遵义，又消灭敌军一个师。此役共消灭敌军两个师，重占遵义。词是后来追写的，那天走了一百多华里，指挥作战，哪有时间和精力去哼词呢？南方有好多个省，冬天无雪，或多年无雪，而只下霜，长空有雁，晓月不甚寒，正像北方的深秋，云贵川诸省，就是这样。‘苍山如海，残阳如血’两句，据作者说，是在战争中积累了多年的景物观察，一到娄山关这种战争胜利和自然景物的突然遇合，就造成了作者自以为颇为成功的这两句话。由此看来，我在广州座谈会上所说的一段话，竟是错了。解诗之难，由此可见。”

6月初　向谢富治部署战备中的公安工作，强调：加强侦察破案，及时打击和严密防范国内外敌人的破坏活动；加强城市治安管理；开展制止谣言的斗争。

6月5日　同浙江省军区第二政治委员周贯五谈话。

6月8日　下午，听取杨成武[1]、许世友汇报台湾蒋介石军队最近可能在东南沿海进行军事冒险和我们在军事方面的各种准备工作情况，以及六月六日中央政治局扩大会议的情况。毛泽东表示完全同意中央和中央军委对于陆、海、空军的部署。他说：敌人最多来十五万人，再多也不可能。无论敌人从哪一个地方进攻，我们还是顶住为好。我军的八个师进到福建后，敌人可能不敢正面进攻，而从闽浙方向或闽粤方向进攻。浙东我军力量

〔1〕 杨成武，当时任中国人民解放军副总参谋长（1965年6月、12月先后任第一副总参谋长、代理总参谋长）。1965年6月又任中共中央军委副秘书长。

比较薄弱，同意浙东地区再增加一个师。总预备队现在不忙动，究竟动不动，向哪里动，将来看情况再说。部队进驻的地方，一定要和老百姓的关系搞好。关于军工生产，赞成中央政治局扩大会议确定的方针，利用这个机会把军工搞起来。对尖端武器的研究试制工作，仍应抓紧进行，不能放松或下马。毛泽东还就部队编制、征补新兵、公开揭露蒋介石军队企图进行军事冒险等问题，提出意见。谈话时，汪东兴、雷英夫参加。

同日 离开杭州前往南昌。在杭州期间，同韩先楚〔1〕、许世友、杨成武、罗瑞卿谈东南沿海防范台湾蒋介石军队进攻问题，还向他们了解夏收情况。他们对有关今年夏收不如去年、经济形势仍很困难的说法，表示有意见。毛泽东说：你们都是中央委员，可以讲嘛！

6月9日 到达南昌。

6月10日 中共中央发出关于准备粉碎台湾蒋介石军队进犯东南沿海地区的指示。指示说："盘踞在台湾的蒋介石残余匪帮，在美帝国主义支持下，准备向我东南沿海地区进行一次冒险进犯。今春以来，蒋匪帮就积极地进行各种作战准备和军事部署。据判断，他们很可能在最近期间，即台风季节前后，对我福建省和闽粤、闽浙接合部地区发动一次二三十万人的登陆作战"。"全党和全国人民必须提高警惕，从各方面作好准备，决不让美蒋这一罪恶阴谋得逞"。

6月11日 到达长沙。晚上，审阅修改《关于蒋介石匪帮准备窜犯我沿海地区》的新闻稿，改写一段话（加写和改写的文字用着重号标明）："蒋匪军多数人是被强迫来送命的，但也有一部分反革命死党是想到大陆来拼命的，或者是为了到大陆沿海地区进行抢劫，想发横财的。因为台湾人少，兵员不足，匪帮头子

〔1〕 韩先楚，当时任中国人民解放军福州军区司令员。

们则想到大陆沿海各地抓一批青壮年补充部队。因此，全国军民，特别是东南沿海各省及其纵深地区的军民，必须提高警惕，从各方面作好充分的准备，以便随时迎击蒋匪帮的窜犯。”十二日晨三时，批示林克：“昨晚修改的稿件，应请少奇同志召集常委各同志及彭真、瑞卿、萧华〔1〕、定一、冷西各同志，全文读一遍，加以斟酌，再行定稿。”十八日，为中共中央起草给各级党委的电报：“现将准备发表的为着揭露蒋匪帮军事冒险计划的新华社新闻电稿一件，先用内部电报发给你们。望即据此在干部及人民群众中用口头讲明，使人民普遍有所准备。至于何时公开发表，中央将按照情况需要决定。”这个新闻稿当时发至县级及团级，六月二十四日在《人民日报》发表，题目是《全国军民要提高警惕，准备粉碎蒋匪帮军事冒险》。

6月14日 同王任重谈话。王任重把一个月来所见所闻的有关农村的问题作了汇报，毛泽东表示同意汇报的观点。

6月15日 让林克找一部王夫之〔2〕《读通鉴论》。

6月17日 离开长沙。在长沙期间，曾同华国锋谈话〔3〕，了解到“六十条”在恢复农业生产中发挥了重要作用，湘潭地区夏粮增产了。

---

〔1〕萧华，当时任中共中央监察委员会副书记、中共中国人民解放军监察委员会副书记、中央军委副秘书长、中国人民解放军总政治部副主任（1964年9月任主任）。

〔2〕王夫之，明末清初思想家。

〔3〕华国锋，当时任中共湖南省委书记处书记、湖南省副省长。关于这次谈话，毛泽东在1964年5月12日说：华国锋1962年上半年跟我讲，他钻了牛角尖。他估计人的体力下降了，畜力弱了，地力弱了，农具差了，因之，农业生产一时不能恢复，而就是没有估计到“六十条”的作用。

6月18日 晨，到达武昌，住东湖客舍。同陶铸和王任重谈话。

同日 下午，听取黄永胜、刘兴元[1]汇报军队工作，陶铸、王任重参加。毛泽东提出：民兵工作要做到组织落实、政治落实、军事落实；民兵武器要修理好。天上掉下来的、地下冒出来的，怎样对付，要有些办法。

6月19日 下午，从武昌造船厂码头下水，由王任重等陪同在长江游泳。游泳后上船休息。晚上，在船上听取武汉军区司令员陈再道、第二政治委员谭甫仁关于军区整军备战和某师入闽备战情况的汇报。当了解到某师在机动备战中，部队的后方勤务和安全等工作交给了驻地民兵组织，民兵发挥了一定作用时，毛泽东表示赞许，并问：民兵能不能完成任务，有什么问题没有？陈再道说，在这次备战中，发现有的民兵师、团只有一个名单，没有班、排、连、营组织，有的连名单都没有，更谈不上有军事训练活动。毛泽东指示：民兵组织一定要搞好，班、排、连、营要组织好，要有强的干部，民兵在政治上一定要可靠，特别是基干民兵，要搞些训练，一有情况就能集合起来。

6月20日 同王任重谈话。

6月21日 下午二时，由王任重等陪同到长江游泳。

同日 下午六时，会见由朴金喆[2]率领的朝鲜最高人民会议代表团，彭真、柯庆施、陶铸、王任重、伍修权[3]在座。毛泽东说：此地叫武昌，五十一年前（一九一一年）孙中山领导的辛亥革命就是从这里开始的。从那个时候起，中国的情况就有了

---

〔1〕 黄永胜，当时任中共中央中南局书记处书记、中国人民解放军广州军区司令员。刘兴元，当时任中国人民解放军广州军区第二政治委员。

〔2〕 朴金喆，当时任朝鲜劳动党中央副委员长、朝鲜民主主义人民共和国最高人民会议常任委员会委员。

〔3〕 伍修权，当时任中共中央对外联络部副部长。

变化，但是帝国主义和封建主义还没有打倒。他说：一个国家一定要自力更生，否则不好办事。要自力更生为主，争取外援为辅。赫鲁晓夫不赞成我们搞自力更生。八十一个党中，暂时跟赫鲁晓夫跑的占多数，我们占少数。因为苏联是列宁创建的第一个社会主义国家，有威望和强大的力量，所以不少党暂时还相信赫鲁晓夫。但整个苏联人民是好的，各国人民都是好的，这条信心应该有。会见后，毛泽东设宴招待客人，并一同看戏。

6月22日　致信彭真："我现决定在武汉住到月底，游长江对我十分有益，我要游七天至十天江。然后直返北京。因此巴基斯坦大使，卡博〔1〕代表团，都在武昌谈话。请你安排。"

同日　下午，同柯庆施、陶铸、王任重、田家英、汪东兴谈农村问题。毛泽东提出关于修改"六十条"的一些意见。

6月27日　审阅陶铸报送的中共中央中南局会议〔2〕的两个文件《备战问题纪要》和《关于改进工农业商品交换与减轻生产队的负担的请示报告》，批示汪东兴："此两件已看过。请告陶铸同志，可以用电报立即发到中央，请中央讨论批示。原件你可以看一下，然后退我。"

同日　审阅《中央关于向群众宣布对边民外逃和伊宁反革命暴乱的处置方针问题的指示》，批示："已阅，同意。"指示指出：塔城、伊犁等地区居民外逃和伊宁反革命暴乱事件，是国外某种势力长期以来在新疆进行颠覆破坏活动的一次大暴露。必须警惕，目前边民外逃和反革命暴乱虽暂告平息，但是隐患并未消

---

〔1〕 卡博，当时任阿尔巴尼亚劳动党中央政治局委员、中央书记处书记。

〔2〕 1962年6月17日至24日，中共中央中南局在武昌召开会议。会议首先讨论备战问题，陶铸讲了两点，一为肃清敌特问题，二为建立地方武装问题。会议还初步解决了商业工作中的几个问题：一、提高粮棉油的换购比例；二、统购任务完成之后，开放粮棉油的自由市场。

除。为了维护国家主权、巩固国家统一，彻底粉碎对新疆的颠覆阴谋，中央建议以自治区人民委员会的名义颁布一项命令，宣布我们对边民外逃和伊宁反革命暴乱的处置方针，全面地明确地宣布我们对外侨、自称外侨、外国公务机构以及中国公民出境等问题的态度和政策。然后根据这项命令，在全区人民中普遍地深入地进行一次加强祖国观念、分清中外界限，巩固中苏团结的宣传教育。

6月29日 在武昌东湖客舍会见由卡博率领的阿尔巴尼亚劳动党代表团，伍修权、王任重等在座。毛泽东说：赫鲁晓夫修正主义的根源在苏共二十大，二十大反了斯大林。大家知道，反对斯大林就是反对马克思列宁主义。他们是斯大林死后夺取权力的。我们对他们是逐步了解的。二十大以后他们是有步骤的，整倒了莫洛托夫这些人，直到中央百分之五十、地方百分之七十的干部都换了。这是一个很大的变化。从前我们也没有想到，二十大会有这么一个结果。以后就是二十一大、二十二大。看来他们对斯大林很不放心，所以在二十二大以后把斯大林的尸体搬出来，烧掉了。他们不是怕死人，是怕活人，就是那些拥护斯大林的活人。只要真理在我们一边，我们就什么都不怕。虽然我们在八十一国共产党和工人党会议上是少数，但是真理在我们手里。从古就是这样的，真理开始是在少数人手里。

6月30日 下午，同王任重谈话。谈话后离开武汉。

7月1日 到达郑州，同刘建勋谈话，了解河南的麦收情况。得知麦收不那么坏，预计秋收比夏收还会好一点。

7月2日 到达邯郸。

7月3日 晨，到达济南。下午，同中共山东省委负责人谭启龙、裴孟飞、周兴谈话。毛泽东十分关心河北、河南、山东三省的农业情况，说这三省人口多。他问：听说你们夏收能增产十亿斤？谭启龙说：八亿斤稳当一点。毛泽东说：八亿也很好嘛。留一点余地，也是好的。毛泽东问到分配办法，谭启龙说：分配办法不要规定死，可以有几个办法，走群众路线。毛泽东说：对。有差别就好。谈到财贸问题时，毛泽东说票子多了。谭启龙说：不能一概而论。山东票子少了，东西没人买，影响生产，工厂停产。实际是商品少，但却好像是多了。商业部门无钱收购。我省应放宽一点，有利生产。毛泽东说：好嘛，应该这样。谈到对灾区和困难队的问题怎么解决时，谭启龙说：办法是机动的，如自留地、包产到户先不动它，保留自由市场，免几年征购等。毛泽东说：这个好，你们自己解决。毛泽东最后问：人心是否安定？谭启龙说：比较有把握，人心还安定。

7月5日　在天津听取刘子厚等关于夏粮征购、粮食自由市场、自留地等问题的汇报。关于夏粮征购，毛泽东说：河南征购留百分之十的机动。麦收秩序空前的好。湖南也很好，麦收秩序普遍好，出乎干部群众的意料。看来，征购多了不行，多了伤害群众的积极性。关于粮食自由市场，他说：你又让他包干，你又不准他卖，这不是自相矛盾吗？农民完成征购任务以后，可以自由交易。不仅在当地可以搞，也可以到外省去搞，事实上也是这样搞了。山东有三种形式：一是义务交售；一是低价对低价，高价对高价；一是自由市场。关于干部的精简问题，他说：大队、公社两级干部的编制要少点，大队干部有两三个人就行了，主管党务和行政工作。

7月6日　回到北京。

同日　应田家英要求，在中南海游泳池住处同田家英谈话。田家英向毛泽东陈述自己对包产到户和分田单干的意见。他说：现在全国各地已经实行包产到户和分田到户的农民，约占百分之三十，而且还在继续发展。在这种情况下，与其让农民自发地搞，不如有领导地搞。将来实行的结果，包产到户和分田单干的可能达到百分之四十，另外百分之六十是集体的和半集体的。现在搞包产到户和分田单干，是临时性的措施，是权宜之计，等到生产恢复了，再把他们重新引导到集体经济。毛泽东在听的过程中，一言不发。田家英说完后，毛泽东向他提出一个问题：你的主张是以集体经济为主，还是以个体经济为主？又问：这是你个人的意见，还是别人的意见？田家英说，这是我个人的意见。

同日 收到陈云本日下午一时的来信。陈云在信中说："关于农业恢复问题的办法，我想了一些意见，希望与你谈一次，估计一小时够了。我可以走路了，可以到你处来。"毛泽东于下午四时在中南海游泳池住处同陈云谈话。陈云向毛泽东阐述了分田到户的意见。〔1〕毛泽东听后，当时没有表态。陈云后来回忆说：谈话以后，毛泽东同志很生气。

7月8日 中午，在中南海菊香书屋召集刘少奇、周恩来、邓小平、陈伯达、田家英等开会。会上，毛泽东介绍了河南、山东两省的夏收情况，说形势并不那么坏，建议刘少奇等找河南、

〔1〕据姚依林回忆：1962年5月，陈云在上海找姚依林、陈国栋等谈恢复农业生产问题，认为包产到户还不彻底，与其包产到户不如分田到户。用重新分田的办法，可刺激农民的生产积极性，以便恢复农业的产量。陈云要姚依林帮他算一笔账，分田到户以后，农业生产每年能增产多少，国家能掌握多少粮食。姚依林担心地说，这个问题，毛主席怕不会接受。陈云说：毛主席是实事求是的，我去讲。先搞分田到户，这更彻底一点。集体化以后再搞。

山东、江西的同志谈谈，了解一下农村的形势。[1]这次会上，毛泽东明确表示不赞成包产到户。批评田家英回到北京不修改“六十条”，却搞什么包产到户、分田单干。毛泽东提出起草一个关于巩固集体经济，发展农业生产的决定，准备交中央工作会议讨论通过后执行。文件的起草工作由陈伯达负责。

7月10日　下午，同刘少奇谈话。

7月上旬　同罗瑞卿、萧华谈话，问军队中是赞成单干的多，还是赞成社会主义的多？赫鲁晓夫搞修正主义还没有解散集体农庄，回去查查军队中的意见怎样？

7月11日　中共中央发出关于召开中央工作会议的通知。通知说：“中央决定七月下旬召开中央工作会议，有各中央局、各省市自治区党委和若干地委的负责同志参加。在会议上要讨论和解决的主要问题是：一、目前农村工作中的一些问题；二、粮食问题；三、商业工作中的一些问题；四、国家支援农业的问题。现在就这四个主要议程提出一批问题，请各中央局、各省市自治区党委并找若干重要地委，中央各部委和国务院各部委党组

---

〔1〕周恩来1963年6月18日对黑龙江省委书记处讲话时说：“在去年7月我们讲困难不得了的时候，主席到了最困难的河南、山东两省。这两个省原来把形势估计得很坏，麦产区夏征很少。主席到河南后，刘建勋同志汇报说，到下面实际一看，麦收并不那么坏，而秋收比夏收还要好一点，秋征任务由原来22亿斤增加到25亿斤，河南过去最高征过80亿斤，25亿虽少但看出转机。主席到了济南，谭启龙同志也说，除了德州、惠民等地遭灾外，农村形势不坏。主席讲夏收抓少了，单干的包产到户的应当批判。主席回到北京就找我们谈，他说形势不那么坏，要我们找河南、山东、河北的同志谈谈。我们找了刘建勋、谭启龙、刘子厚谈。知道生产形势开始好转，包产到户应当批判。所以在北戴河会议上就把对形势的看法扭转过来了。主席讲的形势、政策等就由此而来。”经编者进一步考证，文中的“江西”应为“河北”。

加以讨论，进行调查研究，准备意见，以便在中央工作会议上进行讨论。”中央提出的一批问题，随通知下发。

7月12日 晨零时，听取周恩来汇报中印边境问题。七月十日，印度军队在中印边境西段分三路向中国巡逻队步步进逼，甚至在距中国部队仅五十米之处，进行挑衅。十一日，印度直升机两架运载援军到侵略据点，并在附近地区低空盘旋，侦察和恫吓中国哨所和巡逻人员。另有印度军队一支分遣队沿加勒万河下游前进，建立了一个新的侵略据点。

7月15日 在钓鱼台十七号楼会见巴基斯坦驻中国大使拉希迪，黄镇在座。当拉希迪表示亲眼看到了中国人民在各方面所取得的伟大成就，对中国感到由衷的敬佩和爱慕时，毛泽东说：中国是一个大国，人口很多，土地也不少，但是经济上和科学文化上还很落后。我们还需要几十年的努力，才能摆脱经济上、文化上的落后状态。欧洲和北美洲的国家，主要是从十九世纪下半叶才发展起来的，他们花了一百多年的时间，才发展到今天这样的水平。亚非国家比他们落后，但是只要我们共同努力，经过几十年我们可以改变这种落后状态。拉希迪称赞毛泽东是一位诊断了并且治好了中国社会疾病的伟大医生，所作的诊断和治疗具有伟大的世界意义。毛泽东说：如果拿医生作比喻，我只不过是一个普通的医生。我和我们的党在一起，治好了中国社会的一些病。但是，也还有一些病，发现了还没有治好；也还有一些病，我们到今天还没有发现。当客人问到毛泽东什么时候开始读马克思主义的书时，毛泽东说：是在十月革命之后，大概是一九一八年。一九一七年发生十月革命，中间经过一九一八、一九一九、一九二〇年的思想准备阶段，到了一九二一年成立中国共产党。党成立的时候只有七十多人。党的第一次代表大会全部代表也只有十二人。最后毛泽东说：中巴两国之间有共同的边界，应该友好相处，互相帮助。

7月17日　应邓子恢的要求同他谈话。邓子恢向毛泽东力荐“责任田”，介绍了符离集区委《关于“责任田”问题的汇报》[1]的内容，并明确地说：从安徽的当涂和宿县的情况来看，“责任田”能做到五统一（即主要生产资料、生产计划、劳动力、分配和上缴任务统一于集体），不是单干。“责任田”实际是一种联产计酬的生产责任制，有强大的生命力，广大农民不愿改变。毛泽东听后没有表示意见，在邓子恢起身要走时说：把你给我的报告[2]和符离集区委同志的汇报送来，我要看看。

同日　中共中央将《关于巩固人民公社集体经济、发展农业生产的决定（草案）》印发各中央局、各省市区党委、中央各部委、国务院各部委党组。中央通知说：“请你们，并找若干地委负责同志进行讨论。在讨论中，应该让各同志敞开思想，提出自己的意见。可以提出补充修改的意见，可以提出赞成的意见，也可以提出反对的意见。望你们在七月二十五日以前将你们讨论的情况和意见报告中央。”这个决定草案共有十项：（一）要集中和动员全党全国的力量，在物质技术力量方面，在财政方面，尽可能地支援农业，支援人民公社集体经济。（二）我国的统一国民经济计划，必须以发展农业为出发点。安排经济计划的次序，是农业、轻工业、重工业。（三）不论轻工业或重工业，都要以五亿几千万农民的农村为主要市场。（四）对于农业的投资，包括直接为农业服务的工业、运输业的投资，应该有计划地适当地提

---

〔1〕中共安徽宿县符离集区委《关于“责任田”问题的汇报》，列举了7条理由证明“责任田”的方向是对的，列举了10个变化说明“责任田”确实好得很。

〔2〕指1962年5月中共中央农村工作部《关于当前农村人民公社若干政策问题的意见》。

高。（五）国家征收农业税和统购粮食的定额，应该在长时期内固定下来。除了国家正式规定的税收任务以外，不准各级机构自行加税，自行搞机动粮，自行摊派。（六）除了办好国营商业以外，必须积极地发展合作商业和正确地发挥集市贸易的作用。必须在价格问题上照顾农民的实际利益，逐步地规定工农业产品的合理比价。（七）允许和鼓励社员经营家庭副业，作为集体经济的补充。社员应该有适当的自留地，并可拨给一定数量的饲料地。（八）人民公社的各级组织，必须搞好经营管理，必须坚决实行民主办社，必须厉行精简。（九）集体经济在优先发展粮食生产的同时，还必须努力发展经济作物，发展林业、牧业、渔业和各种副业生产。（十）为加强农业工作的领导和加强人民公社的领导，中央和省市区党委要选择一批干部到专区、县、乡村去，长期工作。

7月18日 下午，同杨尚昆谈话。要点是：一、是走集体道路呢，还是走个人经济道路？二、对国家计委、商业部不满意，要反分散主义。杨尚昆在当天的日记中写道："我觉得事态很严重！！十分不安！"他在晚上将毛泽东谈话的内容报告了周恩来。

7月19日 下午，在中南海游泳池住处主持召开中共中央政治局常委会议。会议提出要反分散主义，认为中央各部门是最大的分散主义，这是旧话重提。全国也反分散主义，分散主义最大还在中央，中央的各部门。部门里面也有些好的。毛泽东认为，外事系统是比较好的，党的联络部、军委是好的，其次，宣传部有个《宣教动态》，统战部有个《零讯》，常委是看的。但其他各部动态，则知道得少，农村工作部正反两方面意见还听得到，其他包括国家计委、经委、中央组织部、五办[1]等等情况反映少，感到不满意。会议还谈到甄别平反问题，指出：甄别要实事求是，对县以上干部的甄别不要一风吹，县以上情况很复杂。县以下违法乱纪也不能一风吹，其他可一揽子解决。会议决定参加中央工作会议的同志二十五日到达北戴河。

同日 阅中共国家计划委员会党组七月十七日讨论支援农业问题的简报，批示："尚昆办，印发到北戴河会议的各同志。"简报说：国家计委最近根据中央指示的精神，着重讨论了如何支援农业的问题。目前，恢复和发展农业已成为国民经济的关键，大力支援农业，巩固集体经济，是我们长期的任务。从国民经济的比例关系说，主要是工农业的不相适应。从自力更生的观点来看，不仅要努力自给设备、原材料，加强国防，还需要有一个广大的国内市场，这个广大的社会主义市场就是农村。主席早在一九五五年秋季即已提出，我们认识很不够。简报提出了十七项支援农业的措施。

同日 对张有晋去世发出唁函："惊悉有晋先师因病逝世，不胜哀悼。谨此致唁。另奉薄仪一份，聊助营奠之资。"

7月20日 召集各中共中央局第一书记开会并讲话。关于包产到户问题，毛泽东说：你们赞成社会主义还是资本主义？当然不会主张搞资本主义，但有人主张搞包产到户。现在有人主张在全国范围内搞包产到户，甚至分田到户。共产党来分田?！对农民，要让他自愿，如果有的人非包产到户不可，也不要采取粗暴态度。问题是要分析农民的基本要求是什么，我们如何领导。有人似乎认为我们和农民搞了几十年，现在好像不行了，难道我们就这样脱离群众？有人说恢复农业要八年时间，如果实行包产

---

〔1〕 指国务院财贸办公室。

到户有四年就够了，你们看怎么样？难道说恢复就那么困难？这些话都是在北京的人说的。下边的同志说还是有希望的。关于形势问题，毛泽东问：目前的经济形势究竟是一片黑暗，还是有点光明？

7月中旬 审阅杨尚昆七月十八日报送的参加中央工作会议的第一批名单（草稿）。名单如下：（一）部分政治局委员、书记处书记（十八人）。（二）国务院有关各口、部、委（三十人）。（三）中央局书记和起草委员会（十八人）。毛泽东在第三部分后面加写："陈正人〔1〕、邓子恢、赵修（湖北地委书记〔2〕）、王延春（湖北省委书记〔3〕）、纪登奎（河南洛阳地委书记）。"

7月22日 晨一时半，在中南海菊香书屋听取周恩来报告二十一日印度军队侵入中国新疆奇普恰普河谷地区向中国边防哨所突然发动进攻的情况。本日，中国政府对印军的严重军事挑衅提出强烈抗议。二十三日，周恩来根据同毛泽东商定的内容，起草中央致在瑞士出席日内瓦会议的陈毅并中国代表团的电报。电报指出：应当抓住印度总理尼赫鲁有恢复双方谈判意向的这一时机，约见印度国防部部长梅农，说明恢复谈判是中国政府历来的主张。最好能同梅农商定恢复谈判的手续、时间、地点和人员级别等有关事宜。当晚，毛泽东审阅了这个电报，同意发出。

同日 阅陶铸、王任重在广西龙胜县召开的关于巩固生产队

〔1〕 陈正人，当时任国务院农林办公室副主任、农业机械部部长。

〔2〕 赵修当时任中共湖北孝感地委第一书记。

〔3〕 王延春当时任中共湖南省委常务书记。

集体经济问题座谈会的记录[1]，批示："印发中央工作会议各同志。这个文件所作的分析是马克思主义的，分析之后所提出的意见也是马克思主义的。是否还有可议之处，请各同志研究。并且可以发给省、地两级去讨论。"八月一日，毛泽东的批语和陶铸、王任重召开的座谈会的记录以中共中央文件印发。

7月23日　批示将《关于巩固人民公社集体经济、发展农业生

---

〔1〕这次座谈会是在1962年6月6日和7日召开的。刊载于《中南通讯》的座谈会记录说：龙胜县执行"六十条"以来，多数人积极寻找改进集体经济经营管理的办法，以求迅速增加生产，改善生活。这是龙胜县目前形势的主流。原来估计全县有百分之六十至七十的生产队单干了，实际上没有这么多，基本上单干的有百分之二十至三十，完全单干的大约有百分之十。关于划分集体经济和单干的界限，集体经济最基本的是四条：一是主要生产资料集体所有，二是生产统一计划安排，三是集体劳动，四是生产收入统一分配。为了巩固集体经济，目前工作的重点是努力办好一批生产队，做好示范工作，而不是采取行政命令的办法硬性地去"纠"或"扭"那些单干的户。关于目前巩固集体经济的方针，记录提出：第一，对目前出现的各种生产管理形式，要根据上面说的四条原则准确地判明它究竟属于什么性质，谨慎对待。对确实是单干的，要认真进行说服教育，反复说明单干是没有出路的，我们不赞成单干，劝他们不要走这条路。如果他们一定要再试一试，我们也只有等待，不要强迫。但是共产党员必须走集体经济的道路，凡坚持单干道路屡教不改的，应当加以纪律制裁，直至开除出党。第二，从各方面巩固生产队集体经济，必须逐步做好的工作是：明确和稳定所有权，继续克服"共产风"；适当调整征购任务；改进和调整农副产品收购中的换购与奖售工业品的办法；改善生产队的经营管理；发展多种经营。改善经营管理是一个很重要的问题，如果不搞好经营管理，建立严格的生产责任制度，集体生产是不可能搞好的。

产的决定（草案）》[1] 印发中央工作会议讨论。八月二十四日，又批示将决定草案（八月十七日修正稿）印发会议讨论。毛泽东的批示和这个修正稿作为八届十中全会文件印发。九月二十七日，八届十中全会通过了这个决定。十月十一日，中共中央将这个决定下发到人民公社。

7月25日 到达北戴河，住一号楼。

同日 在《兄弟国家和兄弟党报刊材料》第一一一〇期上，写批语："陈云、邓子恢、田家英三位同志阅。阅波兰农业社会化的一篇，在第五页上。阅后退毛。"这篇文章说，波兰将更广泛地采用集体经营的形式，在最近十五年至二十年内使不超过一半的农民的土地社会化。还指出，建立合作社——国家农庄的最便宜的道路是通过农业小组升入高级合作化劳动形式。

7月26日 阅中共中央军委七月二十五日关于疏散入闽作战部队问题的报告。报告说：目前台湾蒋介石军队大、中规模窜犯东南沿海的可能至少已经推迟，拟将入闽部队即作适当疏散。毛泽东批示："已阅，同意。刘、朱、邓、彭阅后，退罗瑞卿同志办。"

7月28日 下午，在北戴河九十五号楼会议室主持召开有中共中央政治局常委，各中央局第一书记及彭真、陈伯达、罗瑞卿、王任重等参加的会议。毛泽东说：当前国际国内都有一个共同性问题，就是革命究竟由无产阶级领导，还是由资产阶级领导。在我们这些国家来说，就是究竟要无产阶级专政，还是要资产阶级专政。对民族独立国家的资产阶级要正确估计，资产阶级革命家有两面性，我们要有两手准备。赫鲁晓夫把他们看作是社

〔1〕 这个决定草案，除1962年7月17日中共中央下发的征求意见稿的10项内容外，增加了第11项：有步骤地推进我国农业的技术改革，使我国的集体农业在技术上逐步实现现代化，这是关系我们国家命运的一件大事。8月17日的决定草案修正稿，又增加了第12项：在各项经济工作中，实行统一领导、分级管理的制度。

会主义者，主张和平过渡。对人民内部矛盾他也不承认。这实质上是在世界范围内要不要无产阶级领导权问题。赫鲁晓夫说我们是独特的路线，就是独特路线，不独特不行，不与帝国主义、修正主义划清界限不行。帝国主义也在搞灵活策略。国际上的外交、外事工作方面也有右的苗头。当周恩来谈到城市工作，特别是生产、物价、职工生活问题需要加以解决时，毛泽东说：要马上搞这个问题，组织个委员会，恩来同志挂帅。

7月30日　晚上，在北戴河一号楼主持召开中共中央政治局常委会议，听取陈毅关于出席日内瓦会议情况及会见梅农情况的汇报。

7月31日　阅邓小平转报的陈云七月二十八日的来信。信中说："七月二十四日关于巩固人民公社集体经济、发展农业生产的决定草案，我已看过，我完全同意中央作这样一个决定。近来我心脏的病况很坏，体力也极衰弱，为了力求避免心绞痛的再次暴发，力求避免心肌梗塞，我请求不参加北戴河的各种会议，都请假。特此报告。"毛泽东批示："同意，送刘、周、朱、陈阅后，交尚昆存。"

同日　阅国务院财贸办公室七月二十八日《关于粮食问题的报告》〔1〕，批示："印发各同志讨论，提出修改意见，交财贸办

〔1〕这个报告回顾了1961至1962年度粮食收支情况，制定了1962至1963年度的粮食收支计划，提出了调整今后粮食征购任务的方案和今后粮食工作的方针政策。关于今后几年内国家粮食工作的方针政策，报告提出：继续实行少购少销，收（包括进口）大于支的方针；集中主要力量支持粮食生产的恢复和发展，首先是主要产粮区的恢复和发展；从销于农村的粮食中，挤出一部分粮食来增加对经济作物区的粮食供应，支持经济作物生产的恢复和发展；有领导地、适当地开放农村粮食自由市场，允许生产队和农民完成国家粮食征购任务以后，在自由市场出售余粮，互通有无；继续执行国家关于农业生产负担三年不变的规定；进一步加强国家关于粮食管理的集中统一、分级管理的制度，等等。

公室斟酌修改。”

同日 审阅《农村人民公社工作条例修正草案（修改初稿）》，批示：“印发各同志[1]讨论，提出修改意见，交陈伯达同志领导的起草委员会斟酌修改。”八月二十四日，审阅八月六日修改稿，批示：“印发各同志[2]讨论。”九月二十七日，中共八届十中全会通过了这个修正草案。这个修正草案，对一九六一年五月中央工作会议通过的修正草案作了一些修改和补充，主要是确定生产队为人民公社的基本核算单位，同时对条文作了一些调整。十月十一日，中央将这个文件下发到人民公社。

8月初 审阅修改中共中央八月一日《关于正确对待单干问题的规定（草稿）》。在文件讲到党内的思想问题要达到统一认识、统一行动处，毛泽东加写：“但是必需容许少数持有不同意见的同志有充分发表意见和保留意见的权利。”在文件中的“一小部分生产队陷于瓦解状态，这是农业集体化运动的一个曲折，看来这种曲折是难以避免的”一句后，加写：“不但过去有，现在有，将来几十年几百年内，也是还会有的。只要就全国来说，只占一小部地区、社队和人数，也是并不可怕的，因为社会主义经济占了极大的优势。”并将“看来”二字删去，“难以”改为“不可”。在文件中的“农村中资本主义和社会主义两条道路之间的斗争，还将继续一个相当长的时期”后，加写“可能要继续几十年到几百年”，并将“相当长”改为“很长”。此外，对文件中的“在一部分地区也发生了相当严重的‘单干风’，已经有一小部分生产队陷

〔1〕 指1962年8月6日至24日在北戴河召开的中共中央工作会议的与会者。

〔2〕 指1962年8月26日至9月23日在北京召开的中共八届十中全会预备会议的与会者。

于瓦解分户单干了”这一句，将“在一部分地区”改为“就全国来说，有不到百分之十的地区”，删去“相当严重的”五个字，“陷于瓦解”改为“改变方向”。还将文件中的“我们必须同‘单干风’进行斗争”，改为“我们必须对‘单干风’采取正确态度”。

8月2日　晚上，同来北戴河出席中共中央工作会议的华北地区的河北、山西、内蒙古三省区党委负责人谈话。毛泽东首先询问这三个省区目前的生产情况，接着又问农村单干的情况。他说：看来你们那里单干问题还不严重。从全国看，今年的收成比去年好，去年比前年好，错误在纠正嘛！有少数人把形势看得很黑暗，也有少数人说一片光明。从整个形势看，前途一片光明，有些问题。问题主要是反映在国内的阶级斗争方面，也就是究竟搞社会主义还是搞资本主义。斗争的时间相当长，一百年后还有这个问题，这种形势要看到。在谈到干部政策时，他说：大多数干部是好的。对有错误的干部的处理，还是延安的办法好，问题谈清楚，还是使用他。当李雪峰谈到他回家乡时曾受到一个基层干部封锁消息时，毛泽东说：《红旗》发表少奇同志《论共产党员的修养》一文很及时。在发扬民主中，要相信多数干部和群众是好的。封锁分两种，一种是我们征购过重，群众吃不饱，因此要封锁，隐瞒产量，这是可以理解的，可以原谅的；另一种是办了坏事又封锁，这是不能原谅的，也是封锁不了的。在谈到生产队的规模和管理时，他说：生产队以二十户左右为宜，太大了不好。田间管理责任制要搞好，有的地方按地段包工到组、到户、到人，这是进步的管理办法，不能说不好。他还说：现在有这么个空气，土地报得少，产量报得少，灾情报得大，吃粮人数报得多。

同日　阅中共安徽太湖县委宣传部副部长钱让能关于保荐责任田办法的来信，批示印发中央工作会议。批示说：“安徽太湖县县委宣传部钱让能同志给我的一封信。请大家研究。”钱让能的信中说：根据太湖县一年多来实行责任田的结果，我想作一保荐。我总认为责任田的办法是农民的一个创举，是适应农村当前生产力发展的必然趋势。太湖县是一个三类县。一九六一年三月，这里百分之九十以上的地区推行了责任田，形势发生了根本性的转折。以桥西大队的农业生产为例，一九六一年同一九六〇年比较，粮食增长百分之八十一，油料增长五倍多，棉花增长十倍，生猪、家禽也是几倍的增长。责任田的办法是：定产到田，责任到人。它是社会主义集体经济的一种管理方法，不是搞单干。据我们了解，拥护责任田的农民起码占百分之八十以上，甚至于占百分之九十以上。

同日 阅新华社七月二十九日编印的《参考资料》第五一八四期报道的南斯拉夫领导人在七月二十二日和二十三日举行的南斯拉夫共产主义者联盟七届四中全会上的发言摘要，批示："南斯拉夫的经济混乱情况，印发大家一阅。请大家讨论一下，走南斯拉夫的道路好，还是走马克思列宁主义的道路好。"这篇报道说，南斯拉夫领导人在会上的发言中说：全国总的经济增长速度，整个经济部门的生产、劳动生产率和实际消费的增长速度，都缓慢了。最近三年来农业生产停滞，几乎所有的农产品都缺乏，农村中的富农阶级在加强；市场上严重混乱；已经到期而应偿还的债务正在增长，没有外汇储备，等等。

同日 阅《人民日报》七月二十九日发表的《南斯拉夫经济困难重重，社会弊害丛生》的报道，批示印发中央工作会议："南斯拉夫反马克思主义的道路，好吗？请同志们讨论一下。"报道指出：南斯拉夫正经历着严重的经济困难，工资差额不可比拟，产品涨价，市场割据，国际支付赤字巨大，社会消极现象比比皆是。南斯拉夫人民对现在的处境存在严重不满。

同日 阅李先念七月三十日报送的国务院财贸办公室关于高价商品情况的简报，批示印发中央工作会议。简报说：从一九六一年起到一九六二年七月底止，国营商业部门在市场上挂牌高价出售的商品共有十种。一九六一年，这十种商品共回笼货币三十八亿元，其中高价利润二十六亿元；今年上半年共回笼货币二十二亿元，其中高价利润十四亿元。目前市场货币流通量减少了，集市贸易价格也有所下降，高价商品价格显得过高。最近我们提出了一个降价方案，从八月五日开始执行。这次调整是否适合情况，还要在实践过程中进行观察，如果发现问题，准备再作调整。

8月3日　下午，同来北戴河出席中共中央工作会议的西北地区的陕西、甘肃、青海、宁夏、新疆五省区党委负责人谈话。毛泽东说：这次会议的问题，是走社会主义道路，还是走单干道路？还有形势问题。无产阶级与资产阶级在斗争，这个斗争是长期的。苏联革命四十多年，还有修正主义。形势，究竟怎么样？是一片黑暗，或是一片光明；还是基本光明，有些问题，要抓紧解决，而前途是光明的？现在讲黑暗的多了，在我们党内有一部分人，各级都有，中央、省、市、专、县、社、队。实际情况是去年比前年好一些。今年比去年好一些，还是坏一些？在谈到新疆问题时，毛泽东问：赫鲁晓夫在伊犁、塔城策动群众外逃，和在伊宁策动反革命暴乱，是为了颠覆伊犁州党委和州人委，还是为了别的什么？新疆有多少军队，一旦打起来，靠新疆现有的兵力是否守得住？是不是还需要调些军队进去？农业师是否都有武器，有没有训练的时间？农业师每年要有三个月时间的训练，边防要做些工事。还是少奇同志说对了，一九六〇年他就估计赫鲁晓夫会在新疆搞颠覆活动，果然应了他的话。新疆斗争的主要方面是苏联修正主义，要集中力量对付苏联修正主义。搞个文件发下去，把这件事让各省、市、地、县都知道，不只是发给你们西北。西北都知道了，有准备，免得有事措手不及。在谈到粮食问题时，他说：关中产粮食，从秦以来的七八个王朝都靠关中坝子的粮食，今年陕西征购减少四亿斤，是对的。北方要争取在几年之内农民口粮达到三百六十斤，南方稻子要四百五十斤，最好五百斤。农民最反对我们低标准、瓜菜代的口号。现在要从三部分砍：征购任务，地县市附加部分，社队机动粮，机动粮都要搞掉。要群众负担那么多，是国民党的办法，是土豪劣绅的办法。共产党嘛，要区别于国民党。农民的互相调剂要搞，去年河南、山东、河北三省的八个专区到邻近收成好的地方换粮，一共换了二十七亿斤粮食，这是个很大的数字，公家的火车还帮助运输。商业上问题也很多。谈到民族问题时，毛泽东说：新疆、青海、宁夏、甘肃这几个省区的工作要好好地搞。

同日 晚上，在北戴河一号楼主持召开中共中央政治局常委会议，讨论中央工作会议如何开法，决定成立“核心小组”又称“中心小组”。彭真、陈伯达、杨尚昆列席会议。

8月4日 下午，同来北戴河出席中共中央工作会议的西南地区的四川、云南、贵州省委负责人谈话，了解包产到户问题。

8月5日 中午，同邓子恢、陈伯达、陈正人、廖鲁言、王观澜〔1〕和来北戴河出席中共中央工作会议的华东地区的柯庆施、李葆华〔2〕，中南地区的陶铸、王任重等谈话。毛泽东说：我“周游”了全国，找各大区的同志都谈了一下，每个省都说去年比前年好，今年比去年好。看来并非一片黑暗，有的同志把情况估计得过分黑暗了。当然也不是像一九五八年浮夸时讲的都是一片光明。我是中间派，应当说基本上是光明的，有许多问题还亟

〔1〕 王观澜，当时任中共中央农村工作部副部长。1962年11月任国务院农林办公室副主任。

〔2〕 李葆华，当时任中共中央华东局第三书记、安徽省委第一书记、安徽省政协主席、中国人民解放军安徽省军区第一政治委员（1962年9月又任南京军区第六政治委员）。

待解决，还要花几年的工夫，才能得到解决。我们工作上犯了错误，搞了“五风”、高征购、几个大办，看来我们的错误主要是瞎指挥、高征购。因为大办，城市人口一下增加两千多万人。有人说，人民公社要垮百分之六十，留下百分之四十。还有人说，全部解散搞单干，四年农业生产就可以恢复。已经搞了单干的，不能勉强去扭，过了半年或一年看出两极分化了，这个问题就解决了。允许百分之几到百分之十几闹单干是可以的，还有百分之九十是集体嘛！如果全部闹单干或大部闹单干我是不赞成的。如果那样搞，党内势必分裂。马克思主义承认事物的复杂性千差万别。我们到底走什么道路，大家议一议，看有什么意见。首先要承认阶级、阶层是存在的，有阶级存在就有阶级矛盾。矛盾分几种。第一种是敌我矛盾，是对抗性的。第二种是人民内部矛盾，包括社会主义和资本主义之间的矛盾。社会主义和资本主义之间、无产阶级和资产阶级之间的矛盾也类似敌我矛盾，因为这两个敌对阶级是互不相容的，这种矛盾同第一种矛盾虽然近似，但是要有区别，还是把它说成是内部矛盾为好。看来在农村现在主要是阶层之间的矛盾，即贫农和富裕农民之间的矛盾。我是五年计划就见马克思去了，而阶级斗争要贯串整个历史时期。我在七千人大会上的讲话，讲到建成社会主义要五十年、一百年或更多的时间。讲这一段话的意思是要人们懂得，有资产阶级存在，不要忘记阶级斗争。第三种是积累和消费的矛盾，积累过多了。第四种是认识上的矛盾，比如瞎指挥，这一类的事情是主观同客观不相适应。我们犯了一些错误，大部分已经纠正，有些问题还要进一步研究。

同日 审阅邓小平嘱杨尚昆报送的中央工作会议中心小组名单。名单共二十二人：毛泽东、刘少奇、周恩来、朱德、邓小平、彭真、李富春、李先念、谭震林、陈毅、陈伯达、罗瑞卿、谢富治、谷牧、陆定一[1]、杨尚昆、柯庆施、李井泉、陶铸、宋任穷、李雪峰、刘澜涛。毛泽东批示："照办。"

8月6日—8月24日 中共中央工作会议在北戴河举行，毛泽东主持会议。会议议题是讨论农业、粮食、商业等方面的工作。八月六日，毛泽东在全体大会上讲话，提出关于阶级、形势、矛盾三个问题，会议又着重讨论阶级斗争问题和批判"黑暗风"、"单干风"等。

8月6日 下午，在北戴河中直俱乐部会议室主持中央工作会议全体会议。毛泽东说：先开中央工作会议，再开一次中央全会，工作会议为中央全会准备文件。过去的十几天，起草了一些文件，从今天起就开始讨论。因为大会不好讨论，组织了许多小组，有六个组。单是这六个组讨论，似乎还不能畅所欲言，所以组织一个核心小组，或者叫中心小组。这是少奇同志提议的，常委的同志都赞成他这个意见。核心小组由常委、书记处、中央管业务的几个同志、各中央局第一书记组成。接着，邓小平介绍这次中央工作会议讨论的主要问题和日程安排。他说：会议今天算正式开始，实际上已经开了十几天了。这次会议讨论的有四个方面的问题：（一）农村工作；（二）财贸工作；（三）城市工作；（四）其他，毛主席、少奇同志考虑搞一个全国上下左右干部交流的问题。会议分了六个组，以六个大区为主，加上中央各部门的同志。中心小组的作用就是把问题集中起来，更深入地考虑一

〔1〕 谷牧，当时任国家经济委员会副主任（至1965年3月）。1964年8月又任中共中央工业交通政治部主任。1965年1月、3月又先后任全国人大常委会预算委员会主任委员、国家基本建设委员会主任。陆定一，当时任中共中央政治局候补委员、中央文教小组组长、中央宣传部部长、国务院副总理。1962年9月又任中共中央书记处书记。1965年1月又任文化部部长。

些问题，又返回到各小组里面去。邓小平作介绍后，毛泽东讲话。他说：小平同志没有讲到的，我想还有一些问题可以谈一谈。第一，究竟有没有阶级？阶级还存不存在？社会主义国家究竟还存不存在阶级？外国有些人讲，没有阶级了。因此，共产党也就叫做“全民的党”了，不是阶级的工具了，不是阶级的党了，不是无产阶级的党了。因此，无产阶级专政也不存在了，叫全民专政，全民的政府。对什么人专政呢？在国内就没有对象了，就是对外有矛盾。这样的说法，在我们这样的国家是不是也适用？可以谈一下。这是个基本问题。第二，形势问题。国内形势，就是谈一谈去年和今年这两年我们的工作怎么样？过去几年，我们有许多工作搞得不好，有些工作还是搞好了，比如我们的建设工作还是有成绩的。现在有些人说，去年比前年好一些，今年又比去年好一些。这个看法对不对？这是讲农村。工业，今年上半年是不那么好的，那末下半年怎么样？也可以谈一谈。大体上说，有些人把过去几年看成就是一片光明，看不到黑暗。现在有一部分人，一部分同志，又似乎看成是一片黑暗了，没有什么好多光明了。这两种看法，究竟是哪一种对？或者都有不对。如果都有不对，就要提出第三种看法，一片光明也不是，一片黑暗也不是，而是基本上是光明的，但是问题不少。还是回到我们第一次庐山会议讲的三句话：成绩很大，问题不少，前途光明。我倾向于不那么悲观，不那样一片黑暗，一点光明都没有，我不赞成一片黑暗的看法。现在，那种一片光明、毫无黑暗的问题不存在了，转成另外一个方面，引得一些同志思想混乱，丧失前途，丧失信心。第三，有些什么矛盾？第一类是敌我矛盾，然后就是人民内部的矛盾。人民内部有一种矛盾，它的本质是敌对的，不过我们处理的方式是当作人民内部矛盾来解决，这就是社会主义与资本主义的矛盾。这个矛盾是长期存在的，不是几年、几十年的问题，我想甚至是几百年。现在有一部分农民闹单干，究竟有多少？从全国来说，你们估计一下，是百分之几，还是百分之十几，还是百分之二十？现在这个时期，这个问题比较突出。是搞社会主义，还是搞资本主义？是搞分田到户、包产到户，还是集体化？农村合作化还要不要？主要就是这样一个问题。现在这股闹单干的风，越到上层风越大。再有，积累同消费的矛盾，过去几年，积累太多了，分给个人消费的太少了。集中同分散的矛盾，这个问题是否可以说解决了，我看没有，还要继续做工作。民主同集中的矛盾，要用民主的方法达到集中的目的，过去几年的方法就集中不起来，要让人家说话。七日，中央工作会议分组讨论毛泽东的这个讲话。

8月7日 会见墨西哥、委内瑞拉、古巴、巴拉圭、巴西等拉丁美洲国家的外宾，周恩来、陈毅、郭沫若等在座。毛泽东说：欢迎各位朋友，不但我们几个人欢迎，全中国人民都欢迎，因为我们站在一条战线上，反对帝国主义、殖民主义压迫，主张民族解放和民族独立。我们之间有不同的地方，但相同之点是主要的，我们互相尊重。亚洲和拉丁美洲有这么广大的人民，都是我们共同的朋友。所有反对帝国主义的党派和组织都应该团结起来。我们从建国以来进行社会主义革命和建设已经十三年了，你们可以看到，有一些进步，但是在经济、文化、国防各方面还很落后。比如国防，我们的敌人有原子弹和氢弹，我们没有，我们还是常规武器。讲科学，同美帝国主义比较，我们还差得很远。讲经济，我们也还差得远。不过，帝国主义说我们非常困难，困难得不得了，说我们要垮台，也不那么符合事实。现在不会垮台，将来也不会垮台。

8月8日 会见厄瓜多尔前众议长、前内政部部长、“人民行动运动”领导人阿劳霍，彭真在座。毛泽东详细询问厄瓜多尔的政治、军事、土地、种族等情况。在谈到拉丁美洲国家人民的反帝斗争时，他说：我们中国的经验，是马克思主义必须和各国的实际情况相结合，才能取得胜利。阿劳霍说：我们那里有毛主席的著作，像《矛盾论》、《实践论》、《星星之火，可以燎原》等，把它们当作我们斗争的指南。

8月9日　主持中共中央工作会议中心小组会议。在听取各组汇报讨论情况和谢富治、罗瑞卿、陈伯达、康生发言时，毛泽东多次插话。他说：这两天的分组讨论，不抓大量的普遍的问题，只抓具体问题，因此没有展开，注意观点和分析不够，有点沉闷。现在需要务虚，要认真讨论一下。阶级分析要认真注意，遇到困难和波折时，这方面容易忽视。在讲到形势、单干问题时，他说：现在有两种人，一种是只讲黑暗，一种是讲大部黑暗，略有光明。任务是从分析形势提出来的，既然是一片黑暗，那任务的提法就不同，就证明社会主义不行，因而就要全部单干。认为大部是黑暗，略有光明，采取的办法就是大部单干，小部集体。然后又必然反映到方针、措施和世界观上来。搞单干，两年都不要，一年多就会出现阶级分化，其中有共产党的支部书记，贪污多占，讨小老婆，放高利贷，买地；另一方面是贫苦农民破产，其中有四属户、五保户，这恰恰是我们的社会基础，是我们的依靠。你是站在三分之一的富裕农户的立场上，还是站在三分之二的基本农民群众的立场上？问题就是这样摆在我们的面前。农民中的富裕阶层有两重性，“草上之风，必偃”。有一部分富裕农民，资产阶级是要争夺的。我们要代表贫下中农，也代表一部分富裕的农民，所以要按劳付酬，平均分配的不能太多。党内有相当多的同志，对社会主义革命缺乏精神准备，所以去年提出重要的问题是重新教育干部。在讲到矛盾问题时，他说：我讲的人民内部的几种矛盾，要加上一条正确与错误的矛盾。搞社会主义，中间出现了"大办"、"共产风"、瞎指挥、高征购等错误，我们本来想搞得快些，结果反而慢了，这些都是认识上的问题。一九五八年至一九六〇年，三个年头犯了错误。一九六〇年下半年就开始纠正错误。这几年整得我们好苦，才采取了一系列正确的措施，如"农业十二条"，"农业六十条"，"工业七十条"，八字方针，缩短基建战线，城市减人，减少征购等。经过这些挫折，我们懂得要谨慎了，改正错误。现在城市工人生活太苦了，要提高一些。等价交换是一九五八年提出来的，三四年了始终没有解决，这次能解决才好。

8月10日 阅中国驻摩洛哥使馆党委关于阿尔及利亚情况给外交部的报告，批示："此件值得一阅。中央对国内很多情况不清楚。许多领导机关封锁消息，不作论证性的报告。事前不请示，事后不报告，实行独立王国。而国外使馆消息，却如此认真而迅速。请同志们想一想，是否可以把这个十几年的老毛病改一改呢？如果再不改，那就只有执行纪律的一条路了。"

8月10日或11日 阅聂荣臻八月九日报送的植物保护学会关于防治病虫害问题的报告。聂荣臻附信说，建议在这次中央工作会议起草的专题文件中，加上防治病虫害这一个项目。十日，邓小平批示："少奇同志阅后送主席，此件似可印发会议。"毛泽东批示："尚昆即办。"

8月11日 主持中央工作会议中心小组会议。会议先听取各小组汇报讨论情况。得知各小组集中讨论了原则问题，大家很有兴趣，热情很高时，毛泽东说：对原则问题大家有兴趣，会议抓主要问题、本质问题很需要。最近，陕西一个公社有人给中央写了一封信，说现在有些地方出现包产到户，是"一叶知秋"。我说不对，也可以一叶知冬，冬过了还有春嘛！总之，不要尽讲黑暗。有些小说如《官场现形记》等，是光写黑暗的，鲁迅称之为遣责小说。只揭露黑暗，人们不喜欢看，不如《红楼梦》、《西游记》使人爱看。《金瓶梅》没有传开，不只是因为它的淫秽，主要是它只暴露，只写黑暗，虽然写得不错，但人们不爱看。毛泽东讲话后，刘少奇、邓小平、陈毅、邓子恢发言。在刘少奇谈到对形势的估计时，毛泽东说：对形势的估计，还是今年一月扩大的中央工作会议的估计对。现在有人讲农业恢复要什么五年至八年，不要说那么多年嘛，要有点希望。讲得那样长，就没有希望了。如果那样讲，就是说我们的政策如“六十条”、“七十条”、减人两千万、改变高征购等都不灵了，或者说我们的政策要长时期才能见效，那就需要另搞一套。单干风越到上面越大。这一段我们讲困难太多了，过分了一点。整个说来今年夏季是增产了，山东就增产八亿斤。夏收秩序空前好嘛，全国如此。这说明基本核算单位下放起了很大作用。江西省委一位同志对我说，现在是产量报得少，灾情报得重，人口报得多，土地报得少，困难报得重，要我注意。这位同志的话是对的，值得注意。在邓小平谈到知识分子时，毛泽东说：人可以变嘛，坏的可以变好，好的还可以变坏。普列汉诺夫〔1〕原来是真正的马克思主义者，后来不是也变了，考茨基〔2〕也是变了。我们这么大一个国家，没有派别，在党内没有反映，这是不可能的。只是我们有一条和苏联不同，就是不开刀。斯大林就是不该杀人。在刘少奇谈到在经济上、在党内都会产生资产阶级分子时，毛泽东说：不只是在农村、在商业、在工业方面

〔1〕 普列汉诺夫，前期是俄国马克思主义宣传家。1883年创建俄国第一个马克思主义团体“劳动解放社”，为马克思主义在俄国的传播起了重大作用。1903年俄国社会民主工党第二次代表大会后，逐渐转向孟什维克，后成为第二国际机会主义的首领之一。

〔2〕 考茨基，德国社会民主党和第二国际领导人之一。前期是马克思主义者。俄国十月革命后，歪曲马克思主义，攻击苏维埃政权。

都要产生，党内也可以产生资产阶级分子。在刘少奇谈到农业机械化时，毛泽东说：农业机械化，一九五六年就提出来了，没有抓紧。从一九五八年算起，浪费了五年，还有二十年。今年还有几个月，下半年就要开始抓。关于矛盾问题，毛泽东说：上次加了一个正确与错误的矛盾，再加一个，照抄外国与自力更生的矛盾。

8月12日 阅中共中央组织部七月二十九日给毛泽东和中央常委的七月份综合报告，批示："印发各同志。中央组织部从来不向中央作报告，以致中央同志对组织部同志们的活动一无所知，全部封锁，成了一个独立王国。现在部长安子文同志在经过批评之后，觉悟了，这就好了。希望毛病不要重犯。"中组部的报告检讨说，长期以来，没有向主席和常委报告工作，反映情况，这是一个严重的错误。今后一定引以为戒，努力改正。报告主要汇报了干部队伍的情况和存在的问题，并提出了解决问题的具体意见。

同日 批示将一九六一年庐山会议上印发过的中共中央农村工作部一九六一年八月二十四日编印的《各地贯彻执行六十条的情况和问题》材料，印发这次会议。毛泽东在写的批语中说，那时中央农村工作部还是正确执行中央路线的。批语中错误地批评邓子恢，说他过了一年就动摇了，"对形势的看法几乎是一片黑暗，对包产到户大力提倡"。批语表示欢迎邓子恢在八月十一日中心小组会上所作的自我批评，但认为他还有认识不够的。

8月13日 主持中央工作会议中心小组会议。会议继续讨论毛泽东八月六日的讲话，彭真、罗瑞卿、邓子恢发言。在罗瑞卿谈到美国杜勒斯〔1〕认为欧洲共产党的第二代还可以，第三代就不行了时，毛泽东说：一代不如一代嘛！在中国一定不出修正主义？这也难说，儿子不出，孙子出。不过也不要紧，孙子出了

〔1〕 杜勒斯，1953年1月至1959年4月任美国国务卿。

修正主义，孙子的孙子就又要出马列主义了。按照辩证法，事物总要走向反面的，帝国主义等不走向反面？我就不信。我们也不一定不走向反面。在罗瑞卿谈到安徽的钱让能说不搞包产到户，农业就不能恢复时，毛泽东说：为什么江西没有搞单干，就搞得好呢？山东破坏得厉害，为什么恢复得很快呢？河南情况也有好转嘛！搞得好的情况，各省都有。北京十个县今年就可以恢复到一九五七年，有的就没有恢复的问题。谈到干部问题时，毛泽东说：干部光有才干不行，还必须有马列主义，这是个重要问题。在有人谈到党内有混进和新生的资产阶级分子时，毛泽东说：我们党要整顿，减少几百万党员好不好？另外要吸收真正的劳动人民中的先进分子。严重的违法乱纪分子，总不能是我们队伍中的人吧！自由市场，对我们的党员、领导干部也是一个严重的考验。开放自由市场，有一定的作用，但副作用也很明显。

同日　阅中央工作会议简报刊登的陶铸八月十日在中南组的发言。陶铸说：中南地区各省委和绝大多数地委、县委同志，对于农村存在着两条道路的斗争是清醒的，坚决反对单干，坚持社会主义方向，是明确的。但在中南地区党内，认为集体不如单干优越，主张分田到户的暗流是存在的。国内形势，我们说去年比前年好，今年比去年好，是明摆着的事实，不是什么浮夸。当然，我们面临的困难还很多，应该有足够的估计。但是，如果光讲困难，甚至讲成漆黑一团，看不到光明的一面，这就很不好。何况我们对困难已经讲了两年了，应该说是讲得够了的。我们中南的许多同志已感到老是这样讲下去，不是办法，事实上已产生了某些新的混乱。主席这次严重地提出这个问题，我认为十分重要，这对我国进一步争取好转有极其重大的意义。毛泽东阅后批写："已阅，很好。"

8月15日　下午，主持中央工作会议中心小组会议。在李富春、谭震林、康生发言时，毛泽东多次插话。关于对形势的估计，他说：从三月、五月到八月，又恢复到一月会议的估计了。恐怕还是一月会议估计得对。一月会议的估计到三月就变了。关于恢复生产问题，他说：我们各方面政策的出发点和着眼点，是发展生产，促进生产，对生产有利。低标准、瓜菜代不要讲了，农民不欢迎。瞎指挥我们不干了，高征购改正了，农业恢复时间会快一些，恐怕再有两年差不多了，主要是今明两年，六四年扫尾。不会像原来想的那样，要搞恢复阶段、发展阶段，但估计要谨慎些。关于贯彻中央的方针问题，他说：一定要贯彻好。八月开工作会议，九月开中央全会，十一月再开工作会议，安排明年计划。明年计划要搞出来，等到明年一月就晚了。他同意李富春说的解决积累和消费的矛盾，要掌握两个原则，一是真正以农业为基础，按农、轻、重的次序来安排；二是要每年对人民生活有所改善。毛泽东还讲了会议的安排；商业、物价、粮食问题，今天开始，讨论五天，二十日结束，如用不了这么多时间可以提前结束。中央工作会议二十三日或二十四日结束。中央全会二十五日报到，在北京开会，全会发公报。

同日 审阅中共公安部党组关于当前反革命活动情况和我们对策的报告，批示："印发各同志。这是谢富治、徐子荣〔1〕、彭真三位同志起草，并经修改，又经少奇、小平二同志看过，认为可用的文件。这个文件，是准备召开一次全国政法工作会议布置当前工作的一个报告。我也看过，认为可用。各同志看后如有补充、修改意见，请提交谢富治同志。"随后，又将这个批示删去，另写一批示："印发各同志。如有意见，请提交谢富治同志。"公

〔1〕 徐子荣，当时任公安部副部长。1965年7月又任国务院内务办公室副主任。

安部党组的报告说：今年以来，主要是四月以后，一部分城市盗窃、抢劫和凶杀案件有些上升，少数城市治安秩序一度比较混乱，反革命分子有一个比较明显的暴露。我们在依靠群众的基础上，主要采取侦查破案的办法，一般地不搞群众镇反运动。打击的重点放在大中城市、东南沿海、铁路交通沿线和一部分敌情比较严重的地区。毛泽东的批示和公安部党组的报告，作为中央工作会议文件印发。

同日 和刘少奇、周恩来致电祝贺苏联连续成功地发射“东方三号”、“东方四号”载人卫星式宇宙飞船。

8月16日 批示将《中共中央关于有计划地交流各级党政主要领导干部的决定》稿印发中央工作会议。决定稿说：在全国范围内，各级党政主要领导干部，在中央与地方之间、上下之间、地区之间和部门之间，有计划地进行交流，并且把定期交流干部作为我党干部管理工作的一项根本制度。

同日 批示将中共张家口地委第一书记胡开明八月八日关于建议推行“三包”到组的生产责任制〔1〕给毛泽东的报告，印发中央工作会议。十七日，在中央工作会议中心小组会议上，毛泽东问李雪峰：胡开明的主张怎么样？李雪峰说：包产到组，由于和包产联系，按这个逻辑发展下去，必然发展到包产到户。胡开明认为农村的黄金时代是互助组和初级社时期。毛泽东说：他只讲到劳动力问题，没有讲四属户、五保户。

8月17日 下午，主持中央工作会议中心小组会议，听取各组汇报讨论情况。李先念、周恩来发言。在李先念谈到阶级问题时，毛泽东说：打了一辈子仗，把阶级斗争忘记了，现在阶级

〔1〕 指由六、七、八户或六、七、八个劳动力自愿结合组成一个长期的固定的生产组，实行包土地、包工、包产到组。

斗争的形式和过去不一样了，过去是流血的，现在不是了。在李先念谈到今年进口粮食比去年减少七十万吨，逐年减少时，毛泽东说：省、地、县这几级人太多，还可多减些，潜力恐怕还是在地方。县、社两级还有许多吃商品粮的人，还可再减些，进口粮食还可以再减少。李先念说：自留地没有不行，但多了也不行，多了影响自由市场，不利。毛泽东表示同意。在李先念说同意邓小平的意见，注意粮食的同时不能忽视经济作物时，毛泽东说：专讲粮食不行，必须和经济作物同时考虑。李先念提出粮、棉、油是否可以加入自由市场？毛泽东说：恐怕不加入不好，自由市场既然有，又起交流作用，不如让它公开出来，起粮食交流作用。有许多三类物资，我们不搞，又不允许上自由市场，结果邯郸把几百万斤三类物资都损坏了。毛泽东还说：到了共产主义，那时阶级消灭了，但是还有先进与落后、正确与错误、唯心与唯物的矛盾。知识分子也不可能都一样，总是有高有低，有差别的。又说：我们有些刊物要整顿一下。比如《内部参考》，两方面的材料都要登。片面的东西要登一些，不然我们看不到，但是也不能登得太多，登多了就会影响县委、地委的同志。两方面的材料都登，让唱对台戏。

同日 审阅李先念报送的关于等价交换问题的口头汇报提纲，批示印发中央工作会议。汇报提纲说：目前市场方面一个突出的问题，是存在着两个市场、两种价格。计划市场的价格低，自由市场的价格高，两者悬殊很大。在国家同农民之间的交换和农民相互之间的交换，客观上存在着四种形式：低价对低价，低价对高价，高价对低价，高价对高价。在这四种形式中，存在着两种不等价的交换：一种是农民吃亏的不等价交换，在目前是主要的；另一种是国家吃亏的不等价交换，在目前是次要的。提纲对国家同农民交换中存在的不等价问题，提出了改进意见。

8月18日 阅中共中央军委八月十日关于一九六二年五月至七月的工作报告。报告说：这三个月军事工作的主要内容是：（一）采取紧急措施，准备粉碎美蒋军对我东南沿海的可能进犯。在五月下旬至六月中旬的紧急备战中，部队士气高昂，各参战部队都做到了“一声令下，立即出动”；党政机关密切配合，全力支援；人民群众积极支前，团结对敌。（二）在中印边境西段，同印度的蚕食政策进行针锋相对的斗争。（三）提前进行一九六二年夏季的征兵工作。毛泽东批示：“发各同志〔1〕。我们的军队，我们的人民，我们的党，我们的政府，总之，党、政、军、民，都是很好的，是天下无敌的。看不出这一个本质，就是机会主义者。”

8月20日 下午，主持中央工作会议中心小组会议，听取各小组汇报讨论财贸工作的情况。毛泽东和刘少奇在会上讲话。刘少奇提出这次会议如何传达的问题，他说：一讲阶级和阶级斗争问题，可以联系到很广，这样联系了，对教育干部有好处，但也可能发生反右。究竟怎样传达，是传达范围广一些好，还是窄一些好？鉴于第一次庐山会议的教训，传达的范围要有个限制，要搞个具体规定。毛泽东说：我赞成，要写一个决定。我们要和风细雨，把问题讲清楚，分清是非，广泛地联系实际，主要在搞清思想，不在于把人整了。阶级、阶级斗争问题，有的同志讲，是马克思主义的精髓。我学习马克思主义是经过列宁的。以前我也学习，是资产阶级的。只是在十月革命以后，马列主义才传播到中国，我们才学习。总之，离开阶级就不能谈问题，不能说明问题。关于自留地，他说：自留地少了不好，多了也不好，可以

---

〔1〕 根据中共中央办公厅机要室注明的情况，此件未作为中央工作会议文件印发，只印发给中央政治局常委和彭真、杨尚昆。

照有些同志提的意见，百分之七到十，最多不超过百分之十五，这样不至于影响集体经济。地少的不到百分之七也可以。关于“六十条”，他说：“六十条”已经实行一年多了，我们采取了很多正确措施，但“六十条”的有些规定没有很好地执行，比如民主办社、勤俭办社。当刘少奇提出要派工作组到农村去加强领导时，毛泽东说：中央、中央局、省、地、县五级组织二十到二十五万人下去，专门搞三类队和二类队。一类队也可以去，去取经嘛！这次会议决定，中央工作会议精神传达到县委一级。

同日 批示将共青团中央第一书记胡耀邦八月二日关于团的三届七中全会情况的报告，印发中央工作会议。报告说：会议主要是根据中央一月工作会议和三月政治局常委扩大会议精神，讨论如何适应目前形势，健全团的经常工作，学会做艰苦细致的群众工作问题。在思想教育方面，目前遇到的最突出的问题有两个，一是一些青年干部和青年对集体经济和社会主义的优越性发生怀疑和动摇，一是对克服困难的信心不足。因此，建议在今冬展开一个深入的全民性教育运动。

8月21日 下午，主持召开有中共中央政治局常委及彭真、李先念、陈伯达参加的会议。

8月22日 下午，主持召开有中共中央政治局常委及彭真、李先念、陈伯达和各中央局第一书记参加的会议。

同日 阅中共中央军委八月十二日给毛泽东和中央的报告。报告说：战备值班部队的作用，在这次东南沿海的紧急备战中，已充分地表现出来。但是，现有战备值班部队数量不多，一有风吹草动就深感不足，毛主席早就有意增强值班部队。现在编制已定，已有可能在不过多增加总定额的原则下，大幅度增编战备值班部队。报告建议中央通知各省、市以上的各级党委，免除以上这些部队的支援地方建设任务，使其集中力量搞好战斗训练。毛泽东批示："刘、周、朱、邓阅。退军委照办。请罗瑞卿同志代中央起草一个通知。"

8月24日 下午，主持中央工作会议全体会议，听取陈毅关于出席日内瓦会议等情况的报告。本日，中央工作会议结束。毛泽东回到北京。

8月26日 阅萧华八月二十日报送的《对邓子恢同志〈关于当前农业生产和人民公社问题〉的报告的反映》材料。材料说：五月三十一日和六月一日两个上午，邓子恢在总后勤部礼堂作了《关于当前农业生产和人民公社问题》的报告，听报告的共有少校以上干部三千余人。听报告后，不少同志认为报告中说单干也有一定的优越性是不妥当的，有的同志说"这和我们的方向不一致"。但也有同志"很欣赏这个报告"，认为"很解决问题"、"思想很解放"、"很大胆"。毛泽东批示将这个材料印发中共八届十中全会预备会议。二十九日，再次对这个材料作批示："看来，单干论在我们的军事干部中还有一点市场，但是不占多数，占绝对多数的同志是拥护社会主义反对资本主义的。"

8月26日—9月23日 中共八届十中全会预备会议在北京召开。这次会议和此前在北戴河举行的中央工作会议，都是为八届十中全会做准备。预备会议的前期，主要讨论有关农业的两个文件，批评邓子恢的所谓"单干风"，还讨论了国际形势和干部交流问题等，九月六日、七日起，以各中央局为单位的六个小组先后转入批判彭德怀、习仲勋的所谓"翻案风"，一直到预备会议结束。

8月27日 在中南海颐年堂召开有中共中央政治局常委及彭真、李先念、陈伯达和各中央局第一书记参加的会议。

同日 阅陈伯达八月二十六日报送的《中共中央关于改进商业工作的若干规定（试行草案）》（一九六一年六月十九日）和他的附信。陈伯达附信说：此件在北戴河重发给会议各同志。听说，有的同志认为，这个草案对商业工作问题，提出了许多解决办法。在这次会议上，可以根据一年来的经验和最近大家提的意见，作些新的补充和修改。毛泽东批示印发到会各同志讨论。这个决定后改名为《中共中央关于商业工作问题的决定》，经八届十中全会通过后发到县一级。决定指出："发展经济，保障供给"是我们商业工作的基本出发点。我们的商业工作，应该在国家计划的指导下，按照等价交换的原则，正确地利用价值规律，通过适当的购销形式，促进农业和工业生产的发展，逐步保障城乡居民消费品的供应。商业工作的关键问题，是把支援农业、支援农村人民公社集体经济放在第一位。现阶段我国商品流通有三个渠道：国营商业，合作社商业，集市贸易。国营商业是全民所有制经济，是商业的主体和领导力量。合作社商业是社会主义集体所有制经济，是国营商业的有力助手。集市贸易是农民之间互通有无、调剂余缺的场所，是不以人们意志为转移的客观需要，是国营商业和合作社商业的必要补充。

8月29日 阅向明〔1〕七月一日给毛泽东、刘少奇的信。信中说：一九五五年肃反运动中，我被指控犯有"反党反人民罪行"（后又称系"重大反革命嫌疑案件"），被责令进行隔离反省，不久又宣布"已下有逮捕令"。一九六一年底被宣布解除隔离反

---

〔1〕向明，原任中共中央山东分局代理书记、山东省人民政府副主席。1955年因所谓参加"高岗、饶漱石反党联盟"问题，经中共中央批准，给予撤销党内职务处分。1963年5月，山东省委关于向明问题的甄别情况报告说，省委1955年9月向中央作的《关于检查领导情况及对向明同志处理意见的报告》和1957年6月向中央作的《关于以向明为首的反党宗派集团专案审查总结报告》是错误的，决定予以撤销，恢复向明的党的生活。1980年中央撤销了对向明所作的参加高饶反党联盟的结论和给予的处分。

省，但至今尚不肯告知任何结论或审查结果，恳请速做结案。现在组织上分配我到某经济研究所工作，因为患有眼疾，难以胜任，恳请给予治疗疾病和分配少用眼力的工作。毛泽东批示："应令其治疗疾病，病好后分配适宜的工作。至其所犯案件，应根据实际情形，加以处理，不枉不纵。"

8月31日 下午，在中南海颐年堂会见英属圭亚那〔1〕总理贾根的夫人。毛泽东表示衷心支持圭亚那争取独立的斗争。贾根的夫人称赞中国在改变国家面貌方面做了令人敬佩的工作。毛泽东说：做了一些，但还有许多工作要做。有许多东西我们不会搞，没有学会，尤其是先进技术，需要向别的国家学习。目前我们存在着经济困难，但人民是团结的，党是团结的。经济困难有个两三年即可以克服。我们是依靠自己的。

9月1日 批示将中共八届十中全会关于加强党的监察机关的决定稿，印发八届十中全会预备会议各小组讨论。三日，批示将中共中央书记处《关于中央监察委员会扩大名额问题的意见》，印发八届十中全会预备会议各小组讨论。意见说：书记处经过同各方面交换意见，提议在这次中央全会上补选中央监察委员会委员二十人，候补委员二十一人，同时对现任的委员和候补委员作个别调整。

9月2日 批示将中国驻瑞士大使李清泉关于反映西欧各国对我态度变化的情况给陈毅的信，印发八届十中全会预备会议。信中说：陈毅在日内瓦接见瑞士记者的谈话及在富马招待会〔2〕上答记者的谈话，在西欧引起很大注意。事实证明，我国对当前

---

〔1〕 圭亚那于1966年5月宣布独立，1970年2月成立圭亚那合作共和国。

〔2〕 指1962年7月5日扩大的日内瓦会议两主席普希金（苏联）和麦克唐纳（英国）为老挝民族团结政府首相富马亲王举行的招待会。参加扩大的日内瓦会议的各国代表出席了招待会。

重大国际问题的态度，人们是极端重视的，我国的国际地位不是任何诬蔑可以抹煞得了的。从我们这里接触的情况看，法国、奥地利、意大利甚至西德都在同我们拉关系。继奥地利邀我们商务参赞访奥后，最近法国又通过其驻瑞士商务参赞邀我们商务参赞访法，奥外长在接见我们商务参赞时还特地表示没有理由不和中国建立外交关系。

9月3日 下午，召集小范围会议，提出把彭德怀的两封信〔1〕印发中共八届十中全会预备会议各小组。

同日 批示将中共中央书记处《关于中央监察委员会扩大名额问题的意见》，印发八届十中全会预备会议各小组讨论。意见说：书记处经过同各方面交换意见，提议在这次中央全会上补选中央监察委员会委员二十人，候补委员二十一人，同时对现任的委员和候补委员作个别调整。

9月4日 批示将李富春九月二日的信和中共国家计委党组关于支援农业的报告、关于安排一九六三年国民经济计划几个主要问题的请示报告，印发八届十中全会预备会议研究。李富春给毛泽东的信中说，关于明年计划有两个比较重要的问题，需要及早定下来和安排。一是粮食、棉花、木材、煤的生产指标。二是希望各省、市、区能在十月中旬提出明年和今后支援农业的切合实际的具体意见，要求中央解决什么，解决多少？自己能解决什么，解决多少？

同日 批示将国家统计局关于苏联和美国农业投资和农业机械化情况的比较材料，印发八届十中全会预备会议。

---

〔1〕 指彭德怀1962年6月16日和8月22日给毛泽东并中共中央的信。两封信的基本内容是请求对他所犯的错误，进行全面的审查，作出正确的处理。第一封信即所谓八万言书。

9月5日 批示将谷牧报送的一份材料《当前上海职工思想情况》，印发八届十中全会预备会议。这份材料说：前一时期，由于精简职工、停关企业、城市生活供应较紧等，不少职工思想动荡，生产情绪不稳定。八月份以来，由于企业调整和精简职工已告一段落、生产形势已有好转、安排了生活等，职工思想情绪开始稳定。但是，当前职工思想上仍存在一些问题，如对形势、生产前途认识不清楚，认为工资、奖金没有贯彻按劳付酬，对口粮定量低有意见等。

9月7日 下午，在中南海勤政殿会见古巴旅行团。毛泽东说：我们拥护古巴革命，反对美帝国主义侵略古巴，希望古巴在斗争中取得最后胜利，相信古巴革命会取得胜利。他问古巴的"全国统一革命组织"在英语中怎样讲，然后说：中国话很顽固，不大容易接受外来语，总有一天要接受的，顽固下去不行。

同日 下午，在中南海勤政殿会见哥伦比亚、秘鲁、厄瓜多尔、危地马拉和波多黎各等国的青年和学生代表及阿根廷民间艺术团，陈毅、胡耀邦等在座。毛泽东说：各位朋友，我们非常欢迎你们。我们是在一条战线上的，就是反对帝国主义，争取民族解放。在介绍中国民主革命胜利的经验时说：帝国主义看样子很强大，因此有许多人怕它。我们中国人曾经就有过恐美病、崇美病和亲美病。在这以前，有恐日病、崇日病和亲日病。经过八年抗战，把日本打败了，取得了抗日战争的胜利。日本败了，美国人又来了，经过三年半的战争，才解放了整个中国大陆，蒋介石百分之九十以上的军队被我们消灭了。关于土地革命，就是在适当的时机，千方百计地发动人民群众，把地主的土地分给农民，这一条是最主要的。如果一不发动群众，二群众发动起来要土地又不给土地，这个根据地是不能巩固的。古巴经验也是如此。你们到中国来找经验，中国有些经验可以给你们参考，但是离你们最近的经验，那就是古巴的经验，你们应该研究他们的经验，就是研究他们怎样由曲折的道路走向胜利的。

9月8日 批示将湖北襄阳专区、山东惠民专区、陕西榆林专区等十个省区的十一个专区、盟、自治州的灾情（包括旱灾、水灾、雹灾、虫灾）报告，印发中共八届十中全会预备会议。批示说："共十一件，印发各同志阅。这些都是灾情的报告，可以看到干部的努力，群众的积极性，人心的稳定，虽有减产，也有增产，即在灾区也不是一片黑暗。中国人是可以把社会主义建设起来的。"

同日 阅陶鲁笳八月二十三日在北戴河商业文件起草委员会会议上的发言要点。陶鲁笳说：商业工作的中心问题，是在购销活动中正确处理我们同农民的关系问题。商业工作中一个比较严重的缺点，在于没有足够重视利用价值法则，而更多地偏重于用行政手段来解决问题。只要有一套严格的控制办法，允许粮食上集市贸易，是利多弊少。关于商业文件的写法，既要写当前的问题，又要写长期的根本性的问题，二者兼顾，侧重当前。毛泽东批示："陈伯达同志：此件值得一看。我看是讲得对的。退毛。"

同日 阅毛华初八月七日关于农村工作的来信，批示："陶铸、任重、平化、延春同志：此件请一阅，阅后我们谈一下。退毛。"毛华初在信中提出，农业集体经济的经营管理方法，实行产量责任制是一个简便易行的办法。九月九日，张平化给毛泽东来信，认为一般地提倡"产量责任制"，容易产生错觉，如果领导骨干不强，确有滑到包产到户的危险。但在集体所有、集体经营、统一分配的前提下，某些部分农活、部分作物，实行联系产量评定奖罚或者以产记工，作为整个生产责任制的一种辅助形式，则是可以允许的。二十五日，毛泽东批示将张平化的来信和附送的湖南省委工作组写的《介绍一个经营管理搞得很好的生产队》，印发八届十中全会预备会议，指出："请各省、市、区党委同志们注意研究，并采取切实可行的办法，改善生产队的经营管理问题。”

同日 让李讷阅读九月八日《文汇报》发表的《更正一则》（于十一[1]写给编辑同志的信）。信中介绍了“斧正”一词的来源，说明天下没有不能改的文章，自己作文如能有热心人士多加指点、修饰，总会比自己一个人想得周到些。

9月10日 下午，在中南海菊香书屋召集周恩来等开会。

同日 阅薄一波九月八日报送的郭洪涛[2]给薄一波、谷牧并中共国家计委党组的报告，批示印发八届十中全会预备会议。郭洪涛的报告反映了烟台地区农业生产和农民生活的情况，农民对工业支援农业的要求等。薄一波在附信中说：郭洪涛同志调查的福山县[3]高疃公社制止了单干风，集体经济是巩固的。他们迫切要求国家予以支援，有以下几项：（一）化学肥料，（二）胶皮轮大车，（三）农业机械，（四）小农具，（五）水利建设。应当说，这五项是带普遍性的要求。从此也可以看出工业首先是重工业必须迅速加以改组，转移到以农业为基础的轨道上来。

9月13日 批示罗瑞卿阅看本日《参考消息》的两则报道。一则报道中说，蒋介石空军准备全部改用超音速的F-104星式战斗机，替换旧式战斗机。另一则报道中说：“美国以大量胜利女神飞弹运往日本，能力足以摧毁中共军火工业的基础沈阳，又可使中共军难于再渡鸭绿江，因而更能满足台湾的‘攻击军备’，此为台湾方面所欢迎。”毛泽东对这段话批注：“此段值得注意。”

9月14日 阅中共冶金工业部党组关于冶金工业的品种质量

---

〔1〕 于十一，俞铭璜的笔名。俞铭璜当时任中共中央华东局宣传部副部长。

〔2〕 郭洪涛，当时任国家经济委员会副主任。

〔3〕 福山县当时属山东烟台地区，1983年并入烟台市。

问题的报告和王鹤寿[1]的附信。报告说：近几年来，尽管苏联对我们实行技术封锁，我们依靠自力更生在品种质量上还是取得了很大进步，农业技术改造和国防尖端所需要的品种目前已能解决百分之八十至九十，还不能解决的百分之十到二十的品种都是“硬头货”，是今后在技术上设备上的攻坚方向，其制造、安装和技术掌握在一九七〇年左右可能达到目标。王鹤寿的附信说：品种质量与产量是有密切关系的，我们想离开一定的产量水平、一定的发展速度来讲品种质量是困难的。这个问题有不同的看法。但是，我们想明年的生产指标，似应稍高于今年。毛泽东批示“很重要”。

同日 致信杨尚奎：“邵式平同志提出的几项意见[2]，请你与刘俊秀[3]及其他在京同志谈一下，提出你们的意见。中央搞的农业和商业等文件，是否已将邵的某些意见包括进去了？‘人民公社六十条’之外，是否还要搞一个‘试办章程’？请将你们的意见告我为盼！”

9月15日 读九月九日《文汇报》发表的北京大学教授周辅成的文章《希腊伦理思想的来源与发展线索》，批示：“少奇同志：此文可一阅，如你有时间和兴趣的话。阅后交陈伯达同志一阅，然后还我。”又写了一个批语：“所谓伦理学，或道德学，是

---

〔1〕 王鹤寿，当时任冶金工业部部长。1964年4月任中共鞍山市委第一书记兼鞍山钢铁公司党委书记。

〔2〕 邵式平1962年8月7日对巩固农村集体经济问题提出3条意见：1. 建议中央搞一个农村人民公社试办章程草案。2. 产品交换权与所有权要相适应，既然生产队是基本核算单位，基层供销社应以公社为单位，以生产单位（集体所有）为交换单位。3. 现在，非农业人员下放到公社仍然是非农业人员，吃国家供应粮，这样并没有因下放人员而减轻国家安排粮食困难的程度。

〔3〕 刘俊秀，当时任中共江西省委书记处书记。

社会科学的一个部门，是讨论社会各阶级各不相同的道德标准的，是阶级斗争的一种工具。其基本对象是论善恶（忠奸、好坏）。统治阶级以为善者，被统治阶级必以为恶，反之亦然。就在我们的社会也是如此。”周辅成的文章讲了四个问题：伦理学来源于阶级斗争；为奴隶制社会生活所决定的特点；围绕“中庸”、“和谐”为中心的表现形式；争论的问题与派别。

同日 同周恩来谈话。

9月17日 晚上，在中南海颐年堂主持召开中央政治局常委扩大会议，讨论中印边境冲突问题，刘少奇、周恩来、朱德、邓小平、彭真、陈毅、贺龙、聂荣臻、徐向前、叶剑英〔1〕、罗瑞卿和各中央局第一书记出席。

9月18日 会见由日本工人教育协会副会长宫川实率领的日本工人学习积极分子代表团，并为日本工人朋友们题词：“只要认真做到马克思列宁主义的普遍真理与日本革命的具体实践相结合，日本革命的胜利就是毫无疑义的。应日本工人学习积极分子访华代表团各位朋友之命，书赠日本工人朋友们。”

同日 下午，在中南海颐年堂主持召开中共中央政治局常委会议。

9月20日 下午，在中南海颐年堂主持召开中共中央政治局常委会议。

同日 让身边工作人员找来《宋史》和《宋史纪事本末》。

---

〔1〕 徐向前，当时任中共中央军委常委（1966年1月任副主席）、国防委员会副主席。1965年1月又任全国人大常委会副委员长。1966年8月又任中央政治局委员。叶剑英，当时任国防委员会副主席、中国人民解放军军事科学院院长兼政治委员。1965年1月又任全国政协副主席。1966年1月、5月、8月又先后任中共中央军委副主席，中央书记处书记、中央军委秘书长，中央政治局委员。

9月21日 下午，在中南海颐年堂主持召开中共中央政治局常委会议，讨论中印边境冲突问题。

同日 下午，和刘少奇、周恩来、邓小平会见越南劳动党中央政治局委员、越南政府副总理兼国家计划委员会主任阮维祯一行，彭真、谭震林、顾卓新[1]等在座。

9月22日 阅中共八届十中全会预备会议西南组九月二十日讨论关于商业问题的决定（九月九日稿）的简报。简报反映：讨论中大家建议，对商业工作中当前存在的问题，如官僚主义、命令主义、贪污腐化、特殊化、走后门、组织不纯等，都需要进行批评和整顿，要在决定中讲一讲，以促使商业工作的改进。商业部门应当认真检查，并向全会作一交代。毛泽东批示："李先念、陈伯达二同志阅。此件内容请注意。退毛。"三十日，阅李先念二十八日的来信，信中说：我们觉得西南小组以及全会其他小组对商业工作提出的批评和意见很宝贵，很重要。我们要切实检查，认真改进。经请示邓小平同志同意，我们打算在国庆节后，立即召集商业、粮食、供销社、外贸、财政、银行各部党组成员开会，检查工作中的缺点和错误，讨论如何具体执行中央关于商业工作问题的决定，特别是抓支援农业、改善经营管理、改进工作作风问题，坚决扭转见事迟、动手慢、官僚主义、主观主义的作风，以便鼓足干劲，做好工作。毛泽东阅后批示："刘、周、邓、先念、富春、震林、一波各同志阅。我认为此信写得很好，接受批评，认真办事。这样就有主动了，就不是见事迟，动手慢了，就不是官僚主义了。其他部、委也应当采取此种态度。"

9月23日 在中南海颐年堂会见老挝爱国战线党主席苏发努冯亲王，陈毅在座。毛泽东称赞老挝南塔、孟新一仗打得很

---

〔1〕 顾卓新，当时任国家计划委员会副主任。

好，使得联合政府组成了。赞成老挝在两方面必须有充分的准备，一方面是把联合政府维持下去，愈长愈好；一方面是准备打。这样就不吃亏了。如果没有准备，就会吃亏，要作精神准备和组织准备。

同日　阅邓小平九月二十三日的报告。报告说："主席：现在书记处的名单是：书记——邓小平、彭真、王稼祥〔1〕、李雪峰、李富春、李先念、谭震林、黄克诚、谭政〔2〕。候补书记——刘澜涛、杨尚昆、胡乔木。黄克诚已撤销书记职务。谭政已停止书记的职务，但未正式撤销。建议十中全会：（一）撤销黄克诚、谭政两同志的书记职务。（二）补选陆定一、康生、罗瑞卿三同志为书记处书记。是否妥当，请批示。"毛泽东批示："退小平。照办。"

9月24日—27日　中共八届十中全会在北京举行，毛泽东主持会议。全会通过了《关于进一步巩固人民公社集体经济、发展农业生产的决定》、《关于商业工作问题的决定》、《关于有计划有步骤地交流各级党政主要领导干部的决定》、《关于加强党的监察机关的决定》、《农村人民公社工作条例（修正草案）》等文件。全会讨论了国际形势和国内形势。全会增选陆定一、康生、罗瑞卿为中央书记处书记，决定撤销黄克诚、谭政的中央书记处书记的职务。全会肯定一九六一年九中全会以来，特别是今年以来，全党贯彻对国民经济的八字方针、加强农业生产战线取得的成效。强调当前的迫切任务是：贯彻执行毛泽东提出的以农业为基础、以工业为主导的发展国民经济的总方针，把发展农业放在首要地位，正确处理工业与农业的关系，坚决把工业部门的工作转移到

---

〔1〕　王稼祥，当时还任中共中央对外联络部部长。

〔2〕　谭政，当时还任国防部副部长、中国人民解放军总政治部副主任。1965年11月任福建省副省长。

以农业为基础的轨道上来。对国民经济进一步地进行切实的调整、巩固、充实、提高的工作。全会指出：在无产阶级革命和无产阶级专政的整个历史时期，在由资本主义过渡到共产主义的整个历史时期（这个时期需要几十年，甚至更多的时间），存在着无产阶级和资产阶级之间的阶级斗争，存在着社会主义和资本主义这两条道路的斗争。这种阶级斗争是错综复杂的、曲折的、时起时伏的，有时甚至是很激烈的。这种阶级斗争，不可避免地要反映到党内来。无论在现在和将来，我们党都必须提高警惕，正确地进行在两条战线上的斗争，既要反对修正主义，也要反对教条主义。

9月24日 上午，在中南海怀仁堂主持中共八届十中全会开幕会议，并讲话。毛泽东说：这次中央全会，要解决几个重大问题。农业问题，商业问题，这是两个主要的问题，第三个主要的问题就是党内团结的问题。工业问题，计划工作问题，是第二位的问题。另外还有两个问题，一个是监察委员会扩充成员问题，一个是干部上下左右交流问题。这次全会可以说不是今天开始，已经开了两个月了，在北戴河开了一个月，在北京又开了一个月。实际的问题，在那两个月各小组都讨论清楚了。现在是开大会，就不需要多少时间了，大概三天到五天，二十八日肯定要结束。毛泽东在讲话中，再一次讲阶级、形势和矛盾问题。他说：在社会主义国家还有没有阶级，有没有阶级斗争呢？应当肯定，还是有的，还是存在的。列宁曾经说，社会主义革命胜利以后的一个长时期内，因为国际资产阶级的存在，因为本国资产阶级残余的存在，因为本国小资产阶级主要是农民阶级中间还不断地生长着资本主义分子，所以剥削阶级虽然被推翻了，它还是长期存在的，甚至于要复辟的。在欧洲，封建阶级被资产阶级推翻以后，有几次复辟。我们社会主义国家也可能出现复辟的情况。我们这个国家要好好掌握，要好好认识这个问题，承认阶级和阶级斗争的存在。关于阶级和阶级斗争，我们可以现在就讲起，年年讲，月月讲，开一次中央全会就讲，开一次党代表大会就讲，全党提高警惕，使我们有一条比较清醒的马克思列宁主义的路线。关于形势问题，国际形势是很好的，国内形势过去几年是不好的。一九五九年、一九六〇年，这两年是低潮，因为我们办错了许多事，主要是高征购、瞎指挥两个大错误。在一九六〇年下半年我们就开始改变了。一九六一年、一九六二年，国内形势是一天比一天好的。关于矛盾问题，包括我们同帝国主义的矛盾，全世界人民同帝国主义首先是美帝国主义的矛盾，各国人民同本国反动阶级（主要是反动资产阶级）的矛盾，各国人民同修正主义的矛盾。在我们中国人民也有同国内修正主义的矛盾。国内的修正主义，我们过去叫它右倾机会主义，现在看恐怕改一个名字为好，叫中国的修正主义。在北戴河和北京开的两个月的会，我们讨论的是两项性质的问题：一项是工作问题；一项是阶级斗争问题，就是马克思主义同修正主义斗争的问题。关于工作问题，我不准备多讲。我现在只讲一讲怎样对待国内和党内的修正主义问题。我说，还是照我们历来的方针，不要改变，即：不管犯了什么错误的同志，只要认真改变，我们就欢迎，还是一九四二年到一九四五年整风运动的那个路线，惩前毖后，治病救人，团结——批评——团结。我们是允许犯错误，允许改正错误的，一看二帮嘛。只要你改正错误，你改好了，就好了嘛。我们坚决采取这样的态度。我劝一些同志，无论是里通外国也好，搞秘密反党小集团也好，只要把自己那一套端出来，诚实地向党承认错误，我们就欢迎他，决不采取不理他的态度，更不采取杀人的态度。还有一点，要分开一个工作问题，一个阶级斗争问题，决不要因为对付阶级斗争问题妨碍了我们的工作。这一点，请各部门、各地方的各位同志都要注意。一九五九年的庐山会议，本来是要研究工作的，后头来了一个风暴，大家都搞阶级斗争，就把工作丢了。那一回，反党集团扰乱了我们的工作，当时我们还不觉悟。这一回，可不要这样。同志们回去传达的时候，也要注意，要把工作放到第一位，阶级斗争和它平行，不要放在很严重的地位。我们不要受干扰，不要让阶级斗争干扰了我们的工作。大量的时间要做工作，但是要有专人对付这个阶级斗争。在讲话中，毛泽东还谈到了对右派分子平反的问题。他说：右派分子如果真正改正了错误，就摘掉帽子。不过近来有一股平反之风，无论什么都要平反，那是不行的。我们的方针应当是：真正搞错了的，要平反；部分搞错的，部分平反；没有搞错搞对了的，不能平反。现在不是小说刊物盛行吗？利用写小说来进行反党活动，这是一大发明。[1] 这是搞上层建筑。凡是要推翻一个政权，总要先造成舆论，总要先搞意识形态方面的工作。无论革命也好，反革命也好。马克思、恩格斯的学说，列宁的学说，是无产阶级的革命的意识形态，在中国就是将马克思列宁主义的普遍真理同中国革命的具体实践相结合。当着我们没有将它们结合或者结合得不好的时候，我们就受挫折、失败；结合得比较好的时候，我们就胜利。现在讲社会主义革命和社会主义建设，也是马克思列宁主义的普遍真理同中国的具体实践相结合这个问题，是结合了还是没有结合，是结合得好一些还是差一些。现在我们正在逐步逐步解决这个问题。毛泽东讲话后，陈伯达作《关于进一步巩固人民公社集体经济、发展农业生产的决定（草案）》的说明。其

---

〔1〕 据当时出席会议的薄一波回忆，在毛泽东这次讲话时，康生递了一张条子说："利用小说进行反党活动，是一大发明。"毛泽东在会上念了这个条子。见薄一波《若干重大决策与事件的回顾》下卷，中共党史出版社2008年1月版，第770页。

间毛泽东插话说，我们农业要过关，就是要化学肥料，要拖拉机、农药、种子等，要靠科学。过去不重视科学家，从现在起要重视起来。这次精简，农业部门把种子站、牲畜配种站、农业技术推广站、农业试验场等都减掉了，这些东西不应该精简，这些东西要保留，现在要恢复。商业部门也搞弱了，把供销社取消了，骨干分子调出去了，这些也要恢复。

同日 批示将《中国青年报》九月二十二日发表的《“永不走路，永不摔跤”》〔1〕一文，印发八届十中全会，指出：“犯了错误，只要认真改正，也就好了。”

同日 晚上，在中南海菊香书屋召集周恩来等开会。

9月25日 在中南海怀仁堂主持中共八届十中全会全体会议。上午，李先念作关于商业工作问题的报告，董必武讲话。下午，薄一波、朱德讲话。当李先念讲到粮食问题时，毛泽东说：为什么去年比前年好？除了有“十二条”、“六十条”之外，还有物质原因，农民少拿出一百七十七亿斤粮食〔2〕。社会主义我们不会办，没有经验，现在开始有点经验了。他说：现在要使两头多，中间少。两头，就是农民一头，中央一头。农民一头，就要使他多留，这样他就能够多吃，能够较多地留饲料，能够保证种子。还有一个，他就能够储备一点，储备在农民家里，生产队也储备一点，以便备荒，应付突然事变。再一头是中央。中央现在

〔1〕“永不走路，永不摔跤”是华君武一幅漫画的讽刺性的题旨，这幅漫画画了一个不倒翁，并在不倒翁身上写了这八个字。《中国青年报》发表的这篇文章用这八个字为题，批评那种怕“出头的椽子先烂”，奉行多一事不如少一事的处世方针。文章说：只要工作就可能犯错误受挫折，谁要是怕犯错误和怕受挫折，而不敢工作，这样的人也就永远不会很好地工作。

〔2〕指粮食征购1961年度比1960年度减少177亿斤。

很少，所以要进口，以后中央要逐年增加一点。中间就减少，要少征少购。从哪里来节省？就是把城市人口减下去，各省、地、县把机构减少。但是，不要把农业机构减少，科学机构、供销社也不要减少。要把那些勤杂人员，很多的副书记，很多的委员，很多的家属，总之把那些吃商品粮的减少。还有各级层层加码的那种附征、自筹粮，专区也有，县也有，公社也有，大队也有，现在我们中央不要有，也不许他们自己搞。他们自己搞，实际上就是大吃大喝，贪污浪费，损害干部。把这个中间层的附加搞掉，就少征了，也少购了，也少销了。省要有机动粮，要有储备，中央要储备一点，也储备在省那里。当李先念讲到对于生活困难的职工，要考虑给予适当的补贴时，毛泽东说：工人实际工资下降，准备今年冬季调整。大概明年这一年准备增加工资，大约要增加十五亿到二十亿元人民币的工资。但是同志们，我们这些人不在内。当李先念讲到要加强商业部门的经营管理时，毛泽东说：无论农业方面的问题，工业方面的问题，商业方面的问题，大家都要注意研究。我们中央委员会大家都要注意。我这个人对于商业也是不通的，我没有做过生意，也没有抓过商业工作。这回我发了一个狠心，就是要跟你们打个交道。商业企业经营管理条例，你说准备在下一次中央工作会议上提请讨论，这个要改一下，不一定是中央工作会议，改成在下一次适当的会议上。因为这个问题我还想开中央全会来解决，使大家能够接触这个问题。过去我们全会开少了，一年应该开几次。李先念讲完后，毛泽东说：建国十三年了，商业部门就没有总结出一个像“农业六十条”那种教育性质的文件。这样的文件，不仅六百万商业队伍要了解，就是我们所有党政工作同志，我们在座的人，各级党委、政府、人民团体，都要了解。这一次我们搞了两个文件，一个是商业工作问题的决定，再就是今天先念同志这个报告，这样就有规章制度了。现在还少一个管理条例，讲具体地怎么做生意。但是，我们应该承认，商业工作从现在起开始好转，你看搞出来两个文件嘛。在董必武讲话时，毛泽东插话谈到了中共党史上的一些历史人物。他说：王佐、袁文才〔1〕是敌人所非常痛恨的，他们又是有群众基础的，所以不能讲他们怎么很坏。高敬亭〔2〕不该杀。杀了季振同〔3〕，也是不好的，不应该杀的，那是宁都暴动的一个领袖。至于写《野百合花》的王实味，是不应当杀的，可以让他做点技术工作嘛。

9月26日 晨，同周恩来谈话。

同日 在中南海怀仁堂主持中共八届十中全会全体会议。上午，刘少奇、邓小平讲话。下午，周恩来讲话。刘少奇讲话时，毛泽东多次插话。刘少奇说：在一九五九年、一九六〇年遇到的困难面前，有三种态度：第一种，坚持克服困难，坚持毛主席、中央的革命道路，继续胜利前进。第二种，在困难面前被吓倒、放弃社会主义道路，向后倒退，单干。毛泽东插话：名义上没有放弃社会主义道路，说是经营管理方式，实际上就是单干。刘少奇说：第三种，利用我们暂时的困难，向党发起进攻，企图推翻党的领导。第二种态度是动摇、不坚定，丧失信心，不懂得马列

---

〔1〕 王佐，曾任中国工农革命军第2团副团长兼第2营营长、红军第5军第5纵队司令员。袁文才，曾任中国工农革命军第2团团长、红军第4军参谋长。1930年2月，王佐、袁文才在江西永新被错杀。中华人民共和国成立后，他们被追认为革命烈士。

〔2〕 高敬亭，曾任中国工农红军第28军政治委员、新四军第4支队司令员兼政治委员。1939年6月在安徽肥东被错杀，1977年4月平反。

〔3〕 季振同，曾任国民党军第26路军第25师第74旅旅长。1931年10月加入中国共产党。1931年12月参加领导宁都起义。后任中国工农红军第一方面军第5军团总指挥。1934年10月在江西瑞金被错杀，1979年经中共中央批准为季振同平反。

主义；第三种是敌对阶级的态度。毛泽东说：第二种是不懂马列主义，属于认识问题，过几年一看形势好些，就改了，当时没有想到全局和前途，没有想到国际国内关系。刘少奇说：毛主席《关于正确处理人民内部矛盾的问题》中提出的六条标准，最重要的是两条，一条是社会主义道路，一条是党的领导。毛泽东说：主张包产到户和单干，可以建议，但不能采纳。刘少奇说：现在我们的困难到底有多大？最困难的时期已经过去了，现在已经开始好转，应该继续前进，要坚持革命的道路，但宣传还要注意一点，还要讲有困难。毛泽东说：去年比前年好些，今年比去年还要好些。一个是公报，一个是领导干部讲话，不能一股风，讲得太好了。刘少奇说：今年五月会议对困难估计多了些。单干风大，实际单干的不多，并不严重，只有安徽、甘肃多一点。已经单干了的，可以重新组织起来，不愿意的不勉强，先组织那些愿意组织起来的。毛泽东说：有一家就一家，有几家就几家。十家有三家、五家、七家愿意的就组织起来，不愿来的就不来，也不要骂他们是走台湾的道路，但要说他们的方向是不正确的。将来要来还可以来，现在不要闻风而来。散得很多的地方，如安徽可以分二年、三年，说服愿意的先组织起来，一年增加一些。邓小平讲话说：现在看来政治挂帅很重要，什么是政治挂帅，就是要把形势、方针、办法向群众交底，交清楚。凡是讲清楚了的，就很好，工厂、农村、军队都是如此。毛泽东说：这次军队到福建，纪律很好，七个师，十几万人，只有几个开小差的，士气很高，证明人民、战士、干部是可靠的。

9月26日、27日 多次修改中共八届十中全会公报稿。公报稿中有一句话是："八届十中全会指出，在无产阶级革命和无产阶级专政的整个历史时期，存在着无产阶级和资产阶级之间的阶级斗争，存在着社会主义和资本主义这两条道路的斗争。"毛泽东在第一处"存在着"前面加写"在由资本主义到共产主义过渡的整个历史时期（这个时期需要几十年甚至几百年）”，后又将“几百年”改为“更多的时间”。在这句话后，毛泽东加写一段话：“被推翻的反动统治阶级不甘心于灭亡，他们总是企图复辟。同时，社会上还存在着资产阶级的影响和旧社会的习惯势力，存在着一部分小生产者的自发的资本主义倾向，因此，在人民中，还有一些没有受到社会主义改造的人，他们人数不多，只占人口的百分之几，但一有机会，就企图离开社会主义道路，走资本主义道路。在这些情况下，阶级斗争是不可避免的。这是马克思列宁主义早就阐明了的一条历史规律，我们千万不要忘记。”在公报稿中的“这一切都说明了，无论在农村或者城市，我们的经济情况正在一天一天地好起来”这句话后，毛泽东加写一段话：“应当指出，我们还有一些工作没有做得好，例如还有一批生产队、一批工厂、一批商店，由于领导人员不得力因而减产或者不受群众欢迎。我们应当努力改变这种状况，使它们迅速地好起来。”

9月27日 上午，在中南海怀仁堂主持中共八届十中全会全体会议。柯庆施、刘澜涛、彭真、李富春先后讲话。在柯庆施讲话时，毛泽东插话讲了民主集中制问题。他说：关于集中统一跟分级管理，主要的矛盾侧面应该是集中统一。分级管理本身也有集中统一和分级管理。党内的相互关系是民主集中制，人民代表大会、政府机关也是这样。我们叫民主的集中制。比如，我们开了两个多月会，为什么目的？就是这么糊里糊涂，大家纷纷议论，无结果而散，议而不决，决而不行？我们这个党的作风，不是强加于人，不是什么不能讲话。我们是什么人也能讲话，包括那些反对我们的人，他也可以讲话。这样充分展开讨论，加以分析，就分清是非了，大家就有一个统一的意志了。一个党也好，一个国家机构也好，一个军队也好，没有一个统一的意志，像昨天小平同志讲的，一人一条心，或者这一堆人一条心，那一堆人又一条心，我们现在有六个大区，有六条心，中央有几十个工作部门，有几十条心，那怎么办呢？那不好办。所以，每年总得有一次到两次，不惜时间，展开辩论、分析，把各种意见加以比较，求得一个统一的意志。所谓统一的意志，就是集体的意志。所以，民主是为了集中，分级管理是为着集中统一，有个矛盾的主要侧面。过去第一书记说了就算，这个方法今年一月我们批评了。要实行第一书记说了多数人同意才算，多数人不同意，即使你是正确的，你第一书记也得服从。要建立这样的民主集中制。在彭真讲话谈到国民经济恢复问题时，毛泽东插话说，今后五年，不只是恢复，应该有所发展。全会于本日闭幕。

9月下旬 在中共八届十中全会期间，应王稼祥的要求同他谈话。王稼祥说，我在莫斯科裁军大会所犯的错误[1]，想在十中全会上专门作一篇检讨发言。毛泽东说：你的问题不必弄到常委会议上，也不必到中央全会上去作检讨，中联部有几个副部长对你有意见，你同他们好好说通了就行了。

9月28日 下午，在人民大会堂会见由中央总书记阮文孝率领的越南南方民族解放阵线代表团，廖承志、耿飚[2]、刘宁一在座。毛泽东首先询问越南南方的人口、面积、地形、武装力

〔1〕 莫斯科裁军大会，指1962年7月9日至14日世界和平理事会在莫斯科举行的争取裁军与和平大会。王稼祥所说的“错误”，指他在主持起草中国代表团的讲话稿时提出，讲话稿不仅要表示充分支持广大殖民地半殖民地民族解放运动的立场，而且要表示高举和平旗帜的立场。根据这个意见，代表团在大会的讲话稿中讲和平、裁军的内容较多，同时同意了没有反对美帝国主义字样的大会共同文件，引起几个亚非国家代表团对中国代表团的不满。为此王稼祥在八届十中全会预备会的小组会上受到批评。

〔2〕 耿飚，当时任外交部副部长。

量等情况，然后向客人介绍中国共产党进行武装革命的一些经验。他说：越南南方的战争形势有些像中国打日本侵略者时的形势，有许多根据地，但彼此间被敌人隔断着。敌人力量很强大，军队多，武器多，武器好；我们军队少，武器较少、较差。但是，我们能够战胜现代化的军队。要集中优势兵力，各个击破，敌进我退，敌驻我扰，敌疲我打，敌退我追。为什么敌进我退呢？因为它强大，我就退一步，等它搞得疲劳时，我再打。它没有办法了，困难了，就要逃跑，它逃跑，我们就追。这也是老百姓教会我们的。我们这些人本来是不知道打仗的，也是文化人，和你们差不多。我们一方面是在受群众教育，一方面是敌人来教育。

9月29日 下午，在人民大会堂会见印度尼西亚总统苏加诺的夫人哈蒂妮·苏加诺，江青、王光美、邓颖超、陈毅和夫人、黄镇和夫人等在座。毛泽东说：印尼是中国的好朋友，中国也是印尼的好朋友。在亚洲、非洲和拉丁美洲，我们的朋友很多。你们收回了西伊里安，反帝获得了胜利。苏加诺总统要召开第二次亚非会议，我们很赞成。从第一次亚非会议到现在已经多年了，第二次亚非会议到现在还没有开。我们支持你们，这是一件事。其次，暗藏的敌人要谋害苏加诺总统，要保持警惕，把安全检察机关搞好一些，就可以控制住暗藏的敌人。

同日 下午，在人民大会堂会见锡兰[1]驻中国大使佩雷拉，耿飚等在座。毛泽东说：我们是两个友好的国家，两国人民友好，政府也友好，两国在经济贸易上交易也不少，你们是第一个突破禁运卖橡胶给我们的国家。当佩雷拉说，他学生时代就读过毛主席的著作，并通读了《毛选》第四卷时，毛泽东说：我们的党同帝国主义、殖民主义斗争了几十年，同帝国主义的走狗蒋介

〔1〕 锡兰，今斯里兰卡。

石斗争了几十年。中国曾经是几个帝国主义统治的国家，从一八四〇年算起已有一百多年的历史。其间经过许多斗争，如太平天国、义和团，还有孙中山领导的辛亥革命，那是一次典型的民主革命，但都失败了。只有共产党领导的斗争才成功了。我们经过二十八年的斗争，其中二十二年是武装斗争。当中也经历过好几次失败，几起几落。我写的文章就是反映这几十年斗争的过程，是人民革命斗争的产物，不是凭自己的脑子空想出来的。先要有人民的革命斗争，然后反映在我们这些人的脑子里。既然有人民革命斗争，就产生要采取什么政策、策略、理论、战略战术的问题，栽了跟头，遭到失败，受过压迫，这才懂得并能够写出些东西来。

同日 阅《外事简报》第一三七期，批示："送王稼祥、伍修权、刘宁一同志：此件值得一阅。国内外修正主义都要里通外国。我们做国际工作的同志必须注意这一点。否则一定会上当。如有必要，请你[1]找若干做外事工作的同志（例如十几个人，有外交部、外办、外交学会、对外文联等处的同志参加）开一次座谈会，以日本事件及其他事件（多得很）为例，引起警惕。"

9月30日 下午，在人民大会堂会见南非共产党学员代表团，刘宁一、吴学谦[2]在座。毛泽东首先询问南非的经济发展情况、人口、工人与农民在人口中的比例等。接着他说：谈谈中国情况，交流一点经验。我们是用马克思列宁主义普遍真理结合中国实际情况的，这一点我想是适用一切国家的。南非也是一样，马克思列宁主义的普遍真理必须同你们国家的具体情况相结合。我们犯过教条主义的错误。从一九三五年起开始总结经验，

---

〔1〕 指王稼祥。

〔2〕 吴学谦，当时任中共中央对外联络部五处处长。

以后在抗日战争时期又认真地总结了一次经验，制定出一套适合中国情况的总路线——军事的、政治的、经济的、文化的路线。马克思列宁主义是不断发展的，它还要继续发展，不是马克思列宁主义把什么真理都总结好了。我们相信马克思创造的唯物辩证法。按照唯物辩证法，世界上一切事物，包括马克思列宁主义，都是有一个发生、发展和终结的过程。也许一万年以后，马克思列宁主义会变成某种什么别的东西。但是唯物辩证法是不会变的，它是绝对真理，其余的都是相对真理。有人说马克思列宁主义不太行了，更有人说完全不行了，我不相信。马克思列宁主义在实践中得到了证明。他还说，我的工作的一部分，就是同外国的同志、朋友谈谈。

10月1日 上午十时，和刘少奇、董必武、朱德、周恩来、邓小平等党和国家的领导人，出席在天安门举行的中华人民共和国成立十三周年庆祝大会，检阅群众游行队伍。晚上，毛泽东等在天安门城楼观看焰火。

同日 嘱周恩来要注意中央领导人的安全，加强警卫工作。当天，周恩来组建了以罗瑞卿、谢富治为正副组长的九人警卫领导小组，进行了周密布置。

10月2日 下午，在中南海颐年堂主持召开中共中央政治局常委会议，研究中印边境冲突问题。会议决定，十月三日照会印度政府，双方还是在十月十五日举行会晤〔1〕，会晤中双方的意见都可以提出来。印度政府于十月六日拒绝了这一建议。

〔1〕 1962年9月13日，中国政府曾向印方建议，10月15日先在北京、后在德里进行谈判，双方的武装部队沿边境全线各自后撤20公里。印度政府不同意这一建议，要求中国军队在东段非法的麦克马洪线以北属于中国的领土上撤出。

10月5日 下午，在中南海颐年堂会见由武元甲[1]率领的越南军事代表团，刘少奇、周恩来、朱德、邓小平、叶剑英、罗瑞卿、萧向荣[2]在座。毛泽东说：我们是互相交换意见。你们党政军的工作做得很好，在南越有游击战争，我们非常赞扬南越人民的斗争。今后敌人怎样进攻，我们怎样对付，需要很好的分析。过去几年，对于帝国主义如何进攻的问题，我们想得不多，现在得想一想。如果敌人进攻，它必定失败，我们必定胜利，这一点是可以肯定的。帝国主义的手伸得太长了，什么地方都想抓，第一是欧洲，第二是亚洲，第三是非洲，第四是拉丁美洲，十个指头按十只跳蚤，结果是一个也抓不到。在战略上，要看到帝国主义的弱点，但是对他们的长处也不能轻视。如果在武器上比较，我们是比不过他们的，只有苏联比得过。如果美国打进中国来，我们只能使它逐步地吃亏，不能设想很快地赶走它。如果美国进攻北越，他们的基地就更远了，他们也不能不考虑到南越人民的游击战争，不能不考虑到老挝和泰国的人民斗争，也不能不考虑到中国、朝鲜，更不能不考虑到北越的力量。你们的情况，我看是好的，美国还不敢轻易下手。你们处在东南最前线，我们非常关心南越和老挝的情况。你们在那里已经抓住了美国的一个“指头”。南越的战争，以前他们说要打十八个月，后来说要五年，甚至又说要十年。再打五年、十年，美国感到更不行了，那时你们提出召开日内瓦会议，可能他们将不得不妥协。再不然就干涉得更厉害一些，那也是一个可能。美国在东南亚要进一步出兵，也是没有出路的，使中国、北越和其他东南亚国家都

〔1〕 武元甲，当时任越南劳动党中央政治局委员、越南民主共和国政府副总理兼国防部部长、越南人民军总司令。

〔2〕 萧向荣，当时任中共中央军委副秘书长、军委办公厅主任。

闹起来了，它能吃得消吗？在南越它都搞不下去，何况北越和中国？

10月上旬、中旬　印度加紧备战，准备在中印边境发动新的军事进攻。十月五日，印度国防部宣布在东部军区成立一个新的军团——第四军，任命陆军参谋局长考尔中将为第四军军长，专门执行对中国的作战任务。十二日，尼赫鲁下令，要印军“把中国人从‘东北边境特区’〔1〕赶出去”，妄图把中国军队从中国的领土上赶走。十四日，印度国防部部长梅农发表讲话，说“我们将打到最后一个人，最后一支枪”。美联社、法新社驻新德里记者反映，在今后几天之内，印军可能要发起攻势。

10月8日　下午，召集刘少奇、周恩来、朱德、邓小平、陈毅、贺龙、聂荣臻、罗瑞卿开会，讨论中印边境冲突问题。同日，鉴于印度军队已做好大规模武装进攻中国的准备这一情况，中国人民解放军总参谋部发出歼灭侵入克节朗的印军〔2〕的预先号令。同一天，周恩来会见苏联驻中国大使契尔沃年科，表明：如果印军一旦发动进攻，我们就坚决自卫。还指出，印度使用苏制米格式直升机在西段和东段进行空投，运送军需，这对我们前方战士是有影响的。

同日　阅中共中央办公厅十月四日编印的《情况简报》第三四八号刊载的一个材料《恐“敌”病一例》。这个材料说，今年八月间，黑龙江省北安市双泉公社党委书记夜间鸣枪赶狼，当地许多社队干部和社员群众听到枪声误认为是敌人来进攻，惊恐万状，纷纷躲逃。毛泽东阅后批示：“刘、周、朱、邓、瑞卿、富

〔1〕即现名所谓“阿鲁纳恰尔邦”的绝大部分，位于中印边境非法的麦克马洪线和传统习惯线之间，历来是中国的领土。

〔2〕1962年8月，印度军队侵入克节朗地区。

治同志阅。此事拟在常委会上谈一谈。阅后退毛。”

10月10日 下午，在中南海颐年堂会见即将离任的柬埔寨驻中国大使兰·涅特，周恩来在座。毛泽东说：中柬两国是友好的国家，是互相支持的。你们在西哈努克亲王领导下进行的斗争是正确的，世界上很多人是支持你们的，希望你们团结起来战胜困难，你们会胜利的。

10月14日 晚上，在中南海菊香书屋召集周恩来等开会。十五日晚上，又在颐年堂召集周恩来等开会。

10月17日 印度军队在中印边境东段和西段同时炮击中国边防部队的前沿阵地，进行大规模武装挑衅。侵入麦克马洪线以北克节朗地区的印军向中国边防部队连续发动进攻。此后数日，印军继续发动大规模进攻。

同日 下午一时半，召集刘少奇、周恩来、朱德、邓小平、彭真、陈毅、贺龙、聂荣臻、罗瑞卿等开会，讨论对印度军队的进攻进行自卫反击问题。晚十一时，签发中共中央军委关于歼灭入侵印军的作战命令。命令指出：为了保卫祖国边疆，中央决定进行反击战役。西藏军区部队首先粉碎印军对麦克马洪线以北的克节朗地区的进攻，并准备连续作战，歼灭可能来援之印军。新疆边防部队，首先粉碎印军的进攻，然后歼灭侵入加勒万河谷和红山头之印军，并视情况扩大战果。反击战役于十月十九日拂晓全线同时开始。随后，中央军委接受西藏军区的建议，将反击战役开始的时间改为二十日拂晓。

10月20日 拂晓，中国军队在中印边境自卫反击作战开始。晚七时，毛泽东在中南海菊香书屋召集刘少奇、周恩来、朱德、邓小平等开会。二十一日晚七时，同周恩来谈话。二十二日晚七时，在中南海菊香书屋召集周恩来等开会。

10月22日 中华人民共和国国防部发言人发表声明，由于印度军队越过麦克马洪线，进一步侵占中国的大片领土，向中国边防部队发动大规模进攻，中国方面现在正式宣布："为了防止印度军队卷土重来，再度发动进攻，我边防部队在自卫战斗中，没有必要再受这条非法的麦克马洪线的约束。"

10月23日 晨五时，在中南海菊香书屋召集周恩来等开会，讨论解决中印边境武装冲突问题。为表明中国希望通过和平谈判解决边界争端的一贯主张，决定由中央政府发表声明，提出停止边境冲突，重开和平谈判，解决中印边境问题的建议。政府声明由周恩来主持起草。晚十时余，毛泽东再次召开会议，讨论通过政府声明。

10月24日 中华人民共和国政府发表声明，为寻求停止边境冲突、重开和平谈判、解决中印边界问题的途径，郑重地提出三项建议："（一）双方确认中印边界问题必须通过谈判和平解决。在和平解决前，中国政府希望印度政府同意，双方尊重在整个中印边境上存在于双方之间的实际控制线，双方武装部队从这条线各自后撤二十公里，脱离接触。（二）在印度政府同意前项建议的情况下，中国政府愿意通过双方协商，把边境东段的中国边防部队撤回到实际控制线以北；同时，在边境的中段和西段，中印双方保证不越过实际控制线。有关双方武装部队脱离接触和停止武装冲突事宜，由中印两国政府指派官员谈判。（三）中国政府认为，为了谋求中印边界问题的友好解决，中印两国总理应该再一次举行会谈。在双方认为适当的时候，中国政府欢迎印度总理前来北京；如果印度政府有所不便，中国总理愿意前往德里，进行会谈。"同时，周恩来致信尼赫鲁，呼吁他积极响应中国政府的建议。为配合政府声明，中国人民解放军总参谋部命令中国边防部队停止追击，暂不过达旺河，在达旺河以北集结待命。印度政府在十月二十四日收到中国政府声明的当天下午，拒绝了中国的建议。二十七日，尼赫鲁复信周恩来，拒绝中国政府二十四日声明中的建议，提出以恢复一九六二年九月八日前中印边境全线的局面，作为进行停战谈判的先决条件。

10月26日 晚上，在中南海菊香书屋召集周恩来等开会。

10月27日 晚上，在中南海菊香书屋召集周恩来等开会。

11月3日 阅罗瑞卿一九六二年十月三十日关于力争在一九六四年爆炸第一颗原子弹的报告，批示："很好，照办。要大力协同做好这件工作。"报告说：最近，二机部在分析了各方面的条件以后，提出力争在一九六四年爆炸第一颗原子弹。这一目标的实现，不但在国内是一件振奋人心的大事，而且在国际上也会产生巨大影响。实现原子弹爆炸，是全国科学技术和工业生产水平的集中表现，绝非哪一个部门所能单独办的。除二机部外，还必须取得各工业部门、科研单位的密切配合，以及全国在人力、物力上的大力支援。现在离预定的爆炸日期只有两年的时间，为了更有力地保证实现这个目标，建议在中央直接领导下成立一个专门委员会，加强对原子工业的领导，随时检查督促计划执行情况，并在必需的人力、物力上进行具体调度，及时解决在研究设计和生产建设中遇到的问题。这个建议，少奇同志已原则同意。根据少奇同志的指示，我们考虑最好是由总理抓总，贺龙、富春、张爱萍〔1〕、先念、一波、定一、荣臻、瑞卿、赵尔

---

〔1〕 张爱萍，当时任中国人民解放军副总参谋长、国防部国防科学技术委员会副主任。1962年12月又任国务院国防工业办公室副主任。

陆、刘杰、孙志远、段君毅、高扬[1]等参加。

11月5日　晚上，在中南海会见委内瑞拉共产党军事学习代表团，刘宁一等在座。毛泽东概括地介绍了中国共产党进行武装斗争的一些经验，并向代表团建议：你们最好是学习古巴的经验，古巴离你们很近，古巴革命比较新，没有像中国革命经过二十多年。还有阿尔及利亚的经验也值得研究。他说：革命的前途是光明的，但道路是曲折的，一切道路都要转弯。中国的经验，你们可以学习和研究，但不能硬搬，要适合你们的历史条件，要适合你们的具体情况，要创造，不适合你们历史条件和目前情况就不可能取得胜利。希望你们只把外国的经验当作参考资料，本国的事情由你们决定。

11月9日　晚上，在中南海菊香书屋召集周恩来等开会。

11月14日　中共中央发出关于中印边境武装冲突和中印关系问题的通知，说明中印边境自卫反击战的背景、性质、发展趋势和中国的方针。这个通知，是根据毛泽东十一月十三日的指示由周恩来起草，经毛泽东审定后发出的。

11月15日　下午，在中南海菊香书屋召集周恩来等开会。

同日　致信杨开智[2]：“得电惊悉杨老夫人逝世，十分哀痛。望你及你的夫人节哀。寄上五百元，以为悼仪。葬仪，可以与杨开慧同志我的亲爱的夫人同穴。我们两家同是一家，是一家，不分彼此。望你节哀顺变。”

---

〔1〕赵尔陆，当时任国务院国防工业办公室常务副主任（1966年5月任主任）、国防工业政治部主任。刘杰，当时任国务院国防工业办公室副主任兼第二机械工业部部长。孙志远，当时任国务院国防工业办公室副主任兼第三机械工业部部长。段君毅，当时任第一机械工业部部长。高扬，当时任化学工业部部长。

〔2〕杨开智，杨开慧的哥哥。

11月18日 下午，在中南海菊香书屋召集周恩来等开会。

11月19日 上午，在中南海菊香书屋召集周恩来等开会。

同日 阅本日《参考资料》刊登的十一月十八日《尼赫鲁在印“国防义勇军日”讲话》和《拉达克里希南[1]诬蔑我“欺骗”印度》等文。尼赫鲁和拉达克里希南十八日在讲话中都说到希望通过和平谈判解决中印之间的分歧。下午四时，毛泽东批示：“突然大谈和平解决。送总理阅。请外交部研究一下，印度领导人过去几天，是否有过十八日这种论调。”四时半，在中南海菊香书屋召集周恩来等开会，研究促进中印和平谈判问题。会后，周恩来、陈毅立即约见印度驻中国大使馆临时代办，表示中国非常同意印度总统的主张，中印双方可以立即开始谈判。接着，周恩来、黄镇约见印度尼西亚驻中国大使苏卡尼，向他表示中国领导人希望苏加诺总统促进中印和平谈判。

11月20日 下午六时，同刘少奇、周恩来等谈话，商定我国政府于二十一日发表重要声明，先走一步，主动采取积极步骤，扭转日趋严重的中印边境形势。晚十一时，毛泽东批示立刻发出中共中央关于向干部和群众宣传解释我国政府的声明给各级党委等的紧急通知。

11月21日 晨零时，中华人民共和国政府发表声明。声明指出：印度政府直到现在还拒绝中国政府十月二十四日的三项建议，继续扩大边境冲突，使中印边境局势日趋严重。为了扭转这种局势，中国政府决定主动采取措施，促进这三项建议的实现。中国政府宣布：一、从十一月二十二日零时起，中国边防部队在中印边境全线停火；二、从十二月一日起，中国边防部队将从一九五九年十一月七日存在于中印双方之间的实际控制线，后撤二

〔1〕 拉达克里希南，当时任印度总统。

十公里；三、中国将在实际控制线本侧的若干地点设立检查站，在每一个检查站配备一定数量的民警。声明说：中国政府真诚期待印度政府作出积极的响应。如果印度军队继续进攻，重新推进到实际控制线，留在实际控制线，或越过实际控制线，中国保留进行自卫还击的权利，由此而产生的一切严重后果必须由印度政府承担全部责任。

同日 晚九时半，同周恩来谈话。商定由周恩来约集外事办公室、外交部、中共中央宣传部、人民日报社有关人员开会，商议在这次中印边境斗争的胜利中如何扩大影响问题。二十二日，周恩来和陈毅召集上述单位的有关人员开会，拟定了几项措施。

11月22日 晨零时，中国边防部队在中印边境全线停火。

11月23日 让身边工作人员找来除《宋史纪事本末》以外的其他各朝纪事本末。次日，又要《续通鉴纪事本末》。毛泽东说，读完《元史》，再读《通鉴纪事本末》，然后读《续通鉴纪事本末》。

11月25日 晚上，在中南海菊香书屋召集周恩来等开会。

11月27日 晨，审阅修改周恩来关于中印边界问题致苏加诺的信稿。信中说，中国政府按照苏加诺的意愿，特派外交部副部长黄镇到雅加达，就中印边界问题同他交换意见。中国政府希望苏加诺推动印度对中国政府十一月二十一日的声明采取相应的措施，并且促成中印双方关于边界问题的谈判。

同日 晨，审阅修改周恩来关于中印边界问题致缅甸联邦革命政府部长会议主席奈温的信稿（代拟稿）。毛泽东将信稿中“阁下对和平解决中印边界问题所持的公正态度和所作的崇高努力，不仅有助于推动中印和解，而且对巩固亚非国家的团结、维护亚洲的和平，也将是珍贵的贡献”一句中的“珍贵的”，改为“有益的”；在信稿的“中印边境上原先十分险恶的局势已经开始有了好转机”一句中，将“原先十分险恶的局势”改为“原先的那种局势”，将“好转机”改为“缓和”；将信稿的“仅仅中国一方面采取这种行动，还不能完全有效地防止冲突不再起，也不足以为谈判创造良好的气氛”一句，改为“仅仅中国一方面采取这种行动，还不能防止冲突的再起，和为谈判创造良好的气氛”。修改后批示：“总理：近几天一些外交文件，在措词方面有些欠当，这就是一件，我改了一点，请你再阅。”

11月30日 下午一时半，在中南海菊香书屋主持召开中共中央政治局常委会议。会议讨论了四个问题：一、推迟中央工作会议召开的时间，定于一九六三年一月十五日左右举行，以便下边安排工作。二、明年上半年开一次人大会议，确定计划和预算，下半年一次，改选。相应的，下半年开一次党的八大三次会议〔1〕，一千二百名代表要扩大到二千名左右，每县一人，还有各方面的。人大改选也要有二千名以上代表。三、国际反修问题。今后凡是国际性的会议，人家邀请南斯拉夫，我们仍然到会，不退席。免得人家用此办法剥夺我们的发言权，不让我们接触群众。意大利党代会带头邀请南斯拉夫，又指名攻击中国，不只阿党问题，还有纸老虎问题，战争与和平问题。以后的斗争，怎么样，要研究。现在看，今后的斗争，更加展开了，就需要一系列的东西，也要有适当的刊物。要马上办的，是把《北京周报》变成国际上的《红旗》杂志，变成理论资料性的刊物，作为武装国际左派的东西。《北京周报》搞英文、西班牙文、法文版等，由中联部提出报告，经常委批准，开工。香港出版一文摘，可以正反面文章都登，在香港出，北京编。纸老虎问题，赫鲁晓

〔1〕 中国共产党第八次全国代表大会第三次会议后来没有举行。

夫、陶里亚蒂[1]都攻。四、组织工作会议的问题。[2]

同日 下午六时，在中南海颐年堂会见印度尼西亚共产党中央政治局候补委员、书记处副总书记阿吉托罗普一行，刘宁一等在座。毛泽东主要谈民族资产阶级问题和农民问题。他说：有两种统一战线，一种是劳动人民的统一战线，他们是工人、农民和革命知识分子；一种是工人阶级同民族资产阶级的统一战线，一个是被剥削阶级，一个是剥削阶级，过去有人说不可能建立统一战线，但实践证明是可能的。民族资产阶级也是受压迫的，帝国主义、封建主义和买办资产阶级也是压迫他们的，他们自己是没有力量赶走帝国主义、封建主义和买办资产阶级的。民族资产阶级是中间性的剥削阶级。对于民族资产阶级要采取又团结又斗争的政策，而不是打倒的问题，争取他们也要经过斗争。革命的主要力量是农民。虽然工人是领导阶级，但人数不多。一九四九年中国才有将近四百万产业工人，农民有几万万人。农民跟着我们走了，民族资产阶级才不得不也跟着我们走。农民问题很重要，谁能解决农民问题，谁才能取得胜利。资产阶级不能解决农民问题，历史上资产阶级都不能解决农民问题。孙中山也不能解决农民问题。

12月2日 下午，在中南海颐年堂会见由主席洛夫林率领的挪威共产党代表团，刘宁一等在座。毛泽东说：中国的知识

〔1〕 陶里亚蒂，当时任意大利共产党中央总书记。

〔2〕 1962年12月4日，邓小平在中共中央书记处会议上传达11月30日中央政治局常委会议的内容时说：组织工作会议的问题，常委都赞成书记处意见，重新登记党员。明年试点，后年全面登记。全面登记就是全面教育，要搞得严一些。主席说，程潜提出1700万党员是否多了？主席很欣赏，执政党党员多了管不了。一是清洗一批，一是搞共产主义小组，再是吸收一批。

分子大约有五百万，其中也有不同我们合作的。人的思想不能强迫，强迫是办不到的，要自愿，慢慢来。如果不愿意，可以暂时保留，保留十年、二十年，有人一直保留到去见上帝，只要他不造反，我们不强迫改造。中国的工程技术人员和搞工业、农业的知识分子进步快，另一些不接触工农和实际的知识分子进步慢。当得知中方没有安排挪共代表团同中国的教授交谈时，毛泽东说：我们方面未安排，这是缺点，以后应注意。例如，可以安排同溥仪、傅作义、荣毅仁〔1〕和民主党派的人谈谈。社会是很复杂的，各个阶级中有各种人，很反动的阶级中有部分人也可以说服。马克思主义要改造全人类，包括改造反动派。被俘的蒋军中有少将、中将、上将，将军不少，有一大批是被特赦的。美国经常说我们杀了很多人，但他们不说我们不杀皇帝和这批将军，台湾也不说。

12月3日 下午，在中南海颐年堂会见巴西客人拉格尔·柯索伊夫人和阿马里利奥，楚图南、姚溱〔2〕在座。会见中，谈到中国工业建设和毛泽东著作等问题。毛泽东说：中国的工业基础是有了一些，但不够，并且不是在一个很短的时间里就可以建立起来，可以赶上世界水平的，需要一个世纪。我们准备用五十年到一百年的时间。当阿马里利奥谈到毛泽东的著作在巴西很需要，毛泽东写的诗也很受欢迎时，毛泽东说：《毛泽东选集》第四卷就是记录三年解放战争的事，从一九四六年下半年起三年多，可以看到蒋介石是怎样向我们发动进攻的，开始我们是怎样

---

〔1〕 荣毅仁，曾任上海申新纺织印染公司总管理处总经理。当时任全国政协常委、纺织工业部副部长、上海市副市长、中华全国工商业联合会副主任委员。

〔2〕 姚溱，当时任中共中央宣传部副部长、全国人大常委会副秘书长兼办公厅副主任、中国拉丁美洲友好协会副会长。

丢失很多地方的，然后怎样发动反攻打败他们的。可以看出我们党的一些倾向，一些错误思想，我们是怎样纠正的，才使革命得到了胜利。这是一九四六年到一九四九年革命的不完整的记录，只是一个轮廓。要完全的记录那就多了，我们的报上有许多文章，别的同志也发表了不少的言论。敌人方面的，蒋介石和美帝国主义的材料在这本书里反映得不多。当拉格尔谈到相信巴西革命最后会胜利时，毛泽东说：不是这些人胜利，就是那些人胜利。比如在我们中国，我们这些人留下来了，这只是偶然留下来没有被打死的。总有人会取得胜利，这是必然的。至于什么人领导，是张三还是李四，是带有偶然性的。当拉格尔说毛泽东的著作是创造性的马克思主义时，毛泽东说：我们是这样提法的——马列主义的普遍真理和中国革命的具体实践相结合。恐怕在拉丁美洲，在巴西，也要把马列主义普遍真理与自己国家的具体实践结合起来。

12月9日 乘专列离开北京南下。

12月10日 到达天津。下午，在专列上听取刘子厚、吴砚农、杨一辰〔1〕、万晓塘汇报中共河北省委传达贯彻八届十中全会情况和当前农村情况。当汇报到单干问题时，毛泽东说：单干哪一年也会有一点，有百分之几的人单干不怕，让他单干。当汇报到副业问题时，毛泽东说：有人讲，吃饭靠集体，花钱靠自由。要把副业搞起来，不搞副业，农民从集体就分不了多少钱，就要吃饭靠集体，花钱靠自由了。关于养猪问题，他说：猪就是化肥厂，现在看生产队非养不可，大队和公社也可以养一些，养种猪，养母猪。但是不要变为机关生产，万万不能再搞一平二

〔1〕 吴砚农，当时任中共河北省委书记处书记。杨一辰，当时任河北省副省长。

调，不要把户养的猪调上来，调一头猪也要受处分。要自己搞猪苗。关于水利问题，他说：农业要上去，首先要解决水和肥的问题。水，就要修水库、打井、排涝。肥，主要是养猪。还有个林，房前屋后、公路两旁、铁路两旁、渠道两旁，都可以栽树。树多了，空气中的水分就多了，树还可以防风、防沙，夏天劳动者还可以在树下休息，还可以用材。种果树，还可以吃水果。农、林、牧、副、渔，主要是农、林、牧。这些事情，省、地、县要有个部署，不要搞急了，要一批一批地解决。要搞水利十年规划。过去看过你们的一个规划，再来时把你们的水库、打井和解决碱地洼地的规划看一下。水利、工业都不能冒进，要分步骤有计划地一步一步地搞。当毛泽东了解到今年农村秩序很好时，说：是啊，“仓廪实而知礼节，衣食足而知荣辱”〔1〕。关于整风整社问题，他说：整风整社不要打击很多人，只打击那些违法乱纪、投机倒把的，对这些人也是处分那些严重的，一般的采取教育的办法。是用说服教育的办法，用民主的办法，开会讨论，多开小组会，少开大会。有错误，谁的账就是谁的账，是上边的由上边负责，是下边的由下边负责，是中间的由中间负责。除违法乱纪、投机倒把的以外，一律采取教育的办法。当了解到河北有三十个县贯彻八届十中全会精神的会议没有开好时，他说：要派得力的干部去开好县的会。比如你们下去开，开以前可以先派些工作队，作些调查研究，准备好再开。最后，毛泽东说：这次是谈农业，下次再来谈一次工业。团结起来，努力工作，小心谨慎。回去问大家好。

12月11日 到达济南。在专列上同谭启龙等谈话。十二日，谭启龙在中共山东省委常委会议上说，昨天主席主要谈了党

〔1〕 见《管子·牧民》，原文是：“仓廪实则知礼节，衣食足而知荣辱。”《史记·管晏列传》引述时作“仓廪实而知礼节，衣食足而知荣辱”。

的问题、训练干部问题、整风整社问题。

12月13日 到达南京。十五日下午，由江渭清陪同到南京人民大会堂接见中共江苏省第四次代表大会全体代表以及省市机关、部队和厂矿企业的干部。毛泽东勉励他们："团结起来，努力奋斗，克服困难，争取胜利。"

12月14日 审阅邓小平主持起草的《人民日报》社论〔1〕稿，批示："小平同志：此文已阅，认为写得很好，有必要发表这类文章。又，题目似宜改一下，更为概括和响亮些。"毛泽东将社论的原题《坚持真理，分清是非，团结对敌》，改为《全世界无产者联合起来，反对共同的敌人》。十二月十五日，这篇社论在《人民日报》发表，题为《全世界无产者联合起来，反对我们的共同敌人》。

12月16日 到达上海，住西郊宾馆。

12月21日 召集华东各省市委第一书记谈话，了解传达贯彻中共八届十中全会的情况和农业情况。毛泽东问：有人说的"人口越报越多，土地越报越少，产量越报越低，灾情越报越大"，这种情况改变了没有？接着指出：要依靠农民，引导他们到生产上去想办法，不要引导到分配问题上去。分配要公平合理，也要照顾四属户、五保户。在谈到精简问题时，毛泽东说：上层建筑是保护经济基础的。我们要保护全民所有制、集体所有制。上层建筑的机构和人员不能太多。抗日时期就规定根据地的脱产人员不能超过总人口的百分之几。解放战争时期，中央只有五个人，我、恩来、弼时〔2〕、定一、乔木。只是我有一个秘书。

---

〔1〕这篇社论主要是针对捷克斯洛伐克共产党第十二次代表大会攻击中国共产党是"冒险主义"、"宗派主义"、"分裂主义"、"教条主义"和"民族主义"而写的。

〔2〕弼时，即任弼时，解放战争时期任中共中央书记处书记。

现在省级机关人很多，减人要继续贯彻。现在公社、大队的干部很多，这要有很大一笔人头税。县太大了不行，历来就是人少好办事，层次多了不好办事，这个问题要解决。现在省、地、县、社、队都要有一个好领头，没有干部条件，搞不好。对安徽省委提出的春耕前要改正“责任田”百分之七十至八十，毛泽东说，何必那样着急，不必匆匆忙忙，一批一批地搞，春耕前搞一批，秋后再搞一批。在谈到华东局正在召开的会议时，毛泽东说：两次郑州会议都开得太短了，没有把问题搞透，第二次郑州会议时，要忙着去搞春耕，缩短了，未解决问题。广州会议开一个月，北京会议开一个月，就好了。思想问题要搞透，开会短了不解决问题。毛泽东还说：对修正主义有办法没有？要有一些人专门研究。宣传部门应多读点书，也包括看戏，有些坏戏也要去看。有害的戏少，好戏也少，两头小、中间大。帝王将相、才子佳人多起来了，有点西风压倒东风，东风要占优势。旧的剧团多了一些，北京的京剧团就不少。过去的文工团只有几个人，反映现代生活，不错。《杨门女将》、《罢宴》还是好的，搞清一色也不行。要去分析，不分析就说服不了他们。

12月22日 批示柯庆施将十月十四日编印的《宣教动态》刊载的中共中央政治研究室一九六〇年八月整理的《列宁在第二国际反对机会主义的斗争》材料，印发华东局会议各同志。批示说：“此件很重要，请你印发会议各同志。大家读一二遍，并讨论两天。”毛泽东在这个材料的最后一页上，默写咏李克用和其儿子后唐庄宗李存勖的诗《三垂冈》〔1〕。

---

〔1〕《三垂冈》为清代诗人严遂成所作。毛泽东默写的全诗为：“英雄立马起沙陀，奈此朱梁跋扈何。只手难扶唐社稷，连城犹拥晋山河。风云帐下奇儿在，鼓角灯前老泪多。萧瑟三垂冈下路，至今人唱百年歌。”毛泽东默写的“犹拥”和“冈下”，严遂成的原诗为“且拥”和“冈畔”。

12月24日　晨七时半，为讨论和修改《陶里亚蒂同志同我们的分歧》一文，致信胡乔木："今、明、后三天晚上，都必须开会一次，以便提出意见，使你们三人小组第二天能够据以修改。因此，昨天晚上我们所议的各点及下午政治局会议所提意见，请你于上午及下午修改完毕，于下午七时以前印好（只印毛、刘、陈、康、王、乔、田、尚昆九个人[1]每人一份，另外多给我一份，共十份），至迟八时以前送交以上九人，催其阅看，签注意见，于十时以前阅完，准备十时或十一时开会。文章的中幅及后幅有许多空泛的话，应当大力概括，请考虑是否缩减1000－2000字。逻辑方面，扣得还不太紧，还抓不住人，请你注意，在严密的逻辑方面，认真调理一下。你所提出'教训'问题，我认为不甚恰当，只要是严格说理又合乎事实，即实事求是的文章，是站得起来的。有些话此时不说，将难找机会。但'形式主义的所谓协会'，'所谓'二字可以去掉。全文以14000字左右为好。"

12月25日　为了解中共代表团参加保加利亚、匈牙利、捷克斯洛伐克和意大利四国党代表大会的情况等，致信刘少奇、周恩来、邓小平："我想请刘晓、伍修权、赵毅敏[2]、廖承志四位同志来杭州一谈，听取他们所知的情况和意见。他们可以缓缓南来，沿途（天津、济南、合肥、南京、上海）作点调查研究，在

---

〔1〕 原文如此，疑漏一"邓"字。9人，除已列出的毛泽东、刘少奇、陈伯达、康生、王稼祥、胡乔木、田家英、杨尚昆8人外，还应有邓小平。

〔2〕 刘晓，当时任外交部副部长。之前任中国驻苏联大使，1962年10月奉调回国，1963年初任外交部常务副部长。伍修权，当时任中共中央对外联络部副部长，曾率中共代表团参加保加利亚共产党第八次代表大会、匈牙利社会主义工人党第八次代表大会、捷克斯洛伐克共产党第十二次代表大会。赵毅敏，当时任中共中央对外联络部副部长，曾率中共代表团参加意大利共产党第十次代表大会。

年初（一月六日以前）到杭州即可。如你们及他们四位都同意的话，请即照办。”

12月26日 作《七律·冬云》：“雪压冬云白絮飞，万花纷谢一时稀。高天滚滚寒流急，大地微微暖气吹。独有英雄驱虎豹，更无豪杰怕熊罴。梅花欢喜漫天雪，冻死苍蝇未足奇。”于晨七时批示林克：“请将诗一首付印，于今天下午印成五十份，于下午六时前交我为盼。”

12月30日 最后审定《陶里亚蒂同志同我们的分歧》一文，晨二时致信邓小平：“文章已看过，写得很好，题目也是适当的。可以于今日下午广播，明日见报。”

12月31日 晨四时半，批示江青：“这里有三篇文章〔1〕，值得一看。看后退我。周信芳、盖叫天两文〔2〕也已看过了，觉得还不坏，盖文更好些。”

---

〔1〕 指1962年12月11日出版的《文艺报》第12期刊载的张光年《无产阶级的天才歌手》、萧三《第一支全世界无产阶级的革命之歌》和时乐濛《唱着革命的战歌前进！》。这3篇文章是纪念《国际歌》词作者鲍狄埃逝世75周年、曲作者狄盖特逝世30周年的。

〔2〕 周信芳，京剧表演艺术家。当时任全国人大代表、中国戏剧家协会副主席、上海京剧院院长。盖叫天，京剧表演艺术家。两文，指周信芳的文章《必须推陈出新》和盖叫天的文章《吾日三省吾身》。

1963年　七十岁

1月2日　晨，阅杨尚昆为会见日本共产党代表团问题来电话的记录，批示："告杨尚昆同志：可以在一月六日以前（一月四日或五日）在杭州接见，不发消息。"

同日　从上海到达杭州，住汪庄。

1月3日　写关于送阅《史记·项羽本纪》的批语："《项羽本纪》，送各同志阅，几天还我不迟。这个新版《史记》〔1〕，标号及注解，都很醒目，好看。"

1月4日　写信给李讷："刚发一信，就接了你的信。喜慰无极。你痛苦、忧伤，是极好事，从此你就有希望了。痛苦、忧伤，表示你认真想事，争上游、鼓干劲，一定可以转到翘尾巴、自以为是、孤僻、看不起人的反面去，主动权就到了你的手里了。没人管你了，靠你自己管自己，这就好了，这是大学比中学的好处。中学也有两种人，有社会经验的孩子；有娇生惯养的所谓干部子弟，你就吃了这个亏。现在好了，干部子弟（翘尾巴的）吃不开了，尾巴翘不成了，痛苦来了，改变态度也就来了，这就好了。读了秋水篇〔2〕，好，你不会再做河伯〔3〕了，为你祝

---

〔1〕　指1959年9月中华书局出版的《史记》新点校本。

〔2〕　秋水篇，即《庄子·秋水》。

〔3〕　河伯，传说中的黄河水神，《庄子·秋水》中的主人公之一。秋天涨水，百川灌河，河伯盲目自大，以为天下浩大壮观之水都归集于己。他顺流而东行，到了北海，看不到海水的尽头，方知自己渺小，于是望洋兴叹。

贺!”十五日，毛泽东收到李讷的回信后，再次写信给李讷说：“信收到，极高兴。大有起色，大有壮志雄心，大有自我批评，大有痛苦、伤心，都是极好的。你从此站立起来了。因此我极为念你，为你祝贺。读浅，不急，合群，开朗，多与同学们多谈，交心，学人之长，克己之短，大有可为。”

同日 晚上，林克从杭州打电话告中共中央办公厅：《红旗》杂志社论《列宁主义和现代修正主义》一文，主席已阅，无修改，主席说文章写得很好，同意发表。

1月5日 下午，同本日到达杭州的周恩来谈话。周恩来汇报他在北京就科伦坡亚非六国会议关于调解中印边境冲突的建议，同锡兰总理、科伦坡六国会议召集人班达拉奈克夫人和印度尼西亚的副首席部长苏班德里约会谈的情况。〔1〕毛泽东表示同意。

同日 下午六时，在杭州会见班达拉奈克夫人，谈中印边界问题和科伦坡六国会议，周恩来、陈毅、霍士廉等在座。毛

〔1〕周恩来在同班达拉奈克夫人和苏班德里约的会谈中曾表示：对科伦坡亚非六国会议为促进中印两国和平解决边界问题所作的努力表示欢迎。接着指出，这个建议中还有一些不明确的地方，中国政府准备在对下述两点解释达成谅解的情况下，接受六国会议的建议作为双方官员会晤的初步基础。一、中国边防部队将按1962年11月21日中国政府声明的既定计划，在中印边境全线主动后撤20公里；会议的建议关于印度军队保持现有军事驻地的规定，应该适用于中印边境全线，而不仅适用于西段。在东段，中国政府的理解是，在中国边防部队撤出的1959年11月7日实际控制线以南的地区，印度方面将继续像它现在所宣布的那样，不派遣它的军队进入，而只派入民政人员。二、中国边防部队在按中国政府声明主动后撤到1959年11月7日实际控制线20公里以外的地方时，将远离他们1962年9月8日的位置。这样，在东段的扯冬地区和朗久、中段的乌热和西段印度曾经设立43个据点的地区，将没有中国边防部队驻扎。为了促进中印双方直接谈判，在印度军队和民政人员不再进入这些地方的情况下，中国方面愿意在和解道路上再迈进一步，不在这些地方设立民政检查站。

泽东说：欢迎总理阁下和其他朋友在促进中印和谈方面所做的努力，但愿中印两国能够重新和好起来。解决中印边境冲突问题，第一步要双方妥协，脱离接触；第二步双方谈判。不脱离接触，难免要发生冲突。我们同缅甸的边界问题完全解决了，中尼边界问题已经解决了，就要树桩，中巴边界问题也取得了原则协议，希望中印边界问题也是经过谈判解决才好。现在中印边界问题未解决，出了纠纷，需要朋友们协助解决。如果印度同意谈判，那就愈快愈好。过去闹了四年，问题一直没有解决。中印边界问题如果能很快解决，就可以省掉朋友们的奔走。现在看来，朋友们的奔走还省不了。六国会议能开成功，很好。

同日 晚上，在杭州会见苏班德里约，周恩来、陈毅等在座。毛泽东询问了印度尼西亚收复西伊里安的情况。在谈到民族独立问题时，他说：我们必须有独立的政治，独立的经济，独立的文化。在谈到将来举行第二次亚非会议时，毛泽东说：最好还是要印度参加。如果它实在不来，也没有办法。印度现在不参加，将来总还是要来参加的。

1月6日 下午，在杭州会见袴田里见〔1〕一行，廖承志、伍修权、赵毅敏、江华等在座。当袴田里见说毛泽东身体很健康时，毛泽东说：工作精力和视力都比过去差，这是自然发展规律。当袴田里见说日共和印尼共产党关系非常友好时，毛泽东说：这是兄弟的关系，同志的关系，并没有压力。有些党依靠压力过日子，还搞收买、颠覆，强加于人，不让各国党有自己的独立思考，不让各国党自己制定自己党的路线。凡是只依靠外国才能制定自己党的政治路线和组织路线，革命绝不会成功，哪怕是

---

〔1〕 袴田里见，当时任日本共产党中央政治局委员、书记处书记。

小国小党也是如此。经过阶级斗争的实践，马克思和恩格斯一起，创造了马克思主义，把整个资产阶级的社会学改造过来。马克思主义的核心就是阶级斗争的学说。谈到“结构改革论”时，毛泽东说：这一法宝是从意大利共产党那里来的。意共把结构改革说成是共产主义的一般方向。我们现在得到一种机会，可以公开地批评意大利共产党的结构改革论。我们并非干涉内政，是由于意共说是一般方向，同时又公开攻击中国共产党。如果他不公开攻击，我们就不好公开回答，现在就非公开回答不可。毛泽东说：代表日本工人阶级、劳动农民和绝大多数人口的是日本共产党，现在你们是少数，这是暂时的现象。人民的觉悟是逐步的，需要经过一个长的过程，要经过重大的事变。卡斯特罗开头并不是马克思主义者，是在斗争实践中接受马克思主义的。我这样一个人，由资产阶级革命民主派变成无产阶级战士，也曾经过一个过程。许多革命者都一样，并不是天生的马克思主义者。天生的是没有的，马克思本人也不是天生的马克思主义者。

1月7日 下午，同刘宁一、廖承志、赵毅敏、伍修权谈话。在廖承志介绍日本情况时，毛泽东说：日本共产党应重视统一战线。对垄断资产阶级的认识，亲美的和反美的，应一分为二，要区别对待。日本共产党对中小资产阶级是认识了，但对垄断资产阶级还未认识。

1月8日 晚上，同周恩来谈话。在谈到一九六三年的国民经济计划、基本建设，特别是有关农业、市场、财政和精简等问题时，请周恩来就上述问题代中共中央起草一个通知，提出一些问题，准备二月上旬各中央局书记先到京时谈谈。九日，周恩来打电话给杨尚昆，向刘少奇、邓小平、彭真传达毛泽东三点意见：(一)反对现代修正主义的文章暂不发表，待赫鲁晓夫在德国统一社会党代表大会上发言后，连同他在最高苏维埃会上的发言一并答复。（二）出席德国统一社会党代表大会的中共代表团增加几名秀才。（三）二月五日起先开有各中央局书记参加的小会，二月十日再开有省委书记参加的会议。一月十五日，周恩来将起草的会议通知稿送刘少奇、邓小平核阅，二十二日毛泽东审阅后发出。

同日　阅中共中央组织部一九六二年十月二十三日关于各地贯彻执行民主集中制情况的报告，批示："小平同志：此件请准备印发二月中央工作会议各同志。"

同日　将所作《满江红·和郭沫若同志》一词书赠一位身边工作人员："小小寰球，有几个苍蝇碰壁。嗡嗡叫，几声凄厉，几声抽泣。蚂蚁缘槐夸大国，蚍蜉撼树谈何易。正西风落叶下长安，飞鸣镝。　多少事，从来急；天地转，光阴迫。一万年太久，只争朝夕。四海翻腾云水怒，五洲震荡风雷激。要扫除一切害人虫，全无敌。"一月九日，又将这首词书赠周恩来。

1月10日　同江华、林乎加等谈话。毛泽东说：要有计划地训练干部，除了原来的两本书（《社会主义建设》和《党的生活》），还要加上阶级斗争这一课。整社主要是整党，把党整好了，树立了骨干核心，才能把社整好。整社要用几年才能整好。早稻应该学习江西，多种一些，因为早稻比较保险，没有台风，风调雨顺。油菜及其他油料作物也不能忽视。海产问题，把小鱼也打了，真是竭泽而渔。他还说：我们对社会主义建设没有经验，缺乏思想准备，看第三个五年计划后是否有点经验。

同日　离开杭州，前往南昌。

1月12日　下午，在南昌会见委内瑞拉民族解放阵线代表团和在中国工作即将回国的巴西专家卡瓦略夫妇，杨尚奎等在座。毛泽东详细询问委内瑞拉的政治经济情况。关于国家的建设问题，毛泽东说：我们开始搞社会主义建设没有经验，又不会做教育工作。现在我们已经取得了一些经验。十三年的经验中，和过去革命时期一样，有成功的经验，也有失败的经验。恐怕每个党都要经历这样一段过程，没有失败和挫折就不会胜利。帝国主义总是不愿意给我们培养技术人才的。法国在越南同样不培养越南本民族的技术人才；日本在朝鲜也不培养朝鲜民族的技术人才；日本在中国东北统治很久，也没有培养出中国的技术人才，他们一走，我们接收了一批没有技术人员的工厂。中国解放后十三年中，我们培养了九十几万大、专学生，还不包括目前在校的人数。从清末、北洋军阀到蒋介石这几十年间，中国只培养了二十万人。毛泽东说：革命总是可以学会的。资产阶级学得会的东西，我不相信无产阶级就学不会。资产阶级的革命经验我们也要研究，比如孙中山的革命经验，法国和英国的资产阶级革命经验，都可以作为历史过程加以研究。

1月14日 同中共江西省委负责人谈话。十五日下午，离开南昌。

1月16日 晨，到达长沙。十八日，同王延春、胡继宗、华国锋等谈话。王延春汇报湖南进行社会主义教育运动的情况，毛泽东要他写成材料报告中央。十九日，离开长沙。

1月20日 晨，到达武汉，住武昌东湖客舍。晚上，同王任重谈话。

1月21日 在武昌会见印度尼西亚共产党第二副主席约多一行，王任重等在座。毛泽东介绍中国革命的经验，他说：我们过去开展军队工作，在长时期内只注意下层，不知道做上层工作，以为军官都是反动派，结果吃了亏。军队是军官掌握的，特别是团长以上的高级军官掌握的。后来我们注意做国民党军队的上层工作，在一九四六年到一九四九年有一批国民党军官让我们争取过来了。在以农业人口为主的广大地区，这些国家的马列主义者要找同盟军，就要到农村去找。如果要学习国际经验，这是最主要的经验。列宁主义最主要的是团结农民，建立工农联盟问题，这是最基本的统一战线。有几个国家的经验可以研究，一个是越南，一个是老挝，一个是古巴，一个是阿尔及利亚。在谈到中国的人口问题时，毛泽东说：中国现在人口太多了，大约六亿八千万，人口无限制增加也不是好事。要像日本、法国一样来一个计划生育。在法国、日本，可能还有德国、英国，都有控制，我问过日本人。我们现在还不能完全控制，是无政府主义，最后总要找到一个解决的办法。资产阶级能做的，难道无产阶级不能做到吗？资产阶级学到的技术，无产阶级也会学到。资产阶级能达到的生产水平，无产阶级领导的国家也应当达到。资产阶级能控制人口的发展，难道马列主义者的我们不能做到吗？

1月25日　审阅《人民日报》社论稿《在莫斯科宣言和莫斯科声明的基础上团结起来》，批示："小平同志：二十四日送来的社论，已经看过，写得很好，可以发表。"社论于二十七日发表。

1月27日　同王任重、张平化谈话。

1月28日　在武昌会见古巴《革命报》国际部主任贝尼特斯和摄影部主任萨拉斯。毛泽东说：我认为美国很怕古巴人，美国人怕你们的《革命报》就是证据，你们的图片展览能在美国举行吗？我们不要怕美帝国主义。进步的力量、人民的力量开始时看起来总是弱小的，而反动力量是强大的，正像你们古巴革命刚开始的时候只有几支枪，但你们还是胜利了，推翻了巴蒂斯塔政权，把美帝国主义赶走了。我们中国也是这样。世界人民最终都要起来革命的。在拉丁美洲，在古巴革命以前，这一点不很清楚。在古巴革命以后，就向拉丁美洲人民证明了，虽然离美国很近，只要斗争，也可以取得胜利。这种形势过去在非洲也不很清楚，现在也日益清楚了。

1月29日 下午，同王任重谈“五反”[1]问题。之后，乘专列离开武汉。

2月1日 下午，在邯郸听取林铁[2]、刘子厚、万晓塘、力矢、庞均、刘英[3]等汇报工作。他们主要汇报整风整社，传达贯彻八届十中全会公报，贯彻中央关于巩固集体经济发展农业生产的决定和“六十条”的情况。当汇报到河北省委、地委、县委负责人亲自原原本本地讲解公报、决定、“六十条”，全省有百分之八九十的党员都参加了听讲时，毛泽东说：这是个很大的教育运动。要把这个由负责人讲课的方法介绍到全国，介绍谁开讲，怎么个讲法。当汇报到群众拥护“六十条”，认为“六十条”就像拉锯有了墨线一样时，毛泽东说：有了“六十条”就有了准则了，有了规矩了。“六十条”就是公社的章程，就是农村搞社会主义的章程。没有这样一个章程，你搞你的，我搞我的，农村怎么搞好呢？“六十条”是从广州会议时搞起，加上以前合作社时期还搞了个章程，不是短期就搞出来的。毛泽东问生产队的规模到底有多大？刘子厚答二十八户。毛泽东说，二十八户，不小，不算很小。当了解到河北的三类队占百分之十五时，毛泽东说：这里的基本问题是干部班子问题。

2月2日 回到北京。

2月5日 晚上，在中南海颐年堂召集有中共中央政治局常委和各中央局第一书记参加的会议。会议决定二月中央工作会议

---

〔1〕“五反”，指反对贪污盗窃、反对投机倒把、反对铺张浪费、反对分散主义、反对官僚主义。

〔2〕林铁，当时任中共中央华北局第三书记、河北省委第一书记、中国人民解放军河北省军区政治委员。

〔3〕力矢，当时任中共石家庄市委第一书记。庞均，当时任中共邯郸地委第一书记。刘英，当时任中共邯郸市委第一书记。

从明天起先开小会。

2月6日—9日 中共中央政治局委员、中央书记处书记和各中央局第一书记参加的会议在北京举行。刘少奇主持会议。会议讨论大中城市集市贸易、粮食、增产节约、精简、劳动工资和在城市开展"五反"运动等问题，为即将召开的中央工作会议做准备。

2月6日 审阅修改陈伯达二月三日报送的《列宁主义在当代的若干问题——评陶里亚蒂等同志的论点》一文，将文章的标题改为《再论陶里亚蒂同志和我们的分歧——关于列宁主义在当代的若干重大问题》，并批示：在引言部分"要提一下十二月三十一日我们的那篇文章，说明为什么又要写这一篇"。

同日 向陈伯达推荐《内部参考》刊登的波兰刊物上的一篇介绍古巴对苏古分歧的看法的文章，写批语："古巴的看法是正确的，值得一看。"文章指出：古巴认为目前世界主要矛盾是帝国主义同殖民地革命之间的矛盾，而不是社会主义同资本主义之间的矛盾；对帝国主义说来，冲突的主要地区和攻击目标不是早已开始建设社会主义的国家，而是正在争取解放的国家；苏联强调用和平经济竞赛战胜帝国主义，而古巴认为殖民地解放和革命将带来帝国主义的灭亡，对帝国主义不能执行退让政策。

同日 批示将中国驻瑞士大使馆一月二十七日给中共中央对外联络部、外交部的报告《当前西欧党内左派力量的情况》[1]印发即将召开的中央工作会议。

---

〔1〕 这个报告说：最近西方舆论在德国统一社会党代表大会后对国际共运形势的评论有一点颇为值得重视，即认为赫鲁晓夫拥有的"多数"已成问题。报告引述洛桑报的评论："中共在同苏联的斗争中逐渐表现出不是那么孤立"，而是"这一集团还要加强"，亚洲的党大多数"已表明爱好谁"，古巴"无疑已采取了支援北京的立场"，认为赫鲁晓夫最愕然的是"他竟然在东德也发现毛的拥护者"。

2月9日 晚上，同周恩来谈话。

2月11日—28日 中共中央工作会议在北京举行。会议讨论通过了关于厉行增产节约和开展“五反”运动的指示；关于严格管理大中城市集市贸易和坚决打击投机倒把的指示；关于全面完成和力争超额完成精简任务的决定；关于粮食工作和农产品收购工作的几个问题的规定；关于讨论试行全日制中小学工作条例草案和对当前中小学教育工作几个问题的指示；关于一九六三年的国民经济计划。会议还讨论了反对现代修正主义的问题。

2月15日 阅张平化二月十四日报送的中共湖南省委二月八日关于社会主义教育运动情况的报告〔1〕，批示：“湖南报告很好，印发会议同志研究。河北的经验也很值得介绍，请河北省委

---

〔1〕 中共湖南省委的这个报告说：湖南各方面的情况表明，当前阶级斗争是激烈的，不论农村或城镇，阶级敌人的破坏活动是嚣张的，一股反社会主义的“黑风”刮得很大。阶级斗争在党内的反映也是严重的，一部分党员和干部在资产阶级思想的腐蚀影响之下，已经变质或正在演变。湖南起初把注意力集中在纠正单干风上面，没有彻底揭露各种“牛鬼蛇神”的面目，因此没有能教育干部和解决干部本身的问题。去年12月下旬对全省当前的社会主义教育运动作了进一步的部署，把重点放在阶级教育上面，强调彻底地揭开当前阶级斗争的盖子，针锋相对地展开斗争，教育干部，发动群众。鉴于这次运动的特点是两类矛盾交织在一起，而大量的是人民内部矛盾，在运动中坚持了从上而下、先内后外的原则，先教育干部，后教育群众，先解决内部问题，后解决外部问题。我们突出地抓住了训练干部这个最重要的环节，干部的问题解决不好，到群众中去就一定会搞乱。在群众中开展运动，强调由点到面、有条不紊地进行。在运动中，串连组织贫农，树立贫农优势，组织好阶级队伍。一个多月的运动，调动了广大干部、群众的积极性，打退了敌人的气焰，遏止了黑风，进一步巩固了集体经济，促进了当前生产。

同志考虑一下，是否可以写一个不长的报告，印给会议同志们看。”

同日 下午，在中南海勤政殿宴请柬埔寨国家元首西哈努克一行，刘少奇、彭真、贺龙等参加。毛泽东说：你们在东南亚站住了脚，我们感到很高兴。你们的国家在经济、政治、文化方面都有发展，希望你们继续巩固、继续发展。你们是王国，尼泊尔、阿富汗也是王国，同我们都是友好的。总统制国家也有些是帝国主义国家、反动派当权的国家。所以我看问题不在形式，而在实质。毛泽东还提醒西哈努克要警惕颠覆和暗害活动。

同日 审阅修改《再论陶里亚蒂同志和我们的分歧——关于列宁主义在当代的若干重大问题》稿的引言部分，加写一段话，其中说：“我们共产党人之间的分歧，只能采取摆事实说道理的态度，而断断不能采取奴隶主对待奴隶的态度。全世界无产者和共产党人一定要团结起来，但是只能在莫斯科宣言和莫斯科声明的基础上，只能在摆事实说道理的基础上，只能在平等商量有来有往的基础上，只能在马克思列宁主义的基础上，才能够团结起来。”十六日，再次审阅这篇文章的引言和第二部分，将第二部分的标题“马克思列宁主义者和修正主义者、机会主义者的三次大论战”，改为“这一次各国共产党人大争论的性质是什么?”并批示陈伯达：“有了一点修改。第二章的题目都换了，你看如何？再打清样送我看。以下各章改的情况如何？请打清样即送我看。”

2月17日 审阅中共中央本日《关于发表赫鲁晓夫讲话等

材料和反修正主义文章的通知》[1]，批示杨尚昆即办。

2月18日　上午，审阅修改《再论陶里亚蒂同志和我们的分歧——关于列宁主义在当代的若干重大问题》稿第八部分。针对苏共不在苏联的报刊登载和不在电台广播中国答辩文章的情况，加写一段话，其中说："你们既然肯定我们的文章是错误的，何不将这些错误文章通通发表出来，然后逐条予以批驳，以便在你们自己国内的人民中间能够引起痛恨，痛恨那些被你们称之为教条主义、宗派主义、反马克思列宁主义的邪魔外道呢？你们为什么不敢这样做呢？为什么要封锁得铁桶一般呢？你们怕鬼。一个'教条主义'亦即真正的马克思列宁主义的巨大幽灵在全世界徘徊着，这个幽灵威胁着你们。你们不信任人民，人民不信任你们，你们脱离群众，所以你们害怕真理，害怕的情况达到那样可笑的程度。先生们，朋友们，同志们，好样的，站出来，在全国全世界人民面前公开辩论，双方互登对方一切批评自己的文章。我们希望你们学习我们的榜样，我们就是这样做的。"毛泽东改后批示："请伯达阅后，加以斟酌，再打清样送我看。"在十八日下午陈伯达送审的按毛泽东的修改打印的第八部分的清样上，毛泽东将这一部分的标题"在马克思列宁主义

〔1〕这个通知说：中央决定，在最近期间，由《人民日报》全文刊登赫鲁晓夫1962年12月12日在苏联最高苏维埃会议上的报告和1963年1月16日在德国统一社会党第六次代表大会的致词，苏联《真理报》1963年1月7日和2月10日的编辑部文章，以及法共、意共某些同志攻击我党的一些有关的材料。对于赫鲁晓夫的两篇讲话和《真理报》的两篇文章中的突出的错误论点，将用黑体字排印，以引起读者注意。我们暂时还不发表文章直接回答赫鲁晓夫和《真理报》，而是用发表他们的文章并把其中某些地方排印黑体字，和发表批评法共、意共的文章等方法，不指名地予以反击。至于何时直接地、指名地回答赫鲁晓夫和《真理报》，还要看斗争形势的发展而定。

基础上的团结”改为“全世界无产者，联合起来”。[1] 二十日，审阅陈伯达十九日晚送审的这篇文章的引言和第八部分的清样。陈伯达送审时注明：“根据您的指示，第一部分加了一些话，第八部分加了两千多字。”毛泽东阅后批示，指出：“改得很好，很完整，再也没有遗憾了。”这篇文章发表在《红旗》杂志一九六三年第三期、第四期和一九六三年三月一日至四日《人民日报》，题目改为《再论陶里亚蒂同志同我们的分歧》。

2月19日 下午，主持中央工作会议全体会议。会议听取张国华[2]关于中印边境东段自卫反击作战的几个问题的报告。当张国华讲到这次作战对参战部队也是最实际的一次考验时，毛泽东说：特别是五十五师，从青海的西宁出发，用卡车送，就是在路上动员的，差不多是一到就打。一三〇师在四川，是个生产部队，放下锄头就上车，也是在路上做动员工作的，一到就打，很仓促。就是你这个将军也是临时派去的嘛。开头谁想打呀？没有想打嘛。你十号走，二十号打仗，从动身到打仗，中间只有十天。我也来不及见你。当张国华讲到印军营以上的指挥员在战斗中没有起到作用时，毛泽东说：我们要注意，在座的同志们，你们总要准备打仗，不要以为天下太平，四方无事。总是要注意军事，只搞文，不搞武，那个危险。各大区的同志，省委的同志，中央的同志，你们要准备打仗。当张国华讲到我们这次打的是军事仗，更是打的政治仗时，毛泽东说：打了一个军事政治仗，或

---

〔1〕 1963年2月18日，邓小平致信刘少奇、周恩来、彭真等，说：“刚才同伯达、康生在主席处谈伯达主稿的长文，他说要我们一块谈一次，定稿。发表时间原定二十五日，可能推迟两天。请你们先看看。谈的时候快一些，争取三次（每次三时半）谈完。”

〔2〕 张国华，当时任中共西藏工委副书记、西藏自治区筹备委员会第二副主任委员、中国人民解放军西藏军区司令员。

者叫政治军事仗。当张国华讲到这次打近战多时，毛泽东说：所以，要注意近战、夜战。对帝国主义，我不信当了面打近战、夜战我搞你不赢。当张国华讲到部队情绪高是因为中央后发制人的方针激发了部队的士气，普遍憋了一口气时，毛泽东说：最基本的原因你还没有讲到。最基本的原因是我们是工人农民的军队，不是地主资产阶级的军队，是共产党领导的军队，不是国民党领导的军队。第二，就是你所讲的，三年以来，憋了一口气。当张国华讲到这次战斗中西藏人民表现很好时，毛泽东说：这是因为他们过去受压迫，现在得到解放了，因为他们是无产者半无产者，因为我们对西藏的劳动人民是用同志的态度。当张国华讲到集中优势兵力时，毛泽东说：还是老话，十则围之，五则攻之。如果是围城就要十倍兵力，如果是野战就要五倍兵力，在具体的战术动作上就不止了，就要占绝对优势。当张国华讲到印军最怕侧后迂回时，毛泽东说：这不仅是印军，从古以来，哪一个军队都最怕这一手。张国华讲完后，毛泽东说：他还没有讲那个西段，西段很艰苦，那是多少公尺深的雪，这么困难我们能够克服。我们要在我们全党、我们全军，在人民中间，讲这个经验。

2月20日 阅中共河北省委二月十七日关于在农村贯彻党的八届十中全会决议、开展整风整社运动情况的报告〔1〕，批示：

---

〔1〕 中共河北省委的报告说：在1962年10月省委工作会议和接着召开的各县三级干部会议后，就在全省向广大农民群众传达讲解八届十中全会公报、关于进一步巩固人民公社集体经济发展农业生产的决定、“六十条”修正草案，和毛主席关于阶级、形势、任务的讲话，进行社会主义教育并取得很好的效果。现在整风整社已进入第二阶段，普遍学习、贯彻“六十条”，抓四清（清工、清账、清财、清库），贯彻勤俭办社、民主办社的方针。估计全省整风整社运动在3月底或4月初可告一段落。这次运动的基本做法是：原原本本地传达贯彻十中全会的3个文件；各级党委书记带头深入社队，亲自开讲；先上后下，先党内后党外，先骨干后群众，层层发动，步步深入，搞好试点，取得经验，指导一般。

“此件印发会议各同志。请各同志连同湖南那个报告（已印），一起加以研究。两个报告各有特点，都是好文件，值得引起全国各地、中央各部门的同志们认真研究一下。”河北省委这个报告、湖南省委二月八日关于社会主义教育运动情况的报告和毛泽东的批语，五月二十日作为《中共中央关于目前农村工作中若干问题的决定（草案）》的附件一下发。

2月21日 下午，在中南海颐年堂会见古巴政府经济代表团，刘少奇、叶季壮等在座。毛泽东称赞古巴人民是好同志、好朋友、好人民，古巴党是好的党，古巴有好的领导者。关于中古两国的贸易，毛泽东说：再过几年情况会好一些，贸易会更多一些。我们两个国家差不多，是穷国，工业不发达，地下矿藏未开发。我们建国已经十三年了，经验还很缺乏，现在正在总结经验，相信困难是可以克服的。中国的反帝反封建经验，可以给人家参考，你们也有经验，可以互相参考，互相交流。中国国家大，人口多，离美国又远，人家认为中国革命胜利不足为奇。古巴国家小，只有几百万人口，离美国又那么近，但是革命胜利了，还站住了，所以人们很注意。有些拉丁美洲的人来中国研究革命经验，我劝他们先去古巴，先去研究古巴的经验。中国的斗争有一个缺点，就是时间长，从一九二七年起到一九四九年共用了二十二年。毛泽东还说，美国的手伸得很长，在中国周围建立了军事基地。现在我们的仗还未打完，台湾尚未解放。

2月23日 晚上，在中南海菊香书屋主持召开中共中央政治局常委会议，讨论二十二日由苏联驻中国大使契尔沃年科交来的苏共中央二月二十一日来信。来信提出，要停止公开论战，要召开国际会议，为了筹备国际会议，先举行中苏两党会谈。毛泽东在会上说，这个事情不宜迟，我马上要见契尔沃年科。会议后，立即会见契尔沃年科，刘少奇、周恩来、邓小平、康生、伍修权参加。毛泽东说：我刚刚看到你们中央给我的信，就是昨天晚上八点钟交给我们的。我们欢迎这封信，这封信的态度好，我们赞成。虽然还有些地方我们还有些意见，但基本的态度是好的，是商量的平等的态度。有一点不满意的，就是赫鲁晓夫同志在东德第六次党代表大会上提出停止论战，同时又自己论战，公开批评中国党。现在有四十三个党公开骂我们，当然所有的批评，我们都得回答，有来有往。骂来骂去，中间总要停一下嘛，所以我们赞成休战。我们首先提议不要公开争论，这就是周恩来在苏共二十二大上提出的。我们在去年四月七日回你们二月二十二日的信又提议要停止公开攻击，并且建议为开会创造良好气氛。最近，一连五个党的代表大会攻击中国，就是保加利亚、匈牙利、捷克斯洛伐克、意大利、东德，有几十个国家的党向我们公开指名攻击。这很好！把问题摆在全世界人民面前、全世界共产党人面前，也摆在全世界帝国主义和反动派的面前。我们是“反马克思主义”的，真理是在你们四十三国共产党的手里。好，是不是可以建议我们的文章在你们的报纸上发表，在四十三国党的报纸上发表，学我们的办法，然后你们批评，索性展开论战。索性展开有什么要紧呢！是不是天就要塌下来？我看不会。北京西山山上的草木就不长了？我看天也不会塌下来，草木还照样长，妇女照样生孩子，河里的鱼照样游。你们的信中说：“我们两党有义务找到摆脱目前状况的出路，勇敢而坚定地去扫除妨碍我们友好的东西。这是我们马克思主义者能够而且应该走的唯一道路。”这很好，我完全赞成。这个是文件，还要看怎样做。我们现在来好好地团结起来，好好地把分歧问题来解决一下，能解决多少就解决多少，不能解决的拖一拖，把现在这一种僵局搞活跃一点。我们准备在回答法共攻击我们的文章之后，再回答意共和美共的文章。然后就暂时不发表文章了。关于两党会谈的时间、地点、方式，毛泽东说：听说赫鲁晓夫同志要到柬埔寨访问，能不能就便在去之前或者回来路过北京，我们当面谈一谈。如果不然，我们就派代表团到莫斯科去。会谈的方式，可以有两种：一种是像一九六〇年莫斯科两党会谈那样，各讲各的，达不成协议。后来到二十六国兄弟党起草委员会和八十一国兄弟党国际会议上去争论，经过中苏两党协商才达成协议。另一种是一九五七年莫斯科会议那种方式，先由中苏两党会谈达成协议，用两党名义将方案提交大会。我看还是一九五七年的方法好，再用一次。两种方式都可以，总而言之，最好要达成协议。你是不是还要我到你们那里去？但是我现在不准备去。

2月24日 下午，在中南海菊香书屋召集周恩来等开会。

2月25日 下午，在中南海怀仁堂主持中央工作会议全体会议，听取刘少奇《关于反对现代修正主义的斗争问题》的报告。报告讲了现代修正主义的发展过程和反对现代修正主义斗争的目前情况、争论的性质和问题、斗争的前途和我们的方针三个问题。当刘少奇讲到这次斗争关系到各国革命和人类命运时，毛泽东说：也关系到我们这个国家的命运。当刘少奇讲到我们对修正主义的策略原则是又团结又斗争，以斗争求团结时，毛泽东说：赫鲁晓夫对我们也是这样的，也是又团结又斗争，斗了一气之后，写信来又要开会。当刘少奇讲到不是以让步求团结时，毛泽东说：但是某些让步恐怕还是要作，比如莫斯科宣言、莫斯科声明那个时候我们所作的让步。当刘少奇讲到所谓在马克思列宁主义和无产阶级国际主义基础上的团结，实际上只是对左派或者可能接受马列主义立场的人才是可能的时，毛泽东说：承认阶级斗争的学说，承认无产阶级专政的学说，承认辩证唯物论和历史唯物论的学说，而不是现代修正主义的主观唯心论和形而上学的学说，否认阶级，否认无产阶级专政。他们的三无世界，首先是无阶级，“全民”的党，“全民”的国家，“全民”的军队。刘少奇说：现在就有人提出来同赫鲁晓夫立即分裂，认为分裂有利，并且举列宁的例子，说列宁是坚决要求跟第二国际划清界限和决裂的。毛泽东说：那是后头，开头不是，经过很长一个时间。当刘少奇讲到如果赫鲁晓夫把分裂强加在我们头上，我看也没有什么时，毛泽东说：天要下雨，娘要嫁人，你有什么办法呀？我看中苏长期分裂不可能，中苏一破裂，美国就不同它和平共处了，那时我们再团结嘛。当刘少奇讲到我们不怕分裂时，毛泽东说：我们讲不怕分裂，是指怕也分裂，不怕也分裂，那为什么怕呢？如果怕分裂就可以不分裂，那就怕，我赞成怕。当刘少奇讲到我们准备写五六个小册子系统阐述我们的观点时，毛泽东说：都可以出。哲学问题需要写本小册子，经济学也需要写，但是经济学比较难一点，我们经验不够。当刘少奇讲到我们需要从政治上、思想上、国家和军事组织上，防止出修正主义时，毛泽东说：出不出修正主义，一种是可能，一种是不可能。现在有的人三斤猪肉，几包纸烟，就被收买。只有开展社会主义教育，才可以防止修正主义。当刘少奇讲到就是有可能，因此，就要想一种办法来保证时，毛泽东说：根据十中全会以后社会主义教育运动情况来看，也有可能使我们大多数干部了解，使他们跟群众结合，首先是跟贫下中农结合，然后就有可能团结上中农，就可以挖修正主义的根子。当刘少奇讲到今后我们大概五年要进行一次群众性的整党，例如我们现在要进行的“五反”一样时，毛泽东说：五年搞一次，太长了不好。

2月26日 下午，和刘少奇、周恩来、邓小平在中南海颐年堂同各中央局第一书记谈农村工作问题。毛泽东说：各省农村工作情况究竟如何？王延春、刘子厚同我谈过，他们都写了报告。但刘子厚的报告没有写清楚。对农民进行社会主义教育，讲什么？他们原来写了提纲，按提纲讲碰了钉子，后来才按中央文件原原本本地讲。谁讲？我看从省委书记到县委书记，凡是年轻力壮的都要到公社去讲。讲就要备课，对自己也是提高，要提问题讨论，要解答。贫下中农组织一定要搞。第一步找贫下中农开会，然后建立贫下中农的组织。在农村要加强无产阶级的民主集中制，要有一套制度防止修正主义。现在的事情，实际上是上一个朝代传下来的，是上一个朝代孕育的。我们现在究竟怀的是什么孕？当有同志提出现在严重的问题在于党的建设时，毛泽东说：要重新整党。有的党员开会不到，什么作用不起，意志衰退，他起不了模范作用那就请他不要做党员了。要加强党的经常的组织工作和宣传工作。整党建党要抓，要当作大事情搞。毛泽东还说：党代会明年开好。我们的工作到明年会做得更好一些，粮食也多一些，国际形势也会好一些。今年在于增产粮食一百五十亿斤。要把粮、棉、油抓好。今年夏天再把农业纲要四十条议一议。下次会在七月半或七月下旬开，在这期间不再找你们了。

2月28日　下午，在中南海怀仁堂主持中央工作会议闭幕会议。会议一开始，毛泽东说：这次会议平行作业，邓小平、陈伯达、康生，还有其他一些同志，搞国际问题去了，我也卷到这里头去了。国内问题，这一次我就没有管，少奇同志是两面都管。在邓小平介绍会议要通过的文件后，毛泽东讲话。他说：要把社会主义教育好好抓一下。社会主义教育，干部教育，群众教育，一抓就灵。干部教育中，要保护大多数，使百分之九十以上的同志把包袱放下来，不是洗冷水澡，也不是洗滚水澡，而是洗温水澡。然后，让他们去和贫下中农积极分子结合，经过这些积极分子去串连贫下中农。贫下中农先团结起来，然后团结富裕中农以及或者已经改造或者愿意改造的那些地主残余、富农分子，打击那个猖狂进攻的湖南人叫刮黑风的歪风邪气、牛鬼蛇神。各大区的党委、省委、地委、县委要注意去争取大多数的农村人口，就是贫下中农。现在又证明，我们的干部，包括生产队长以上的这些不脱离生产的以及脱离生产的，绝大多数不懂社会主义。他们之所以不懂，责任在于我们没有进行教育，没有教材，没有像“六十条”这样的东西以及阶级教育。十中全会公报是很好的一个教材。有教材了，教育的方法，还得照湖南、河北现在的办法，参考你们自己的经验，加以研究。要走群众路线，保护大多数干部，又使他们放下包袱，又解决问题。只要五个晚上，歪风邪气、牛鬼蛇神就打下去了，不要多少时间。这个教育问题，提出来还只有一两年，从“六十条”起，还只有两年，从去年七千人大会着重提出教育干部算起，则只有一年多，再有几年，我们的干部是可以教育好的，可以把牛鬼蛇神打下去。毛泽东最后强调：要抓紧社会主义教育同今年的工作，工业、农业、文教、“五反”、统一战线、精简等各方面的工作很紧张，今年如果能够再增产一百五十亿斤到二百亿斤粮食，棉花再增产若干，油料再增产一些，工业的调整再有一个进步，那就很好了。毛泽东还在会上念了各国通讯社对《人民日报》二月二十七日发表的社论《分歧从何而来？——答多列士〔1〕等同志》的反映材料。他说：《分歧从何而来？》反响可大了。在北京的波兰记者、奥地利记者、英国记者，开头可紧张了。看了以后，松了一口气，讲他们国家的只有那么一点。又说：赫鲁晓夫昨天晚上的讲话，一个字也没有骂我们。我们是二十三号和苏联大使谈的。我看，他是看了我们跟苏联大使的那个谈话了。现在形势的确是好。我们还没有回答，只是把赫鲁晓夫他们的东西登出来，“游行示众”，一连登了三天，他是二十三号派人来的，摸不到底，不晓得我们要怎么搞。我们现在有个十万字的东西，要从明天起开始登。还

---

〔1〕 多列士，当时任法国共产党中央总书记。

有答复美国共产党的一篇。最后，毛泽东提出，还要把问题转到国内的反修防修。

3月1日　中共中央发布《关于厉行增产节约和反对贪污盗窃、反对投机倒把、反对铺张浪费、反对分散主义、反对官僚主义运动的指示》。指示说：目前我们要开展的“五反”运动，是又一次大规模地打击和粉碎资本主义势力猖狂进攻的社会主义革命斗争。这次运动，目前只在县（团）级以上的党政军民机关、国营和合作社营企业事业单位、物资管理部门、文教部门（不包括县以下中小学校）中进行。在运动的各个阶段，都必须以增产节约为中心。

3月初　应国家科学技术委员会请求，为奖励科学技术发明创造的证书题签：“发明证书”。

3月3日　下午，在中南海菊香书屋会见由巴基斯坦外交部部长布托率领的巴基斯坦政府代表团，周恩来、耿飙等在座。毛泽东说：中巴两国在政治、经济、文化等各方面的关系都要发展。当布托说英国不高兴巴基斯坦同中国签订边界协定，美国还从多方面反对时，毛泽东说：应该按照人民的意志办事，国家无论大小，都应该是独立的、平等的，何况巴基斯坦是个大国。当布托说这次他了解到中国有很好的防旱措施时，毛泽东说：中国要解决这个问题，还需要很长时间，我们打算搞一个二十至二十五年的计划。现在我们主要还是靠天吃饭，三分之一的耕地可以利用水利灌溉，三分之二的地方还要靠天吃饭。中国有地下水，但更重要的还是靠水库，靠大水库。有一位科学家对我说，如果我们有三百个大水库，每个水库能容十亿立方米的水，就能够解决问题了。毛泽东最后说：现在中巴边界问题解决了，你们放心，我们之间决不会因为边界问题引起争端。

3月4日　下午，在中南海菊香书屋召集周恩来等开会。

3月5日　《人民日报》刊登毛泽东的题词“向雷锋同志学

习”。这个题词是应《中国青年》杂志社要求，于二月二十日为该刊一九六三年第五、第六期合刊——学习雷锋专辑题写的，发表在三月二日出版的这两期合刊上。三月四日，新华社将毛泽东题词发通稿。毛泽东于二月二十日题词后，对林克说：学雷锋不是学他哪一两件先进事迹，也不只是学他的某一方面的优点，而是要学他的好思想、好作风、好品德；学习他长期一贯地做好事，而不做坏事；学习他一切从人民的利益出发，全心全意为人民服务的精神。当然，学雷锋要实事求是，扎扎实实，讲究实效，不要搞形式主义。不但普通干部、群众学雷锋，领导干部要带头学，才能形成好风气。

同日　审阅康生送审的《人民日报》社论稿《评美国共产党声明》，批示：“请考虑是否要加上反对教条主义的意思。”这篇社论在三月八日《人民日报》发表。

3月6日　下午，在中南海颐年堂会见由中央总书记阿马索纳斯率领的巴西共产党（新党）代表团，邓小平、伍修权等在座。毛泽东说：欢迎你们。你们是马列主义的党，是决心搞革命的。现在有好些党，号称共产党，但决心不搞革命。毛泽东在介绍中国革命的经验时，指出：革命是往返曲折的，不是笔直的。失败，胜利，又失败，又胜利，直到最后胜利；后退，前进，再后退，再前进，直到最后胜利。古巴革命的经验，也是经过多次反复，才最后取得胜利。你们需要创造经验，决不要机械地抄外国的经验，我们就因照抄外国经验吃过大亏。

3月7日　下午，在中南海菊香书屋主持召开中共中央政治局常委会议，讨论答复苏共中央二月二十一日来信的复信稿。毛泽东对复信稿表示赞成。

同日　晚上，在中南海勤政殿会见并宴请老挝国王西萨旺·瓦达纳一行，刘少奇、朱德、周恩来、董必武、彭真、陈毅等参加。毛泽东说：印度支那三个国家都是我们的近邻，我们对你们是友好的，我们尊重你们，你们的事应由你们自己管理，外国不能干涉。外国干涉你们的内政，是一个很坏的做法。毛泽东在谈到中国在联合国的代表权问题时说：现在，在联合国代表中国的，不是我们，是蒋介石。我们没有资格进联合国，这是一件大事。比如，英国一方面承认我们，撤销对台湾的承认，另一方面又在联合国支持蒋介石。这样，英国每次建议同我国建立完全的外交关系，大使级外交关系，我们说不行。所以我们在英国是代办处，英国不能在北京派大使。毛泽东称赞老挝国王是一位很好的国王。

3月9日 中午，在中南海菊香书屋召集刘少奇、周恩来、邓小平等开会。决定今日将中共中央答复苏共中央二月二十一日来信的复信交给苏联驻中国大使契尔沃年科，并把复信的副本交给阿尔巴尼亚、越南、朝鲜驻中国大使。复信说，中国共产党赞成停止公开论战，决定从三月九日起暂时停止发表文章作公开答辩，赞成召开兄弟党会议，赞成为筹备兄弟党会议而举行中苏两党会谈。

3月10日 下午，在中南海菊香书屋召集刘少奇、周恩来、邓小平等开会。会议决定在报纸上发一消息，说明邓小平同志接见了苏联驻中国大使，交换了信件，并肯定有必要举行中苏两党会谈。十一日，《人民日报》发表了这个消息。

3月13日 下午，在中南海颐年堂会见古巴共产主义青年联盟代表团、委内瑞拉共产主义青年联盟全国书记处书记雷那尔多·蒙迪亚和巴拉圭妇女代表别德玛夫人〔1〕，王伟、王照华、

---

〔1〕 别德玛夫人，原任巴拉圭民族阵线财务书记。

吴全衡[1]在座。毛泽东说：我们有一个共同的东西，可不可以说是反对帝国主义，特别是反对美帝国主义，反对它的侵略政策和战争政策。为了反对帝国主义，我们要团结一致，团结一切可能团结的力量。至于反对的方法，各有各的方法，看情况而定。

同日 晚上，听取杨尚昆汇报同苏联驻中国大使馆临时代办叶利沙维金的谈话情况。杨尚昆说：叶利沙维金来谈话，苏共中央表示愿意发表两党来往信件，但又指责说我们提的是“最后通牒”、“引起不安”等等。随即，毛泽东召集中共中央政治局常委开会，决定明天即发表两党来往信件。十四日，《人民日报》以《中苏两党为举行双边会谈交换的信件》为题，发表了三月九日中共中央致苏共中央的信和二月二十一日苏共中央致中共中央的信。

3月中旬 审阅刘少奇在二月中央工作会议上作的《关于反对现代修正主义的斗争问题》讲话的整理稿。对讲话中关于斯大林犯了肃反扩大化错误的一段话，批注：“仅仅依靠公安部，不依靠党和群众去肃反。”对讲话中关于斯大林在党和国家组织以及群众组织、经济组织中没有正确地实行或者违反民主集中制的一段话，批注：“他们在党内关系不是平等的，各级领导人具有特权。”在讲话中说斯大林在国际共运中“不适当地干涉某些兄弟党和兄弟国家的内部事务”一句后，加写：“替各国制定纲领，具体政策，以至人事安排。”

3月16日 中午，在中南海菊香书屋召集周恩来等开会。

3月18日 下午，在中南海颐年堂会见阿尔及利亚《非洲

---

〔1〕 王伟，当时任共青团中央书记处书记。王照华，当时任共青团中央书记处书记、中华全国青年联合会副主席。吴全衡，当时任中国妇女联合会书记处书记。

革命》周刊社长雅克·弗吉斯和民族女英雄贾米拉·布伊海德。刘长胜、吴冷西等在座。毛泽东称赞阿尔及利亚是战胜帝国主义的榜样，他们的经验对亚非拉人民是一种贡献。他说：我对一些非洲朋友说值得到阿尔及利亚去看看，拉丁美洲的朋友应该到古巴去看看，这些经验更直接。中国革命的经验可以参考，但中国的经验有一个缺点，就是时间太长。中国的经验可以当作一种经验来研究，研究成功的方面和失败的方面，就是说正确的方面和错误的方面。革命总是要经过反复斗争的，做得好可以把政权保持下去，不脱离群众。凡是脱离群众的，非失败不可，凡是胜利了，都是由于得到群众的支持，凡是胜利了又失败，一定是脱离了群众。

同日　晚上，在中南海颐年堂会见非洲外宾，刘宁一、刘长胜等在座。毛泽东说：我很高兴看到你们。一位外宾说：整个非洲解放运动是以毛主席所阐明的哲学即“帝国主义和一切反动派都是纸老虎”为指导思想的，在非洲解放运动中这一句话比任何其他的话得到更多地运用。毛泽东说：我们的目标是相同的，即是团结起来反对帝国主义，建立独立的国家。我们应当互相团结、支持，互相帮助，亚、非、拉三大洲人民的团结很有必要。

3月19日　下午，在中南海菊香书屋召集周恩来等开会。

3月20日　遵毛泽东之嘱，林克写信给臧克家。信中说：“主席嘱将他这首《满江红》词送《诗刊》发表。词内用了三个典，即‘蚂蚁缘槐称大国’、‘蚍蜉撼树谈何易’、‘正西风落叶下长安’，请《诗刊》作注后，再送主席阅。主席词发表时请附郭老原词。”

同日　下午，审定杨尚昆送阅的中共中央书记处讨论通过的中共中央答复苏共中央口头通知的信件。晚上，杨尚昆接见苏联驻中国大使馆临时代办，面交中共中央的答复信件。

3月22日　晚上，在中南海颐年堂会见古巴武装部军训部部长费尔南德斯少校等，萧向荣等在座。毛泽东说：你们在最前线，进行了英勇的斗争，美国很怕你们，怕你们小国，对你们没有办法。直接进攻你们，它怕世界舆论反对，还有一条怕陷进去出不来。在谈到古巴革命时既没有重炮，也没有空军、海军时，毛泽东说：你们的敌人巴蒂斯塔什么都有，可是为什么还打败了呢？就是不得人心。人民不赞成他，武器再好也没有办法。这个道理自古以来就是这样的。联系群众永远不会失败。

3月24日　下午，在中南海菊香书屋召集周恩来等开会。

同日　阅张干[1]来信，信中说他和他的女儿均需人照顾，请求帮助将其外孙女从山西调回长沙工作。毛泽东批示："请中央组织部商山西省委，酌情处理。写信人张干，是我四十五年前师范学校的校长，现年大约八十以上了。"

同日　致信周世钊，信中说："老校长张干（忘其别甫，是否叫作次崙）先生，寄我两信，尚未奉复。他叫我设法助其女儿[2]返湘工作，以便侍养。此事我正在办，未知能办得到否？如办不到，可否另想方法。请你暇时找张先生一叙，看其生活上是否有困难，是否需要协助。叙谈结果，见告为荷。"

3月28日　复信戴毓本[3]："去年十月的信早就收到了，很是高兴。近情如何，望告。生活上如有困难，不妨见示。"

4月1日　本日回到北京的契尔沃年科提出受苏共中央委托要求会见毛泽东，当面递交苏共中央三月三十日给中共中央的信，并陈述该信的内容。毛泽东委托周恩来、邓小平见他。二日上午，周恩来、邓小平会见契尔沃年科，接受他递交的苏共中央

〔1〕张干，毛泽东在湖南省立第一师范学校读书时任该校校长。

〔2〕应为外孙女。

〔3〕戴毓本，五四运动后曾在毛泽东等创办的自修大学学习。

的信。三日，苏共中央将这封信公开发表。

4月3日 在中南海菊香书屋主持召开中共中央政治局常委会议，讨论苏共中央三月三十日的来信。毛泽东说：来信太长，我还没有看完，想先听听大家有什么意见。在周恩来、邓小平谈了意见后，毛泽东说：既然大家有这个印象，就是赫鲁晓夫集团要把他们的路线作为中苏两党会谈的基础，那末我们索性把苏共中央这封信在《人民日报》发表，让大家研究。我赞成我们应该准备一个对案，可以采取答复他们的来信的形式，采取正面提出意见的形式，而不是采取同苏共来信争论的形式。此事由小平同志负责准备，弄好以后再提到政治局常委会议讨论。会后，在邓小平的主持下，立即开始对苏共中央复信的起草工作。四日，《人民日报》发表苏共中央三月三十日的来信。

4月5日 写信给毛岸青："亲爱的岸青儿：前后各信都已收到，因忙未复，你会谅解我的心情吧。我爱你，我念你，我对你好。你不要误会。你的病要改性急，是为至盼!"

4月6日 下午，在中南海颐年堂主持召开中共中央政治局常委会议。

4月7日 晚上，在中南海颐年堂会见哥伦比亚"工人、学生、农民运动"代表团，刘长胜等在座。毛泽东询问哥伦比亚的地理位置、面积、人口等和游击战争发展情况。他说：不能机械搬用外国经验，但可以参考外国经验。外国经验毕竟是外国人的，自己没有参加没有体验就不是自己的经验。会见后，乘专列离开北京。

4月8日 到达天津。在专列上听取林铁、刘子厚、阎达开、万晓塘汇报城市"五反"和农村"四清"的情况。当汇报到天津"五反"的情况时，毛泽东说：反浪费是很要紧的，这个问题很大，抓住这个问题后很多问题就抓起来了。发动群众是根本路线。不管是铺张浪费，还是贪污盗窃、投机倒把、刮黑风，一发动群众很快就搞出来了。靠上面派下来的人不见得行，不一定能把问题搞出来。农村也是发动群众，不发动群众不行。当汇报到农村“四清”的情况时，毛泽东反复讲清工、清账、清财、清库，表示这么做是对的。他特别问到“四清”中有没有逼死人、打人的情况。当汇报到在农村组织阶级队伍，搞贫下中农委员会时，毛泽东说：就是要组织阶级队伍。人要分左、中、右，如地富反坏叫右派的话，中农、富裕中农就是中间派，贫农、下中农就是左派，这是一般地讲，个别的也还有右的。当汇报到在“四清”中教育干部时，毛泽东说：教育干部、教育群众怎么搞社会主义。比如过去我们就教育干部如何搞土改，如何搞合作化，现在合作化这么多年了，不搞“四清”怎么进行社会主义教育呢？中央有同志跟我讲，“五反”得五年搞一次。现在十年没有搞了，今年准备搞一年嘛。对百分之几的那些人，我们就是依靠群众继续管住他，还不是劳改嘛，不是依靠杀人来解决问题。斯大林曾依靠杀人，但是未能解决问题。当汇报到保定地委指定干部进行蹲点时，毛泽东说：这样好，你们要搞个制度。蹲点调查研究是简便易行的，保定地区二十二个县哪能都搞得过来，搞一两个点就清楚了。

4月9日 到达济南。听取白如冰、杨得志、袁升平、杨岩〔1〕汇报山东工作。汇报说，山东有个地方修宗庙，一个地主坐在上面，他以族长身份要人家叩头，许多党员、团员向他三拜九叩。毛泽东说，这是封建复辟活动。毛泽东问：今年山东的小麦怎么样？白如冰答：一九六二年小麦实际产量是四十一亿斤，今年可能收获五十亿斤。毛泽东说：山东是大省，要增加一点库

〔1〕 袁升平，当时任中国人民解放军济南军区第二政治委员。杨岩，当时任中共山东省委常委、秘书长。

存，要把经济作物搞上去。汇报到山东社会秩序今年比去年好，群众生产热情很高时，毛泽东说：总的说来，我们的政策上了轨道。共产党不能把事情办好，我就不相信，办错了事，就改嘛！汇报到山东目前货币流通量过少，对生产生活发生了不利影响时，毛泽东说：山东这样大的省只有四亿多货币流通，太少了，解决这些问题要快。汇报到一九六二年全省人口净增一百五六十万时，毛泽东说：人口增长得太快了，要想个办法。汇报到农村干部和群众经过社会主义教育，阶级觉悟有了很大提高时，毛泽东说：如果我们不整风，哪个县都要出修正主义。汇报到“五反”问题时，毛泽东说：“五反”要有步骤地搞。民主党派不搞“五反”，他们没有什么责任，主要整共产党。“五反”不要搞到工人当中去，但对工人要进行社会主义教育，提高工人阶级觉悟。对小偷小摸，主要是正面教育。要洗温水澡，要使百分之九十几的干部心情愉快。对一些犯有严重贪污盗窃和其他罪行的人，可以实行劳动改造，不要杀人。至于有血债，民愤大，不杀群众很不满意、脱离群众的，又当别论。群众揭发的，有些不一定正确，要经过调查研究，不忙于做结论和处理。要实事求是，不要搞逼供信，不要逼死人。汇报结束时，毛泽东拿出中共河北保定地委四月四日关于开展社会主义教育进行“四清”工作的报告给白如冰，说这个报告很好，请山东很好地研究一下。在保定地委的报告谈到干部“多吃多占的，进行检讨和退赔，一般不给处分”处，毛泽东写了一个批注：“干部多吃多占，原则上应当退赔。一时退不起的，可以分期退。个别情节较轻，本人检讨也好，家庭生活比较困难，经过群众讨论，认为不必退的，可以不退。——中央注”。

4月11日　到达南京。听取中共江苏省委关于江苏社会主义教育运动、“五反”和生产情况的汇报，并向江苏省委介绍保定地委在农村开展“四清”运动的经验。

4月12日 听取南京军区副司令员王必成汇报部队训练情况时，指出：野营训练是一种好方法，应该在全军推广。

4月13日 到达上海。

4月14日 阅张闻天四月五日来信。张闻天认为苏共中央三月三十日来信绝不是为了认真谈判，谋求真正团结，而是为了制造有利条件，继续同我们作斗争。他建议中央写一复信，重申双方争论不是为一些具体措施，而是有关战略策略的原则问题，并利用一切机会广泛地公开地宣传我方观点，批评对方观点。毛泽东批示："送小平、康生、伯达、彭真、总理阅，尚昆存。"

4月15日 到达杭州，住汪庄。

4月17日 晨四时，批示林克："讨论对苏复信，请邓小平、康生、陆定一、陈伯达四同志于本月二十一日或二十二日来杭州。请你通知，叫他们如期来此为盼！"十九日，毛泽东收到中共中央对苏共中央三月三十日来信的复信第二次稿。二十一日，邓小平等四人到达杭州。

4月17日、18日 在杭州连续两次会见巴西的共产党（老党）中央执行委员特莱斯、米兰达，伍修权、李启新在座。毛泽东向客人详细了解巴西的社会性质、政治情况和经济情况，民族资本和外债、外资情况，人民的生活水平等。他介绍中国革命失败和胜利的经验时指出：如果中国革命的经验可以参考的话，不仅仅是正面的，而且还有失败的经验，重要的是失败的经验。革命要夺取领导权，没有比资产阶级政党更革命的口号和纲领是不可能的。什么叫领导权，领导谁？第一个是领导农民，包括半无产者贫农和小有产者中农，第二个是要领导资产阶级左派，第三个是要领导知识分子的左派和中间派。

4月20日 阅外交部党委关于拟即提请国务院任命刘晓为外交部副部长的请示报告和周恩来认为照刘晓现在的健康看来，

下去看看可以，下放尚有困难的意见后，批示："总理：下去了解情况，是刘晓同志本人的要求，我也认为有此必要。他身体情况不宜下放，可以发表为外交部副部长，每年仍可以一段时间到一些省、市作些调查研究工作。"

4月23日 到达上海，住西郊宾馆。

4月24日 下午，在上海文化俱乐部会见阿联（今埃及）部长执行会议主席萨布里一行，周恩来、柯庆施、章汉夫[1]等在座。毛泽东对埃及一九五六年收回苏伊士运河的斗争表示赞赏，说：那时你们的局势很好，两个帝国主义国家都不敢继续进攻你们。你们是勇敢的国家，你们的人民是勇敢的人民。他向萨布里了解尼罗河上的阿斯旺水坝工程的进展情况和建成后的效益，说这是一项大建设。他说：第二次世界大战以后世界局势有了很大变化，你们和我们两国都把帝国主义赶了出去，一大批亚非独立国家出现了。

同日 晚上，在上海文化俱乐部会见印度尼西亚军事友好代表团，杨成武等在座。毛泽东说：我们两国是友好的国家，两国军队也是友好的。在谈到中国革命斗争时，他说：我们跟蒋介石和日本一共打了二十二年，主要一条经验是，要同群众结合起来。什么时候跟群众合作得好，我们就得到发展；什么时候脱离群众，我们就犯错误，就失败。他还说：印度尼西亚现在要收复西伊里安，值得庆贺，是一件大事。印度尼西亚土地好，人民好，资源也丰富，将来一定会发展成为一个很强大的国家。

4月25日 上午，召集周恩来、邓小平等开会，研究中共

---

〔1〕 章汉夫，当时任外交部副部长。

中央给苏共中央的复信。毛泽东提到东北宋任穷的报告[1]、河南省委的报告[2]、河北保定地委关于“四清”的报告、河北邢台地委关于如何组织贫下中农的报告，指出这几个文件值得很好的注意。保定地委的报告和邢台地委的报告，五月二十日作为《中共中央关于目前农村工作中若干问题的决定（草案）》的附件五下发。

同日 晚上，在上海文化俱乐部会见古巴保卫革命委员会全国委员会主席何塞·马塔，陈丕显、曹荻秋[3]等在座。当马塔说古巴学习了中国革命的经验时，毛泽东说：古巴也有自己的革命的经验，我常常劝一些外国朋友去学习古巴的经验。中国也有经验，这个经验只能供参考。南越人民的经验值得研究。他们人少，敌人的力量强大，但是他们的斗争仍在不断发展，敌人要想消灭他们是不可能的，广大的人民都支持他们。马塔说，卡斯特罗说古巴最强大的武器是人民。毛泽东说，这是拆不掉、打不败的武器。

同日 晚上，在上海文化俱乐部会见以总编辑郑浚基为团长的朝鲜《劳动新闻》代表团，陆定一、吴冷西等在座。会见中，毛泽东说：如果说我们有些成绩，那是人民的。我们的领导是从群众中来的，要向人民学习。人民向我们提供意见，我们按照人民的意见办事。我们如果犯了错误，就是因为脱离了群众；我们

---

〔1〕 指中共中央东北局第一书记宋任穷1963年4月10日关于农村社会主义教育的两个问题的报告。

〔2〕 指中共河南省委1963年4月15日关于当前农村社会主义教育运动情况的报告。

〔3〕 陈丕显，当时任中共中央华东局书记处书记、上海市委书记处书记（1965年11月任第一书记）、上海市政协主席、中国人民解放军上海警备区第一政治委员。曹荻秋，当时任中共上海市委书记处书记、上海市副市长（1965年12月任市长）。

纠正了错误，就是因为听了群众的话。他还说：我们现在的情况，比前两年要好，经济情况比过去好，政治情况也好些。我们搞“五反”刚刚开始，“五反”是一种阶级斗争。我们有不少党员变成了资产阶级分子，他们是为个人服务而不是为群众服务。我们过去搞过“三反”、“五反”，已经有十来年没有搞了，这是一条教训。搞“五反”，进行社会主义教育，目的是教育大多数干部和工农群众。在谈到社会主义国家之间的经济互助问题时，毛泽东指出：国际主义应该是真正的国际主义，不能仅仅把它当作一个口号。不能说我控制你，你受控制，就是国际主义。如果这是国际主义，美国也有国际主义了。

4月26日 上午，在上海文化俱乐部再次会见朝鲜《劳动新闻》代表团，柯庆施、李庄〔1〕在座。毛泽东说：昨天我搞了三场，会见了古巴同志，开了个会，又会见你们，神气不足了，没有讲完。他说：你们研究中国的情况，要有马列主义的分析，看好的，也看坏的。这是很自然的现象，对立统一。你们要学点外国文，至少学一种，不学点外国文，要深入研究马列主义就困难些。我还在勉强学，是小学程度的英文，读哲学、经济学是可以的，勉强能读政治的，别的不行。毛泽东再次谈到中国的“五反”，他说：我们这次的“五反”报上不登，鉴于一九五二年、一九五三年搞“三反”、“五反”运动，报上一登，出了许多问题，搞错了许多人。这次“五反”，我们要谨慎一些，在工厂、机关内部展开批评。

同日 到达杭州，住汪庄。

4月底 电话通知彭真到杭州，负责起草中共中央关于农村工作的指示。这个文件后来定名为《中共中央关于目前农村工作

---

〔1〕 李庄，当时任《人民日报》编委。

中若干问题的决定（草案）》（通称“前十条”）。

5月1日 通知柯庆施、陶铸、李井泉到杭州，二日又通知李雪峰、刘澜涛、宋任穷到杭州，参加讨论起草《中共中央关于目前农村工作中若干问题的决定（草案）》。

5月2日 为转发宋任穷四月十日关于农村社会主义教育的两个问题的报告和中共河南省委四月十五日关于当前农村社会主义教育运动情况的报告，起草中央批示。当天，送周恩来、邓小平、彭真、杨尚昆阅办。彭真将批示电传给北京，同时在杭州的部分同志进行了讨论。三日，彭真写报告给毛泽东：“我们讨论后，一致同意，并且认为这个批示很适时、很重要。提了点文字修改意见。请核示。”八日，毛泽东对批示作了少量修改，加了标题《中央关于抓紧进行农村社会主义教育的批示》。批示说：“河南报告说明，他们在中央二月会议以前是没有根据十中全会指示的精神，认真地进行社会主义教育工作的，或者是没有抓住问题的要点，没有采取适当的方法。二月会议以后，他们抓起了这个工作，并且抓住了问题的要点，采取了适当的方法。”批示指出：河南分批训练干部和贫下中农积极分子并经过试点的方法，是正确的。“报告所说的其他各项政策也是对的。总之，必须团结绝对大多数（百分之九十五以上）的干部和群众，适当地解决人民内部矛盾，即解决程度不同的不正常的干群关系问题，组成有领导的广大干群队伍，以便一致对敌。对坏人坏事，也要有分析。轻重不同，处理的方法也不同。必须以教育为主，以惩办为辅。”“宋任穷同志所讲的用讲村史、家史、社史、厂史的方法教育青年群众这件事，是普遍可行的。社会主义教育是一件大事，请你们检查一下自己在这方面的认识和工作，检查一下是不是抓住了要点和采取的方法是否适当，查一查是否还有很多的地、县、社没有抓住这方面的工作。如果有的话（看来一定是有的），应当在农忙间隙，在不误生产的条件下，抓住进行。上半年做不完，可以在下半年做。今年做不完，可以在明年做。特别要注意分步骤的方法、试点的方法和团结大多数，孤立极少数的政策。”毛泽东为中央起草的批示和这两个报告，五月二十日作为《中共中央关于目前农村工作中若干问题的决定（草案）》的附件二下发，批示的落款由“中央”改为“毛泽东”。

同日 同今天到达杭州来参加会议的陶铸、李井泉谈话。毛泽东让他们两人汇报工作，各讲半个小时，然后给几个材料〔1〕要他们看。

同日 阅中共中央军委关于海军问题给中央的报告，批示：“关于海军问题的报告，已经看过，认为很好，照此执行。每年检查一次执行情况。希望海军各级党委同志们团结起来，以大局为重，焕发精神，努力工作，发扬成绩，纠正缺点错误，同其他军种一样把海军工作做好。有错误并不要紧，只要改正就好了。退罗瑞卿同志。”

5月3日 到达上海。

同日 下午，在上海文化俱乐部会见几内亚政府经济代表团和几内亚妇女代表团，柯庆施、叶季壮等在座。毛泽东说：所有非洲的朋友，都受到中国人民的欢迎。我们两国互相帮助，互相支持。如果我们有人在你们那里做坏事，你们就对我们讲，例如看不起你们，自高自大，表现大国沙文主义态度等等。如果有这种人，我们要处分他们。我们两国的情况差不多，比较接近，所以谈得来。有人想欺侮我们，认为我们生来就不行，认为我们没

---

〔1〕 这几个材料是：宋任穷1963年4月10日的报告，中共河南省委1963年4月15日的报告，中共保定地委1963年4月4日的报告，中共邢台地委1963年3月14日的报告。

有办法，命运注定了，一万年该受帝国主义的压迫，不会管理国家，不会搞工业，不能解决吃饭问题，科学文化也不行。他们不想一想，这种状况是他们造成的，经济、文化水平低是他们造成的，过去是他们代替我们管理国家的。英国人讲管理是可以的，我们要学习管理，学多少年，慢慢来，不会管理慢慢就会了。没有工业可以逐步搞工业，没有现代的农业可以逐步搞现代的农业，科学文化水平也能一年一年提高。中国有一个很大的缺点，人太多，这么多人要吃饭要穿衣，所以现在还有不少困难，正在采取措施克服。他强调：非洲国家要联合，另外还要一个更大的联合，即亚、非、拉美三大洲的联合。

5月4日 下午，在上海文化俱乐部会见阿尔巴尼亚新闻工作者代表团、劳动青年联盟代表团、工会代表团和档案工作者代表团，柯庆施、胡耀邦、曾三〔1〕等在座。毛泽东说：前几年我们的情况不好，最近一二年比较好一些，现在政治、经济情况都比较更好些了，但还有困难，困难不少。社会上和党内还有些问题。困难可以克服，正在克服中，问题在解决。他说：社会主义国家经常会生长资本主义因素。有些共产党员挂了党员的招牌，实际上是资产阶级分子，这不是多数，但有一部分是如此，搞投机倒把，贪污盗窃，铺张浪费。浪费问题很大，这个问题如能适当解决，就可以搞出几十亿美元。美国人不会借款给我们，社会主义国家也不借给我们，我们有个办法，就是向官僚主义者“借款”。

5月5日 晚上，在上海文化俱乐部会见朝鲜法律工作者代表团，曹荻秋在座。毛泽东说：社会主义的法律工作是一项新的工作，至今我们还没有制定出社会主义的民法和社会主义的刑

〔1〕 曾三，当时任中共中央办公厅副主任兼中央档案馆馆长、国家档案局局长。

法，需要积累经验。

同日　晚上，在上海文化俱乐部会见马里文化代表团，陈丕显、朱光[1]在座。毛泽东询问马里在非洲的地理位置、人口、面积、语言、气候、河流等，指出：马里有中国的十二个江苏省那么大，所以你们国家大有发展前途。中国大是大，但人太多，难办，这么多人要吃饭、穿衣、住房子。他建议代表团参观人民公社不要都看好的，看一个好的，看一个坏的，比较一下。工厂要看大的，也要看中的和小的，特别是看中小型工厂对马里有好处。中国人对整个非洲的地理、历史都不熟悉，现在小学就应该讲地理，中学应该讲地理和历史。

5月6日　下午，到达杭州，住汪庄。毛泽东在上海的几天，彭真同各中央局第一书记在杭州起草《中共中央关于目前农村工作中若干问题的决定（草案）》稿。

5月7日—11日　在杭州召集彭真、各中央局第一书记和陈伯达、江华、胡耀邦参加的会议，讨论《中共中央关于目前农村工作中若干问题的决定（草案）》稿。周恩来、邓小平参加了部分会议。

5月7日　主持讨论《中共中央关于目前农村工作中若干问题的决定（草案）》稿。毛泽东说：起草的文件，我看了，可以不要那么长，要短些，严肃些。要写些这样的问题，如认识不一致问题。我走了十一个省，只有王延春、刘子厚滔滔不绝地向我讲社会主义教育，其他的省就不讲，河南也是一个。三级干部会也开了，开了几次了，社会主义教育也搞了，但是没有抓住要点，方法不对。社会主义教育的要点，就是阶级、阶级斗争，社

[1] 朱光，当时任中国对外文化联络委员会副主任、中国人民对外文化协会副会长。

会主义教育，“四清”，依靠贫下中农，干部参加劳动这样一套。中央二月工作会议以后，情况有所改变，但是省、地、县三级是否都抓住了，还是一个问题。比如，湖北孝感地委书记就思想不通，他自己到五里界搞了试点，才相信了。各地都要试点，试点很要紧，要使省、地、县三级对十中全会公报有个真正的了解。凡是一般化的，不触及洗手洗澡，不触及贪污盗窃，就不能抓住问题。我们在农村中十年来没有搞阶级斗争了，只是土改搞了一次，“三反”、“五反”是在城市，一九五七年搞了一次，也不是现在这个方法。现在的方法是洗温水澡。说精神愉快，那是结果，要有点紧张，但不是所有的人都那么紧张。有些人实行了退赔，就不戴贪污分子的帽子了。吐出来就算洗了手，一不叫贪污，二不叫盗窃，伤人不要过多。要用现在这个方法，使多数人洗手洗澡，轻装上阵。要把百分之九十以上的人团结教育过来，发动群众，打击极少数贪污盗窃分子。要使多数人有敌我观念，把阶级队伍组织起来。不要性急。今年搞不完明年再搞，明年搞不完就后年。社会总是一分为二，对立的统一，没有贪污盗窃不成世界，不然辩证法就不灵了。开会中间毛泽东同与会者一起进餐。他举杯祝酒说：为“四清”、“五反”，挖修正主义根子的胜利干杯。他说：有人有顾虑，无非是两条，一是怕耽误生产，一是怕伤人太多。要使阶级斗争和社会主义教育有利于生产，“四清”、“五反”的结果，一定会有利于增加生产。下去调查，不要搞主观主义，大胆的主观主义的假设，小心的主观主义的求证。饭后，继续讨论决定草案。毛泽东说：文件要不要发给新疆、西藏？西藏还没有搞社会主义，应该有所不同。云南、黑龙江、广西都有边界问题，要注意方法。农村中不搞“五反”，只搞“四清”。“四清”主要又是清账、清工分，财和物还是第二。还有，这次运动是中央一套，还是允许各省也搞一套？（大家表示要以中央文件为根据，不要另搞一套。）有些省另搞一套吃过亏。这次的文件，也是经过各省共同制定的，但各省要搞些具体步骤。农村商业系统也可以搞“三清”，只是没有清工分这一条。干部参加劳动问题，请大家注意一下。昔阳的材料很好，你们看了没有？那个县的干部每年参加劳动，至少有六十天。那是一个山区县，很穷。越穷就越要搞社会主义。富了就不搞了吗？各省都有这样的材料，浙江搞了七个，请每个省都搞一批。干部一参加劳动，许多问题就得到了解决。修正主义的根子就在这里，至少可以减少贪污多占的问题，可以了解农业生产。要使支部的领导放在劳动者、劳动积极分子的手里。县、社两级干部也要参加劳动。支书不参加劳动，还不相当于保甲长？《红楼梦》第二回上，冷子兴讲，“安富尊荣者尽多，运筹谋画者无一”〔1〕。说得有点太过，探春也当过家，不过她是代理。但是贾家也就是那么垮下来的。一九六一年搞的“六十条”，对阶级队伍写得不突出，还没有好好注意提依靠谁的问题。我看一万年以后，还是有个依靠谁的问题，因为还有唯物论和唯心论，还有先进和落后，总还会有左、中、右。毛泽东最后说：现在是五月，这个文件到七月下半月在北戴河再议，北戴河会议还要搞工业。请大家作准备。不要着急，但是要看得到，抓得起。要看到矛盾，看到什么是基本矛盾，这就是阶级关系、阶级斗争。

5月8日 阅中共湖南省委四月十六日关于农村社会主义教育运动情况的第二次报告、四月二十二日关于树立贫农优势和建立贫农、下中农代表小组问题的报告，批示：“这两个报告都好，请同志们注意研究和参考。”毛泽东的批示和这两个报告，五月

---

〔1〕《红楼梦》第二回中，冷子兴的原话是：“主仆上下，都是安富尊荣，运筹谋画的竟无一个”。

二十日作为《中共中央关于目前农村工作中若干问题的决定（草案）》的附件三下发。

同日 阅《中南通讯》的《农村社会主义教育运动主要做法特辑》中的六个文件，毛泽东从中选取四件[1]，拟题为“四个好文件”。并写批语：“这几个文件很好，看到了问题，抓起了工作，正确地解决了大量的人民内部的矛盾和敌我之间的矛盾，政策和方法都是正确的，因而大大地推动了农业生产。可以作为各省、地、县、社进行社会主义教育工作的光辉的榜样，应当组织干部学习这些文件。中央，各中央局，各省、市、区党委，都需要收集这种又有原则，又有名有姓、有事件、有阶段、有过程、有结论的文件，请你们注意这件大事，认真调查研究，是为至要。”毛泽东的批语和这四个文件，五月二十日作为《中共中央关于目前农村工作中若干问题的决定（草案）》的附件四下发。

同日 晚上，召集彭真等和各中央局第一书记开会。彭真汇报昨晚他同各中央局第一书记讨论的情况[2]，表示文件没有写好，并作了自我批评。他说大家感觉从北戴河会议以来跟不上主席，跟不上下边那些先进单位，如批发的几个典型材料。毛泽东说：你们的文件就是平谈，逻辑性也不够，有的长，有的短。当有人谈到看了下边的报告受到启发时，毛泽东说：启发就是河南这两个材料，还不是省委那个报告，那是概括的。我又看了一次昔阳的报告，写得很好。浙江七个材料我都看了。河南两个材料

---

〔1〕 这4个文件是：河南偃师县三级干部会议的做法、湖北武昌县五里界区四级干部会的开法和效果、河南临颍县巨陵店区三级干部会议、湖南宁乡县花明楼公社的社会主义教育运动。

〔2〕 5月7日，彭真听了毛泽东的谈话后连夜召集参加会议的同志进行讨论，反复琢磨毛泽东讲文件不严肃指的是什么。后来大家认为，是在批评他们对下边的情况没有研究，对进行社会主义教育的思想还没有达到一致。

刊载在《中南通讯》。你们也出个通讯嘛，就是登载这些既有原则，又有名有姓、有事件、有过程、有阶段、有结论的报告。当有人谈到对阶级斗争调查作得不深入时，毛泽东说：什么是调查研究的范围？一个生产斗争，一个阶级斗争，一个科学实验，不然哪儿有马克思主义？我们要好好提倡干部参加劳动。阶级斗争和生产同时搞就不行？阶级斗争可以促进生产嘛。当有人谈到北戴河会后认识仍不一致，至少有认识深浅不同，大家要求两三个月在主席处开一次会时，毛泽东说：噢！就是不唱天来不唱地，只唱《香山记》〔1〕。你们中央局就开这样的会。关于开会的方法，毛泽东说：注意这种会开了不要伤人，伤只伤少数人，百分之五、百分之六也多了。我看最后还要缩小，还要加上不追不逼，不打不骂。有些事不要搞绝了。过去几年没有管，要在几天就解决，恐怕也困难，还是要慢慢打通思想。压服不行，压而不服，一定要说服，说服就要有一个过程，一次谁都认识不了。现在才懂得什么叫心情舒畅。贫雇农不起来，几股黑风不打倒，干部不洗澡，能够心情舒畅吗？干部心情不舒畅，贫下中农也不能心情舒畅。要反修正主义。要不这样搞，地富反坏就要反攻倒算，投机倒把分子也要猖狂起来，不出修正主义才怪。谈到整党问题时，毛泽东说：整党，我看不忙，明年后半年再搞。你不搞阶级斗争，不搞生产，不搞“五反”、“四清”，不把贫下中农组织搞起来，整党怎么搞得起。这些事，两年做好就不错了。会议中间毛泽东同与会者共进晚餐。进餐时有人谈到文艺方面的“有鬼无害论”时，毛泽东说：这是农村、城市阶级斗争的反映。在工人、农民中搞了“五反”、“四清”，群众觉悟了，它就没有基础了。

5月9日　对中共浙江省委办公厅四月印发的《一批干部参

---

〔1〕剧本名，全称为《观世音修行香山记》。

加劳动的材料》，将标题改为《浙江省七个关于干部参加劳动的好材料》，并写一个长批语。批语中说："浙江省这七个材料，都是很好的。文字也不难看，建议发到各中央局，各省、地、县、社，给干部们阅读。可以从中选两三件向识字不多的干部宣读和讲解，以便引起他们的注意，逐步加深广大干部，特别是县、社、大队、生产队四级干部对于参加生产劳动的伟大革命意义的认识，减少许多思想落后的干部的抵抗和阻力。""建议各地领导同志利用适当机会，对于干部参加劳动这个极端重大的问题，在今年内进行几次讨论，并普遍宣读山西昔阳县那个文件。""我们希望争取在三年内能使全国全体农村支部书记认真参加生产劳动，而在第一年，能争取有三分之一的支部书记参加劳动，那就是一个大胜利。城市工厂支部书记也应当是生产能手。阶级斗争、生产斗争和科学实验，是建设社会主义强大国家的三项伟大革命运动，是使共产党人免除官僚主义、避免修正主义和教条主义，永远立于不败之地的确实保证，是使无产阶级能够和广大劳动群众联合起来，实行民主专政的可靠保证。不然的话，让地、富、反、坏、牛鬼蛇神一齐跑了出来，而我们的干部则不闻不问，有许多人甚至敌我不分，互相勾结，被敌人腐蚀侵袭，分化瓦解，拉出去，打进来，许多工人、农民和知识分子也被敌人软硬兼施，照此办理，那就不要很多时间，少则几年、十几年，多则几十年，就不可避免地要出现全国性的反革命复辟，马列主义的党就一定会变成修正主义的党，变成法西斯党，整个中国就要改变颜色了。请同志们想一想，这是一种多么危险的情景啊！""这一次社会主义教育运动是一次伟大的革命运动，不但包括阶级斗争问题，而且包括干部参加劳动的问题，而且包括用严格的科学态度，经过试验，学会在企业和事业中解决一批问题这样的工作。看起来很困难，实际上只要认真对待，并不难解决。这一场斗争是重新教育人的斗争，是重新组织革命的阶级队伍，向着正在对我们猖狂进攻的资本主义势力和封建势力作尖锐的针锋相对的斗争，把他们的反革命气焰压下去，把这些势力中间的绝大多数人改造成为新人的伟大的运动，又是干部和群众一道参加生产劳动和科学实验，使我们的党进一步成为更加光荣、更加伟大、更加正确的党，使我们的干部成为既懂政治、又懂业务、又红又专、不是浮在上面、做官当老爷、脱离群众，而是同群众打成一片、受群众拥护的真正好干部。这一次教育运动完成以后，全国将会出现一种欣欣向荣的气象。”毛泽东的批语和浙江的七个材料，五月二十日作为《中共中央关于目前农村工作中若干问题的决定（草案）》的附件七下发。这个批语的主要部分，后来放在决定草案的结尾，成为草案的一部分。

同日　接到周恩来的来信。信中说：如果主席对我们关于“跃进号”事件〔1〕的处理，尚需听取当面汇报，我们可于十日上午先飞杭州，如便还可在杭州同各大区书记谈谈粮食、精简和农业生产问题。毛泽东对各中央局书记说：总理要来，你们留不留？如果你们要走，我打电话告诉总理不必来了。大家表示留下来等候总理。

5月10日　晚上，同周恩来谈话。周恩来汇报“跃进号”失事的情况，讲他同各中央局第一书记谈话的情况。毛泽东就修改《中共中央关于目前农村工作中若干问题的决定（草案）》稿同周恩来交换意见。

5月10日、11日　审阅修改《中共中央关于目前农村工作中若干问题的决定（草案）》稿，作多次修改。在决定草案稿的十个问题的前面，加写了具有前言性质的一段话。其中指出：

〔1〕“跃进号”事件，指1963年5月1日中国第一艘载重15000余吨的国产远洋货轮“跃进号”在由青岛首航日本途中触礁沉没。

“目前农村工作中存在的问题，除了中央已经作出决定或指示的以外，还有若干问题需要作出决定，有些则是在过去指示中提出来了，但是不明确、不系统，尚未引起人们注意，需要重新加以明确的系统的说明。这些问题共有十个，都是互相联系的。我们对于这些问题是经过了建国以来的十三年的实践，才能写出一个比较完整的文件，特别是在近三年中，即一九六〇年中央发布农村整社工作十二条起，直到今天，才能写出现在这个决定。可见认识客观事物，需要一个反复实践的过程。人的正确思想是从哪里来的？是从天上掉下来的吗？不是。是自己头脑里固有的吗？不是。人的正确思想，只能从社会实践中来，只能从社会的生产斗争、阶级斗争和科学实验这三项实践中来。”“人们在社会实践中从事各项斗争，有了丰富的经验，有成功的，有失败的。无数客观外界的现象通过人的眼、耳、鼻、舌、身这五个官能反映到自己的头脑中来，开始是感性认识。这种感性认识的材料积累多了，就会产生一个飞跃，变成了理性认识，这就是思想。这是一个认识过程。这是整个认识过程的第一个阶段，即由客观物质到主观精神的阶段，由存在到思想的阶段。这时候的精神、思想（包括理论、政策、计划、办法）是否正确地反映了客观外界的规律，还是没有证明的，还不能确定是否正确，然后又有认识过程的第二个阶段，即由精神到物质的阶段，由思想到存在的阶段，这就是把第一个阶段得到的认识放到社会实践中去，看这些理论、政策、计划、办法等等是否能得到预期的成功。”“人们的认识经过实践的考验，又会产生一个飞跃。这次飞跃，比起前一次飞跃来，意义更加伟大。因为只有这一次飞跃，才能证明认识的第一次飞跃，即从客观外界反映过程中得到的思想、理论、政策、计划、办法等等，究竟是正确的还是错误的，此外再无别的检验真理的办法。”“一个正确的认识，往往需要经过由物质到精神，由精神到物质，即由实践到认识，由认识到实践这样多次的反复，才能够完成。这就是马克思主义的认识论，就是辩证唯物论的认识论。现在我们的同志中，有很多人还不懂得这个认识论的道理。”“因此，对我们的同志，应当进行辩证唯物论的认识论的教育，以便端正思想，善于调查研究，总结经验，克服困难，少犯错误，做好工作，努力奋斗，建设一个社会主义的伟大强国”。这段话的主体部分后来作为一篇哲学短文，题为《人的正确思想是从哪里来的?》，编入一九六四年五月出版的《毛泽东著作选读》(乙种本)。[1]

决定草案共十个问题，即：(一) 形势问题。(二) 在社会主义社会中是否还有阶级、阶级矛盾和阶级斗争存在的问题。(三) 当前中国社会中出现了严重的尖锐的阶级斗争情况。(四) 我们的同志对于敌情的严重性是否认识清楚了的问题。(五) 依靠谁的问题。(六) 目前农村中正确地进行社会主义教育运动的政策和方法问题。(七) 怎样组织革命的阶级队伍问题。(八)“四清”问题。(九) 干部参加集体生产劳动问题。(十) 用马克思主义的科学方法进行调查研究的问题。以上十个标题，都是毛泽东加上的。毛泽东对这十个问题的内容作了修改，其中，对第十个问题加写了一段话：“我们现在还有一些处在领导工作岗位的同志和许多从事一般工作的同志，并不懂得或者不甚懂得马克思主义的科学的革命的认识论，他们的世界观和方法论还是资产阶级的，或者还有资产阶级思想的残余。他们常常自觉地或者不自觉地以主观主义(唯心主义) 代替唯物主义，以形而上学代替辩证法。既然这样，那他们的调查研究工作就不可能做好。为了做好我们

〔1〕 1965年4月出版的《毛泽东著作选读》(甲种本) 第2版，也编入了《人的正确思想是从哪里来的?》一文。

的工作，各级党委应当大大提倡学习马克思主义的认识论，使之群众化，为广大干部和人民群众所掌握，让哲学从哲学家的课堂上和书本里解放出来，变为群众手里的尖锐武器。”

5月上旬 再阅《中央转发一个调查材料：昔阳县干部参加劳动已形成社会风尚》，将标题改为《山西省昔阳县，县、社、大队、生产队四级干部全体参加生产劳动的伟大范例》。这个材料和中央三月二十三日的批语、山西省委一月二十九日的批语，五月二十日作为《中共中央关于目前农村工作中若干问题的决定（草案）》的附件六下发。

5月11日 下午，同周恩来谈话。

同日 晚上，召集周恩来、彭真、各中央局第一书记、陈伯达、江华、胡耀邦等开会。毛泽东说：文件还是个草案。因为在座的常委还不到半数，还要拿到政治局扩大会议去议一议，讨论决定。请总理明天带回去议。彭真同志可到南方几个省跑跑。你们明天可把草案带回去，每省也可发一份。开会方法，先发材料，要先看二十个材料，看三天、五天，议一天，引起议论。不要使大家对中央的东西先有一个框框。不要性急，横直准备搞他一年、两年，两年搞不完就三年。领导弱的地、县，要有意识地放到后面去搞，省委、地委要派人去搞。有的地方不信，就不要勉强搞。可以允许两个办法，一个搞，一个暂时不搞。这样一来，就防止了急。没有自己的经验不行。云南也不要责备他们，一批评，他们就要搞急了，就不好。总之，这一次要搞稳一点，分期分批，一个县也要分期分批，先搞试点，可以有先有后，允许参差不齐。还有，没有蚂蚁的地区就不要找蚂蚁。比如，一类队，一定要搞阶级斗争就不一定。那些地方，过去注意了阶级斗争，注意了社会主义教育，就不一定采取这些方法搞。但是人民内部矛盾是普遍的，那要搞多少年。至于贪污盗窃，多吃多占，自己说出来的，又退了，可以不算贪污分子。赃物赃款，不退不行，又要合情合理，退得太挖苦了也不行，使干部生活过不去也不好。可以采取自报公议的办法。处分的干部可能不到百分之一。在会议中间，毛泽东同与会者一起进餐时说：《红楼梦》主要是写四大家族统治的历史，贾、王、史、薛。又说：一言兴邦，就是说的精神变为物质。进餐后，毛泽东说：要在日常工作中讲哲学。中央、中央局、省三级，开会时都要讲。不要把马克思主义尤其是哲学看得那么难，哲学是可以学到的。还是要破除迷信，但是不要像前几年那样，连不该破的也破了。不要破除了科学，如说“人有多大胆，地有多大产”。我看过雷锋日记的一部分，此人懂得一点哲学。在这次会上，周恩来问：是团结百分之九十几，还是写团结百分之九十五以上？毛泽东说：团结百分之九十五以上，已经批的文件都改过来。周恩来又问：生产斗争、阶级斗争和科学实验的顺序，是否要改成阶级斗争、生产斗争和科学实验，还是怎么写都可以？毛泽东说：按社会科学来讲，首先是生产斗争。

5月12日 毛泽东昨晚一夜未睡。本日早晨，把各中央局第一书记找来谈话。毛泽东再次强调，不要性急，要搞稳一点，不要搞乱了。他说：还有些话，又把你们找来了，谈谈总结经验这个事情。各中央局是否在七月二十日北戴河会议以前再开一次小型的会，总结总结这一段的经验，搞得天下不是大乱，中乱小乱也不好。你晓得地委怎么样，摸一摸底，不然，宁可不发动。要自觉的，不要勉强的，要他懂得这是怎么一回事。准备一年、两年搞完，搞好。不要伤人，伤了人，敌人又搞不准。“四清”，我们从来没搞过，过去有许多运动，搞出毛病，后边还要平反。对于干部要着重说服，说服不通的，就用实际证据再说服。没有贫下中农来说服不行，那些顽固的，你们说不行，他就是听群众的。总之，中央局要看情况，如果有人蛮干一气，你就开会，把蛮子说服，不然，那就一下子搞乱了。干部行不行，好不好，这一回是一次大考。对于百分之九十五以上的人，要实行不抓辫子，不打棍子，不戴帽子这一条。手脚不干净的要检讨。要讲清楚，第二批、第三批铺开的不算不名誉，不然他力争上游，一哄而起。就怕伤人，搞过头了。

5月16日 阅中共中央统战部关于各民主党派、全国工商联的负责人和无党派民主人士提出为毛主席祝寿问题的报告，批示："两种形式都不搞，现在不搞，今后不搞，永远不搞。"

5月18日 下午，中共中央政治局会议在中南海怀仁堂举行，周恩来介绍《中共中央关于目前农村工作中若干问题的决定（草案）》的形成过程，传达毛泽东在杭州会议讲话的精神，主持讨论通过了决定草案。出席会议的共三十六人。

5月19日 审阅修改周恩来主持起草的《关于印发〈中共中央关于目前农村工作中若干问题的决定（草案）〉的通知》稿。在通知稿的"这个决定（草案）要一直发到农村和城市党的基层组织支部"这句话后，毛泽东加写："但在'五反'运动还没有结束的时候，城市中由各省、市、区党委控制，暂时不要将本决定（草案）下达。在农村中，则由各省、市、区党委控制，分期分批地下达，凡是暂时不准备推行这个运动的县、社和大队，则暂时不要下达。"《中共中央关于目前农村工作中若干问题的决定（草案）》，五月二十日以中共中央文件印发，有七个附件（共二十个材料）。

5月21日 下午，在杭州会见坦噶尼喀〔1〕妇女代表团，曹孟君〔2〕等在座。毛泽东询问了坦噶尼喀的经济、人口、面积等

〔1〕坦噶尼喀于1964年4月同桑给巴尔组成坦噶尼喀和桑给巴尔联合共和国，同年10月改国名为坦桑尼亚联合共和国。

〔2〕曹孟君，当时任中国妇女联合会主席团委员、中国妇女联合会书记处书记。

情况后说：我们欢迎你们独立，发展民族经济，摆脱外国影响。要完全摆脱外国影响需要一个过程，我国还不能算完全摆脱了，特别是有一部分人对西方有幻想，总认为自己不行，不如外国人。毛泽东还向客人了解东非、西非的情况，说对非洲我很不熟悉，很感谢朋友们给我很多知识。

5月22日　在杭州会见威尔科克斯〔1〕，就中共中央对苏共中央三月三十日来信的复信稿征求意见，邓小平、康生等在座。毛泽东说：我们答复苏共中央的信，还没有定稿。当威尔科克斯表示，这是一个非常好的文件，对方很难回答时，毛泽东说：不征求其他党的同志们的意见，这样的文件拿出去我们自己也不放心。多几个从资本主义世界来的人看一看更好，这个文件要使全世界的左派高兴，要使大多数中间派看得进去，并且使他们提高一步，要使右派像你讲的很难回答。对这个文件第一部分总路线，我不很满意。那一段的文字太长，有些重复，不够概括。所以，还要十天半月才能写成。七月五日要开会，我们准备在六月中发表，不搞突然袭击。他们放肆地骂了我们，就给了我们一个批评他们的权利。在谈到核武器时，毛泽东说：我们现在还没有原子弹，也没有氢弹，我们想要研究和制造这种武器。到研究制造出来那一天，中国同美国和苏联比较，还是十个指头中的一个指头也不到。我们不想用原子弹、氢弹在战争中取胜，还是要搞常规武器。我们也不打出国境，只是他们侵略进来，我们才以防御战把他们打出去，那时才发生出国境问题。如果我们打败了，也不会投降，我相信总有一天会把帝国主义赶出去。看他们从哪里来，我们就往哪里去。

5月26日　复信黄炎培："前后两信，并附著作、报告数

---

〔1〕威尔科克斯，当时任新西兰共产党中央总书记。

种，均已收到，甚为感谢！《八十年来》[1]一书，尚未卒读，其余均已看过了。高年盛暑，尚望注意保重。敬祝安吉。”

同日 复信周世钊：“信收到，甚谢！复信一封，人民币二千，请转致张次崙先生为盼！”复张干（字次崙）的信中说：“两次惠书，均已收读，甚为感谢。尊恙情况，周惇元兄业已见告，极为怀念。寄上薄物若干，以为医药之助，尚望收纳为幸。敬颂早日康复。”

5月27日 晚上，到达武昌，住东湖客舍。同王任重谈话，从阶级斗争、地主摘帽子和地主子弟戴帽子的问题，谈到市场问题。毛泽东特别强调干部要参加劳动，不要做官，不下去与贫下中农同吃同住同劳动，不可能了解情况。他还提出省级机关人太多，能不能减一半，要湖北做个模范。

5月29日 在武昌东湖客舍会见金日成一行，就中共中央给苏共中央的复信稿征求意见，刘少奇、邓小平、康生、王任重等在座。毛泽东说：这封信我们内部还没有经过政治局讨论，但在北京和杭州几次交换了意见，杭州是我参加的。现在同志们来，请提提意见，看草稿行不行，需要大改，还是要小改，如果不行也可以重新写，主要是怕犯错误，请你们来也是这个道理。这个复信同全世界的党、全世界工人阶级的斗争有关，请你们多提修改意见，不论是在基本实质方面，或者哪一个观点、词句、文字方面都可以提。这个复信，我们已经搞了一个多月了，我看过好几次。我们征求意见，目的是要把问题搞得正确一点，怕犯错误，但只要正确就不怕了，孤立也不要紧，因为正确。如果错了那就可怕。三十日，毛泽东再次会见金日成一行。金日成说：

---

〔1〕这本书记载了黄炎培80年来亲目所见、亲耳所闻和亲身所接触到的一些事物。1963年印成内部小册子，1982年由中国文史出版社出版。

文件我看了好几次，很好。这个文件对争取中间派很有好处。毛泽东说：就是这个目的，能够争取中间派，不过分就行，使右派也不能驳我们。主要是对中间派的问题。仅仅左派高兴还不行，使中间派也觉得能够勉强过得去，经过一段说明，使他们认为这个文件是正确的才行。毛泽东还说：我们这些国家，如果不进行阶级教育和阶级斗争，不同右派和修正主义划清界限，那末再过十年、二十年也会出赫鲁晓夫。

5月31日　下午，同王任重等谈修改中共中央给苏共中央复信稿。

6月3日　上午，在武昌东湖客舍同王任重等再谈修改中共中央给苏共中央复信稿。毛泽东说：赫鲁晓夫有三怕，怕帝国主义，怕群众，怕“教条主义”。我们是少数，但是一攻他就得让步。八大提的什么是主要矛盾，举了手发现不对了。先进的生产关系与落后的生产力之间的矛盾是什么意思呢？是说妈妈给儿子做了一套三十岁穿的衣服，太大了，二十五岁以前都不能穿。又说：三面红旗这个口号从哪里来的？一面红旗还不够要三面？总路线是父亲，大跃进、人民公社是儿子。大跃进的“大”字是从哪里来的？相当乱，原来在莫斯科只提跃进。毛泽东还谈到中国的历史，他说：元朝的统治并不很坏，社会经济有进步。明朝是很腐败的，不如清朝。清朝形成了这样一个大的中国。我们不是以民族来区分进步还是反动，而是以阶级来划分的。

6月4日　在武昌东湖客舍会见由黎笋率领的越南劳动党代表团，就中共中央给苏共中央的复信稿征求意见，邓小平、康生、王任重等在座。在谈到中国农村开展社会主义教育运动时，毛泽东说：搞社会主义，我们没有经验，干部也没有经验。过去对干部进行的社会主义教育也不够，所以这次叫社会主义教育运动，提高干部和群众的觉悟，我们准备用两三年的时间。干部一方面工作，一方面参加劳动，干部参加劳动，是保证不出修正主义的根本问题。如果我们不这样做，我看再过十年二十年，也要出修正主义。出修正主义不是偶然的，一定有其社会经济基础。修正主义与思想上有点“左”或右是不同的，偶然的、不成系统的、不是一贯的，不能叫修正主义，是认识问题。我们这些人的认识也有个过程。我们的思想上有点“左”或右，是能改的。当得知越南同法国、日本做生意时，毛泽东说：同这些国家做生意有两个好处，物美价廉，守信用。

6月12日 下午，乘专列离开武汉。

同日 下午，中共中央政治局会议在中南海怀仁堂举行，刘少奇主持。会议讨论通过中共中央对苏共中央三月三十日来信的复信〔1〕和准备参加七月中苏两党会谈的中共代表团名单。在复信起草过程中，毛泽东作了多次修改。在复信的五月十九日稿上讲到应当有一个什么样的无产阶级政党的地方，加写了一段话：“如果不是自己能够思索、能够自己动脑筋，经过认真的调查研究工作，深知本国各阶级的准确动向，善于应用马列主义的普遍

〔1〕 邓小平在这次会议上说：这个文件，恐怕是搞文件以来最费力的一篇东西。性质也不同于其他所有文件，所谓国际共产主义运动的总路线，是一个纲领性的文件。苏共来信是3月30号，我们这篇复信从那个时候就开始动手写了，一直搞到现在，接近70天。常委很多同志亲自参加，主席亲自参加，少奇同志亲自参加，北京也平行作业，总理主持开小组会修改。几乎每天一稿，每天都不同。然后一部分人到主席那个地方又搞，在北京，参加政治局会议的同志又组成小组讨论，然后两边又汇合起来，最后搞成这个样子。这个文件，原来21条，后来一改，22条，23条，最后主席把第一段变成三段，我看很好。有一条关于总路线的表述，只有几行，这样眉目更清楚，逻辑性更强了，现在变成25条。发给今天到会同志的，是6月10日的稿子。这个稿子又送到主席那里，他认为可以定稿了。

真理同本国革命的具体实践结合起来，而只是人云亦云，不加分析地照抄外国经验，跟着外国某些人的指挥棒团团打转，那就是修正主义和教条主义样样都有，成为一个大杂烩，而单单没有马列主义原则性的党。”在复信的六月五日稿上，为复信拟了标题《关于国际共产主义运动总路线的建议——中国共产党中央委员会对苏联共产党中央委员会一九六三年三月三十日来信的复信》。复信署的日期是一九六三年六月十四日。十五日，中国驻苏联大使潘自力将复信面交苏共中央负责人。十七日，复信在《人民日报》发表。

6月14日 在邯郸听取林铁、万晓塘、李悦农等汇报工作。毛泽东询问河北的降雨、夏收、秋苗长势等情况。问河北有什么新材料？林铁交给毛泽东几个材料，说其中有保定地委、高阳县委蹲点的材料。当林铁谈到唐县整风试点情况时，毛泽东说：不搞阶级斗争，不搞“四清”，不搞干部参加劳动，整党整不好的。当林铁说华北局已定了贪污一百元以下，坦白好，基本退了赃，群众也通得过，就可以不处分。但一百元以上到二百元的还未定。毛泽东说：还可以宽点，考虑四百元或五百元。不管多少，坦白就好。对林铁提出的有一个干部贪污八千多元，他自动坦白了，并积极退赔，是否要坐牢或劳改的问题，毛泽东说：不要坐牢了，也不要劳动教养了，还是给他工作，但要把工作调换一下，治病救人嘛！当林铁谈到河北和平土改加上土改还不彻底的队，占大队总数的百分之三十一还多点时，毛泽东说：你们跟湖北差不多，湖北同志讲他们是占三分之一。有的土改就不彻底，有的是后来变了，有的是富裕中农当权，这就是说，有三分之一不是社会主义的，他们挂的是社会主义的牌子。听取汇报过程中，毛泽东问：反了投机倒把，对自由市场是不是有影响？是不是有人认为自由市场不搞了？不要这一反，自由市场不搞了。社会主义教育运动不要抢着搞，认识不了的，落后半年一年，有什么要紧，决不要一哄而起，一定要分期分批地搞。

6月15日 回到北京。

同日 下午，在中南海菊香书屋召集周恩来等开会。

6月16日 下午，在中南海勤政殿会见朝鲜崔庸健[1]一行，刘少奇、周恩来、朱德、董必武、彭真等在座。毛泽东说：金日成同志上次来对文件[2]提了很好的意见，崔庸健同志又来，同志们都来，我们两国关系更进一步密切了。今天在我们两党之间可以说没有什么隔阂了，关系是很好的，是互相支持的。在谈到抗美援朝战争时，毛泽东说：第一是朝鲜支援了我们，因为你们牺牲最大，你们在第一线，中国是后方；第二才是中国支援了你们。对越南、老挝也是这样，因为他们在前线。特别是南越的斗争，老挝的斗争，我们支援的不过是一些武器，他们牺牲的是生命。用这个观点看问题，才能解释真相。亚洲各国、非洲、拉丁美洲以及其他地方，凡是对帝国主义和反动派进行斗争的，都在支援我们。

6月19日 晚上，同杨尚昆谈话，决定立即发表苏共中央六月十八日的声明。声明认为，在苏联报刊上发表《关于国际共产主义运动总路线的建议——中国共产党中央委员会对苏联共产党中央委员会一九六三年三月三十日来信的复信》是不适宜的。声明说："这封信中对马克思列宁主义政党莫斯科会议的宣言和声明作了随心所欲的解释，歪曲了这些历史性文件的最重要的论

〔1〕 崔庸健，当时任朝鲜劳动党中央副委员长、朝鲜民主主义人民共和国最高人民会议常任委员会委员长。

〔2〕 指《关于国际共产主义运动总路线的建议——中国共产党中央委员会对苏联共产党中央委员会1963年3月30日来信的复信》。

点，包含有对苏共和其他兄弟党的毫无根据的攻击。”这个声明六月二十日在《人民日报》发表。

6月22日 下午，在中南海颐年堂会见巴西里约热内卢巴中文协副主席奥埃斯特将军和夫人等，楚图南、李启新等在座。毛泽东说：人民公社是可以办好的。社会主义建设需要时间，也需要国际朋友的帮助。我们很高兴巴西有很多朋友对我们是友好的。

6月24日 下午，会见古巴科学院代表团，郭沫若、张劲夫[1]等在座。毛泽东说：中国人民欢迎古巴革命，你们在中国可以找到很多朋友。古巴处在反帝斗争最前线，你们的斗争支持了社会主义阵营，支持了各国革命人民，这是第一条。第二条是社会主义阵营支持你们，全世界革命人民支持你们。

6月25日 晚上，在中南海菊香书屋召集杨尚昆等开会，提出要邓小平等从成都即回北京，商谈中苏会谈问题。

6月26日 审阅《关于第二个五年计划后两年的调整计划和计划执行情况的报告（草稿）》。毛泽东将文件中介绍五月杭州会议情况的一些话，和引用的他在杭州对《中共中央关于目前农村工作中若干问题的决定（草案）》中加写的阐述人的正确思想是从哪里来的那一大段话、对浙江七个材料的批语中讲社会主义教育运动的意义的一段话，全部删掉，并批示：送恩来同志修改。此件已看过，可用。但杭州会议几段话，暂时不要采用。这个报告是准备由李富春向全国人大常委会宣读的。

6月28日—30日 连续三天下午召开会议，讨论中共代表团赴莫斯科会谈的谈判方针问题，刘少奇、周恩来、邓小平、彭真等出席。会上，大家分析，这次谈判的结果只能是两个前途，

---

〔1〕 张劲夫，当时任中共中国科学院党组书记、中国科学院副院长、国家科学技术委员会副主任。

一个叫拖，一个叫破。拖，就是拖下去，继续争论，各讲各的；破，就是破裂。毛泽东提出：我们的方针是一破，二拖，达到边缘。第一条要放在他破裂，我们不主动破裂，但要准备他破裂，假如他要破裂，我们也不怕。三十日的会上，还讨论通过中国共产党中央委员会声明，声明于当晚广播，次日见报。声明说：中共中央决定，组成以总书记邓小平为团长的中共代表团，参加七月五日将在莫斯科举行的中苏两党会谈。中共中央责成中共代表团在会谈中，遵循我党坚持原则、坚持团结的一贯立场，根据中共中央六月十四日给苏共中央的复信，阐明我党对于国际共产主义运动总路线以及与此有关的一些原则性问题的观点，坚决捍卫马克思列宁主义的基本原理，坚决捍卫一九五七年宣言和一九六〇年声明的革命原则，维护社会主义阵营的团结和国际共产主义运动的团结。

6月 为中国美术馆题写馆名：中国美术馆。

7月1日 在中南海颐年堂召集陆定一、萧华、许立群〔1〕等开会，提出出版一批马恩列斯的经典著作，供干部阅读，并印一部分大字本。要中央宣传部开出一个书目来，报他批准。八月十四日，关于印大字本问题，指示周扬："同意用照相放大胶印的办法。但请注意封面不用硬纸；大书（例如《唯物主义与经验批判主义》、《反杜林论》）过去例作一卷或两卷，现应分装四卷或八卷，使每卷重量减轻。"这批著作于一九六四年五月出版。

7月3日 晚上，在中南海颐年堂召开会议，听取中共中央政治局七月一日讨论《关于第二个五年计划后两年的调整计划和

〔1〕 许立群，当时任中共中央宣传部副部长、中央马恩列斯著作编译局局长。1963年又任《红旗》杂志副总编辑。1964年7月又任中央文化革命五人小组办公室主任。

计划执行情况的报告》、《关于一九六一和一九六二年国家决算草案的报告》的情况汇报，刘少奇、周恩来、邓小平等出席。毛泽东提出：不要马上搞第三个五年计划。从一九六三至一九六五年再搞三年调整，把三年作为过渡年，基本上是调整，也有发展，然后在这个基础上搞五年或十年计划。

7月4日 苏共中央在苏联《真理报》发表声明，决定由苏斯洛夫〔1〕等七人组成代表团，参加七月五日在莫斯科举行的中苏两党会谈，代表团将坚定地执行苏共二十大、二十一大、二十二大路线。

同日 下午，在中南海颐年堂召开会议，讨论驳斥苏共中央七月四日声明的中共中央声明稿，刘少奇、周恩来、邓小平、彭真等出席。晚九时，声明稿经毛泽东审定发出，在七月五日《人民日报》发表。声明说："中国共产党中央委员会已经获悉苏联共产党中央委员会七月四日的声明。中共中央不能同意苏共中央在声明中对中共中央七月一日声明的歪曲、指责和攻击。鉴于中国共产党代表团即将赴莫斯科举行中苏两党会谈，中共中央责成代表团在会谈中对苏共中央的歪曲、指责和攻击给予必要的评论。尽管苏共中央又一次发表了七月四日这样的声明，中共中央仍然本着坚持原则、加强团结、消除分歧、共同对敌的一贯立场，责成代表团在会谈中，以最大的耐心，尽最大的努力，寻求在马克思列宁主义和无产阶级国际主义的基础上，在一九五七年宣言和一九六〇年声明的基础上，加强中苏两党两国的团结，加强社会主义阵营的团结和国际共产主义运动的团结。中共中央希望，中苏两党会谈的结果，有利于准备召开各国共产党和工人党代表会议，有利于全世界人民反对帝国主义、争取世界和平、民族解放、人民民主和社会主义的伟大斗争。"

---

〔1〕 苏斯洛夫，当时任苏共中央主席团委员、中央书记处书记。

7月5日 由团长邓小平、副团长彭真率领的中国共产党代表团离京赴莫斯科，刘少奇、周恩来、朱德、董必武等到机场送行。到机场送行的还有党和国家各部门负责人、各民主党派和人民团体负责人、解放军高级将领、社会主义各国驻中国使节等。中苏两党会谈从七月六日开始，二十日结束。

同日 阅中共湖南省委副秘书长杨树青建议把《中共中央关于目前农村工作中若干问题的决定（草案）》普遍发到农村党支部的请示报告，批示："刘、周再阅。退谭震林办。一定要有政治上强的工作组到达的地方，才可以发到支部，由内到外，普遍宣读，否则一律不要发。"

7月7日 中午十二时，在中南海颐年堂召开会议，讨论中共代表团在中苏两党会谈中发言的方针，刘少奇、周恩来等出席。下午二时，中共中央发出关于同意中共代表团发言方针的电报。八日，中共代表团团长邓小平在中苏两党会谈中首次发言，主要谈中苏两党的分歧从何而来和分歧的实质。

7月9日 下午，在中南海菊香书屋同周恩来谈话。同日，苏联《真理报》发表苏共中央声明，对北京举行群众大会欢迎被苏联无理要求召回的五位同志一事〔1〕，进行攻击。十日，中共中央发表声明，驳斥苏共中央七月九日的声明。

7月11日 上午十一时，在中南海颐年堂召开会议，研究苏共代表团团长苏斯洛夫七月十日在中苏两党会谈中的第二次发言，刘少奇、周恩来等出席。下午三时，中共中央发出关于相机回击苏斯洛夫的发言给中共代表团的电报。十二日，邓小平在中

---

〔1〕 1963年6月27日苏联外交部照会中国驻苏联大使馆，要求中国政府立即召回大使馆工作人员和中国留学生共5人。其理由是他们在苏联散发了中共中央6月14日对苏共中央3月30日来信的复信。

苏两党会谈中第二次发言，着重讲苏联搞分裂主义的问题。

7月12日 审阅《人民日报》社论稿《坚持原则，消除分歧，加强团结，共同对敌》，将标题改为《我们要团结，不要分裂》。社论呼吁苏共同志以中苏团结的大局为重，不要鲁莽行事，同我们一起努力，使中苏两党会谈取得积极的成果。这篇社论七月十三日发表。

同日 晚上，在中南海菊香书屋召开会议，研究中共代表团关于中苏两党会谈如何结束的请示，刘少奇、周恩来等出席。本日，中央复电指出，在第三轮讲话中，对方如不提中断会谈，我们也不要主动提出休会。可以这样你一篇我一篇地讲几次，以便更多地了解对方的动向和决心，来确定我们的方针。

7月14日 苏共中央在中苏两党会谈期间发表《给苏联各级党组织和全体共产党员的公开信》，就中苏两党关系和国际共产主义运动问题全面攻击中国共产党，表明苏共决心进行公开论战。为了回答苏共的攻击，中共中央从一九六三年九月六日至一九六四年七月十四日，由《人民日报》编辑部和《红旗》杂志编辑部署名，相继发表九篇评论苏共中央公开信的文章，指名批驳赫鲁晓夫修正主义，中苏两党展开了公开论战。

同日 中午十二时，在中南海菊香书屋召开会议，研究中共代表团关于十五日（星期一）发言要点的请示，刘少奇、周恩来等出席。下午一时，为中央起草给邓小平、彭真、康生的复电，复电说："十三日下午六时两电均悉。星期一讲话的方针，完全同意你们的意见。"十五日，中共代表团副团长彭真在中苏两党会谈中发言，首先郑重声明对苏共中央十四日发表的《给苏联各级党组织和全体共产党员的公开信》保留评论的权利，接着着重谈了和平与革命的关系问题。

7月15日 下午，在中南海颐年堂召开会议，讨论中共代表团关于苏共中央发表公开信后中苏两党会谈如何进行的请示，刘少奇、周恩来等出席。中共中央关于苏共中央发表公开信后中苏两党会谈继续进行给中共代表团的指示电，经毛泽东审阅于十六日晨发出。

7月16日、17日 下午，在中南海颐年堂连续召开会议。

7月18日 下午，在中南海菊香书屋召开会议，讨论中共代表团关于中苏两党会谈如何收场的请示电和关于十九日发言内容的请示电，刘少奇、周恩来等出席。周恩来为中央起草的给代表团的复电，经毛泽东审阅于本日晚上发出。复电说：同意代表团所提的早日回国的意见，至于由我方主动提议停会，究以在第四篇发言后好还是在第五篇发言后好，请你们相机处理。

7月18日或19日 审阅修改《中国共产党中央委员会发言人声明》（七月十八日下午稿）。声明是针对苏共中央七月十四日的公开信而写的，七月二十日在《人民日报》发表。声明中说：“苏共中央这封公开信是对中共中央六月十四日信件的评价。中共中央认为，这封信的内容是不符合事实的，它的观点是我们不能同意的。中共中央将在适当的时候予以澄清和评论。”“中共中央决定，在《人民日报》上再一次发表中共中央六月十四日给苏共中央的复信，同时发表苏共中央七月十四日给苏联各级党组织和全体共产党员的公开信，以便让自己的党员和中国人民了解中共中央和苏共中央双方的观点，进行比较和研究。其他全国性报纸和省市级以上的报纸，也将发表苏共中央的公开信。”“中共中央还决定，再一次以多种语言向全世界广播中共中央六月十四日给苏共中央的复信，同时广播苏共中央七月十四日给苏联各级党组织和全体共产党员的公开信。”毛泽东审阅时加写一段话，其中说：“我们广播苏共中央七月十四日的公开信，则只有一个理由，即这是一篇奇文。中国人有过两句诗：‘奇文共欣赏，疑义相与析。'[1] 恐怕世界上广大的革命同志和革命人民当着苏联广播他们的这篇'奇文'时，不愿意和不耐心收听，我们奉劝这些革命同志和革命人民，不宜采取这种态度，而要耐心收听，好好研究，公开发表，以便将正、反两种材料对比起来，才能作出比较正确的分析和批判。不批判唯心论，就不能发展唯物论，不批判形而上学，就不能发展辩证法。而要批判，就要掌握对方的材料。苏共这次的公开信，正是一篇绝妙的反面材料。"

7月19日　下午，审阅《人民日报》为发表苏共中央七月十四日公开信写的编者按。编者按指出公开信用歪曲事实、颠倒是非的手法制造攻击中共领导人的事例，通篇皆是，举不胜举。毛泽东在编者按的末尾加写"我们将在以后的文章中提供材料，加以澄清"。

同日　中共代表团成员康生在中苏两党会谈中发言（即第四篇发言），批评苏共违反协议，在两党会谈期间发表公开信公开会谈中的分歧。发言还讲了无产阶级专政问题、斯大林问题。康生发言后，中共代表团团长邓小平提出两党会谈暂时休会的意见。二十日，苏共代表团团长苏斯洛夫同意会谈暂时休会。

同日　下午，在中南海颐年堂召开会议。周恩来为中共中央起草的给代表团的电报，经毛泽东审阅于本日晚上发出。电报说：如果苏方在康生同志发言后，仍要继续发言，我们应赞成继续谈下去。同意代表团同志分乘两架飞机回国。

7月20日　下午，在中南海颐年堂会见即将离任的锡兰驻中国大使佩雷拉和夫人，耿飚等在座。毛泽东说：中锡两国政府、两国人民都是友好的。两个国家有很大的商务关系。你们第一个打破美国的封锁禁运，卖橡胶给我们国家，这是一件大事，

---

[1] 见陶渊明《移居》二首之一。

是一件好事。现在英国承认我们，但是美国不承认。美国也不让法国，不让其他资本主义国家或半殖民地国家承认我们，例如拉丁美洲各国。在拉丁美洲同我国有外交关系的只有一个古巴，在欧洲同我国有外交关系的比较多一点，亚非国家承认我们的又比较多一些，但是泰国、菲律宾、日本在美国的控制之下，到现在还没有同我们建立外交关系。当佩雷拉夫人称赞中国是一个美丽的国家时，毛泽东说：中国有好的地方，也有坏的地方。有广大的沙漠、高山或高原，能耕种的土地在中国面积中是比较小的一部分，比较大的一部分是没有开发或不能开发的。比较好的地方，也总是有台风、旱灾、涝灾。从农业来讲，农药和施用农药的器械、灌溉和电力排灌的机器、机械耕种都需要发展起来，现在还是一个开始。工业也还只是一个开始。我国现在的情况比较好一些，但是困难还没有解决好。佩雷拉说，一九四五至一九四九年中国革命的那个阶段，《毛泽东选集》第四卷是很说明问题的。毛泽东说：你看过英文译文？这是那个时期的一些政策的记录，包括政治、军事、经济、党和群众工作这些方面。有好几十位国民党将军现在在我们这里，大部分已经得到赦免。无论将、校、尉，没有一个被我们杀了的。

同日 晚上，在中南海游泳池住处召集刘少奇、周恩来等开会。

7月21日 下午，邓小平、彭真率领的中共代表团由莫斯科回到北京，毛泽东和刘少奇、周恩来、朱德、董必武等到机场迎接。到机场迎接的还有中共中央和国务院各部门负责人、全国人大常委会委员、全国政协常务委员、各民主党派和人民团体负责人、解放军高级将领、中共中央华北局和北京市负责人、社会主义各国驻中国使节等。从机场回来后，毛泽东在中南海颐年堂召开会议，听取代表团关于中苏两党会谈情况的汇报。

7月22日 晚上，在中南海颐年堂会见希尔[1]和夫人，邓小平、彭真等在座。谈到最近的中苏会谈问题时，毛泽东说：苏共方面讲不出多少道理，比从前的伯恩施坦、考茨基和普列汉诺夫等人还要差。因为伯恩施坦他们还能讲点他们的道理，有点逻辑，还有点绅士气。一九五六年以来情况有很大的变化，我们现在在精神上比一九五七年有准备得多了，世界各国共产党中的马克思主义者，以及党外的马克思主义者的思想都比较有认识了。比如苏共提出了斯大林问题，就造成国际上的反苏反共浪潮。当时有许多人说不应该反斯大林，但对于反斯大林就是反马列主义这一点却认识不清楚。许多人就是认识不到这一点，现在认识这一点的人比较多了。谈到中国的情况时，毛泽东说：中国有点进步，还不行，还要多少年的努力。但我们相信，资产阶级可以做到的，我们也可以做到。无产阶级要向资产阶级学习技术，比如我们现在就从资本主义国家进口成套设备，包括从日本和英国，向他们学习技术。毛泽东还询问澳大利亚的面积、农牧业发展情况，城市人口和农村人口的比例，工人的觉悟程度等，指出，澳大利亚很有前途，地方很大，人口很少，很可以发展。澳大利亚工农业都比较发展，比中国进步。

7月23日 中午，在中南海菊香书屋主持召开中共中央政治局常委会议，决定写文章[2]的事由康生负责，中央书记处各同志转到工业问题。

7月26日 在中南海颐年堂会见古巴文化、工会、青年学

---

〔1〕 希尔，原任澳大利亚共产党中央政治局委员、中央书记处书记，因与中央多数领导人意见分歧，被撤销职务，1963年8月被开除党籍。1964年2月组织成立澳大利亚共产党（马克思列宁主义者），任中央主席。

〔2〕 指中共关于中苏论战的文章。

生三个代表团，楚图南等在座。毛泽东说：美帝国主义为了霸占全球，用战争威胁全世界人民，作各种战争准备。一种是核战争，这种战争有可能打，也有可能不打；另一种是常规武器的战争。他们的方针是打常规武器的战争。美国现在的三军参谋长泰勒写了一本书《音调不定的号角》，大家有机会最好看看，他批评杜鲁门和艾森豪威尔〔1〕过去不重视常规武器的战争。毛泽东根据中国革命战争和朝鲜战争、越南战争的经验，说明对美国人不必那么怕，怕美国人是多余的。他还根据第二次世界大战中德军轰炸伦敦，但伦敦破坏不大的情况，说空军的作用不大，在战争中决定胜负的还是步兵、陆军。他说：不管敌人武器多么好，多么强，因为他们是反对革命，是不利于人民的，不可能得到胜利。

7月28日 批复邓小平转报的关于传达中苏两党会谈情况的请示报告。报告说：现在，有不少单位提出要求，希望了解中苏两党会谈的情况。我们考虑，可否将两党会谈九次会议的记录，在党内十七级以上干部中念一次。毛泽东批示："小平同志：单是念不够，似应印发，十七级以上干部每若干人一本（例如三人或五人一本），以便他们讨论研究。三个月后，一律收回。请酌定。"

同日 下午，在中南海菊香书屋召开会议，讨论美、英、苏三国七月二十五日在莫斯科草签的《禁止在大气层、外层空间和水下进行核武器试验条约》，刘少奇、周恩来、邓小平等出席。

7月29日 中午，在中南海菊香书屋召开会议，讨论中国政府关于全面、彻底禁止和销毁核武器的声明稿，并决定推迟去北戴河的时间，刘少奇、周恩来、邓小平等出席。下午，周恩来

〔1〕 杜鲁门，1945年4月至1953年1月任美国总统。艾森豪威尔，1953年1月至1961年1月任美国总统。

到钓鱼台主持讨论修改声明稿。

7月30日 下午，在中南海菊香书屋召开会议，再次讨论中国政府关于全面、彻底禁止和销毁核武器的声明稿，刘少奇、周恩来、邓小平等出席。会后，周恩来去钓鱼台继续主持讨论修改声明稿。三十一日晨一时，周恩来到毛泽东处谈声明稿，声明最后定稿。

7月31日 中国政府发表主张全面、彻底、干净、坚决地禁止和销毁核武器，倡议召开世界各国政府首脑会议的声明。声明指出：美、英、苏三国草签的部分停止核试验的条约，是一个愚弄全世界人民的大骗局，是同全世界爱好和平人民的愿望完全相反的。中国政府建议：全世界所有国家（有核国家和无核国家）庄严宣布全面、彻底、干净、坚决地禁止和销毁核武器。召开世界所有国家的政府首脑会议，讨论全面禁止和彻底销毁核武器问题，以及为逐步实现全面禁止和彻底销毁核武器而应采取的措施。

同日 将《参考资料》本日上午版刊载的《赫鲁晓夫是否改变态度了？》〔1〕一文批给吴冷西：“这篇文章，似可发表。全文都好。”

8月1日 作《杂言诗·八连颂》：“好八连〔2〕，天下传。

〔1〕 这是柬埔寨金边居民克洛帕写的一篇评中苏分歧的文章，发表在1963年7月19日《柬埔寨电讯报》。文章说：苏联歪曲了中国关于核战争问题的观点，在和平共处问题上对中国的指责恰恰和西方国家不谋而合。在中苏会谈开始之际，人们本来希望中苏之间能取得妥协，目前可以认为一切希望都已化为乌有，赫鲁晓夫同西方的接近已经成为既成事实了。

〔2〕 指1949年5月起进驻上海市南京路的中国人民解放军某部八连。该连身居闹市14年，一尘不染，勤俭节约，克己奉公，热爱人民，助人为乐。1963年4月25日，国防部批准授予“南京路上好八连”的光荣称号。

为什么？意志坚。为人民，几十年。拒腐蚀，永不沾。因此叫，好八连。解放军，要学习。全军民，要自立。不怕压，不怕迫。不怕刀，不怕戟。不怕鬼，不怕魅。不怕帝，不怕贼。奇儿女，如松柏。上参天，傲霜雪。纪律好，如坚壁。军事好，如霹雳。政治好，称第一。思想好，能分析。分析好，大有益。益在哪？团结力。军民团结如一人，试看天下谁能敌。”

同日 晚上，观看中国人民解放军沈阳部队抗敌话剧团演出的话剧《雷锋》，并和演员合影。一同观看话剧的有周恩来、陈毅等。

8月3日 下午，在中南海颐年堂会见南非共产党中央主席约翰·马克斯，刘宁一、吴学谦在座。毛泽东在了解南非有多少白人、有多少非洲人后，问：南非白人无产阶级中是否有同情非洲人的人，知识分子中是否有左派，是否可以从他们当中找到同盟者？在得到肯定的答复后说：这样，南非共产党的斗争就不完全是种族斗争，而是阶级斗争了。当了解到南非的白人现政权不允许人民进行合法斗争，南非共产党认为人民取得自由的唯一道路是进行反对现政府的武装斗争时，毛泽东说：你们试试看，凡是革命都要自己动手，取得一些胜利，也遭受一些失败，然后可以取得经验。别国经验应该参考，但主要是自己总结经验，不能照抄，应当适合你们的情况。我们有句口号：马克思主义的普遍真理同中国革命的具体实践相结合。这个观点写进了一九五七年的宣言。宣言的提法是：马克思列宁主义的普遍真理要同各国革命的具体实践结合起来。希望你们在斗争中对本国情况逐步地更加深入地了解，多做调查研究工作。一个革命党，不仅对于国际情况的了解是不容易的，而且对于本国情况的了解也是不容易的。[1] 要经过很长的斗争实践，才能深刻地懂得本国情况，逐步制订正确的纲领。单有一个纲领是不够的，还要有具体政策，各方面的政策。讲到具体政策，这就复杂了，这要由自己解决，任何人不能代替解决。要经过长期斗争，才能找到合适的政策。

8月4日 下午，在中南海颐年堂会见日本共产党中央政治局委员藏原惟人，邓小平、彭真、杨尚昆、廖承志等在座。毛泽东说：苏联发表我们六月十四日复信时，只印五万份，应付一下，而《真理报》的发行量是三百多万份。我们的《人民日报》发行量是二三百万份，全部刊登了他们的言论。我们还准备在《人民日报》上进一步刊登他们的言论，同时在地方的报纸上也登他们的言论。我们不仅向国内，而且用十几种语言向国际上广播他们的言论。我们不怕登反对方面的意见，应该让群众知道反对方面的意见。这是为什么？因为我们不怕，我们相信我们的意见多少接近真理。当然我们也并不是说我们的意见完全反映了客观真理。要认识事物，需要一个过程。中国革命的历史很值得研究，可以研究我们是经过怎样的曲折，才走上了正确的道路的。认识事物，一次是不行的。如果一次就可以认识，就不需要科学了。真理往往是隐蔽在现象后面的。如果只是眼睛可以见到的现象就是真理，那就不需要科学了。本质的东西是眼睛看不见的，现象的东西是可以看得见的。本质是需要经过一个长期的过程才能够认识到的。谈到国际共产主义运动分裂问题时，毛泽东说：

---

〔1〕 这次谈话结束后，约翰·马克斯在回住地的途中说：毛泽东同志是一个伟大的人物，他是有史以来最伟大的理论家之一，今后的历史会记下这一点的。他讲的一个革命党，不仅对于国际情况的了解是不容易的，而且对于本国情况的了解也是不容易的，这个话真有道理。

我们不要分裂，但是我们对分裂要有准备，因为已经有个先例，就是对阿尔巴尼亚。如果人家把分裂强加于我们，而我们事先不做准备，那时就要陷于被动，我们、你们，还有一切左派的政党，都将陷于被动。所以要准备它分裂。不分裂，很好；如果分裂了，那我们已经有了准备。对于这种情况，就要从最坏的方面去着想。藏原惟人说：我们担心中苏两党无限制地争论下去，会被美帝国主义利用。毛泽东说：不公开争论，美帝国主义也会利用；公开争论，它也会利用。它总是要利用的。藏原惟人问：只要帝国主义还存在，世界革命还没有完成，社会主义国家即使进入共产主义建设，也不能取消无产阶级专政？毛泽东说：问题是，在帝国主义还存在的情况下，社会主义国家不可能进入共产主义社会。说苏联现在已进入共产主义，那是骗人的。

8月4日或5日 阅周恩来八月三日报送的国务院外事办公室二日关于支持美国黑人反对美国政府种族歧视的斗争的报告〔1〕，指示周恩来办公室秘书浦寿昌，要他在报告附件《美国种族歧视简况和当前美国黑人反对种族歧视的斗争》的基础上改写成一个声明。毛泽东说：我们答应了美国黑人领袖罗伯特·威廉的要求，发表一个声明，公开声援美国黑人的斗争。

---

〔1〕 报告说：美国黑人反对美国政府种族歧视的斗争于今年4月初从伯明翰市开始日益发展，目前已扩大到美国十多个州和几十个城市，形成了一个全国性声势浩大的斗争。黑人组织已号召发动更大规模的示威运动，并决定8月28日在华盛顿举行25万人的“自由行军”示威游行。美国黑人领袖罗伯特·威廉曾于今年5月致电毛主席，请求声援美国伯明翰市黑人反对种族歧视的斗争；其后他再次向中国驻古巴使馆提出，要求以毛主席名义发一通电谴责肯尼迪的种族歧视政策，声援美国黑人的斗争。因此建议毛主席于本月6日或7日接见在京的4批非洲外宾，在谈话中表示支持美国黑人的斗争。事后简要发表并广播毛主席谈话的内容。

8月6日 晚上，在中南海菊香书屋召集周恩来等开会。

8月7日 晚上，阅乔冠华[1]、浦寿昌送来的支持美国黑人斗争的声明稿，作个别文字修改。批示：“浦寿昌同志：声明稿可用。请即请人翻译成英、法两种文，于明（八）日下午二时前，连同原稿交我为盼。”八日上午，收到声明的中、英、法文本，在中文本上批示：“请少奇、小平同志阅后，交新华社办。”

8月8日 在中南海勤政殿会见巴苏陀兰[2]大会党代表团、留法黑非洲学生联合会代表团以及科摩罗、津巴布韦、怯尼亚的非洲朋友，廖承志、刘宁一等在座。毛泽东说：我代表中国人民欢迎所有的非洲朋友。我们是一条战线上的人，反对帝国主义和殖民主义，争取民族独立和解放。今天借这个机会要说一个问题，就是关于反对美国歧视黑人的问题。我们起草了一个《呼吁世界人民联合起来反对美国帝国主义的种族歧视、支持美国黑人反对种族歧视的斗争的声明》，要不要全文读一读？在翻译读声明全文后，毛泽东说：这是一个严重的问题，不只是美国国内一千几百万的黑人受歧视的问题，在非洲、亚洲和全世界各地都有种族歧视的现象。种族问题实质上是阶级问题。我们的团结不是种族团结，而是同志、朋友的团结。我们要加强团结，共同反对帝国主义、殖民主义和他们的走狗，为争取完全彻底的民族独立和解放而斗争。

8月9日 《人民日报》发表由毛泽东署名的《呼吁世界人民联合起来反对美国帝国主义的种族歧视、支持美国黑人反对种族歧视的斗争的声明》。声明说：现在在古巴避难的一位美国黑

---

〔1〕 乔冠华，当时任外交部部长助理、中国人民外交学会副会长。1964年4月任外交部副部长。

〔2〕 巴苏陀兰于1966年10月4日独立，国名改为莱索托王国。

人领袖、美国全国有色人种协进会北卡罗来纳州门罗分会前任主席罗伯特·威廉先生，今年曾经两次要求我发表声明，支援美国黑人反对种族歧视的斗争。我愿意借这个机会，代表中国人民，对美国黑人反对种族歧视、争取自由和平等权利的斗争，表示坚决的支持。声明历述了美国政府歧视黑人和黑人反对种族歧视斗争的情况，呼吁全世界各色人种中的工人、农民、革命的知识分子、开明的资产阶级分子和其他开明人士联合起来，反对美国帝国主义的种族歧视，支持美国黑人反对种族歧视的斗争。声明指出：民族斗争，说到底，是一个阶级斗争问题。在美国压迫黑人的，只是白色人种中的反动统治集团。他们是少数，我们是多数。全世界三十亿人口中，他们最多也不到百分之十。我深信，在全世界百分之九十以上的人民的支持下，美国黑人的正义斗争是一定要胜利的。万恶的殖民主义、帝国主义制度是随着奴役和贩卖黑人而兴盛起来的，它也必将随着黑色人种的彻底解放而告终。

同日 下午，在中南海颐年堂会见索马里总理舍马克及随行人员，周恩来、陈毅、李先念等在座。毛泽东说：我们的经济搞得还不行，现在还不能满足你们的要求。我们正在努力，几年或几十年之后，总会有所进步，到那个时候，就有可能更多更好地满足外国朋友的需要。全世界被压迫的民族和被压迫的人民，在争取政治、经济、文化方面的独立和解放的斗争中共同努力，争取从帝国主义和殖民主义的压迫下解放出来，这就是我们的希望。中国还没有完全解放，因为台湾还没有解放，现在美国还在占领我们的台湾。美国不承认中国，在我国周围建立很多军事基地来包围我们。至于香港，英国没有多少军事力量，我们要占领是可以的。但过去有条约关系，小部分是割让的，大部分是租借的，租期是九十九年，还有三十四年才满期。这是特殊情况，我们暂时不准备动它。香港是通商要道，如果我们现在就控制它，对世界贸易、对我们同世界的贸易关系都不利。我们不动它并不是永远不动它。英国现在安心，将来会不安心的。

8月10日 下午，会见印度尼西亚妇女代表团，杨蕴玉、郭建〔1〕在座。在谈到革命问题时，毛泽东说：绝大多数的群众在我们这边。在全世界，无论哪个国家，工人、农民、革命知识分子，革命因素合起来都是占人口的大多数，反动派只是很少数，占人口的百分之五，很反动的分子不到百分之五，所以百分之九十五以上的人都是能跟我们团结起来反对帝国主义和反动派的。在农民中做工作特别重要，在你们国家和我们国家都一样。工农联盟是基本的联盟，对知识分子、革命的资产阶级是在基本联盟上面再和他们建立联盟。毛泽东说：现在我们也有困难，知识不多还要学习，特别是经济建设我们不懂，虽然学了十三年。再过十三年，会懂得更多些。

8月13日 下午，在中南海游泳池住处召开会议，决定十七日起先开中央局书记会议，大约十天，再定中央工作会议的时间。

8月19日 中共中央局第一书记会议本日开始在中南海怀仁堂举行，邓小平主持会议。会议讨论一九六四年国民经济计划，薄一波作说明。会议至二十七日结束。

同日 阅《光明日报》八月十六日刊载的章凡的文章《列宁批判马赫主义的相对主义——学习〈唯物主义与经验批判主义〉

〔1〕 杨蕴玉、郭建，当时任中国妇女联合会书记处书记。

札记》[1]，批示："康生同志：这篇文章可以一阅。你谈的一个美国教授写的那篇哲学文章，我已看了一遍，觉得他是一个完全不懂列宁哲学思想的人。"

8月22日 下午，在中南海颐年堂会见比利时工会代表团，刘长胜、章智[2]在座。毛泽东说：中国现在还有许多困难，工业基础薄弱，农业机械化才开始。人家说我们要打世界大战，实际上我们需要的是和平环境。我们在几十年以后才能改变我国面貌。

8月25日 下午，在人民大会堂一一八厅会见以院长姜永昌为团长的朝鲜科学院代表团，郭沫若、张劲夫、吴有训[3]等在座。在得知代表团参观了中国不少地方时，毛泽东说：我们在这个国土上呆了几十年了，我们自己还不很了解。我们在工作中犯了许多错误，有很大的盲目性。无论在自然科学方面还是在社会科学方面都有盲目性。科学工作大有文章可做。我们已经做了很多工作，但是可做的文章还不少。无论是地面的，天空的，地下的情况，我们了解得都是很少的。历史也了解得很不够。现在还只编了一部上古史（从原始公社讲起，讲到奴隶社会），封建社会时期还未搞出来，越到近代越不了解了。过去历史学家就是不研究近代和现代。在姜永昌谈到今后要同中国加强科学交流时，毛泽东说：这很好，两国科学院应该密切往来，交换情报，交换意见。会见中，毛泽东问吴有训，中国青年科学家可曾培养

---

〔1〕 这篇文章讲了3个问题：一、辩证法与相对主义的对立；二、科学发展同相对主义的对立；三、相对主义必然导致唯心主义。章凡，是北京大学哲学系教师张恩慈的笔名。

〔2〕 章智，当时任中国铁路工会全国委员会副主席。

〔3〕 吴有训，物理学家、教育家。当时任全国人大代表、全国政协常委、中国科学院副院长兼物理学数学化学学部主任。

了一批？并说单靠老的不行，要靠青年人。

8月下旬 审阅修改《关于工业发展问题（初草稿）》。初草稿中的一段文字是："在三年过渡阶段之后，我们的工业发展可以按两步来考虑：第一步，搞十年，建立一个独立的完整的工业体系，使我国工业大体上赶上世界先进水平；第二步，再用十年，使我国工业走在世界最前列。"毛泽东将文中的两个"十年"都改为"十五年"〔1〕，将"走在世界最前列"，改为"接近世界的先进水平"。

8月26日 在中南海颐年堂主持召开中共中央政治局常委会议，讨论《关于工业发展问题（初草稿）》和准备九月召开中央工作会议的问题。会议听取邓小平汇报工业文件起草委员会近几日的讨论情况以及他们对文件的修改意见。毛泽东表示同意文件关于分两步走的提法，主要是时间问题。他说：宁可把时间放长一点，第一段十五年，然后再搞十五年。还是不要提"前列"，就是提四化的社会主义强国。总的估计要恰当，对我国现有的水平不要估计过高。估计低一点，留有余地，比较更好一些。关于三个基础的摆法，毛泽东赞成把吃、穿、用摆在第一位，然后是基础工业，国防工业。他说：现在这个稿子用化工、石油、电子、有色金属四个东西带头的办法不好，赞成把这几个东西放到新技术里头。实际上，带头的还是基础工业，不管十年也好，多少年也好，还是要在基础工业的带动下才能发展起来。基础工业

〔1〕1963年9月9日，周恩来在中共中央工作会议上说：形势好了一点，就常常容易发生错觉，以为很好了，很容易脑筋有点热。我们三年调整以后，原来打算提十年规划，主席就怕我们过热，说指标定高了，年限太短了，就把10年改成15年，指标不变。当然，指标稍微有些调整。每当我们提指标的时候，主席总要提醒我们，要接近实际，总是要我们留有余地。

本身也有尖端。会议商定，中共八届十一中全会不开了，九月五日在北京召开中央工作会议，讨论工业发展的方针问题，还准备讨论农村工作和国际问题，讨论一九六四年的国民经济计划。

8月27日 下午，在中南海会见缅甸共产党中央委员会副主席德钦巴登顶，邓小平、李启新在座。在谈到缅甸国内情况时，毛泽东说：要注意团结多数人，包括一些比较爱国的人在内，反对少数人，要把一切反帝力量都团结起来，只反对帝国主义走狗和买办资产阶级，这样有好处。要说服奈温将军这样做。毛泽东还托德钦巴登顶回国后转达他和刘少奇、周恩来对奈温的问候。

8月29日 审阅外交部起草的关于反对吴庭艳〔1〕反动集团加紧对越南南方的佛教徒和广大人民进行血腥镇压的谈话稿。这个谈话稿，原是准备毛泽东在今天会见越南南方民族解放阵线中央委员阮氏萍〔2〕和越南南方诗人青海两人后，发表新闻报道时，作为毛泽东会见时发表的谈话或声明用的。毛泽东作了修改，决定将谈话稿改为正式声明，拟题为《反对美国-吴庭艳集团侵略越南南方和屠杀越南南方人民的声明》，并批送刘少奇、周恩来、邓小平阅后送新华社今晚广播，明日见报。

同日 下午，在中南海颐年堂会见以阮氏萍为团长的越南南方民族解放阵线代表团，团员有越南南方诗人青海等。毛泽东说：很欢迎你们来。吴庭艳现在压迫和尚，压迫学生，压迫教员、教授，越南南方的斗争现在是扩大了。胡志明同志发表了一

---

〔1〕 吴庭艳，当时任越南共和国总统兼总理和国防部部长。1963年11月1日，在军事政变中被击毙。

〔2〕 阮氏萍，当时还任越南南方妇女解放联合会中央执行委员。

个声明[1]，这个声明很好。乘此机会，我想响应胡志明同志的号召也发表一个声明，支持南越人民的斗争。我很喜欢研究你们斗争的情况和策略，你们有许多发明创造。与我们反对日本帝国主义的做法有许多相同的地方，也有许多不相同的地方；与过去越南北方的斗争有许多相同的地方，也有许多不同的地方。你们发展了斗争的艺术。

同日 晚上，中央人民广播电台播发毛泽东《反对美国-吴庭艳集团侵略越南南方和屠杀越南南方人民的声明》。声明说：最近，南越吴庭艳反动集团加紧对越南南方的佛教徒、大中学校的学生、知识分子和广大人民进行血腥镇压，中国人民对此表示极大愤慨，并且强烈谴责吴庭艳集团的这一滔天罪行。声明指出：不论美帝国主义使用什么样的灭绝人性的武器，不论吴庭艳集团使用如何残暴的镇压手段，吴庭艳政权终将不能逃脱众叛亲离、土崩瓦解的结局，美帝国主义终将从越南南方滚出去。声明表示：我们中国人民是坚决支持越南南方人民的正义斗争的。我深信，越南南方人民一定能够通过斗争实现解放越南南方的目标，并且为祖国的和平统一作出贡献。

同日 致电杜波依斯夫人，悼念美国著名黑人学者杜波依斯去世。唁电说："我沉痛地获悉杜波依斯博士逝世的消息，谨向你表示深切的哀悼。""杜波依斯博士是我们时代的一位伟人。他为黑人和全人类的解放进行英勇斗争的事迹，他在学术上的卓越成就，和他对中国人民的真挚友谊，将永远留在中国人民的记忆里。"杜波依斯于八月二十七日在加纳去世。

---

〔1〕 越南民主共和国主席胡志明1963年8月28日发表声明，谴责吴庭艳反动统治集团血腥镇压越南南方人民的罪行，号召南方同胞团结起来进行斗争，并赢得胜利。

8月30日 北京各界一万多人举行盛大集会，声援越南南方人民的反美爱国正义斗争，坚决支持胡志明主席的声明，完全拥护毛泽东主席的声明。

同日 下午，在人民大会堂一一八厅会见以梅格拉乌伊·穆罕默德[1]为团长的阿尔及利亚新闻代表团，周恩来等在座。毛泽东说：你们的国家是经过一场英勇的斗争而取得独立的。当时你们正规军只有几万人，很多外国朋友都奇怪，问为什么几万人能战胜几十万人？因为你们有几百万人民作后盾，法国政府是脱离人民群众的。在谈到中国时，毛泽东说：我们工作上有很多缺点，农业不发达，工业不发达，科学技术也不发达，比解放以前、十四年以前要好一些。就我们看来，几亿人口的国家，这一点工业是不行的，农业还没有现代化，科学家、技术员、工程师、医生、艺术家还不够。他说：应当将爱国的民族资产阶级和知识分子同卖国的勾结帝国主义的买办资产阶级分开，这样你们可能团结更多的人。在这方面，过去我们吃亏了，一九三四年以前犯过错误，没有把爱国的民族资产阶级团结过来。梅格拉乌伊说：在战争期间，我们首先研究毛主席的著作，学习以后对我们的斗争有很多教益。

同日 晚上，在人民大会堂一一八厅会见越南劳动党南方局书记阮梅菊（即阮文灵），周恩来、罗瑞卿等在座。毛泽东询问越南南方解放区有无广播电台，各地区领导机关有没有无线电联系，人民军队同美国人是否直接打过仗，群众和干部中有没有怕美国人的情绪等。当了解到越南南方解放区的军民经过同美国军队在战场的实际较量，都认为美国人打仗还不如法国人，不怕美

〔1〕 梅格拉乌伊·穆罕默德，当时任阿尔及利亚制宪国民议会议员，议会外交、新闻委员会委员。

国人时，毛泽东指出：凡是在前线的，心里就比较稳定，不觉得困难，不怕美国。离前线远的，看不见，反而更怕美国。你们的战争是国内战争，又是国际战争，主要是国际战争。吴庭艳没有美国帮助就不行。要取得胜利，敌军工作很重要，俘虏政策很重要。现在南越的战争，对方主力军是吴庭艳军队，美国军队不是主力。怎样瓦解吴庭艳军队，是取得南越革命战争胜利的一个主要问题，要好好努力创造条件。不但要对吴庭艳军队的士兵和下级军官做工作，有条件也要对高级军官做工作。毛泽东称赞南越的军事斗争、政治斗争、经济斗争的各项政策和斗争策略都很正确，取得了很大成绩。人民群众很勇敢，敢于斗争，敢于胜利。

9月1日　下午，在中南海菊香书屋召集刘少奇、周恩来等开会。

9月3日　和刘少奇、周恩来、朱德、邓小平等在中南海颐年堂会见由艾地率领的印度尼西亚共产党代表团，彭真、康生、刘宁一等在座。毛泽东指出：赫鲁晓夫是把核讹诈作为其政策和理论的基础。中国共产党的历史经验证明，帝国主义和反动资产阶级的协定和声明是靠不住的。毛泽东说：我的建议是这样，印尼共产党可以把中苏双方文件，不单在中央政治局，而且也在中央委员会、省委会、县委会的领导中间，发给他们看，中央可以不作结论，不发指示，让他们纷纷议论。建立反对美帝国主义的广泛的国际统一战线，应包括中间集团，即法国、西德、意大利、荷兰、比利时、卢森堡六国集团，也包括英国的七国集团〔1〕，还有日本和加拿大。他们说我们实行三A（亚、非、拉）政策。我们是三A加一个U（欧洲），还有一个A（澳洲）。从

〔1〕七国集团，即欧洲自由贸易联盟，1960年5月正式成立，包括英国、瑞典、丹麦、挪威、瑞士、奥地利、葡萄牙7国。

一些现象看，我们好像是孤立的，其实我们并不感到孤立。我们了解在苏联百分之九十以上的人是不满赫鲁晓夫的，不赞成中苏分裂。我们经济困难的时间只有两年半，就是一九六〇年、一九六一年和一九六二年上半年，一九六二年下半年情况就好起来了。现在我们已经找到一条道路。我们有两种经验，错误的经验和正确的经验。正确的经验鼓励了我们，错误的经验教训了我们。讲到苏联从中国撤走专家时，他说：有先生有好处，也有坏处。不要先生，自己读书，自己写字，自己想问题。这是一条真理。我们过去就是由先生抓着手学写字，从一九二一年党成立到一九三四年，我们就是吃了先生的亏。真正懂得独立自主是从遵义会议开始的。

9月5日 下午，在中南海颐年堂召集刘少奇、周恩来等开会。

同日 晚上，在人民大会堂一一八厅会见由坦博〔1〕率领的南非非洲人国民大会代表团，廖承志、刘宁一在座。毛泽东说：欢迎你们，你们是南非革命者。我们进行了二十二年的武装斗争，所以革命并不是容易的，但是可以胜利的。不管敌人如何强大，如果我们搞对了就会胜利。那就是要争取人民群众，教育他们，把他们争取过来，组织起来，以各种形式组织起来，一部分人组织到党内，一部分人如工人组织在工会中，农民组织在农民协会中，还可以搞文化战线上的组织，把文学家、诗人、艺术家、作家都组织起来。没有知识分子也不行，没有知识分子，农民、工人和其他人也组织不起来，但一定要革命的知识分子。还要把另一部分人组织在军队中。这样，组成一个广大的统一战线。你们国家的情况同我们可能相同，广大人民也是散居在农村，如农民不组织起来，革命就没有力量，军队就组织不起来，

〔1〕 坦博，当时任南非非洲人国民大会副主席。

党政都无基础。坦博说：过去我们对组织农民的问题估计不足，我们到了中国后才开始感到组织农民的问题对革命有如此的重要，这个问题很尖锐。毛泽东说：要团结一切能团结的人就好，一句话，敌人愈少愈好，朋友愈多愈好。希望你们的党成为群众的党，一个有广泛统一战线的党。

9月6日—27日 中共中央工作会议在北京举行，毛泽东主持。

9月6日 中共中央工作会议在中南海怀仁堂开始举行。邓小平宣布会议议程：第一，关于明年的计划；第二，关于农村方面若干需要补充的政策；第三，工业发展的方针问题，这次会议主要是讨论这个问题；第四，国际问题，实际上就是反对修正主义斗争的问题。他说：六日至十六日，讨论计划问题和农村工作问题；十七日至二十二日，讨论工业发展的决议；二十三日至二十六日，讨论国际问题。接着，周恩来对同一九六四年国民经济计划和一九六五年控制指标相关联的一些问题作了说明，指出：毛主席主张，我们中央同志也赞成，一九六三年到一九六五年这三年作为一个过渡阶段，仍然以调整、巩固、充实、提高的八字方针为这个时期国民经济计划的方针，当然同时还要发展，打下底子，然后再搞第三个五年计划。有大区同志参加的工业起草委员会，也同意这样一个安排。

同日 晚上，在人民大会堂一一八厅会见肯尼亚非洲民族联盟代表团，张奚若、廖承志等在座。

9月上旬 审阅修改九月六日送审的《关于工业发展问题》初稿，加写一段话：“我国从十九世纪四十年代起，到二十世纪四十年代中期，共计一百零五年时间，全世界几乎一切大中小帝国主义国家都侵略过我国，都打过我们，除了最后一次，即抗日战争，由于国内外各种原因以日本帝国主义投降告终以外，没有一次战争不是以我国失败、签订丧权辱国条约而告终。其原因：一是社会制度腐败，二是经济技术落后。现在，我国社会制度变了，第一个原因基本解决了；但还没有彻底解决，社会还存在着阶级斗争。第二个原因也已开始有了一些改变，但要彻底改变，至少还需要几十年时间。如果不在今后几十年内，争取彻底改变我国经济和技术远远落后于帝国主义国家的状态，挨打是不可避免的。当然，帝国主义现在是处在衰落时代，我国，社会主义阵营，全世界被压迫人民和被压迫民族的革命斗争，都是处于上升的时代，世界性的战争有可能避免。这里存在着战争可以避免和战争不可避免这样两种可能性。但是我们应当以有可能挨打为出发点来部署我们的工作，力求在一个不太长久的时间内，改变我国社会经济、技术方面的落后状态，否则我们就要犯错误。”

9月上旬、中旬 先后三次审阅修改《为什么甘当斯大林的敌人——二评苏共中央的公开信》。将标题改为《关于斯大林问题——二评苏共中央的公开信》，并加写以下一些话：“斯大林问题，是一个世界范围内的大问题，曾经引起了世界各国一切阶级的反响，至今还在议论纷纷。各个不同的阶级，代表各个不同阶级的政党或政治派别，意见不同。估计在本世纪内，这个问题还不可能作出定论。但是，在国际工人阶级和革命人民范围之内，多数人的意见其实是相同的，他们不赞成全盘否定斯大林，而且越来越怀念斯大林。就是在苏联，也是如此。我们同苏共领导人的争论，是同一部分人的争论。我们希望说服这一部分人，以利于推进革命事业。这就是我们写这篇文章的目的。”“对于斯大林的只占第二位的一些错误方面，应当作为历史教训，使苏联共产党人和各国共产党人引以为戒，不再重犯，或者少犯一些，这也是有益的。正、反两面的历史经验，只要是总结得正确，合乎历史实际，而不加以任何歪曲，对于一切共产党人，都是有益的。”

“倍倍尔、卢森堡等人在历史上所起的作用，远不能和斯大林相比。斯大林是一个历史时代的无产阶级专政和国际共产主义运动的伟大的领导人，对他的评价，应当更加慎重些。”“绝大多数苏联人，不赞成这样谩骂斯大林。他们越来越怀念斯大林。苏共领导人严重地脱离了群众。他们时时刻刻感觉到斯大林的阴魂不散，在威胁着他们，其实是广大人民群众对于全盘否定斯大林表示非常不满意。赫鲁晓夫在苏共第二十次代表大会上所作的全盘否定斯大林的秘密报告，至今不敢拿出来同苏联人民和整个社会主义阵营各国人民见面，其原因就在于这个报告是一个见不得人的报告，是一个严重脱离群众的报告。”“我们劝告赫鲁晓夫同志一句诚恳的话，希望你迷途知返，从完全错误的道路，回到马克思列宁主义的道路上来。”此外，还将文中的“早在三十多年以前，以毛泽东同志为代表的中国马克思列宁主义者，就在抵制斯大林的某些错误的影响”一句，改写为：“早在二十年代末期和整个三十年代，随后又在四十年代的初期和中期，以毛泽东同志和刘少奇同志为代表的中国马克思列宁主义者，就在抵制斯大林的某些错误的影响。”改完后批示：“即送康生同志：同意十三日见报。有一些修改，请酌定。”这篇文章在一九六三年九月十三日《人民日报》和《红旗》杂志一九六三年第十八期发表。

9月9日　下午，在人民大会堂一一八厅会见威廉斯〔1〕，赵毅敏在座。毛泽东说：我们国家存在着严重的阶级斗争。我们已经有十年没有进行整风了。新的资产阶级分子产生了，有一批好的同志变质了，只有发动群众才能整掉，单靠中央和各级党委本身是不能解决这个问题的。毛泽东在介绍中国共产党领导中国革命斗争的历史经验时，说：我认识中国经过很长的时间，走过

---

〔1〕威廉斯，当时任新西兰共产党中央主席。

很长的道路，有胜利，也有失败。有一个时候可以说是中国人不认识中国。我向马克思学习，向列宁、斯大林学习，向敌人学习，最重要的是向群众学习。

9月22日 上午，在中南海颐年堂会见日本共产党中央委员竹中恒三郎一行，刘宁一在座。毛泽东说：目前国际形势变化很快，国际力量在重新组合。目前有两种力量，一种是革命力量，是革命的工人阶级同革命人民的重新组合；另外一种是以美国为首的世界反革命联盟的重新组合。我们这个国家现在还很落后，落后的地方在全国占大多数。我们城市人口只占百分之二十不到，将来农业机械化了，化学肥料多了，城市人口可以增加一些，如增加到百分之三十。要改变这种落后状态还要几十年。日本是世界上几大强国之一，所谓强国在世界上不到十个，在亚洲，真正工农业过关的，还算你们。我们正在社会主义基础上向这一道路走，也许不必一百年，可以缩短一半。你们在帮助我们，不仅在政治斗争方面，在技术革命方面也在帮助我们。这十几年来，我见过许多日本同志和朋友，情况有很大变化。浅沼在北京发表的声明，敢于说美帝国主义是中日两国人民的共同敌人，这是一个很大的变化。

9月23日 在中南海怀仁堂主持中央工作会议全体会议。邓小平报告反对修正主义的问题。报告回顾了中苏两党会谈以来的简单情况。指出：六月二十一日苏共中央全会决议（开始指名地攻击中国共产党）和七月十四日的公开信（系统地公开指名攻击中国共产党），标志着中苏之间的斗争进入了一个新阶段。我们准备发表十篇文章，《苏共领导同我们分歧的由来和发展》、《关于斯大林问题》这两篇已经发表了。我们反对现代修正主义的方针，仍然是：坚持原则，坚持团结，坚决斗争，留有余地，后发制人，反对分裂。当邓小平谈到如果赫鲁晓夫把破裂强加于我们，也没有什么了不起，也不完全是坏事时，毛泽东说：十年、二十年以后又要恢复，这样两个国家没有国交是不行的。当邓小平谈到向苏联派留学生问题时，毛泽东说，能派几个就派几个，能派几百个就派几百个。

9月26日 阅九月二十五日《参考消息》后批示："江青阅。第一版、第四版都应研究。只看不研究，毫无用处。并且要反复看几遍。"在第一版上，毛泽东画圈的文章有：法新社记者马居斯关于中国的物质条件和粮食情况已大大改善的报道；法新社电讯《苏声明使中苏争论进入新阶段》。第四版上画圈的文章有：共同社关于"美国'遏制'中国的政策到处碰壁"的报道；美国《基督教科学箴言报》关于美国前驻印度大使加尔布雷思鼓吹同中国进行贸易的报道和美联社关于美国参议院外委会主席富布赖特主张美应同中苏都保持关系的报道、美国记者巴雷特关于美帝国主义害怕一个强大的中国的报道。

9月27日 下午，在中南海怀仁堂主持中央工作会议最后一次全体会议，并讲话。毛泽东说：会议开了一个多月了。大家担心的是形势问题，尤其是国际形势。有些同志担心苏、美合作对我们不利。我总相信《红楼梦》上王熙凤说的那句话"大有大的难处"。现在，美、苏两国都很困难。美国政策委员会主席罗斯特曾发表一篇文章，基调是说美、苏都碰到了许多困难，而且是没法解决的。我也不认识这个人，他同我的某些想法不谋而合，差不多。美国不论国内、国际到处都碰钉子，赫鲁晓夫也是这样，不要忘记这一点。还是《红楼梦》上冷子兴说的"百脚之虫，死而不僵"。美国《锤与钢》杂志也说：美国像一株空了的大树，里边已被虫子咬空了，外面还枝叶茂盛。我看中间地带有两个，一个是亚、非、拉，一个是欧洲。日本、加拿大对美国是不满意的。以戴高乐[1]为代表的，有六国共同市场，都是些强大的资本主义国家。东方的日本，是个强大的资本主义国家，对美国不满意，对苏联也不满意。苏联与东欧各国的矛盾也有明显发展，关系紧张得很。什么缓和国际形势，不要信那一套。苏、美达成协议，我看不那么容易。大西洋许多国家也不会赞成美国。我们无论国内、国外，主要靠人民，不靠大国领袖，靠人民靠得住。在中苏问题上，还是这个方针，叫坚持原则，坚持团结，坚决斗争，留有余地，后发制人，反对分裂，我们按照这样几句话的方针去做。就是跟蒋介石的斗争，一直到现在，我们还是留有余地。我们说，金门、马祖归他，军队可以不撤，将来好见面，反对"两个中国"。毛泽东说：现在，我们城乡的工作应该抓紧做好。刚才总理讲的城市"五反"、农村十条[2]，十条主要包括三个内容，一个阶级斗争，一个"四清"，一个干部参加劳动，在明年这一年要进一步展开，可能后年还需要一年，也许要三四年才能搞好。要团结绝大多数，团结百分之九十五以上的人，孤立那个极少数的确是破坏分子、反动分子的人。至于有些人，他现在不赞成我们的方针，他公开批评，对这些同志，或者这样的人，是个说服的问题，这是少数人，不要紧。我们现在搞农村"四清"、城市"五反"，实际上是为在国内反对修正主义打下基础。这中间，要包括意识形态方面，除了文学之外，还有艺术，比如歌舞、戏剧、电影等等，都应该抓一下。现在各省都在抓，多数地方都注意了，也有一些地方还没有大注意。要推陈出新。过去唱戏，净是老的，帝王将相，家院丫头，保镖的人，黄

---

〔1〕 戴高乐，当时任法国总统。

〔2〕 指《中共中央关于目前农村工作中若干问题的决定（草案）》（即"前十条"）。

天霸之类，那个东西不行。推陈出什么东西呢？陈就是封建主义、资本主义的东西。要把封建主义、资本主义的东西推出去，出社会主义的东西，就是要提倡新的形式。旧形式要搞新内容，形式也得有些改变。总而言之，老是帝王将相，刘、关、张，净是那一套，我看不成功。二三十年以后，我们这些人不在世了，没有人看了，你就得改。现在经济形式已经改变了，是社会主义经济了；上层建筑应该适应这个经济形式，上层建筑的形式也应该有所改变，内容也应该有所改变。

邓小平在总结这次会议的情况时说：这次会议，大区同志来了四十天了；正式工作会议，各省同志是五号来的，已经二十三天了。现在，会议的四个议程已经进行完毕。第一个议程，关于计划问题，实际上，里头还有一个粮食问题，大体上就定下来了。第二个议程，关于农村问题。有两个文件：第一个文件，是关于社会主义教育运动中的一些具体政策问题（草案）〔1〕，经过各组讨论，认为大体上是比较好的，今天把这个文件基本通过。第二个文件，是关于农村工作的若干问题，大家感到这个文件涉及很多具体问题，经验还不够，文件不够成熟，主张大家回去再摸一下情况，以后一个问题一个问题来处理。第三个议程，关于

〔1〕 这个文件共有10条：一、社会主义教育运动的基本方针和主要内容；二、领导社会主义教育运动必须注意的几个问题；三、团结百分之九十五以上的农民群众；四、关于贫、下中农组织；五、中农问题；六、团结百分之九十五以上的农村干部；七、关于干部参加集体生产劳动；八、结合社会主义教育运动，整顿农村党的基层组织；九、对于地主分子、富农分子、反革命分子和坏分子的处理；十、正确对待地主、富农子女问题。这个文件在中央政治局扩大会议11月14日讨论通过后发出，题目改为《中共中央关于农村社会主义教育运动中一些具体政策的规定（草案）》（通称“后十条”或称第二个十条）。

工业发展的决议。这个决议的初稿，大家认为可以作为讨论的基础，也从各种角度提了各种意见。看来这个文件还要花点精力。由各中央局、省、部把材料带回去，再派一点工作组蹲蹲点，研究一下，再提出一些具体意见来，还要经过几次反复的修改，然后再提到以后那一次工作会议。第四个议程，关于国际问题。作了一次报告，经过讨论，工作会议对这个问题没有什么不同意见。关于国际问题的传达范围，省是地委书记以上，部是司局长以上。这样规定，主要是因为这里头有策略问题。

9月28日 晨，作出批示："请王恩茂〔1〕同志今日（二十八日）留一天，明日（二十九日）返新疆。今日下午，我想请王恩茂、罗瑞卿、贺龙、萧华、谢富治、周总理、朱德、陈毅、杨成武共九位同志谈一次话，讨论新疆反修和军事准备问题。"当天下午，这次谈话在中南海颐年堂进行。毛泽东说：新疆在反修斗争中，第一是做好经济工作。农业、畜牧业、工业要一年比一年发展，经济要一年比一年繁荣，人民生活要一年比一年改善。发展社会主义事业要有积累，但不要过多，粮食要征购，但不能过重，要减轻人民的负担。对新疆各族人民的物资供应，布、茶、糖和其他日用品，要比其他地区充分一点，请总理告诉先念同志。新疆人民生活的改善，不仅要比国民党时期好，而且要比现在的苏联好。其次是要政治挂帅，加强思想政治教育。要很好地进行对各族干部和人民的反修正主义教育。要搞好民族关系，增强民族团结，要教育汉族干部和人民严格遵守党的民族政策。除以上两项外，还要很好安置进到新疆的汉族劳动人民，教育他

〔1〕王恩茂，当时任中共中央西北局书记处书记、新疆维吾尔自治区委员会第一书记、中国人民解放军新疆军区司令员兼政治委员、新疆生产建设兵团第一政治委员。1964年3月又任新疆维吾尔自治区政协主席。

们尊重少数民族的风俗习惯，学习少数民族的语言；要经常注意了解边境情况，加强边疆反修斗争。在这次会上，毛泽东提出林彪长期生病，身体不好，建议由贺龙主持中央军委日常工作。

9月30日　审阅修改周恩来在当天晚上国庆招待会上的讲话稿。在讲话稿谈到社会主义阵营内部的分歧问题处，毛泽东加写："我们坚决相信，目前的分歧，总有一天会在马克思列宁主义的基础上，得到正确解决的。"还在另一处加写："我们向全世界一切愿意同我们建立和加强友好关系的国家、政府、党派、团体和个人，表示敬意！"在讲话稿中"我们衷心地希望各国朋友们对我们各方面的工作提出宝贵的意见"后面，加写"指出我们确实存在的缺点和错误"。在讲话稿末尾"我建议：为……干杯"这一段话中的"为亚洲、非洲、拉丁美洲各国的同志和人民的伟大团结"后面，加写"为欧洲、北美洲和大洋洲的同志和朋友的伟大团结"。

同日　晚上，和刘少奇、宋庆龄、董必武、朱德、邓小平在人民大会堂宴会厅出席周恩来主持的国庆招待会，庆祝中华人民共和国成立十四周年。出席招待会的中外来宾四千多人。

同日　晚上，和刘少奇、宋庆龄、董必武、周恩来、朱德、邓小平先后会见印度尼西亚合作国会代表团，阿尔及利亚政府代表团和军事代表团，在北京的全体古巴朋友。

10月1日　上午十时，和刘少奇、宋庆龄、董必武、周恩来、朱德、邓小平等党和国家领导人出席在天安门举行的中华人民共和国成立十四周年庆祝大会，检阅群众游行队伍。彭真主持庆祝大会并讲话，指出：我国经济情况一年比一年好，今年已经出现了国民经济开始全面好转的局面，连续三年严重自然灾害带给我们的困难，已经被伟大的中国人民战胜了。

同日　会见美国黑人领袖罗伯特·威廉和夫人，郭沫若在座。

同日 会见日本前首相、日本工业展览会总裁石桥湛山和夫人，廖承志在座。

10月2日 在人民大会堂一一八厅会见由巴卢库[1]率领的阿尔巴尼亚军事代表团，刘少奇、周恩来、邓小平、彭真、贺龙、罗瑞卿、萧华在座。毛泽东说：修正主义者反对你们，反对我们，反对一切马列主义的党。这件事可以看作一件不好的事情，我们没有料到。但是出现了二十大、二十二大，这也并不坏。它能帮助我们，使我们想一些问题，帮助我们加强工作，加强团结，促使我们同他们作斗争。我们并没有准备同他们斗，他们要斗，有什么办法？这种分裂、这种斗争是他们强加给我们的。我们党单是用马列主义对人民进行正面教育是不够的，有的人就是不听，也不看书。好，修正主义来了，就得想想问题，看点书，看修正主义怎样骂我们，我们的话更有人信了。特别是最近一年来，从去年十一月开始，搞了保加利亚、匈牙利、捷克斯洛伐克、民主德国、意大利等五次党代表大会，不仅公开骂你们，而且公开骂我们。这样，文章就好做了。我们做文章，就不是无的放矢了。他们的文章多得很，苏联最近一个月搞了二三百篇文章、通讯、转载文章。我们就是那么两三篇，包括政府声明在内也就是十几篇。十几篇总比他二百多篇要少。有那么一条道理，在国际形势和平发展的时期，必然要出修正主义。第一次世界大战以前，欧洲出现了许多修正主义。我们现在又碰到这种情况，又处在国际上所谓和平时期。我们正在进行斗争，反对党内、党外的资产阶级分子。反贪污浪费、反投机倒把这些事情，我们已经有十年没有做了。党内隐藏了许多坏事情，党内不纯，

〔1〕 巴卢库，当时任阿尔巴尼亚劳动党中央政治局委员、阿尔巴尼亚部长会议第一副主席兼国防部部长。

部分组织已经被敌人占领了，所以，如果我们再不搞，再过十年，中国也会出修正主义。看来国际情况在变化，不仅仅有了第三世界。西方报纸上对第三世界有两种说法，一种是指亚洲、非洲和拉丁美洲，一种是把西欧也叫做第三世界，这就是指共同市场。共同市场的出现，不是偶然的事情，是在美国的压力之下出现的。六国共同市场之外，还有以英国为首的七国自由贸易联盟。不仅六国同美国有矛盾，七国同美国也有矛盾。东方经济上强的国家是日本，它同美国的矛盾正在发展。这次我国国庆，到北京来的日本人有四百人。（周恩来：已经到的是四百多人，还有三百多人没有到，一共是八百人。）有些人说我们很孤立，也许他们讲得对，也许他们讲得不对。只要我们的方针正确，总是会胜利的。

同日 本日新华社哈瓦那电报道："古巴统一革命组织全国领导委员会所属的古巴政治出版社最近出版了毛泽东主席的著作《论持久战》，并且已在古巴各个书店出售"。"这是第一次在古巴用西班牙文出版毛主席的这部著作，发行额为十万册"。

10月10日 晚上，乘专列从北京到达邯郸。

10月11日 下午，在专列上听取中共河北省委及部分地委的负责人林铁、刘子厚、李悦农、康修民、刘琦、庞均、刘英汇报河北水灾情况。毛泽东询问河北受灾面积，粮食安排，各专区没有受灾的是哪些县，群众情绪安定下来没有，抗灾当中可歌可泣的事例有没有新闻记者报道、剧团有没有演他们的戏等等。当了解到有些县城由于有城墙群众没有受更大损失时，指出：城墙现在不是对付敌人而是对付水，我看还得搞。大村庄也要有个地方呆嘛，要把城墙和护村堤埝看成是生产资料，没有它，耕牛、犁、耙等都要被冲跑。现在是两个问题：一是大城市，如邯郸、石家庄、邢台，要不要修城墙；一是大村庄修大围子。当林铁谈到正定县群众反对扒城墙时，毛泽东说：我们没知识，不能再扒了，城墙是为了对付水，不是对付敌人。毛泽东还指出：县委要先搞“五反”，然后就开贫下中农代表会。县开贫下中农代表会很有必要，地委开行不行还不知道。县代表会有几百人就行，时间一个星期。

10月12日 到达郑州。

10月13日 晚上，到达武昌，住东湖客舍。

10月14日 下午，同王任重谈话。关于中苏关系，毛泽东说：一为断交，二为孤立，三为打仗。是不是怕？前两条有可能，第三条大概不会。关于工作，毛泽东指出：县一级要先进行“五反”，才便于在面上开展“四清”运动。先在面上扫一下，然后再分期分批地仔细搞。

10月17日 中共中央办公厅派专人将《新殖民主义的辩护士——四评苏共中央的公开信》稿送到武昌，请毛泽东审阅。十九日，毛泽东机要秘书打电话告中办：“四评”文章主席已阅，无修改。这篇文章在一九六三年十月二十二日《人民日报》和《红旗》杂志一九六三年第二十期发表。

10月18日 在武昌东湖客舍会见古巴土地改革委员会领导人托雷斯和一位工程师，张致祥〔1〕在座。当了解到古巴客人结束对中国的访问后将访问日本时，毛泽东说：日本解决农业问题的经验，很值得研究。日本这个国家人口多、土地少，在战争结束后，曾经在好几年内农业非常困难。后来，他们自己能够解决粮食问题。当谈到中国农村进行社会主义教育问题时，毛泽东说：农村经常存在着走资本主义道路还是走社会主义道路的问题。要解决这个问题，必须进行社会主义教育，同时还要提倡干

---

〔1〕 张致祥，当时任中国对外文化联络委员会副主任、中国古巴友好协会副会长。

部参加劳动，首先是基层干部，支部书记、生产大队长、队长，必须以大部分时间参加劳动。否则，过了若干年，他们就不懂得群众了，和群众隔离了，做官了，群众就不喜欢他们。公社一级、县一级的干部，每年也要有一部分时间参加劳动。如果我们要同国民党有所区别的话，那就应当这样做。不过，现在我们并没有完全做到，正在抓这个问题。我们注意阶级斗争的问题，注意清理账目，干部不要多吃多占，不要投机倒把、贪污盗窃，再就是参加劳动。农民看到他们和自己在一块劳动，不是在那里指手画脚，心里就高兴了。不然过了若干年以后，这些人就变成了修正主义。中国这个国家很有出修正主义的可能。如果要使修正主义不发生，发生了能够制止，那末就必须采取措施。干部子弟不要特殊化，就是我们这些人的子女很容易特殊化。托雷斯说，谭震林会见他们时所谈的阶级斗争和党对阶级斗争采取什么态度的问题，对他们很有用处。毛泽东说：我们也不是一开始就知道这些问题的，经过了十几年，逐步看到这些问题。实际工作中反映出这么一种情况，原来是很好的干部，后来跟地主、资本家走了，原来出身很贫苦的农民，后来不愿意参加劳动，而愿意做投机生意。我看总有一小部分人，要走资本主义道路，他们对资本主义有兴趣。多数人不可能成为资本家。剥削总要有个对象，只能是少数人剥削多数人，不能是多数人剥削少数人。我们一定要依靠劳动者中的多数，只有这样，这个党才可以巩固，这个政权才有保障。

10月20日 深夜到达长沙，王任重同行，住蓉园。

10月22日 下午，在长沙会见坦噶尼喀国民议会议长姆克瓦瓦一行，全国人大常委会副秘书长赵伯平在座。毛泽东说：你们在非洲是一个大国。非洲国家一天天在进步，二次大战后的非洲与二次大战前有很大不同。

10月23日 上午，同王任重谈中共中央《关于农村社会主义教育运动中一些具体政策问题（草案）》的修改问题，并要王任重等把这个文件修改一遍。二十五日下午，再次同王任重谈文件的修改问题。毛泽东着重谈了要教育干部的问题，还谈了他不当党的主席、不当领袖的问题，不要终身制。

10月下旬 审阅修改中共中央《关于农村社会主义教育运动中一些具体政策问题（草案）》。在第二条中的“省、地、县三级领导机关的干部，特别是主要领导干部，必须首先‘洗手洗澡’，端正阶级立场和改进思想作风，才能够领导社会主义教育运动顺利进行”之后，毛泽东加写：“否则是不可能的。领导干部中有些同志手脚不干净，群众就不佩服，叫下面搞‘四清’，决难搞好。”在第二条中的“在运动中必须注意点面结合，积极做好面上社会主义教育的工作”之后，毛泽东加写：“点上的工作要做得细致，时间长些，需要三个月左右。面上的工作，起煞住歪风、发动群众、初步搞好干群关系、初步打击阶级敌人的作用，时间只要二十天左右就够了。”在第九条中的“捕人，要严格掌握两条标准，第一，罪恶大，证据确凿，又不悔改；第二，绝大多数群众要求逮捕”之后，毛泽东加写一段话：“实行这两条，我们就不会在捕人问题上犯错误了。对于有破坏活动的四类分子，我们所以基本上应当采取‘一个不杀，大部（百分之九十五以上）不捉’的方针，是因为我们根据经验，依靠广大群众向他们实行专政，实行监督、斗争和教育，比较把他们捉起来和杀掉，更加符合于人民群众和社会主义的利益。第一，因为他们的绝大多数是可以被觉悟了的群众采取正确的方法改造成为好人的；第二，他们是社会劳动生产力的一部分；第三，对于争取他们的子女有利。至于就一个省、一个专区的范围来说，总是会有少数罪大恶极又不改悔的分子被多数群众要求逮捕，又会有个别分子被要求处以极刑，那是完全必要的。”

10月25日　在长沙起草《中共中央关于印发和宣传〈关于农村社会主义教育运动中的一些具体政策问题（草案）〉的通知》稿。二十六日批示：“刘、周、朱、邓、彭、富治、瑞卿、伯达、尚昆、家英同志阅，并开会讨论一次，如认为可，即照办；如认为不可，即再商量。”十一月五日，毛泽东对这个通知稿作了一些修改。

10月26日　听取中共湖南省委二届七次全会和全省三级干部会议主要内容的汇报，肯定了生产救灾的主题，还先后同岳阳、零陵的地委书记谈话，询问两个地区的工作情况。

同日　同王任重等谈话。毛泽东说：对于社会主义教育运动的决定和政策要普遍进行宣传。对于四类分子，对于一般反革命分子，要发动群众监督改造他们。凡不捕不足以平民愤的才捕。大部不捕，是指四类分子百分之九十五以上的不要捕。毛泽东一再谈到许多想不到。谁想到参加共产党？二十六岁以前不知道有马克思，不知道有共产党。大革命没有想到蒋介石叛变，没有想到下乡打游击，谁知道打仗？哪里看过《孙子兵法》，是到延安后写战略问题时才看的。凯丰他们也不知道什么是《孙子兵法》。谁想到打仗看《三国演义》？是打出来的，逼出来的。谈话中间，毛泽东为日本前首相石桥湛山书写一幅曹操的《龟虽寿》[1]，说曹操这首诗有辩证法的观点，还讲解了这首诗。

---

〔1〕《龟虽寿》全诗为：“神龟虽寿，犹有竟时；腾蛇乘雾，终为土灰。老骥伏枥，志在千里；烈士暮年，壮心不已。盈缩之期，不但在天；养怡之福，可得永年。幸甚至哉，歌以咏志。”

同日 从长沙到达南昌。在长沙期间，曾就开展农村社会主义教育运动的方法征求意见。还听取了华国锋、李瑞山等关于湖南的形势和农村工作情况的汇报。华国锋介绍了岳阳县毛田区原来不种棉花，经过改变传统观念，实行科学种田，苦干实干，取得了种植棉花的成功经验。毛田区主要是搞集体经济，实行多种经营，在山上植树，田埂种豆，地里种棉花，促进了生产，提高了农民生活水平，农民家中挂了不少腊肉。毛泽东听了非常高兴，称赞岳阳县搞得不错。

10月26日—28日 在南昌视察工作，就《关于农村社会主义教育运动中的一些具体政策问题（草案）》征求意见。江西的同志说：文件对多吃多占的干部的处理写得太宽了〔1〕。毛泽东说，准备同华东局和上海的同志谈一下再说。

10月29日 到达杭州，住汪庄。

10月31日 晨，阅周恩来通过电话传来的他准备在中法建交谈判中谈话要点的记录后，决定约刘少奇、周恩来、邓小平、陈毅等于十一月一日到上海商谈中法建交问题，同时还准备谈农村社会主义教育问题，并要陈伯达、田家英到杭州修改《关于农村社会主义教育运动中的一些具体政策问题（草案）》。指示由彭真留北京主持工作。

同日 下午，刘少奇在中南海怀仁堂主持召开中共中央政治局会议，讨论《关于社会主义教育运动中的一些具体政策问题（草案）》第六稿。刘少奇说：主席在南方与几个省和

---

〔1〕 这个文件规定："对于干部的多吃多占错误，应当分别情况处理。数量较大的或者情节恶劣的多吃多占，必须退赔。少量的一般性质的多吃多占，如果本人检讨得好，经过群众同意，可以不退或者少退。检查多吃多占的时候，时间也不要计算得太远，一般地可以从1962年算起。"

中央局的同志交换了意见，在文件上加了点面结合一段，这是一个重大的修改。可以把这个文件的标题改一下，改成一个正式规定，叫《中共中央关于农村社会主义教育运动中的一些具体政策的规定（草案）》。邓小平说：这个文件主席修改了，一个是点面结合问题，一个是全民教育问题，这是主席修改的主要意思。

11月1日 到达上海。

同日 周恩来、陈毅陪同前法国总理富尔到达上海。

同日 下午，在上海召开会议，讨论中法建交问题，刘少奇、周恩来、邓小平、陈毅出席。周恩来汇报富尔关于中法建交提出的三种方案〔1〕，以及在京常委对三种方案的意见，说：法国的第一方案我们难以考虑；第二方案我们认为是好的，但法国有困难。如果别无选择，就考虑第三方案。会议认为现在双方都有建立正式外交关系的愿望，可不提第三方案，而是提出新的直接建交方案比较适宜。会议委托周恩来、陈毅代表中国政府同富尔进一步磋商。

11月2日 晨一时，阅周恩来十一月一日二十四时关于当晚同富尔谈判情况的报告。报告说：晚间我和陈毅会见了富尔，提出中法直接建交的口头方案，他表示同意。关于这一方案的书

〔1〕 富尔提出的三种方案是：第一方案，不顾法国与蒋介石集团目前的关系，中法两国立即建立正常外交关系，并且互换大使。第二方案，法国宣布同蒋介石集团完全断绝关系，中法两国建立正常外交关系，并且互换大使。第三方案，中法两国推迟建立正常外交关系，暂时互派常设的半官方贸易代表机构。

面稿子，我答应明天交他。现将书面方案[1]送上，请主席核示。毛泽东批示："很好，照此办理。"

同日 下午，召集刘少奇、周恩来、邓小平、陈毅等开会，继续商议中法建交等问题。

同日 下午，在上海会见富尔和夫人，周恩来、陈毅等在座。毛泽东说：两位来得正是时候，要把两国正常关系建立起来。我们这个协议[2]，还有人会反对，就是美国。富尔表示，法国奉行独立政策，不需要征求美国意见，可以自己作出决定。毛泽东说：好。你们不同于日本，也不同于英国。英国蒙哥马利元帅同我谈过，他也很不赞成英国受美国的影响太大。现在美、英、苏三家直接打交道，特别是美、苏两家，把法、中等国态度置之不顾，但也不能把情况看得太死太僵。现在美国要给苏联很

---

〔1〕 中国政府提出的新的直接建交的书面方案是：1. 法兰西共和国政府向中国政府提出正式照会，承认中华人民共和国政府，并且建议中法两国立即建交，互换大使。2. 中国政府复照表示，中华人民共和国政府作为代表中国人民的唯一合法政府，欢迎法兰西共和国政府的来照，愿意立即建立中法两国之间的外交关系，并且互换大使。3. 中法双方相约同时发表上述来往照会，并且立即建馆，互派大使。中国政府之所以提出上述方案，是由于中法双方（周恩来总理和富尔先生）根据富尔先生所转达的法国总统戴高乐将军不支持制造"两个中国"的立场，对下列3点达成了默契：1. 法兰西共和国政府只承认中华人民共和国政府为代表中国人民的唯一合法政府。这就自动地包含着这个资格不再属于在台湾的所谓"中华民国"政府。2. 法国支持中华人民共和国在联合国的合法权利和地位，不再支持所谓"中华民国"在联合国的代表权。3. 中法建立外交关系后，在台湾的所谓"中华民国"政府撤回它驻在法国的"外交代表"及其机构的情况下，法国也相应地撤回它驻在台湾的外交代表及其机构。这个书面方案的标题是《周恩来总理谈话要点》（1963年11月2日）。

〔2〕 指表述中国政府提出的直接建交方案内容的《周恩来总理谈话要点》。

多东西很难。还是从伦敦经过巴黎到东京，把这个工作做好。戴高乐有从大西洋到乌拉尔的想法，再扩大一点，通过北京到东京。富尔说，这是个好意见。毛泽东说：美国人哪个地方都钻，谁不听话就整谁，敢跟他提意见的国家不多。但情况在变化，再过五年、十年变化会更大。谈到杜勒斯时，毛泽东说：此人较爽直，愿意人家知道他的心，只是一面派，不是两面派。杜勒斯比其他人好些，他坚决反对我们，但公开讲。当富尔问中国的人民公社试验情况如何时，毛泽东说：看来是成功的。什么叫公社？就是大规模的合作社，把相互关系调整一下，很有用处，特别是对有灾地区，如河北有大水灾，湖南南部有大旱灾。对丰收地区也很起作用，如上海附近的江苏丰收了，浙江、湖北也丰收了，大多数地区都丰收。有人说公社垮台了，看来垮不了。富尔问中苏分歧是由什么引起的？毛泽东说：是由于对马列主义的解释，是由于对死人的看法。死人都是欧洲人，马、恩、列、斯，对他们的态度，特别是对斯大林的人身攻击，我们不同意。

同日　晚上，在上海会见尼泊尔王国全国评议会议长塔帕和夫人，以及塔帕率领的尼泊尔王国全国评议会代表团全体成员，郭沫若和夫人于立群等在座。毛泽东说：我昨天才到上海，知道你们代表团已到上海，很想见见你们。我们和你们见面感到平等。你们不压迫我们，我们也不压迫你们；你们不欺骗我们，我们也不欺骗你们；你们不在我们这里搞颠覆，我们也不在你们那里搞颠覆。我们两国签订了边界条约，也签订了友好条约。谈到修建从尼泊尔通向西藏的公路时，毛泽东说：单靠老百姓修路速度太慢，应派工程兵团去加速修建。我们内地和拉萨还未通铁路，还要过几年以后，才能有通往拉萨的铁路。铁路到了拉萨，我们和你们交流物资就方便了。毛泽东说：现在世界正在起变化，几个大国要控制小国是不行的。我们也受欺侮，他们欺侮我们没有原子弹，没有核武器，工业不发达。但是，这会起变化，几十年后会变化的。那时我已去见上帝了，我只有一个五年计划，再多就没有意思了，干不了什么工作。你们还都年轻，可以看得见。

同日 批示林克将《关于农村社会主义教育运动中的一些具体政策的规定（草案）》“印三十份，发给各同志研究，准备修改意见”。

11月3日 上午，召集刘少奇、周恩来、邓小平、陈毅开会。

同日 下午，会见阿联（今埃及）教育代表团。毛泽东说：革命首先是依靠本国人民和干部。在建设中，我们还要依靠工程师、技术人员。我们的国家和你们的国家，如果没有科学技术人才，就搞不好。当谈到帝国主义认为白种人最高尚时说：他们认为他们是第一等人，我们是第二等、第三等人，就是不要相信这一条。

同日 从上海到达杭州，住汪庄。刘少奇、邓小平等也到达杭州。在杭州期间，毛泽东召集刘少奇、邓小平、柯庆施、罗瑞卿、谢富治、田家英和华东各省委第一书记开会，讨论修改《关于农村社会主义教育运动中的一些具体政策的规定（草案）》。毛泽东还同刘少奇、邓小平等研究反对现代修正主义的问题，商定以下两件事。第一，扩大宣传范围。过去中央多次通知不许各地方报纸刊物写反对修正主义的文章，现在要开禁，中央、中央局、省级的报刊都可以写反修文章。凡是在中央一级报纸公开发表的，须经中宣部、中央批准；在各省、市、自治区一级报纸公开发表的，须经各中央局批准。地委、县委的报纸暂时还不要搞。标语、口号、歌谣、戏剧和漫画不要搞。第二，扩大传达范围。过去只是在党内传达到十七级以上干部，十七级以下干部、党员群众，我们的人民群众，没有听过传达，以致议论纷纷，有各种问题。现在到了普遍传达的时候了。把过去向十七级以上干部传达的报告提纲，稍加修改传达到十七级以下干部，一直传达到基层支部书记。此外，再写一个提纲，向工人、农民、学生群众作报告，普遍传达一次。

11月8日 阅周扬十月二十六日在中国科学院哲学社会科学部委员会第四次扩大会议上的讲话《哲学社会科学工作者的战斗任务》，批示："退周扬同志：讲得好，完全同意。"毛泽东对讲话作了几次修改，主要是加写了两段话："这种情况看起来好似有些奇怪，怎么有些人会从革命的、科学的社会主义学说的拥护者，竟然堕落到反革命的、反科学的修正主义道路上去呢？其实一点也不奇怪。世界上无论什么事物，总是一分为二。学说也是这样，总是要分化的。有革命的、科学的学说，就一定会在其内部的发展过程中产生它的对立物，产生反革命的、反科学的学说。因为现在社会有阶级的分裂，一万年以后的社会也会有先进集团和落后集团的不同，总是要不断产生对立物的。这个理论早已为马克思主义哲学的历史和各门社会科学的历史所说明了，也为自然科学的历史所说明了。科学和科学史本身，就是说明这种对立统一、对立斗争，因而得到发展的。""真正的革命家，真正的无产阶级革命战士，真正的马克思列宁主义者——战斗的唯物主义者是大无畏的，是不怕孤立的，是不怕反动派和修正主义者咒骂的。因为他们知道，代表未来的不是那个看起来可怕的庞然大物，而是自己这些小人物。一切大人物都是小人物变成的。起初好像孤立的人们，只要他们手里有真理，他们最终总会要胜利，这就是列宁和第三国际。而因为丧失真理，失掉群众的拥护，有名的大人物和大团体，势必会衰亡，会变小变臭，这就是伯恩施坦和第二国际。事物总是在一定条件下向它的反对方面转化。"此外，毛泽东还将讲话中的"全世界一切革命人民、革命党派愈来愈寄希望于中国共产党；毛泽东思想愈来愈成为革命的马克思列宁主义的旗帜，成为当代世界人民革命的旗帜”，改写为“全世界一切革命人民、革命党派愈来愈寄希望于包括中国共产党在内的世界各国真正的马克思列宁主义政党、派别、小组和个人，他们的思想愈来愈成为革命的马克思列宁主义的旗帜，成为当代世界人民革命的旗帜”。这篇讲话于十二月二十七日在《人民日报》发表。

11月9日 到达上海。十一日，离开上海。

11月12日 上午，到达天津，在专列上听取中共河北省委负责人汇报工作。毛泽东询问灾区群众的身体、口粮、燃料、副业等情况。汇报到救灾、治水问题时，毛泽东说：你们都是河北人，你们就是要把河北的灾救出来！要把水切实地治起来！你们十年能把水治好吧？我七十岁了，看不见了，你们这一辈子把水治好吧！谈到防汛措施时，毛泽东说：河、水库要修，还要修村城墙（防洪堤）、镇城墙、县城墙，邯郸市那样的城墙，城墙要普遍地修。城墙是个防卫武器，这种生产资料比牛、比人、比土地都重要，因为堤一溃，粮食被淹了，人、牛都没得吃了。汇报到河北的十大水库今年在防汛中发挥了巨大作用时，毛泽东说：我要从南到北把你们的十大水库都看看。趁水灾发财的人要教育一下，要表扬救人、救畜的人，要给牺牲的人立碑。汇报到群众手里还有些瞒产余粮时，毛泽东说：我历来赞成打埋伏（如百分之十至百分之十五），不赞成挖空。打埋伏是个政策，要让他打埋伏少报。多收少报是好事，少收多报是坏事。汇报到救灾物资的分配，开代表会走群众路线，向群众公布数字、分配办法，防止干部包办，搞新的“四不清”时，毛泽东说：这样好嘛！有这样做的典型材料吗？不光救灾这样搞，别的也应这样搞，我们的政策、办法就是要和群众直接见面。非灾区也这样搞。汇报到过去干部多吃多占，只要诚恳承认错误，坚决改正，群众会原谅时，毛泽东说：人有错是可以改的。除了罪大恶极、血债严重、群众不答应的以外，贪污这一条能改的就照常使用，严重的调离使用也是必要的，还可以劳动改造。关于社会主义教育运动问题，毛泽东说：社会主义教育运动还是要进行。我在中南开了一次会，在华东开了一次会，大家认为分重点、普遍两种方法进行好。重点的分批，三四个月一批，普遍的搞半月二十天，不普遍刹一下风不行。河南是重点与普遍相结合，湖北早就这样做了，湖南也提议这样搞。原来在杭州会议上确定是分期分批，现在接受各地的经验，改变过来。

同日 晚上，回到北京。

11月14日 中共中央政治局扩大会议在中南海怀仁堂举行，刘少奇主持。会议讨论通过《中共中央关于农村社会主义教育运动中一些具体政策的规定（草案）》和《中共中央关于印发和宣传农村社会主义教育运动问题的两个文件的通知》。这个通知，对毛泽东十月二十五日起草的通知的修改稿在内容上又作了一些修改，通知的标题也作了改动。《通知》说：“在今年九月中央工作会议上制定了《关于农村社会主义教育运动中一些具体政策的规定（草案）》这个重要文件之后，十月间，我们又同河北、河南、湖北、湖南、广东五省省委、若干地委和中南局的领导同志分别开会商量，然后，我们又同华东局领导人，华东各省委的领导人再商量了一次。大家认为：农村社会主义教育运动，应当点、面结合去做为最有利。因此，在九月文件上作了修改，加进了点、面结合的一段，此外，还有一些小的修改。由于这一改变，中央在一九六三年五月二十日给各中央局，各省、市、自治区党委的通知，也要在一些问题上加以改变。五月二十日的通知规定，中央决定（草案），凡是暂时不准备推行社会主义教育运动的县、社和大队，暂时不要下达。现在改为：（一）五月二十日的决定（草案），九月的规定（草案）这两个文件，要向全国农村每个支部发出二本，由县委、区委、公社党委领导干部负责向全体党员和全体农民宣读，要讲得明明白白，清清楚楚。文件由各省、市、区党委负责印发。”还要向城市工厂、机关、学校、街道的一切人宣读，向民主党派成员宣读。人民解放军、人民公安部队、人民警察，照此办理。对农村和城市的地、富、反、坏、右也要宣读和讲解。“总之，要使全国人家喻户晓，做一次伟大的宣传运动。这样一来，一切党内外干部，一切战士，一切人民，都会大进一步；地、富、反、坏、右的大多数人，也会受到教育，得到改造。”十六日晨，审阅田家英十四日报送的《中共中央关于农村社会主义教育运动中一些具体政策的规定（草案）》修改稿。田家英在附信中说：“十一、十二两日，在京的中央同志分组讨论了这个文件。这是根据大家提出的意见所作的修改。今天下午政治局会议已原则上确定照此印发人代会。”毛泽东批示：“已阅。退尚昆即办。”中央的通知和决定（草案）（前十条）、规定（草案）（后十条），于十一月十八日发出。

同日 晚上，在中南海颐年堂主持召开中共中央政治局常委会议，讨论《在战争与和平问题上的两条路线——五评苏共中央公开信》（十一月十三日稿）。十八日，审阅《五评》的定稿，加写“社会实践是检验真理的唯一标准”一句，并批示康生：“在最后一页上有一点小的修改，请酌定。”这篇文章在一九六三年十一月十九日《人民日报》和《红旗》杂志一九六三年第二十二期发表。

11月15日 下午，在中南海颐年堂会见阿尔巴尼亚总检察长切拉等，张鼎丞[1]等在座。毛泽东说：对付反革命分子，对付贪污浪费分子，单用行政的办法和法律的办法是不行的，要依靠群众的力量。检察院、法院和公安部门，同党的工作、同群众的工作配合起来，这样比较好一些。比如讲，铺张浪费、贪污分子，一般说靠行政的办法是整不好的，他们就是怕群众，叫做上下夹攻，他们就无路可走了。要隔几年就整顿一次。对待这些人，我们主要不靠捉人杀人，主要靠批评教育，就是用教育的方法改造人。我们相信依靠群众是可以把他们教育改造好的。至于少数分子，那是要抓起来的，但也是采取教育的方法进行改造。我们第一要相信人是可以改造过来的，在一定的条件下，在无产阶级专政的条件下，一般说是可以把人改造过来的，只有个别的人改造不过来。对个别屡教不改的人，那我们只好把他长期养下去，把他关在监狱的工厂里工作，或者把他们的家属也搬来，有些刑满了不愿意回去的，就把家属也接来，安置就业。

11月17日—12月3日　第二届全国人民代表大会第四次会议在北京举行。会议通过《关于一九六三年国民经济计划执行情况和一九六四年国民经济计划草案的报告》、《关于一九六三年国家预算草案和预算执行情况、一九六四年国家预算初步安排的报告》和《关于第三届全国人民代表大会代表名额和选举问题的说明》。大会号召全国人民为把中国建设成为一个具有现代农业、现代工业、现代国防和现代科学技术的强大的社会主义国家而奋斗，为世界和平、民族解放、人民民主和社会主义的伟大事业而奋斗。毛泽东出席了大会的开幕会议和闭幕会议，还出席了十一月十八日和十二月二日的全体会议。

11月17日　为即将在天津举办的河北抗洪抢险斗争展览会

---

〔1〕张鼎丞，当时任最高人民检察院检察长、党组书记。

题词："一定要根治海河"。并写信给林铁："遵嘱写了几个字，不知是否可用？浪淘沙一词，待后再写。"

11月18日 下午，在中南海颐年堂召开会议。

11月21日 晚上，听取汪东兴汇报谢富治准备在第二届全国人大四次会议上的发言稿的主要内容，毛泽东说：题目〔1〕很新鲜，既然拿来了，我还是看看，但可以先讲，不必等我。二十二日，阅谢富治的发言稿后批示："富治、彭真同志：此件看过，很好。讲过后，请你们考虑，是否可以发到县一级党委及县公安局，中央在文件前面写几句介绍的话，作为教育干部的材料。其中应提到诸暨的好例子〔2〕，要各地仿效，经过试点，推广去做。"

11月24日 下午，在人民大会堂一一八厅会见由内务大臣卡尤姆率领的阿富汗王国政府签订阿中边界条约代表团，陈毅、曾山〔3〕、黄镇等在座。毛泽东说：你们同我们签订了边界条约，很好。我们两国之间本来是没有边界纠纷的，有了这个条约就更加好一些。卡尤姆说：我们不论在喀布尔还是在北京谈判边界条约的时候，都是在一种非常友好和相互尊重的气氛下进行的。这种气氛应该是二十世纪的人们应有的精神。毛泽东说：我们热爱和平。如果有人危害我们的独立，我们的天性就是奋不顾身地起来捍卫。有的人要搞颠覆活动，一定要把统治者弄死，这有什么必要呢？西方国家在这一点上是缺少文明的。

同日 晚上，会见莫三鼻给（后译莫桑比克）解放阵线外事

〔1〕 题目是《依靠广大群众，加强人民民主专政，把反动势力中的绝大多数人改造成为新人》。

〔2〕 指浙江诸暨县的经验。经验最基本的一条就是发动群众，通过说理斗争，制服敌人，把"一个不杀，大部不捉"的内部肃反方针推广到用来处理社会主义教育运动中揭发出来的有破坏活动的地、富、反、坏分子。

〔3〕 曾山，当时任全国人大预算委员会主任委员、内务部部长。

兼组织书记、葡属殖民地民族主义政党会议秘书长桑托斯。应桑托斯的请求，为莫三鼻给人民题词："为了莫三鼻给人民争取民族解放、反对帝国主义和殖民主义而斗争!"会见中，毛泽东询问莫三鼻给的面积、工业、农业、土地占有关系、莫三鼻给解放阵线的组织情况等，并介绍中国革命的经验。桑托斯说：我们很多人要遵循您的榜样，在政治和斗争方面学习您的教导。另外也有一些人从另外一方面学习您——学您的诗，我就是这样。我要用诗表达人民的痛苦。毛泽东说：你三十四岁，很年轻。我学打仗就是你这么大。打仗会有失败，经过成功和失败最后取得胜利。如写诗一样；有些诗不能用，要经过修改，写文章和写诗不经过修改是很少的。为什么要修改，甚至还要从头写？就是因为文字不正确，或者思想好，但文字表达不好，要经过修改。你写过不要修改的诗吗？我要修改。有时，还要征求别人的意见，别人有不同意见我就要想想。

同日 晚上，同康生谈对他主持起草的毛泽东给苏加诺的复信稿的修改意见。二十六日晨二时，阅康生二十五日报送的复信修改稿后，批示："请尚昆同志即办。"复信中说：我很高兴地接到和阅读了您十月二十三日的来信。您在来信中，表示对中苏之间的意见分歧感到不安和忧虑，并且希望通过协商很好地解决意见分歧。对您的这种好意，我和我的同事都非常感谢。这些年来，对于中苏意见分歧，我们采取的态度是：坚持原则，坚持团结，通过平等协商消除分歧。今后，我们仍将坚定不移地采取这种态度。亲爱的朋友和兄弟，您可以相信，我和我的同事，我们的党和我国人民，都将一如既往，为加强中苏团结，加强一切革命力量的团结，而进行坚持不懈的努力。

11月26日 下午，在人民大会堂福建厅会见古巴作家和艺术家联合会文学部主任、诗人比达·罗德里格斯和夫人。谈到鲁迅时，毛泽东说：鲁迅是中国革命文豪，前半生是民主主义左派，后半生转为马列主义者。鲁迅对帝国主义、封建主义的斗争很明确，他是从那个社会出来的，他知道那个社会的情况，也知道如何去斗争。旧知识分子说他具有二心，是叛徒，所以他写了《二心集》；又说他运气不好，正交华盖运，他就出了一本集子叫《华盖集》，还说他是堕落的文人，他就用了“洛文”的笔名。鲁迅对那些人的批判毫不放松。被他批判的人，有一部分转到革命队伍里来，另一部分跟美帝国主义走了。谈到中国情况时，毛泽东说：我们的革命胜利，我们的政权巩固下来，就是依靠工人和贫农，这两部分人占人口的绝大多数。只要这两部分人团结起来，富裕中农就靠拢了。知识分子中也有左、中、右，首先团结左派，中间派就跟着靠拢。右派只要反帝、爱国，也可以团结，有暂时的作用，没有他们有时也不行。毛泽东称赞古巴领导人提出的一手拿砍刀，一手拿武器的口号很好，不要放弃这个口号。谈到世界局势时，毛泽东说：总的看来，世界在变，变得对反革命不利，对革命有利。几十年的历史证明了这一点。

11 月 29 日 晚上，在中南海怀仁堂观看南京部队前线话剧团演出的话剧《霓虹灯下的哨兵》。演出结束后，同剧本作者、话剧团团长和演员一一握手，并合影。

11 月 对《戏剧报》和文化部接连进行了两次批评，指出：一个时期，《戏剧报》尽宣传牛鬼蛇神。文化部不管文化，封建的、帝王将相的、才子佳人的东西很多，文化部不管。文化方面特别是戏剧大量是封建落后的东西，社会主义的东西很少，在舞台上无非是帝王将相、才子佳人。文化部是管文化的，应当注意这方面的问题，要好好检查一下，认真改正，如不改变，就改名“帝王将相部”、“才子佳人部”，或者“外国死人部”。

12 月 3 日 苏联驻中国大使契尔沃年科向杨尚昆、伍修权送交苏共中央十一月二十九日致中共中央的信。毛泽东当即决定由邓小平在正在进行的第二届全国人大四次会议闭幕会上宣读这封信。苏共中央的信，要求停止中苏两党的公开论战，并提出召开兄弟党国际会议。

12月5日 下午，在人民大会堂一一八厅会见由拉洛塔率领的哥伦比亚“工、学、农运动”学习代表团，伍修权等在座。毛泽东介绍中国革命的经验。他说：搞革命总是要自己创造经验。我这一辈子就是在打仗中过的，一共打了二十二年，从没有打仗的决心到有了打仗的决心，从不会打仗到学会了打仗。武装斗争，要学会消灭敌人，敌人是一部分、一部分地歼灭，一下子都歼灭是不可能的。打歼灭战，要选择时间和地点。武装斗争，要搞根据地，要有单独的农村政治经济纲领。你们要和群众打成一片。群众不管你是什么官，也不看你穿什么衣服，只看你的政策。他们也不管你是什么党，共产党的政策错了，他们一样要骂你。知识是从哪里来的？知识是从群众中来的。我们如不进行调查研究，就是什么也不懂。

同日 晚上，在中南海菊香书屋召集周恩来等开会，研究周恩来、陈毅访问非洲国家的有关问题。

同日 审阅准备由人民文学出版社出版的《毛主席诗词》的清样，写信给田家英：“‘钟山风雨’一诗，似可加入诗词集，请你在会上谈一下，酌定。‘小小寰球’一词似可收入集中，亦请同志们一议。其余反修诗、词，除个别可收入外，都宜缓发。《八连颂》另印，在内部流传，不入集中。”六日晨，再次写信给田家英：“今天或明天开会讨论诗词问题，我现再有所删节改正，请康生同志主持，提出意见，交我酌定为盼！”

12月9日 阅张爱萍、李天佑[1]十二月二日关于蒋介石军队可能袭扰大陆的报告。报告说：我们接到总理十一月二十七日关于应该进一步研究蒋军可能袭扰的新特点、新花样和我们的新对策的指示后，总参各有关部门马上作了研究和布置，现将研究的结果报告。毛泽东批示："敌人小、中、大袭扰足以锻炼我军民的战斗能力，是好事，袭扰越多越好。故第八项措施[2]，暂时不应采取，将来视情况再说为宜。"

12月11日 阅王鹤寿十二月九日关于冶金工业部所属企业的思想政治工作学习解放军的政治工作情况的报告，批示："薄一波同志：此件请你看一下。别的工业部是否也抓起了思想政治工作，请你查告我。看来学解放军，并且调一些解放军好干部到工业部门工作，是一个好办法。请你考虑一下这个问题。"

12月11日或12日 阅新华社十二月十一日编印的《内部参考》（增刊）第六三九期刊载的《苏联学术界近年对控制论哲学问题的讨论十分热闹》一文。文章介绍了苏联学术界关于机器能否思维有四种意见。其中第三种意见认为说机器能够思维是不能令人信服的，但是与其把机器同人对立起来，倒不如更多地研究人与机器共栖的问题。毛泽东对这种意见批注："调和派"。第四种意见认为机器模拟思维的问题还需要实验研究，机器与人不同在于人能够进行创造性活动，今后控制论要研究创造性问题。毛泽东对这种意见批注："慎重派"。文章说关于控制论与社会的关系，有一种看法认为应当利用控制论去解决人类社会调整的问题，控制论在争取和平中也应起作用，和平是能够也应当被控制的。毛泽东对这种看法批注："这是一种主观唯心的形而上学的

---

〔1〕 李天佑，当时任中国人民解放军副总参谋长。
〔2〕 指报告中提出的建议在政治上、外交上和宣传上采取相应的配合措施。

理论，否认不依人的意志为转移的客观规律。不平衡发展的客观规律，决定和平在一定条件下能控制，因为敌对的双方都不愿意打仗。到了新的条件下，双方中的一方，不由人的意志为转移了，自己认为非打不可了，不能控制了，仗就打起来了。”

12月12日 阅中共中央宣传部文艺处十二月九日编印的《文艺情况汇报》刊载的《柯庆施同志抓曲艺工作》〔1〕一文，批示：“彭真、刘仁〔2〕同志：此件可一看，各种艺术形式——戏剧、曲艺、音乐、美术、舞蹈、电影、诗和文学等等，问题不少，人数很多，社会主义改造在许多部门中，至今收效甚微。许多部门至今还是‘死人’统治着。不能低估电影、新诗、民歌、美术、小说的成绩，但其中的问题也不少。至于戏剧等部门，问题就更大了。社会经济基础已经改变了，为这个基础服务的上层建筑之一的艺术部门，至今还是大问题。这需要从调查研究着手，认真地抓起来。许多共产党人热心提倡封建主义和资本主义的艺术，却不热心提倡社会主义的艺术，岂非咄咄怪事。”

同日 下午，在人民大会堂一一八厅会见秘鲁共产党左派代表何塞·索托马约一行，赵毅敏等在座。毛泽东说：我们今天发表了一篇六评苏共公开信。赫鲁晓夫叫停火〔3〕，我们不忙于答复他，我们的文章还没有答完呢，回答还是要回答的。关于世界矛盾的焦点，毛泽东说：革命形势是在亚洲、非洲和拉丁美洲。因此，矛盾的焦点不在欧洲和北美，而是在亚洲、非洲和拉丁美

〔1〕 文中说：上海市委很注意曲艺等群众艺术工具，柯庆施亲自抓曲艺工作。一是抓评弹的长篇新书目建设问题；一是抓故事员的问题。

〔2〕 刘仁，当时任中共中央华北局书记处书记、北京市委第二书记、北京市政协主席、中国人民解放军北京卫戍区第一政治委员。

〔3〕 1963年11月29日，苏共中央致信中共中央，要求停止中苏两党的公开论战。

洲。我们应该帮助这三大洲的人民组织起反帝阵线，促使革命胜利，这也有助于保卫社会主义国家。对于整个拉丁美洲的斗争，我们是很重视的。谁想同我谈，我都愿意。我们有个原则，不论是共产党还是民族主义者，只要真心反帝，我们就支持。我年纪大了，能做点工作，看看同志们，就是幸福。雷声大，雨点小，有名无实不好，我不喜欢做一个这样的人。

12月13日 为转发李瑞山、华国锋关于参观广东农业生产情况的报告〔1〕和中共湖南省委转发这个报告的指示〔2〕，起草中

---

〔1〕 李瑞山、华国锋给中共湖南省委的报告说：我们省委的几位同志和各地、市委的主要领导同志一行32人，于10月29日至11月5日参观了广东省的农业生产。留下的最深刻的印象是，广东已经出现了农业生产的新高潮。突出的体会有六条：一、广东省在高举三面红旗方面非常突出，他们一直坚持大办水利，推广良种，合理密植，办劳动大学等。二、广东省在贯彻以粮为纲、全面发展、多种经营的方针方面非常突出。这是一个值得我们十分重视的经验。三、广东省在提高单位面积产量方面非常突出。一是复种指数高，一是每季都高产。从这里我们得到一个启发，单产潜力是很大的，增产到顶论是没有任何根据的。四、广东省在抓水、抓肥、抓种方面非常突出。特别是水，我省必须大力发展电力排灌，这是当前的重要措施。也应更积极地生产化肥，在这方面我们是有条件的。五、广东省在抓经济政策方面非常突出。例如，粮食和甘蔗的征购任务，都按照中央的政策规定，一直落实到生产队，超产部分由生产队处理。这些经济政策大大地鼓励了农民的生产积极性。我省究竟怎么办？还需要看粮食情况而定。六、广东省在农业生产上走群众路线，大搞群众运动非常突出。通过这次参观，大家都感到扩大了眼界，解放了思想，学习了许多宝贵的经验。应当把广东的经验和湖南的具体情况结合起来，因地制宜地加以运用和推广。

〔2〕 中共湖南省委1963年12月7日将李瑞山、华国锋的报告转发给湖南各地、市、县委，省委各部委，各厅局党组，要求一直发到公社党委和厂矿党委，强调各级党委的同志必须看，让大家照照镜子，展开讨论，把从先进地区、先进单位学来的经验，很好地运用到自己的工作中去。

央指示。指示说："中央认为，这种虚心学习外省、外市、外区优良经验的态度和办法，是很好的，是发展我国经济、政治、思想、文化、军事、党务的重要方法之一。固步自封，骄傲自满，对于自己所管区域的工作，不采取马克思主义的辩证分析方法（一分为二，既有成绩，也有缺点错误），只研究成绩一方面，不研究缺点错误一方面。只爱听赞扬的话，不爱听批评的话。对于外省、外市、外区、别的单位的工作，很少有兴趣组织得力高级中级干部去虚心地认真地加以考察，以便和本省、本市、本区、本单位的情况结合起来，加以改进。永远限于本地区本单位这个狭隘世界，不能打开自己的眼界，不知还有别的新天地，这叫做夜郎自大。对外国人、外地人以及中央派下去的人，只让看好的，不让看坏的；只向他们谈成绩，不向他们谈缺点及错误，要谈也谈得不深刻，敷衍几句了事。中央多次对同志们提出这个问题，认为一个共产党人必须具备对于成绩与缺点、真理与错误这个两分法的马克思主义辩证思想。""但是，中央和各地同志中，有许多人却很少认真地用这种观点去思索去工作。他们的头脑，长期存在着形而上学的思想方法而不能解脱。""中央在这里所说的犯有形而上学错误的同志是指一部分同志，不是指全部同志。但是应当指出，有大量的好同志却被那些高官厚禄、养尊处优、骄傲自满、固步自封、爱好资产阶级形而上学的同志们，亦即官僚主义者，所压住了，现在必须加以改革。凡不虚心地认真地对本地本单位本人作分析，对别地别单位别人作分析，拒绝马克思主义辩证分析方法的同志，要进行同志式的劝告和批评，以便把不良情况改变过来。把向别部、别省、别市、别区、别单位的好经验、好作风、好方法学过来这样一种方法，定为制度。这个问题是一个大问题，请你们加以讨论。以后还要在中央工作会议及中央全会上加以讨论。"指示最后说：湖南省委从一九六一年开始注重调查研究，特别是这次派两个考察团分别到广东、上海去学习。“这一点，请你们注意研究，是否也可以这样办。中央认为，不但可以而且应当这样办。”毛泽东写完指示后，又写批语给刘少奇、邓小平、朱德、彭真、罗瑞卿、康生、陈伯达、薄一波、李先念、谢富治、谭震林，指出：“湖南这个文件似可转发，有很大好处。请审阅处理。或者开一次会，议一下。”十二月下旬，中央讨论通过了这个指示。一九六四年一月三日，这个指示在党内印发，题目是《中央关于加强相互学习，克服固步自封、骄傲自满的指示》。

同日 阅中共中央办公厅秘书室十二月十二日编印的《群众反映》第八十四期刊载的《上海有很多人迫切要求给予生活出路》一文。文中说，上海地区要求解决工作、生活问题的来信有显著增加。来信人以被精简的职工为最多，还有未能升学就业的社会青年和各类无业人员。他们生活无着，很是困难，其中一些人思想极为不满。毛泽东批示：“柯老、丕显同志：此件请阅。此事必须解决。一定要使他们设法就业。即使暂时不能就业，也要支出一笔救济费把他们养起来，以待逐渐设法就业。上海共有失业者多少？是否有几十万？请查告。你们对此问题的解决意见如何，请考虑见告。”同时批示：“刘、邓、彭真同志：我在《群众反映》第八十四期上写了几句话给上海柯、陈二同志，送上请阅。如以为不妥，请退回修改。如以为可用，请交尚昆加封寄去。此是一件大事，值得注意。”

同日 晚上，在中南海会见秘鲁左派革命运动总书记德拉普恩特等，赵毅敏等在座。毛泽东询问秘鲁的工业、农业、农村人口、粮食等情况，并介绍中国革命胜利的经验。

同日　致信周世钊："看了田仁尊[1]兄的信，表示生活极为困难，似有求助之意。送上五百元，请予转交田仁尊兄为盼。""如有其他穷师友，因生活困难，日子难过的事，请告我，应即援助，都由你经手。这是一种社会主义援助性质。又及。"

12月14日　复信林彪。信中说："你的信早收到了。身体有起色，甚为高兴。开春以后，宜到户外散步。你对两个文件[2]的看法是正确的。国内外形势均已向好，均已走上正确的轨道。可以预计，更大的发展是会到来的。关于农村社会主义运动两个文件，十一月中旬就发出去了，本月上旬各省已有反映，在一些地方的生产大队全体队员及五类分子（有的多到七百多人听讲）开会时向他们宣读，分组讨论，效果很好。军队如能照此办理，那也一定会好的。由团、营两级理解力强的军政干部向连队一切人员分几次宣读、讲解，讨论，由群众提出意见，讲解员解答疑难问题，是会成为一个大规模社会主义政策教育运动的。军、师两级也可派一部分强的干部下去，杂在团营干部中，向连队宣读、讲解，作为军官当兵的一种形式。至于高级首长，例如瑞卿、萧华、杨勇、廖汉生[3]、许世友、黄永胜、刘亚楼[4]等等同志也应该择一二个连队去作一二次讲解。讲解要联系环境，

---

〔1〕田仁尊，毛泽东在湖南省立第一师范学校读书时的同学。

〔2〕指《中共中央关于目前农村工作中若干问题的决定（草案）》和《中共中央关于农村社会主义教育运动中一些具体政策的规定（草案）》。

〔3〕杨勇，当时任中国人民解放军北京军区司令员。1965年2月、11月又先后任北京地下铁道领导小组组长、中共中央华北局书记处书记。廖汉生，当时任中共中央华北局书记处书记、国防部副部长、中国人民解放军北京军区第二政治委员。

〔4〕刘亚楼，当时任国防部副部长兼国防科学技术委员会副主任、中国人民解放军空军司令员。

先要对准备去讲解连队的情况作一些大略的调查。”“军队一动起来，还可抽出一些干部帮助地方，向工厂、农村作宣讲工作。这样又可以使军民联合起来，人民了解和拥护军队，军队了解和帮助人民，更是一大好事。是否可以如此做，请你和罗、萧诸同志商酌处理。祝好!”“曹操有一首题名《神龟寿》的诗，讲养生之道的，很好。希你找来一读，可以增强信心。又及。”

同日 阅中共中央办公厅秘书室十二月十三日编印的《群众反映》第八十三期刊载的黑龙江北安县委宣传部符金声十一月来信的摘要，其中说：目前农村的政治思想工作，虽然上面一般都有布置，但往往落实不到基层。建议撤销类似生产办公室那些党政不分的重叠机构；每个生产队应像军队的连队那样，配上一个政治委员，专门负责生产队中的政治思想工作和党的工作。毛泽东批示：“少奇、小平、彭真同志：这个文件请你们看一看。它提出了一个值得注意的问题。是否在生产队里设一个政治委员，或者叫政治指导员，或者叫宣传员，让一个不脱离生产的小知识分子（高小毕业生有的是，初中生也可找到），把思想政治工作，在几亿农村人口中抓起来。在城市工业、商业、居民方面也仿军队办法从上到下设政治部、政治处和指导员。此事请书记处议一下。然后常委再议。”

同日 复信张维：“多次来信并附件都收到了。深情厚意，关心政治、卫生工作和我个人养生之法，极为感谢！久未作复，尚乞原谅。敬祝病体逐渐康复。并问魏夫人好!”

12月16日 关于工业部门学习解放军的问题，致信林彪、贺龙、聂荣臻、罗瑞卿、萧华。信中说：“国家工业各个部门现在有人提议从上至下（即从部到厂矿）都学解放军，都设政治部、政治处和政治指导员，实行四个第一[1]和三八作风[2]。我并建议从解放军调几批好的干部去工业部门那里去做政治工作（分几年完成，一年调一批人），如同石油部那样。”“看来不这样做是不行的，是不能振起整个工业部门（还有商业部门，还有农业部门）成百万成千万的干部和工人的革命精神的。”“这个问题我考虑了几年了，现在因为工业部门主动提出学解放军，并有石油部的伟大成绩可以说服人，这就到了普遍实行的时候了。解放军的思想政治工作和军事工作，经林彪同志提出四个第一、三八作风之后，比较过去有了一个很大的发展，更具体化又更理论化了，因而更便于工业部门采用和学习了。”

同日　罗荣桓[3]在北京去世。毛泽东任治丧委员会委员，十七日到北京医院向遗体告别。

同日　晚上，在中南海颐年堂和刘少奇、邓小平等听取聂荣臻关于十年科学技术规划问题的汇报。开会前，毛泽东提议大家起立为罗荣桓同志默哀。默哀后，他说：罗荣桓同志原则性强，表里如一，对党忠诚，对党的团结起了很大的作用。党内要团结。党内不纯粹，这是社会现象。党内有各色各样的人，要团结多数，做到比较一致。允许少数同志犯错误，公开犯错误可以，不许秘密搞鬼。聂荣臻汇报后，毛泽东说：科学技术这一仗，一定要打，而且必须打好。过去我们打的是上层建筑的仗，是建立

---

〔1〕　四个第一，指人的因素第一，政治工作第一，思想工作第一，活的思想第一。

〔2〕　三八作风，指“坚定正确的政治方向，艰苦朴素的工作作风，灵活机动的战略战术”三句话和“团结、紧张、严肃、活泼”八个字。

〔3〕　罗荣桓，生前任中共中央政治局委员、中共中国人民解放军监察委员会书记、全国人大常委会副委员长、中国人民解放军总政治部主任、国防委员会副主席。

人民政权、人民军队。建立这些上层建筑干什么呢？就是要搞生产。搞上层建筑、搞生产关系的目的就是解放生产力。现在生产关系是改变了，就要提高生产力。不搞科学技术，生产力无法提高。科学研究有实用的，还有理论的。要加强理论研究，要有专人搞，不搞理论是不行的。要培养一批懂得理论的人才，也可以从工人农民中间来培养。我们这些人要懂得些自然科学理论，如医学方面、生物学方面。在汇报到搞反导弹武器时，毛泽东说：死光〔1〕，要组织一批人专门去研究它。要有一小批人吃了饭不做别的事，专门研究它，没有成绩不要紧。军事上除进攻武器外，要注意防御问题的研究，也许我们将来在作战中主要是防御。进攻武器，比如原子弹的数量我们比不赢人家。战争历来都是攻防两手，筑城、挖山洞都是防嘛。秦始皇的万里长城没有多大用处。我们准备做一些蠢事。要搞地下工厂、地下铁道，逐年地搞。听汇报过程中，他还说：给科学家的稿费可以高一点；每年购买外国书刊的经费四百万美元不算多，可以用一千万美元。当有人问三大革命运动中的科学实验包括不包括社会科学时，毛泽东说：主要是指自然科学。社会科学的研究不能完全采用实验的方法。例如研究政治经济学不能用实验方法，要用抽象法，这是马克思在《资本论》里说的。商品、战争、辩证法等，是观察了千百次现象才能得出理论概括的。社会科学也要有一个十年规划。社会科学落后了，这回没有搞规划。社会科学也要投一点资。有一本杂志《自然辩证法研究通讯》，曾停了很久，现在复刊了，复刊了就好。

12月19日 阅解放军报社本日关于贯彻林彪提出的军队要加强学习地方的指示的报告，将报告中的“林总”改为“林彪同

---

〔1〕 死光，即激光。

志"，"主席"改为"毛泽东同志"。二十五日，在莫文骅[1]关于协助工业部门训练政治干部的报告上批示："此件中，将职务称号（如毛主席）一律改为姓名加同志的称号（如毛泽东同志），习惯称号（如林总）一律改为姓名加同志的称号（如林彪同志）。此事沿引了几十年了，不像样子。引起了一些官僚主义的作风。官长同士兵之间，上级同下级之间，造成了某些不自然和某些隔阂。地方也是这种情形。我建议坚决地改过来。"

12月22日 阅康生转送的许立群关于出版《毛泽东选集》第四卷俄文本的报告。报告说：《毛泽东选集》第四卷俄文本的译稿，早已定稿，但根据主席指示，尚未出版。由于目前反对现代修正主义斗争的形势，同三年前已有很大不同，我们建议俄文本即由我外文出版社出版。毛泽东批示："刘、邓、彭阅，退康生照办。"

同日 下午，在人民大会堂一一八厅会见越南南方民族解放阵线、越南南方劳动解放协会代表团。毛泽东询问解放阵线根据地的位置、敌人的兵力、解放阵线的作战能力等。他说：你们可以打埋伏，在敌人运动中消灭他们，切断交通线，突然袭击。同时在人民当中要进行教育工作。你们要依靠人民，只有依靠人民才有出路，真正解决问题还要靠南方的人民。要做敌军工作，在敌军内部做工作，可以争取中间偏左的军官。你们要根据自己的情况自己想问题，不要照抄中国经验，具体条件不同。

12月23日 为转发中共江苏省委关于向农村基层干部和群众宣讲农村社会主义教育运动两个文件情况的报告，起草中央给各中央局、各省市区党委、军委总政治部、中央各部委党组和党委的批语："（一）江苏省委十二月二十日的报告，请你们研究参

---

〔1〕 莫文骅，当时任中国人民解放军政治学院院长。

考。（二）请你们把这件事认真抓起来，争取在春耕以前，在农村、城市、军队、机关、学校（小学除外）普遍讲解一次，并且略作讨论，粗线条地解决一些问题。（三）要随时总结经验，发扬成绩，纠正缺点，给予指导。（四）农村中分期分批进行点上的工作，同时进行，不要放松。”并批示：“刘、邓、朱、彭、震林同志：比较各地报来的情况和意见，以江苏此件为较好，故予以转发。震林前拟指示不发，改发此件。”

12月24日 批示林克：“美国国务院远东事务助理国务卿希尔斯曼十二月十三日在旧金山的一篇对华演说，另史蒂文森在联合国十二月十八日、二十二日的两篇对华演说，以上共三篇文章，请你找来给我为盼！”

12月26日 七十岁生日。邀请章士钊、王季范、程潜、叶恭绰[1]来中南海颐年堂做客，并请每人携带一位子女同来。毛泽东的女儿李敏、李讷，女婿孔令华，和部分身边工作人员参加了这次宴请。

12月27日 复信胡志明：“几次来信，都已收到，甚为感谢。中苏谈判，几个月后可以开第二次会，目前几个月内还不宜开，因为没有什么新鲜的话好讲。在十一个党会议上共同商定政策以后，中苏就可以开会了。看来不止谈三四次，可能要谈十几次或几十次，谈几年到十几年，才能谈出个有利于革命有利于真正团结的结果来。对此我们是有耐心的。目前国际形势很好，料想你和你的战友们也感觉到了。听说你们的中央全会开得很好，谨致热烈的祝贺。新年将到，敬致贺忱。”

12月28日 阅外交部十二月二十六日编印的《新情况》刊

---

〔1〕 叶恭绰，当时任全国政协委员、中央文史研究馆副馆长、北京中国画院院长。

载的《美国对华政策新诠——对希尔斯曼十二月十三日演说的几点看法》[1]一文后，批示："刘、邓，外交部、外办的同志们：这篇分析很好。建议写一篇文章公开发表，要认真研究亚洲情况，进行合理的批评。在半月内写好，多次研究、修改，采取攻势。同时将希尔斯曼的演说发表。半个月不行，一个月两个月也可。"

12月30日 阅中共中央外事小组、中央宣传部十二月二十五日关于加强研究外国工作给中央的报告，批示："这个文件很好。但未提及宗教研究。对世界三大宗教（耶稣教、回教、佛教），至今影响着广大人口，我们却没有知识，国内没有一个由马克思主义者领导的研究机构，没有一本可看的这方面的刊物。

---

〔1〕这篇文章说：希尔斯曼的演说是美国总统约翰逊上台后美国官员在对外政策方面的首次政策性文件，也是长期以来美官方关于对华政策的一篇全面阐述。演说有些新的提法，如实际上带有批评口吻地承认美国过去对中国的估计和政策不现实，要求"冷静地估计一下"中国问题，呼吁"彼此谅解和尊敬"，这些表示均为过去官方所未有的调子；比较明显地目前重点并非积极期望改善中美关系，而更多着眼于稳定远东和亚洲局势的战略考虑，以在外围遏制我国为主；肯定其"长期行之有效"的对苏联"采取保持实力和坚定而又准备谈判的政策"，长远说来，对中国也适用；还提出了所谓对华"门户开放政策"。从以上几点看来，希尔斯曼的演说在保持中美关系僵持局面的情况下似为今后可能采取的某些灵活松动的做法留有余地。文章认为，演说的调子虽然比较和缓，但是它并不说明美国对华政策有什么改变。如仍然认为中国是美国在远东面临的"最大最麻烦的问题"，美国需要在中国周围建立一个包围圈来"遏制"中国，继续执行不承认中国和对中国大陆"禁运"的政策，要我国接受"两个中国"的局面。约翰逊上台还不到一个月即急于发表这篇说明和辩护美国对华政策的演说，表明在这个问题上美国当局的处境很不好过，来自国内外的压力很大，不能不作出必要的澄清。

《现代佛学》不是由马克思主义者领导的，文章的水平也很低。其他刊物上，用历史唯物主义观点写的文章也很少，例如任继愈发表的几篇谈佛学的文章，已如凤毛麟角，谈耶稣教、回教的没有见过。不批判神学就不能写好哲学史，也不能写好文学史或世界史。这点请宣传部同志们考虑一下。”这个报告说：根据主席的指示，总理在离京前亲自主持，召集有关部门负责同志讨论了加强研究外国工作的问题。决定采取多项措施，积极开展研究外国的工作：由有关各部分别负责，新建一批研究机构，加强现有研究机构；在高等学校中建立研究外国的机构；加强和充实高等学校中有关国际政治的院系；加强各外事机关特别是驻外使馆的调查研究工作；成立国际研究指导小组，等等。

12月 作《七律·吊罗荣桓同志》：“记得当年草上飞，红军队里每相违。长征不是难堪日，战锦方为大问题。斥鷃每闻欺大鸟，昆鸡长笑老鹰非。君今不幸离人世，国有疑难可问谁？”

1964年 七十一岁

1月1日 《毛主席诗词》由人民文学出版社和文物出版社同时出版发行。该书共收入毛泽东诗词三十七首，其中十首是第一次公开发表〔1〕。对已发表过的二十七首诗词，作者作了个别字句的修订。据新华社四日电讯，一月一日开始发行的《毛主席诗词》八万册，已被读者竞购一空。新华书店原来计划印行五十万册，现在决定再加印三十万册，以满足各地读者的迫切需要。

同日 阅谢富治一九六三年十二月三十日报送的中共公安部党组一九六三年第三次综合报告。报告说：自五月杭州会议提出要把地、富、反、坏分子中间的绝大多数人改造成为新人的任务以后，半年多的实践证明，基本上实行“一个不杀，大部（百分之九十五以上）不捉”，依靠群众力量把绝大多数的四类分子改造成为新人的方针，是完全正确的、必须的和可能的。城市中如何执行上述方针，我们正在摸索。一九六四年，无论农村和城市都要认真贯彻中央和毛主席的指示，依靠广大群众实行专政，依靠群众加强对四类分子的改造工作，依靠群众预防犯罪。我们准备在二月中旬召开一次全国公安厅、局长会议，讨论这个问题。

---

〔1〕 这10首诗词是：《七律·人民解放军占领南京》、《七律·到韶山》、《七律·登庐山》、《七绝·为女民兵题照》、《七律·答友人》、《七绝·为李进同志题所摄庐山仙人洞照》、《七律·和郭沫若同志》、《卜算子·咏梅》、《七律·冬云》、《满江红·和郭沫若同志》。

毛泽东批示："报告已看过，很好。你们若干同志是否下去若干县、社、厂矿调查一个短时间，为二月公安工作会议准备得更好一些。城市工矿也宜派几个工作组去。"二月十五日，毛泽东又在公安部党组二月十二日关于在城市中贯彻中央关于依靠群众力量加强人民民主专政的指示上批示："此件很好，照办。"

同日 晚上，和刘少奇、朱德、邓小平、彭真、郭沫若、陈叔通、程潜、李四光[1]等在中南海怀仁堂观看由河南豫剧院三团演出的现代剧《朝阳沟》。这出戏表现青年学生到山区农村参加农业生产，把青春献给祖国的农业建设。演出前，毛泽东在休息室同李四光谈话。李四光简要汇报了石油地质工作方面的一些新进展。毛泽东说：你们两家（指地质部和石油工业部——编者注）都有很大的功劳！

1月5日 下午，在人民大会堂福建厅会见日本共产党中央政治局委员听涛克己，伍修权在座。在谈到国际形势时，毛泽东说：中间地带有两部分，一部分是指亚洲、非洲、拉丁美洲的广大经济落后的国家，一部分是指以欧洲为代表的帝国主义国家和发达的资本主义国家。这两部分都反对美国的控制。在东欧各国则发生反对苏联控制的问题。在谈到日美矛盾正在产生和加深，日本一部分垄断资本开始反对美国，日本共产党应采取什么政策时，毛泽东说：我主张你们要把爱国主义的旗帜紧紧地掌握在自己手里，不让资产阶级夺取这一旗帜。你们是高举反对美帝国主义这一面爱国大旗的，所以你们得到了广大群众的拥护。现在的问题是要对国内垄断资本进行分析研究。不要重复法国党的教训，法共不运用法国人民反美情绪，不抓反美旗帜，结果这面旗

---

〔1〕 李四光，当时任全国政协副主席、地质部部长、中国科学院副院长、中国科学院学部委员、中国科学技术协会主席。

帜被戴高乐抓去了。现在戴高乐正一天天走向反美。任何一个党都有争取群众的任务。对垄断资本，你们也需要搞两手政策，又团结又斗争。在谈到为什么苏联出了修正主义问题时，毛泽东说：这是由于几十年来斯大林领导的社会主义革命不彻底而产生的。他在一九三六年，过早地宣布苏联已经建成社会主义，强调上层建筑同经济基础完全一致，从来不说有矛盾。他又不划分社会主义社会的两类矛盾，即一类是人民内部矛盾，一类是敌我矛盾。干部和群众的关系也不正常，多年来国内没有真正民主，干部高人一等，使群众感到干部不能批评。后来进行肃反，又把肃反扩大化，动不动就用杀人的办法。我们接受了他们的教训，对捉人、杀人十分慎重。此外，苏联社会还出现了高薪阶层。如果我们中国也像苏联那样搞，那末有一天也要出修正主义。我们现在每隔几年要进行一次整风运动。最近我们有两个有关社会主义教育的文件，你可以看一看。人是会变化的，革命者也会发生变化。没有群众的监督和揭露，他们可能进行贪污、盗窃、做投机生意，脱离群众。现在我们还不能说目前中国所采取的办法一定能够防止出修正主义，但修正主义要在中国占统治地位是很困难的。是否能够防止，要过几十年后再看。修正主义不是一朝一夕形成的，是旧社会母胎中的产物。就算没有赫鲁晓夫，难道苏联就不会出修正主义？我看很有可能。这不是个别人的问题，而是一定的社会阶层的反映。和平状态下的社会主义革命，要更困难些，也需要不断地积累经验。

1月7日　和刘少奇听取薄一波等关于一九六三年十二月召开的全国工业交通工作会议情况的汇报。毛泽东指出，要学会按照经济办法改进工业管理体制。当谈到试办托拉斯问题时，他说：目前这种按行政方法管理经济的办法，不好，要改。当谈到企业管理不好的原因时，他说：商业为什么不能按经济渠道经营管理，为什么只能按行政设置机构？打破省、地、县界嘛！就是要按经济渠道办事。

同日 阅罗瑞卿送阅的香港《新闻天地》刊载的《“反飞弹”时代到来!》一文，批示：“已阅。江青阅后，退罗瑞卿同志。是否送聂荣臻同志一阅，请酌。”这篇文章介绍了美苏两国在研制反导弹方面的军备竞赛，以及由此将引发一些国家解决本国在反导弹时期的国防问题。

1月8日 同吴冷西谈《人民日报》的宣传问题。毛泽东说：《人民日报》要注意发表学术性文章，发表历史、哲学和其他的学术文章。抓哲学，要抓活哲学。我写文章，不大引马克思、列宁怎么说。报纸老引我的话，引来引去，我就不舒服。应该学会用自己的话来写文章。列宁就很少引人家的话，而用自己的话写文章。当然不是说不要引人家的话，是说不要处处都引。

1月9日 致信加纳总统恩克鲁玛，对他本月二日下午突遭暗害幸平安脱险表示最亲切的慰问。信中说：“帝国主义和反动派对非洲各国的人民领袖和著名政治家，一次又一次地进行暗害阴谋活动表明：他们是不甘心于自己在非洲的失败的，是决不会自动退出历史舞台的。”“帝国主义和反动派的疯狂挣扎只会使非洲各国人民更加提高警惕，更加坚定地为反对帝国主义和新老殖民主义、为维护民族独立和争取自己国家的繁荣进步而奋斗。”

1月上旬 在中南海颐年堂两次主持召开中共中央政治局常委会议，研究怎样回复苏共中央一九六三年十一月二十九日的来信。来信的主要内容是：（一）发展贸易；（二）谈边界问题；（三）停止公开争论。会议认为，苏共中央来信的原因，一是害怕公开大论战，大论战的火是赫鲁晓夫点起来的，现在是引火烧身；二是过去跟着赫鲁晓夫指挥棒走的那些党发生分裂，有的甚至分裂出左派的党，而没有分裂的党，则要求设法停止公开论战；三是美国总统肯尼迪遇刺后，美国政府处于一个过渡期，苏美合作主宰世界的幻想遇到困难；四是苏联内部发生困难。因此赫鲁晓夫企图用增加贸易，供应工业设备，甚至说可以派专家等等，引诱我们同意停止公开论战。毛泽东说：苏共中央这封信是逼出来的。现在总的形势是赫鲁晓夫在走下坡路，苏共二十二大是他的顶点。一直到一九六三年六月十四日我们发表《关于国际共产主义运动总路线的建议》之前，在表面上似乎我们是处于被动的地位，实际上是诱敌深入，等待时机。这以后，我们形式上也转入主动，摆开全面出击的阵势。接着，我们又抓住苏共《公开信》转入战略反攻。现在正是展开全面反攻的时候，正像中国解放战争时期的一九四七年七月。现在的情况对我们非常有利。我们不急于答复他们这封来信，更不同意停止公开论战，召开国际会议更谈不上。我们还要继续写文章，现在已经写了六评，还要写七评、八评、九评、十评。但是，我们也要认真地回答他们的来信。关于《人民日报》，毛泽东说：报上要发表学术方面的文章，包括哲学、经济学、历史学、文学、艺术等方面的文章，抓活的哲学。现在报上政治新闻太多，尽是送往迎来，这个会议那个会议。这些事情完全不登也困难，但可以少登。如果要登，可以增加一两个版，多登学术方面的文章。

1月12日　就巴拿马反对美国侵略、维护国家主权的斗争，对《人民日报》记者发表谈话。毛泽东表示：中国人民坚决站在巴拿马人民的一边，完全支持他们反对美国侵略者，要求收回巴拿马运河区主权的正义行动[1]。他指出美帝国主义是全世界人民最凶恶的敌人，历数了美国企图称霸全世界的侵略行径，号召所有受到美国侵略、控制、干涉和欺负的国家要联合起来，结成最广泛的统一战线，反对美帝国主义的侵略政策和战争政策，保卫世界和平。

1月16日 下午，在人民大会堂一一八厅会见巴西共产党（新党）代表格拉波依斯，伍修权在座。毛泽东介绍中国革命的经验，强调农村工作具有重要意义。他说：事物的发展总是从小到大，由弱到强，这是讲有生命力的事物。没有生命力的事物则相反，他们总是由大到小，由强到弱，最后不存在。马克思主义者是善于学习历史的。一种社会一定要代替另一种社会，现在我们就是要以社会主义社会代替资本主义社会。

1月17日 下午，在中南海颐年堂会见斯特朗、柯弗兰、爱德乐、爱泼斯坦、李敦白[2]，康生、吴冷西、袁水拍[3]在座。毛泽东说：你们几位做了很好的工作，不只是在文字翻译上

---

〔1〕 巴拿马运河，位于中美洲南端巴拿马共和国中部蜂腰地区，全长81.3公里，是一条沟通太平洋和大西洋的重要国际航运水道。1903年，美国与巴拿马政府签署了一项不平等的“美巴条约”，以一次付清1000万美元和每年偿付25万美元租金的代价，取得了永久占领、使用和控制运河区的权利。1959年11月9日，巴拿马国民议会曾正式通过决议，宣布一定要收回运河区。1963年1月，美国对巴拿马的要求作出一些让步，其中包括同意在运河区中并悬巴美两国国旗。但是，美国仍然保持着全面控制运河区的特权。1964年1月9日，由于美国驻巴拿马运河区的军队杀害了一名反美示威的巴拿马学生，巴拿马爆发了全国性的反对美国侵略、维护国家主权的斗争。1月10日，巴拿马政府宣布中断巴美外交关系。

〔2〕 斯特朗，美国进步作家和记者。柯弗兰、爱德乐、爱泼斯坦、李敦白，参加《毛泽东选集》和毛泽东诗词的翻译工作的专家。

〔3〕 袁水拍，当时任中共中央宣传部文艺处处长。

帮了忙，在内容上也帮了忙。谈到中国革命战争时，毛泽东说：现在，许多国家的游击战就是没有学会一条原则：集中优势兵力歼灭敌人的一路。敌人总是要分开的，他们叫“分进合击”，我们就有可能一路一路地吃掉它。我们说不怕敌人多和强大，就是因为懂得了这个原理。什么都是可以分开的。列宁在《唯物主义和经验批判主义》中已经说过，电子是可以再分的。我不懂这门科学，但是我相信这个道理。科学是无限的。无限大的世界和无限小的世界都有无限的工作可做。毛泽东向客人提出两个问题，他说：现在，在外交上遇到两个问题，想听听你们的意见。一个是，美国现在主要是注意苏联，还是注意中国？第二个是，美国现在是不是在积极准备打第三次世界大战？有人说是。爱德乐说：美国报刊自己是这样说的：在当前，在短期内，苏联是主要敌人；从长期来看，中国是主要敌人。毛泽东说：他们是这样说的，我看到过这样的话。但是，帝国主义者是实用主义，“长期”，对他们来说不那么重要，因为太久了。现在他们看不起我们，认为我们只有手榴弹，没有原子弹。不过，他们也在注意我们。关于美国是否在准备打第三次世界大战的问题，我们过去讲过，现在也还是这样看。可以看一看历史，美国总是到最后才参加国际战争的。第一次世界大战是如此，第二次世界大战也是如此。现在美国手伸得太长，是十个手指按住了十个跳蚤，一个也抓不住。美国现在在两个“第三世界”都遇到抵抗。第一个“第三世界”是指亚、非、拉。第二个“第三世界”是指以西欧为主的一批资本主义高度发展的、有些还是帝国主义的国家，这些国家一方面压迫别人，另一方面又受美国压迫，同美国有矛盾。不能设想，美国只在两个“第三世界”遇到抵抗，而独独在苏联和东欧会不遇到抵抗。柯弗兰问：现在反修斗争进入了什么阶段？毛泽东说：反攻阶段，可以说相当于中国解放战争中的一九四七年七月。从苏共二十大到去年七月，我们比较被动。现在我们转入了反攻。有大闹天宫的势头，打破了他们的清规戒律。毛泽东最后说：反对修正主义是一个长期的斗争。中国古时候有个愚公移山的故事。我们大家现在都是挖山的人，挖的是帝国主义、修正主义这几座山，用几代人的时间，总会把它们挖掉的。

1月17日或18日 阅中共第二机械工业部党组一月十五日关于生产浓缩六氟化铀-235情况的报告。报告说：我部生产浓缩六氟化铀-235的气体扩散工厂，已于一月十四日上午开始取得合格产品。这一产品的生产，为我国原子武器的制造，提供了最基本的条件。毛泽东批示："已阅。很好。"

1月19日 下午，在中南海颐年堂会见希腊文化代表团，陈忠经[1]在座。毛泽东说：中国情况现在还不太好，有困难，工业不发达，农业水平也不高。比起解放前有一些进步，解放前是半殖民地国家，有一点轻工业，没有重工业，粮食年年都要进口，年年打仗。我们没有底子。旧社会给我们留下了十万个大学毕业生，十四年来，我们培养了九十多万大学毕业生，加在一起是一百多万。六亿多人口只有一百多万大学毕业生，比例还是很小的。他说：希腊是古代文化的发源地、祖国。希腊古代的唯物论、辩证法，我们也相当知道一些，你们有些大人物苏格拉底、柏拉图、亚里士多德。当外宾谈到毛泽东是世界上最伟大的政治家和革命思想家时，毛泽东说：我没有什么伟大，我和你们一样。我们是站在人民之中，不是站在人民之上。我们是劳动人民的儿子，不是剥削者的儿子，不能摆官僚架子。

1月27日 晚上，会见日中友好协会副会长、日中贸易促进会理事长铃木一雄，日本亚非团结委员会常务理事西园寺公一

〔1〕 陈忠经，当时任中国人民对外文化协会副会长。

和日共中央机关报《赤旗报》驻北京记者高野好久，就最近日本人民反美斗争发表谈话。毛泽东说：日本人民在一月二十六日举行的反美大示威，是一次伟大的爱国运动。我谨代表中国人民，向英勇的日本人民，致以崇高的敬意。最近，日本全国掀起了大规模的群众运动，反对美国F-105D型核飞机和核潜艇进驻日本，要求撤除一切美国军事基地和撤走美国武装部队，要求归还日本的领土冲绳，要求废除“日美安全条约”〔1〕等等。所有这些，都反映了日本全体人民的意志和愿望。中国人民衷心地支持日本人民的正义斗争。中国人民深信，日本人民一定能够把美帝国主义者从自己的国土上驱逐出去，日本人民要求独立、民主、和平、中立的愿望，一定能够实现。会见时康生、廖承志、吴冷西在座。二十八日，这个谈话在《人民日报》发表。

同日　中国和法国发表联合公报，宣布决定建立外交关系。

同日　应《毛泽东诗词》英译者的要求，就诗词中的一些词句作口头解释。在谈到“到中流击水”时，毛泽东说：“‘击水’指在湘江中游泳。当时我写的诗有两句还记得：‘自信人生二百年，会当水击三千里。’”谈到“天若有情天亦老”时，他说：“这是借用李贺的句子。与人间比，天是不老的。其实天也有发生、发展、衰亡。天是自然界，包括有机界，如细菌、动物。自然界、人类社会，一样有发生和灭亡的过程。社会上的阶级，有兴起，有灭亡。”谈到“云横九派浮黄鹤”时，他引用明代李攀

---

〔1〕1951年9月8日，日美两国在旧金山签订《日美安全保障条约》。1960年1月19日，日美两国对安保条约修改后重新签订，称《日美共同合作和安全保障条约》。新的条约规定发展日本“抵抗武装进攻的能力”；在“应付共同危险”时，日本负有保护驻日美军的义务；美国继续有权在日本驻军和使用军事基地等。

龙的诗《怀明卿》[1]，然后说："明朝也有好诗，但《明诗综》不好，《明诗别裁》好。"这次谈话，毛泽东共解释了诗词中的三十二处。

1月28日 下午，在人民大会堂一一八厅会见阿尔及利亚民族解放阵线代表和法律工作者代表团，吴德峰、张志让[2]等在座。毛泽东说：你们的胜利是个典型，大胜利，是少数战胜了多数，法国几十万军队被打败了。他在介绍中国革命经验时说：中国革命没有两次失败，一九二七年右倾失败，及以后的"左"倾失败，是不能胜利的，不能总结经验。第一次失败，是没有看到朋友会变成敌人，只讲团结不讲斗争。第二次失败，是只讲斗争不讲团结，把小资产阶级、民族资产阶级全看成敌人。这两次党内关系也不正常。我们就总结了经验，所以抗日战争时期，我们的政策就比较正确了。谈到法律工作时说：搞法律工作，专门在法律条文上做文章是做不出来什么的。主要不是靠法院判决和监狱关人，要靠人民群众来监视、教育、训练、改造少数坏人。

同日 阅中国人民解放军总参谋部情报部一月二十七日印发的《阿尔巴尼亚破获一叛国案简况》，批示："萧华、徐子荣同志：此件值得注意。我国军队、公安部队、机关中和社会上是否有被苏修布置的人，请你们研究一下。至于蒋匪帮是否有其布置的人，则更值得注意。谢富治同志如未外出，此件应请他看一下。"

1月30日 下午，在人民大会堂一一八厅会见以弗朗索瓦一贝纳尔为首的法国议员代表团，张奚若等在座。毛泽东说：法国出了一批唯物论者，除了《民约论》作者卢梭及伏尔泰，还有

〔1〕 李攀龙的《怀明卿》一诗中有"九派长江九叠山"句。

〔2〕 吴德峰、张志让，当时任最高人民法院副院长、中国政治法律学会副会长。

法国的山岳党。拿破仑对我们很有影响。他的一些著作，我都看过。法国的文化对中国也有很多影响。还有你们的巴黎公社，《国际歌》也出自你们的国家；还有《马赛曲》，我从前会唱《马赛曲》；还有你们国家有社会主义倾向的傅立叶、蒲鲁东。在谈到中法关系时，毛泽东说：我们之间有共同点，第一，反对大国欺侮我们；第二，使两国间互相往来，在商业上、在文化上。你们不要学英国在台湾问题上的态度，它同我们只有一个分歧，就是同美国都搞“两个中国”。要我们承认“两个中国”或者是“一个半中国”，那都不行。你们要派就派个大使来，不要学英国那样，搞了十几年，还是个代办，不要钻进美国的圈套。这一点不搞清楚，我们不接纳你们的大使，我们也不派大使到你们那里去。在谈到中美关系时，毛泽东说：我们同美国在台湾问题解决了以后，要恢复外交关系。即使恢复了外交关系，美国如果还像今天这样到处干涉、控制，我们还是要反对。他还说：现在我们说有两个大纸老虎，就是美国和修正主义苏联。所谓纸老虎，就是说他们脱离了群众。

同日　下午，在人民大会堂一一八厅会见并宴请途经北京的由中央第一书记黎笋率领的越南劳动党访苏代表团，李富春、李先念、康生、杨尚昆、伍修权在座。毛泽东说：在中国，苏联专家不撤，自力更生搞不起来。苏联撤回专家，撕毁几百个合同，我们的自力更生就搞起来了。从一九六〇年到一九六三年，在三年当中，我们搞出很多东西。我曾经同胡志明主席谈了很多次，要搞自力更生，既不要依赖苏联，也不要依赖中国。要搞农业、轻工业，和初步搞些重工业。这一切要经过很长的过程，尤其是重工业，只能在原料和市场条件具备的情况下才能搞得起来。不然工厂盖起来，有了产品，没有销路。毛泽东说：在中国还有黑暗面，就是还存在社会主义和资本主义两条道路的斗争，在政治、经济、文化上谁战胜谁的问题都还没有解决。如果中国产生修正主义，你们怎么办？苏联产生了修正主义，你们反对。如果中国产生修正主义，你们也要反对。

1月31日 复信周世钊："两次惠书及大作两首，另附余同学〔1〕信，均已收到。寄上2000元，请分致1500元赠李先生〔2〕作医药费，500元给余同学。拙作〔3〕解释，不尽相同，兄可以意为之，俟见面时详说可也。"

1月底 审阅七评苏共中央的公开信《苏共领导是当代最大的分裂主义者》第十八次稿（一月二十八日稿）。在"当前最大的分裂主义者"部分加写："苏共领导的修正主义和分裂主义，是国内资产阶级因素泛滥和增长起来的产物"。在"目前的公开论战"部分最后一段的开头，加写："马克思列宁主义是科学，科学是不怕论战的，怕论战的不是科学。"这篇文章在一九六四年二月四日《人民日报》和《红旗》杂志一九六四年第二、第三期合刊发表。

2月1日 《人民日报》发表社论《全国都要学习解放军》。

2月3日 阅《人民日报》编委会一月三十一日给中共中央书记处并报毛泽东的报告。报告说：最近主席指示《人民日报》要多发表一些学术文章，抓哲学，抓活哲学。《人民日报》编委会遵照主席指示，进行了初步检查，拟定了几条执行办法。报告提出：坚决贯彻百家争鸣方针，增加学术论文；今年集中力量抓哲学，抓活哲学，并有准备有计划地组织有关哲学问题的讨论；以农业科学为重点，组织自然科学论文；从二月份第三周起，每

---

〔1〕 指余盖，毛泽东在湖南省立第一师范学校读书时的同学。

〔2〕 指李大梁，毛泽东在湖南省立第一师范学校读书时的心理学教师。当时任湖南省文史研究馆馆员。

〔3〕 指1964年1月出版的《毛主席诗词》。

周增加一个版的篇幅刊登学术文章，等等。还提出请中央批准给人民日报社增调十至十五个较有理论修养的干部。毛泽东批示：“少奇、小平同志：《人民日报》历来不注重思想理论工作，哲学、社会科学文章很少，自然科学文章更少，把这个理论阵地送给《光明日报》、《文汇报》和《新建设》月刊。这种情况必须改过来才好。现在他们有了改的主意了，请书记处讨论一下，并给他们解决干部问题为盼！”

2月6日 下午，在中南海菊香书屋同钱学森〔1〕、李四光、竺可桢〔2〕谈话两小时，就农业、地质、核武器等问题进行广泛的交谈。谈到钱学森搞导弹运载工具时，毛泽东说：你们搞了一个一千公里的，将来再搞个两千公里的，也就差不多了。总要搞防御，挖山洞，钻进去，在地下就不怕它了。钱学森说：我们正在遵照主席的指示，先组织一个小型的科学技术人员小组，准备研究一下防弹道式导弹的方法、技术途径。第三个五年计划期间，由于技术条件不够还不能开展设计工作。毛泽东说：有矛必有盾。搞少数人，专门研究这个问题，五年不行，十年，十年不行，十五年，总要搞出来的。

2月8日 中午，在中南海会见即将离任的柬埔寨驻中国大使马塔克，姬鹏飞等在座。毛泽东说：谢谢你为中柬两国的友好做了工作。马塔克说，柬埔寨政府已决定从一九六四年一月开始不再接受美国军事、文化、经济方面的一切援助。毛泽东说：要在政治、经济、文化上完全独立，在东南亚你们才可以建立一个

---

〔1〕 钱学森，物理学家、空气动力学家。当时任国防部第五研究院副院长、中国科学院学部委员、力学研究所所长。1965年1月又任第七机械工业部副部长。

〔2〕 竺可桢，地理学家、气象学家。当时任全国人大常委会委员、中国科学院副院长兼生物学地学学部主任、中国科学技术协会副主席。

完全独立的国家，这是你们的希望，也是我们的希望。最近几年，柬埔寨是过关和困难时期，要谨慎小心，提高警惕，不使政府被敌人推翻。使经济逐步有所发展，使人民感到比过去好些，人民就会积极支持和拥护政府。

2月9日 中午，在人民大会堂一一八厅会见威尔科克斯和夫人，伍修权、赵毅敏等在座。当威尔科克斯谈到新西兰所有的日报都攻击新西兰共产党时，毛泽东说：他们越是骂你们，那就越好。人是骂出来的，真理是错误骂出来的，唯物主义是唯心主义骂出来的，辩证法是形而上学骂出来的，自古以来就是这样，经过斗争都有发展。古代哲学的发展可以从古代希腊讲起，在中国是从春秋战国讲起的。苏格拉底注重伦理学，他不是唯物主义者，也不是辩证法的理论家，但是他注意研究伦理学和宪法，同敌人作斗争。他的一辈子过得不开心，结果死得也很惨。柏拉图是彻底的唯心主义者，他写了一本书叫《理想国》，他发展了唯心主义。后来的亚里士多德批评了他的唯心主义。亚里士多德是一位大学者，比前面两人的水平高，他对于自然科学的许多方面有研究，批评了柏拉图的唯心主义，创立了形式逻辑。欧洲在中世纪时，对亚里士多德是很崇拜的。在比较近代的德国，康德的老师就是亚里士多德。康德也是一位了不起的人，天文学中的星云学说是他创立的。此人还搞了十二个范畴，这十二个范畴都是对立的统一，但他不能解释这些问题，他说事物的本质是不可知的，他是一个不可知论者。黑格尔的先生就是康德。黑格尔是唯心主义者，他大大地发展了唯心主义的辩证法，即客观的辩证法。他是马克思、恩格斯的先生，也是列宁的先生，也是我们的先生。对于马克思和恩格斯来说，没有康德、黑格尔和费尔巴哈的德国古典哲学，就不会有马克思主义的哲学。我们中国古代的思想家是孔子、老子等。在谈到社会矛盾问题时，毛泽东说：任何社会无论今天和将来，都是一分为二，总是由矛盾推动社会发展。在现在，是阶级斗争推动社会前进。我们的社会主义不是已经十四年了吗？但是还是阶级斗争在推动我们的社会前进。在谈到人类社会发展的历史时，毛泽东说：历史在经济上是根据所使用的工具而分成阶段的。现在我们用石油和煤炭作燃料，将来煤炭烧完了，石油采完了，怎么办？只有一条出路，用原子能。现在能用来取得原子能的物质即铀，数量很少。将来总有一天要从其他物质取得原子能。现在我们用的机器，在将来看起来，也会像我们现在看过去的石器和青铜器那样，是很落后的。社会是复杂的，一百万年或一千万年以后，还是有正确和错误。社会结构也是分成几百个阶段或几千个阶段前进的。

2月12日　农历除夕，和刘少奇、邓小平等党和国家领导人在人民大会堂出席中共北京市委、北京市人民委员会举办的拥军优属联欢晚会，同首都三万多军民一起欢度新春佳节。同时，接见了出席联欢晚会的人民解放军和人民公安部队的四好连队、四好单位、五好战士、神枪手、神炮手、技术能手的代表，以及烈属、军属、复员军人的代表。

同日　阅郭沫若给康生的信和郭沫若书写的毛泽东《满江红·和郭沫若同志》词字轴。在郭沫若的信上批示："退康生同志。请转告郭老，惠件收到，甚为感谢。"

同日　苏共中央致信各国共产党，提出要对中共采取"集体措施"。随后，苏共中央二月全会通过决议，对中共"坚决反击"，以迫使中共停止论战。信和决议均不发给中共中央。

2月13日　春节。下午，在人民大会堂一一八厅召开座谈会，出席座谈会的有刘少奇、邓小平、彭真、陆定一、康生、郭沫若、林枫、杨秀峰、蒋南翔[1]、张劲夫、陆平、朱穆之[2]、陈叔通、黄炎培、许德珩[3]、章士钊，共十六人。毛泽东就教育问题发表讲话。他说：旧教学制度摧残人才，摧残青年，我很不赞成。学制可以缩短。现在课程多，害死人，使中小学生、大学生天天处于紧张状态。课程可以砍掉一半。学生成天看书，并不好，可以参加一些生产劳动和必要的社会活动。学生要有娱乐、游泳、打球、课外自由阅读的时间。现在的考试，用对付敌人的办法，搞突然袭击，出一些怪题、偏题，整学生。这是一种考八股文的方法，我不赞成，要完全改变。我三张题目公开，由学生研究、看书去做。有些课程不一定要考。如中学学一点逻辑、语法，不要考，知道什么是语法，什么是逻辑就可以了，真正理解，要到工作中去慢慢体会。课程讲得太多，是烦琐哲学。烦琐哲学总是要灭亡的。如经学，搞那么多注解，现在没有用了。我看这种方法，无论中国的也好，其他国家的也好，都要走向自己的反面，都要灭亡的。书不一定读得很多。马克思主义的书要读，读了要消化。读多了，又不能消化，也可能走向反面，成为书呆子，成为教条主义者、修正主义者。

---

〔1〕 林枫，当时任全国人大常委会副委员长、中共中央高级党校校长。杨秀峰，当时任国务院文教办公室副主任兼教育部部长（1964年7月改任新恢复的高等教育部部长）。1965年1月仨最高人民法院院长。蒋南翔，当时任教育部副部长（1964年6月改任新恢复的高等教育部副部长，1965年1月任部长）兼清华大学校长。

〔2〕 陆平，当时任北京大学校长、党委第一书记。朱穆之，当时任新华社副社长、中华全国新闻工作者协会副主席。

〔3〕 许德珩，当时任全国政协常委、水产部部长、九三学社中央主席。

在本日座谈会上得知爱新觉罗·载涛[1]生活困难，当即对章士钊说：可以拿我的稿费通过你帮助他，我和他不熟。章士钊表示同意。二月十五日，致信章士钊："送上人民币二千元，请为转致载涛先生为荷。"

2月15日 阅中共中央宣传部关于组织高级干部学习马恩列斯著作的报告，及拟请中央转发的两个材料（《关于高等军事学院高干读书班学习情况的报告》和《总政宣传部、空政宣传部工作组关于空军几个单位高级干部读书情况的汇报》）和干部选读马恩列斯著作的目录（草案），批示："陆定一同志：（一）此

〔1〕爱新觉罗·载涛，清朝末代皇帝溥仪的叔父，清末曾任军谘大臣。当时任全国人大代表、国家民族事务委员会委员、全国政协民族组副组长、中国人民解放军总后勤部马政局顾问。

件看过，很好，可以立即发下去。（二）三十本书[1]，大字，线装，分册（一部大书分成十册、八册，小书不分册，中本书仍要分成几册）一事请你督促迅速办一下。希望今年办成。可以吗？你想一下告我为盼。每部印一万份、两万份或者三万份好吗？我急于想看这种大字书。”

2月18日 阅姚仲明[2]关于艾地同苏共代表团会谈情况的来电，批示彭真：姚仲明报来的艾地与苏共代表团会谈情况及前一次谈判情况，“应迅即转告十一个左派党，以及澳大利亚、锡

---

〔1〕 指干部选读马恩列斯著作目录中所列的30本书。其中，马克思著作8本：《共产党宣言》（马、恩合著），《雇佣劳动与资本》，《政治经济学批判》序言、导言（附恩格斯：《卡尔·马克思〈政治经济学批判〉》），《1848至1850年的法兰西阶级斗争》，《工资、价格和利润》，《法兰西内战》，《哥达纲领批判》，马克思、恩格斯《书简》。恩格斯著作3本：《自然辩证法》导言、札记和片断，《反杜林论》（附《社会主义从空想到科学的发展》英文版导言），《路德维希·费尔巴哈和德国古典哲学的终结》（附马克思：《关于费尔巴哈的提纲》）。列宁著作11本：《怎么办?》，《社会民主党在民主革命中的两种策略》，《唯物主义和经验批判主义》，《黑格尔〈逻辑学〉一书摘要》，《帝国主义是资本主义的最高阶段》，《国家与革命》，《无产阶级革命和叛徒考茨基》，《共产主义运动中的“左派”幼稚病》，《论马克思恩格斯及马克思主义》，论战争、和平的3篇文章（《社会主义与战争》、《无产阶级革命的军事纲领》、《资产阶级的和平主义与社会党人的和平主义》），论民族殖民地问题的3篇文章（《社会主义革命和民族自决权》、《民族和殖民地问题提纲初稿》、《共产国际第二次代表大会民族和殖民地问题委员会的报告》）。斯大林著作5本：《论反对派》，《列宁主义问题》，《联共（布）党史简明教程》，《马克思主义与语言学问题》，《苏联社会主义经济问题》。普列汉诺夫著作3本：《论一元论历史观之发展》，《论个人在历史上的作用问题》，《论艺术》（《没有地址的信》）。随后，又增加马克思《哲学的贫困》和《马克思恩格斯列宁斯大林论文艺》两本。

〔2〕 姚仲明，当时任中国驻印度尼西亚大使。

兰、比利时、古巴、巴西这些左派党。请你急办为要”。

2月23日　审阅修改中共中央对苏共中央一九六三年十一月二十九日来信的复信第七稿，加写：“你们在去年十一月二十九日的信件中，只是空唤停止公开论战，没有提出任何解决问题的具体措施。我们现在向你们提出以下解决问题的具体措施的建议〔1〕，请你们考虑之后予以回答”。并批示：“送康生、陈伯达二同志：看过，有了一些改正，你们看如何？请你们邀几个同志商量一下，开会讨论，是一个好事。”“注意：再印一次，明天下午带来为盼。”二十四日，审阅复信的第八稿，又作了一些小的修改。

2月26日　致信金日成，信中说：“如果你们认为适合而又方便的话，我们打算请你及其他几位同志劳驾，在二月二十七日到北京来一次，为的是修改答复苏共去年十一月二十九日给我们的那封信，急于想征求你们的意见，使复信的错误较少一些。因为这封信要在二月二十九日至迟三月一日（在罗马尼亚代表团到达北京之前）发出，所以这样急于征求你们的意见。此外，还可以谈些别的问题。”

同日　阅黄镇二月二十四日给外交部的电报。电报说：老挝王国政府首相富马拟三月十五日访问我国，总理意见，十五日来京对我们没有困难。毛泽东批示：“彭真同志：以推迟十五天为好，因为周、陈〔2〕在三月十五——二十日之间可能有重要会议

---

〔1〕复信关于具体措施的建议是：（一）停止公开论战，必须经过中苏两党和其他有关兄弟党协商，找出一个能为各方所接受的公平合理的办法，分别地或者共同地达成协议。（二）中国共产党一贯主张并且积极支持召开世界各国共产党和工人党代表会议。在召开这次会议之前，应当做好准备工作，克服困难和障碍。（三）我们提议，1964年10月10日到25日在北京继续举行中苏两党会谈。（四）我们提议，在中苏会谈之后，召开17个国家的兄弟党代表会议，以便为各国兄弟党代表会议作进一步的准备。

〔2〕陈，指陈毅。

要参加。”按照毛泽东的批示，富马对中国的访问，改在四月四日至八日进行。

2月27日 下午，在钓鱼台十八号楼会见金日成，就中共中央对苏共中央去年十一月二十九日来信的复信，征求朝方的意见。会见时，中国方面刘少奇、彭真、李富春、杨尚昆等和朝鲜方面朴金喆、金昌满、朴容国〔1〕等参加。

2月28日 晚上，主持召开中共中央政治局常委会议，主要讨论同即将来中国的罗马尼亚工人党中央代表团会谈的方针问题。毛泽东根据大家的意见，提出中共同罗党会谈的方针是：第一，在停止公开论战问题上寸步不让。坚持要求所有发表过文章、做过决议攻击我们党的，公开承认错误，宣布撤销它的决议。如果做不到就不能停。但是，为着对罗马尼亚表示礼貌，在中罗两党会谈期间，我们不发表批评赫鲁晓夫的文章。过了这个期间我们继续发表。第二，我们答复苏共中央去年十一月二十九日来信的复信要在罗马尼亚代表团到达中国之前发出，不要在它在中国期间发出，也不要在它离开中国之后发出。因为我们的答复信提出了积极的建议，是我们早就决定了的，同罗党无关，这样我们更加主动。第三，对罗马尼亚党和国家应该继续采取加强友好合作的方针，要体谅他们所处的困难地位，要争取同他们共同行动，抵抗赫鲁晓夫的大国沙文主义。

2月29日 上午，在钓鱼台十八号楼再次会见金日成，双方参加的人员与第一次会见时基本相同。毛泽东说：中国变成修正主义，你们怎么办？这些话我和好多人都讲过。如日本的宫本显治〔2〕，新西兰的威尔科克斯，还有印度尼西亚的同志。毛泽

〔1〕 金昌满，当时任朝鲜劳动党中央副委员长。朴容国，当时任朝鲜劳动党中央国际部部长。

〔2〕 宫本显治，当时任日本共产党中央总书记。

东说：要反对新的资产阶级、新出来的资产阶级分子，他们进行贪污盗窃，投机倒把，这种人虽然为数不多，但很厉害，神通广大。如果现在不加注意，他们就会泛滥起来，苏联现在不就泛滥起来了吗？苏共在最近的信中说，要对我们采取“集体措施”，“坚决的打击”，我们在等着看。关于“七评”，毛泽东说：搞了两个多月，修改了十八次。我们在文章发表的前两个星期才想出了一个题目《苏共领导是当代最大的分裂主义者》。

同日　下午，刘少奇主持召开中共中央政治局扩大会议，讨论通过中共中央对苏共中央一九六三年十一月二十九日来信的复信。复信主要谈了关于中苏边界、对华援助、苏联专家、中苏贸易和中苏公开论战五个问题。复信署二月二十九日，于三月一日交给苏联驻中国大使馆临时代办契尔巴科夫，五月九日在《人民日报》发表。

3月2日　由毛雷尔〔1〕率领的罗马尼亚工人党中央代表团到达北京，刘少奇、邓小平等到机场欢迎。代表团带来了乔治乌－德治〔2〕给毛泽东的一封信。

3月3日　中罗两党开始进行会谈，至三月十日结束，共进行了六次会谈。中国共产党代表团团长为刘少奇，成员有邓小平、彭真、康生；罗马尼亚工人党中央代表团团长毛雷尔，成员有波德纳拉希、齐奥塞斯库、斯托伊卡〔3〕。

3月5日　傍晚，在钓鱼台十八号楼第三次会见金日成，双

---

〔1〕毛雷尔，当时任罗马尼亚工人党中央政治局委员、罗马尼亚部长会议主席、国务委员会副主席。

〔2〕乔治乌－德治，当时任罗马尼亚工人党中央第一书记、罗马尼亚国务委员会主席。

〔3〕波德纳拉希、齐奥塞斯库、斯托伊卡，当时任罗马尼亚工人党中央政治局委员。

方参加的人员与第一次会见时基本相同。金日成介绍他昨天同罗马尼亚工人党中央代表团谈话的情况，他说：看来罗马尼亚同赫鲁晓夫是有矛盾的，但是他们思想上还没有准备好，害怕分裂。他们同赫鲁晓夫的矛盾不是属于理论原则方面的，而是由于赫鲁晓夫干涉他们的内政，对他们施加压力引起的。不过现在他们是以调解人的身份出面的，采取中立的态度。刘少奇谈了当天下午同罗党中央代表团会谈的情况，说：他们怕在中苏关系方面发生类似苏联同阿尔巴尼亚关系的局面，怕断绝国交、断绝贸易。他们要求我们在十月中苏两党会谈开始前停止论战。他们同意我们复信中的四点建议。毛泽东说：罗马尼亚党现在和过去相比是有所不同。他们同赫鲁晓夫有矛盾，但在思想上也有共同的。他们的地理位置没有东方国家好，这对他们不利。他们的贸易百分之四十要靠苏联，这种情况对罗马尼亚是有影响的，这是根本问题。全世界有一百多个党，真正反对我们的只不过是十几个，有些党是被迫的，有些人反对中国是为了保护自己。

3月6日、7日 晚上，主持召开中共中央政治局常委会议，研究同罗马尼亚工人党中央代表团会谈的有关事宜，刘少奇、邓小平出席，彭真、康生列席。

3月9日 晚上，主持召开中共中央政治局常委会议，听取彭真汇报罗马尼亚工人党中央代表团提出的延长中罗会谈的问题，决定同他们再进行一次会谈，刘少奇、邓小平出席，康生列席。

3月10日 下午，在人民大会堂一一八厅会见并宴请罗马尼亚工人党中央代表团，刘少奇、邓小平、彭真、康生等参加。毛泽东说：我们也是不愿意公开争论的，公开争论是他们挑起来的。既已挑起来，就要有一个公平合理的解决。除非他们公开撤销决议，承认错误，否则总有一天是要回答的。其实你们不要那么着急，这是笔墨官司，有什么要紧嘛！这种公开争论也无关大局，第一条，不死人；第二条，天塌不下来；第三条，山上的草木照样长；第四条，河里的鱼照样游；第五条，女同志照样生孩子。除了第一条，后面四条我都跟苏联大使讲了。每一篇文章、决议，我们统统是要答复的。大概还要十年才能答复完，因为他们有两千篇文章嘛。我活不了十年了，我现在的计划是五年计划，五年之后的事情是别人的事情了，刘少奇同志他们的事情了。总而言之是要答复的。哪有这样的道理，只许你们批评我们，不许我们回答。毛泽东说：我们这次会谈是好的，因为感到双方是平等的，彼此都把话讲出来好，这并不伤害我们之间的友谊。今晚是个团结的会见。

同日　阅中共中央办公厅秘书室三月六日编印的《群众反映》第十六期摘登的北京铁路二中校长魏莲一关于减轻中学生负担问题的来信，批示："刘、邓、彭阅后，请尚昆办。此件应发给中央宣传部各正副部长，中央教育部各正副部长、司局长每人一份，北京市委、市人委负责人及管教育的同志每人一份，团中央三份。并请他们加以调查研究。现在学校课程太多，对学生压力太大。讲授又不甚得法。考试方法以学生为敌人，举行突然袭击。这三项都是不利于培养青年们在德、智、体诸方面生动活泼地主动地得到发展的。"三月十四日，中共中央下发了毛泽东的批示和这一期《群众反映》。

3月14日　对一九五七年三月十二日在中国共产党全国宣传工作会议上讲话的整理稿，批示："请康生、伯达二位同志看一看，提出意见，或者直接在文本上加以修改。这是一篇老的讲话，没有发表过。田家英同志说要印进一个新的简选本〔1〕里去，

〔1〕　指正在编辑的《毛泽东著作选读》（甲种本）。这部书在1964年6月出版，编入了毛泽东《在中国共产党全国宣传工作会议上的讲话》。

也请你们考虑是否可以印?”

3月15日 下午，和刘少奇、邓小平等党和国家领导人到首都机场迎接访问十四国归来的周恩来、陈毅。周恩来、陈毅从一九六三年十二月十四日开始，应邀先后访问了阿联（今埃及）、阿尔及利亚、摩洛哥、阿尔巴尼亚、突尼斯、加纳、马里、几内亚、苏丹、埃塞俄比亚和索马里；从一九六四年二月十四日开始，又应邀到缅甸、巴基斯坦和锡兰进行访问。本日，从成都回到北京。到机场迎接的首都各界群众达五千多人。

3月16日 下午，在人民大会堂一一八厅主持召开中共中央政治局常委会议，听取周恩来访问十四国情况的汇报和讨论苏共中央三月七日对中共中央二月二十九日复信的来信。毛泽东说：三月七日的信要答复，但是只简单地答复就行了。主要讲，苏共中央二月全会的文件没公布，苏共给兄弟党的信也没有给我们，我们不知道你们要怎样的“坚决反击”，要采取什么“集体措施”，在这种情况下，中苏两党怎么会谈呢？他越急，我们越要慢吞吞地踱方步。中国人从来是有耐心的，这个意思可以写在复信里边去。两党来往的信件要考虑发表。我们目前还是继续评论苏共的公开信，现在已经发表七篇文章，再有三篇就是十篇，也就差不多了。以后继续写文章，除了写过去已经定的题目以外，还要就一些根本理论问题，对苏共的错误提出批评。比方说，现代修正主义和社会民主主义的问题，国际主义和民族主义的问题，这两个是大题目，可以写文章。

3月17日 在中南海会见智利共产党左派—斯巴达克派代表团，康生、伍修权等在座。毛泽东说：你们是左派，是要革命的，希望就在革命者身上，在左派身上。接着，毛泽东比较系统地介绍了中国革命经过两次失败走向成功的经验，讲述了自己的一些革命经历。谈到读马列主义的经典著作时，他说：马列主义的经典著作有很多我还没有看过，只看过少数。马列主义经典著作读个几十本也就差不多了，要注意拿书本作为观点来研究事情。书不可不读，但不可多读。读多了，就成为书呆子，不会工作。你们的长处是要革命，有了这一点就有前途。没有革命热情就不行，革命热情是最可贵的。但单有革命热情还不行，还要有实际工作，这就是要与工农接近，要研究整个国家社会。

3月18日 下午，在中南海菊香书屋主持召开中共中央政治局常委会议，主要讨论准备召开中央工作会议等问题。毛泽东说，近一年我的主要精力花在同赫鲁晓夫的斗争中，现在应该再转到国内问题上来了。联系国内反修防修问题，毛泽东又谈到赫鲁晓夫，他说：今年四月是赫鲁晓夫的七十寿辰，我们可致电祝贺，贺电应该讲点实质问题。赫鲁晓夫越要大反华，我们越要采取同他相反的姿态，他要坚决反击，我们要坚决友好，他要分裂，我们要团结。这样我们就处于主动地位，争取国际同情，进可攻，退可守。

同日 复信华罗庚〔1〕：“诗和信已经收读。壮志凌云，可喜可贺。肃此。敬颂教祺！”

同日 复信高亨〔2〕：“寄书寄词，还有两信，均已收到，极

---

〔1〕 华罗庚，数学家。当时任全国人大常委会委员、中国科学院物理学数学化学部副主任、中国科学院数学研究所所长、中国科技大学副校长兼应用数学系主任、中国民主同盟中央常委。

〔2〕 高亨，文字学家。当时任山东大学中文系教授。

为感谢。高文典册，我很爱读。[1] 肃此。敬颂安吉！”

3月19日 晚上，在中南海颐年堂会见波多黎各学生代表，胡克实[2]、王照华等在座。毛泽东首先向客人了解波多黎各的地理位置、语言和国内情况。在谈到怎么战胜敌人时，他说：一块一块割，一块一块吃，革命的办法就是这样，没有什么好多深奥的道理。在谈到美国要派记者来中国时，他说：我们不要他们来。我们说要解决几个问题才让他们来：从台湾滚出去；在外交上承认我们；在联合国赶走蒋介石，让我们进去。实行了这三条，美国新闻记者可以来，我们的新闻记者可以去。客人说：波多黎各的革命者都对毛主席表示很大的钦佩，无论是对您的著作或者是您的诗，因为您的著作中都说明了中国人民是怎样进行革命的，而伟大的中国人民在您的正确领导下取得了革命的胜利。您的著作不仅仅适用于中国，而且也适用于全世界。毛泽东说：供你们参考。你们要根据你们国家的实际情况去学习外国的经验，不能完全照抄外国的经验。

3月20日 晚上，在人民大会堂一一八厅会见朝鲜外务相朴成哲和夫人，陈毅和夫人、姬鹏飞和夫人等在座。毛泽东说：我们同罗马尼亚代表团谈得好，又谈得不好。谈得好是在反对大国沙文主义方面好，谈得不好是要我们“停火”。我们的文章还没有答复完，苏联写了两千多篇，四十几个党不知写了多少批评

---

〔1〕 1963年11月16日，毛泽东和刘少奇、周恩来、朱德、邓小平等接见了出席中国科学院哲学社会科学部委员会第四次扩大会议的全体人员。在周扬介绍到高亨时，毛泽东说读过他的几种著作，并给予肯定的评价。此后，高亨将自己的著作《诸子新笺》、《周易古经今注》等6种连同一信，寄给周扬转交毛泽东。不久，他又将60年代初读毛泽东诗词有感而填写的一首《水调歌头》，寄给毛泽东指正。

〔2〕 胡克实，当时任共青团中央书记处书记。

中国的文章、决议，因此时间要长。我说订个十年计划，我七十一了，只能有五年计划，以后交给刘少奇同志、周恩来同志和邓小平同志，由他们去回答。要培养一批马列主义的能写文章的人。文仗也好，武仗也好，实践中锻炼人。要能打文仗，也能打武仗。要组织马列主义队伍，不仅政治文章要写，而且要各门社会科学都写。中国批判修正主义的文章，过去只有北京搞，各大区、各省都不搞。其实他们有很多力量，可以在各门社会科学方面写文章批判修正主义，现正在开始搞。

3月中旬　审阅《背叛无产阶级革命的赫鲁晓夫修正主义——八评苏共中央的公开信》（三月十六日第十稿），在文章开头部分加写："本文想讨论一个大家都熟悉的、很出名的问题，这就是所谓'和平过渡'问题。这个问题之所以出名，弄得大家都注意起来，是由于赫鲁晓夫在苏共第二十次代表大会上提了出来，在苏共第二十二次代表大会上用纲领的形式加以系统化，以其修正主义的观点，反对马克思列宁主义的观点。一九六三年七月十四日苏共中央的公开信，又重弹这个老调。""为此原故，我们要写这篇文章，以比过去更加清楚的语言，回答修正主义者。"

3月21日　阅李先念三月十四日关于似可同意《大公报》出《经济评论》专刊的来信，批示："此件送康生、吴冷西二同志阅后，退李先念同志照办。"

3月22日　为中共中央起草《关于在全党组织干部宣讲队伍，把全党全民的社会主义教育运动进行到底的指示》。指示全文如下："我党从一九六三年开始的全党全民的社会主义教育运动，必须进行到底，需要几年才能完成（至少要三年到四年）。地方要学习解放军的经验，解放军也要学习地方的经验。中央的三个社会主义教育文件（五反指示，决定草案，规定草案），除五反指示限于城市及县以上机关以外，其余两个（即所谓双十条）应在几年内分几次在城乡全党全民中宣读，讲解，发问，答问，由粗到细，由浅入深，结合当地实际情况，深入调查研究，直到确实解决问题。为此要组织宣讲队伍。这种队伍，要使一切能讲（即能看懂文件）会讲（即政治水平较高，在群众中有较高威信）的同志都得到机会去讲。从中央委员到县委市委委员，与县一级相同的党委委员以及其他有相当文化和政治水平的同志，除年老体弱及有病者外，一律要使他们充当宣读员，至少一次到两次。避免不去的，叫作消极怠工分子。这样做，于己于人，好处极多，能使全党全民获得社会主义教育，首先是各级干部获得这种教育，免除官僚主义、修正主义和教条主义的危害。现将两个文件发给你们。一个是解放军总政治部一九六四年三月十六日的报告〔1〕，一个是孔夫子故乡山东曲阜县委一九六四年二月十日的报告〔2〕。请你们研究这两个文件，从其中可以得到许多启发。”同时批示：“刘、周、邓、彭、贺龙、陈毅、康生、伯达、定一、冷西各同志阅后，尚昆处理。”这个指示于三月三十一日发出。

同日 下午，在中南海菊香书屋主持召开中共中央政治局常委会议，讨论八评苏共中央公开信。几天后，毛泽东审阅《八评》（三月二十四日第十二稿），作少量修改。这篇文章的题目改为《无产阶级革命和赫鲁晓夫修正主义——八评苏共中央的公开信》，在三月三十一日《人民日报》和《红旗》杂志一九六四年第六期发表。

3月23日 晚上，在人民大会堂一一八厅会见并宴请由袴田里见率领的日本共产党代表团，代表团是在苏联访问后来中国

---

〔1〕 指中国人民解放军总政治部《关于全军学习农村社会主义教育运动的两个文件的总结报告》。

〔2〕 指《曲阜颜家村大队根据中央两个十条开展社会主义教育运动的情况报告》。

的。会见时刘少奇、邓小平、彭真、康生、杨尚昆、廖承志、赵毅敏参加。在谈到中国革命经验时，毛泽东说：中国这套经验，在有些国家就不能采取，如农村包围城市，先在农村胜利，然后占领大城市。这在日本就不行，在英国、美国也不行，在欧洲好多国家都不行。在亚洲其他国家，非洲、拉丁美洲等国家，大体上说可以采取。有两种经验，一种是十月革命的经验，一种是我们的经验。谈到国际问题时，毛泽东说：好多国际问题需要研究，我也不大懂，如对阿拉伯世界的认识，在周总理访问前和访问后，我的印象就有所不同。不要说认识外国，即使本国人认识本国，也需要一个长的过程。谈到中苏关系时，毛泽东说：从一九五六年“二十大”起，已经有八年了。我们对苏共也是逐步认识的，吃过他们的亏，发展到目前的状态，也有一个认识过程。是修正主义做了好事，他们运用造谣、颠覆、挑起边界纠纷、企图控制中国海岸、搞共同舰队、撤专家以及搞公开争论等办法，使我们聪明起来了。现在他们要对我们“坚决反击”，我们在等。还说要采取“集体措施”，我们也在等。我请罗马尼亚同志告诉赫鲁晓夫，我们对他们的几手都已准备好了，不外一是断绝国交，二是断绝贸易，三是撕毁中苏同盟条约，四是开军队从东北或新疆来打我们，占领北京。我们都不怕，你来吧！你有核牙齿，我只有手榴弹。这样一来，他很怕，就哀求说“停战”三个月，我说三天也不行。我们没有答复完，要停止就有一个建议，即要全世界共产党开会，达成一个公平合理的协议。在谈到日本与美国的矛盾时，毛泽东说：日本的垄断资本可以分成亲美的和不亲美的。不亲美的，既反美也反共、反人民。你们要始终掌握民族独立的旗帜，充分利用日美垄断资本的矛盾，团结一切可以团结的力量，建立广泛的统一战线，包括一部分反美的资本家。

3月24日 下午，应薄一波要求同薄一波、李先念、谭震林等谈话。在谈到一九五九年上海会议上有人提出粮食产量的高指标问题时，毛泽东说：是啊，那时候都反对他们[1]，那个压力才大呢！他们是对的，他们很勇敢，多数人是错误的。真理，一切真理，开始的时候，总是在少数人手里，总是要受到多数人的压力。在谈到农村社会主义教育运动时，毛泽东说：农村社会主义教育运动要打个歼灭战，没有四五年工夫不够，至少四年，不能急。学习解放军、学习石油部，也大概需要三四年，四五年，才能学到手，也不能急，要学习他们的革命精神。有的省今年就要把社会主义教育搞完，太快了，你没有那么多好干部嘛！工业基本建设也是这样，也不能太急，太急了不行。你逼得厉害，他就要弄虚作假。在谈到什么叫拥护三面红旗时，毛泽东说：阶级斗争、生产斗争、科学实验三者必须结合。只搞生产斗争、科学实验，而不抓阶级斗争，人的精神面貌不能振奋，还是搞不好生产斗争、科学实验的。只搞生产斗争，不搞科学实验，行吗？只搞阶级斗争，而不搞生产斗争、科学实验，说拥护总路线，结果是假的。我说石油部作出了伟大的成绩，它既振起了人们的革命精神，又搞出了六百万吨石油，还有一百万吨的炼油厂，质量是很高的，是国际水平的。只有这样，才能说服人嘛！在谈到全国正在掀起一个学习毛主席著作的热潮时，毛泽东说：那都是以前的著作了。现在也很想写一些东西，但是老了，精神不够了。《毛选》，什么是我的？这是血的著作。《毛选》里的这些东西，是群众教给我们的，是付出了流血牺牲的代价的。有些文章应该再写，把新的东西写进去。

3月25日　将一九四一年写的《关于一九三一年九月至一

〔1〕指在1959年4月上海会议（中共八届七中全会）上提出应公开修改八届六中全会所决定的1959年几项计划指标的少数人。

九三五年一月期间中央路线的批判》一文[1]，批送刘少奇、周恩来、邓小平、彭真、康生、陈伯达阅，请他们提出意见，准备修改。同时批送陈毅阅。一九六五年一月二日，毛泽东又批示："此件送谢富治、李井泉、陶铸三同志一阅，请提意见，以便修改。其中关于临时中央不合法的问题，已在一九四五年七大前的中央会议通过的《若干历史问题》上不提了，即承认其是合法的了，这样做于全党有利。其中又提了总理的名字，也应该删掉，因为总理一生正确比错误多得很多。此文过去没有发表，现在也不宜发表，将来（几十年后）是否发表，由将来的同志们去作决定。"一九六五年五月十二日，毛泽东在长沙将文章的标题改为《驳第三次"左"倾路线（关于一九三一年九月至一九三五年一月期间中央路线的批判）》，并写道："这篇文章是在延安写的，曾经送给刘少奇、任弼时两同志看过，没有发表。送出去后也就忘记了。一九六四年有人从档案馆里找出这篇文章的原稿，送给我看，方才记起确有这回事。在延安之所以没有发表，甚至没有在中央委员内部传阅，只给两位政治局委员看了一下，就再不提起了，大概是因为这篇文章写得太尖锐，不利于团结犯错误的同

〔1〕《关于一九三一年九月至一九三五年一月期间中央路线的批判》，是毛泽东1941年写的一篇长达五万多字的文章，共9个部分，也称九篇文章。这篇长文章主要是针对中共六届四中全会以后的中共中央和中央负责人发出的《中央关于争取革命在一省与数省首先胜利的决议》、《在争取中国革命在一省与数省的首先胜利中中国共产党内机会主义的动摇》等9个文件而写的。这些文件大致反映了王明等人的指导思想和主要政策的内容，毛泽东写的文章从政治路线和思想路线方面对其进行了激烈的批判。文章最初的题目是《关于和博古路线有关的主要文件》，后改为《关于和"左"倾机会主义路线有关的一些主要文件》，后又改为《关于一九三一年九月至一九三五年一月期间中央路线的批判》。这篇文章初稿写出后，作过几次修改，但没有发表。

志们吧。现在年深月久，这个不利于团结的问题不存在了，干部不会因为看了这篇文章怒发冲冠，不许犯错误的同志改正错误，从而破坏党的‘惩前毖后、治病救人’的政策了。”五月十二日当天，毛泽东打电话给王任重，要他来长沙阅看这篇文章。

3月26日 阅田家英三月二十五日晚十二时报送的《关于调查工作》[1]一文。田家英在附信中说：“这篇文章写作的时间，希望主席再回忆一下。如果能记起在什么地方写的，或者写作前后有什么较大事件，我们便可以根据这些线索，考订出比较准确的写作时间。”毛泽东审阅时，将文章的题目改为《反对本本主义》。阅后批示：“退田家英同志。此文是在一九二九年写的，地点记不清楚。先写了一篇短文，题名《反对本本主义》，是在江西寻乌县写的。后来觉得此文太短，不足以说服同志，又改写了这篇长文，内容基本一样，不过有所发挥罢了。当时两文都有油印本。”之后，毛泽东经过再次回忆，在四月十日印发的稿本上，将写作时间确定为一九三〇年五月。

同日 下午，在中南海菊香书屋主持召开中共中央政治局常委会议，听取周恩来关于访问非洲情况的汇报和讨论中苏关系问题。

3月27日 下午，乘专列离开北京南下。

3月28日 晨，到达邯郸。下午，在邯郸听取中共山西省

---

〔1〕《关于调查工作》，原题为《调查工作》，是毛泽东为了反对当时红军中的教条主义思想而写的。1930年8月曾印过石印单行本。1957年2月，由福建上杭县农民赖茂基捐出。1959年8月存入中央革命博物馆筹备处。1961年1月由田家英送毛泽东阅看。3月11日，毛泽东将这篇文章的题目改为《关于调查工作》，并作了少量文字修改，印发当时在广州召开的中共中央工作会议。1964年经毛泽东审定，题目改为《反对本本主义》，编入公开出版的《毛泽东著作选读》甲种本和乙种本。1991年6月出版的《毛泽东选集》第2版第1卷，补入了这篇文章。

委负责人陶鲁笳及阴发祥[1]，河北省委负责人林铁、刘子厚及河北省保定、石家庄、衡水、邢台、邯郸五个地委的负责人汇报农村社会主义教育情况，主要由陶鲁笳汇报。当汇报到山西省已经搞了和正在搞“四清”的大队占百分之十三时，毛泽东说：这个好，不要太多了，不要太急了。当汇报到去年十二月以来，全省面上普遍宣讲了“双十条”、公社“四清”进行大队试点时，毛泽东说：面上也搞，公社也搞，你们这样做，究竟妨碍了生产没有，生产情况如何？每一步骤都要紧密结合生产。河北、山西的同志说，“四清”并不妨碍生产。毛泽东问：有工作组的大队和没有工作组的大队相比，哪个生产搞得更好些？陶鲁笳回答，有工作组的大队生产搞得更好些。关于普遍宣讲“双十条”，毛泽东说：革命这些年，公开宣讲我们也是第一次嘛！革命革了这么多年，才学会这个办法。几亿人口，几个阶级，把政策交给他们。谈到中央“五反”指示时，毛泽东说：中央“五反”指示对阶级斗争没有那么强调，这是一个缺点。当汇报到有人说阶级斗争是共产党挑起来的，毛泽东说：什么挑起来的呀，共产党是反映人民的要求。人民要求“四清”，反贪污、反浪费、反多吃多占、反对反革命破坏。因此，才写了“五反”指示，才出了“双十条”，然后发下去，到工厂、农村去念，看他们赞不赞成，有无修改。你说这些东西是从天上掉下来的？是主观挑起来的吗？说是共产党想出来的，那为什么群众欢迎？蒋介石叫嚣反攻大陆时，四类分子跃跃欲试。地主用归宗图教育他们的后代，还要搞阶级斗争，他们用送礼、美人计拉拢我们的干部，是谁挑起来的？阶级斗争确实存在，不能把没有说成有，也不能把有说成没有。谈到有人以不能要求“四清”解决一切问题为借口，想降低

〔1〕 阴发祥，当时任中共山西省委农村工作部副部长。

“四清”标准，贪多求快时，毛泽东说：革命要革到底。我看从去年算起，至少要三年到四年，紧了不行。现在全国有点苗头，就是太急，什么明年要搞完。劲头上来了就急，我看宁可慢一点，急了不能达到目的。要讲质量，要搞好搞透。我说的是至少三年到四年，还有“至少”二字，三年到四年是从去年五月算起。别着急，这是需要时间的，要多少时间就多少时间，把心安下来。毛泽东还讲到官僚主义问题，他说：有的人，自己不写东西，要秘书代劳。我写文章从来不叫别人代劳，有了病不能写就用嘴说嘛！现在北京当部长、局长的都不写东西了，统统让秘书代劳。秘书只能找材料，如果一切都由秘书去办，那么部长、局长就可以取消，让秘书干。

3月29日 下午，在邯郸继续听取汇报，主要由林铁汇报河北救灾和农村社会主义教育的情况，陶鲁笳也汇报了一些问题。当汇报到自留地减少了时，毛泽东指出：自留地不能太少了。当汇报到灾后农民互助建房时，毛泽东说：农民要合作修房，最好改为砖房，土房顶不住水。当汇报到生产救灾中有相当多的副业单干时，毛泽东说：也许可它喽！集体副业在生产队、大队逐步搞起来，公社是否也可以搞一点，搞多了不行，逐步搞。当汇报到有的省先搞对敌斗争，后搞“四清”时，毛泽东说：贫下中农不起来，就没有对敌斗争的队伍。“双十条”上写的就是先解决内部问题，先组织队伍，先搞“四清”，再搞对敌斗争嘛。陶鲁笳谈到“四清”和阶级斗争的关系问题，在起草第二个十条时，就有争论。那时对“四清”强调得不够。我们认为“五反”、“四清”是社会主义时期进行阶级斗争的一个特定的形式，四清运动是以阶级斗争为纲的。毛泽东说：对，我赞成你们的意见。第二个十条还可以再修改一次。当汇报到农村支部书记中问题严重的占百分之二十，生产队四不清问题严重的占三分之一时，毛泽东说：我们真有三分之二就了不起了。陶鲁笳提出干部是否可以实行选举制，能官能民，能上能下，先从公社这一级做起。毛泽东说：公社干部应该选举，为什么不能选举呀，脱产干部也是选举的呀。汇报中陶鲁笳向毛泽东介绍了陈永贵〔1〕的情况，毛泽东表示要看看陈永贵的材料。下午六时半，离开邯郸前往郑州。

3月30日、4月1日　这两天下午在郑州听取中共中央西北局的刘澜涛、陕西省委的李启明〔2〕、安徽省委的李葆华、河南省委的刘建勋及河南几个地委的负责人汇报“四清”和“五反”情况。谈到新的生产高潮出现了，如何领导好时，毛泽东说：第一，肚子要吃饱；第二，觉要睡好。谈到社会主义教育运动怎么入手时，毛泽东说：现在各地的做法不一样，看起来，一般的还是先解决人民内部问题，先解决“四清”问题，然后再解决敌我问题为好。如果领导权被敌人篡夺了，就要先夺权，解决敌我问题。这次社会主义教育运动绝不能着急，一定要搞彻底，不要滑过去。两年不行搞三年，三年不行搞四年。过去民主革命没有搞彻底的，现在要补课；社会主义革命如果滑过去，将来又要补课。谈到“五反”问题时，毛泽东说：看起来，“五反”要搞几年，通过“五反”，一定要搞厂矿、企业、机关的革命化。现在的问题是革命化，还是官僚化？谈到会议多、报表多时，毛泽东说：会议那么多，要想个办法。中央工作会议推迟到五月五日开，开二十天。会后回去做一段工作，八月再开一次。谈到学习马克思主义经典著作时，毛泽东说：规定高级干部学三十本书，是不是多了一些？不一定学那么多。读得多了，越读越糊涂。毛泽东这次找安徽、河南省委负责人来汇报，还要解决一个黄河下

---

〔1〕　陈永贵，当时任山西省昔阳县大寨大队党支部书记。

〔2〕　李启明，当时任中共陕西省委书记处书记、陕西省省长。

游的排水问题。河南、河北、山东、苏北、皖北五个地区，由于以前执行以蓄为主的方针，下游各省到处筑坝，改变了河道原来的流向，大雨一来水排不出去，地下水位上升，土地盐碱化。毛泽东决定由谭震林召集河南、河北、山东、苏北、皖北的主要负责人开会，解决这个问题。他嘱咐：要很好地解决这个问题，不要再互相“打仗”了。

3月31日 下午，在郑州会见柬埔寨王国军事代表团，罗瑞卿、许光达〔1〕等在座。毛泽东说：你们很坚强。你们的国家包括你们的人民和政府一起，敢于同欺侮你们的帝国主义进行斗争，你们不接受美国的控制。全世界都注意你们停止了美国的军事援助，把美国的军事援助团赶走。美国人，你越怕他，他就越凶，不怕他也就是那么回事。

4月2日 到达武昌，住东湖客舍。下午，同王任重谈话。王任重说，湖北计划今年百分之五十的社队完成社会主义教育。毛泽东说：你们是不是要求太急了？这样做，会不会走过场？农村社会主义教育的做法，是从对敌斗争入手，还是从“四清”入手？你们下一批是不是可以从干部洗澡放包袱搞“四清”入手。你们是不是去向群众宣讲过两个十条？你应当亲自向群众宣讲两个十条。毛泽东还问干部参加劳动的情况，指出要少开会，少发文件，少要表格。谈到粮食问题时，毛泽东说：农村人均留粮标准，是不是要有个杠杠；生产队粮食分配，要有基本口粮。

同日 林克打电话告诉中共中央办公厅：毛主席最近对国际方面的问题比较注意，希望每天能把这方面的文件、资料送来。

4月3日 苏共中央在《真理报》发表苏斯洛夫在二月全会上的报告《关于苏共为国际共产主义运动的团结而斗争》，和二

〔1〕 许光达，当时任国防部副部长、中国人民解放军装甲兵司令员。

月全会关于这个报告的决议。在公布这两个文件的同时，《真理报》发表一篇社论《对马克思列宁主义原则的忠诚》。中共中央认为这是赫鲁晓夫发动新的反华运动的重大步骤。四月二十七日，《人民日报》将上述三个文件全文转载。

4月5日 下午，在武昌东湖客舍同中共湖北荆州地委第一书记王玉珍、黄冈地委第一书记姜一谈话，王任重参加。姜一汇报黄冈专区有一千八百多个作为基本核算单位的生产大队。毛泽东问：这些大队的生产好不好，为什么这些大队不肯改为生产队核算。姜一回答：这些大队，原来生产都搞得比较好，有一个好的支部书记和领导核心，水利建设搞得比较好，公共积累也比较多，所以这些大队的群众不赞成改为生产队核算。毛泽东指出：将来所有的公社，都要走这个方向。王任重说：去年麻城有一部分队由生产队核算又改为大队核算，被省委通报制止了。毛泽东说：只要群众真正赞成，不要勉强制止。

4月6日 阅陈毅四月四日报送的外交部党委关于机关干部学习马恩列斯和毛泽东著作情况的报告，批示："退陈毅同志。此件已阅。这样做很好。不知我各驻外使馆，亦有理论学习否？"报告说：外交部机关从一九六三年三月到一九六四年三月的一年中，举办了五期十七级以上干部轮训班和两期十八级以下干部小轮训，学习马恩列斯和毛泽东的有关著作，以及反对修正主义的文章。经过学习，理论水平、政策思想水平和阶级觉悟都有不同程度的提高，收获很大。

4月8日 批示林克："日本代表团，何日经武汉去越南？我想同他们在武昌谈一次话。再问明白为要。"

4月9日 阅罗瑞卿三月十五日报送的关于新疆地区备战方案的报告。报告说：在新疆地区，赫鲁晓夫修正主义集团确在加紧制造边境紧张局势，我们必须随时提高警惕，做好应对其进攻的一切必要准备。关于备战方针：根据主席指示，新疆地区最重要、最根本的问题，一是经济问题，二是政治问题。只要把生产搞好了，人民生活改善了，再加政治上挂了帅，依靠劳动人民群众，新疆地区就更加巩固了。这是防止和战胜赫鲁晓夫修正主义集团发动武装进攻和进行颠覆活动的根本保证。在军事方面，我们必须贯彻积极防御、后发制人、准备持久的战略思想。毛泽东批示："退罗瑞卿同志，照办。"

4月10日 下午，在武昌再次会见由袴田里见率领的日本共产党代表团，王任重、赵毅敏等在座。毛泽东说：你们看了苏联的材料〔1〕吗？没有新的东西。我们只批评赫鲁晓夫一个人，他批评了我们七八个人。有我，有刘少奇、周恩来、邓小平同志，还有刘宁一、刘长胜、陶铸和陈毅等同志。他这一炮放得不响。他还要采取"集体措施"，还要开会。我们准备起草一个提纲，在中苏两党会谈中提出来，准备作为世界共产党会议的一个决议草案。单靠我们一个党是不行的，如果有日本、印尼、朝鲜、越南等党参加起草就比较好。公开论战首先是对国内的党有好处，使中国人民、中国共产党员和干部知道世界上有两种共产主义；其次是国际上的。要感谢赫鲁晓夫去年七月十四日的公开信，这使我们好办了。在七月十四日以前，我们也不好公开批评他们，只能指桑骂槐。公开论战是他们自己挑起的，现在他们又很害怕公开论战。我们敢于发表他们的文件，他们则不敢。对他们四月三日发表的苏斯洛夫的报告，我们要发表，要替他们广播。至于国际会议，我看几年之内开不成。开分裂的会，还不如

〔1〕指苏斯洛夫在苏共中央1964年二月全会上作的《关于苏共为国际共产主义运动的团结而斗争》的报告，和二月全会通过的关于苏斯洛夫报告的决议。

不开。维持表面上的关系，比在表面上搞破裂要好得多。一九六二年八月，我们讨论了党的整个路线，包括国内的和国际的，开了十中全会，发表了全会的公报。那时我们党内有一部分同志在国际问题上强调三和一少，在国内问题上提出三自一包。中央各部，每个部都不是太平的，都可以一分为二。地方上也不是太平的，有两条道路的斗争。所以看中国不能尽看好的，有光明的一面，这是主要的一面；也有黑暗的一面，这是次要的一面，但不可忽视。

同日 下午，离开武昌，次日晨到达长沙，住蓉园。王任重同行。

4月13日 下午，在长沙蓉园召集邓小平、康生、王任重、张平化、吴冷西开会。毛泽东说：给赫鲁晓夫七十寿辰的贺电〔1〕要修改。这个贺电应该争取在苏联发表，使他能够发表。要使右派看了，也感到我们不是不愿意团结的。如果他登，就打乱了他的计划，不登也就输理，这是又团结又斗争。赫鲁晓夫还不是最右派，赫鲁晓夫还是比极右派好一点。贺电写的内容不能多谈分歧和争论问题，可以说尽管我们有分歧，但是一旦有事，我们两党会团结起来的。这个“一旦有事”，是指对赫鲁晓夫不利的事情，而不是讲别的。赫鲁晓夫是怕争论的。这次他们发表二月全会的报告、决议，看起来形式上似乎气壮如牛，但内容很虚，没有什么新的东西，真是色厉内荏。原来在北京定稿的那封复信，少奇同志建议要推迟发表，这个意见好。因为现在他们二月全会的文件公布了，情况变了，所以要改写后才能发。《九评》、《十评》要抓紧，之后还要组织一批文章，题目我在北京讲了一些，你们再想想看，还有什么题目。毛泽东请邓小平转告周恩

〔1〕 这个贺电稿是在北京起草的，比较长，其中谈到了中苏两党的分歧和争论问题。

来，中苏贸易谈判，要减少进口苏联的东西，要坚持顺差，否则我们只还账，用我们出口的物资来还账。如果他们不要，那就把账挂起来。但是，我想他们还是要我们东西的，这是还账。不进口你的东西，那是因为我要的你不给，我不要的你给，我何必要进口呢。

4月14日 下午三时半，在给赫鲁晓夫的生日贺电（第一方案〔1〕）上批示："此件好。略有增改，请酌定。再印七份，立即发给我们四人和陶王张三人。下午五时开会通过。"毛泽东将贺电稿开头的"中国共产党中央委员会在你七十寿辰的时候"，改为"亲爱的同志，在你七十寿辰的时候"；在贺电末尾，加写："让帝国主义和各国反动派，在我们的团结面前颤抖吧，他们总是会失败的。"五时，毛泽东在蓉园召集邓小平、康生、陶铸、王任重、张平化、吴冷西讨论贺电。毛泽东表示基本上同意第一方案，他说：还是稍为多说一点的比较好，不要太潦草，因为我们是把这个当作重要的策略步骤来看待的。

4月15日 下午，在长沙会见阿尔及利亚文化代表团，丁西林〔2〕等在座。毛泽东说：你们的胜利是一件大好事。非洲只有你们一个国家是打出来的，你们给非洲树立了一面旗帜。现在你们重新干起，白手起家。我相信帝国主义做过的事，资本主义做过的事，我们人民也能做到。第一条，我们人多，全世界被压迫的人总是占多数；第二，在这些人里面，总有比较好的领导者和干部，他们不会的可以学会，困难是可以克服的。我们这个党

---

〔1〕 1964年4月13日晚上和14日上午，邓小平、康生、吴冷西等按照毛泽东关于修改给赫鲁晓夫生日贺电的意见，起草了两个稿子，一长一短，于14日上午报送毛泽东。第一方案指比较长的那个稿子。

〔2〕 丁西林，当时任全国人大代表、全国政协委员、中国对外文化联络委员会副主任、中国人民对外文化协会副会长、中国文字改革委员会副主任、中国非洲人民友好协会副会长。

也不是顺畅走过来的，是经过艰难困苦走过来的。现在在我们党内也不是什么都是好的。有许多党员挂党员的招牌，实际上是新的资产阶级分子，有好多干部也是这样。

4月16日 和刘少奇、朱德、周恩来致赫鲁晓夫祝贺七十寿辰的电报发出。贺电说："亲爱的同志，在你七十寿辰的时候，我们向你祝贺，祝你健康和长寿。""我们坚决相信，由于我们两国人民的要求，由于全世界各国革命人民的要求，中苏两党、两国和我们的人民，在反对帝国主义和各国反动派，坚持马克思列宁主义和无产阶级国际主义，维护社会主义阵营团结和国际共产主义运动团结，支持全世界被压迫人民和被压迫民族的革命运动，维护世界和平的斗争中，从长远看来，总是要紧密地团结起来的。""尽管目前我们同你们之间存在着关系到马克思列宁主义一系列原则问题的分歧，存在着不团结的状态，但是，我们坚决相信，这只是暂时的。一旦世界发生重大事变，中苏两党、两国和我们的人民就会站在一起，共同对敌。"

同日 晚上，在长沙蓉园与陪同刚果客人从北京来长沙的周恩来谈话。随后，和周恩来一起会见刚果（布）〔1〕特使安托万、刚果（利）〔2〕非洲团结党中央政治局委员米都迪迪，张平化等在座。在谈到黑人遭受侮辱时，毛泽东说：只有压迫人的人，才是低贱的。不管哪个国家，哪个大陆，压迫人、杀人的人和政权才是低贱的。谈到卢蒙巴〔3〕因为没有掌握武装而被杀害时，毛

〔1〕 刚果（布），当时称刚果共和国，1968年12月改名刚果人民共和国。

〔2〕 刚果（利），刚果共和国的简称。1964年8月改名刚果民主共和国，1971年10月改名扎伊尔共和国，1997年5月复称刚果民主共和国。

〔3〕 卢蒙巴，原刚果（利）民族运动党主席、刚果（利）政府总理兼国防部部长。1960年9月，刚果（利）发生军事政变，卢蒙巴被联合国军以保护为名加以软禁。1961年1月，被冲伯叛乱集团杀害。

泽东说：卢蒙巴并不是没有群众，很多人拥护他，他就是没有武装。要接受教训，要把自己武装起来。什么叫政权？主要是军队。没有军队，就没有政权。什么叫独立？就是军队。没有军队，就没有独立。什么叫自由？自由也是军队。没有军队，就没有自由，人家就要压迫你们。什么叫平等？没有军队，谁同你们讲平等，美国人不同卢蒙巴讲平等。当安托万对中国的支援表示感谢时，毛泽东说：你们在那里反对帝国主义，削弱帝国主义一份力量，对全世界人民都有好处。所以，我们不把你们的事业只看作你们的，而是也看作我们的事业。我们有义务支持你们，你们有权利得到我们的支持。中国人民不支持你们，那就不是真正的马列主义者，而是自私自利的民族主义者了，我们不能做这样的事。

4月18日 晚上，离开长沙。次日到达南昌。

4月21日 在南昌同中共江西省委负责人杨尚奎、方志纯[1]、刘俊秀、白栋材、黄知真[2]谈话。毛泽东询问江西的工业情况后说：一九六二年我到南昌时，白栋材同志说工业上还没有一个章程，他替我提出了一个问题，就是说工业搞了十几年，到底怎么个搞法？在杭州时，林乎加同志曾要我按延安整风的办法，讲他几篇。现在有了"双十条"、"六十条"，全党各级干部、各阶级都有了个章程。在谈到农村社会主义教育问题时，毛泽东说：农村社会主义教育以搞好为主，不要赶时间，要多花些时间，工作队要经常进行整顿。不要冤枉人，又要教育人，"四不

---

〔1〕 方志纯，当时任中共江西省委书记处书记、江西省副省长（1965年3月代理省长，4月任省长）。

〔2〕 白栋材，当时任中共江西省委书记处书记。黄知真，当时任中共江西省委书记处候补书记兼秘书长。

清”变成“四清”，不劳动变成劳动。领导要强，要依靠贫下中农群众，干部和群众要密切团结。生产要发展，如果生产搞坏了，下降了，农村社会主义教育运动就是失败了。我们的农村社会主义教育运动应当比土改时搞得更深入细致一些，因为土改时干部少，没有经验。谈到教育改革时，毛泽东说：死读书本，不从事工、农、商、学、兵的实际工作，造就不了人才。

4月22日　离开南昌。次日到达杭州。

4月24日　阅湖南省贫下中农代表会议简报第一至八期，批示：“汪东兴、林克阅后，送江青，江青阅后送少奇、恩来、小平、彭真、定一阅后，退毛。这是一批好材料，易看，有许多闻所未闻的情况，看了大有益处。这个问题，要在五月会议〔1〕一谈。”会议简报反映的是：与会代表的构成以及他们参加会议的心情、所抱的态度和提出的要求；五个地区分组讨论阶级路线问题的情况；各地区代表参观社会主义阶级教育展览会受到的阶级教育的情况；分组重点讨论党和贫下中农互相依靠问题的情况，等等。

同日　阅中共公安部党组关于调查处理一个劳教分子问题的情况报告，批示：“刘、周、邓、彭阅。这件材料可以一看，看后退回徐子荣同志。人是可以改造的，就是政策和方法要正确才行。”

4月25日　下午，在杭州会见并宴请澳大利亚共产党（马列）中央主席希尔和中央委员奥克，谢富治、江华、霍士廉、林乎加等参加。毛泽东说：一九六〇年，赫鲁晓夫为什么那么急于要对中国党进行突然袭击呢？这是因为他感觉到存在危机，看见一个党不那么听他的话，于是就急于要扑灭这个火花。但是他的压力不灵。接下来又撤退专家、撕毁合同等这一套，又不灵。在

〔1〕　指中共中央准备在1964年5月举行的工作会议。

一九六一年就搞二十二大那一套。看来修正主义猖狂的高峰是在二十二大，以后就走下坡路了。去年我们发表了六月十四日的信，他就来了七月十四日的公开信。我们发表了七篇文章，他就作出了二月十四日的决议和以苏斯洛夫名义发表的报告。他本来是不想发表那个报告和决议的，但我们却要他发表。我们的办法就是写一篇文章，即《八评》，这样就逼迫得他把那决议和报告发表了。对苏联的公开信，我们还没有评论完，大概还有两三篇。然后再写几篇评二月十四日的决议和报告的文章。在这之后就可以研究你提出来的问题〔1〕。苏共二十大以后，我们也是经过了好几年的准备和考虑，才逐步地看透了他们。事物在没有充分暴露之前，人们不能懂得它的本质。

4月26日 审阅为发表苏斯洛夫在苏共中央二月全会的报告等的《人民日报》编辑部按语稿，批示："康生、冷西同志：按语看过，很好。可在今日广播，明日见报。"二十七日，《人民日报》发表了这个按语，和苏斯洛夫的报告、苏共中央二月全会关于苏斯洛夫报告的决议、《真理报》的社论。二十八日，《人民日报》再次刊登这个按语，发表了赫鲁晓夫最近期间的反华言论。

4月28日 同江华、霍士廉、林乎加、谢富治谈话。首先听取谢富治汇报服刑人员的劳动改造问题。毛泽东指出：究竟是人的改造为主，还是劳改生产为主，是重人还是重物，还是两者并重？有些同志就是只重物，不重人。其实，人的工作做好了，物也就有了。做人的工作，就是不能压服，要说服。接着听取中共浙江省委汇报工作。林乎加提出：过两年"六十条"是否修改一下。"六十条"对社办企业的劳力投入的限制有问题。毛泽东

〔1〕 在这次会见中，希尔提出希望中国共产党发表一篇全面分析社会民主主义的文章。

说：是否“六十条”暂时不改，到大多数公社、大队都有了社办企业或大队企业、公共积累，“六十条”再承认既成事实。如果生产关系束缚了生产力，生产力终究会突破的。霍士廉说，群众赞成生产队核算，但大队可以办点企业，搞点积累。毛泽东说：看来基本核算单位要扩大一些，生产队平均十七户有的适合，有的不适合，但马上改变有问题。江华、霍士廉说：自留地解决养猪饲料，不能算口粮。毛泽东说：自留地不要动，自留地生产的粮食不要算口粮。自由市场不要动。浙江还有恢复蚕桑、桐油、茶叶的问题，要订出计划。林乎加说：社会主义教育我们搞得慢一些，我们是全国最慢的，以公社来算我们试点的只占百分之五。毛泽东说：那不要紧，你们经验还不足。社会主义教育进行了百分之五，“五反”还只进行了百分之三，“无征不信，不信民弗从”〔1〕，搞典型才有证据，才能说服人。谈到机构庞大时，毛泽东说：因为不打仗了，太平世界机构庞大，一打仗人也就不愿意集中在一起了。过去延安机关两万多人，胡宗南一进攻，中央就分了两部分，我们留在陕北的只有几个人，我、总理、任弼时、陆定一、胡乔木五个人，工作了一年。

4月30日　审阅修改康生、吴冷西四月二十九日报送请毛泽东定稿的中共中央给苏共中央的复信稿〔2〕，批示：“康生、冷西同志，并请告中央常委各同志：同意这封信，只在第七、八、九页上，作了一点增改。在这个开会时间问题上，苏共领导的章法乱了，因此指挥棒也不灵了，因为大多数党都怕开分裂主义的

---

〔1〕见《礼记·中庸》。

〔2〕这是中共中央对苏共中央1964年3月7日来信的复信稿。苏共中央来信提出3条建议：一、1964年5月，在北京继续举行苏中两党代表的会谈；二、26个兄弟党代表的筹备会议，在1964年六七月召开；三、同兄弟党协商于1964年秋举行国际会议。

会。实际上苏共领导自己也怕开这种会，因为分裂对他们没有好处。这种会实际上是开不成的。”毛泽东对复信稿作多次修改，加写了四段话：“请问，在这种情况下，中苏两党会谈和各兄弟党国际会议怎么能够开好呢？有什么话好说呢？还不是吵架一场，无结果而散吗？或者是从此公开分裂，各走各的路吗？难道你们决心要公开分裂吗？”“同志们，我们是反对分裂的。在你们扬言要抛出的法宝统统都抛出来之前，在双方的论点和意图都弄清楚之前，在准备工作充分做好之前，举行中苏两党会谈和兄弟党国际会议只能导致分裂，我们是不能同意的。”“照目前的情况看来，不仅今年五月举行中苏两党会谈是不可能的，就是在今年十月举行也太早了。我们认为，中苏两党会谈以推迟到明年上半年，例如明年五月较为适宜。到那时候，如果中苏两党任何一方认为时机不成熟，还可以继续推迟举行。”“现在没有第三国际那样的国际组织，没有第三国际组织那样的有权召集国际会议的常设委员会，在这种情况下，不应该也不允许由任何一个党或几个党，违反兄弟党协商一致的原则，片面地决定召开全世界一切共产党和工人党的代表会议。这样做是非法的，完全错误的，会引起严重的后果的。对于这点，你们、我们和一切共产党和工人党都是知道的。如果苏共中央一意孤行，悍然不顾我们和很多兄弟党的劝告，一定要召集一部分赞成你们的修正主义和分裂主义错误路线的党，急急忙忙地开一个这样的会议，把它当作全世界所有共产党和工人党代表会议的话，那么，你们就将处于被全世界工人阶级、革命人民和一切真正马克思列宁主义的政党的大声斥责的地位，你们就必须承担分裂的责任，而把你们标榜的所谓团结的旗帜也抛到九霄云外去了。你们愿意干这种事吗？你们愿意走这样的绝路吗？我们现在把这种诚心诚意，利害昭然的话讲在这里，勿谓言之不预也。”中共中央给苏共中央的复信署的日期是一九六四年五月七日，五月九日在《人民日报》发表。

同日　审阅康生、吴冷西四月二十九日报送请毛泽东定稿的中共中央给罗马尼亚工人党中央的复信[1]（草稿），批示："康生、冷西同志：同意这封信。"复信说：像你们要求的那样，由中国共产党单独地或者由中共同其他兄弟党一起呼吁停止公开论战是没有道理的。我们注意到，你们党的四月中央全会扩大会议通过了一个关于国际共产主义运动问题立场的声明。你们一面呼吁停止公开论战，一面又公开指名攻击中国共产党，并且在一系列的原则问题上，参加了公开论战的行列。请问，你们这样做，把你们自己放到一个什么地位上了呢？我们在最近给苏共中央的信件中，概括了我们关于公开论战的意见，也回答了关于召开全世界兄弟党代表会议及其筹备会议的问题。为了使你们更清楚地了解我们的立场，随这封信附去我们给苏共中央的信件。中共中央愿意重申，我们将一如既往，本着无产阶级国际主义的原则，为加强中罗两党、中罗两国和中罗两国人民之间的友谊而作不懈的努力。

春　作《贺新郎·读史》："人猿相揖别。只几个石头磨过，小儿时节。铜铁炉中翻火焰，为问何时猜得，不过几千寒热。人世难逢开口笑，上疆场彼此弯弓月。流遍了，郊原血。　一篇读罢头飞雪，但记得斑斑点点，几行陈迹。五帝三皇神圣事，骗了无涯过客。有多少风流人物？盗跖庄蹻流誉后，更陈王奋起挥黄钺。歌未竟，东方白。"

5月2日　从杭州到达上海。

5月7日　下午，在上海会见由议长塔德·西里乌尤蒙西率

---

〔1〕这是中共中央对罗马尼亚工人党中央1964年3月25日来信的复信。来信附有由他们提出的苏共中央、中共中央和罗马尼亚工人党中央的呼吁书草案。

领的布隆迪王国国民议会代表团，郭沫若等在座。毛泽东说：欢迎非洲独立国家的朋友们！对于非洲国家，只要它反对帝国主义，坚持民族独立，同人民保持联系，我们都是赞成的。谈到中国情况时，毛泽东说：过去我们对于社会主义知道得很少，也没有社会主义革命和建设的经验。经过十四年，才取得这些经验。现在，我们基本上走上了轨道，但是还有很多困难，还有很多东西我们不知道。

5月8日 在上海会见以姆库贾·苏莱曼〔1〕为首的桑给巴尔和奔巴非洲一设拉子青年联盟代表团，王照华在座。

5月9日 下午，在上海会见由内政部部长奥廷加率领的肯尼亚政府代表团，陈毅、曾山等在座。奥廷加说：毛主席的名字全非洲都知道，甚至有许多小孩都取了主席的名字。毛泽东说：非洲在国际上的地位和过去不同了，不仅和十年以前不同，就是和几年以前相比也不同了。非洲的独立解放运动进行得很好，但问题并没有完全解决，各国的情况不同。还有外国军队。在政治、经济、文化上完全独立需要一个过程。可以看到，事情肯定要发展的，世界人民独立解放的潮流是阻挡不住的。你们要训练自己的军事干部。不仅要有自己的政治干部，而且在军事、经济、文化方面都得有自己的干部。我们国家情况和你们的不同，军事干部不缺，全国解放以后经济方面的干部就很不够了。

同日 国家计划委员会领导小组李富春、李先念、谭震林、薄一波提出准备从北京来汇报第三个五年计划的初步设想等，毛泽东表示同意。

同日 离开上海。

5月10日、11日 先后在停靠南京、蚌埠的专列上听取国

---

〔1〕姆库贾·苏莱曼，当时任桑给巴尔和奔巴非洲—设拉子青年联盟副主席。

家计划委员会领导小组汇报关于第三个五年计划的初步设想。汇报由李富春主讲，李先念、谭震林、薄一波、陈伯达等补充，江渭清、谭启龙等参加。汇报到人口问题时，毛泽东说：一九七〇年人口将要增长到八亿，这是个大问题。汇报到工业生产指标时，毛泽东说：工业要为农业服务。当然，重工业本身还有个相互关系的问题。汇报到基础工业和交通同各方面还不适应时，毛泽东说：没有坐稳，没有站稳，是要跌跤子的。两个拳头——农业、国防工业，一个屁股——基础工业，要摆好。要把基础工业适当搞上去，其他方面不能太多，要相适应。汇报到建设四五亿亩稳产高产农田时，毛泽东说：要注意种好十六亿亩，在此基础上建设四亿多亩稳产高产农田，实行点面结合，这很对。要自力更生，要像大寨那样。农村劳动力过剩，城市人口再下乡，怎么办？要靠多种经营，精耕细作。汇报到在计划中如何处理各方面的矛盾，各方面要求上项目的势头很大时，毛泽东说：横直被没有钱挡住了。只能是有多少钱办多少事，不要以我们这些人的寿命来考虑事情，要以客观规律来办事。建设也有客观规律，搞多了，不行。就是有了钱，还是要打歼灭战。财政收入不要打得太满了，打满了危险！过去我们吃过亏，把收入打得满满的，把基本建设战线拖得长长的。在将要召开的中央工作会议上，要说服地方同志，工业、农业、国防和其他建设事业只能搞那么多了，只有那么多钱。安排要少些，多做少说，必须留有余地。留有余地，过去讲是讲了，但是没有做。这几年留了，要保持这几年。汇报到国家技术政策时，毛泽东说：技术政策很要紧。汇报到要逐年减少粮食进口，增加新技术进口时，毛泽东说：很好，必须从明年起就这样做。汇报到国防建设时，毛泽东说：我看还是小而全，小而不全比大而不全好，大而不全就要浪费。并且小咧，就有可能比较全。酒泉和攀枝花钢铁厂还是要搞，不搞我总是不放心，打起仗来怎么办？打仗我还是寄希望于步兵。原子弹要有，但是搞起来也不会多。搞起来只是吓吓人，壮壮胆。有点远程导弹也好，搞起来后，也有可能我们也不用，敌人也不用。坦克我也不那么希望。

5月12日 下午，在停靠济南的专列上继续听取国家计划委员会领导小组汇报关于第三个五年计划的初步设想。汇报到“六十条”、“双十条”和农村社会主义教育起了很大作用时，毛泽东说：“六十条”、“双十条”为什么能调动人的力量呢？因为它解决了人民内部矛盾，改善了领导和被领导的关系，把力量组织起来。汇报到依靠贫下中农时，毛泽东说：要依靠大多数，依靠贫下中农，把他们组织起来。我们这一辈子忘不了贫下中农，有时只要提醒一下就行了。干部子弟恐怕就会忘记了。我们许多人中间，地委书记也忘记了，他们现在丰衣足食了。全国各级有工会，就是没有农会，我赞成省一级开贫下中农代表会议。贫下中农代表会议也要有一部分中农的积极分子参加，使他们感到也有他们的份。湖南就是这样开的。你们做计划工作的也要注意绝大多数，注意贫下中农。在讲到划阶级有必要时，毛泽东说：阶级成分和本人表现要区别，主要是本人表现，划阶级主要是把坏分子清出来。汇报到工业、农业问题时，毛泽东说：工业上要从外国引进一些尖端技术。至于农业，我们要靠陈家庄和大寨。汇报到学习好的典型时，毛泽东说：对于好的典型不能完全推行，要看具体情况。汇报到读书问题时，毛泽东说：现在被书迷住了，我这一辈子想把二十四史都读完。现在正在读南史、北史。旧唐书比新唐书好，南史、北史又比旧唐书好些。明史看了我最生气。明朝除了明太祖、明成祖不识字的两个皇帝搞得比较好，明武宗、明英宗还稍好些以外，其余的都不好，尽做坏事。

5月13日 下午，在停靠天津的专列上继续听取国家计划委员会领导小组汇报关于第三个五年计划的初步设想。汇报到对政治挂帅虽然提倡了多年，但工交系统和地方实际上都没有抓起政治工作时，毛泽东说：也不要完全相信什么事一提倡，就能搞好。比如文艺要为工农兵服务，不是提倡了很多年吗？大家口头上也都讲，但演起戏来，还是帝王将相，不下农村，不到工厂，写小说，写诗歌，画画，也是一样。现在要分期分批地把他们赶下去。当讲到职工中也要划阶级时，毛泽东说：阶级出身和本人表现，要加以区别，重在表现。唯成分论是不对的。我们在工厂中划阶级，并非查所有的人，并非主要为了查剥削阶级出身的技术人员，他们过去有的是为剥削阶级服务，只要现在表现好，就要信任他们，即使表现不大好，也要改造。如果只按出身，那末马、恩、列、斯都不行。社会主义理论的产生，只能经过知识分子，工人每天在剥削压迫下生活、工作，自己产生不出马克思主义，要有知识分子。汇报到搞了九个政治工作条例草案时，毛泽东说：提交会议讨论，先试行嘛，不灵，再改。在这个问题上，要感谢王鹤寿，他给我写了一封信，说要学习解放军，从上到下都成立政治部。当讲到农村社会主义教育问题时，毛泽东说：要有政治上强的懂事的人作领导。真正认真抓，是去冬今春。点面结合，准备搞四到五个冬春。搞好社会主义教育的标准是什么？第一，要看贫下中农是真正发动起来了，还是没有发动起来；第二，要看是增产，还是减产；第三，发现地、富、反、坏是将矛盾上交，还是留在那里就地改造；第四，干部是参加了劳动，还是不参加劳动。干部不参加劳动，永远四不清，懒、馋、占、贪，都是由懒而来。

同日 下午，回到北京。

5月15日—6月17日 中共中央工作会议在北京举行。会议讨论了第三个五年计划期间的农业发展规划和当前农村工作的几个问题及社会主义教育运动，第三个五年计划的初步设想[1]，建立各个系统特别是工交系统的政治工作和财贸方面的问题。会议对毛泽东提出的关于三线建设、关于社会主义革命与反修防修、关于军事方面的战略方针、关于培养接班人问题进行了讨论。会议还讨论了刘少奇提出的两种劳动制度和两种教育制度问题。

5月15日 下午，在人民大会堂会见阿尔巴尼亚妇女代表团和电影工作者，康克清、罗琼、陈荒煤[2]在座。毛泽东说：电影、戏剧、文学，不反映现代工农是不好的。我们社会还有许多意识形态未改造，现在正在做这个工作。我们的党是工人农民的党，政权是工农的政权，军队是工农的军队，作为上层建筑的一部分的意识形态，应当反映工农。旧的意识形态可顽固了。旧东西撵不走，不肯让位，死也不肯，就要用赶的办法。但也不能太粗暴，粗暴了，人不舒畅。要用细致的方法，战胜旧的，旧的还有其市场。主要的是我们要以新的东西代替它。你提倡的，是不会一下子实现的，你提倡你的，他实行他的。文艺为工农兵服务已经提了几十年了，可是我们的一些工作同志，嘴里赞成，实际反对。包括一些党员、党外人士，爱好那些死人，除了死人就是外国人，外国的也是死人，反映死人，不反映活人。在谈到资本主义、

---

〔1〕 第三个五年计划的初步设想中，主要指标是：基本建设投资5年合计1000亿元左右。到1970年，粮食产量4300至4600亿斤；钢1600至1800万吨；工农业总产值2440至2610亿元，平均每年增长百分之八点一至百分之九点五；农业总产值690至740亿元，平均每年增长百分之五左右；工业总产值1750至1870亿元，平均每年增长百分之十左右；1970年财政收入667亿元，平均每年增长百分之九点二。

〔2〕 康克清，当时任中华全国妇女联合会副主席。罗琼，当时任中华全国妇女联合会书记处第一书记。陈荒煤，作家、文艺理论家。当时任文化部副部长。

修正主义的影响时，毛泽东说：这种影响要逐步地加以抵制。

5月17日 阅邓小平关于中央工作会议的安排给毛泽东、刘少奇的报告。报告说：拟于明日上午九时开第一次会议，由富春、震林作说明，以便各小组开始讨论（先讨论农业农村问题）。如你们不能到，拟请恩来同志主持。毛泽东批示“照办”。

同日 下午，在人民大会堂一一八厅会见意大利东方出版社代表团和奥地利马克思列宁主义者刊物《红旗》代表团，伍修权、赵毅敏、陈浚〔1〕在座。毛泽东说：欢迎你们。有人说，我们是种族主义者，这个说法不对。你们是欧洲人，是白种人，蒋介石是黄种人，如果我们是种族主义者，为什么我们不团结蒋介石而要团结你们呢？可见，不是以种族为标准，是以阶级为标准。你们那里也是分阶级的，有工人和资本家。资本家爱工人，是为了在生产中剥削工人。中国完全现代化，大约要到本世纪末。我们中国的情况还不是那么很好。工业的发展比意大利和奥地利都差，农业也不如你们。我们是在半殖民地和半封建社会的基础上建立的社会主义。谈到打仗问题时，毛泽东说：我打了二十五年仗。由于偶然性，我没有被敌人打死。在一九二七年以前，我是没有准备打仗的。在城市中工作的人，知识分子，留恋城市，舍不得离开城市跑到乡村中去，包括我自己也是这样。人们说我怎么英明，那是假的，是帝国主义和蒋介石使我在城市中存在不下去。他们用恐怖的杀人办法，逼得我和许多同志向敌人学习，蒋介石可以拿枪杀伤我们，我们也可以拿枪杀伤他们。我讲一点经验。解决土地问题，调查农村阶级情况和国家情况，提出完整的土地纲领，对我来说，前后经过十年时间，最后是在战争中、在农民中学会的。这就是说，要对一个国家的情况了解清

〔1〕 陈浚，当时任《人民日报》副总编辑。

楚，并不是那么容易的。对外国的情况，不可能每人都了解，就是对本国的情况，也不是那么容易了解的。对我们的党来说，经过了大风浪大反复。革命形势高涨了，跌下来，革命遭受了失败。失败了，革命形势又高涨起来，革命又再一次遭受失败。从痛苦的经验中，我们才制定出比较符合客观情况的路线和政策，这是到了一九三七年至一九四五年期间。有些人说，革命不费吹灰之力，弹一弹手指头就行了。没有这回事。当然，敌人是可以打倒的。所以，我们说，整体上应当藐视敌人，具体政策上、每个事变中要很小心谨慎，才能取得胜利。毛泽东说：意大利不是有“结构改革论”吗？单是结构改革是不行的，整个结构要打倒。所谓结构，就是上层建筑。上层建筑是保卫经济基础的。为了变革经济基础，先要推翻上层建筑，主要是国家政权。生产关系不改变，生产力就得不到解放。生产力的首要部分是人，是劳动者，是工人和农民。为了改变生产资料所有制，就要推翻上层建筑，改革是不行的，要革命。革命一词起源于拉丁语，是由天文学上的用词变来的，意思是变换位置。

5月18日 下午，在人民大会堂会见苏丹共和国武装部队最高委员会主席、部长会议主席阿布德一行，刘少奇、周恩来、彭真、陈毅等在座。毛泽东说：我们人口很多，解决吃饭问题是个大任务，还要解决穿衣、住房问题。我们计划用五个或七个五年计划，大约三十五年的时间，就是到本世纪末了，来解决这些问题。到那时我已经见上帝去了。当谈到伊斯兰教时，毛泽东说：我国也有信仰伊斯兰教的，大约有四千万人。伊斯兰教、基督教、佛教是世界上的三大宗教，我们的政府和科学研究机关还没有加以研究。我们是无神论者，但是不能因为我们是无神论就认为宗教不存在。世界上有那么多的人信教是个客观存在，应该加以研究。周恩来说：准备成立三个研究所来研究这三大宗教的历史和现在情况。晚上，毛泽东和刘少奇、董必武、朱德、周恩来出席阿布德在人民大会堂举行的答谢宴会。

同日 阅宋任穷五月十三日报送的关于农村支部培养接班人问题——汇报一个有政治远见的党支部的报告，批示："少奇、小平同志：此件请阅。阅后印发工作会议，予以讨论。"报告说：辽宁省盖平县太阳升公社何屯大队党支部把培养接班人看作是能否好好把住江山的大事来抓。他们提出了农村政治工作、党的建设和社会主义建设中的一个带有根本性的问题。东北局准备在全区各级党组织中再次提出加强教育青年的问题，使大家进一步认识到培养接班人的重要意义，并在进行过系统社会主义教育和整顿过党组织的地方，帮助党支部根据实际情况，采取适当办法，对培养接班人做出规划和安排。

同日 阅田家英五月十五日报送的根据毛泽东指示主持起草的《贫农下中农协会组织条例》（第一稿），批示："少奇、小平同志：此件请阅。阅后即印发工作会议，讨论修改，并确定下来。"六月二十四日，田家英将根据中央工作会议讨论的意见修改后的条例草案和中央关于印发这个条例草案的指示稿一并送毛泽东审阅，二十五日，毛泽东批示："照办。"同日，中共中央印发《中华人民共和国贫农下中农协会组织条例（草案）》。

5月25日 晚上，在人民大会堂一一八厅会见秘鲁共产党（马）学习代表团和厄瓜多尔共产党（马列）学习代表团。谈到军事斗争时，毛泽东说：打仗，简单地说就是两句话：打得赢就打，打不赢就走。更重要的是政治，包括根据地、人民群众、党、统战工作等，只有会做政治工作的人才会打仗，不懂政治的人就不会打仗。谈到信教问题说，信宗教不等于不反对帝国主义、封建主义、官僚资本主义。

5月27日 在中南海菊香书屋主持召开中共中央政治局常委会议，主要提出两个问题，一个是对第三线建设注意不够，一个是对基础工业注意不够。毛泽东说：第一线是沿海，包钢到兰州这一条线是第二线，西南是第三线。攀枝花铁矿下决心要搞，把我们的薪水都拿去搞。在原子弹时期，没有后方不行的，要准备上山，上山总还要有个地方。当罗瑞卿讲到总参谋部担心密云、官厅这些水库的泄洪量太小时，毛泽东说：北京出了问题，只要有攀枝花就解决问题了。北京淹了，还有攀枝花嘛。应该把攀枝花和联系到攀枝花的交通、煤、电的建设搞起来。〔1〕前一个时期，我们忽视利用原有的沿海基地，后来提醒，注意了。最近这几年又忽略"屁股"（基础工业）和后方了。

5月28日 下午，在人民大会堂一一八厅会见印度尼西亚共产党中央第二主席维尔多约和夫人等。谈到蒋介石集团时，毛泽东说：现在他们在台湾，我们还是主张同他们和谈，但他们不干。虽然他们不干，我们还是推动他们。台湾主要是美国人在控制。

同日 阅五月二十七日《参考消息》以《号召击败美国对南越的侵略，并揭露赫鲁晓夫和美共领导的两面手法》为题刊载美国《锤与钢新闻通讯》（四月份）发表的一篇文章的摘要。文章说：美国在南越有大批的武器和军事部队，正在那里发动反人民的野蛮的侵略战争。赫鲁晓夫叛徒集团言不由衷地要求美国军队

〔1〕刘少奇在1964年5月28日主持召开的有各中央局负责人参加的谈第三个五年计划问题的会议上说：昨天在主席那个地方谈的基本的一点就是搞四川这个第三线。主席着重地讲了攀枝花，酒泉也提到了，但不是摆到第一，第一是讲攀枝花，其他各方面少搞，搞攀枝花。（邓小平：他说，大家如果不赞成，到成都开会。周恩来：他还问汽车通不通？彭真：一个是到那里开会，一个是把工资拿来搞攀枝花。）这样一件大事，牵涉到整个计划，牵涉到整个投资。但是牵动也不很大，只几十亿元，我们有1000亿元投资嘛，牵动不到百分之十。酒泉是放到第二位的。

撤出南越，但他们同时又称赞约翰逊总统是爱好和平和合乎情理的。这种两面派的政策是说明修正主义投降行径的又一个例子。美国共产党领导附和赫鲁晓夫的路线。他们一方面假装同情受到侵略的人，一方面又称赞那些侵略者——约翰逊政府。毛泽东批示："陈伯达同志阅。这是一篇好文章，用简单的语言，说清楚了一个大问题。"

5月 《毛主席语录》由人民解放军总政治部编辑出版。林彪提出，学习毛主席著作，要带着问题学，活学活用，学用结合，急用先学，立竿见影。一九六四年，在全军掀起了一个新的学习毛泽东著作的高潮。

6月2日 下午，在人民大会堂一一八厅会见意大利参议员维托雷利和驻香港商务专员圣覃尼罗，卢绪章[1]等在座。毛泽东说：你们提出在中国办个意大利展览会的建议很好，经济来往的正常化可以为两国的外交关系的建立打下基础。当维托雷利问到将来蒋介石能不能像过去那样，作为一个党的头目回来时，毛泽东说：如果他愿意，可以。他可以留在台湾，我们也不去。他可以当省长，但不是国，是省，不能和其他国家有外交关系。毛泽东说：美国和中国现在没有外交关系，现在他们要我们先派新闻记者去，然后他们派来，我们不干，先把大问题解决了，然后解决小问题。我们和美国的主要问题是台湾问题，没有这个问题，其他好解决。

6月3日 阅李雪峰五月三十日下午在中央工作会议华北组会上的发言记录。李雪峰的发言中说：今冬明春的一批"四清"，是华北地区"四清"的第一次大决战，是搞好今后"四清"的关键性一仗。干部蹲点，参加"四清"运动，各行各业都应当认真

---

〔1〕 卢绪章，当时任对外贸易部副部长。

实行。文教、财贸、工业交通等战线的干部，除了参加“五反”以外，都应当有计划地下乡参加一下“四清”。最好搞一期，蹲点五六个月。失掉参加这场革命斗争的机会是很可惜的。毛泽东批示：“此件送吴冷西同志一阅。阅后退我。你应当下决心在今冬明春这段期间，在北京农村地区，或天津郊区蹲点，至少五个月。家里工作可以间或抽时间回来处理。从新华社和人民日报抽出一批人和当地干部合组一个工作队，包一个最坏的人民公社，一直把工作做完，以后并成为你们经常联系的一个点。还要在一个冬春，参加城市五反。千万不要放弃参加这次伟大革命的机会。”

6月4日 阅林彪报送的他五月九日关于部队文艺工作的谈话。林彪的谈话说：无产阶级文艺的目的，就是要团结人民，教育人民，鼓舞革命人民的斗志，瓦解敌人，消灭敌人。部队文艺工作必须紧密结合部队任务和思想情况，为兴无灭资，巩固和提高战斗力服务。文艺工作的关键还是要抓创作，搞好创作要做到领导、专业人员和群众的三结合。领导上要出题目，分任务，统筹安排。文艺工作者要搞好创作，必须有学习毛主席著作过硬、深入生活过硬和练基本功过硬这三过硬的功夫。革命的文艺要有两个标准，即政治标准和艺术标准，两者不是混合，而是化合。毛泽东批示：“江青阅。并于六月五日去找林彪同志谈一下，说我完全赞成他的意见，他的意见是很好的，并且很及时。”

6月8日 主持召开中共中央政治局常委扩大会议，并讲话。毛泽东说：中央工作会议开了二十几天，我头一次同大家见面。但是，材料（指简报——编者注）努力看，看了一半。有很多好东西，如社会主义教育，“四清”、“五反”。还有两种劳动制度，两种教育制度，你（指刘少奇——编者注）讲的，是总结地方的吧？我过去在郑州讲过把榨油厂搬到农村去，但没有现在这样的办法，没有现在这样清楚。当刘少奇谈到两种教育制度时，毛泽东说：要自学，靠自己学嘛。萧楚女没有上过学校，他能写很漂亮的文章。大学的讲义，应该印出来叫学生看和研究。老师应该少讲几句，主要是学生看材料。材料不只发一面的，正反两面的都要发。自然科学与社会科学不同，要有实验，要有工厂。过去就是闹概念，要花一笔钱搞实验，搞实验工厂。当刘少奇谈到法国共产党在第二次世界大战后交枪的教训时，毛泽东说：他们有点像我们在大革命时期一样。当时我们领导的上海、广州、武汉产业工人一百多万，还有几千万农民进了农民协会，当时有很大的农民协会，工人半数以上都在工会。工人、农民都向我们要办法，就是我们没有想到夺取政权，天天闹增加工资，减少工时，示威游行，就是没有准备国民党会解除我们的武装。当时工会有纠察队，有武装，农民协会也有自卫队，有的有枪，有的只有红缨枪。那样一次声势浩大的革命，当时就是没有准备资产阶级会叛变，没有想到会一下子失败。这是教训。现在这是又一次，对赫鲁晓夫开始我们也没有准备他变。当刘少奇谈到要想想我们会不会出修正主义，不注意一定会出时，毛泽东说：已经出了嘛，像白银厂，还有陈伯达调查的天津小站公社，不是已经有了吗？当周恩来、彭真说下面被敌人掌权的不少时，毛泽东说：我看我们这个国家有三分之一的权力不掌握在我们手里，掌握在敌人手里。刘少奇说：现在下边发生的问题就是不追上边，恰恰问题就出在上边。抚宁县的农民说，四不清不仅下边有根子，上边也有根子，朝里有人好做官。这句话引起我的注意。毛泽东说：有意包庇坏人的就是坏人。当谈到美国是否扩大侵略南越时，毛泽东说：我们要注意研究南越的游击战争，他们只有一千几百万人，没有我们一个省大，游击战争搞得那样好。难道我们就不行？假使敌人占领我们的地方，怎么办？沿海各省要搞些手榴弹、炸药厂，军工厂，讲了几年了，都没有搞起来，打起仗来，不能等二、三线给运去。每个省都要有一、二、三线嘛！当康生提到出版《毛泽东选集》第二版时，毛泽东说：现在学这些东西，我很惭愧，那些都是古董了，应当把现在新的东西写进去。当陶铸、李雪峰提出要出版《毛泽东选集》第五卷时，毛泽东说：那没有东西嘛！当康生谈到《光明日报》有两篇关于合二而一的文章不知主席看了没有时，毛泽东说：看了。一分为二是辩证法，合二而一恐怕是修正主义，讲阶级调和嘛！毛泽东说：宋任穷的一个材料很值得注意，那个支部书记说要注意后事，注意培养提拔青年人。这个材料要发到各县、各社、各队去，你不注意培养后代怎么行？总之，天有不测风云，人有旦夕祸福。干部配备也要有一、二、三线。不能一个人死了，没人管事了，要准备几线。毛泽东说：这次会议，十二日闭会恐怕不行，开到十五日，再搞一个星期，请少奇同志讲一讲反修斗争的形势和发展前途，并且议一议；一般的国际形势请总理和陈毅同志也讲一讲。我看，中国这个党要搞赫鲁晓夫那一套修正主义比较难一些。我国七亿人口，工业不发达，比较落后，但比苏联民主。他们不仅在国际上搞父子关系、猫鼠关系，而且在党内也是这样。当刘少奇说中国是七亿人口的大国，出了赫鲁晓夫，要各省都赞成我看也不容易时，毛泽东说：我看要传下去，传到县，如果出了赫鲁晓夫怎么办？中国出了修正主义的中央，要顶住。还有个问题，搞第三线基地大家都赞成搞快一些，但不要毛糙，〔1〕只有那么些钱呀，地方的摊子要少铺，中央的摊子也要少一些。攀

〔1〕 薄一波《若干重大决策与事件的回顾》一书记载，毛泽东在这次会议上说："攀枝花钢铁工业基地的建设要快，但不要潦草，攀枝花搞不起来，睡不着觉。毛主席还风趣地说：你们不搞攀枝花，我就骑着毛驴子去那里开会；没有钱，拿我的稿费去搞。"薄一波回忆这次会议的时间是1964年6月6日，据档案记载应为1964年6月8日。

枝花铁路最好两头修。还有以大区或省为单位搞点军事工业，准备游击战争有根据地，有了那个东西，我就放心了。

6月9日　下午，在人民大会堂一一八厅会见阿拉伯也门共和国总统阿卜杜拉·萨拉勒一行，刘少奇、周恩来等在座。毛泽东说：我们是你们的朋友，是你们的兄弟。你们也是我们的朋友和兄弟。反对帝国主义的各国人民和政府，我们一贯支持和尊重他们。你们正在进行反对帝国主义的艰苦斗争，我们也受到帝国主义的威胁。帝国主义决不会放过我们，也不可能不打我们的主意，特别是美帝国主义。革命力量是可以发展的，敌人是可以打倒的，这两条真理已经为无数革命事件所证实。我们主张平等待人，你们看得起我们，我们很感谢。我们大家站在平等的地位上交换意见和看法。只要不受帝国主义控制，事情就好办。

6月10日　下午，在人民大会堂一一八厅会见并宴请由中央书记格里巴率领的比利时共产党中央代表团，刘少奇、邓小平等参加。毛泽东说：现在修正主义非常软弱，主要的表现是他们不敢发表我们的辩论文章，而总是千方百计地要停止公开论战。你有真理，干吗要停止公开论战？赫鲁晓夫只剩下两张王牌了，一张是与中国断绝外交关系，一张是所谓集体措施。如果他们实行断交，我们可以获得更大的自由。毛泽东说：在中国建设社会主义的过程中，我们头脑如果不清楚，资产阶级、地主和富农分子就会混进工人阶级的队伍里来；如果我们不搞“五反”、“四清”，不搞阶级斗争和社会主义教育运动，再过十年，在中国准要出修正主义。我看，不是十年，就是二十年，准要出来。现在，我们国家还落后，再过十五年，将像个样子。

6月11日　下午，在人民大会堂一一八厅主持中央工作会议全体会议，刘少奇作关于反对现代修正主义斗争的报告。在刘少奇提出既然苏联搞了四十多年都可以出修正主义，列宁的党可以变质，那末中国共产党是不是将来也要出修正主义的问题后，毛泽东说：如果不注意，准出。注意了也可能出，出了也没有什么了不起的大事，无非是闹那么几个月，或者几年，或者十几年，或者几十年，又要走向反面。这个修正主义它不做好事的，脱离群众的。要准备出，若干年之后出来怎么对付，现在就要想一想。斯大林是长期抹煞社会矛盾，反对讲社会有矛盾，强调一致，总是工人、农民、知识分子是一致的。我们就鉴于这个教训了。要公开地发动群众和广大干部来认识这个问题，比如我们现在搞的这种“五反”、“四清”城乡社会主义教育。还要抓理论，还要抓文艺。比如唱戏，就是没有改革过来，这十五年根本没有改，什么工农兵，他根本不感兴趣，他感兴趣的是那个封建主义和资本主义，所谓帝王将相、才子佳人。搞“四清”和“五反”，用什么办法？是干部跟群众结合，还是只是干部搞一搞？没有群众就是不行。不随便抓人，不随便开除党籍，不随便杀人。还是要有信心，中国一定就要出赫鲁晓夫？不一定，两种可能。我说，出了也不要紧。总的，我看我们是乐观的，但是要准备另一方面，天要黑。

同日　下午，和刘少奇、周恩来、朱德、邓小平等在人民大会堂出席中国共产主义青年团第九次全国代表大会开幕会议。会前接见了会议的全体代表并合影，还同代表中的著名先进人物交谈。

6月14日　晚上，在人民大会堂一一八厅会见坦噶尼喀和桑给巴尔联合共和国第二副总统卡瓦瓦和他率领的政府友好经济代表团，刘少奇、周恩来、陈毅、李先念等在座。毛泽东说：现在非洲的问题是要独立，要反对外来干涉，要在军事、政治、经济和文化各方面独立。我们都要反对外来干涉。我国现在正在进行建设，赶上世界先进水平要用几十年。对整个非洲来说，要赶上西方国家的水平，也要几十年。如果我们几十年能赶上，就算很快了。我们要有信心。有人说有色人种不如白种人，我看，他们不对，有色人种觉醒起来之后，可能还要做得更好一些。毛泽东还说：我们派出去的人，可能有不好的。我们要检查工作，如果对外国态度不好，就必须改正错误；如果不改，就调回来。

6月15日 下午和晚上，和刘少奇、董必武、朱德、周恩来、邓小平等在北京西郊射击场等场地观看北京部队、济南部队“尖子分队”和民兵的射击、部队的捕俘等项汇报表演。毛泽东说：要注意多搞夜战，搞近战，训练部队晚上行军，晚上打仗。在观看半自动步枪快速精度射，四名射手都是四十发四十中时，毛泽东说：要多练习，要注意普及。当了解到没有那么多子弹时说：子弹可以多造一些，平时多用一些子弹，打起仗来就省子弹了，打得准了嘛！当杨勇汇报说每个军种、兵种，每个战士，都要有自己一套过硬本领时，毛泽东说：练武还要练文，注意学文化。他还提出：军队无非是要学会两个东西，一个是会打，一个是会走。打就吃它一口，吃不了大的吃小的，吃了一口再吃一口。连队人数一定要充实，人少就合并，也要充实。部队要学游泳，要学会在江里海里游，不经过大风大浪不行。又说：什么问题从困难着想就不怕，不妨把它想多一点，想尽。

6月16日 下午，和刘少奇、董必武、朱德、周恩来、邓小平等先后在北京十三陵水库、羊坊继续观看北京部队、济南部队的汇报表演，包括反空降、设置水陆障碍、炮兵和坦克部队的表演。看表演之前，毛泽东在水库游泳，对女运动员说：现在时代不同了，男同志能够办到的事，女同志一样能够办到。〔1〕昨天我看了山东的女民兵打靶，打得很好。在观看表演期间，毛泽东详细询问装甲部

---

〔1〕 这句话，在1965年5月27日《人民日报》发表的《毛主席刘主席畅游十三陵水库》一文中写为：“时代不同了，男女都一样。男同志能办到的事情，女同志也能办得到。”

队的装备、训练等情况，看到坦克部队射击时说：坦克受地形限制很大，有些地方不能用。打仗主要还是靠步兵，靠什么地方都能走的，武器靠背得动的（拖、拉、人扛）。当杨勇谈到坦克是一个兵种，这种武器还是要用时，毛泽东说：不是不要，是不能只指望这个。

同日 下午，看完部队的汇报表演后，在十三陵水库管理处大楼主持召开中共中央政治局常委和各中央局第一书记会议。毛泽东说：今天讲两个问题：一个是地方抓军事，一个是培养接班人。第一，地方党委要搞军事。省委第一书记都兼省军区政委，但多少年来太平世界，成了空头政委，一旦发生战争就会手忙脚乱。各大区、各省要作计划，包括民兵、修械厂、军工厂等。各省要搞民兵，要搞地方部队，省、地、县都要搞。不要靠中央，不要只靠几百万解放军，这样大的国家，这样长的战线。要把民兵工作好好整顿一下，一个组织，一个政治，一个军事。组织，就是有基干民兵和普通民兵，有战士，有班长，有排有连，有兵有官，现在还不落实。政治，就是要做政治工作。军事，就是要有手榴弹、手枪，有轻武器。趁和平时期，要搞点枪，最基本的是每省要搞一个兵工厂。第二，要准备后事，即接班人问题。苏联出了修正主义，我们也有可能出修正主义。如何防止出修正主义，怎样培养无产阶级的革命接班人？我看有五条。第一条，要教育干部懂得一些马列主义，懂得多一些更好。第二条，要为大多数人民谋利益，为中国人民大多数谋利益，为世界人民大多数谋利益。第三条，要能够团结大多数人，包括从前反对过自己反对错了的人，也不能“一朝天子一朝臣”。第四条，有事要跟同志们商量，要听各种意见，要讲民主，不要“一言堂”。第五条，自己有了错误，要作自我批评。毛泽东最后说：我想得不完全，你们开会研究一下，要部署一下。从中央局、省、地、县到支部，都要搞几层接班人。

6月18日 晚上，在人民大会堂福建厅会见在中国工作四年后即将回国的桑给巴尔专家阿里和夫人。毛泽东感谢阿里对中国的帮助。在谈到非洲人民的斗争时，毛泽东说：过去十一二年，从一九五二年埃及推翻法鲁克王朝起，非洲的变化是很大的。根据过去这些年的情况，可以说，在今后十年会有更大的变化。在谈到世界形势时，毛泽东指出：我们说有两个中间地带，亚洲、非洲、拉丁美洲是第一个中间地带，欧洲、加拿大、澳洲、日本是第二个中间地带。很有一些人听得进去两个中间地带的说法。这个话不是现在才讲的，一九四六年就讲了。那个时候没有分第一、第二，只讲了中间地带，讲苏联同美国之间是中间地带，包括中国在内。那时美国代替了德、意、日，想控制世界，它的目的是侵略中间地带，不是打苏联。反苏是个口号，是烟幕。与现在反华的性质一样，其目的是要整个中间地带，以反华为口号。

6月19日 下午，在人民大会堂福建厅主持召开中共中央政治局常委会议。毛泽东对《人民日报》提出批评。他说：一九六一年《人民日报》宣传了“有鬼无害论”，事后一直没有对这件事作过交代。一九六二年八届十中全会后，全党都在抓阶级斗争，但是《人民日报》一直没有批判“有鬼无害论”。《人民日报》对外讲阶级斗争，发表同苏共领导论战的文章，对内不讲阶级斗争，对提倡鬼戏不作自我批评。这就使报纸处于自相矛盾的地位。现在，要到报社开个会，把这个问题向大家讲一下，也同新华社的同志讲一下。《人民日报》的政治宣传和经济宣传是做得好的，反修宣传是有成绩的，但在文化和艺术方面，《人民日报》的工作做得不好。《人民日报》长时期以来不抓理论工作，从报纸开办时起，我就批评了这个缺点，但是一直没有改进，直到最近才开始重视这个工作。过去《人民日报》不搞理论工作，据说是怕犯错误，要报上登的东西都是百分之百的正确，还说这是学的苏联《真理报》。事实上，没有不犯错误的人，也没有不犯错误的报纸。《人民日报》不要怕犯错误，而是犯了错误就改，这就好了。二十三日，吴冷西在人民日报社和新华社编辑部大会上，传达了毛泽东的批评。

同日 晚上，观看广州部队战士话剧团演出的话剧《南海长城》，一同观看演出的有彭真、贺龙、杨成武、刘志坚〔1〕等。

6月21日 下午，在人民大会堂一一八厅会见英国前坎特伯雷教长休勒特·约翰逊和夫人，宦乡〔2〕等在座。毛泽东称他们是中国人民的朋友，很好的朋友，对他们一九五二年访问中国后在反细菌战方面所做的工作表示赞赏。关于细菌战，毛泽东说：凡是相信自己是受到人民拥护的、相信他们的阶级是长命的人，就不会搞这一套。过去我们的敌人，例如在朝鲜，空军和地面部队的火力不知比我们强多少倍，但他们还是要搞细菌战，结果也没有保住美国不失败。

6月23日 晚上，在人民大会堂一一八厅会见智利新闻工作者代表团，龚澎〔3〕等在座。当客人谈到拉丁美洲的报纸受美国通讯社影响，经常制造一种气氛，说中国要挑起战争或准备战争时，毛泽东说：打仗对我们没有好处，我们要进行建设，打仗就会把我们进行的建设打烂了。中国历史上的鸦片战争、八国联军的战争、中日甲午战争、日本侵华战争等，都不是我们打到外国去，都是外国人打到中国来的。我们取得了革命胜利。到现在，我们搞建设只有十五年的时间。要改变中国的落后面貌，不是很短的时间能做到的，至少要几十年的工夫。中国要和平，凡是讲和平的我们就赞成。我们不赞成战争，但是对被压迫人民的反对帝国主义的战争我们是支持的。美国说我们是“侵略者”，我

〔1〕刘志坚，当时任中国人民解放军总政治部副主任兼宣传部部长。

〔2〕宦乡，当时任外交部部长助理。

〔3〕龚澎，当时任外交部部长助理。

们说它是侵略者；它说我们是"好战分子"，我们说美国政府和大资本家是好战分子。究竟谁是侵略者、好战分子，要叫全世界人民来看。美国在中国周围布满了军事基地，而且侵占了中国的台湾。我们没有占领美国的什么岛屿，没有侵略任何拉丁美洲国家和非洲国家，只"侵略"了亚洲一个国家——中国。我们把美国的走狗蒋介石赶走了，把美国的势力也赶走了，所以美国对我们不那么高兴。但是，总有一天两国的关系会正常化的，我看还要十五年。

6月24日 下午，在人民大会堂一一八厅会见由国务部长让－马里·科奈率领的马里政府代表团，刘少奇、陈毅和夫人、李先念等在座。当科奈问毛泽东是否准备写回忆录时，毛泽东说：历来中国人没有写回忆录这样的习惯，中国人喜欢写历史。我们正在组织写中国近百年史，写近百年通史，即综合性的历史，还在写近百年的军事史、政治史、经济史、哲学史和艺术史。也有一些人提议写党的历史，写党史还没有布置好。当陈毅说中国历史书里也有一些个人传记，我们这代人还没有想去这样做时，毛泽东说：自己不写，死了，别人来写，这是中国历来的习惯。你们大概知道中国有一个孔夫子、有一个秦始皇吧？这两个人就是这样的。秦始皇，历来说他不好，但是最近这几十年来，资产阶级历史学家已经给他翻了案。孔夫子，历来说他好，也是资产阶级历史学家把孔夫子的一套教条推翻了。可是孔夫子阴魂不散，有喜欢孔夫子的，现在给他翻案。孔夫子有些好处，但也不是很好。我们认为应该讲公道话，秦始皇比孔夫子伟大得多。孔夫子是讲空话的，秦始皇是第一个把中国统一的人物。他不但政治上统一中国，而且统一了中国的文字、中国的各种制度如度量衡等，有些制度后来一直沿用下来。中国过去的封建君主还没有第二个人可以超过他的。可是他被人骂了几千年，骂他的就是两条：杀多了人，杀了四百六十个知识分子；烧了一些书。

同日 晚上，在人民大会堂一一八厅会见越南劳动党中央政治局委员、越南人民军总参谋长文进勇一行，贺龙等在座。毛泽东说：我们两党两国要合作，共同对敌。中国要做好援越准备，如果美国冒险打到越南北方，中国军队就以志愿军的形式开过去。你们对各种可能也要做准备。还有一个怕不怕美国的问题，你越怕，它越欺负，你越不怕，它就越不敢任意欺负。现在在南越和老挝，敌人军事上还占有优势，问题还不好解决。几年之后，革命力量越打越大，反革命力量越打越小，问题才能在较好的条件下解决。重要的是消灭敌军有生力量。在这次谈话中，毛泽东还对中国高级干部的保健工作提出批评，他说：中国的保健工作是学苏联的。一个人，如果不动动，只是吃得好、住得好、穿得好、出门乘车不走路，就会多生病。衣、食、住、行受太好的照顾，是高级干部生病的四个原因。我们的保健工作，学了苏联的，把专门的医生变成不专门的，不多看各种各样的病，不好，要改。

6月25日 晚上，和朱德、彭真、聂荣臻等在人民大会堂观看越南人民军总政治局歌舞团演出的大型革命历史舞剧《义静烈火》。

6月27日 阅中共中央宣传部五月八日关于全国文联和各协会整风情况给中央的报告草稿。报告说：今年二月三日，中国戏剧家协会在政协礼堂举行了有二千多人参加的迎春晚会。部分节目庸俗低级，趣味恶劣，引起了群众不满。陆定一对此进行了严厉的批评。随后，全国文联等十个单位的全体干部集中二十多天进行整风。这次整风认为，文艺界在贯彻执行党的文艺方向方面存在的主要问题是：（一）没有坚决贯彻执行党的文艺方向。在八届十中全会以前，各单位都程度不同地存在着方向模糊，对阶级斗争形势认识不清的问题。在文艺创作方面，没有组织作家艺术家创作反映社会主义时代的作品。有些刊物对反映当前现实斗争的作品缺乏热情，登得很少，却登了不少脱离时代、没有多少社会意义的东西，甚至还发表了一些借古讽今、发泄对现实不满情绪的坏东西。（二）在文艺理论批评方面，旗帜不鲜明，战斗性不强。对毛泽东文艺思想缺乏深入的研究和有力的宣传。对好作品发现和肯定得不够，对资产阶级思想倾向很少进行批评，甚至还宣扬了错误的理论。（三）在文艺队伍方面，忽视了作家艺术家深入生活、同工农群众相结合的必要性；忽视了文艺工作者思想改造的长期性。报告提出了改进的措施。毛泽东阅后批示："此件送刘、周、邓、彭、康生、定一、周扬、吴冷西、陈伯达同志阅。阅后退毛。""这些协会和他们所掌握的刊物的大多数（据说有少数几个好的），十五年来，基本上（不是一切人）不执行党的政策，做官当老爷，不去接近工农兵，不去反映社会主义的革命和建设，最近几年，竟然跌到了修正主义的边缘。如不认真改造，势必在将来的某一天，要变成像匈牙利裴多菲俱乐部那样的团体。"毛泽东批示后，文化部和全国文联及各协会再次进行整风。随后，即对一些文艺作品、学术观点和文艺界学术界的一些代表人物进行了错误的、过火的批判。

6月30日　下午，在人民大会堂一一八厅会见马里发展部部长塞拉·库亚特一行，周恩来、方毅在座。毛泽东说：马里发展经济，可以从轻工业、农业开始，以便积累资金，解决吃、穿、用的问题。但是一定要有重工业，没有重工业，经济就不能独立。派到外国的留学生不要都学文学和社会科学，要学技术和理科，培养干部，应该要有自己的工程师和技师。我们要互相帮助，互相合作。不要忧愁困难和落后，困难和落后人们是可以克服的。

6月　主持召开中共中央政治局常委和中央局第一书记会议，提出搞好社会主义教育运动的标准是：一、要看贫、下中农是真正发动起来了，还是没有发动起来。二、干部中的"四不清"问题，是解决了，还是没有解决。三、干部是参加了劳动，还是不参加劳动。四、一个好的领导核心是建立起来了，还是没有建立起来。五、发现有破坏活动的地、富、反、坏分子，是将矛盾上交，还是发动群众，认真监督，就地改造。六、要看是增产，还是减产。

7月2日 下午，同周恩来、彭真、贺龙、杨成武等谈军事战略问题。毛泽东说：看了北京部队、济南部队的尖子分队的表演，很好。要在全军中普及，光有尖子部队是不够的。要很快布置，要抓紧这个工作。战略问题，你们不能只注意东边，不注意北边，只注意帝国主义，不注意修正主义。各省要搞兵工厂，先搞修理，再搞制造。有事不能靠中央和军委，各省自己管自己，那时中央顾不了。准备好了敌人可能不来，准备不好敌人就可能来。我讲每省搞一个兵工厂，有的也不一定每省搞一个。要搞好地方武装，民兵要搞好"三落实"。

同日 下午，在人民大会堂一一八厅会见哥伦比亚共产党（马列）中央总书记彼得罗·瓦斯盖斯，伍修权等在座。在谈到美国看起来势力很强大，有原子弹，但是是纸老虎时，毛泽东说：我们同蒋介石打仗，胜利之前，美国有十几万海军陆战队驻扎在上海、青岛、天津、唐山、北平，或是以此作为根据地，或是临时驻扎过。但我们一打这些地方，他们就跑，连接触都不敢接触。甚至蒋介石的军队还未跑，他们就先跑了。驻青岛的美国人更滑稽，我们逼近青岛后，他们天天来侦察，看我们哪一天攻城。后来他们知道我们几天之内要占领这个城市，就马上跑掉。陆军跑了还不算，海军本来在海面上，何必跑呢？他们也都跑了。这是因为美国人懂得中国人多，反对美帝国主义反得很厉害，人民解放军不怕死。可惜古巴人口少，地方小，要不然，我看关塔那摩的美国人也要跑。所以，不管势力多大，只要是脱离群众的、反对革命的，势力多大也总要倒台的，都是纸老虎。当然，革命积蓄力量需要时间。整个拉丁美洲的解放需要时间。毛泽东说：要做调查研究工作，调查一个或几个乡村、一个或几个工厂、一个或几个城市的情况，要亲自调查，间接的材料往往是不可靠的。下乡调查要同农民交朋友，才能调查到真实的情况。不同工人、农民交朋友，革命就搞不起来。

同日 晚上，观看中国人民解放军总政治部文工团话剧团演出的反映红军长征的话剧《万水千山》，一同观看演出的有陆定一、罗瑞卿等。

7月4日 阅本日《人民日报》登载的北京市怀柔县北宅公社一渡河大队党支部热情培养、放手使用优秀青年干部的报道，批示："吴冷西同志：怀柔县一渡河支部提拔新生力量的做法，各省可能都有，要广泛采访、转载，在几年之内做到每县，每社，每个工厂、学校、机关都有报道，但要是真实的，典型的。固步自封的反面材料，也要登一点。这个问题，报社和通讯社应当讨论一下。并与各省、市、区联系，要他们也一样做。""此件并送彭真、安子文、定一、瑞卿四同志阅。"这篇报道说：几年来，一渡河大队党支部提拔了三十岁以下的青年干部十七名，有的担任了党支部副书记。在发展党员的工作中也着重在青年中接收新党员。老干部注意对他们进行具体培养，放手使用，热情帮助，严格要求，结合工作随时随地帮助他们不断提高。

7月5日 从本日起几次召开会议，逐段讨论修改《无产阶级专政和赫鲁晓夫的假共产主义——九评苏共中央的公开信》。毛泽东将标题改为《关于赫鲁晓夫的假共产主义及其在世界历史上的教训——九评苏共中央的公开信》。文章有一句话"在政治思想领域内，社会主义同资本主义之间谁胜谁负的斗争，需要一个相当长的时间才能解决"，毛泽东将"相当长"改为"很长"，并在这句话后加写："几十年内是不行的，需要一百年到几百年的时间才能成功。在时间问题上，与其准备短些，宁可准备长些；在工作问题上，与其看得容易些，宁可看得困难些。这样想，这样做，较为有益，而较少受害。”十二日，主持召开中共中央政治局会议，讨论通过《九评》。这篇文章在一九六四年七月十四日《人民日报》和《红旗》杂志一九六四年第十三期发表。

7月6日 应北京卫戍区要求，为将参加今年国庆游行的北京民兵队伍题写“首都民兵师”五个字。

7月7日 为转发两篇文艺理论文章〔1〕写编者按。编者按说：“这两篇文章，可以一读。一篇是姚文元〔2〕驳周谷城〔3〕的，另一篇是支持周谷城反驳姚文元的。都是涉及文艺理论问题的。文艺工作者应当懂得一点文艺理论，否则会迷失方向。这两篇批判文章不难读。究竟谁的论点较为正确，由读者自己考虑。”

同日 致信贺龙：“《解放军报》的报头和《思想战线》几个字写得不好，拟改写过。现写上，请择用。换改时间，可在八一节为宜。”

同日 阅田家英报送的《毛泽东著作选读》甲种本和乙种本〔4〕的出版消息稿，批示：“退田家英同志照办。”《毛泽东著作

---

〔1〕 一篇是姚文元1964年5月10日在《光明日报》发表的《评周谷城先生的矛盾观》，7月22日《人民日报》转载；一篇是金为民和李云初同年7月7日在《光明日报》发表的《关于时代精神的几点疑问》，8月2日《人民日报》转载。

〔2〕 姚文元，当时任上海《解放日报》编委、文艺部主任，中共中央华东局和上海市委的内部理论刊物《未定文稿》主编之一。

〔3〕 周谷城，历史学家。当时任上海市政协副主席、复旦大学教授。他的文章题目是《统一整体与分别反映》，载1963年11月7日《光明日报》。

〔4〕 甲种本是适合一般干部学习的，由人民出版社出版，编入毛泽东从1927到1958年的著作37篇，其中《反对本本主义》、《被敌人反对是好事而不是坏事》、《在中国共产党全国宣传工作会议上的讲话》3篇是第一次公开发表。乙种本是适合工农青年学习的，由中国青年出版社出版，编入毛泽东从1926年到1963年的著作37篇，其中《反对本本主义》、《被敌人反对是好事而不是坏事》、《人的正确思想是从哪里来的?》3篇是第一次公开发表。

选读》甲种本和乙种本，从七月十日起在全国发行。

同日 在人民大会堂接见延安地区负责人和延安革命纪念馆工作人员。毛泽东说：我也想念延安，想念延安人民啊！我来北京之后，还没有回过延安，是不好的，再回一次延安就好了。我是应该回延安看看，延安人民对中国革命事业做出了巨大贡献，要谢谢延安人民啊！

同日 会见坦噶尼喀和桑给巴尔联合共和国军事代表团。当得知非洲有三亿人口时，毛泽东说：三亿人民团结起来，全世界的帝国主义都怕你们了。非洲的解放和发展，不单对非洲人民有好处，对全世界人民有好处，对中国人民也有好处。中国发展了，对你们也有好处。你们独立后要建设，我们可以在平等的基础上互相帮助。你们不剥削我们，我们不剥削你们。你们不干涉我们的内政，我们也不干涉你们的内政。我们不搞你们的兵变，你们也不搞我们的兵变。那些是帝国主义干的。帝国主义就是要剥削人、压迫人，如果讲平等、不剥削、不压迫，就不是帝国主义了。

同日 中共中央书记处举行会议，根据毛泽东的提名，决定由彭真、陆定一、康生、周扬、吴冷西组成五人小组，彭真为组长，负责领导各有关方面贯彻执行中央和毛泽东关于文学艺术和哲学社会科学问题的指示。

7月9日 下午，在人民大会堂一一八厅会见在平壤出席第二次亚洲经济讨论会后到中国访问的亚洲、非洲、大洋洲一些国家和地区的代表，廖承志、南汉宸〔1〕等在座。毛泽东说：亚非拉人民斗争的前途，这是大家关心的问题。如果要看前途，一定要看历史。从亚洲、非洲、拉丁美洲在第二次世界大战以后十几

〔1〕 南汉宸，当时任中国国际贸易促进委员会主席、中国民主建国会中央副主任委员。

年的历史来看，就知道亚非拉人民将来的前途。凡是压迫亚洲、非洲和拉丁美洲的帝国主义、殖民主义总有一天要走的，只要人民团结起来，加强斗争。它走，也可以文明一点走。请它走它不走，怎么办？那就学卡斯特罗的办法，学本·贝拉〔1〕的办法，学胡志明的办法，也可以学中国的办法。所以，我们看历史，就会看到前途。我们之间的相互关系是兄弟关系，不是老子对儿子的关系。要巩固团结，要建立广泛的统一战线。不管什么人，只要是反对帝国主义的，反对帝国主义走狗的，都应该团结。谈话中，毛泽东在讲到日本侵略中国的历史时说：在十九年以前，日本军国主义霸占了我们大半个国家，我们同它打了八年仗。抗战胜利后美国人来了，他们支持蒋介石发动内战。我们在解放前要对付的敌人，有日本军国主义和美帝国主义，还有它们的走狗汪精卫、“满洲国”的康德皇帝、蒋介石。我们解放后，有一位日本资本家叫南乡三郎，和我谈过一次话，他说：“很对不起你们，日本侵略了你们。”我说：“不，如果没有日本帝国主义发动大规模侵略，霸占了大半个中国，全中国人民就不可能团结起来反对帝国主义，中国共产党也就不可能胜利。”事实上，日本帝国主义当了我们的好教员。

7月10日 下午，在人民大会堂一一八厅会见佐佐木更三〔2〕、黑田寿男等日本社会党人士，廖承志、乔冠华等在座。毛泽东说：对日本朋友，十分欢迎。我们两国人民应当团结，反对共同敌人。在经济上互相帮助，使人民的生活有所改善，文化上也要互相帮助。你们是经济、文化、技术都比我们发展的国家，所以，恐怕谈不上我们帮助你们，是你们帮助我们的多。日本客人谈到日中友好运动逐渐包括了广大的各阶层的人，最近连

〔1〕 本·贝拉，当时任阿尔及利亚民族解放阵线总书记、阿尔及利亚总统。
〔2〕 佐佐木更三，当时任日本社会党众议员。

垄断资本中的一部分人，也要日中友好，下决心搞日中贸易。毛泽东说：我也知道，这是个很大的变化。单是搞中小贸易，不搞大贸易，不和垄断资本搞贸易，意义就不完全，也不算大。当日本客人谈到日中友好运动的另一个特点是日本人民对中国抱有亲近感时，毛泽东说：中国人民也是这样，高兴和日本人民的代表们亲近，关心我们两国的关系。现在世界上两个大国交朋友，一个美国，一个苏联，企图控制整个世界。我是不赞成的。当日本客人提出很想了解中国共产党的建党和党风问题时，毛泽东介绍了中共建立的经过和后来的发展，然后说：党的作风首先是政策问题——政治方面的政策、军事方面的政策、经济方面的政策、文化方面的政策、组织方面的政策。单有简单的口号，没有具体的细致的政策是不行的。有了适合情况的比较正确的各方面的政策，党就可以前进，可以发展。

7月上旬　阅康生送阅的中央高级党校七月四日第七期简报，批示："退康生。"在这一期简报上，康生批写："主席、彭真、定一、贺龙、瑞卿诸同志：党校七月四日第七期简报，很可一看。长期以来，高级党校存在着反党反主席著作的思想，这种思想是以杨献珍为代表或明或暗、时隐时现的长期存在着。从这期简报，就可以看得清楚。"彭真七月十一日批注："书记处会议已决定，由高级党校写文章揭露杨献珍同志的'合二而一'的谬论，并在适当时期，指名批评。"

7月13日　下午，在人民大会堂福建厅会见哥伦比亚、瓜德罗普、波多黎各〔1〕、多米尼加的外宾，胡耀邦、王照华等在座。谈到革命形势时，毛泽东说：现在整个世界看来，特别是亚

〔1〕　瓜德罗普是法国的一个海外省，位于加勒比海。波多黎各为美属岛屿，是美国的自治联邦，实行自治。

洲、非洲、拉丁美洲是存在着革命形势的，人民都想摆脱帝国主义，而帝国主义就拼命统治。在回答关于拉丁美洲反对帝国主义的革命斗争的前景时，毛泽东说：这个问题很好答复，就是古巴的前景，就是阿尔及利亚的前景，就是越南北方的前景，也就是中国的前景。被压迫者总要起来推翻压迫者，如果和平的方法不行，那末就搞武装斗争。不是讲今天或明天就搞武装斗争，要等条件成熟了才能搞，也不是说一搞武装斗争就能够胜利，可能要经过一系列的失败。整个世界的前途是光明的，不只是拉丁美洲。

7月15日 阅罗瑞卿七月十四日报送的林彪同杨成武等在七月十日、十二日两次谈话的纪要[1]，批示罗瑞卿："此件已看过。准备十六日或十七日请总理、彭真、贺龙、瑞卿、杨成武、叶剑英、聂荣臻、陈毅、伍修权九同志专谈一次军事问题。"

同日 下午，在中南海颐年堂同周恩来、彭真、贺龙、陈毅、罗瑞卿、康生、伍修权、杨成武、吴冷西等谈话。毛泽东说：你（指罗瑞卿——编者注）不是还要谈一谈军事问题吗？罗瑞卿说：林总上午亲自同我打了电话说，主席关于战略方针的指示是经过了最周密、最深刻的考虑的，看得最高、最远，必须坚决贯彻执行。罗瑞卿还说：我们对于主席指示的体会，是战略方针多准备几手，要把事情设想得困难一些，把所有可能发生的困难都设想到。毛泽东说：对。我看主要有两个问题。第一个战略问题，敌人从哪里来。第二个战略问题，就是要搞地方武装，有些省要搞一个兵工厂。攀枝花、酒泉两个钢铁基地，没有落实。这两个基地一定要落实。如

〔1〕 林彪在谈话中说：主席6月16日在十三陵的谈话是一个具有最高思想水平的文献，是经过深思熟虑，根据最新情况概括出来的，我们应该据此修改我们的战略方针和作战计划，作应付各种情况的准备。各总部应该认真传达研究、贯彻执行，用这个谈话把我军的战略思想完全统一起来，完全按照主席的指示办事。

果材料不够，其他铁路不修，也要集中修一条成昆路。

7月16日　下午，在中南海颐年堂会见巴基斯坦商业部部长瓦希杜扎曼，叶季壮等在座。毛泽东说：我们之间谁也不想剥削和压迫谁，我们之间讲平等，因此我们能够成为平等的朋友。中巴两国经济都不发达，应该互相支持。你们有钢铁工业吗？没有钢铁工业不行。如果依靠进口钢铁和机器，经济就不能独立。巴基斯坦是一个东方大国，搞十年、二十年、三十年，可以建成很好的国家。要逐步来，不要太急。要有资金，要搞地质勘探，先搞农业、轻工业，积累资金，然后搞重工业。这是我们十五年的经验。次序应该是农业第一，轻工业第二，重工业第三，叫农、轻、重。工厂不要太大。过去我们犯过错误，工厂太大，搞“高、大、精、尖”，吃了亏。这是苏联朋友教我们的。后来苏联撤走专家，撕毁合同，我们没有别的办法，只有靠自己。苏联还逼我们还债，到明年可以还清，到一九六八年可以还清内债。以后内债外债都不借，完全靠自力更生。资金从农业和轻工业方面来，从重工业方面也来一些。这也许不适合巴基斯坦的情况。

7月17日　晚上，观看上海演出团演出的京剧现代戏《智取威虎山》，一同观看演出的有周恩来、彭真、李先念、康生等。

7月18日　阅中共甘肃省委关于传达中央五月工作会议情况的报告，批示：“此件送少奇一阅。少奇同志现在何处（可能在合肥、南京、上海一带），请机要室查明送到。”甘肃省委的报告说：我们于六月二十四至七月七日召开了省委常委扩大会议。这次会议集中精力讨论了城乡社会主义革命问题，着重讨论了当前阶级斗争形势问题，大家特别对以下四个问题认识比较清楚了。一、部分单位职工队伍严重不纯。二、部分地区民主革命不彻底。三、关于三分之一的领导权不在我们手里的问题。我省基层单位中，领导权不在我们手里的，肯定是不少的，有些地方很可能超过三分之一。四、关于“朝中有人”问题。过去有些问题暴露出来了，但我们没有向上追，挖根子，问题总得不到彻底解决，这是一个严重的教训。

7月21日 阅刘亚楼等七月十七日关于再次击落美制蒋军U-2飞机给罗瑞卿、林彪和中央军委的报告，批示：“刘亚楼同志：此件看过，很好，向同志们致以祝贺。”二十三日下午，和周恩来、朱德、彭真、李先念、谭震林、陆定一、陈伯达、康生接见这次击落U-2飞机的中国人民解放军空军某英雄部队全体指战员。

7月23日 阅彭真七月二十二日送阅的他七月一日在京剧现代戏观摩演出大会上的讲话，批示：“退彭真同志。此件已阅，讲得很好。”彭真讲了两个问题。第一，京剧一定要改革，从五个方面来说：（一）要为社会主义服务，不要为封建主义和资本主义服务。（二）要为多数人，为工农兵（包括它的知识分子）服务，不要为旧社会的“遗老”、“遗少”、地富反坏右少数人服务。（三）重点要演活人，演工农兵，演有利于社会主义、有利于对敌斗争的现代戏。（四）要把京剧的革命的思想内容和京剧独特的艺术风格和谐地统一起来。（五）战略上要藐视，坚信一定能改革好；战术上要重视，从剧本、导演、演唱到每一幕、每一场、每一个角色等等，都要十分重视。第二，京剧要改革好必须有两个前提：（一）京剧的作者、导演、演员必须深入工农兵，同工农兵打成一片，同工农兵建立血肉的联系。（二）京剧工作者思想要革命化。

同日 晚上，观看北京京剧团演出的京剧现代戏《芦荡火种》，一同观看演出的有彭真、谭震林、康生。

7月25日 在中南海颐年堂主持召开中共中央政治局常委扩大会议，继续讨论对苏共中央六月十五日来信的复信问题。毛泽东说：现在要对反修斗争的形势作通盘考虑。大家认为，赫鲁晓夫很可能铤而走险，其原因是内部不稳，跟其他兄弟党的关系也比较困难，以后我们的反修文章，要集中攻击赫鲁晓夫，对其他兄弟党、其他社会主义国家一概不问，就是对苏共领导集团中的其他人，也一概不问。毛泽东说：我们的方针原来就是豺狼当道，焉问狐狸，集中批判赫鲁晓夫。现在形势对我们采取这样一个方针更为有利。

7月26日 下午，在中南海菊香书屋主持召开中共中央政治局常委会议，听取刘少奇到河北、山东、安徽、江苏、上海、河南考察社会主义教育运动情况的汇报。

7月27日 在人民大会堂一一八厅会见来中国参加日内瓦协议签订十周年纪念活动的越南三个代表团，郭沫若、廖承志等在座。毛泽东说：我每一次看到越南同志都很高兴，表示欢迎。越南人民不屈服于帝国主义，你们那里一打就打开了，使帝国主义陷于很困难的境地。世界好多国家的人民和共产党都看着你们，也包括我们，因为我们的经验不够了，你们有新经验了。关于美国准备轰炸或进攻越南北方的问题，毛泽东说：越南北方和我们都要准备，如果他们轰炸或者登陆我们就要打。如果美国进攻越南北方，就不单是你们的事了。它要想想，中国人不是没有腿的。美国人能出兵，中国人就不会出吗？我们去你们那里，跨一步就到了。

7月28日 中共中央政治局扩大会议讨论通过中共中央对苏共中央六月十五日来信的复信，刘少奇主持会议。此前，毛泽东曾对复信稿作了多次修改，主要加写以下一些话："你们现在要召集分裂大会，不，应当说是分裂小会。因为全世界共产党人中，真正相信修正主义的人，就共产党人总数来说，不过是一小撮人，而且这些人肯定是要失败的。世界上的修正主义者们，十分不团结，意见不一致。真正死心塌地跟着你们指挥棒转圈子的人，有一些，但是越来越少了。所以，你们不经过协商，不取得兄弟党的同意，就要片面地、强制地召开的所谓大会，历史将证明，只是一个为资产阶级服务的反共、反人民、反革命的极其渺小的会议，就像当年第二国际为了反对列宁主义所召开的一些所谓大会一样。”“为什么一个党的决定，硬要一切党都服从呢？为什么不服从就算犯了大罪呢？请问这是什么逻辑，什么兄弟党之间相互关系的准则呢？”“所以我们说，‘在目前这样的情况下，兄弟党国际会议还是迟开比早开好，甚至不开比开好。’过去十四年不开兄弟党国际大会，没有什么坏处，反而很好，为什么现在要这样急急忙忙地开会呢？”“你们既然下定了决心，大概就得开会吧。如果不开，说了话不算数，岂不贻笑千古吗？这叫做骑虎难下，实逼处此，欲罢不能，自己设了陷阱自己滚下去，落得个一命呜呼。不开吧，人们会说你们听了中国人和各个马克思列宁主义政党的劝告，显得你们面上无光。要是开吧，从此走入绝境，再无回旋的余地。这就是你们修正主义者在现在这个历史关节上自己造成的绝大危机。你们还不感觉到吗？我们坚信，你们的所谓大会召开之日，就是你们进入坟墓之时。”在复信的末尾加写：“那时我们只好说：‘无可奈何花落去，似曾相识燕归来’〔1〕。”

7月29日 乘专列前往北戴河，到后住一号楼。

同日 为《北京日报》、《天津日报》、《新华日报》重新题写报名，为《新湖南报》改写报名，并分别致信范瑾〔2〕、万晓塘、江渭清、张平化，要求在国庆节时换用这次题写的报名。在给万晓塘的信中说：“《天津日报》报头写得很不好，现拟重写过。送上重写的四字，不知可用否？如不可用，再行写过。如你们认为可用，则在国庆节改换为宜。”在给张平化的信中说：“《新湖南报》报头

〔1〕 见晏殊《浣溪沙·一曲新词酒一杯》。

〔2〕 范瑾，当时任中国新闻工作者协会副主席、北京日报社社长。1964年9月又任北京市副市长。

写得不好，宜改换为《湖南日报》，使与《湖北日报》相一致。”

7月30日 下午，看望在北戴河养病的柯庆施。

7月、8月 阅江青送阅的《文化部、文联和各协会检查工作简报》，共五期〔1〕。

7月、8月 在北戴河一号楼同在中国人民解放军军事工程学院学习的侄子毛远新作几次谈话。毛泽东问毛远新接班人的五条看了没有？接着他说：这五条是互相联系不可分割的。第一条是理论，也是方向。第二条是目的，到底为谁服务，这是主要的，这一条学好了什么都好办。第三、四、五条是方法问题。要团结多数人，要搞民主集中制，不能一人说了算，要有自我批评，要谦虚谨慎。这不都是方法吗？毛泽东说：阶级斗争是你们的一门主课。你们学院应该去农村搞“四清”，去工厂搞“五反”。不搞“四清”就不了解农民，不搞“五反”就不了解工人。阶级斗争都不知道，怎么能算大学毕业？中国历史上凡是中状元的，都没有真才实学，反倒是有些连举人都没有考取的人有点真才实学。不要把分数看重了，要把精力集中在培养分析问题和解决问题的能力上，不要只是跟在教员的后面跑，自己没有主动性。反对注入式教学法，连资产阶级教育家在五四时期就早已提出来了，我们为什么不反？只要不把学生当成打击对象就好了。教员应该把讲稿发给你们，应该让学生自己去研究讲稿。大学生，尤其是高年级学生，主要是自己研究问题，讲那么多干什么？教改的问题，主要是教员问题。为什么不

---

〔1〕 这5期简报是：1964年7月21日印发的第9号《关于大肆宣传三十年代电影的情况和问题》；8月5日印发的第18号《音乐界盲目崇拜西洋的一些情况》；8月7日印发的第21号《文联一部分负责干部吹捧阳翰笙及相互吹捧的情况》；8月10日印发的第25号《音协检查执行党的方针政策中的问题》和第26号《阳翰笙同志宣扬三十年代戏剧电影的情况》。

把讲稿发给你们，与你们一起研究问题？高年级学生提出的问题，教员能回答百分之五十，其他的说不知道，和学生一起商量，这就是不错的了。不要装着样子去吓唬人。

8月2日 阅彭真七月二十四日报送的陈伯达对于试办工业、交通托拉斯和发展新技术的意见，批示："退彭真办。"陈伯达建议成立钢铁托拉斯和机械制造托拉斯。可先以大区为单位成立子公司，取得经验后再成立全国性的母公司。陈伯达还建议我们工业的技术革新，除了应当实现机械化以外，还应当实现自动控制的电子化，在电子工业方面我们必须急起直追。

8月3日 批示林克："我要找一部金圣叹批的《水浒传》再看看。我又要找一部《共产党宣言》，一部列宁论帝国主义是垂死的资本主义，都要是新出大字本的。请你办一办。"

8月4日 在北戴河一号楼召集邓小平、彭真等开会，讨论苏共中央七月三十日的来信〔1〕。毛泽东说：我们估计对了，赫鲁晓夫一触即跳。我们二十八日发出的信，他三十日就来信答复了，把文章做绝了。效率很高，是早就准备好的预谋。现在既没有中苏会谈可谈，也就没有什么国际会议和它的筹备会议需要考虑了。因为他下命令开会，是下决心要分裂了。所以，我们现在只要对他的来信简单地答复就行了。

8月5日 中共中央书记处会议决定：由刘少奇主持修改"后十条"；中央成立"四清""五反"指挥部，由刘少奇挂帅。当天，刘少奇携田家英等南下，赴广州修改文件。行前，田家英

---

〔1〕 这是对中共中央1964年7月28日复信的来信。来信说：苏共中央定于1964年12月15日召开26国党筹备会议，26个党中的任何一个党，在12月15日以前不派出自己的代表，筹备会议也要如期召开。还说，国际会议大约在1965年年中召开。

请示毛泽东，对修改“后十条”有什么指示，毛泽东说：第一，不要把基层干部看得漆黑一团；第二，不要把大量工作队员集中在一个点上。田家英将毛泽东的意见报告了刘少奇。

8月6日 晨，审阅谴责美国侵犯越南民主共和国的《中华人民共和国政府声明》稿。美国于八月五日派海军飞机对越南民主共和国进行突然袭击，连续轰炸了越南的义安、鸿基和清化地区。还调集在台湾、香港地区的大批舰艇，云集在越南民主共和国的海面，扩大印度支那战争。声明指出：“美国对越南民主共和国的侵犯，就是对中国的侵犯，中国人民绝不会坐视不救。”毛泽东审阅后，于晨六时批示：“汪东兴同志阅后，即交江青阅。要打仗了，我的行动〔1〕得重新考虑。”这个声明于当天在《人民日报》发表。

同日 阅罗瑞卿八月三日报送的昆明军区司令部向中共中央军委转报的第十四军对一二六团泅渡金沙江经验的通报，批示：“瑞卿同志：此件看了，很好。是否在一切有条件的地方，部队中的大多数人都可以试验学游泳？军委是否已发出了指示？”“条件不好，主要是：（一）有血吸虫及其他毒害的河流、池塘；（二）有大旋涡的河流地段；（三）有鲨鱼的海中。此外，部队中总有一部分人不适宜于游水的，不要强令人人都下水。”根据这个批示，军委总参谋部随后发出了《全军迅速开展游泳训练》和《坚决贯彻毛主席的指示，把游泳训练开展得更好》两个文件。

同日 在北戴河一号楼召集邓小平、彭真等开会。毛泽东说：现在看来，赫鲁晓夫是决心要开分裂会议了。因此我们要考虑，在他开分裂会议之前，我们和朝鲜、越南等左派各党用不着商量，也不要搞什么纲领草案。因为我们决不参加这样的会，他开什么会我们都不参加。你们秀才现在可以在北戴河游泳、休

---

〔1〕 指毛泽东原来计划的骑马沿黄河、长江进行考察的行动。

息，酝酿写十评苏共中央的公开信。

8月10日 阅中共卫生部党组七月二十九日关于改进高级干部保健工作的报告。报告说，今年六月二十四日，主席在会见越南外宾时，对我国的高干保健工作提出了批评。报告检讨说：我们的高干保健工作中严重地存在着脱离实际、脱离群众、助长生活特殊化的现象，而且一些医生、护士长时间脱离病房工作、门诊工作也是不容忽视的问题。关于改进办法，报告提出：一、取消专职保健医生、保健护士的制度；二、对于没有严重疾病的人，提倡积极锻炼身体，同时加强北京医院对医疗保健工作的管理，加强对医务人员进行毛泽东思想的教育，提高医疗工作质量；三、取消存在于高干保健工作中的一些特殊化的做法。毛泽东阅后批示："朱、邓、彭、康阅。请书记处考虑一下，此建议是否可行？并以决定告知卫生部。"毛泽东还对报告作了两处批注。在报告中的"今后中央领导同志有病需要医生出诊时，通知保健局或北京医院"处，毛泽东批注："保健局应当取消。"在报告中的"加强北京医院对医疗保健工作的管理"处，毛泽东批注："北京医院医生多，病人少，是一个老爷医院，应当开放。"

同日 晚上，观看山东省京剧团演出的京剧现代戏《奇袭白虎团》，一同观看演出的有邓小平、李富春、柯庆施、乌兰夫、康生、杨尚昆、胡乔木等。

8月12日 下午，在北戴河一号楼听取谢富治、徐子荣、汪东兴汇报公安工作。汇报到劳动改造问题时，毛泽东说：就是应该把人当人，反革命分子也是人嘛。我们的目的是把他们改造好，改造应当作为第一位。做好人的工作，使他们觉得有个奔头，能够愿意改造，生产当然也会好的。有些干部就是思想不通，只会蛮干。过去红军时期有人对逃兵主张枪毙，说非枪毙不行。我说不行，只靠蛮干、打骂，是没本事。现在农村公社有些支部书记、生产大队长也是用这一套办法对付人民。汇报到武汉市有两条街通过试划阶级，新发现的五类分子，单地主一项就有一百多名，比原来掌握的三十多名增加了三倍时，毛泽东说：有那样多呀？坏人总是少数，多数是好人。汇报到公安队伍有的干部隐瞒成分时，毛泽东说：全国三分之一的地方和平土改或者革命不彻底，阶级没有划清或者就没有划。有的人参加了工作，一直隐瞒成分，应当查清楚，但是，还要看表现，不能唯成分论。老根据地也有问题，就是那几个老党员把着，老不发展扩大党的组织，怕别人上来把他们压着了。

同日　阅罗瑞卿五月二十五日报送的中国人民解放军总参谋部作战部四月二十五日关于国家经济建设如何防备敌人突然袭击的报告。报告说：我们对国家经济建设如何防备敌人突然袭击问题专门进行了调查研究，从接触到的几个方面来看，问题很多，有些情况还相当严重。例如：工业过于集中；大城市人口多；主要铁路枢纽、桥梁和港口码头多在大城市及其附近，易在敌人轰炸城市时一起遭到破坏，都还缺乏应付敌人突然袭击的措施；所有水库的紧急泄水能力都很小，一旦遭到破坏，将酿成巨大灾害。报告建议由国务院组织一个专案小组，根据国家经济的可能情况，研究采取一些切实可靠的积极措施，防备敌人的突然袭击。毛泽东阅后批示："退罗瑞卿、杨成武同志。此件很好，要精心研究，逐步实施。国务院组织专案小组，已经成立、开始工作没有？"根据毛泽东的批示，李富春、薄一波、罗瑞卿召集有关方面负责人开会研究落实。八月十九日，他们给毛泽东和中共中央的报告中说：会议商定国务院成立专案小组，建议由李富春、李先念、谭震林、薄一波、罗瑞卿、谢富治、杨成武、张际春〔1〕、赵尔陆、程子华〔2〕、

〔1〕　张际春，当时任中共中央宣传部副部长、国务院文教办公室主任。

〔2〕　程子华，当时任国家计划委员会常务副主任。1965年2月任中共中央西南局书记处书记，同年3月又任西南局三线建设委员会常务副主任。

谷牧、韩光、周荣鑫[1]十三人组成，李富春任组长，薄一波、罗瑞卿任副组长。报告还提出，恢复人民防空委员会，仍由总理任主席。

同日 晚上，在北戴河观看山东淄博、青岛市京剧团演出的京剧现代戏《红嫂》，一同观看演出的有朱德、康生、薄一波、乌兰夫、杨尚昆等。

8月13日 下午，在北戴河会见越南劳动党中央第一书记黎笋，邓小平、彭真、康生、伍修权在座。在谈到八月五日美机轰炸越南民主共和国时，毛泽东说：从我们得到的内部情报，美国人很紧张，惊惶失措。直到现在，美国没有派出陆军，看来，美国人不想打，你们不想打，我们也不想打，几家都不想打，所以打不起来。在谈到打仗问题时，毛泽东说：我看你们沿海要修一些阵地，要有一、二、三线。河内是第二线。南越的人民武装没有飞机，还不是打了胜仗，要有什么武器打什么仗。你们最好在今后十年到十五年内，只打像现在这样的仗，不打大仗，只打小仗，像南越那样。还要设想各种情况，作好准备。美国要出兵，进攻越南北方，这不是一个师、两个师的问题。在朝鲜战争时，美军最多时达到七个师，都是满员的，一个师一万五千人，共十万余人，加上空军、海军等，总共有几十万人。美国要在越南北方登陆，没有几十万兵是不行的。它来的时候，我们采取什么方针？主力军是否放在第一线或河内，值得考虑，如果放在那里，同敌人拼，损伤大，划不来。有军队在，就有饭吃，留得青山在，不愁无柴烧。比武器，我们比不上美国，海军、空军也是如此。但有一条，我们强，能持久，有人民。他们没有人民，因为他们得罪人民。中国也要作准备，敌人认为只打你们不动我们

---

〔1〕 韩光，当时任国家科学技术委员会常务副主任、党组副书记。周荣鑫，当时任国务院代理秘书长（1965年1月任秘书长）。

不利。在朝鲜战争中，我们什么时候出兵呢？是在敌人到鸭绿江边了，我们五个军才分别从新义州等路秘密开赴朝鲜。美国人没有料到，因为过去我们说的他们以为是空话，结果打了一个它没有料到的仗。现在它不想打，所以说我们没有增兵。在谈到国际形势时，毛泽东说：美国的问题太多了，有日本、朝鲜、拉丁美洲、菲律宾等等问题，所以不要以为美国了不起，它的手伸得长，管得太多。最后，毛泽东就苏共中央提出要在十二月召开二十六国党的筹备会议问题询问越南党的意见，黎笋表示：开会我们不去。朝鲜准备发出声明即写信给各兄弟党说，不要去参加。毛泽东说：我们准备答复他们，我们的信要在朝鲜声明之后发出。

8月15日 在北戴河一号楼召集邓小平、彭真等开会，决定要起草一个简单的复信，答复苏共中央七月三十日的来信，谴责他们下令强行召开国际会议筹备会的做法。

8月17日 下午，在北戴河会见阿尔及利亚驻中国大使穆罕默德·亚拉，乔冠华等在座。亚拉递交了阿尔及利亚民族解放阵线总书记、阿尔及利亚总统本·贝拉给毛泽东的信。毛泽东说：你打电报给总统、总书记，说我问候他。在反对美帝国主义这一点上，我们同戴高乐有共同点，他也需要我们。所以我们把中间世界分为两部分。中间世界即所谓第三世界。第一个第三世界是亚洲、非洲、拉丁美洲。第二个第三世界包括像法国、日本、加拿大以及欧洲其他一些国家。他们同美国会有冲突，有些国家现在还不明显，例如日本、西德，但已经看到一些征兆。

8月18日 复刘少奇八月十六日从广东发来的关于建议集中力量进行城镇“五反”和农村社会主义教育给毛泽东并中共中央的信。复信说：“八月十六日来信收到。我于昨天（十七日）看了一遍，觉得很好，完全赞成。今天（十八日）即与中央各同志商量，照此办理，迅速实行。十月工作会议还应该讨论此事一次，取得一致同意，统一党内思想。在此以前，各中央局、各省市区党委、各地委、各县委先行讨论一次，收集各种意见，以利十月中央工作会议讨论。八月中旬至十月中旬，中央，各中央局，各省地县委、各中等城市市委，以两个月时间，即照你的办法，立即训练工作队，以利秋冬实施。”并批示：“即送邓、彭、康生、朱德、贺龙、荣臻、瑞卿、伯达、冷西阅后，请尚昆印发。”刘少奇的来信说：我经过湖北、湖南到广州，同湖北、湖南、广东省委和中南局的同志研究了农村社会主义教育的部署问题。中南各省正以县为单位训练工作队，准备各地委成立总团，县成立分团。根据过去经验，有些县委往往偏袒基层干部，还有一部分社队的严重问题，又牵连到某些区委和县委的某些人。因此，由各县分散去进行社会主义教育，是否都能搞深搞透，我认为是难于保证的，至少也有一部分是没有保证的。故我向湖北、湖南省委建议：是否可以把各县工作队集中到地委，省委工作队也分到各地委，在省委和地委领导下集中数千人上万人搞一个县。县以下各行各业和城镇的“五反”以及农村社会主义教育，都由工作队统一包干或先或后地全部搞好。经过湖北、湖南省委讨论，他们赞成这个建议。在我到广州之前中南局也赞成这个建议，并决定中南五省照此办理。这个建议，如中央同意，请中央转告各中央局和各省、市、自治区党委作为参考。

同日 下午，在北戴河召集陈伯达、康生、关锋、吴江、邵铁真、龚育之谈哲学问题。〔1〕毛泽东说：哲学家要下乡去，今冬明春就下去，去参加阶级斗争。不搞阶级斗争，搞什么哲学？大学文科现在的搞法不行，从书本到书本，从概念到概念，书本里怎能出哲学？文科大学生今年冬天就要开始下去。教授、助教、行政工作人员、学生，通通下去。去五个月，有始有终，农村去五个月，工厂去五个月，得到些感性知识。理科的现在不动。马克思主义三个组成部分，基础是社会学，是阶级斗争。搞哲学的人，以为第一是哲学，不对，第一是阶级斗争。压迫者压迫被压迫者，被压迫者要反抗，想出路，才去寻找思想武器。我们都是这样过来的。历来讲分析、综合，没讲清楚。分析，比较清楚；综合，没讲过几句话。我曾找艾思奇〔2〕谈话，他说现在只讲概念上的分析、综合，不讲客观的分析、综合。怎么综合，一个吃掉一个，大鱼吃小鱼，就是综合。从来的书上没有这样写过，我的书也没写。因为杨献珍〔3〕提出合二而一，说综合是两种东西不可分割地联系在一起。世界上有什么不可分割的联系？有联系，总要分割的。没有不可分割的事物。要从生活中间来讲对立统一。分析时也综合，综合时也分析。当康生提出主席能不能讲讲三个

〔1〕关锋，当时任《红旗》杂志哲史组组长（1966年5月任副总编辑）。1966年5月又任中央文化革命小组成员。吴江，当时任《红旗》杂志编委。邵铁真，当时任《红旗》杂志编辑。龚育之，当时任中共中央宣传部科学处干事、中国科学院哲学研究所自然辩证法组副组长。龚育之1976年12月26日将他关于这次谈话的原始记录和整理稿送交中共中央办公厅时的附信中说："当时准备写一篇批判合二而一论的文章，搞了一组材料，拟了一个提纲，送给了毛主席，毛主席看后找这些人谈了这次话。"

〔2〕艾思奇，哲学家。当时任中共中央高级党校副校长、中国科学院哲学社会科学部委员。

〔3〕杨献珍，哲学家。当时任中共中央高级党校副校长、中国科学院哲学社会科学部委员。

范畴的问题时，毛泽东说：我不相信那两个范畴质量互变、否定之否定同对立统一平行并列。这是三元论，不是一元论。就是一个对立统一。质量互变就是量和质的对立统一。对立统一也包括否定之否定。没有什么否定之否定。肯定——否定，肯定——否定，每一个环节既是肯定，又是否定。总而言之，一个吃掉一个，一个推翻一个。一个阶级消灭，一个阶级兴起，一个社会消灭，一个社会兴起。发生、发展、消灭，任何事物都是如此。不相信共产主义社会不分阶段，没有质的变化。恩格斯讲必然王国到自由王国，讲得不完全，讲了一半，下面就不讲了。“自由是必然的理解”，只讲了一半。单是理解就自由了？自由是必然的理解和必然的改造。还要做工作。吃了饭没事做，理解一下就行了？找到了规律要会用，要开天辟地，破破土，起房子，开矿山，搞工业。列宁讲过，凡事都可以分。举原子为例，不但原子可分，电子也可分。可是从前认为不可分。电子到现在还没有分裂，总有一天能分裂的。“一尺之捶，日取其半，万世不竭”[1]，这是个真理。不信，就试试看。如果有竭，就没有科学了。时间、空间是无限的。空间方面，宏观、微观是无限的。物质是无限可分的。所以科学家有工作做，一万年以后也有工作做。毛泽东说：听了些说法，看了些文章，很欣赏《自然辩证法研究通讯》上坂田昌一的文章[2]，以前没有看到这样的文章，他是辩证唯物主义者，引了列宁的话。哲学界的缺点，是没有搞实际的哲学，而是搞书本的哲学。总要提出点新东西，不然要我们这些人干什么？要后人干什么？当谈到关于合二而一问题的讨论时，毛泽东说：《红旗》可

〔1〕 见《庄子·天下》。

〔2〕 指日本物理学家坂田昌一在1963年《自然辩证法研究通讯》复刊第1期发表的《基本粒子的新概念》。

以转载一些好一点的东西，写一篇报道。毛泽东还谈到佛学及其他问题。他说：很欣赏任继愈讲佛学的那几篇文章，讲唐朝的佛学，没有触及以后的佛学。宋明理学是从唐代的禅宗来的，从主观唯心论到客观唯心论。不出入佛道，不对，有佛道，不管它怎么行？司马迁对《诗经》品评很高，说诗三百首皆古圣贤发愤之所为作也。"发愤之所为作"，心里没有气，他写诗？我专看《光明日报》、《文汇报》，不看《人民日报》，因为《人民日报》不登理论文章。建议后登了。《解放军报》生动，可以看。《红楼梦》我至少读了五遍，我是把它当作历史来读。什么人都不注意《红楼梦》的第四回，那是个总纲。第四回葫芦僧判断葫芦案，讲护官符，提出四大家族，阶级斗争激烈，几十条人命。《红楼梦》写出来二百多年了，研究红学的到现在还没有搞清楚，可见问题之难。

同日　阅中共中央宣传部八月十四日给中央书记处的关于公开放映和批判影片《北国江南》、《二月》（公开放映时改名《早春二月》——编者注）的请示报告。报告说：《北国江南》和《二月》是两部思想内容有严重错误的影片。其共同特点是，宣扬资产阶级的人性论和人道主义、温情主义，抹杀和歪曲阶级斗争，着重表现中间状态的人物并以这种人物作为时代的英雄。从这两部影片，可以看出某些人所极力提倡和鼓吹的所谓"三十年代的传统"的一个标本。为清除电影界、文艺界的错误观点，提高文艺工作者和广大观众的思想认识和辨别能力，拟在北京、上海等大城市公开放映这两部影片，并在报刊上展开讨论和批判。八月十七日，邓小平批示："拟同意。主席、周、彭、康核阅，退宣传部。"毛泽东阅后批示："不但在几个大城市放映，而且应在几十个至一百多个中等城市放映，使这些修正主义材料公之于众。可能不只这两部影片，还有些别的，都需要批判。邓、彭、康、陆阅后退宣传部。"康生在报告上批写："《北国江南》不仅是有所谓‘三十年代的传统’问题，而更严重的是有现代修正主义思想。现在的一些坏电影，用‘三十年代传统’还概括不了。某些没有改造的资产阶级知识分子和文艺工作者，的确是‘今不如昔’。”八月二十日，陆定一批写：“周扬、默涵同志：请照主席批语，布置放映，还有一些坏片子，也挑出来，分期分批上映（有的要重新上映），同时组织批判文章。”中共十一届三中全会以后，对这两部影片的错误批判得到纠正。

8月19日　在北戴河召集邓小平、彭真等开会，再次讨论不参加苏共召集的筹备会议问题。会议决定：我党坚决不参加苏共召集的二十六国党的筹备会议，即使只有中国和阿尔巴尼亚两个党也坚持不参加的方针，同时把我们的这个态度告诉日共〔1〕，至于他们是否参加，请他们自行决定。八月三十日，中共中央复信苏共中央，表示坚决反对苏共召开分裂的国际会议，中共决不参加你们分裂国际共产主义运动的国际会议和它的筹备会议。

8月20日　上午，在北戴河听取薄一波关于计划工作的汇报。毛泽东着重谈了在中央的战略方针下工业的重新布局问题。他说：现在沿海搞这么大，不搬家不行。你搞到二线也好嘛！二线包括湘西、鄂西、豫西、山西、陕西、江西、吉林、内蒙，四川、云南、贵州是三线，都可以搬去嘛！要好好地研究、吸取斯大林的经验教训，一不准备工事，二不准备敌人进攻，三不搬家，这就是教训。沿海各省都要搬家，不仅工业交通部门，而且整个的学校、科学院、设计院，都要搬家。迟搬不如早搬。一线要搬家，二线、三线要加强。中央工作会议开过好久了，成昆路仍然没有落实，不着急的样子。湘黔、滇黔、川黔三条路，搞了

〔1〕此前，日本共产党曾来信征询中国共产党是否参加苏联共产党召集的筹备会议。

几年了，没有影子。成昆路要两头修，滇黔路也可以两头开工，还可以更多的点开工。我看了津浦路修复线，也是一段一段修嘛！如果钢轨不够，别的路轨可以拆掉。你们对投资、材料要想点办法。还要给沿海每个省一个师，并且要搞兵工厂，你们好好规划一下。就是要正规军、守备部队相结合。不是走，而是跟敌人斗。现在，“打得赢就打，打不赢就走”传得很广，要作些解释。薄一波汇报说他最近到处走了一下，看了一下，正如主席估计的，有三分之一的单位烂掉了。毛泽东说：什么是我发明的？都是大家告诉我的，是群众发明的。现在形势比较好了，农业、工业、商业、文学、艺术都动起来了，即阶级斗争都动起来了，很好。这次谈话，薄一波事先提出四个问题。对今天未来得及谈的计划方法、工业改组等问题，毛泽东表示回到北京后再谈。

同日 下午，在北戴河同参加华北学习会的李雪峰、乌兰夫、陶鲁笳、刘仁、刘子厚等谈话。毛泽东说：纲不举，目不张。七千人大会有纲，也有目，把一些缺点错误讲得严重了一些，以后在四五月讲得更严重。我们不会搞社会主义，大家没有搞过嘛！搞了十几年，有了成功的经验和失败的经验，现在才有了些经验了。经过北戴河会议，十中全会，略微动了一下。到一九六三年五月杭州会议，搞了第一个十条，前面的序言是我写的，说人认识事物是不容易的，正确的思想是从哪里来的。至于第二个十条，是根据第一个十条，去年九月工作会议大家参加搞出来的，你们都参加了。我没有看，到南方找王任重、张平化、王延春、陶铸四个人念了一遍，出了一个主意，要宣读，念给所有人听，也念给地富分子听。大宣讲是在今年二、三月。现在又出问题了。少奇同志走了天津、济南、合肥、南京，在四个地方都讲了话，他在北京不是作了报告[1]吗？这次又下去了。少奇同志十六日来信，十七日我看了，十八日批了，回了一封信。你们看到了没有，有什么意见？李雪峰说：我们刚接到，只粗粗地作了研究，大家认为那样做牵涉太大。华北准备先消灭落后队，这次要打歼灭战。毛泽东说：少奇同志的信，我已经批了，中央讨论后发了，你们不赞成，怎么办？你们不赞成，我也没有办法，又讲了那样多道理，总要以理服人。毛泽东当即让秘书通知，说华北有不同意见，文件缓发，通知中央局书记到北京开会。关于运动搞得好、搞不好的标准，毛泽东说：总要有几个条件：一是"四清"清了；二是贫下中农真正发动起来了；三是生产有所增长，我们的目的是为了增加生产；四是反革命在村子里管起来了，要管得比较好；五是领导核心是团结的，正确的，坚强的，干部参加劳动。现在鉴于一些经验，首先是认清矛盾，不要那么暴躁，要侦察清楚。例如王光美去的大队，叫不叫暴躁呢？

同日 从北戴河回到北京。

同日 晚上，在人民大会堂一一八厅会见肯尼亚友好代表

---

〔1〕 指刘少奇1964年8月1日在中共中央召集的在京党政军机关和群众团体主要负责干部大会上，作关于社会主义教育运动和两种劳动制度、两种教育制度问题的报告。报告中说：各级负责干部都要亲自下去蹲点，自始至终地参加"四清"的全过程。如果不去取得这种直接的经验，那就不能做领导工作了。省委书记当不成了，地委书记、县委书记也当不成了，中央部长恐怕也当不成了，中央委员恐怕也当不成了。报告中还说：现在，调查农村情况、工厂情况，在许多情况下，用那个开调查会的方法（毛主席在《农村调查》中间讲了开调查会），找人谈话，已经不行了。现在要做调查研究，对于许多单位，应该去搞社会主义教育，搞"四清"，搞对敌斗争，搞干部参加劳动，发动群众，扎根串连，这样做，你才可以把情况搞清楚。

团，陈毅、王炳南[1]等在座。毛泽东说：肯尼亚前途光明，整个非洲、亚洲和拉丁美洲的前途都是光明的。有些人看不起我们，但是我们不要看不起自己，别人看不起是别人的事，自己看不起自己就不好。

8月22日　将刘少奇八月十九日报送的王光美七月五日在中共河北省委工作会议上的报告《关于一个大队[2]的社会主义教育运动的经验总结》（通称“桃园经验”），及刘少奇为中央起草的转发“桃园经验”的批语稿和他给毛泽东并中央的信，要田家英送邓小平，并批示：请小平同志处理，可以等大区书记会议以后再处理。二十七日，毛泽东又批示：“此件先印发此次到会[3]各同志讨论一下，如果大家同意，再发到全国去。我是同意陈伯达和少奇同志意见的。请小平办。”刘少奇在信中说：“王光美同志的这个报告，陈伯达同志极力主张发给各地党委和所有工作队的同志们。王光美在河北省委的记录稿上修改了两次，我也看了并修改了一次。现代中央拟了一个批语，请中央审阅，如果中央同意，请中央发出。这个报告确实很长，但不难读，各地同志和工作队同志愿意要这种详细的材料，不愿意压缩过多。”刘少奇代拟的批语说：这个报告“是在农村进行社会主义教育的一个比较完全、比较细致的典型经验总结”，“是有普遍意义的”。但是，各个地方，各个大队的情况，各不相同，一切要从实际出发。“桃园大队的经验只能作参考，不要把它变成框框，到处套用”。

同日　下午，在人民大会堂一一八厅会见参加第十届禁止原

〔1〕　王炳南，当时任外交部副部长。

〔2〕　指河北省抚宁县卢王庄公社桃园大队。

〔3〕　指1964年8月29日至9月1日在北京召开的中共中央局第一书记会议（即大区书记会议）。

子弹氢弹世界大会后来中国访问的二十六个国家和地区的外宾，廖承志等在座。毛泽东说：欢迎各位朋友。我们民族不同，国家不同，信仰也可能不同，但我们根本的是反对帝国主义、新的和老的殖民主义。我们这些国家，包括中国在内，是没有原子弹、氢弹的。法国有原子弹，但是你们（指法国外宾——编者注）反对发动原子战争。我们的国家将来可能生产少量的原子弹，但是并不准备使用，是作为防御的武器。一些核大国，特别是美国，拿原子弹吓唬人，但是现在世界已经起了变化，不再允许侵略和干涉别的国家，侵略干涉别国是要失败的。帝国主义是可以打败的，人民总是要胜利的。我们要的是全世界人民的解放。

8月23日 下午，和邓小平、彭真、陈毅、谭震林、陆定一、康生、叶剑英、罗瑞卿、郭沫若、林枫、杨尚昆、李四光会见一九六四年北京科学讨论会主席团成员和参加这次会议的全体科学家。毛泽东等同来自亚洲、非洲、拉丁美洲和大洋洲各国的科学家亲切握手，向他们表示热烈的欢迎。毛泽东在同日本物理学家坂田昌一握手时说读过他的文章，这引起坂田的惊讶和喜悦。

同日 听取陈伯达对国家计划委员会工作的意见。

8月24日 在中南海菊香书屋同周培源、于光远〔1〕谈坂田昌一的文章。毛泽东说：坂田说基本粒子不是不可分的，电子是可分的，他这样说是站在辩证唯物主义立场上的。世界是无限的，世界在时间上、在空间上都是无穷无尽的。因此，我们对世界的认识也是无穷无尽的。宇宙从大的方面看来是无限的，宇宙

〔1〕 周培源，物理学家、力学家。当时任全国政协常委、北京大学副校长、中国科学技术协会副主席兼书记处书记、中国物理学会理事长、九三学社中央副主席、中国科学院学部委员。于光远，当时任中共中央宣传部科学处处长、中国科学院哲学社会科学部委员。

从小的方面看来也是无限的。不但原子可分，原子核也可分，电子也可以分，而且可以无限地分割下去。庄子讲“一尺之捶，日取其半，万世不竭”，这是对的。人对事物的认识，总要经过多少次反复，要有一个积累的过程。要积累大量的感性材料，才会引起感性认识到理性认识的飞跃。关于从实践到感性认识，再从感性认识到理性认识的飞跃的道理，马克思和恩格斯都没有讲清楚，列宁也没有讲清楚。列宁写的《唯物主义和经验批判主义》，只讲清楚了唯物论，没有完全讲清楚认识论。这个道理中国的古人也没有讲清楚。什么叫哲学？哲学就是认识论。“双十条”的第一个十条前面那一段话是我写的。我讲了物质变精神、精神变物质。现在我们对许多事物都还认识不清楚。认识总是在发展。一切个别的、特殊的东西都有它的发生、发展与灭亡。每一个人都要死，因为他是发生出来的。人类是发生出来的，因此人类也会灭亡。地球是发生出来的，地球也会灭亡。不过，我们说的人类灭亡、地球灭亡，同基督教讲的世界末日不一样。我们说人类灭亡、地球灭亡，是说有比人类更进步的东西来代替人类，是事物发展到更高阶段。我说马克思主义也有它的发生、发展与灭亡。当然马克思主义的灭亡是有比马克思主义更高的东西来代替它。什么东西都是既守恒又不守恒，这就是既平衡又不平衡，也还有平衡完全破裂的情形。世界上没有绝对不变的东西。变，不变，又变，又不变，这就是宇宙的发展。

8月25日 下午，在人民大会堂一一八厅会见非洲和拉丁美洲青年、学生的代表团和代表，王照华、胡启立〔1〕等在座。毛泽东说：我赞成你们反对帝国主义，反对给帝国主义当走狗的

〔1〕 胡启立，当时任共青团中央书记处候补书记、中华全国学生联合会主席。

那些人。其他的人，首先是工人、农民，然后是爱国的民族资产阶级，可能有少数进步的民族资产阶级，同这些人应该结成统一战线。这样，反对的对象、革命的对象，就比较少一些，革命的力量就比较大一些，这样就可以团结百分之九十以上的人。这是我们共同的问题，是整个拉丁美洲、非洲和亚洲共同的问题。在欧洲、北美大体上也是这样。整个拉丁美洲的革命是有希望的，是要用革命斗争去推翻帝国主义和它的走狗。最后胜利总是属于全世界各国人民的。他说：知识分子脱离了群众就没有什么用。我希望你们不要脱离人民群众，不要脱离你们国家占最大多数人口的工人和农民。只有马克思主义的书教育我们怎样革命，但是也不等于读了书就知道如何革命了，读革命的书是一件事情，实行革命又是一件事情。

8月27日 阅陈伯达本日报送的他八月二十日同国家计委研究室副主任杨波的谈话记录，批示："小平同志：此件可印发此次到会同志及各省、市、区委及中等城市市委同志阅看和研究。并准备在十月工作会议上予以讨论。看来伯达同志的建议是可行的。此外，计划工作方法，必须在今明两年内实行改变。如果不变，就只好取消现有计委，另立机构。"陈伯达在同杨波谈话中对计划工作提出了四点意见：一、从全局考虑。在工业中采用新技术，要有一个全盘的计划。要适当地集中一批优秀的技术力量，力争在最短时间内解决设备制造和掌握生产技术的问题。二、财政制度。需要研究改进某些财政制度。十多年来，存在这样一种情况：建设新的企业就给钱，在老企业中搞技术改造就不大给钱。其实，在老企业中进行技术改造，花钱少，收效快，作用大。这是毛主席老早就提出的，可是，过去我们在实际工作中对这一点注意不够（毛泽东阅看时将"注意不够"改为"没有注意"——编者注）。三、关于一、二、三线的关系。主席提出的建设第三线问题，非常及时，非常重要。这是一个有伟大远见的战略性指示。第三线的建设必须按照毛主席的指示去做，赶快抓。同时，还必须注意一线、二线原有企业的技术改造问题。四、改变拖拖沓沓的作风。毛主席在一九五七、一九五八年给我们提出的许多重要指示，我们还没有进一步地认真地去研究它，执行它。就发展科学技术这个问题来说，我们还存在着拖拖沓沓、得过且过的作风。

同日 阅刘少奇八月十九日致毛泽东并中共中央的信和报送的《中共中央关于农村社会主义教育运动中一些具体政策的规定(修正草案稿)》。刘少奇在信中说："第二个十条，已由田家英同志和中南局、广东省委的同志作了一些重要的修改，我已看过。我意可以发给各中央局，省、地、县委征求意见，在十月会议时定稿。现由田家英同志带回，请主席和中央审核!"毛泽东批示："小平同志：此件请印发大区书记及少数参加会议的同志，加上中央参加会议的同志，越快越好，请他们研究，并提意见，再加修改。"

同日 阅刘少奇八月十九日给毛泽东并中共中央的另一封信。信中说："湖南和江苏的两个文件〔1〕，拟转发各地，现代中央拟了一个批语，请审阅批发。"刘少奇代拟的批语中说：湖南益阳的迎丰公社和江苏涟水的高沟公社都是进行过社会主义教育试点的公社。在运动中初步发动了群众，也解决了一部分问题，但是搞得不深不透。在工作队离乡后，以公社党委某些负责人为首，纠集那些犯过严重错误的干部及其他坏人，对社会主义教育

〔1〕 湖南的文件，指中共湖南益阳地委1964年8月14日《关于益阳县迎丰公社以党委书记匡爱国为首反扑社教运动的情况和处理意见的报告》和湖南省委转发这个报告的批语。江苏的文件，指《淮阴地委秘书长张景良同志在中共江苏省委四届四次全会（扩大）上的发言》(1964年7月21日)，内容是涟水县高沟公社在社会主义教育运动中公社党委与工作队发生的争论及其教训。

运动进行疯狂的反攻倒算。湖南省委认为益阳迎丰公社所发生的事件是一个严重的反革命事件，中央完全同意这种看法。江苏张景良同志的发言，总结了必要的教训，但没有把高沟公社某些领导人勾结其他坏分子对社会主义教育运动实行反攻倒算，看成是严重的现行反革命活动。刘少奇同志看了这个发言，要秘书打电话给江渭清同志，说明了自己的意见，要江苏省委对高沟公社事件采取紧急措施。但是，至今还没有看见江苏省委对高沟事件采取什么必要措施。是何原因？请江苏省委立即答复。毛泽东阅后批示："小平同志：请印发到会各同志。"

同日 阅中共中央宣传部办公室编印的两个材料：《杨献珍等同志关于否认思维和存在的同一性的论点》和《冯友兰〔1〕继续散布资产阶级教育思想和唯心主义思想》，批示："伯达同志：此两件可一阅。不关心哲学，我们的工作是不能胜利的。"

8月28日 晚上，在人民大会堂一一八厅会见委内瑞拉共产党中央代表团，赵毅敏等在座。毛泽东说：你们正在斗争中，你们直接同帝国主义、国内反动派斗争。革命目标是很清楚，但对帝国主义及其走狗斗争的方法是慢慢才能清楚的，不可能一天就清楚了，或一年就清楚了。拿我们的经验来说，经过了多少年，到一九四一年，我们才比较了解如何做才能取得胜利。现时代，外国侵略的结果，都是外国人失败，本国人民起来当权。现在帝国主义不大行了，特别是英、法、比、葡这些帝国主义。我说帝国主义不行，是从总的方面说的；从具体工作说来，可是不能轻视它，也不能轻视它的走狗。革命过程总是会受些挫折，不犯错误、不受挫折的党、阶级和个人都是没有的。

---

〔1〕冯友兰，哲学家。当时任北京大学教授、中国科学院哲学社会科学部委员。

8月29日—9月1日　中共中央局第一书记会议在北京召开[1]，讨论社会主义教育运动的部署和“后十条”（修正草案）。会议由刘少奇主持。修正草案于九月十八日由中共中央正式发出。修正草案提出，敌人拉拢腐蚀干部，“建立反革命的两面政权”，是“敌人反对我们的主要形式”，认为“这次运动，是一次比土地改革运动更为广泛、更为复杂、更为深刻的大规模的群众运动”；强调有些地区还要“认真地进行民主革命的补课工作”。修正草案改变了原来依靠基层组织和基层干部的规定，强调必须把放手发动群众放在第一位，首先解决干部中的问题，并规定整个运动都由工作队领导。

8月29日　下午，同李富春、薄一波、陈伯达谈计划工作问题。当李富春建议计委、经委合并时，毛泽东同意成立一个决策拍板机构，由毛泽东挂帅，有刘少奇、邓小平、周恩来、彭真参加，六个经济口[2]的负责人李富春、李先念、薄一波、谭震林、聂荣臻、罗瑞卿参加，再加上陈伯达共十二人组成。毛泽东说：我看搞经济，学会它要花些时间，现在搞了十五年了，应该可以做些总结了。我跟一波讲，要他再翻翻《新民主主义论》，最近我也翻了一次。

同日　下午，在人民大会堂福建厅会见尼泊尔教育代表团，

〔1〕邓小平在8月29日的会议上说：这次会议是解决“四清”部署问题，会议开4天。对社教的部署，少奇同志有个意见，主席为了慎重起见，找大家商量一下。为什么现在开会，不等10月中央工作会议呢？因为现在时间比较紧了，社教11月就要开始了，湖南、广东正在训练工作队。另外，修改了“后十条”，主席批了个意见，可以议一下，定下来用，以后需要改时再改。

〔2〕指国家计划委员会、财政部、国家经济委员会、国务院农林办公室、国家科学技术委员会、国务院国防工业办公室。

杨秀峰等在座。在回答外宾提出您这样伟大的秘密是什么，力量的源泉是什么时，毛泽东说：我没有什么伟大，就是从老百姓那里学了一点知识而已。当然我学了一点马克思主义，但是单学马克思主义还不行，要从中国的特点和事实来研究中国问题。力量的来源是人民群众。不反映人民群众的要求，哪一个也不行。要在人民群众那里学得知识，制定政策，然后再去教育人民群众。所以要想当先生，就得先当学生。在谈到教育问题时，毛泽东说：学生如果只有书本知识而不做工，那是不行的。文科要把整个社会作为自己的工厂。师生应该接触农民和城市工人，接触工业和农业。不然，学生毕业，用处不大。

8月30日 同参加中共中央局第一书记会议的李井泉、陶铸、李雪峰、刘澜涛、宋任穷、王任重、谭启龙谈话。关于“四清”问题，毛泽东说：有分歧，不一致，怎么办？不是什么路线之争，不是彻底革命和改良主义的问题，不是搞资本主义和搞社会主义的问题，是个部署问题，是个办法问题。我同意少奇同志的意见，发了电报〔1〕，没有先征求他们（华北）的意见，这是个缺点。雪峰说粮食、棉花、经济作物主要在落后地区，怎样做法好？派一万多人的工作队下去，倾盆大雨，是不是径流太大？王光美在河北桃园大队实际上是少奇同志亲自指挥，王光美每月汇报一次，河北省就没有一个人能指挥。当刘澜涛谈到西北地区民主革命不彻底时，毛泽东说：首先要解决这个问题，群众不觉悟，自己不起来，怎么能当权。这次一是民主革命，二才是社会主义革命。所谓民主革命，要把阶级斗争搞彻底，是地富划为地富，是农民划为农民，还有封建迷信等等。刘澜涛还提出，过去

〔1〕 指印发刘少奇1964年8月16日致毛泽东并中共中央的信和毛泽东8月18日给刘少奇的复信。

主席著作中都是说地富占户数的百分之八、占人口的百分之十。毛泽东说：那时包括地富子弟在内，现在百分之五不包括他们了。他还说：我跟少奇同志说，自一九二七年算起，二十二年革成了一个中华人民共和国。社会主义才搞了十五年，我们认识了社会主义社会有阶级和阶级斗争，而且阶级斗争的时间会很长，又认识有三分之一的地方民主革命不彻底，我们是三分天下有其二。就是三分天下有其一也不要紧，过去我们只有延安。谈到计划工作时，毛泽东说：计划工作抄苏联那一套。基本建设搞一千七百多项，后来收缩，砍掉了，只剩下七百项。我问是不是七百项都在搞？他们说有一些也下了马了。这样大的事情，就是不让我们知道。北京的消息很不灵通。只有外交部每一个文件都请示，各个使馆的报告都可以看到；其次是宣传部，有一本《宣教动态》；还有解放军也是好的。计委、经委都不汇报工作，封锁我和少奇同志，他们底下也是一样封锁他们。六个口子互不来往，合作不好。我把陈伯达塞进去〔1〕，才搞了一点消息。我给富春说，我是当面讲，你们革命也好，不革命也好，今后两年再不改，要另立机构。关于经济工作，我主张搞一个总司令部，现在还没有定下来。社会主义教育，搞了一个总司令部，少奇挂帅。现在经济工作不统一不行，我看你们各省也不见得那样统一。大事必须抓紧，必须要统一，其他分散经营，不要事无大小都抓。我希望地方攻一下中央，我的方法是用地方孤立中央。像京剧，地方比北京好。文化部，还有十几个协会，都不是为工农兵服务。我们也没有系统地抓，只搞了一下电影《武训传》、《红楼梦研究》的批判，那是个别事情。戏剧、小说、音乐……，都没有抓。音乐也要点外国的，好比较。民族音乐、演现代戏，都

---

〔1〕 指1962年11月任命陈伯达为国家计划委员会副主任。

是地方搞起来的。从古到今的发明，都是地方，不是中央，因为一切发明创造都是来自于人民。谈到一九五九年庐山会议时，他说：庐山会议后为什么要全党反右呢？这就不对了。我们前一段是反“左”的，“左”没有反掉，又来一个全党反右，又助长了“左”的空气。少奇同志看出了这个问题，告诉了乔木，他们当时也没有跟我讲，他们认为那种空气一下扭不过来。毛泽东最后说：这样的会很好，比如找你们谈一谈。大会和小会结合着开，小会人少好议事，容易交换意见，比如去年的杭州会议。关于中央和地方关系的问题，这次你们拿一天时间谈一次。[1]

同日　中共中央发出对苏共中央七月三十日来信的复信。复信说：“你们的这封来信，根本不理会许多兄弟党要求团结、反对分裂的愿望，关死了为召开兄弟党国际会议的问题进行协商的大门，发出了公开分裂国际共产主义运动的号令。”复信重申中共中央今年七月二十八日给苏共中央信中的立场：“中国共产党坚持主张召开经过充分准备的、在马克思列宁主义基础上团结的兄弟党国际会议，坚决反对你们开分裂会议。”“中共中央庄严地声明：我们决不参加你们分裂国际共产主义运动的国际会议和它的筹备会议。”

8月　批示江青阅看《光明日报》编印的《关于李秀成评价问题讨论的反映》（10）中介绍的复旦大学历史系教授蔡尚思、

〔1〕中共中央局第一书记会议在1964年9月1日讨论了中央和地方的关系问题。

华东师范大学历史系主任吴泽的意见。[1] 毛泽东认为“此文有些道理”。

9月1日 乘专列离开北京南下。

9月3日 到达武昌，住东湖客舍。

9月4日 下午，在武昌东湖客舍会见坦噶尼喀和桑给巴尔联合共和国广播代表团，及社会发展和国民文化部驻议会秘书、坦噶尼喀全国妇联主席。谈到坦噶尼喀和桑给巴尔联合共和国地下矿藏丰富需要开采时，毛泽东说：要开采，就要有资金，如果借外国款项来开采，不是一条好的道路。建立自己独立的国民经济，不依赖帝国主义，这一点很重要。他说：一个国家没有军队是不行的。卢蒙巴为什么会被杀害？就是因为自己没有掌握军队，连飞机场也控制不了。卢蒙巴没有死，精神还存在。看看十年前的非洲和现在的非洲，变化很大。一九五四年到一九六四年间，出现了许多独立的国家，虽然有些独立程度还不够。再过十年，非洲人对世界的贡献更大。你们回去不要说中国都是好的，中国还很落后，国家穷，工业落后，农业还没有全部机械化，人民的文化水平也不高，能够进大学的还是少数，医生全国现在有

---

〔1〕 1964年7月25日《光明日报》发表戚本禹的文章《评李秀成自述》，在学术界引起了对李秀成评价的讨论。蔡尚思认为，过去对李秀成不应该全盘肯定，现在也不应该全盘否定。李秀成的投降，还是时代和阶级的局限性。吴泽认为，现在的讨论不要把李秀成的问题仅仅放在真投降、假投降上面，这样容易把问题简单化。他认为，李秀成的投降，要同李秀成的一生和太平天国的整个历史联系起来考察，这样看问题才能全面。太平天国的后期是在逐渐走向封建化的道路，经济、政治、军事各方面都在发生变化，在这种情况下李秀成的阶级界限也就日益模糊了。李秀成被俘以后，太平天国大势已去，正是在这种情况下，李秀成认为“天数”已定，以致对曾国藩抱着幻想，写下了《自述》。这是李秀成投降的历史根源和阶级根源。

十万人，在乡村里还是靠老式医生。如果不改变这种情况就不好。要搞建设，需要工程师、技术员、知识分子等等。谈到妇女问题时，他说：许多非洲妇女，为了工作经常在国外奔跑，中国人不如她们。中国有大男子主义，妇女被压住了。应当提倡妇女当权，英国就有女王，女的应当可以当总统、副总统、部长、副部长。现在我们人民代表中女的太少，不平等。

9月5日 下午，同王任重、张体学、赵辛初[1]、赵修谈话。毛泽东请王任重将中央局第一书记会议情况向他作一个简要汇报。

9月6日 下午，离开武昌前同王任重谈计划和经济工作问题。毛泽东说：十五年了，我们的经济工作还没有总结起经验，大家要总结经验，在这个基础上对经济工作实行彻底的革命。计委、经委是合并好，还是分开好？建设委员会要不要单独设立？是不是从地方调些人到中央？计委如何大改组？可能把你和陶鲁笳调到计委工作。文化部长由陆定一兼，配个助手。不一定要派人到湖北省委，省委书记可以由张体学担任。这些都是交换意见，调不调、做什么工作一律不算决定，最后由中央决定。关于经济工作的统一领导，他说：我年岁大了，情况又不明，是不是能够领导起来？我主张中央有个领导小组，加上各大区书记，来实现对计划经济的统一领导。

9月7日 到达长沙。在专列上听取张平化、李瑞山、华国锋关于湖南情况的汇报。谈到农业和征购问题时，毛泽东说：不要反瞒产，反瞒产是笨的办法。瞒产百分之二十，无非也是养猪、

---

〔1〕 张体学，当时任中共湖北省委书记处常务书记（1965年5月任第二书记）、湖北省省长。赵辛初，当时任中共湖北省委书记处书记、湖北省副省长。

养鸡鸭，大队、小队、社员都有点存粮好。公开让瞒产。增产就增购，不好。（张平化：瞒产有两种。一种是社员大家瞒的；一种是少数干部瞒的，实际是私分贪污。）瞒着社员私分是不对的。你们单一经济转得如何？只搞粮食不搞棉、麻？棉花，湖北能种，湖南不能种？常德地区能种，湘潭地区不能种？关键在教育干部。分到私人的山，种树吗？要依靠集体造林。人还是这些人，要把他们的思想讲通，少数为私，多数为公。国家干部有薪水有饭吃，搞什么私？公社干部以上要为公。公路、河流两旁要植树，运输便利。造林不要只造一种，用材林有杉树、松树、梓树、樟树。今后搞他一百万担桐油，粮食、经济作物、山林都要搞好。谈到社会主义教育问题时，他说：三分之一的基层领导权不在我们手里，究竟有多少，现在你们也不摸底。三分之一，一不包括思想认识问题的，二不包括一般的多吃多占的，就是那些依靠百分之五、不依靠百分之九十五的。三分之一，几年来没有抓，第一怪我们没有抓，第二怪他们自己。北戴河会议、八届十中全会以后，按照两个十条，少奇挂帅，就不能说没有人抓了。你们为什么对中央不批评？中央的人也是一分为二，有比较好的，有比较不好的。无论中央、省委，都要提倡下面批评上面。主要从老百姓那里找知识，要接近工人、农民和工农出身的干部。修正主义者说我个人独裁，只有我说的对，其实我就不相信我说的都对。我说的都是别人的，如三分之一、十大问题〔1〕，都是别人告诉我的。

同日　晚上，到达南昌。

9月8日　中午，离开南昌。次日晨，到达杭州，住汪庄。

9月9日　致信康生："请你向北京图书馆、北大图书馆找一些

〔1〕 指《中共中央关于目前农村工作中若干问题的决定（草案）》（"前十条"）中所讲的10个问题。

美国历史给我。不要大部头的，如《美国全史》之类，只要几万字的，十几万字的，至多到三十万字为止。其中要有马克思主义者写的，也要有资产阶级学者写的。不知能找到否？费神为盼。”

9月10日 晚上，在杭州会见在北京展出的法国技术展览会的执行主席杜阿梅、法国驻中国大使佩耶等，南汉宸、王炳南在座。毛泽东说：要互相开展览会，发展两国经济、文化关系。现在中法贸易还不平衡。当佩耶谈到法国热切希望召开十四国国际会议，解决东南亚问题时，毛泽东说：这是我们共同的政策，是个好政策。杜阿梅说：我们法国主张越南在中立化的基础上实现和平。毛泽东说：美国人不肯。看来非打到美国人不想再打的那一天，他们现在还不想走。我想总会有一天美国人站不住的，那时美国人要回家去，非走不可。东南亚的事，外国人不要去干涉，外国人干涉不了。我们很欣赏法国的独立政策。不能跟着少数大国转，他们说什么就跟着说什么。世界在变化，不是一两个大国所能管住的。各国人民应管各国人民的事情，不能允许任何外国人的干涉。

9月上旬 审阅李富春报送的吕正操[1]九月一日关于西南铁路建设初步部署的报告和周恩来九月四日对这个报告的批语。吕正操的报告说：以成昆线为中心的西南铁路建设安排，业经中央批准，根据中央和主席指示，作如下具体部署。以成昆线为重点，四条线全面多点地开工，争取在一九七一年前陆续全部修通。凡是有铺轨条件的，采取分段铺轨，提前通车，通一段，用一段。预计今年川黔线可铺轨七十三公里，滇黔线铺轨八十公里，明年川黔线铺轨二百零三公里，全线通车，滇黔线铺轨六十五公里，成昆线南北段共铺轨一百五十四公里。湘黔线明年两头

---

〔1〕 吕正操，当时任铁道部代理部长兼西南铁路建设总指挥部副总指挥、中国人民解放军铁道兵第一政治委员。

部分开工。周恩来的批语中说：同意这个初步部署。修路进度切实加以计算，看可否争取一九六五年二季度川黔线通车，一九六六年滇黔线通车，一九六八年成昆线南段直达攀枝花通车，一九六九年成昆线北段通车，湘黔线一九七〇年通车。毛泽东阅后批示："退李富春照办。"

9月11日、12日、14日　在杭州汪庄连续听取国家计划委员会领导小组成员李富春、李先念、陈伯达、谭震林、薄一波等汇报计划工作。在汇报到今后计委的机构时，毛泽东说：我是不赞成两委合并的，我是赞成把建委再搞起来。计委应专搞计划，不要管其他事情。你又搞生产，又搞基建，又搞计划，是不行的。你专搞计划嘛！

9月13日　下午，在杭州会见日本共产党中央总书记宫本显治，彭真、江华等在座。毛泽东向客人了解日本各政党的一些情况，日本共产党关于反对美国帝国主义、反对本国垄断资产阶级、反对修正主义的一些观点、方针、政策等。他说：国际国内都不断有新问题，我们可以交换意见。各个党的问题要各个党自己解决，任何别的党的意见只能作为参考，当然今后并不排除双边或多边的会谈，正式或非正式的会谈，发表声明或不发表声明。毛泽东谈到革命的艰巨性时说：没有群众基础，政权也是可以建立的。中国的封建制度可以维持一二千年，就是因为农民是分散的。蒋介石没有多少群众拥护他，也统治了二十多年。所以人民要团结起来，战胜统治阶级并不容易。

9月15日　到达上海。当天，在上海文化俱乐部听取上海青年京昆剧团赴西欧演出情况的汇报。

同日　中共中央主席毛泽东分别致信日本、印度尼西亚、泰国、马来亚、缅甸、锡兰共产党中央委员会，邀请他们派代表团参加中华人民共和国成立十五周年庆祝大会。

9月18日 下午，乘专列离开上海。

9月19日 晨，到达蚌埠。在专列上会见刚果（布）工会联合会领导人、国民议会第一副议长儒利昂和夫人。下午，离开蚌埠。

9月20日 晨，到达济南。在专列上会见由阿尔及利亚国民经济部部长、民族解放阵线政治局委员布马扎率领的阿尔及利亚政府经济代表团。毛泽东说：你们打了八年仗，牺牲很大，值得各国人民支持你们。你们在整个非洲、亚洲、拉丁美洲做出了一个榜样，这个榜样对各国有很大影响。布马扎说：我们也利用一些别国的经验，我想你们一定从法国资产阶级报纸上看到他们埋怨说阿尔及利亚在游击区运用毛泽东的著作来进行斗争。谈到中国经济建设的经验时，毛泽东说：我们是吃过亏的，例如尽搬外国经验，工厂要越大越好，其实不然。现在我们正在把工厂缩小，化一个工厂为几个小厂。有一个时期我们不重视农业和轻工业，就发生许多问题，粮食不够，轻工业品不够，吃、穿、用都不够，恰好这些是广大人民生活的必需。同时，这两个方面是积累资金的主要来源。要自力更生，非积累资金不可，靠帝国主义是不行的。下午，离开济南。

9月21日 晨，回到北京。

同日 阅关于进行正式核试验日期问题的罗瑞卿报告和周恩来的信。罗瑞卿九月二十日的报告说：核试验的一切准备工作，已经就绪，可以在十月份进行正式试验。究竟何时正式试验，请中央早日决定。如果定在十月份试验，需要在九月下旬定下来，以便进行准备。周恩来二十一日的信中说：中央十五人专门委员会于本月开了两次会，讨论关于核爆炸及其有关问题。爆炸时间以十月中旬到十一月上旬为最好，事前准备时间至少需要二十天。毛泽东阅后批示："已阅，拟即办。"

9月25日 阅刘少奇九月二十三日给江渭清的复信。刘少奇在复信中，批评江渭清的一篇讲话几乎没有什么创造，是大段摘引第一个十条和毛主席的讲话，重述刘少奇在南京的讲话。信中说："同不能把马克思、列宁的学说当成教条一样，也不能把毛泽东的著作和讲话当成教条。应当运用毛泽东思想的精神实质，来分析你们那里的实际情况，正确地总结你们那里的实践经验，正确地确定今后的工作方针、计划和步骤。……可惜，你的那篇讲话，不是这样的一篇讲话"。"如果我们不能下决心长期下去蹲点，并参加集体生产劳动，就不能直接听到群众的呼声，就不能参加和看到群众的生产斗争、阶级斗争和科学实验，就不能从群众的实践中逐步认识客观真理，那我们就只能凭自己头脑里想像的和文件上规定的许多框框办事，或者在别人的指挥之下盲目地行动。"毛泽东阅后致信刘少奇："你的信及附件都看过了。你的信写得很好。存在着的问题，正是要照你写的那样去解决。我们的干部中，自以为是的很不少。其原因之一，是不懂马克思的认识论。因此，不厌其烦地宣传这种认识论，是非常必要的。简单地说，就是从群众中来，到群众中去。下决心长期下去蹲点，就能听到群众的呼声，就能从实践中逐步地认识客观真理，变为主观真理，然后再回到实践中去，看是不是行得通。如果行不通，则必须重新向群众的实践请教。这样就可以解决框框问题，即教条主义问题了，就可以不信迷信了。如果不是这样做，则官越大，真理越少。大官如此，小官也是如此。第二个十条的修改，就是这样地请教群众得来的，就是我们不自以为是，有错必改这样一种态度得来的。如果在你的信上加上一小段理论性的话，可能更使人们信服些。如何，请酌。"刘少奇根据毛泽东的建议加写了一小段理论性的话，三十日再送毛泽东阅。毛泽东于十月十八日又作了修改，并致信刘少奇，说："我再看了你给江渭清信的全文，觉得实在好。只有第八页上，有两句话，觉得重复，其实是一个意思，‘认识了客观真理’，即是变成了主观真理，不是两件事。不能用‘并把它变为……’这一句，这一句是重复的。上次我已感觉到，但未改。现在改了，是否妥当，请你酌定。”毛泽东所说的刘少奇信中的两句话是：“我们就能够从实践中逐步地认识客观真理，并把它变为主观真理。”毛泽东删去了后一句，并接着加写了一段话：“所谓认识客观真理，即是人在实践中，反映客观外界的现象和本质，经过渐变和突变，成为尚未经过考验的主观真理。要认识这一过程中所得到的主观真理是不是真正反映了客观真理（即规律性），还得回到实践中去，看是不是行得通。”

同日 应范瑾八月二十八日来信的要求，为《北京晚报》题写报名。同时为《北京日报》又写一个报头。并复信说：“写了一张，不知可用否？原写北京日报四字中有一二字似写得不好，今又写了一张，供你选择。如觉不妥，还是用原写的。”

9月27日 阅中共中央办公厅秘书室九月十六日编印的《群众反映》一九六四年第七十九期摘登的中央音乐学院一名学生关于对中央音乐学院的意见的来信。来信说：由于长期地、大量地、无批判地学习西欧资产阶级音乐文化，资产阶级思想对我院师生有极深刻的影响。有些人迷恋西洋音乐，轻视民族音乐，对音乐革命化、民族化、群众化有抵触情绪；学校在教学工作上，对西洋音乐只教继承，不教批判；院内师生的阶级成分十分复杂，工农子弟少得可怜。学校的办学方针需要进一步明确，学校究竟培养什么人？教学中的中西比例如何安排？在我们的教材中、舞台上，应不应该彻底赶走洋的帝王将相、公爵、小姐、夫人，而换上我们伟大的工农兵？这些，都希望中央能有明确指示。毛泽东批示：“定一同志：此件请一阅。信是写得好的，问题是应该解决的。但应采取征求群众意见的方法，在教师、学生中先行讨论，收集意见。”“古为今用，洋为中用。此信表示一派人的意见，可能有许多人不赞成。”

9月28日　晚上，在人民大会堂会见柬埔寨国家元首西哈努克亲王和夫人，刘少奇和夫人王光美、董必武、周恩来等在座。毛泽东说：你们工作做得很好，一个六百万人口的柬埔寨敢于反对世界上第一个帝国主义大国——美国，了不起。六百万人，没有强大的空军，也没有强大的陆军，也没有强大的海军，也没有导弹，只要你们敢于反对，美国人就没有办法。当西哈努克谈到要把蒋介石赶出联合国时，毛泽东说：美国人尽做些蠢事。大约要过几年、十年，他们不能不把蒋介石的代表赶出联合国，现在倒不一定能做到。上次我说请亲王看一本书，即恩格斯的《社会主义从空想到科学的发展》。如有兴趣还可以看一本，叫《共产党宣言》，这是马克思主义的第一本书。

9月29日　晨，审阅修改彭真准备在中华人民共和国成立十五周年庆祝大会上的讲话稿。在讲话稿中的一句话（我们国家的经济形势、政治形势比过去任何时候都好，“一个新的革命和建设的高潮，正在全国范围兴起”）之后，加写一段话：“在这里，必须指出，我们还有缺点、错误，还有困难。每年每月都有一些缺点、错误和困难。克服了这些缺点、错误和困难，新的缺点、错误和困难又会出来了，又要去努力克服。我们的同志和人民，永远不要骄傲，不要固步自封，不要自以为是。如果只看到成绩的一面，看不到缺点的一面，那就是很不好的。对外国，一定不要大国沙文主义，一定要尊重外国的主权和领土完整，不能干涉外国的内政，一定要平等相处。”阅改后，毛泽东向彭真交待，再按加写的内容多写几句，阐述清楚。本日夜，彭真按照毛泽东的意见改写后，再报毛泽东审阅定稿。

同日　晚上，在人民大会堂一一八厅会见刚果（布）总统马桑巴—代巴一行，周恩来、陈毅等在座。毛泽东说：我们欢迎一切反对帝国主义、殖民主义的非洲人民。你们去年的革命使我们很高兴。马桑巴—代巴谈到刚果（布）摆脱帝国主义的统治，取得了民族独立，但目前还有很多困难。毛泽东说：我们中国人一定支持你们，我们支持整个非洲反帝反殖的人民。我们要团结起来反对帝国主义，建立自己的政治、经济、军事、文化和人民团体。前进道路上是有困难的，但是困难是可以克服的。我们有责任同你们团结起来，像兄弟一样团结起来，我们是平等的。

9月30日 下午，在人民大会堂福建厅会见马里总统兼总理凯塔和夫人一行，周恩来、陈毅等在座。凯塔说：我们通过中国革命斗争和毛主席的著作，早已认识了毛主席。毛主席著作对各国进行革命斗争的领导人都是一种鼓舞。谈到马里的经济还很落后时，毛泽东说：中国从根本上说还是一个落后的国家，正在开始向前进步，准备在本世纪内，还有三十多年，搞出些东西来。那时我们还要互相合作。总之，有一条真理：帝国主义是可以打倒的，反革命是可以打倒的，落后是可以进步的，困难是可以克服的，错误是可以纠正的。

同日 和刘少奇、宋庆龄、董必武、朱德、周恩来、邓小平、彭真等先后会见前来参加中华人民共和国成立十五周年庆祝大会的十二个社会主义国家的党政代表团，亚非国家政府代表团、政府领导人和议会代表团，兄弟党代表团〔1〕，一些国家军事代表团、友好代表团、社会活动家和知名人士。

同日 晚上，和刘少奇、宋庆龄、董必武、朱德、周恩来、邓小平等出席在人民大会堂举行的国庆招待会。同来自八十多个国家和地区的外宾二千六百多人，国内各个战线上的英雄模范人

〔1〕 指印度尼西亚、日本、新西兰的共产党代表团。

物、少数民族代表，以及海外侨胞、港澳同胞的代表等一起，庆祝中华人民共和国成立十五周年。

同日 阅王海容〔1〕九月二十八日反映教育改革情况的来信。信中说：近半年多来，根据毛主席对教育工作的指示，各大、中、小学都进行了教学改革，肯定了成绩，修正了缺点和错误。但在改革的某些具体做法上或某些措施上还有不少的偏差，存在一定的问题，如不及时改正，将会影响学生全面地掌握知识。毛泽东阅后批示陆定一：这封信有些事值得注意，请派人调查一下，及时改正。你如果想找王海容谈谈，可叫我的秘书徐业夫送她去。

10月1日 上午十时，和刘少奇、宋庆龄、董必武、朱德、周恩来、邓小平、彭真等党和国家领导人出席在天安门举行的中华人民共和国成立十五周年庆祝大会，检阅群众游行队伍。晚上，毛泽东等在天安门城楼观看焰火。

同日 晚上，会见由阿尔及利亚民族解放阵线中央委员、政府国务部长阿马尔·乌兹加尼率领的阿尔及利亚党政代表团，刘少奇、董必武、朱德、周恩来、邓小平等在座。

10月5日 晚上，在人民大会堂会见由范文同〔2〕率领的越南党政代表团，刘少奇、周恩来、朱德、邓小平、彭真、陈毅、李富春在座。谈到越南局势时，毛泽东说：你们在前线，进行英勇的斗争。现在不知美国要打多少时间，美国究竟如何解决问题也没有个章程。不过，它要打多少时间，就跟它打多少时间。朝鲜战争证明美帝国主义是可以打的。不要以为我们怕美国人、你们怕美国人，美国也怕我们，他们怕得更多一些。现在，越南南方还不是要派军队去的问题，何时派，要看时机。美国打不打越

---

〔1〕 王海容，毛泽东的侄孙女。当时在北京外国语学院进修。

〔2〕 范文同，当时任越南劳动党中央政治局委员、越南民主共和国政府总理。

南北方，现在没有定。范文同说：我们考虑，设法把南越的战争限制在“特种战争”的范围之内，在“特种战争”范围内战胜敌人。我们力争不使战争扩大到越南北方。毛泽东说：可以。既要准备，又要谨慎，按兵不动，不要那么急躁。在谈到美国提出要同越南民主共和国进行谈判时，毛泽东说：谈一谈也有好处。我们准备美国打进中国大陆，但要打，它也要利用蒋介石、南朝鲜帮助，单是美国它是不会来的。如果美国打进来了，还是采取我们过去对付日本人的办法，它想到什么地方，就让到什么地方，和它打游击。

10月6日 晚上，在人民大会堂出席中国人民解放军总政治部为庆祝中华人民共和国成立十五周年举办的晚会，同驻京陆海空军、人民公安部队官兵八千多人一起观看大型音乐舞蹈史诗《东方红》。周恩来、彭真、贺龙、柯庆施等出席了晚会。

10月7日 下午，在中南海颐年堂会见由崔庸健率领的朝鲜党政代表团，刘少奇、董必武、朱德、周恩来、邓小平、彭真、康生在座。毛泽东说：我们两个党要好好地团结，好好地合作，不分彼此。我们要准备帝国主义打进来，美国如果要打中国，它一国不行，得拉日本、南朝鲜反动派，还有蒋介石。欧洲国家参加不参加就不一定了。主要是没有日本它就不敢打，因为美国管的事太多了，又是亚洲、非洲，又是欧洲，还有拉丁美洲。日本同我们打了十四年，知道我们打仗的方法。我们的方法，大体上就是：你想到哪里，你就去；我想到哪里，我就去。当然了，你们的所谓朝鲜式的工事，我们也要做，第一线、第二线和坑道都要搞。

10月8日 下午，在人民大会堂一一八厅会见由毛雷尔率领的罗马尼亚党政代表团，刘少奇、董必武、朱德、周恩来、邓小平、彭真、李先念在座。毛泽东说：美国的所谓核不扩散，就是不扩散给社会主义国家，对于资本主义国家是扩散的。我们的目的，就是想把西德拉到反对美国的一方面，使英国、法国、意大利、西德还有日本都反对美国。世界上事情的发展，我看英国、法国、西德、日本会走自己的资本主义道路，他们自己有自己的一条道路。现在控制他们的是美国，也不是苏联。美国的控制，已经在法国产生了反感。想控制别人的，就是这两个大国，一个苏联，一个美国。苏联领导人，就是要控制我们这些社会主义国家，他也想控制一些像伊拉克、阿联（今埃及）、印度尼西亚这样的国家，还企图控制非洲一些国家，像阿尔及利亚。我看赫鲁晓夫的日子也不大好过，他一定要二十六国党十二月十五日去报到开会，是他自己把绳索套在自己脖子上。我说赫鲁晓夫是个软体动物，并不可怕。经济互助委员会，我看有两个前途：一个就是垮台或者解散。根本不需要什么经互会，而由双边的或者多边的会谈来搞经济合作。这是一个前途。如果不然，按照你们的意见，索性扩大，整个社会主义国家都参加，包括中国、朝鲜、越南、阿尔巴尼亚、古巴，十三个社会主义国家组成一个平等、互助的经济互助委员会。要真正讲平等、互助，不能搞那个超国家的机构，走控制其他国家的那条道路。

同日 晚上，和刘少奇、朱德、彭真、柯庆施、康生、罗瑞卿观看中央歌剧院芭蕾舞剧团演出的现代芭蕾舞剧《红色娘子军》。

同日 阅国家科学技术委员会关于邀请美国水声学家里查·布雷特来中国讲学的请示报告，批示："如果来华后，证明此人政治上可靠，似可让他单立一个小的研究所，给他几名政治上确实可靠的学生，向他学习水声科学。"

10月9日 下午，在钓鱼台迎宾馆会见由巴卢库率领的阿尔巴尼亚党政代表团，刘少奇、董必武、朱德、周恩来、邓小平、彭真、贺龙、罗瑞卿在座。毛泽东说：世界在变化，修正主义者四分五裂，帝国主义者也四分五裂，因此才出现一个革命形势，对我们比较有利。我看，整个欧洲跟美国会有分歧的，要引导欧洲去反美，也要引导日本去反美。赫鲁晓夫这个人，我们比较熟悉他，他叫做欺软怕硬。赫鲁晓夫的性格就是修正主义的性格，跟帝国主义的性格一样，欺软怕硬。赫鲁晓夫派兵进攻中国是困难的，但是我们要准备。在同苏联的边界谈判上，我们的目的是达到一个合理的边界状态，订一个边界条约。

10月中旬 阅李井泉、吕正操十月三日关于川汉线选线问题的请示报告〔1〕。对这个报告，刘少奇批注：第三方案，铁道部原设计方案，即清江方案，也应加以比较、勘察。周恩来十月十日批注：有哪些地下资源，望先与地质部、冶金部联系研究后标图送阅，以便在现地勘察线路时，进行矿藏勘察。毛泽东阅后批注："周说得对。必须同时勘察三条线上的地下资源，即煤、铁、其他金属及森林情况。"十二月十四日，对薄一波十月十七日提出的对三条线必须同时同样进行实地勘察，不能像过去主观上先定一线，名曰选线而实际上只在航测图上选的这个意见，毛泽东批示："你的意见很对。资源、线路都要用两三年时间认真调查，确有根据，才能比选。不可草率从事。也不可拖拖延延，不认真紧张地从事调查。"

10月13日 审阅外交部九月十日建议以毛泽东名义复信阿尔及利亚总统本·贝拉的请示报告（附代拟稿），批示："打官腔，不能用。本·贝拉又有第二次来信。请外交部同志重新起草

〔1〕 这个报告是根据毛泽东和中共中央关于停建湘黔线、改修川汉线（重庆至汉口）的指示作出的。报告提出了沅江方案（第一方案）和澧水方案（第二方案）。

回信稿，送我修改后再发去。”十八日，在本·贝拉九月一日致毛泽东信的中译文上批示：“本·贝拉总统来了两封信，应一起写一封回信，要用亲切的生动的语言写，不要用曾经起草的那种风格写（已退回外交部，请重写）。是否请乔冠华同志起草，送我修改后发去？请酌办为盼！又，凡来信都应回答。乃比里前总理对我国的祝贺信〔1〕，也应回答。”二十四日，对二十三日送审的乔冠华起草的给本·贝拉的复信稿作了少量修改后批示：“即退外交部办，打印，下午送我签字。”

同日 晚上，观看中国人民解放军空军政治部文工团歌舞剧一团演出的歌剧《江姐》，一同观看演出的有周恩来、朱德、董必武、彭真、薄一波、罗瑞卿、杨尚昆。

10月16日 下午三时，中国在本国西部地区成功地爆炸了第一颗原子弹。当天，中华人民共和国政府发表声明。声明说：“面临着日益增长的美国的核威胁，中国不能坐视不动。中国进行核试验，发展核武器，是被迫而为的。”“中国发展核武器是为了防御，为了保卫中国人民免受美国发动核战争的威胁。”“中国政府郑重宣布，中国在任何时候、任何情况下，都不会首先使用核武器。”“中国政府一贯主张全面禁止和彻底销毁核武器。”“中国政府向世界各国政府郑重建议：召开世界各国首脑会议，讨论全面禁止和彻底销毁核武器问题。”

同日 苏联塔斯社宣布，苏联共产党中央委员会于十月十四日举行全体会议，苏联最高苏维埃主席团于十月十五日举行会议，决定解除赫鲁晓夫苏共中央第一书记、苏共中央主席团委员和苏联部长会议主席的职务，选举勃列日涅夫为苏共中央第一书

---

〔1〕 指泰国前总理比里·帕侬荣对中华人民共和国成立15周年给毛泽东的祝贺信。

记，任命柯西金为苏联部长会议主席[1]。

同日 下午一时，在中南海菊香书屋主持召开中共中央政治局常委会议，讨论赫鲁晓夫下台一事。毛泽东说：赫鲁晓夫下台是表示要变，如果不变，那为什么要下台呢？这是很明显的道理。所以苏共领导今后会有一些改变，这是可能的。但是，也不可能很快就变，更不可能大幅度地变。至于怎样地改变，变到什么程度，这还得看一看，看一看各方面的情况怎么样，看一看苏共方面究竟有什么变化，然后我们再考虑相应的对策。会议决定，由中共中央主席毛泽东、中华人民共和国主席刘少奇、全国人大常委会委员长朱德、国务院总理周恩来联名致电祝贺勃列日涅夫当选苏共中央第一书记，柯西金被任命为苏联部长会议主席。会议还决定暂时不发表论战文章。贺电于本日发出。贺电强调：中苏两党、两国在马克思列宁主义和无产阶级国际主义的基础上团结起来！祝中苏两国人民兄弟的牢不可破的友谊不断发展！祝中苏两国人民在反对以美国为首的帝国主义、保卫世界和平的共同斗争中不断取得胜利！

同日 下午六时，在人民大会堂上海厅会见古巴党政代表团，刘少奇、董必武、朱德、周恩来、邓小平、彭真、陆定一在座。毛泽东说：你们处在美帝国主义旁边，全世界革命人民都支持你们。我们同苏联领导人吵架，是暂时的事情，临时的现象。现在苏联人民在自己解决他们自己的问题。中苏两国不会分裂，分裂不了，谁要想分裂是不行的。中苏两国不和，害得你们也不好过日子。全世界一百多个党，有许多党不好过日子。我们今天就打电报去祝贺柯西金，祝贺勃列日涅夫。平时党内不祝贺，但这次可以例外。赫鲁晓夫是个人物，你们去莫斯科想见赫鲁晓夫，见

---

〔1〕 柯西金，当时还任苏联共产党中央主席团委员。

不到了，十四日赫鲁晓夫的照片在莫斯科统统搬下来了。他整斯大林整得太狠了，斯大林阴魂不散。毛泽东在介绍中国情况时说：我们正在进行一场更长、更深的革命，要批评封建主义和资本主义的东西，搞社会主义教育运动。要完成这个任务可能要十年八年。

10月18日 阅刘少奇本日写给毛泽东并周恩来、朱德、邓小平、彭真、林彪的信。信中说：送上公安部和西北局两个文件，请看看。过去农村社会主义教育搞得不深不透，坏干部和阶级敌人对贫农、下中农和积极分子打击报复，已经发生很多。现在应当立即由中央和省委派遣干部，组成巡回检查组，到那些已经发生打击贫下中农的地方去迅速处理。凡有比较严重的打击报复贫下中农和反攻倒算行为的党员干部，在调查确实后，一律撤职，开除党籍，情节严重者逮捕法办，个别民愤很大者判处死刑。不严厉处分这些坏人，不能团结群众的绝大多数。请主席召集常委同志就这个问题讨论一次是否可以？毛泽东阅后批示：“已看过。待各同志看完，即开会。”

10月19日 下午，在中南海菊香书屋主持召开中共中央政治局常委会议，听取李富春汇报计划工作革命问题和一九六五年计划安排问题。当汇报到计划工作和经济工作的主要毛病是脱离实际、脱离群众时，毛泽东说：对，就是这个问题。当汇报到我国对外贸易构成已转变为资本主义国家占百分之六十、社会主义国家占百分之四十时，毛泽东说：这个合理嘛！资本主义世界大，社会主义国家只有十几个。当汇报到水利问题时，毛泽东说：三峡水库还搞不搞？总司令反对搞，怕淹了重庆，我说搞。现在我倾向于不搞。三门峡没用处了嘛，蓄水就淤。当汇报到三线建设时，毛泽东说：总而言之，向云贵川、陕甘宁挤，还有个湘西、鄂西、豫西。搞攀枝花、酒泉、长阳三个基地。酒泉钢铁基地的规模不要太大了，一百多万吨够了。铁矿多，可以拉出来另建。

当汇报到第三个五年计划集中建设三线，农业投资可能要减少，增加工业交通的投资时，毛泽东说：是要这样。农业主要是靠大寨精神，靠群众办事。当汇报到上下不要对口时，毛泽东说：对，就是这样。汇报结束时，邓小平说：这次计划搞得不错，摆出了问题，如人民生活之类，也反映了经济形势很好，可以发下去。刘少奇说：先发下去，以后有修改再修改嘛！李富春请毛泽东指示，毛泽东说：想一想，你还是把文件搞出来。李富春回答已经搞出了文件。毛泽东说：那好，看过之后，有什么话再讲，你们可以先出去〔1〕，不要等。这次会议在开始汇报前，有人提出是否写一篇赫鲁晓夫走进坟墓之类的文章，毛泽东说：人已倒了，没有对象了，还写什么，不得人心嘛！当谈到约翰逊最近的讲话时，毛泽东说，两句结论：无可奈何花落去（指赫鲁晓夫下台——编者注）；无可奈何花已开（指中国成功爆炸第一颗原子弹——编者注）。当议论到是否能争取有十年的和平时间时，毛泽东说：有可能，再有十年，原子弹、氢弹、导弹我们都搞出来了，世界大战就打不成了。将来我们要把原子弹试验转入地下，不然污染空气！

10月22日 晚上，主持召开中共中央政治局常委扩大会议，讨论赫鲁晓夫下台及我们的对策问题。会上，大家纷纷议论赫鲁晓夫垮台原因，康生根据材料列举了赫鲁晓夫的十大罪状〔2〕，国际五条，国内五条。毛泽东说：第一条，三国禁试条约，他们感觉束缚了自己手足。美国地下核试验设备多，可以经常进行地下核试验，而苏联地下核试验很少，吃了亏，特别是军人们反对。第二条，德国问题，这是对敌投降，东欧各国都怕。第三条，中

〔1〕 指李富春和薄一波到西南三线攀枝花地区考察。

〔2〕 康生列举的赫鲁晓夫的10大罪状是：签订三国禁试条约；德国问题；中苏关系；苏古关系；经互会；农业失败；搞翻了军队，军队不搞常规武器，只搞火箭；乱花钱；随心所欲地决定计划；族阀主义。

苏关系，赫鲁晓夫早已不好混了。第六条，农业失败，不只农业，工业也搞得不好，一切都落后了。第七条，搞翻了军队，裁减军队，把老的元帅都撤换了，铁木辛哥、华西列夫斯基、索科洛夫斯基、科涅夫、朱可夫等等。什么十条，多得很！全盘否定斯大林，压制民主，个人迷信，裙带关系，一人决定，随意决定计划，破坏草田轮作制，等等，多得很！总而言之，混不下去了。当议论到我们最近应该怎么办时，有人提出，第一，写封信给左派党，说明我们对赫鲁晓夫垮台的看法；第二，从正面写文章，阐述我们的立场。关于写文章，毛泽东说：我主张冷一个时期，观察一个时期。我是中间偏左，你们是左派。他们还是修正主义，但他们现在对美国有顾虑，需要中国这个朋友。目前对他们不能逼，逼，逼到那边去了。我们对情况还未弄清楚，要看一看。“冻结”两个月，有什么关系，过去我们写文章，也往往是隔几个月一篇嘛！这样我们的旗帜会倒下来？十月革命节我们写文章，也说好话嘛！毛泽东最后说：一、我赞成给各左派党写封信，二、目前要看一时期。十月革命节，他不请，我们也派副总理去。十月革命还不准庆祝？国内也举行个会，搞得热烈些。

同日 阅中共广东省委十月十八日关于国防工业和三线备战工作向中南局并中央的请示报告。报告说：美帝国主义目前正在积极准备扩大对越南北方发动的侵略战争，广东省加紧进行战备工作是十分必要的。第一，加速地方军事工业的建设；第二，从广州等前沿城市中迁建部分民用工业到三线去；第三，加强国防公路、国防通讯网的建设；第四，做好物资储备和仓库建设；第五，加速后方农业和山区经济的发展；第六，适当加强三线的文教、卫生建设。毛泽东阅后批示：“刘、周、邓、彭、瑞卿各同志：广东省是动起来了，请总理约瑞卿谈一下，或者周、罗和邓、彭一起谈一下，是否可以将此报告转发第一线和第二线各省，叫他们也讨论一下自己的第三线问题，并向中央提出一个合乎他们具体情况的报告。无非是增加一批建设费，全国大约需十五亿左右，分两三年支付，可以解决一个长远的战略性的大问题。现在不为，后悔无及。”十月二十五日，周恩来和罗瑞卿约中央有关部门商谈，提出关于一线、二线省区自身的三线建设部署和工作布置。二十六日，林彪将广东省委这个报告送毛泽东，并附信说：“此报告可否批发全国各省，以使各省的备战工作更加落实。”二十七日，毛泽东批示：“刘、周、邓、彭阅，退林彪同志。只看他给我的短信就够了。真是小说上说过的：‘英雄所见，大抵略同。’”二十九日，周恩来将中央关于加强一、二线的后方建设和备战工作的指示稿报送毛泽东。十一月三日，毛泽东批示：“照发。”指示说：“中央现将广东省委十月十八日报告和主席十月二十二日批语转给你们。中央同意并转发周恩来、罗瑞卿两同志十月二十九日关于一二两线各省、市、区建设自己后方和备战工作的报告，望即抓紧进行。”

10月23日 下午，在人民大会堂一一八厅会见古巴海军代表团，萧向荣、赵启民〔1〕在座。毛泽东说：我们还是不发达国家。我们要互相帮助，互相支援，更好地发展。现在，我国的社会主义革命和社会主义建设比较走上了轨道，我说比较走上轨道，不是指全部，有些东西还要改掉。工作方法，经济上的经营管理，其中有些东西是抄外国的，不符合我们的情况。另外，国内还有些地方，革命还不彻底，要重新进行革命。有许多人不知道什么是社会主义，所以要重新教育。苏联出了一些事情，总之起了变化，我看是往好的方向转。现在看看情况再说，休战几个星期、一个月、两个月、三个月再说。我说的不是对帝国主义休战，对

〔1〕 赵启民，当时任中国人民解放军海军副司令员。

帝国主义，特别是美帝国主义，我们是从来不休战的。这几天苏联报纸也不那么批评我们了，我们主张大家都团结起来，谁想与苏联闹翻？没有人想与苏联闹翻，苏联是好的，党员也是好的，只有少数人不好，其中之一已经下台了。蒋介石不喜欢我们，我们也不喜欢他，可是他在联合国还“代表”六亿中国人民。我跟他很熟，他现有七十七岁了，开头做了一些好事，但后来专做坏事，离开美国就不能活。但他与我们也有一点相同，他也反对两个中国。我们过去把蒋介石的这摊子接下来，文学、艺术、教育家，无论是小学教师、中学教师、大学教授，大部分是从蒋介石那里接收来的，我们离开他们还不行，离开他们就没有人教书。

同日 阅陈伯达送阅的他九月十六日在讨论发展电子工业问题座谈会上的插话摘要。在陈伯达谈到“我们办工业，必须把眼光放到全世界，不能只看到苏联的那一套”处，毛泽东加写：“凡办事，要看得到，抓得起。要有这两种能力。凡办事，首先要看得到。如果连那件事，看都没有看到，当然谈不到抓的问题。有许多人，对于当前已经出现了苗头，甚至大量出现了的事实，缺乏看到的能力（感觉和理解），当然谈不到抓起来做的问题。至于抓得起，是指抓全局，更需要有一种大的能力，普通叫做有魄力。有些人对于某些事，不是没有看到，甚至著书立说，长篇大论，至于做，他就抓不起来了，或者抓了片断面，忘了全面。说到抓，既要抓得起，又要抓得对，又要抓得紧。抓不起，等于不抓。抓不对，就要坏事。抓得不紧，也等于不抓。看也有看得对不对的问题。看得不对，等于不看，或者还要坏。”

10月24日 复信泰国前总理比里·帕侬荣，感谢他对中华人民共和国成立十五周年发来的贺信。复信说：四年前的同一个节日，我曾经在答复你的贺信中说：如你所指出的那样，目前形势十分有利于全世界人民。现在，这种有利于世界人民的形势是越来越明显了。全世界人民一定会把自己的命运掌握在自己的手里。我相信，日益觉醒的泰国人民也会卷入世界反美斗争的浪潮中，美帝国主义终将要从泰国滚出去。

10月27日 下午，在人民大会堂一一八厅主持召开中共中央政治局常委会议，另有主管国际、外交等方面的十余人参加。会议首先讨论赫鲁晓夫下台后的问题，毛泽东说：我们静观已经十天，现在是需要采取行动的时候了。因为苏共公布赫鲁晓夫下台以后，从欧洲方面的反应看，比较重要的兄弟党都表示了态度。我们也应该采取行动，可以考虑主动向苏共提出，我们派代表团去参加他们庆祝十月革命节的活动。我们可以考虑这次派出由周总理当团长的党政代表团去，再加上贺龙同志这位老帅跟总理一起去。这个意见请大家考虑一下，今天先不做决定。在过去的十天里，我们的方针是一肯二看。肯就是肯定、赞赏，这无非是发了一个贺电；主要是看，已经看了十天。现在的方针应是一推二看。看还是要看，不过要做点推动的工作，得推他们往前走。就是要把推放在第一位，争取苏共新领导往好的方面变。但是也不能寄予过分的希望，也不能急于求成。因为积累的问题很多，很可能他们首先还是着重解决他们国内的问题，比如什么农业问题、工业问题，什么党组织制度问题、干部制度问题、作风问题等等。老百姓和苏共党内干部对赫鲁晓夫的不满，首先是不满他把国内问题搞得一团糟。因此苏共新领导可能首先要抓这些国内问题。至于对外政策方面的问题，我们希望他们往好的方面变，也可以为此来做一点工作，但是不要寄予过大的希望，因为过去很多决定也是他们主席团集体做出的。但是变好也不是完全没有可能，我们可以对他们做工作，推着他们往前走，往好的方向发展。从大局看，这样比较有利。会议接着讨论刘少奇十月十八日写给毛泽东等的信。毛泽东说：这几天忙国际问题去了。你提的问题，没有谈谈，我看还是放一放，你看像信阳事件那样，都暴露出来了，一下子就搞彻底了。放一二年，问题都出来了。

同日 阅张爱萍、刘西尧十月二十六日给周恩来、林彪等并报中共中央、中央军委的电报。电报说：据我们这两天在现场观察第一颗原子弹爆炸的效应试验情况，初步认为，地面暴露的有生物，在距爆心一定距离内多数将陆续死亡；在一定距离外，虽不致死亡，但将丧失战斗力。地面暴露配置的各种作战武器，在距爆心一定的距离内，大部分被破坏或在短时间内不能使用；在一定的距离外只要稍加防护（如野战掩体），基本上没有影响。各种工事、掩体，特别是地下工事，对原子爆炸有很好的防护能力。毛泽东批示："只有工事、矮墙、坚房等物，就能防御核爆，不致伤人。"

10月29日 在人民大会堂会见西南非洲（今纳米比亚）妇女代表团，刘少奇、周恩来等在座。毛泽东说：我们都喜欢你们，听说你们都是劳动者，世界上劳动者是大多数，百分之九十几的人都是劳动者。劳动者一定要翻身的，帝国主义会被赶走的。马克思列宁主义就是代表劳动者的。谈到西南非洲人民受压迫的情况时，毛泽东说：在北京找些青年人跟你们会见一下。我们现在的青年人没知识了，没见过帝国主义、地主、资本家，他们是吃蜜糖长大的，所以要请你们当教员，给他们讲讲，告诉他们，不要忘记你们还在受苦。吃蜜糖长大的，我们赶他们下农村，他们不肯去。我的女孩子现在下去了。我告诉我的女孩子，人家不知道你是我的孩子，你不要躲躲闪闪，你就说我说的，读了十几年书，越读越笨了，要向你们学习请教。

同日 下午，在钓鱼台十号楼主持召开中共中央政治局常委会议。毛泽东说：现在看来，我们自己主动派重要代表团去苏联还不够。我跟恩来同志商量，可以考虑建议十二个社会主义国家都派代表团去，参加庆祝十月革命节。为什么要十二个社会主义国家都去呢？因为我们一家去太孤单，而且从这次初步反应来看，过去一贯跟随苏共走的那些东欧社会主义国家都希望苏共维持原来的路线不变，至少多数是这样子的。所以我们可以提出建议，请朝鲜、越南、罗马尼亚考虑去，还要请阿尔巴尼亚考虑去。我们可以一方面向苏联提出这个建议，请他们邀请社会主义国家派代表团去；另一方面，我们可以跟越南、朝鲜、罗马尼亚、阿尔巴尼亚驻中国的大使通气，请他们报告国内，说中国党建议大家一起去莫斯科庆祝十月革命节。刘少奇、周恩来、邓小平都赞成毛泽东的意见。毛泽东让邓小平把会议讨论的意见，告诉没有参加会议的朱德和陈云，让周恩来告诉林彪。毛泽东又提出，由邓小平领头，加上彭真等，去朝鲜向金日成通报中共中央的意见，并征求朝鲜方面的意见。

10月30日 审阅康生、吴冷西十月二十九日报送的准备在《人民日报》发表的观察家评论《铁托[1]集团的又一次自我大暴露》，批示："刘、周、邓、彭、康、吴冷西同志：现在发表这类文章（豺狼倒了骂狐狸）不策略，此稿不能用。"

10月 批示江青、李讷阅读共青团中央办公厅十月十六日编印的《团的情况》上刊载的《一个立志务农的教授女儿和家庭展开的一场激烈斗争》一文。这篇文章介绍了南京师范学院附中一名高中毕业生、共青团员放弃高考，立志务农，最终到江苏盱眙县马坝公社插队的事情。

同月 读任继愈主编、人民出版社一九六四年十月出版的《中国哲学史》。该书第三册第五篇第五章第一节中的一段话说："仅仅从个别与一般有内在联系来看，华严宗总算有一点辩证法

---

〔1〕 铁托，当时任南斯拉夫共产主义者联盟中央总书记、南斯拉夫总统。

观点，但是唯心主义的颠倒的立足点使他们不愿承认个别事物是客观存在的，他们更关心于脱离具体事物的‘联系’（缘），他们夸大了，吹胀了个别与一般的联系，把联系绝对化，甚至抹杀‘个别’的存在。”毛泽东批注：“何其正确。”另一段话说：马克思主义哲学“认为世界的物质性，物质的运动和发展和它的规律都是绝对的、客观存在着的”，“而相对主义，恰恰把‘相对’神秘化、神圣化，把物质世界永恒发展和它的规律完全取消了，物质也成了相对的，事物发展变化的基本原理也说成为相对的”。毛泽东批注：“相对中有绝对，绝对只存在于相对之中，普遍只存在于个别之中，永恒只存在于暂时之中，离开这些来谈什么客观辩证法，前面多次引证列宁的话，岂非自相矛盾。”

11月1日　下午，在人民大会堂一一八厅会见阿富汗国王查希尔，刘少奇、董必武、周恩来在座。毛泽东说：阿富汗是个英雄的国家，历史上你们没有屈服过。我们与你们是友好国家，你们反对帝国主义和殖民主义，同我们是站在一条战线上的。在国内你们努力进行建设，正向着进步方向发展。查希尔说：十五年来，中国人民取得的很大成就是世界上有目共睹的，是没有前例的。毛泽东说：吹嘘得大了，与实际情况不符。我们要学习先进技术。以前西方国家说我们不行，我们就是不相信这一条。论人口，就是亚洲、非洲和拉丁美洲最多，论地区也是最广。只有他们西方行，我就不相信。不过还需要时间，要几十年或者更长一些，但总是可以行的。他们能办到的，我们也可能办到。毛泽东说：现在还有人说中国要打仗，其实我们并不想打世界大战，也不想打局部战争。如果有机会你可以看看我们的军队和民兵，他们是为了保卫自己的，不是为出国打仗。

同日　晚上，毛泽东和江青、刘少奇和王光美、董必武、朱德和康克清、周恩来、彭真、贺龙，同阿富汗国王查希尔和王后、马里总统凯塔和夫人一起观看日本松山芭蕾舞团演出的日本芭蕾舞剧《祇园祭》。

同日 晚上，在中南海菊香书屋主持召开中共中央政治局常委会议，听取周恩来就派党政代表团参加苏联十月革命节一事同各社会主义国家驻中国大使、临时代办通气情况，及邓小平为此事访问朝鲜情况的汇报。毛泽东说：我们现在的方针就是一推二看，这个推也不想有多大作为，也不要期待他很快会有什么大的变化。所以看还是很重要。过去十多天我们是看。要到莫斯科去也是看，同各方面接触，看看有什么动向，了解他们为什么把赫鲁晓夫搞下台，他们以后准备怎么办。但是也不要太认真了。我们这样做，主要是做出一个友好的姿态。

同日 阅建筑工程部副部长宋养初十月二十四日关于有些设计单位开展了群众性的设计工作改革运动给薄一波并李富春的信，批示："彭真同志，请转谷牧同志：要在明年二月开全国设计会议之前，发动所有的设计院，都投入群众性的设计革命运动中去，充分讨论，畅所欲言。以三个月时间，可以得到很大成绩。请谷牧同志立即部署，并进行几次检查、督促，总结经验，是为至盼！"十一月二日上午，谷牧召集工交口、国防口的十九个部的负责人开会，按照毛泽东的指示，进行部署。提出要以主席思想为指导，彻底揭发和清除资产阶级思想的影响，打破苏联框框的束缚，经过这次改革，总结出一套适合我国情况和符合多快好省要求的设计工作办法来。在今后三个月内主要是充分揭发设计思想、设计方法上存在的问题，为开好明年二月的全国设计工作会议做准备。当天，谷牧写会议报告给彭真并报毛泽东。报告中说：我准备每两周对这项工作进行一次检查、督促。日常工作，由宋养初同志负责。八日，毛泽东在谷牧的报告上批示："退彭真同志：请告谷牧，他的这个部署很好。"

11月5日 晨三时，在中南海菊香书屋主持召开中共中央政治局常委会议，再次讨论周恩来、贺龙率中国党政代表团前往苏联访问的方针问题。本日，中国党政代表团离开北京前往莫斯科，参加苏联十月革命四十七周年庆祝活动。

同日 和刘少奇、朱德、周恩来联名致电勃列日涅夫、米高扬〔1〕、柯西金，祝贺十月革命胜利四十七周年。电报说："在伟大的列宁和光荣的布尔什维克党的领导下取得胜利的十月社会主义革命，是人类历史上最伟大的一次革命。它改变了整个世界历史的方向，划分了整个世界历史的时代。""中国人民一向把中国革命看作是十月革命的继续。中国人民真诚地希望，中苏两党、两国和两国伟大的人民，在马克思列宁主义和无产阶级国际主义的基础上，在一九五七年宣言和一九六〇年声明的革命原则的基础上，紧密地团结起来，反对我们的共同敌人，促进我们的共同事业。"

11月6日 审阅刘宁一在首都各界人民庆祝十月革命四十七周年大会上的讲话稿，批示："可用。有一些小的修改。"毛泽东删去了讲话稿中的"我们所处的时代是东风压倒西风的时代"，并批注："这一句，不宜在这个时候讲。"在讲话稿中的"有一种说法，说什么民主党的约翰逊是和平的候选人，共和党的戈德华特是战争的候选人，他们两人实行两种根本不同的政策"之后，毛泽东加写："我们不能同意这种说法。"

同日 审阅《人民日报》纪念十月革命四十七周年社论稿《在伟大的十月革命旗帜下团结起来》，批示："写得好。"在社论稿的两处"社会主义阵营团结"后，毛泽东都加上"和全世界革命人民的团结"。

同日 晚上，观看中国京剧院演出的京剧现代戏《红灯记》，

---

〔1〕 米高扬，当时任苏联共产党中央主席团委员、苏联最高苏维埃主席团主席。

一同观看演出的有刘少奇、邓小平。

11月7日 下午，在中南海颐年堂主持召开中共中央政治局常委会议，讨论勃列日涅夫十一月六日在莫斯科庆祝十月革命四十七周年大会上的报告。毛泽东说：从这个报告的摘要可以看到，苏共领导是虚弱的，是胆怯的。所以对一些重大问题不敢采取鲜明的态度，不敢同赫鲁晓夫划清界限，也不敢公开宣布按原定计划召开国际会议。看来，他们扳倒赫鲁晓夫是由于长期积累的不满，最后仓促做出决定的，并没有清理赫鲁晓夫的一系列错误，更不是因为反对赫鲁晓夫的路线而把他赶下台。苏共领导究竟下一步怎么样做，看来甚至在主席团内部也没有一个有纲领、有步骤、有方法的意见。赫鲁晓夫是拉下马了，那末他们自己当家怎么办呢？还没有一套办法。因此，可不可以作这样的估计，即苏共新领导可能变好，也可能变坏，这两种可能性都存在；稍有改变，但基本路线不变，这种可能性也存在。我们要继续看。

同日 晚上，在苏联政府为庆祝十月革命四十七周年举行的盛大招待会上，苏联国防部部长马利诺夫斯基对周恩来说："我们不要任何毛，不要任何赫鲁晓夫，来妨碍我们的关系。"因当时有美国记者在场，周恩来没有理他走开了，只说了一句："你的话我不懂。"马利诺夫斯基还在那里继续说："我们俄国人搞掉了赫鲁晓夫，你们也要搞掉毛泽东。"这个话，周恩来走开了没有听到。马利诺夫斯基又去对贺龙讲污辱毛泽东的话，贺龙当即指出，你的话完全是错误的，我根本不能同意。周恩来随后向米高扬指出：马利诺夫斯基刚才胡说八道。当晚，周恩来给中共中央发急电，报告事情经过，提出代表团准备向苏共中央正式抗议，请中央尽快指示。十一月八日上午，中共中央政治局常委会议决定复电代表团，同意向苏共中央提出正式抗议，要求他们作出正式答复。当天，勃列日涅夫等回拜中国党政代表团时，周恩来根据中共中央的指示，对马利诺夫斯基昨天侮辱中国人民领袖毛泽东的话提出抗议，要求苏方正式澄清。后来，柯西金代表苏共中央表示道歉。

同日 阅中共湖南省委十一月一日关于在问题严重的大队、生产队由贫协行使权力的请示报告（附湖南省人民委员会、湖南省贫协筹委会关于在三种地区[1]一切权力归贫协的通知草案），批示："送少奇同志阅。此件请你考虑，似应批准。还可考虑发给各地，将他们一军。大多省、区是还没有搞起各级贫协来的。"十一月十二日，中共中央转发了湖南省委的报告（附通知草案），要求各地参照湖南省委意见酌情办理。

11月8日 晚上，和刘少奇、邓小平、彭真在人民大会堂一一八厅会见金日成，就赫鲁晓夫下台的原因，苏共新领导中谁是主要人物，苏共新领导今后的走向等问题交换意见。十六日，双方在一一八厅进行第二次交谈。共同认为，这次社会主义国家派党政代表团去苏联参加十月革命四十七周年庆祝活动是一个好办法。毛泽东说：我们去是为了人民，为了苏联人民，为了全世界人民。现在大张旗鼓地反对苏联新领导是不得人心的，我们要偃旗息鼓，要观察一个时期。

11月9日 应江西省请求，为方志敏[2]烈士题写墓碑：方志敏烈士之墓。

11月10日 晚上，在中南海颐年堂主持召开中共中央政治

---

〔1〕 指地方基层干部躺倒不干以抵抗社会主义教育运动的地区，地方领导权被蜕化变质分子掌握的地区，地方领导权被地富反坏分子或新资产阶级分子篡夺的地区。

〔2〕 方志敏，赣东北革命根据地和中国工农红军第10军的主要创建人。1924年3月加入中国共产党。1935年1月在同国民党军队作战时被捕，同年8月在江西南昌英勇就义。

局常委会议。会上大家认为，从第一次会谈[1]的情况看，苏共领导集团企图表面上承诺所谓团结，来换取我们停止公开论战和肯定十二月会议的合法性。要拒绝讨论召开兄弟党国际会议，声明我们绝不参加苏方下令在十二月召开的筹备会议。毛泽东说：我们没料到赫鲁晓夫这么快就垮台。看来，我们在今年三月间跟罗马尼亚代表团谈判过程中，采取寸步不让、一点也不松口、坚持公开论战的方针是做对了。如果那个时候松一下，即使同意暂停公开论战，就救了赫鲁晓夫。我们一硬，他们内部反对他的人就更多，他垮台就更快了。世界上出现过许多类似的情况，在紧要的关头，就看你坚定不坚定，坚持不坚持。你咬紧牙关坚持一下，就可以取得胜利。对方熬不下去，挺不住了，他就失败了。我自己就经历过许多次这样的情况。关于中苏两党会谈，如果苏方提出，我们完全拒绝也不好，这个问题要斟酌。毛泽东让邓小平拟一个给中国党政代表团的电报，要代表团谈完了就回国，要告诉代表团，我们要明确地表示，这次中苏两党在莫斯科会谈，

---

〔1〕 指以周恩来为团长的中国党政代表团1964年11月9日在克里姆林宫同苏共领导人举行的会谈。在会谈中，周恩来提出希望了解赫鲁晓夫被解除职务的政治原因。勃列日涅夫表示，有关这方面的情况，将在下一次会谈时介绍。在勃列日涅夫等谈了他们对改善中苏两党关系的意见后，周恩来说：我们应该找出为加强中苏两党和全世界兄弟党团结起来共同对敌的愿望的途径。从勃列日涅夫同志和其他同志的讲话中概括起来，你们设想的有3个办法：第一，停止公开争论；第二，筹备和召开兄弟党会议；第三，也不排除其他的途径。勃列日涅夫说，对。周恩来问：第二个问题是不是同赫鲁晓夫坚持召开的12月起草委员会连在一起，如果是连在一起，我们就不好考虑了。米高扬说：我们党过去和现在都是由集体领导的。在同中共的思想分歧问题上，我们中央是一致的，完全没有分歧，甚至没有细微的差别。在会谈快结束时，周恩来强调，我们不能联系到12月起草委员会，我们的回答是要联系就无法考虑问题，还是找新的途径来实现我们的愿望。

不发表任何东西，连新闻也不发表。中共中央给代表团的电报，于十一日晨一时发出。

11月11日、12日 以周恩来为团长的中国党政代表团同苏共领导人先后举行第二次、第三次会谈。在第二次会谈中，周恩来表示：在苏共还是继续执行赫鲁晓夫的路线不变，中苏两党、各兄弟党的原则性分歧基本上没有解决的情况下，谈不到停止公开论战。在第三次会谈中，勃列日涅夫在通报解除赫鲁晓夫领导职务的原因时说：赫鲁晓夫被解除职务的原因是由于他的工作作风和方法问题。周恩来对勃列日涅夫的通报表示不满意。勃列日涅夫还说：苏共的第二十次、二十一次、二十二次代表大会上通过的列宁主义路线，苏共纲领是正确的，是不可破坏的。这个路线，不论在对内政策方面，还是在对外政策方面，对我们来说是毫不动摇的。周恩来最后说：这次我们没有能更广泛地讨论问题，但是我们两党协商的门是开着的。十三日，中国党政代表团从莫斯科启程回国。

11月12日 阅中共中央军委十一月四日关于贯彻军委办公会议第七次扩大会议精神的情况报告。报告说：军委目前的主要工作是：一、抓战备落实。二、抓社会主义教育运动的准备工作。三、抓领导干部的蹲点。四、抓院校的整顿。五、抓明年初整顿机关的准备工作。六、抓军队薪金制度和军衔制度的改革问题。毛泽东阅后批示："少奇、小平、彭真同志：此件可一阅，这是一件大事。请你们注意军事，不要把它忘了。"

11月14日 下午，周恩来、贺龙率领中国党政代表团回到北京，毛泽东和刘少奇、朱德、董必武、邓小平等党政军领导人到首都机场迎接。随后，毛泽东在人民大会堂一一八厅主持召开中共中央政治局常委会议，听取周恩来、贺龙访苏情况汇报。周恩来说：从会谈的过程中来看，他们还没有要根本改变对华方针的想法。这些人根本谈不清楚他们为什么要把赫鲁晓夫搞下台。可以看出，他们跟赫鲁晓夫的分歧并不是什么路线的分歧。可能是对赫鲁晓夫在某一些政策、某一些问题上所采取的方针，特别是对他的作风不满。毛泽东说：我们曾经议论，认为苏共新领导实行的很可能是没有赫鲁晓夫的赫鲁晓夫主义。周恩来说：主席概括得很对，很准确。关于兄弟党国际会议及筹备会议，苏共新领导似乎也没有确定筹备会议硬是要在十二月开，但是要开这个会是肯定的。同时，他们也希望我们停止公开论战。毛泽东说：召开兄弟党国际会议和它的筹备会议要封死，就是反对召开，拒绝参加，坚决抵制，召开了我们还要加以谴责。停止公开论战也要封死。我们不受任何约束，继续公开论战，这个原则绝不让步。当然，我们采取后发制人的方针，他骂了我们之后，我们才反击。我们不为人先，不先骂他。对赫鲁晓夫下台，我们也要准备一篇文章，不是批评苏共新领导，而是讲赫鲁晓夫犯了种种错误。在会议将结束时，毛泽东说：总的来说，我们还是要看。推，我们已走了一步，我们到莫斯科去就是想推动苏共新领导往好的方面变，结果他们竟然要在我们党内搞颠覆活动。但是我们还是要看，要继续观察。我们这次去，在全世界人民面前表示我们希望团结，这样一个姿态是应该的，是做得对的。但这不能靠我们这边单相思，要两方面努力才行。我们努一下力，他们却打官腔，含含糊糊，甚至还挑衅，那是他们的责任，于我无损。代表团此行至少可以使我们了解到，苏共新领导跟赫鲁晓夫之间的分歧并不是路线上的分歧。现在看来，最大的可能性就是他们要实行没有赫鲁晓夫的赫鲁晓夫主义。现在我们还不把话说死，只是说这种可能性最大。毛泽东最后说：赫鲁晓夫的垮台和苏共新领导的趋向，很可能像我国古代词人所形容的那样：“无可奈何花落去，似曾相识燕归来。”

11月17日 在中南海菊香书屋主持召开中共中央政治局常委会议。

11月中旬 阅中共广东省委十一月十三日关于社会主义教育运动给中央和中南局的第一次报告，批示："很值一读或两读。"报告说：这几年农村阶级斗争形势发生了很大的变化，基层组织被篡夺以及干部和平演变的情况，到了异常严重的程度。原来的一些红旗单位，问题都很严重。现在看来，基层组织已经被篡夺和已经和平演变过去的，也就是说领导权不在我们手里的，不是有没有三分之一的问题，更普遍的是大量农村干部正在和平演变之中。在农村集体经济内部，贫富悬殊和阶级分化的现象相当突出，出现了以基层干部为代表的新的富裕农民阶层。

11月18日 审阅《红旗》杂志编辑部文章《赫鲁晓夫是怎样下台的》，并嘱分送各同志，准备一两天内谈一次。十九日夜陈伯达致信毛泽东："根据您的指示，这篇文章，经过少奇、恩来、小平、康生同志和钓鱼台几个同志在一起，读了一遍，作了一些修改。大家都同意作为《红旗》社论发表。现在，把修改的地方写在原来的稿子上，请审阅，指示。"二十日，毛泽东再次审阅这篇文章，批示："照发。"这篇文章作为《红旗》杂志社论在十一月二十一日出版的该刊第二十一、二十二期合刊发表，《人民日报》当天转载。

11月23日 致电祝贺日本共产党第九次代表大会召开。贺电说：日本共产党是富有战斗性的坚强的日本无产阶级先锋队，是日本人民利益的忠实捍卫者，是国际共产主义运动中一支以马克思列宁主义思想武装起来的突击队。日本共产党为亚洲和世界和平作出了巨大的贡献，为保卫马克思列宁主义的纯洁性和发展马克思列宁主义的理论作出了积极的贡献，在加强中日两国人民友谊和团结的事业中作出了卓越的贡献。

11月和12月 应胡乔木请求，修改他写的词《水调歌头·国庆夜记事》、《沁园春·杭州感事》、《菩萨蛮·一九六四年十月十六日原子弹爆炸》等，共十六首。毛泽东在修改《沁园春·杭州感事》一词时，对胡乔木十月二十五日来信后补报的一段话〔1〕，批注："杭州及别处，行近郊原，处处与鬼为邻，几百年犹难扫尽。今日仅仅挖了几堆朽骨，便以为问题解决，太轻敌了，且与事实不合，故不宜加上那个说明。至于庙，连一个也未动。"十二月三十日，毛泽东为胡乔木词十六首的发表问题，写信给《人民日报》总编辑吴冷西："请在新年（一月一日）发表为盼。"同日，还写信给中国作家协会副主席刘白羽，告诉他胡乔木词已送《人民日报》于一月一日发表，《人民文学》可以转载。

11月24日 下午，在中南海颐年堂会见秘鲁共产党（马）中央第一书记帕雷德斯。毛泽东说：马克思主义政党，脱离了群众就不成为马克思主义政党了。非洲和亚洲不单是一个美国问题，除了美帝国主义还有欧洲帝国主义。看来形势发展比我们预料的要快。赫鲁晓夫下台就比我们预料的快。都要准备两手，革命的长期性，另外一手是准备来得快一些。要真学会马克思主义基本观点，就要把马克思主义同你们国家具体情况相结合。做一个共产党员，要跟工农接近，要向工农学习。如我们现在这些人不向

---

〔1〕 这段话是："内'杭州'一首，借指文化革命。但国内至今庙坟尚如此之多，毒害群众，亦觉须加挞伐。令人高兴的是，杭州孤山一带成堆的坟墓，经过广大群众热烈讨论和领导的决定，已经在12月2日分别情况迁移和平毁，西湖风景区内各种反动的、封建的、迷信的、毫无保留价值的建筑和陈设，也正在有计划地清理和改造。词中的一些话（指词中的"土偶欺山，妖骸祸水，西子羞污半面妆"。——编者注）现在对于杭州基本上已经不适用了。杭州一呼，全国响应的日子，想亦不远。"

我国工人、农民学习，那就不行。情况变了，工人、农民有新的要求，我们不知道，我们就会脱离工人、农民。所以我们号召干部，除了体弱有病的极少数人，统统要去跟工人、农民接近。

11月25日 下午，在中南海颐年堂主持召开中共中央政治局常委扩大会议。会议决定在十二月召开中央工作会议，主要讨论农村社会主义教育运动；同时召开第三届全国人大一次会议，主要讨论一九六五年国民经济计划。这次会议还讨论了陈毅出访印度尼西亚、缅甸问题。

11月26日 下午，和刘少奇、周恩来、邓小平、彭真听取李富春、薄一波去西南三线攀枝花地区考察情况的汇报。在李富春谈到西南三线到一九七五年能生产多少吨钢时，毛泽东说：还有十一年，按总理的要求要快。还能不能再快？帝国主义已经二十年没打仗了，帝国主义能不打仗吗？还有搞氢弹、导弹也要快，三年太慢了。当李富春谈到攀枝花钢铁基地的六个布点方案时，毛泽东说：在宜宾布点，又没有煤，又没有铁路，还得修内昆铁路，还要疏浚金沙江，宜宾不要搞了。在邓小平谈到全国铁路的布局要早规划、早决定时，毛泽东说，不要拖拖拉拉，能动手就早动手。现在经验也好总结了，例如，建设首先要搞矿山；不要搞多头领导，大权要独揽到中央，要有协作；还要搞新技术。苏联的框框也要加以分析，也要一分为二。

同日 阅林彪十一月二十一日听取副总参谋长张宗逊关于军队训练工作情况汇报时的讲话纪要，批示："刘、周、邓、彭阅后，退林彪同志。此件已阅，很好。"林彪在讲话中说：毛主席对普及工作的指示很重要，一定要把普及工作搞好。搞社会主义教育运动和训练都重要，都要搞，两方面都要照顾到。各军种、兵种都要搞天天练，各有重点，各有过硬的本领。军事训练的基本方针、原则，军委已经定了，就是要搞近战、夜战，在困难复杂条件下训练，练过硬本领，抓基础等等。南京、北京的军事学院都要以毛主席著作作为教材，要搞通。院校要注意抓政治工作。

同日 阅刘亚楼等关于广州军区空军十一月十五日在广东遂溪地区击落美军无人驾驶高空侦察机的报告，批示："亚楼同志：此件已阅，很好。闻你患病，十分挂念。一定要认真休养，听医生的话，不可疏忽。"

同日 阅王任重十一月十五日在湖北省农村社教工作会议上讲话的节录。王任重提出：农村"四清"要县、区、社、队上下左右一起搞。县、区、社各级机关的运动，我看也和农村一样都叫"四清"，不必再叫什么"五反"，中心内容都是搞"四清"，清政治、清经济、清思想、清组织。机关"四清"的口号可以这样提：依靠革命的积极分子，团结大多数干部，反对"四不清"，反对和平演变，重新组织革命的阶级队伍，重新建立或健全新的领导核心，实现机关的革命化。毛泽东阅后批示："刘、周、邓、彭、富春、一波阅。我看这个意见好。如果你们已经看过这个材料，也可以再看一遍。"

同日 阅中共广东省委第二书记赵紫阳同广东中山县两个老贫农吴才添、陈二妹夫妇的谈话纪要，批示："刘、周、邓、彭阅后，退毛。这两个贫农同志是我们全党的老师。"吴才添说：搞"四清"很好，但是一定要把生产搞好，如果生产搞不好，吃亏的还是我们这些穷人。因此，对干部不要一下子打击得太猛，现在贫农、下中农没有人敢出来当干部，集体生产就没有人领导，社员就像一盘散沙那样，生产就搞不好。你们不要急，慢慢来。你们打击他太猛，他就会顶，社员就感到有威胁（生产搞不好没有饭吃）。明天开群众大会，最好是第一讲生产；第二搞好工分；第三搞好卫生；第四搞好积肥。贪污盗窃、投机倒把不要讲得太深，不要讲具体人，不要讲要斗争。因为社员有顾虑，不知道这次运动要斗争多少人，要捉多少人。等到贫农、下中农发动起来了，有了力量，再逐步讲深一些。陈二妹说：工作队同志找贫农、下中农，成天跟着他，又问这又问那，一口气问他很多问题，使得他害怕了。不要急，急是不行的。

同日 阅反映香港观众赞赏现代芭蕾舞剧《红色娘子军》的一份材料，批示："送刘、周、邓、彭阅。人们要革命。"材料说：中央歌剧舞剧院芭蕾舞团在深圳公演现代芭蕾舞剧《红色娘子军》和古典芭蕾舞剧《天鹅湖》，受到来自香港的七千多观众的热烈赞扬。有些人露宿一夜等待买票，香港工人组织要求包一场《红色娘子军》让工人观看，在观众的强烈要求下，《红色娘子军》增演了两场，每场演出，观众的热烈情绪和场面，在内地也是少有的。《天鹅湖》则比原定演出三场减少了一场。

11月27日 阅中国驻阿联（今埃及）大使陈家康建议在北京举行声援刚果（利）人民反对美帝国主义侵略的群众大会给外交部的电报，批示："即送刘、周、彭、邓：应照陈家康的意见办理。应迅速开五六十万人的大会，在天安门开，我也准备出席。请酌定。"二十八日，发表《关于支持刚果（利）人民反对美国侵略的声明》。二十九日，出席在天安门举行的首都七十多万人反对美国侵略刚果（利）的群众大会。

11月28日 下午，在中南海菊香书屋主持召开中共中央政治局常委会议，讨论二十六日收到的苏共中央的来信。来信说，苏共中央把原定一九六四年十二月十五日召开的二十六国党筹备会议推迟到一九六五年三月一日召开，会议的名称改为"协商会晤"。会议决定：我们仍然坚持过去的一贯立场，坚决反对他们违反协商一致原则召开这样的会议。我们的立场，在八月三十日的复信中已明确阐明了，所以对这次来信不必答复。

11月29日 应《工人日报》编委会请求，为《工人日报》重新题写报名。应内蒙古自治区党委《实践》杂志社请求，为《实践》杂志重新题写刊名。

11月 为淮海战役烈士纪念塔题名：淮海战役烈士纪念塔。为遵义会议会址题名：遵义会议会址。

12月1日 为中国人民解放军《工程兵报》题写报名。

12月2日 阅中国人民解放军总政治部《政治工作简报》第六十五期刊载的一份材料，材料反映部队离职休养干部中担心"三不变"不能落实、希望调整军衔级别等思想问题尚未很好解决，离休干部的住房多数还没有落实。毛泽东批示："刘、周、邓、彭、贺阅，退毛。这个材料值得看一下。"

12月3日 阅中共中央军委十一月二十一日关于整顿院校工作的报告。报告说：长沙政治学校实行面对面的领导，领导干部深入教学第一线，一年有三到六个月参加教学活动，并且以身作则，使学员时时受到好作风的影响。他们依靠群众，大家办校。这是值得所有院校学习的。但是，在全军院校中办得像长沙政治学校这样好的还是少数，多数院校还存在较多的问题，故决定在全军院校中开展一次大规模的整风运动。这次整风运动，由叶剑英主持。毛泽东阅后批示机要秘书徐业夫："电话问叶剑英同志：长沙政治学校有无总结性的材料，如有，请他给我一份。"

12月5日 阅薄一波十一月二十六日转报的谢富治十一月十五日报送的蹲点报告《沈阳冶炼厂资本主义经营管理方法种种》，批示："一波同志：此件是否可以转发中央各部委，各中央局，各省、市、区党委领导同志看看，请酌定。""送朱、贺、罗、陈毅、定一、康生、冷西阅后，退一波。我们的工业究竟有多少在经营管理方面已经资本主义化了，是三分之一、二分之一，或者还更多些，要一个一个地清查改造，才能知道。而要这样做，必须派政治上很强的工作队分期分批去做。谢富治同志这个报告很可一看。”报告说：在该厂揭发的资本主义经营管理方法有八种表现：一、弄虚作假，欺骗国家（计划指标“以多报少，大打埋伏”；技术经济定额“假造公式，以低报高”；产品质量“以劣报优，以次顶好”；清仓核资“谎报亏损”；工程计划“先小后大，骗人上马”）。二、损公利厂，不顾整体。三、损人利己，剥削友邻。四、贱买贵卖，唯利是图。五、买空卖空，投机倒把。六、奖金挂帅，物质刺激（布置任务靠奖金；执行任务靠奖金；刺激情绪靠奖金；政治工作靠奖金）。七、科学实验，为名为利。八、胡花滥用，浪费惊人。在报告说“冶炼厂搞资本主义经营管理和来自上边的影响也不无关系”处，毛泽东批注：“不是不无关系，而是主要根源。”七日，中共中央下发毛泽东的批示和这个报告。

12月8日　下午，在中南海菊香书屋主持召开中共中央政治局常委会议，听取陈毅访问印度尼西亚、缅甸，李先念、伍修权访问阿尔巴尼亚，廖承志、赵毅敏访问意大利的情况汇报。

12月9日　阅刘少奇十二月六日给宋任穷的信，批示：“此件发给各中央局，各省、市、区党委，中央各部委，国家机关各党组，军委总政的同志们阅读。”刘少奇的信中说：送上河南省委十一月三十日关于集中整训工作队，解决县社两级骨干“四不清”问题的报告，请你看看。从中可以看到在我们的一些县社领导干部中和平演变和阶级斗争的大体情况。实际情况可能比报告中所说还要更多更严重一些。这里提出了这样一个问题，就是我们应当怎样估计县社两级骨干的情况，才是比较接近实际的。河南的县社骨干的情况如此，东北各省干部的情况是不是另外一种情况呢？这是值得你们深思的。由于我得到的东北这方面的情况很少，所以我写这封信给你，想引起你们的注意。

12月10日　阅刘少奇十二月九日送阅的陶铸十二月一日关

于在广东花县的一个生产队蹲点情况的报告[1]、十二月六日关于农村社会主义教育运动如何真正做到搞深搞透的一些意见给刘少奇的信[2]。刘少奇提出，陶铸的报告和信“我意可印发不久即将召开的中央工作会议讨论”。毛泽东批示：“可以印发。又，在报告第六页（应为第五页——编者注）上，我批注了几句话，请你看看。”在陶铸报告第五页谈到我们过去对过渡时期阶级斗争的新形势与新特点盲然无知，对阶级斗争中出现的这样严重的情况，竟然视而不见，听而不闻处，毛泽东批注：“不是视而不见，听而不闻，而是各级干部除少数人以外，在这次下去蹲点以前，根本没有下去认真蹲过点，没有作出过马克思主义的阶级分析。他们有些人不出办公室，谈不到视听见闻。有些人下去了，甚至蹲点了，却是蹲在基层干部、富裕中农、富农地主那里。这些人是有视听见闻的，可是只视听见闻了剥削阶级一方面；而对被剥削阶级一方面，即广大的贫下中农，则根本没有什么视听见闻。”

12月11日 晚上，在中南海菊香书屋主持召开中共中央政

〔1〕 陶铸1964年12月1日给毛泽东和中共中央的报告说：我到花县一个生产队蹲点近两个半月，了解到这几年农村阶级斗争形势发生了很大变化，干部和平演变以及基层组织被篡夺的情况，到了异常严重的程度。我所在的生产队已经产生新的两极分化，出现了以7户干部为代表的新的富裕农民阶层，他们同1户上中农、1户富农、4户地主联合起来对贫下中农进行了相当严重的剥削。这样严重的问题，绝非这个生产队与花县所独有，而是在广东全省以至中南其他各省、区都普遍和大量地存在着。

〔2〕 陶铸1964年12月6日给刘少奇的信中提出：一、要组织一支坚强的阶级队伍，建立一个坚强的领导核心。二、农村社教运动的部署，应以公社、大队为重点，全面彻底地调整这两级的干部，特别是领导核心。三、今后省、地、县各级干部每年都要分别到生产队蹲点1至2个月、2至3个月、4个月。四、必须从经济上采取一些有效的措施，帮助在生活上和生产上确实困难的贫下中农。

治局常委会议。

12月12日 审阅李富春报送的国家计委十二月七日《关于编制长期计划的程序问题》的报告。报告说：长期计划考虑包括第三个五年计划和十五年设想。第三个五年计划要具体些，但仍是纲领式的；十五年设想主要是战略布局和总的奋斗目标，包括工农业生产的主要指标和四个现代化可能达到什么程度。我们准备在今冬明春广泛征求地方和中央各有关部门的意见。明年一二月份先搞一些反映专题研究的长期计划简报，向中央报送，以使我们及时得到指示。明年三四月份拟定计划纲要，五六月份提交中央讨论。简报的题目，现在想到的主要有十七个〔1〕。毛泽东阅后批示："富春同志：此件已阅，写的可以，是好的。但有骨头，无血肉，感到枯燥乏味，则是缺点。望你们在今后几个月内，搞出一个有骨有血有皮有毛的东西出来。要有逻辑有论证。否则仍然是形而上学的东西。十几年来，形而上学盛行，唯物辩证法很少人理，现在是改变的时候了。又，十五年计划，此文内未见提及。"十三日，又在彭真十一日送阅的计委这个报告上批

---

〔1〕 17个题目是：（一）财政收入、支出的分配和基本建设的规模问题；（二）基本建设投资的分配问题；（三）三线战略后方的建设问题；（四）一、二线各省、市、自治区及各大区的后方建设问题；（五）现有企业（主要是一线地区的老企业）的技术改造、设备更新、综合利用和迁厂问题；（六）技术革命和各行业的技术政策问题；（七）发展农业问题；（八）轻工业和市场问题；（九）国防工业的建设和各方面协作，以及和战结合问题；（十）冶金工业的建设问题；（十一）煤、电、油和建筑材料的规划问题；（十二）铁路、公路、航运、邮电的建设问题；（十三）机械工业的规划；（十四）外贸和援外问题；（十五）两种劳动制度、两种教育制度的试行和推广，包括劳动、工资、奖励制度的改革，劳动力的规划，教育事业的规划；（十六）国家储备问题；（十七）财政体制和计划体制。

示："已阅。退彭真同志。这个程序问题写得还好。缺点是粗枝大叶，只见几根骨头，没有皮毛血肉。"

同日 阅薄一波十二月十日报送的陈正人十二月四日给他的信和陈正人十一月二十五日关于在洛阳拖拉机厂蹲点的报告，批示："送少奇、薄一波同志酌处。同意转发。"毛泽东对陈正人的信和报告写了一些批注。陈正人信中说："特别值得重视的是：一部分老干部在革命胜利有了政权以后，很容易脱离群众的监督，掌管了一个单位就往往利用自己的当权地位违反党的政策，以至发展到为所欲为。而像我们这些领导人，官僚主义又很严重，对下面这些严重情况又不能及时发现。这就是在夺取了政权之后一个十分严重的危险。"毛泽东批注："我也同意这种意见。官僚主义者阶级与工人阶级和贫下中农是两个尖锐对立的阶级。"在信中谈到拖拉机厂的领导同志每星期劳动两个下午处，毛泽东批注："为什么不可以劳动四个到五个下午呢？剩下还有两个整天和四个到五个上午做别的事。"信中谈到"目前我所注意的问题，主要放在社教运动方面。有关企业管理方面的问题，准备放到后一步来研究"。毛泽东批注："管理也是社教。如果管理人员不到车间、小组搞'三同'，拜老师学一门至几门手艺，那就一辈子会同工人阶级处于尖锐的阶级斗争状态中，最后必然要被工人阶级把他们当作资产阶级打倒。不学会技术，长期当外行，管理也搞不好。以其昏昏，使人昭昭，是不行的。"陈正人的报告谈到这个厂和农机工业部门相当多的一部分干部中，尤其是在不少企业的领导干部中，相当普遍地存在着对于敌情估计不足，对于企业内部存在的严重问题认识不足，特别是对于当前的社会主义革命的必要性认识不足。毛泽东批注："这些人是已经变成或者正在变成吸工人血的资产阶级分子，他们怎么会认识足呢？这些人是斗争对象、革命对象，社教运动绝对不能依靠他们。我们能依靠的，只有那些同工人没有仇恨，而又有革命精神的干部。”一九六五年一月十五日，毛泽东对陈正人的信和报告再次批示：“此件太长，似可不发。”

12月13日 审阅修改周恩来十二月十一日报送的准备向第三届全国人大一次会议作的《政府工作报告》第四稿〔1〕。报告共三个部分：（一）调整国民经济的成就和今后的建设任务。（二）社会主义革命和人民民主统一战线。（三）国际形势和我国对外工作。报告第一部分中说，“事实上，在我们面前，仍然有一个很大的未被认识的领域，还有很多不熟悉的事物”。毛泽东将这句话中的“有一个”改为“有很多个”，“还有很多”改为“还有很多很多”。在这句之后加写：“人类的历史，就是一个不断地从必然王国向自由王国发展的历史。这个历史永远不会完结。在有阶级存在的社会内，阶级斗争不会完结。在无阶级存在的社会内，新与旧、正确与错误之间的斗争永远不会完结。在生产斗争和科学实验范围内，人类总是不断发展的，自然界也总是不断发展的，永远不会停止在一个水平上。因此，人类总得不断地总结经验，有所发现，有所发明，有所创造，有所前进。停止的论点，悲观的论点，无所作为和骄傲自满的论点，都是错误的。其所以是错误，因为这些论点，不符合大约一百万年以来人类社会发展的历史事实，也不符合迄今为止我们所知道的自然界（例如天体史，地球史，生物史，其他各种自然科学史所反映的自然界）的历史事实。”在报告第一部分中谈到实行技术革命，采用新技术处，毛泽

〔1〕 1964年12月15日，在中共中央政治局讨论通过《政府工作报告》稿时，周恩来说：主席意见，把这个稿子在18日发给人大代表手上。写上：各位代表：送上这个文件，请审阅，提出不同意见，以便修改。周恩来还说：主席看了第一稿，第三稿看了一部分，这次是第四稿，主席看得更仔细，已看到52页了，有些修改。后面的部分，主席看了以后还有东西要加。

东加写一段话，其中说："我们不能走世界各国技术发展的老路，跟在别人后面一步一步地爬行。我们必须打破常规，尽量采用先进技术，在一个不太长的历史时期内，把我国建设成为一个社会主义的现代化的强国。我们所说的大跃进，就是这个意思。难道这是做不到的吗？是吹牛皮、放大炮吗？不，是做得到的。既不是吹牛皮，也不是放大炮。只要看我们的历史就可以知道了。我们不是在我们的国家里把貌似强大的帝国主义、封建主义、资本主义从基本上打倒了吗？我们不是从一个一穷二白的基地上经过十五年的努力，在社会主义革命和社会主义建设的各方面，也达到了可观的水平吗？我们不是也爆炸了一颗原子弹吗？过去西方人加给我们的所谓东方病夫的称号，现在不是抛掉了吗？为什么西方资产阶级能够做到的事，东方无产阶级就不能够做到呢？中国大革命家，我们的先辈孙中山先生，在本世纪初期就说过，中国将要出现一个大跃进。他的这种预见，必将在几十年的时间内实现。这是一种必然趋势，是任何反动势力所阻挡不了的。"还将报告中的"我们应当更有信心用比较短的时间，迎头赶上科学技术先进国家的水平"一句中的"比较短"改为"比较不太长"，"迎头赶上"改为"赶上和超过"；并在这一句话后加写："简单地说，我们必须用几十年时间，赶上和超过西方资产阶级用几百年时间才能达到的水平。"在报告第二部分讲到在社会主义教育运动中，"要坚决依靠工人阶级和贫农、下中农"之后，毛泽东加上"革命的干部和革命的知识分子"。二十九日，审阅《政府工作报告》第三次摘要稿，将"我们已经有一批世界第一流的科学家和工程师，有些研究成果已经达到或者接近世界先进水平"一句中的"达到或者接近"改为"可以认为是"。并批示："作了一些修改，即把可能使外国人害怕而又不必要的字句改了一些。"

12月14日 阅张平化十二月六日给刘少奇的信，批示：

“少奇同志：此信很好，似可印发[1]，请你酌定。”张平化信中说：我在湘潭县良湖公社良湖大队蹲点已经三个月。这次蹲点才看到了基层情况的严重，证明了我过去根本不了解基层的情况。良湖大队的情况和省地委负责同志蹲点的六十九个大队的材料说明，在湖南被敌人窃据领导权的基层组织要多于三分之一。我们有个想法：宁愿时间长一些，决不降低标准去赶进度。搞好一社是一社，搞好一县是一县。

12月15日—1965年1月14日 中共中央工作会议在北京举行，毛泽东主持会议。会议的主要任务是，讨论当前的农村社会主义教育运动，通过一个关于农村社会主义教育运动的文件，解决前一阶段运动中出现的一些问题。会议在十二月下旬形成《农村社会主义教育运动中目前提出的一些问题》（中共中央政治局召集的全国工作会议讨论纪要），共十七条，毛泽东于十二月二十七日批示照发，二十八日中共中央以中发［64］811号文件印发。会议即准备结束。在这期间，毛泽东同刘少奇在“四清”问题上发生严重分歧。三十一日，中央办公厅发出关于停发［64］811号中共中央文件的通知。从一九六五年一月上旬开始，中央工作会议继续举行，讨论纪要。毛泽东在政治局常委扩大会议上多次讲话。最后，根据毛泽东的讲话，修改整理出共有二十三条的《农村社会主义教育运动中目前提出的一些问题》（中共中央政治局召集的全国工作会议讨论纪要），通称“二十三条”。一月十四日，中共中央以中发［65］26号文件印发了这个纪要，印发纪要的通知说：“中央过去发出的关于社会主义教育运动的文件，如有同这个文件抵触的，一律以这个文件为准。”

12月15日 下午，在人民大会堂河北厅主持中共中央工作

[1] 指印发1964年12月15日开始的中共中央工作会议。

会议。首先，由周恩来介绍赫鲁晓夫下台及十一月中国党政代表团访苏情况，指出勃列日涅夫执行的是没有赫鲁晓夫的赫鲁晓夫主义，我们应该准备新的斗争。接着，刘少奇就各地社会主义教育运动反映的一些问题，提出请会议讨论。在刘少奇讲话中，毛泽东多次插话。刘少奇说：社会主义教育问题，这一次利用人大开会，召开一个工作会议。本想开个小会，既然你们都到了，那就大家都来。毛泽东插话说：实际上是中央全会，都到了嘛，而且是扩大的。刘少奇说：陶铸提出了一个农村新兴的富裕阶层、特贫阶层的问题。还有些地方提新资产阶级分子，农村里用不用新资产阶级分子这个名字？毛泽东插话说：恐怕农民他不懂得什么叫资本主义，你讲投机倒把，讲贪污盗窃，他懂得。刘少奇说：王任重说要清党，可以不讲清党这个话，恐怕有大批党员要清掉。毛泽东插话说：我是赞成的。我老早讲过，总要搞出几百万。他们不像样子，广大群众反对，这不是共产党员嘛。刘少奇说：有个别地方已经查出黑地来，群众搞了“四清”，就把黑地报出来了。现在的问题有一个征购问题，现在还没有普遍地查清楚黑地，如果对现在个别地方已报出的黑地进行粮食征购，那报出黑地的是肯定要吃亏的。毛泽东插话说：不能去征。要在五年之后，在增产的条件下，酌量加购一点。粮食存在老百姓家里好呀！最后，毛泽东说：每天下午三点半要在这里开一次大会，上午开小组会，或者看文件。有话在这里讲嘛，就在这里冲口而出，畅所欲言。

12月16日 下午，在人民大会堂河北厅主持中共中央工作会议。陶铸、李井泉在会上发言。

12月17日 下午，在人民大会堂河北厅主持中共中央工作会议。宋任穷、刘澜涛在会上发言。刘澜涛说：这次社教，中心问题是夺取领导权的问题。对于我们干部来说，是一次重新整风的问题，对于我们的整个组织来说，是一次大清理。把这次革命搞好，搞彻底，才有可能建设一个好的党。西北地区共有三百二十八个县市和城市的区委，其中，烂掉的，基本烂掉的，有严重问题的县市，共有一百四十九个，占总数的百分之四十五点六，如果把以前夺权的也算上，就占百分之五十。

12月18日 下午，在人民大会堂河北厅主持中共中央工作会议。李雪峰在会上发言，他说：情况愈摸愈严重。山西省八个重点县的县委，已烂掉三个，常委七十二人中有问题的三十八人。县是否同时搞，可以不作规定，把下面搞清楚后再定。

同日 阅刘少奇十二月十二日送阅的江华关于第一次蹲点的报告和中共浙江省委关于整训工作队骨干的情况简报。刘少奇提出这两件可印发中央工作会议，毛泽东批示："照发。"江华的报告说：我于十一月二十日来到上虞县梁湖公社华山大队第五生产队蹲点。进村以来，感受最深的是，农村中新的剥削新的压迫的情况确实是普遍而严重的，很多基层单位已经被坏人篡夺了领导权。从梁湖公社的情况来说，已经不止是三分之一的单位领导权不在我们手里。工作队共同的看法是，这次运动要解决的核心问题是领导权问题。浙江省委的简报说：党内的右倾思想突出地表现在对待干部问题上。许多同志对于党内和干部中的和平演变、两面政权的严重情况，长期认识不清。思想作风上严重地脱离实际、脱离群众。脱离实际，主要是脱离阶级斗争实际。

同日 阅刘少奇十二月十二日送阅的中共山西省委重点县社教总指挥部召开各工作团政委第一次紧急会议纪要。刘少奇提出此件似可印发中央工作会议，毛泽东批示："照办。"纪要说：会议讨论认为：工作队进村以后，要继续贯彻反右倾的精神，目前主要危险之一，仍然是对敌情估计不足。农村的阶级关系发生了显著的两极分化，新生的资产阶级分子和广大贫下中农之间的矛盾是当前农村阶级斗争的主要矛盾。

12月19日 下午，在人民大会堂河北厅主持中共中央工作会议。魏文伯[1]、谭震林在会上发言。在会议结束时，毛泽东宣布，从二十日起，工作会议停开几天，再开时再通知。

同日 阅冶金工业部副部长高扬文十二月八日关于白银有色金属公司阶级斗争带动生产斗争的报告，批示："要把原本上薄一波同志那些批注印上去。我在原本末尾也批了几句话。"毛泽东批注的话是："这个报告写得清简节约，又具体生动，又概括，是一个好报告。有些报告写得太长，结果无人看，或者看一半就丢下了。"高扬文的报告说：在阶级斗争胜利形势带动下，白银公司今年生产斗争的三大任务是生产铜两万吨（国家计划一万六千吨），精简三千人，上缴利润六千万元（国家计划五千三百万元），已经在十二月五日完成。他们把两个革命斗争结合起来的做法和经验是：一、阶级斗争是核心，首先必须把阶级斗争的仗打好。二、一手抓阶级斗争，一手抓生产斗争。三、在生产斗争中也要敢于革命，彻底革命。四、以不断革命精神，组织生产高潮。五、经常用阶级斗争胜利的实例，向广大职工进行活的阶级教育，提高阶级觉悟。六、充分发挥老工人的作用和技术人员的作用。七、在革命运动中，培养三八作风，坚持干部参加劳动。十二月十九日，中共中央批转这个报告。

12月20日 下午，在人民大会堂河北厅主持召开中共中央政治局常委扩大会议，主要讨论农村当前的主要矛盾问题。出席会议的有中共中央政治局常委、部分政治局委员和书记处书记、各中央局第一书记和少数省委第一书记，共三十一人。刘少奇说：陶铸同志提出农村当前的主要矛盾是富裕农民阶层跟广大群众、贫下中农的矛盾。是这样提，还是说原来的地富反坏跟蜕化

---

[1] 魏文伯，当时任中共中央华东局书记处候补书记兼秘书长。

变质的有严重错误的坏干部结合起来跟群众的矛盾？毛泽东说：地富反坏是后台老板，四不清干部是当权派。农村的中心问题是这一批干部，主要是大队和生产队的干部，骑在农民头上，农民不好混，穷得要死。地主、富农那些人已经搞臭过一次了，至于这些当权派从来没有搞臭过，他又是共产党，上面又听他的。就是要发动群众来整我们这个党，整那个支部，整那个公社党委，中心问题是整党，不整党没有希望。不要提阶层，那个东西一提就吓倒人了，只提党，党委，讲分子。干部里面无非是左、中、右。我相信，右的，特别坏的，总是只占一部分；左的也很少；中间派有人讲问题不那么很多，但是沾了一点，坏事也做了一点，要把这一部分人拉过来。划地富的结果，户数不要超过百分之七、八，人数要不超过百分之十左右。我提出这个问题，有点“右”。我就是怕搞得太多了，搞出那么多地主、富农、国民党、反革命、和平演变的，划成百分之十几二十。如果是百分之二十，七亿人口就是一亿四，那恐怕会要发生一个“左”的潮流。树敌太多，最后不利于人民。要把那些几十块钱、一百块钱、一百几十块钱问题的大多数“四不清”干部先解放，我们的群众就多了。但是现在正是有劲的时候，我们现在这一盆冷水下去，我又怕泼冷水。现在不要把这个气候传下去，现在还是反右。至少再搞五个月，一月、二月、三月、四月、五月。你们掌握气候。一不可搞得打击面太宽了，二不可泼冷水，撑那个“四不清”干部的腰。过去那个“四清”，清财务、清仓库、清工分、清账目，那只是经济，变成一清了。我赞成把过去那个“四清”的概念改变，现在就是包含一个思想，一个组织，一个政治，一个经济。退赔，实在拿不出来的，宽大处理算啦。会议讨论主要矛盾如何提法时，陶铸说：我同意城市、农村是“四不清”的干部和广大群众的矛盾的意见。李雪峰说：主要矛盾除严重的“四不清”干部以外，还包括严重的贪污盗窃分子、投机倒把分子。毛泽东说：严重“四不清”干部，投机倒把、贪污盗窃。刘少奇问，主要矛盾就是“四清”与“四不清”的矛盾，行不行？陶铸表示赞成。毛泽东说：不以人的意志为转移。杜甫有一首诗，其中有四句是：“挽弓当挽强，用箭当用长。射人先射马，擒贼先擒王。”〔1〕这四句通俗明了，就是搞那个大的，大的倒了，那些狐狸慢慢清嘛。群众就怕搞不了大的。李葆华问：矛盾的性质是什么？刘少奇说：矛盾的性质就是人民内部矛盾跟敌我矛盾交织在一起。毛泽东说：什么性质？反社会主义就行了，还有什么性质？刘少奇说：总不是社会主义。毛泽东说：是资本主义性质。还加个封建主义、帝国主义？搞个资本主义就差不多了。

同日 同吴冷西谈话。毛泽东说：现在，《人民日报》有看头了。理论上加强了，也有一些有意思的东西。今天二版关于设计讨论的四篇小文章全看了，编者按也写得好。〔2〕大白菜也上了头条〔3〕，很好。要继续努力。《解放军报》、《中国青年报》有些短的、生动活泼的、思想性强的内容，要学习。

12月21日—1965年1月4日 第三届全国人民代表大会第一次会议在北京举行。周恩来在《政府工作报告》中宣布：现在我国调整国民经济的任务已经基本完成，整个国民经济已经全面

---

〔1〕见杜甫《前出塞》九首之六。

〔2〕四篇小文章，指《正确的设计从哪里来？——关于“用革命精神改进设计工作”的讨论》专栏第6期登出的4篇短文：《带着党的政策下现场》、《走出个人主义的小圈子》、《放下“施工指导”的架子，虚心向工人学习》、《不能把工厂看成静止不变的东西》。编者按指《人民日报》的编后，题目是《根本问题在哪里？》。

〔3〕指刊登在1964年12月5日《人民日报》第1版的《卖菜札记》和短评《领导还是被领导？》。

好转，并将进入一个新的发展时期，争取在不太长的历史时期内，把我国建设成为一个具有现代农业、现代工业、现代国防和现代科学技术的社会主义强国。

12月22日　晚上，在中南海菊香书屋同陈伯达、陶铸、王任重、张平化谈话。毛泽东提出社会主义与资本主义之间的矛盾，当前表现为广大人民群众和代表资本主义势力的当权派之间的矛盾。

12月23日　下午，在中南海菊香书屋主持召开中共中央政治局常委会议。

同日　晚上，和刘少奇、周恩来、邓小平、彭真、陈毅会见古巴国家芭蕾舞团团长、政府贸易代表团团长、法律工作者代表团团长等，并观看古巴芭蕾舞团的演出。

12月24日　上午，在人民大会堂河北厅主持召开中共中央政治局常委扩大会议，讨论修改《社会主义教育运动中目前提出的一些问题》未定稿。

同日　下午，在人民大会堂一一八厅会见参加亚非文学交流座谈会的亚非国家的作家，刘少奇、周恩来在座。毛泽东说：我们这个国家有些好东西，也有不好的东西，比如文学、艺术、教育方面，现在刚刚触动它们之中的一些坏东西。旧中国遗留下来的知识分子，他们崇拜西方国家的古典作品，看不起自己，总觉得自己不行。这就是一个教训。历史遗产要接受，但是要批判地接受。客人们提出希望毛泽东能给亚非作家说几句话，毛泽东说：团结起来，击败帝国主义和各国反动派。我的话就是这么一句，没有更多的话。

同日　晚上，审阅陈伯达本日晚十时报送的《社会主义教育运动中目前提出的一些问题》（中共中央政治局常委会讨论纪要未定稿，十二月二十四日，二稿），共十六条，毛泽东阅后于晚十一时批示："照办。"他对第一条中的"在上面的，有中央、省、地、县、区、社的那些反对和不搞社会主义的人"这句话作了修改，删去"和不"两个字。随后，陈伯达将这个文件由十六条增至十七条[1]，报送毛泽东审阅。二十七日，毛泽东在审阅时，将标题下括号内的"中共中央政治局常委会讨论纪要"，改为"中共中央政治局召集的全国工作会议讨论纪要"，所署日期改为"十二月二十七日"，批示"照发"。二十八日，中共中央印发这个纪要，发至县团级以上党委和社会主义教育工作团、队党委。三十一日，中央办公厅发出关于停发纪要的通知，说纪要"中央尚在修改中，请停止下发，并自行销毁"。

12月25日 阅罗瑞卿十二月二十四日送阅的香港《新闻天地》刊载的《核子劫后生机未灭》一文。该文说：就科学家理论上而言，核子爆炸后的地区，因大量辐射尘的浸染，将寸草不生，动物灭绝。最近美国科学家一行，回到六年来被封锁的美国原子弹试验"靶场"——西太平洋的比基尼岛和恩利威吐克环礁时，却见杂花生树，好鸟飞鸣，鼠跳鱼跃，海藻漂浮，而莫不惊叹大自然在劫后复苏的伟大活力了。毛泽东批示："已阅。退罗瑞卿同志。"并指示罗瑞卿，此文可作为参考资料印发参加中央工作会议的同志和全国人大代表看看。

12月26日 下午，在人民大会堂一一八厅会见阿尔及利亚

---

〔1〕十六条是：一、运动性质；二、统一提法；三、工作方法；四、抓全面；五、时间；六、宣布对隐瞒土地的政策；七、财贸部门的工作要同四清运动配合；八、工作队的成员；九、集团问题；十、给出路；十一、四清要落在建设上面；十二、生产队规模；十三、基层干部任期；十四、监督问题；十五、四大民主；十六、工作态度。陈伯达增加的第十七条是："上述各条，原则上也适用于城市的四清运动。"

民兵代表团，罗瑞卿、彭绍辉[1]等在座。毛泽东说：非洲经常被人瞧不起，亚洲也一样，中国人被称为“东亚病夫”。过去中国的知识分子崇拜外国，叫做亲美、崇美、恐美。现在，我们通过进行政治思想教育，使亲美变成了轻美，崇美变成了反美，恐美变成了把美国当成了纸老虎。你们要吸取中国的教训。要记住这一条，太平洋不太平。你们是地中海国家，你们那里有个第六舰队，我们这里有个第七舰队。美国人整我们，也整你们。

同日　毛泽东生日。晚上，在人民大会堂一一八厅邀请中央领导人、各大区主要负责人及少数部委负责人、劳动模范、科学家和身边工作人员聚会，共进晚餐。毛泽东说：今天不是请客，更不是祝寿，有工人，有农民，我拿自己的稿费请大家吃顿饭，也算是实行“四同”吧！我没有叫我的子女们来，因为他们对革命没有做什么工作。毛泽东说：不能光吃饭，还要讲讲话呀！有些人一摸到一点东西就翘尾巴，这不好。摸到一点不要翘，摸到两点三点也不要翘。现在社会主义教育运动刚开始，有人翘了尾巴怎么样呢？我没有蹲点，没有发言权也要说，错了，大家批评。毛泽东批评社教运动中的一些认识和提法，说什么“四清”“四不清”，党内外矛盾交叉，这是非马克思主义的；指责中央有的机关搞独立王国；还谈到党内产生修正主义的危险。

12月27日　下午，在人民大会堂河北厅主持中共中央工作会议，讨论会议纪要。朱德、陈伯达、董必武、陆定一先后发言。陈伯达发言说：这个文件是常委会的讨论意见，主要是记录了主席的意见，吸收了大家讨论的意见。为了突出表达主席的思想，具体部署没有写上。根据主席的指示，将矛盾的性质加以说明。主要矛盾是什么？主席把大家意见加以总结，说“四清”是

---

[1]　彭绍辉，当时任中国人民解放军副总参谋长。

社会主义和资本主义的矛盾。会上有同志提出只写主要矛盾好不好？主席指出还是写上几种，便于比较。当陈伯达谈到国民党也说有党内外矛盾的交叉时，毛泽东插话说，我们这个党至少有两派，一个社会主义派，一个资本主义派。董必武发言谈到文件规定县以上干部定期调换好，过去封建王朝三年一轮换时，毛泽东插话说：现在十五年了，成了独立王国。北京，我说的不是北京市委，就有两个独立王国，你们去猜，我不讲了。

同日 同李井泉谈话，就主要矛盾和矛盾的性质问题听取他的意见。并对李井泉不善于听取同志意见，致使有些同志对他有意见不敢讲，怕他，而使西南局工作相对较弱的情况，提出批评。

12月28日 下午，在人民大会堂河北厅主持中共中央工作会议，讨论会议纪要。在罗瑞卿、陈毅、谢富治发言后，毛泽东说：这个文件行不行？第一条，性质问题。这么规定可不可以？有三种提法，还是前两种提法较好，还是第三种提法较好？我们常委会谈过，也跟几位地方的同志谈过，恐怕还是以第三种提法较好。因为我们这个运动的名称就叫做社会主义教育运动，不是叫做什么“四清”“四不清”教育运动，不是什么党内外矛盾交叉或者敌我矛盾和人民内部矛盾交叉的教育运动。我们常委会觉得，大区同志也觉得，大家都觉得，第三种提法比较妥当，即社会主义和资本主义的矛盾是主要的矛盾，概括了问题的性质。重点是整党内那些走资本主义道路的当权派。此外，就是第十六条工作态度问题。就是要讲点民主，天天是讲民主，天天不讲民主。有那么一些同志，叫别人讲民主，自己就不讲民主。好话要听，这不成问题，好话是爱听的，问题就是坏话。正确的话同错误的话，两者都要听。讲错了，你也得听下去，要让人把自己的话说完。工作态度，不要使人怕。凡使人怕的，他大概是道理比较少一点。我只讲这两个问题，一个是头一条性质问题，一个是第十六条工作态度问题。在会议快结束时，毛泽东说：我是没有话了。如果要还讲几句，就是请你们回去找《党章》看一下，《宪法》第三章也看一下，那是讲民主自由的。有一本书，叫《中国共产党第八次全国代表大会文件》，第一百页到一百零四页，你们去看一看。不要犯法呀，自己通过的，又不遵守。又有一本书，叫《中华人民共和国宪法》，第三章第八十五条讲到“中华人民共和国公民在法律上一律平等”，然后第八十七条讲到“中华人民共和国公民有言论、出版、集会、结社、游行、示威的自由”。比如我们这些人算不算中华人民共和国的公民？如果算的话，那末有没有言论自由？准不准许人家讲几句话？有没有出版自由？现在文化部它就只许那些人有出版自由。这个出版机关，我看得整顿一下，许多抓在坏人手里。集会自由，比如我们现在这个河北厅不是在这里集合吗？这叫集会吧！不算呀？还有结社。现在我们要结社，就是要把那些“四不清”太严重的人弄出去，要结一个共产党。要把支部整顿好，把基层党委整顿好，把各级党委也整顿好。这叫结社。游行、示威，早几天我们不是在天安门搞过游行示威吗？那是反对美帝国主义侵略刚果。我是历来赞成对于我们官僚主义者举行示威的。〔1〕

12月29日 写信给田家英：“近读《五代史》后唐庄宗传三垂冈战役，记起了年轻时曾读过一首咏史诗，忘记了是何代何人所作。请你一查，告我为盼！”毛泽东根据自己的记忆，笔录

〔1〕 毛泽东在会前要来《中国共产党第八次全国代表大会文件》（内有《中国共产党章程》）和《中华人民共和国宪法》带到会场，发言时当众读了党章和宪法中的有关条文。

了《三垂冈》[1] 诗如下："英雄立马起沙陀，奈此朱梁跋扈何。只手难扶唐社稷，连城犹拥晋山河。风云帐下奇儿在，鼓角灯前老泪多。萧瑟三垂冈下路，至今人唱百年歌。"

12月31日 阅陈伯达十二月三十日报送的他同余秋里[2]关于工业设计问题谈话的记录，批示："印发给中央政治局、国务院副总理各同志看看。形而上学在我们党内盛行，辩证法抛到九霄云外，连一些大老爷也在所不免。现在应该是想一想这个问题的时候了。"

同日 晚上，和刘少奇、周恩来、朱德、邓小平等党和国家领导人在人民大会堂出席拥军优属、拥政爱民新年联欢晚会。

---

〔1〕《三垂冈》诗为清代诗人严遂成所作。毛泽东默写的"犹拥"和"冈下"，严遂成的原诗为"且拥"和"冈畔"。

〔2〕余秋里，当时任国家计划委员会第一副主任兼秘书长、石油工业部部长。

1965年　七十二岁

1月3日　晨，审阅周恩来一月二日报送的贺龙将在第三届全国人大一次会议上的发言稿《毛泽东同志的人民战争的伟大思想永远是我国国防建设的指针》。发言稿说：我们的国防是建立在毛泽东同志人民战争思想的基础上的。在毛泽东同志制定的军事路线指引下，我们一定能够打败任何敌人的进攻。英国元帅蒙哥马利说过，战争的"禁律"之一，就是不能进攻中国。谁要进攻中国，就一定要大倒其霉。

同日　下午，出席第三届全国人大一次会议。会议选举刘少奇为中华人民共和国主席，宋庆龄、董必武为副主席；选举朱德为全国人大常委会委员长，彭真、刘伯承等十八人为副委员长；决定任命周恩来为国务院总理。

同日　晚上，在人民大会堂河北厅主持召开中共中央政治局常委扩大会议。毛泽东继续就社会主义教育运动问题讲话，他说：有同志提出打歼灭战，怎么打？集中了一万五千人，搞一个小县（河北新城），二十八万人口，搞了几个月还搞不开。学习文件四十天，不进村，我看是搞了烦琐哲学。我不赞成这种学习，到农村去可以学嘛。听说还有好多怕，怕扎错根子，怕住错人家，怕干部捣鬼。怕这个，怕那个，那怎么行？一个新城县，下去一万五千人，还说人少了，我看是人多了。搞人海战术不行。你只依靠工作队，为什么不依靠那个县的二十几万人？什么扎根串连，冷冷清清。总而言之，我们从前革命不是这样革的。

我看，一进村就宣布几条，开门见山。对社员宣布，我们不是来整你们的，我们是整党、整干部队伍。对干部也要宣布来意。干部贪污几十块的，百把块的，两百块的，只要自己讲出来，能退就退，不能退，群众批准，拉倒！其他贪污盗窃，投机倒把，大的，怎么办？坦白退赔的，不戴帽子，千把块的也可以赦免，表现好的，群众同意的，还可以当干部。扎根串连，冷冷清清，这个空气太浓厚了。不依靠群众，几个月群众起不来，搞不开。我看方法要改。真正的领导人要在斗争中才能看出来，你在访贫问苦中看得出来？我不相信。在斗争中群众会选出自己的领袖来。面上，有灾的救灾，无灾的清工分。要注意分配，抓冬季生产，“四清”放在后面。有不清者清之，无不清者不清，没有虱子就不要硬找。运动的方法，一是不要读文件，二是不要人多，三是不要那样扎根串连。一去就开会，有事就开，无事就散。开会不要长，有话则长，无话则短。要让群众去搞。不相信群众，只相信工作队，不好。革贪污盗窃、投机倒把分子的命，要搞大的。反革命分子也要整那些最坏的最厉害的。干部有的不要撤职，而是调职，还可以到别处革命去嘛！总而言之，第一依靠群众，不能依靠我们这些工作队。当刘少奇说“四清”运动的结果就是贫下中农占优势和建立一个好的领导核心时，毛泽东说：这就行了。工厂里也是可靠的工人占了优势，就行了。

1月4日 下午，和刘少奇、宋庆龄、董必武、朱德、周恩来、邓小平等出席第三届全国人大一次会议闭幕会议。会议通过《关于政府工作报告、一九六五年国民经济计划主要指标和一九六五年国家预算初步安排的决议》。决议提出：一九六五年的主要任务是，更加深入地开展社会主义教育运动，开展比、学、赶、帮和增产节约的群众运动，大力组织工农业生产的新发展，完成和超额完成一九六五年国民经济计划。会议通过国务院副总理、国防委员会副主席等人选。会议号召：全国人民在中国共产党和毛泽东主席的领导下，继续发扬奋发图强、自力更生的英雄气概，为争取在不太长的历史时期内，把我国建设成为一个具有现代农业、现代工业、现代国防和现代科学技术的伟大强盛的社会主义国家而奋斗。

1月5日 下午，在人民大会堂河北厅继续主持中共中央政治局常委扩大会议。毛泽东说："十七条"怎么办？一个办法是在这里修改；一个办法是你们回去讲，做了以后再改。现在文件太多，太长，实在不得了。第二个十条[1]太长，再改时，要砍掉一半，留下要点，简明扼要。我听说有六怕，一怕扎错根、二怕沾干部等，所有的怕，都是怕右倾来的，怕右倾成为一种框框。还是江苏那句话，有啥反啥，有多少反多少，有右反右，有"左"反"左"。现在的问题是工作队人数很多，按兵不动，人海战术。有些人好像马克思主义都是对别人的，对自己一点马克思主义也没有了，完全否定一切。在人代大会上讲得一片光明，在工作会议上讲得一片黑暗，对不起头来，干部贪污几十元、百把元、几百元的还是多数，千元以上的不多嘛！有百分之七八十是好的，是可以争取的。王光美去的那个大队，我数来数去，上千元的只有四人。生产队长、支部书记，恐怕还是本地人好。公社以上干部回避本籍。地、县、社三级，不管好的、坏的，都来个调动。这对干部也是一个考验。我主张公社、县以上干部有些不干净的，可以到别地革命。时间问题，全国六七年搞完不要改了，可以提早。这句话写上去是为了防止急躁。事实上，一个单位只有几个

〔1〕 指1964年9月中共中央下发的《关于农村社会主义教育运动中一些具体政策的规定（修正草案）》。这个修正草案是1964年八九月间由刘少奇主持对规定草案修改补充形成的。

月就行了。你还是教育嘛！搞运动首先是依靠群众，再就是依靠放了包袱的大多数干部，第三才是依靠工作队，工作队也要依靠前两者。主要矛盾问题，七届二中全会指出，国内主要矛盾是资产阶级同无产阶级、资本主义同社会主义的矛盾。那个时候还没有修正主义。八大一次会议、二次会议都是这样说的[1]，杭州会议制定“十条”，一直都是搞社会主义，整个运动是搞社会主义教育。怎么来了个“四清”与“四不清”的矛盾，敌我矛盾与人民内部矛盾的交叉？什么内外交叉？哪有那么多交叉？这是一种形式，性质是反社会主义，重点是整党内走资本主义道路的当权派。

1月6日 中央工作会议继续举行，主要是分组讨论、修改《农村社会主义教育运动中目前提出的一些问题》（“十七条”）。

1月7日 听取薄一波汇报计划在今年二月召开全国工业交通工作会议、全国工业交通政治工作会议的准备情况。在薄一波谈到目前企业人多，今年要减一百五十万人，而且要有几种处理方法时，毛泽东说：减人措施很好，减下的人以不回农村为好，农村的劳动力现在也多嘛。我们还要办新的企业，而且减下来的人，多是技术工人，再回农村也不好。在薄一波说到调整任务实际上已经完成了，以后是不是不要再戴这个调整帽子了，这样步子可以放快一些时，毛泽东说：调整任务基本完成，就是说今后的任务基本上不再是调整了。不能简单地从数量上看，过去数字有浮夸，只吹数量是不对的。在薄一波说到三线工作计划制订了谁来抓？六二年到六三年上了八九万人，上去了不知道干什么又下来了，找不到负责的人时，

---

〔1〕关于国内主要矛盾，中共八大一次会议关于政治报告的决议中的表述为：“我们国内的主要矛盾，已经是人民对于建立先进的工业国的要求同落后的农业国的现实之间的矛盾，已经是人民对于经济文化迅速发展的需要同当前经济文化不能满足人民需要的状况之间的矛盾。”

毛泽东说：糊里糊涂上去，糊里糊涂下来。十五年来三条铁路[1]一事无成。找不到负责人，这大概是一股空气吹来的。成立经委、建委是我提议的。去年我说过，吕正操报告讲到的通电问题，该谁办？同意了，你就办，要统就统，不能又搞独立王国又统不起来，又自以为是又办不了。在薄一波谈到要狠抓技术革命时，毛泽东详细询问各地各部门工业技术发展情况，问到机械、冶金、化工、邮电，也问到北京、天津、上海、沈阳、旅大[2]。对薄一波提出的技术革命要有个长期计划，打歼灭战，每个部、每个地方都要搞几条，抓起来就一抓到底的做法，毛泽东表示同意。在薄一波谈到要反对资本主义经营管理作风时，毛泽东说：董老[3]那一天提"三载考绩，三考黜陟幽明"。这是尚书上的一句话，其实是汉朝人写的。干部任期长了不好，省、地、县三级应包括在内，中央的部也一样。在一个部、一个地方、一个企业搞得太久了，容易把它看成自己的，听不见反面的话了。

1月9日 下午，在人民大会堂一一八厅会见斯诺[4]，乔冠华、龚澎在座。毛泽东就斯诺提出的核战争、中美关系、恢复中国在联合国的席位、中国国内问题等谈了意见。关于原子弹是纸老虎的问题，毛泽东说：我不过讲讲而已，真打起来会死人的。但是最后它是要被消灭的，那时就变成纸老虎了。关于是否说过如果发生核战争，其他一些国家的人全部消灭，中国还留下几亿人口的话，毛泽东说：我记不起来了，可能我说过。我记得说的是，我们是不要打仗的，我们没有原子弹，如果别的国家要打，

〔1〕 指湘黔、滇黔、川黔铁路。

〔2〕 旅大，今辽宁大连。

〔3〕 指董必武。

〔4〕 斯诺，即埃德加·斯诺，美国进步作家和记者。

全世界可能遭殃。遭殃无非是要死人，死多少，谁也不知道，总要死一些。我不只是说中国。我就不相信原子弹能把全人类毁灭，什么都毁灭了，找不到任何政府谈和了。这是同尼赫鲁在北京的一次谈话里谈到的。他说他是印度原子能委员会主任，知道原子武器的厉害，说如果发生核战争，任何东西都可以毁灭，那时将找不到任何政府谈和了。我说可能不是如他所说，核战争后会找不到任何政府谈和，这个政府倒下去了，那个政府又会起来，总会有人起来的。我没有说过全世界都会毁灭。美国人说什么原子弹毁灭性严重，赫鲁晓夫也说得很神气，他们都超过我，我比他们落后了。根本不要打核战争，要打就用常规武器打。当斯诺问能不能说中国不想进入联合国？毛泽东说：不能。现在我们还不想进去，美国也不愿意我们进去。美国不让中国进入联合国，提出要三分之二多数票通过才能进入。在谈到中美关系的改善有没有希望时，毛泽东说：我看有希望，不过需要时间。中美两国是会接近起来的。关于南越的发展前途，毛泽东说：恐怕两种可能性都要讲。美国军队撤出前可以谈判，美国军队撤出以后也可以谈判；或者根本不谈判，南越把美军赶走。甚至谈判了美军还不走，像在朝鲜那样。谈到中国的计划生育问题时，毛泽东说：我对中国计划生育的进程不满意，这项工作在农村还没有推广。最好能制造一种简便的口服避孕药品。当斯诺说他相信毛泽东著作的影响将远远超过我们这一代和下一代时，毛泽东说：我不能驳你，也不可能赞成。这要看后人，几十年后怎么看了。现在我的这些东西，还有马克思、恩格斯、列宁的，在一千年以后看来可能是可笑了。在谈到俄国有人说中国有个人迷信时，毛泽东说：恐怕有一点。据说斯大林是有的，赫鲁晓夫一点也没有，中国人是有的，这也有点道理。赫鲁晓夫倒台了，大概就是因为他没有个人迷信。斯诺说：不久前他在日内瓦参加了一次“北京问题专家”的会，会上辩论的一个问题是，《矛盾论》是不是对马列主义作出了新的贡献？是不是真的在一九三七年写的？毛泽东说：是一九三七年写的。当时大家都走了，去打日本了。那时抗日军政大学要我去讲一讲哲学，我没有办法，花了几个星期，搜集了些材料，主要是总结中国的经验。每天晚上写，白天睡觉。讲课只讲了两个钟头。我讲课的时候，不准他们看书，也不准他们做笔记，我把讲义的大意讲了一下。斯诺问《矛盾论》是讲演的一部分吗？毛泽东说：就是。其实，《矛盾论》不如《实践论》那篇文章好。《实践论》是讲认识过程，说明人的认识是从什么地方来的，又向什么地方去。斯诺问这两篇文章是同时写的吧？毛泽东说：先后不久。不是一九三八年写的，三八年忙起来了，是一九三七年。

1月11日　下午，同周恩来谈话。

同日　晚上，邀程潜、章士钊、周世钊、王季范到中南海菊香书屋便餐小叙。谈到彭庆〔1〕一生以教书为业，现退职，生活困难时，毛泽东说：这个问题恐怕要我来出面解决，我有稿费。

同日　阅田家英一月十日报送的中央工作会议华东组一月八日讨论第二个十条〔2〕的书面意见。总的意见是大都倾向第二个十条可以不要，因有的同“前十条”重复，有的有矛盾，只要修改、充实“十七条”就行了。具体意见有：蹲点要坚持，方法要改，要写得活一些。不能否定蹲点，也不能否定过去调查研究的方法。团结百分之九十五的群众和干部要结合起来写，不能机械地分先后。第二个十条的精神是先整干部，后整社员，是否改为在这次社教运动中，要对群众进行正面教育，不整社员，不搞斗争，也不搞退赔，

〔1〕　彭庆，毛泽东在湖南省立第一师范学校的校友。

〔2〕　这里的“第二个十条”和本条下文中的“第二个十条”，指《中共中央关于农村社会主义教育运动中一些具体政策的规定（修正草案）》。

社员自己的问题，由他们自己开会去解决。关于党组织和贫协的关系，要明确两点，一是贫协要受党的领导，一是贫协可以监督党组织和党的干部。第二个十条有一段讲右的偏向是当前的主要危险，现在不一定是这样了。应该是从头到尾实事求是，有右反右，有“左”反“左”，有多少反多少。关于怎样对待基层组织问题，一致意见认为，一开始就应区别对待，文件中的提法还是采取一律不信任的态度。不能说对所有干部都要在“四清”结束后才能团结。毛泽东阅后向刘少奇推荐：“此件可以看一下。”

1月12日 阅徐寅生一九六四年九月二十八日在中国乒乓球女队的讲话纪要〔1〕和贺龙十月十日对徐寅生讲话纪要的批语〔2〕，批示：“徐寅生同志的讲话和贺龙同志的批语，印发中央工作会议同志们一阅。并请你们回去后，再加印发，以广宣传。同志

---

〔1〕 徐寅生，当时是中国男子乒乓球队运动员。1963年在第27届世界乒乓球锦标赛上，和队友一起为中国赢得男子团体世界冠军。他讲话的主要意思是：一、要懂得为谁打球的道理，要有责任心。平时抓紧训练，练出一套有效的技术，加上思想要过硬，就能比较顺利地获胜。比赛时，多想有利条件，少想不利条件；多从国家利益考虑，少想个人得失。二、要有雄心壮志。中国人可以打好球，也能打好球。要为国家荣誉去“搏”，万一输了一场也要顶得住。三、要树立信心。信心的基础是打外国人，明确这一目标，带着“敌情”观念练好技术，带着为祖国争取荣誉的心去打球。

〔2〕 贺龙的批语说：徐寅生讲话中有几个问题我认为提得很好。首先是为谁打球的问题，要把祖国的荣誉放在第一位；其次是怎样在战略上藐视“敌人”，从战术上重视“敌人”，灭“敌人”的志气，长自己的威风；第三，运动员也要像解放军那样，思想上经常有杆枪，时时事事联系到怎样打好球，临场要抛开个人的得失。总之，要胸怀雄心壮志，平时刻苦练球，比赛敢打敢拼。他还提到一个极为重要的问题，就是平时练球要和比赛特别是国际比赛的实际情况相结合，要从难、从严、从实战需要出发，要敢于破旧创新，不搞形式主义、教条主义，等等。

们，这是小将们向我们这一大批老将挑战了，难道我们不应该向他们学习一点什么东西吗？讲话全文充满了辩证唯物论，处处反对唯心主义和任何一种形而上学。多年以来，没有看到过这样好的作品。他讲的是打球。我们要从他那里学习的是理论、政治、经济、文化、军事。如果我们不向小将们学习，我们就要完蛋了。”

同日 致信周世钊：“寄上三千元，请你酌处。他们两人或者不要送得太多，或者要送此数。如果不要送得太多，剩下来的即存你处，有人要，由你酌送。”

1月13日 阅马建猷〔1〕一月三日来信。信中说：我将深藏心里已五年的隐忧疑问，大胆向您反映。一件事是：一九五八年夏湖北等省放出了水稻亩产数千斤的高产，四川省组织参观团取经，我在参观中看出这些高产是浮夸虚报，仿学必然造成生产上的巨大损失，于是向参观团的领导提出，但当即遭到批判。参观后给省委写报告也不准讲真实情况。回省后，我用私人信函给有关领导反映了真实情况。后来，泸州专署的一位副专员建议我给毛主席写信，反映情况，信未写就遭到追查，问这位副专员要我向毛主席反映什么事。我对此一直想不通，难道不准一个革命干部向主席反映情况吗？难道向主席反映情况的内容还有什么限制吗？另一件事是：一九五九年三月，我下放泸县石洞公社，四月初看到一封主席写给生产队长的信。当时我迫不及待把这封信向社员宣读了，社员们无不欢天喜地。接着，我又回本单位向职工读了。没想到，不几天，听说主席这封信不往生产队发了，许多生产队根本不知主席写过这封信。我单位支部书记批评我，说我向社员和职工宣读主席的信是歪曲主席写这封信的意图。把主席的信收起来不宣传的事，在四川不是个

〔1〕 马建猷，农业科学家。当时任全国人大代表、四川省农业科学院水稻研究所所长。

别县、个别单位，干部对此很不满，但又不敢说。这里面究竟是什么原因？值得主席注意了解。毛泽东批示：“印发工作会议同志们。这位人民代表的信写得很好。他提出的批评是正确的。今后千万不要做那些危害人民利益的蠢事。”

1月14日 《农村社会主义教育运动中目前提出的一些问题》（通称“二十三条”）最后定稿。当天下午，毛泽东在人民大会堂福建厅主持中共中央工作会议并讲话。他说：文件定了，那就无事了嘛，会就可以散了。开了一个月，反复了一次。我放了一些炮，现在问题也解决了。现在的社教运动，是从八届十中全会开始，一九六三年五月搞了十条。为什么只隔了三个月，九月北京开会又搞出一个十条？只有三个月，有那么多经验？第二个十条〔1〕条文繁了，有些内容，就是文件太长太繁。前冬去春经验比较多些。特别是少奇同志去年夏天那篇讲话〔2〕，使得中央、各省都下去蹲点。我说根本上好，不然不去，就是不那么全面。这次又来总结经验，是因为前年下半年，去年一整年，特别是有一百一十万工作队下去。过去历来行之有效的开大会向群众讲明来意也不搞了。群众对我们有很多批评。看来这个文件比较好一些，但是还要实践证明。同时，我又怕少奇同志讲的话不灵了，又不去蹲点了。再就是不要搞大轰大嗡。开会讲要点，不要那么烦琐。根子就在运动中看出来。这个文件里扎根串连没有了。马克思说从来的哲学家是各式各样地说明世界，但是重要的乃在于改造世界。我抓住了这句话，讲了两个认识过程，改造过程。单

〔1〕 指《中共中央关于农村社会主义教育运动中一些具体政策的规定（草案）》。

〔2〕 指刘少奇1964年8月1日在中共中央召集的在京党政军机关和群众团体主要负责干部参加的大会上作的关于社会主义教育运动和两种劳动制度、两种教育制度问题的报告。

讲自由是必然的认识就自由了？没有实践证明嘛，必须在实践中证明。毛泽东说：搞社会主义，党的思想准备不够，我们自己也不懂，广大干部自己不懂，怎么能教人家懂。林乎加希望我做报告，像延安整风一样，我说不行，我没有经验。

同日 中共中央发出关于印发《农村社会主义教育运动中目前提出的一些问题》的通知。通知指出："中央政治局召集全国工作会议，讨论了农村社会主义教育运动中目前提出的一些问题，并写出了讨论纪要。现在把这个文件发给你们。中央过去发出的关于社会主义教育运动的文件，如有同这个文件抵触的，一律以这个文件为准。这个文件发至县、团以上党委和工作团、队党委。"

1月15日 阅中共中央军委一月十二日关于贯彻执行林彪对当前部队工作的指示的通知，批示："林彪同志：此件〔1〕早已看过，完全同意，照此执行。执行中逐步总结经验，大约一年总结一次，至多两次也就够了。这是就军说的。中、下级单位，则要一年总结多次。"

同日 中共中央书记处会议讨论编辑出版《毛泽东选集》第五卷等事项。

1月17日 阅薄一波送阅的《对外经援动态》刊载的《援外设

---

〔1〕 指林彪1964年12月29日就当前部队工作对中国人民解放军总政治部副主任刘志坚和《解放军报》副总编辑唐平铸作的指示。林彪说：1965年的工作要突出政治，大力加强政治思想工作，大抓毛主席著作的学习。我们的军队是以政治为特点，政治统率军事，军事是重要的，但更重要的是政治。一定要突出政治，使政治思想工作真正成为我们全盘工作的基础。军事训练、生产等如果和政治思想工作发生了矛盾，要给政治思想工作让路。军事训练、生产等需要占用一定时间，但不应冲击政治，相反，政治可以冲击其他。坚持四个第一，大抓活思想，大兴三八作风，发扬三大民主，开展社会主义教育运动。要继续大抓四好落实。军事训练一定要搞好，使部队的训练正常化。

备与世界水平的差距》一文。薄一波在附信中说：我国援外设备同国际水平比是很落后的，这是由于我国工业装备是很落后的，必须认识这一问题，必须坚决地采取措施，在今后设备更新和技术革命上狠下功夫。毛泽东批示："送陈伯达同志阅。退薄一波同志。"

1月20日 阅彭真本日关于当前社教工作的几个问题的请示信。晚上，就这些问题同彭真谈话。毛泽东提出，要把"二十三条"用大字印成布告贴出去，使大家有所遵循。

1月21日 阅李富春一月六日关于计划工作如何革命和编制长期计划的问题给毛泽东并中共中央政治局常委的报告，批示："印发政治局（请彭真定名单，除反党分子外，都可发）、书记处各同志，各中央局、省市区党委各同志以及余秋里小计委〔1〕（由秋里自选五、六、七人，不发老计委那些人）各同志。"报告说：一九六四年十二月二十六、二十七两日上午，李富春和薄一波、李先念、余秋里邀集各中央局和直辖市市委的负责人座谈了计划工作如何革命和编制长期计划的问题。李富春传达了主席、少奇同志最近对计划工作的批评，同时对计委过去工作的主要错误和思想作风进行了检查，并对计划如何革命的问题讲了一些意见。经过会议讨论，共同商定：第三个五年计划和十五年远景规划的重点，是准备战争，依靠第一、二线，努力建设第三线。农业，第一是靠大寨精神，抓见效快的，第二是抓三线的农业。计划工作的革命要走群众路线，鼓励大家创造经验。关于中央和地方在经济、计划工作上的分工，一般说来，中央只管

---

〔1〕小计委，是1965年1月中共中央根据毛泽东的意见决定成立的、由周恩来直接领导的一个工作机构，主要任务是研究经济和社会发展战略问题，拟定第三个五年计划的方针任务等。成员有余秋里、李人俊、林乎加、贾庭三、陈伯达。后来在编制第三个五年计划过程中，由小计委正式主持国家计委的工作，不再用小计委的名称。

投资、设备、材料的分配和规划方案的审批，各项计划的具体安排，由各中央局同各省市自治区负责。

同日 阅中共卫生部党组一月二十日关于组织城市高级医务人员下农村开展巡回医疗和为培训农村卫生人员的报告，批示："同意照办。"稍后，在审阅卫生部党组一月十九日关于城市组织巡回医疗队下农村配合社会主义教育运动进行防病治病工作的报告时，在报告中"医疗队应该首先去开展社会主义教育运动的重点县，配合运动，为贫下中农服务"一句的"贫下中农"四个字后，加上"及一切病人"五个字。

1月23日 下午，主持召开中共中央政治局常委扩大会议，听取余秋里汇报计划工作革命问题和长期计划的一些设想。会议开始前，毛泽东对余秋里、谷牧说：以后国家的事情交给你们管，大事就靠你们了。我们这些人只能当当参谋、顾问，办事靠你们了。你们也不算小将，算中将了。看来还是青年人行。《群英会》上的英雄，大多是二三十岁的人。当余秋里汇报到要敢想敢干时，毛泽东说：要敢想敢干，不要乱来，破除迷信，不要破除科学。在谈到"二十三条"时，毛泽东说："二十三条"要出布告。对犯了错误改正了的也要团结使用，这样人们的积极性就更高了。干部没有缺点和错误的，一个也没有。我就没有缺点、错误？别人不讲，我就知道。世界上圣人是没有的。错误性质有严重和不严重的。当余秋里汇报到要活学活用毛主席著作时，毛泽东说：我的那些东西还有用？那些是历史资料了，只能参考参考。要学徐寅生的文章。我只有一篇好的——《实践论》，还有点用。当余秋里汇报到林彪关于当前部队工作的指示时，毛泽东说：就是这样，不要搞那些花花绿绿的东西，不要搞那些花样。戚继光在他著的《兵事要略》中早就讲到，不要搞那些只是好看的，要搞实际战斗能用的东西。当余秋里汇报到许多规章制度都要改革时，毛泽东说：“工业七十条”没有改，一直没改过，没有人抓总。农业的改过多少次了，开始是“十二条”，以后是“六十条”，修正了的“六十条”。各行各业都要总结经验。当刘少奇提出工业恐怕有必要分行业搞，比如水运、公路、铁路就不一样时，毛泽东说：上半年搞出个初稿，分行业搞，各行各业都搞，下半年再定。当余秋里汇报到一九五八年那股干劲很可贵时，毛泽东说：干劲很足，浮夸不少！当余秋里汇报到今年钢可搞到一千一百万吨时，毛泽东说：不是有一个消息吗，英国人听说我们搞调整、巩固，就害怕了。你不搞冒进，搞质量，搞品种、规格，他就怕了。数量慢慢地上去，不要急。当余秋里汇报到三线建设时，毛泽东说：三线只修铁路，只规划煤和钢吗？应当是机械、化工、军工什么都有才好，还有煤气。四川那个地方就没有石油？计划一下，可能成功，也可能不成功。当余秋里汇报到三线建设与沿海关系时，毛泽东说：两个阵地，三线是一个阵地，一、二线是一个阵地，以一、二线的生产来支援三线建设。三线建设要抓紧，就是同帝国主义争时间，同修正主义争时间。当余秋里汇报到我们的技术要赶上和超过国际水平时，毛泽东说：是的。管他什么国，管他什么弹，原子弹、氢弹，都要超过。三线建设，我们把钢铁、国防、机械、化工、石油基地和铁路都搞起来了，那时打起来就不怕了。搞不成，打起来怎么办？我们就用常规武器跟他们打。打起来还可以继续建设，你打你的，我建设我的。西南一定要搞个汽车厂。

1月24日 下午，继续主持中共中央政治局常委扩大会议，听取余秋里汇报。当余秋里汇报到中央的方针政策完全正确时，毛泽东说：不一定都正确，要有分析，要一分为二，有正确的，也有错误的。十五年来，正确的总是主要的，没有搞修正主义嘛！多快好省搞了多快，忘了好省，那也能说正确吗？哪能都怪计委？不能都怪计委。犯点错误也有好处，取得经验，有免疫性。高征购，瞎指挥，一千七百项，都是不正确的。多快好省，你们注意，不要闹五八年、五九年、六〇年那样的盲目多快，结果也不多，也不快。当余秋里汇报到三线建设一定能搞好时，毛泽东说：也是两个可能，一个好，一个不好。困难要估计到，问题会出一些。当余秋里汇报到设计一定要采用新技术时，毛泽东说：设计要做比较，哪些花钱少、办事多，哪些花钱多、办事少。设计人员是在家里设计，还是到现场设计？我看了关于一万二千吨水压机的文章，有些设计经过一次、二次，甚至几百次的失败。不经过失败，是不会成功的。当余秋里汇报到一九五八年技术革新搞出很多好东西时，毛泽东说：五八年的技术革命，搞出很多好东西，也搞出很多坏东西。当余秋里汇报到经济建设要配套时，毛泽东说：喊了多少年成龙配套，总是没有配套。是要抓成套，比如中央政治局、常委、书记处、计委、军委、外交、公安、各口、各部也要成套。党政军民如果能成套地抓，就可节省投资，节省物力，节省劳动力。当余秋里汇报到工业建设上要注意综合利用时，毛泽东说：是啊！单打一总是不成。综合利用大有文章可做，就是不做。过去综合利用规划不好的，现在要治病，治病救人也好嘛！毛泽东说：现在打经济仗，大局抓住了，有些事形式上看是冒险，实际上是应当如此做。搞经济工作也要先搞战略。我从来不研究兵器、战术、筑城、四大教程之类的东西，那些让他们去搞，我只研究战略、战役。各省的三线建设要注意搞。兵工厂搞起来，地方军搞起来，军队的同志就放心了。毛泽东还提出北京及各大城市要挖防空洞和地道的问题。对余秋里的汇报，毛泽东表示赞成。

1月29日 下午一时，在中南海菊香书屋召集刘少奇、周恩来、邓小平等开会。下午三时，刘少奇主持召开中共中央政治局会议，邓小平谈古巴代表团来访问题，周恩来谈柯西金访越路过北京的问题。

1月30日 在世界知识出版社一九六四年十二月出版的供内部参考用的苏军总参谋长索科洛夫斯基主编的《军事战略》一书上批示："杨成武、雷英夫同志：请找一位有政治军事头脑的同志，将此书研究一下，然后写一篇评论，不要长，有一万字左右就可以了。写好后给我一看。又美国一些战略书也可用此办法。可与情报部合作。"二月四日，杨成武、雷英夫向毛泽东报告：已组成一个研究起草小组，力争在较短的时间内，完成任务。由于这件事工作量较大，缺乏经验，时间可能稍长一点，我们争取三个月左右将第一篇稿子送呈主席审阅。五日，毛泽东批示："很好。如三个月完成觉得勉强，可以推迟时间，但不要超过六个月。"

1月31日 阅康生关于发表赵朴初写的散曲《某公三哭》〔1〕的报告，批示："很好。同意明天见报。"

1月下旬 批示同意中共中央军委一月十二日关于取消军衔制度给毛泽东并中央的请示报告。报告说：经军委办公会议第七次扩大会议和军委第二二三次办公会议研究，并征求了各军区、军兵种、院校党委的意见，一致同意取消军衔制度。大将以下各级军衔一律取消，元帅军衔予以保留。

1月 阅李富春报送的国家计委一九六四年十二月三十日关于鄂西铁矿资源情况的简报。十二月三十一日，李富春在简报上批注意见："从鄂西铁矿的情况看，向我们提出了一个问题，即

---

〔1〕 赵朴初，当时任中国佛教协会副会长兼秘书长、中国红十字会总会副会长、中国日本友好协会副会长、中国民主促进会中央常委。他写的《某公三哭》，包括《哭西尼》（1963年11月）、《哭东尼》（1964年5月）、《哭自己》（1964年11月），1965年2月1日在《人民日报》发表。"某公"指赫鲁晓夫，"西尼"指肯尼迪，"东尼"指尼赫鲁。

攀枝花铁矿和鄂西铁矿都要开发，但究竟以何者为先、为快，很值得研究。现已要冶金部积极地进一步了解情况，并做开发前的准备工作，再作全面比较。”罗瑞卿一九六五年一月二日在简报上批注意见：“如果两者能同时并举固好，但如有困难，必须先搞攀枝花。同时并举如需要分次序，也应把攀枝花放在首位。这是大的战略问题，不能再变了，也不要再受别的影响推迟了。”一月七日，周恩来批示：“开发攀枝花的战略方针早定，错在推迟了战役部署。现在西南三线第一个战役已经开始，不应再有动摇。开发鄂西铁矿应与豫西铁矿和湘西以及武汉的工业连在一起，另组成一个战略单位或方面，进行勘察和部署，不要拿它与开发攀枝花作比较。”毛泽东阅后批示：“同意总理意见。”

2月2日　阅余秋里一月三十一日关于编制长期计划工作初步议定的步骤给周恩来的报告。报告说：应从准备应付战争，同帝国主义、修正主义争时间的考虑出发，各部门结合各自的现有基础，对第三个五年计划及长期计划的奋斗目标、战略布局、战役重点、主攻方向、重大技术政策等方面提出看法与做法。总之，要做到计划既要有雄心壮志，又要有科学根据。毛泽东批示：“已阅。退周恩来同志，照此办理。”

2月3日　上午，阅中共中央调查部关于李宗仁〔1〕准备回国给毛泽东等的报告，批示：“总理：似应欢迎李宗仁回国。去年向美报投书问题，无关大局，不加批评，因他已自己认错了。”

同日　下午，在中南海菊香书屋主持召开中共中央政治局常

---

〔1〕　李宗仁，原国民党桂系首领。曾任国民党政府副总统，1949年1月蒋介石引退后，任国民党政府代总统。国民党政权被推翻后去美国。1965年7月，偕夫人郭德洁从海外回到祖国。

委会议。[1]

2月4日 阅杨勇、万里、武竞天[2]一月十五日关于北京修建地下铁道的有关问题给彭真、李富春并中共中央的报告，批示："杨勇同志：你是委员会的统帅。希望你精心设计、精心施工。在建设过程中，一定会有不少错误、失败，随时注意改正。是为至盼!"

2月5日 下午，在中南海菊香书屋召集周恩来等开会。晚上，周恩来会见去越南访问途经北京的柯西金。

2月7日 中午，在中南海菊香书屋召集周恩来等开会。

2月8日 下午，同周恩来谈话。

2月10日 上午，和刘少奇、周恩来、邓小平、彭真、陈毅、李富春、贺龙、李先念、郭沫若、黄炎培、陈叔通、杨明轩、阿沛·阿旺晋美[3]等党和国家领导人出席首都各界一百五十万人在天安门广场举行的群众集会，声讨美国对越南民主共和国的武装侵略。彭真主持集会并讲话，指出：中国政府和人民对于美帝国主义轰炸和扫射越南民主共和国城乡的罪行，绝对不能置之不理。全中国人民一定要在一切战线上加紧努

---

〔1〕 这次会议有可能是1965年2月2日周恩来给毛泽东信中建议召开的。周恩来信中说："送上国防工业办公室绘的国防工业一、二、三线分布图，并附说明，请阅。罗瑞卿已回京，请三席指定时间，约贺总、瑞、赵尔陆在常委就国防工业布局和部署问题报告一次，并约富春、一波、秋里、谷牧、先念、伯达参加。"瑞，指罗瑞卿。

〔2〕 万里，当时任中共北京市委书记处书记、北京市副市长、北京地下铁道领导小组副组长。武竞天，当时任铁道部副部长、北京地下铁道领导小组副组长。

〔3〕 杨明轩，当时任全国人大常委会副委员长、全国政协常委、中国民主同盟中央主席。阿沛·阿旺晋美，当时任全国人大常委会副委员长、西藏自治区筹备委员会代理主任委员、中国人民解放军西藏军区副司令员。

力、加强准备，来支持越南反对美帝国主义的侵略战争，打退美帝国主义的战争挑衅。

2月11日　上午，在人民大会堂会见访问越南后途经北京回国的柯西金和由他率领的苏联代表团，刘少奇、周恩来、邓小平、彭真、陈毅、康生、罗瑞卿、刘晓、杨成武在座。会见中，谈到公开论战问题、召开各国共产党会议问题。毛泽东说：召开会议现在时机不成熟，问题没有展开争论，还有阿尔巴尼亚的问题，这个问题不解决，什么会都不能开。我建议你们要取消从前对付阿尔巴尼亚的那一套，说那一套错了，只要这样一句话就完了。你们要我们参加什么会，你们得取消前年七月十四日攻击我们的公开信，去年二月的那个报告、那个决议〔1〕。只要说这些是错误的，因此取消，那末我们就合拢了。

2月13日　和刘少奇、朱德、周恩来致电勃列日涅夫、米高扬、柯西金，祝贺《中苏友好同盟互助条约》签订十五周年。电报说：现在美帝国主义正在悍然走上武装侵犯越南民主共和国和进一步扩大印度支那战争的冒险道路，轰炸越南人民的美国强盗头子大叫扩大战争。大敌当前，我们中苏两国人民和社会主义阵营各国人民，要在马克思列宁主义的革命旗帜、无产阶级国际主义的团结旗帜和反对美帝国主义的战斗旗帜下，紧密地团结起来，坚决支援越南人民和印度支那人民的反美武装斗争，坚决支援日本人民和德意志人民反对美国武装日本和西德军国主义的斗争，坚决支援古巴人民和刚果（利）人民反对美国武装干涉的斗争，坚决支援全世界人民反对以美国为首的帝国主义的侵略政策

---

〔1〕　指苏斯洛夫在苏共中央1964年二月全会作的《关于苏共为国际共产主义运动的团结而斗争》的报告，和二月全会通过的关于苏斯洛夫报告的决议。

和战争政策、争取世界和平、民族解放、人民民主和社会主义的斗争，直到最后的胜利。这是每一个社会主义国家不可推卸的国际主义义务。

同日 阅赵尔陆一月三十一日关于三线建设动力问题的报告。报告对三线电站建设提出下列意见：一、贯彻执行“小而分”的方针，以星星点点地建设中小型水电站和火电站为主。二、原则上有水搞水电，有煤搞火电，两者都有就采取水电、火电同时并举，但应以发展水电为主。三、水电站的建设，采取低水坝、小库容，省投资，早见效，梯级开发，综合利用，对上游不淹田、不移民，对下游无危害的建设方针。四、火电站的建设，在煤矿附近有一定水源的情况下，采取小规模、多布点、电站靠近煤矿的建设方针。毛泽东批示：“总理：此件我看了两次，觉得很重要，似可发给小计委及有关各部委和各中央局、各省市区党委研究，总结过去正确的和错误的经验，以利今后建设。”

同日 中共中央鉴于在工业、交通企业发现有些单位在社会主义教育运动的试点过程中，班组长（包括一部分小的工段长）同工人群众的关系很紧张的情况，决定下发关于正确处理企业中班组长同工人关系问题的通知。毛泽东阅后批示：“同意，照发。”并在通知中加写：“团结大多数（包括车间级、工厂级及其以上）干部，只整那些顽固不化的坚决走资本主义道路的极少数人。”

同日 在苏联波波夫著的《近代逻辑史》（上海人民出版社一九六四年十二月出版）一书封面上批示田家英：“此书印成大字本一万册，这种小字本是不适合老头子读的。”

2月14日 阅周恩来本日报送的《人民日报》拟在明日发表的观察家评论稿《联合国往哪里去？——评戴高乐的讲话》。评论稿说：对于联合国的现状，世界上多数国家是不满意的。联合国只听美国的号令，根本不把其他的会员国放在眼里。法国总统戴高乐二月四日批评联合国的讲话表明，即使在北大西洋集团内部，也有人认为联合国作为美国家天下的局面应该结束了。现在，从东方到西方，要求彻底改组联合国的呼声越来越高，各种各样的方案已经提了出来，一个共同之点，就是要求结束美国把持和操纵联合国的局面。毛泽东批示："写得很好，照此发表。"这篇评论二月十五日在《人民日报》发表。

2月19日　下午，在人民大会堂一一八厅会见坦桑尼亚总统尼雷尔，刘少奇、周恩来、陈毅等在座。毛泽东说：我们开始搞建设时没有经验，现在才算摸到一点经验。非洲国家独立后遇到的问题和我们性质是一样的，就是如何搞农业、石油、化学工业和机械工业。要学会做买卖。毛泽东说：上帝就是人民，人民就是上帝。

2月21日　上午，听取薄一波汇报全国工业交通工作会议、全国工业交通政治工作会议的情况和存在的问题，周恩来、余秋里、谷牧参加。当周恩来谈到国家建设委员会准备在书记处会议讨论后及早成立时，毛泽东说：成立建委、经委是我主张的。把建委取消了，我根本不知道，取消了连个消息也不通知我一声。当然，我自己也犯了错误，北戴河主张大炼钢铁，提出钢铁翻一番的要求，闹人海战术。我到新乡，耿起昌〔1〕对我说，可不得了，这么多人上山大炼钢铁，没有饭吃怎么办？我一看形势不好。到了武昌，我就觉得不好，说泄气话了。我说不要搞三千万吨〔2〕，二千万吨有没有？我还同大区、省委开了个会，商量了一下，他们都主张二千二百万吨。一九五九年六月十三号，降到

---

〔1〕　耿起昌，当时任中共河南新乡地委第一书记。

〔2〕　这是原计划的1959年的钢产量指标。

一千三百万吨。周恩来说：当时的口号是一马当先，万马奔腾，实际是一马当先，万马让路。毛泽东说：哪里是一马当先，万马让路？实际是万马都死了，头一匹马也死了一半，钢不是降了一半吗？这些教训都要牢牢记住，要经常向人们讲，永远不要忘记。当薄一波汇报会议开得不错时，毛泽东说：这些东西〔1〕靠不靠得住？不至于闹一九五八年大跃进、五九年提出搞二千万吨钢那样的笑话吧？你们过去不是也有奋斗目标吗？现在想想，过去那几年闹了多少笑话！当薄一波汇报到会议总结了去年工作，怎样政治挂帅，如何紧紧跟上主席的思想时，毛泽东说：什么紧紧跟上我的思想？是紧紧跟上客观情况，掌握客观规律，按客观可能办到的就办，不可能办到的就不办。一九五九年四月我给各支部写了封信，其中特别重要的一条是，不要管上边的那一套，你们增产多少，就说增产多少，如果因此说我是右倾，我就很高兴。当薄一波汇报到工业支援农业有个问题，工农业产品价差大，农村市场不活跃，农村用不起拖拉机等时，毛泽东说：马上降低拖拉机的使用费用，每亩降到一元以下，马上降到一元以下。当薄一波汇报到要搞好一线省份的三线建设时，毛泽东说：现在不仅有工厂，而且要搞轻工业、储备等。这样，地区建设起来，打仗就不怕了。小钢厂有无用处？（周恩来：估计小三线要搞些小洋群，不搞小土群。）要搞些五万吨规模的钢厂，搞他十个二十个，这种小钢铁厂恐怕是有用的。当薄一波汇报到建立政治工作机构的决定去年未发，主要矛盾是条块关系，直属企业党的工作是归部还是归省市领导时，毛泽东说：你政治部是党的工作机关，是在党委领导下嘛！是党委领导下的政治部，过去总政管下边军区党委，部为什么不可以管直属企业？重要的直属企业

〔1〕 指31个新技术项目表。

应算是我们的野战军，是主力，不是地方军，地方不能乱插手。

2月22日 下午，和周恩来、邓小平、彭真、李富春、陆定一、康生、薄一波接见出席海军干部工作会议、《解放军报》编辑记者会议的人员，和第三批战士演出队时，毛泽东说：四个第一〔1〕好。我们以前也未想到什么四个第一，这是个创造。谁说我们中国人没有发明创造？四个第一就是创造，这是个发明。我们以前是靠解放军的，以后仍然要靠解放军。

2月25日 阅中共中央宣传部二月十六日关于出版《蒋介石言论集》给中央书记处的报告。报告说：最近，我们根据主席的指示，对出版蒋介石的言论重新作了安排，拟编辑出版全集，目的主要是提供一部比较系统的、全面的反面资料。书名拟定为《蒋介石言论集》，计划在今年年底出齐。各集拟印五千册，控制发行，主要发给有关领导机关和研究工作者。毛泽东批示："五千册太少，应出一万册。"

同日 审阅康生二月二十四日送审的《赫鲁晓夫言论》第三集出版者说明，批示："已阅。同意照办。"出版者说明指出：赫鲁晓夫下台之前，我们出版了《赫鲁晓夫言论》第一、二集，编入了赫鲁晓夫一九三二年到一九五三年期间的言论。从现在起，我们按照预定计划，把赫鲁晓夫担任苏共中央第一书记职务以后，直到他一九六四年十月下台期间的公开言论，全部全文陆续予以出版。按照现在分集出版的办法，将达三十册之多。〔2〕

2月28日 阅薄一波二月二十六日报送的冶金工业部副部

---

〔1〕四个第一，指人的因素第一，政治工作第一，思想工作第一，活的思想第一。

〔2〕《赫鲁晓夫言论集》后来共出版了14集。第1集于1964年8月由世界知识出版社出版，第14集（1960年1—3月）于1966年5月出版。

长刘彬（当时在鞍钢蹲点）二月二十三日关于鞍钢情况给薄一波的报告〔1〕。刘彬的报告说：现在，鞍钢的形势很好，干部、职工都急于要搞生产新高潮。对今年的工作提出的具体要求有五项：一、社会主义教育运动争取用三年左右的时间，分期分批全面完成。二、以搞好品种质量、提高劳动生产率为中心组织生产新高潮。今年继续抓住生产为使用服务这一基本思想。三、在基本建设工作上，一是基本完成鞍钢厂内填平补齐的骨干工程，二是完成设备大修的大会战。四、大学毛主席著作，学解放军、学大庆、学大寨，逐步实现企业管理革命化。五、政治工作以继续抓思想、抓积极因素、抓作风为主，促进职工思想革命化。毛泽东批示："已阅，退薄一波同志。此件写得很好，比王鹤寿同志过去写的报告，大有进步。"

3月4日 下午，在人民大会堂一一八厅会见巴基斯坦总统阿尤布·汗，刘少奇、周恩来、陈毅等在座。毛泽东说：全世界各国要革命的，都要反对颠覆活动，包括我们在内，也有这个问题。最重要的是保证内部稳定。你只要团结好人民，使人民团结在你的领导下，那就什么也不怕了。如果内部发生问题，你就要注意了。苏联就是内部发生问题，赫鲁晓夫下台不是中国也不是美国搞颠覆活动，而是俄国人自己把他搞下台的。在谈到中巴两国关系时，毛泽东说：我们两国是友好国家，互相照顾彼此的利益。你们没有损害我们的企图，我们也没有损害你们的企图。阿尤布·汗说：我们需要和平，需要友谊。毛泽东说：中国也是。

同日 阅冶金工业部部长吕东、副部长徐驰二月二十三日关于攀枝花钢铁联合企业建设工作进行情况给薄一波的报告。报告

〔1〕 薄一波在报送报告的附信中说，这个报告可能是王鹤寿同志和鞍钢党委他们一起写的。

说：二月九日开会决定成立攀枝花指挥部。攀钢的建设进度可能提前一到两年的时间，一九六九年第一座高炉投产也是可能的。毛泽东批示："此件很好。"

同日 在《后汉书》封面上批示："送陈毅同志阅。"在封面上写明要陈毅阅看以下列传：陈寔传、黄琼传、李固传。在封面上还批示："送刘、周、邓、彭一阅，《后汉书》写得不坏，许多篇章，胜于《前汉书》。"

同日 阅林彪报送的中国人民解放军总政治部二月二十三日关于举办廖初江、丰福生、黄祖示〔1〕学习毛主席著作展览的情况报告。报告说：根据林总的指示举办的这个展览，于一九六四年十一月十日在北京正式展出，到今年二月十八日止，共接待观众三十一万二千八百多人。广大观众热情称赞这个展览会是学习毛泽东思想的生动课堂。毛泽东批示："已看过。退林彪同志。"

3月11日 下午，在人民大会堂福建厅主持召开中共中央政治局常委会议，讨论修改《人民日报》编辑部、《红旗》杂志编辑部文章《评莫斯科的分裂会议》。这篇文章针对的是苏共中央三月一日至五日在莫斯科召开的名为"共产党和工人党代表协商会晤"的会议和三月十日发表的会晤公报。会前，毛泽东审改了这篇文章，将标题中的"小会"改为"会议"，并加写了一些内容。在文章说这次苏共新领导"把马克思列宁主义者提出的某些口号接过去，企图造成一种假象，似乎他们已经有了变化，似乎已经不同于赫鲁晓夫的修正主义和分裂主义了"之后，毛泽东加写："这种情况，同美帝国主义将苏共领导的一些主要口号接

---

〔1〕 廖初江，当时任中国人民解放军沈阳军区某部第3连副连长。丰福生，当时任中国人民解放军福建前线空军某部汽车连炊事班班长。黄祖示，当时任中国人民解放军广州军区某部防化连班长。

过去，何其相似乃尔！赫鲁晓夫的和平共处，和平竞赛，和平过渡，缓和紧张局势，全面彻底裁军，两大国主宰世界，共同援助印度，共同支持各国反动派，共同利用联合国来整世界各地革命运动，共同反华等等口号或阴谋计划，就被美帝国主义全部接过去了！苏共领导同美帝国主义打得火热，互通情报，共同反共、反人民、反革命、反对民族解放运动，以便共同维持帝国主义、修正主义和各国反动派，反对世界上一切革命者。”

3月14日 中午，在人民大会堂一一八厅会见新西兰共产党中央总书记威尔科克斯、中央主席威廉斯和夫人，澳大利亚共产党（马列）中央主席希尔，就《评莫斯科的分裂会议》一文征求他们的意见。毛泽东说：这篇文章有个大缺点，就是要团结大多数人写得不突出。一个大问题没有讲，这就是要团结苏联人民，苏联的党员和干部的绝大多数，百分之九十五以上。要团结绝大多数人，这是战略问题。请帮助我们把这篇文章搞好一下。

同日 乘专列离开北京南下。

3月16日 晚上，到达武昌，住东湖客舍。

3月17日 上午，在武昌东湖客舍同邓小平、彭真、康生等讨论《评莫斯科的分裂会议》一文，指出文章的基调不改，过激的刺目的词句改一下。十八日晨四时，写信给邓小平、彭真、康生：“今天，你们如能留一天，我还想同你们谈一次。请酌定。”“再请韩先楚、陈再道[1]两同志留两天，十九日谈一次，二十日飞京，不知是否可能？请韩、陈二同志酌定。”十八日当天，同邓、彭、康再谈《评莫斯科的分裂会议》一文，提出文章的题目要改得醒目一些。整篇文章很长，每节应加小标题，也要醒目一些。经过讨论，将文章的题目改为《评莫斯科三月会议》；

〔1〕 陈再道，当时任中国人民解放军武汉军区司令员。

文章的四个部分，都加了小标题：一、这是一个什么会议；二、苏共新领导做了一些什么事情；三、回答几个问题；四、在马克思列宁主义和革命的轨道上团结起来。

3月19日 下午，在武昌东湖客舍会见外国专家柯弗兰、爱德乐、爱泼斯坦等，就准备发表的《评莫斯科三月会议》一文征求他们的意见，王任重、赵毅敏等在座。毛泽东说：第一个问题是这个文件要不要搞？第二个问题是文件的内容和提法尖锐一些好呢，还是温和一点好？或者就像现在这样？苏联这次开会有十九个国家去，会上也是又讲革命，又讲团结。我们的文章如果发表了，人们是不是会这样看：莫斯科开了一个会，讲的是团结、革命、反帝，可是中国人说这些都是假的。不是团结，是分裂；不是革命，是出卖；反帝是假的，联合帝国主义才是真的。这岂不过分了吗？毛泽东说：苏共新领导为什么一定要召开这次会议呢？他们征求了我们的意见，我们反对；征求了朝鲜、越南、日本、印尼等国党的意见，大家也反对。可是他们还是要开会。也许他们认为，大概既讲反帝，又讲革命，又讲团结，因此就能够把我们这些人骗去，至少也能封住我们的嘴巴，再不就是想使人同情他们。这篇文章改了一些地方，例如说他们是叛徒，同美国完全一样这种话。他们同美国总归还是有点差别的。爱德乐说：这篇文章还可多讲一些团结，把团结口号拿到我们手中。还有这篇文章的主要对象是谁？如果是以世界革命运动为主要对象的话，那就可以更多地强调一下分裂同团结的斗争，更多地强调一下亚、非、拉美革命力量团结的问题。毛泽东说：这两个想法值得注意。团结大多数，包括苏联人民、党员和干部的大多数，这个问题原来写得不突出，后来补充了。请赵毅敏同志回去同写文章的同志讨论一下，看还有什么地方可以强调一下。这篇文章在三月二十三日《人民日报》和同日出版的《红旗》杂志一九六五年第三期发表。

3月20日 和刘少奇、朱德、周恩来发出唁电，哀悼罗马尼亚工人党中央委员会第一书记、罗马尼亚国务委员会主席乔治乌—德治去世。二十五日，毛泽东等致电祝贺齐奥塞斯库当选罗马尼亚工人党中央委员会第一书记。

3月21日 和刘少奇、朱德、周恩来致电勃列日涅夫、米高扬、柯西金，祝贺苏联“上升二号”宇宙飞船成功飞行和顺利着陆。

3月22日 下午，在武昌东湖客舍听取周恩来汇报三月二十一日中共中央政治局常委会议情况，谢富治、杨成武、王任重等参加。毛泽东表示同意中央常委对于东南亚形势发展的几种可能性和越南劳动党政治局派人来中国的用意的分析。他说：要打就早点打，趁我们还活着打完这一仗。周恩来汇报说，中央政治局常委认为有三件事须请主席决定：一、越南如果提出要我派高炮部队入越作战，我们准备派高炮师、铁道师、雷达团等入越作战；二、越南飞机在作战中如机场被炸，要求向我境转场，我拟同意并派机掩护；三、越方要求我空军进行安东式支援时，我是否支援？毛泽东说：恐怕都要答应。我们发了那么多声明，什么不能置之不理呀，什么打了越南就是打了中国呀，结果敌人一来，我们溜了那还行，不能见死不救。毛泽东还表示同意关于工业生产（包括小三线）的安排，并说安排时要准备今年就打。他同意过些时候，我们国内要做个动员。这样，对敌人是个示威，对越南是个支援，对我们各方面的工作是个推动。可先在内部搞。还同意四月十日开作战会议，并指示要好好抓一下，要准备今年、明年、后年打仗。

3月23日 下午，在武昌东湖客舍会见由外交部部长哈桑·穆拉维德率领的叙利亚访华友好代表团。毛泽东询问叙利亚等阿拉伯国家的情况后指出：我们是友好国家，有共同目标，第一是反对帝国主义，第二是建设国家。任何国家的问题，只有当地人民起来革命，才能解决，外界支持是必要的，但它只占第二位。阿拉伯民族是有战斗性的，如果你们团结起来，帝国主义的阴谋就不可能成功。应当说，各个民族都是有战斗性的，团结斗争，就能胜利，问题只是时间。

3月24日 下午，在武昌东湖客舍会见由主席艾哈迈德·舒凯里率领的巴勒斯坦解放组织代表团，张体学、胡愈之[1]等在座。毛泽东介绍中国共产党通过武装斗争夺取革命胜利的经验，指出打仗的办法就两条：你打你的，我打我的。我打我的又是两句话：打得赢就打，打不赢就走。在谈到客人将去上海、杭州时说：去看看，去宣传宣传，中国人不大懂以色列和巴勒斯坦，你去向他们讲讲。我们给你登报纸，给你组织群众大会，进行广播，使中国人民知道你们的事情。

3月27日 阅张干三月十一日来信。信中说他们夫妇年老多病，身边无人照顾，要求将其幼子和侄儿调来身边工作。毛泽东批示徐冰："此人八十几了，是我的校长。他现要求他的两个子、侄，调到长沙工作，是否可行，请你酌定。"

3月 周荣鑫请汪东兴向廖承志、章汉夫、高登榜[2]等有关部门负责人传达毛泽东对接待外宾工作的意见。主要有：第一，宴会规格不要太高，有四菜一汤就可以了。宴会的时间也不要太长。听说外国人的宴请就比较简单，我们应当研究借鉴。第二，会见和宴请外宾，陪同人员不要太多。人少坐得靠拢，谈话方便。

---

〔1〕 胡愈之，当时任全国人大常委会副秘书长兼办公厅副主任、全国政协委员、文化部副部长、中国人民外交学会副会长、中国民主同盟中央副主席。

〔2〕 高登榜，当时任国务院副秘书长兼机关事务管理局局长。

第三，送的礼品不要太多。我们送外国人的礼物，花钱多，规格高，吃穿用的东西多，有纪念意义的东西少。要送既有民族特点又能长期保存的东西。送礼要自然大方，但不能大手大脚、要大少爷作风。不能靠多送礼的办法拉友谊，友谊要靠政治。第四，外国人送的礼品应交公。我们给外国人送礼，花的是国家的钱，外国人送给我们的礼品也要归国家，不应归个人所有。送给我的礼品做如下处理：有展览价值和纪念意义的，找个地方陈列出来；没有展览价值的一些日用品，可以内部作价处理（收回来的钱交公），或者交给国家使用；吃的东西，可以分给工作人员品尝。

4月4日 下午，在武昌东湖客舍听取周恩来率中国党政代表团访问罗马尼亚、阿尔巴尼亚、阿尔及利亚、阿联（今埃及）、巴基斯坦、缅甸六国情况的汇报，和陈毅访问阿富汗、巴基斯坦、尼泊尔三国情况的汇报。

4月9日 上午，杨成武根据周恩来的指示向毛泽东报告四月八、九两日美国飞机侵入我国海南岛上空进行挑衅，在京的中央政治局常委赞同坚决打击入侵的美机。中午，毛泽东指示：美机入侵海南岛，应该打，坚决打。海军驻青岛的那个师调去海南岛没有？海军应该调强的部队去，不够就由空军调强的部队去。美机昨天是试探，今天又是试探，真的来挑衅啦！既来，就应该坚决打。海军航空兵和空军应该统一指挥，海军和空军应该很好地配合起来打。

4月11日 下午，在武昌东湖客舍会见阿联总统外交事务顾问萨布里和夫人一行，陈毅、张体学等在座。毛泽东说：社会主义建设，无论工业、农业、科学、文化，在开始时，我们是没有经验的。社会主义，我们没有搞过。现在搞了十五年了，可以总结一些经验。讲成绩，有一些，不大，我们犯了不少错误，取得了不少教训。改正错误在于总结经验，这就不是一年两年的事，有时需要好几年。总结经验，有时候快一点，但当不觉悟的时候就得好几年才发现错误。我们的建设主要是靠自己的人力、资源、市场，以此为主，国际贸易为辅。谈到国际形势时，毛泽东说：美国也许向我们挑衅，我们正作准备。它要打，你有什么办法？只有打。怕打仗解决不了问题，不怕打仗也许好一点。有这么多基地在我们周围，台湾、日本、菲律宾、南朝鲜、南越、泰国，都是美国的基地，马来西亚、新加坡是英国的基地，是对付中国的，也对付印尼。现在国际局势的中心在这边。历史证明，帝国主义是可以被打败的。美帝国主义在中国被打败了，在朝鲜被打败了，在越南也要被打败。我们有几句话，就是“利用矛盾，争取多数，反对少数，各个击破”。一个一个地打破，总有矛盾可以利用。

4月13日 审阅中共中央关于加强备战工作的指示稿。毛泽东批示：“已阅，同意。”指示说：美帝国主义正在越南采取扩大战争的步骤，直接侵犯越南民主共和国，严重威胁了我国的安全。中央认为，在目前形势下应当加强备战工作。在全党县委以上的干部中，应当加强备战思想，密切注意越南战局的发展。我们在思想上和工作上应当准备应付最严重的情况，准备对付美国轰炸我国的军事设施、工业基地、交通要地和大城市，以至在我们的国土上作战。我们对小打、中打以至大打，都要有所准备。只要我们做好一切准备，胜利是一定属于我们的。

4月21日 在武汉接见出席中共中央中南局委员会第九次全体会议〔1〕的同志并讲话。毛泽东说：湘潭一个县的编制有八百九十八人，只剩下几十人就行了，不是减少三分之一或二分之一的问题。提拔年轻的本地干部当第一书记、县长行不行？谈到

〔1〕 这次会议于1965年4月18日至21日在武汉召开，主要讨论两个问题：一是备战和三线建设，一是社会主义教育运动。

社会主义教育问题时，毛泽东说：要开贫下中农代表会，湖南开得最早，现在只有湖北省一个省响应。要划部分中农到下中农，使贫下中农能占到百分之七十。地富本身有左、中、右，地富子弟更有左、中、右，党内也有左、中、右。切记不要相信领导者坏了党就垮了。党总是一分为二的，不然为什么要整党内走资本主义道路的当权派呢？谈到国防和军事工作时，毛泽东说：现在美国人装腔作势要打仗，我看是帮我们的忙。它这样搞，我们就认真准备，早来也可，晚来也可，不来也可。每年花六亿多搞小三线，有好处。打仗没有什么巧，什么军事学？就是四句话："你打你的，我打我的，打得赢就打，打不赢就走。"打得赢不打，便是机会主义；打不赢，就三十六计走为上计。一个打，一个走，简单明了。有人说，打仗好复杂，没那回事。要修点工事，顶一下，使后方有所准备，让敌人进来，他陷得越深越好，诱敌深入，聚而歼之。民兵要好好整顿一下，第一要组织，第二讲政治，第三是军事。民兵不要地富反坏之类，要贫下中农，中农子弟进步的可以要。地富子弟进步的也可以要，真打起来他们会分化的，一部分组织维持会，插白旗，杀共产党，一部分跟我们走。地主、富农、资本家也会分化，不会全部跟敌人的。就是要争取多数、孤立少数，不然就要失败。"利用矛盾，争取多数，反对少数，各个击破"这四句话，是列宁的意思，我概括的。

4月22日 同林彪谈话。林彪汇报了两个问题：一是为了备战而学游泳和修工事；二是由于战争威胁的加重，主持军委经常工作的力量应当加强，增加杨成武为军委副秘书长，同时任第一副总参谋长。毛泽东表示同意。

同日 阅罗瑞卿关于根据中越两方领导商定的方针，拟派三支工程部队去越南帮助在东北群岛设防，修建、维修铁路和修建机场的报告，批示："已阅，照办。"

4月28日、29日 连续两个下午在武昌东湖客舍听取贺龙、罗瑞卿、杨成武有关作战计划和改变军队帽徽、领章问题的汇报，董必武、王任重参加。毛泽东指出：现在你们设想的三线，实际上都是第一线，在纵深地区，都要准备敌人空降，都要有防空降的准备。这种空降是为了扰乱我们的后方，配合正面的进攻。所以这些纵深要地，有山的要打点洞子，没有山的要堆点山，做点工事，堆他百把个就解决了问题。当然，修工事、堆山也可能像法国的马其诺防线一样无用。世界上的事情总是那样，你准备不好，敌人就来了；准备好了，敌人反而不敢来。我们不要学蒋介石那样，让日本人长驱直入，很快就打到南京、武汉、长沙；不要学斯大林那样，让希特勒长驱直入，一下就逼到莫斯科、列宁格勒。所以，我们一定要搞三道防线，不能让敌人长驱直入。打仗并没有什么神秘，打得赢就打，打不赢就走，你打你的，我打我的。什么战略战术，说来说去，无非就是这四句话。走，你就打不着我；打，我就要打上你，打准你，吃掉你。总之，要打歼灭战，要消灭敌人的有生力量。战争初期该顶的地方要顶，但是有些地方也别顶得太久，有时要放，要使敌人感到有味道，要使敌人取得点胜利，为了消灭它，得放它进来。顶是争取时间，争取半年、一年，就放它进来，诱敌深入，然后消灭它。现在蒋介石是想保住老本钱，什么反攻大陆都是假的。我看，福建、浙江它不敢轻易来，海南岛也不敢来，越南也不会去，他知道他那几个兵一上来就完了。不仅蒋介石是机会主义，美国也是机会主义，它才不那么冒险哩！第一次、第二次世界大战，它都是等人家打得差不多了才出兵。当然，我们要准备它冒险，也准备美国打原子弹。在杨成武汇报关于改变人民解放军帽徽、领章问题时，毛泽东说：我赞成走回头路，恢复到老红军的样子，只要一颗红星，一面红旗，其他的统统都吹了。过去搞什么将、校、尉那一套，我是不感兴趣的。毛泽东当即在中共中央军委关于改革现行帽徽、领章和军帽式样的请示报告上批示："照办。"他还同意今年五月进行第二次原子弹试验。

4月29日 阅北京市四月十七日的一份材料《全国医药托拉斯成立后的新情况》。材料反映：医药托拉斯统一安排生产后，北京市药品品种减少，供应量下降，一批常用药严重脱销，这种统法不能适应医药生产供需的特殊情况。彭真建议对这批托拉斯的试办经验加以总结，再考虑建立第二批。毛泽东批示薄一波等："迅速、周密地解决。"

同日 阅关于棉花收购、分配和战略储备情况的摘报。摘报反映：一九六四年全国棉花生产又获得大幅度的增产，预计可收购三千一百万担，超过了一九五七年二千七百万担的水平。由于棉花收购增多，供应上比较主动。毛泽东批示江青："此件可阅。形势大好。我今日离此去别地爬山。又及。"

同日 下午，乘专列离开武昌前往长沙。

5月11日 收到周恩来报告。报告说：北京明日召开群众大会，支持多米尼加人民反对美国武装侵略的斗争，我们建议以主席名义发表声明支持多米尼加人民反美爱国武装斗争，现将声明稿全文电告，请予批示。毛泽东批示："请徐秘书用电话告总理，同意发表这个声明。"

5月12日 发表《支持多米尼加人民反对美国武装侵略的声明》。声明说：最近，多米尼加共和国发生了推翻卡夫拉尔卖国独裁政权的政变。美国约翰逊〔1〕政府派出了三万多武装部队，进行血腥镇压。这是美帝国主义对多米尼加人民的严重挑衅，也是对拉丁美洲各国人民和全世界人民的严重挑衅。美国武装干涉

〔1〕约翰逊，1963年11月至1969年1月任美国总统。

多米尼加，打的是“保卫自由”的旗号。这是一种什么样的“自由”呢？这就是用飞机、兵舰、大炮屠杀别国人民的自由。这就是任意侵占别国领土的自由，任意蹂躏别国主权的自由。这就是江洋大盗杀人劫货的自由。这就是把全世界所有国家和人民踩在自己脚下的自由。他们在多米尼加是这样，在越南是这样，在刚果（利）是这样，在其他许多地方也是这样。中国人民坚决支持多米尼加人民反美爱国的武装斗争。

5月16日　在长沙会见在中国休假的胡志明，陶铸在座。毛泽东说：美国打不赢你们，他们怕你们，你们将打赢美国。胡志明提出请中国帮助修建六条公路，都是从中国边界通到越南后方地区，然后通到前线去的。毛泽东说：服从胡主席的命令，我们来包，不成问题。胡志明说：以前抗法战争时期，我们在山区，但和平恢复后就回到平原，产生了和平主义思想。毛泽东说：我们也犯了这样的错误，现在才开始纠正。

5月21日　乘汽车离开长沙，由张平化、汪东兴等陪同前往井冈山。当天晚上到达茶陵，下榻中共茶陵县委办公室，夜读《茶陵州志》。

5月22日　上午，同茶陵县负责人合影。随即，乘车去井冈山。中午到达江西永新，中共江西省委书记处书记刘俊秀、江西省副省长王卓超迎接。午饭后，毛泽东同永新县负责人合影。下午四时到达井冈山的茅坪。傍晚到达黄洋界，快步走向山顶，环视周围的山峰。在黄洋界保卫战胜利纪念碑前同张平化等合影。后到达茨坪，住井冈山宾馆。

5月25日　同刘俊秀、王卓超、汪东兴谈话。毛泽东说：我早想回井冈山看看，一别就是三十多年。为了创建这块革命根据地，不少革命先烈牺牲了自己的生命，牺牲时都只有二十几岁呀！没有过去井冈山艰难的奋斗，就不可能有今天。当得知井冈山修起了水电站和四条公路，办起了工厂、学校，农民住上了新瓦房时，说：今天的井冈山比起三十八年前大不相同了。我相信井冈山将来还会变得更好，更神气。但是我劝大家，日子好过了，艰苦奋斗的精神不要丢了，井冈山的革命精神不要丢了。

同日 阅刘少奇、周恩来、朱德、林彪、邓小平五月十九日接见中共中央军委作战会议全体人员时所作指示的纪要。纪要提出：我们要准备大打，准备快打，但战略工作的落实还要一步一步地来，先搞临时来不及准备的，就是加快尖端技术，搞大小三线。各大军区、省军区、军兵种，要特别重视民兵、小三线和地方部队。民兵是最可靠的兵员。我们要有全局观念，要注意国家经济问题，照顾到地方生产、人民生活和国家经济建设。兵要少一些，挤出钱来多搞武器、兵工厂、飞机、军舰、大炮、导弹、原子弹。战备工作要有重点，现在必须搞好工事，搞好部队的武器装备，不能搞全面紧张、全面膨胀。海军、空军、导弹、坦克、大炮，凡是临时来不及搞的现在就搞，来得及的，现在就不搞。最关键、最主要的是搞好三种准备，即军事思想的准备、军事上物质基础的准备和军队的政治工作。纪要指出：主席对于战略方针，从去年十三陵指示以后，又给了多次指示，都很重要，我们就按照主席指示去办。比如说，中间突破，切断南北；搞大小三线；民兵三落实；你打你的，我打我的，打得赢就打，打不赢就走。主席最近在武汉又指示，前面不要放那么多人，不要怕敌人突破一点。毛泽东阅后批示："此件已阅，退林彪同志。所提各项意见，都同意。所谓十三项物质准备工作，如有文件，盼送给一阅。"

5月26日 在茨坪散步，向陪同的井冈山管理局负责人了解井冈山的建设情况。晚上，同汪东兴谈话。毛泽东说：这次上井冈山，往事都想起来了，有些事情还想说一说。我们军队里也不是那么纯，军队里也有派嘛！几十年来经常有人闹乱子，最大的闹乱子是张国焘[1]。一、四方面军会合时，一方面军有三万人，四方面军有八万人，张国焘说他的人多，队伍要听他的。其实人多人少不是关键问题，要紧的是问题的本质，是你的路线正确不正确。长征中正确的路线应该是先向陕北，再向华北、东北。人少不怕，比如一方面军长征到达陕北时只剩下八千人，坚持正确的路线，保留了革命的种子，后来建立了陕甘宁根据地，队伍又壮大了。

5月28日　上午，在茨坪散步。下午，向汪东兴提出明天在离开井冈山前，要分批接见井冈山的革命老同志、党政负责人、工人农民、宾馆服务人员、警卫、医务人员等，以及湖南来的护送上山的同志，让他作具体安排。毛泽东说：这些同志辛苦了，我乐意见见他们，同他们合影。二十九日下午，按事先的安排分批接见并合影。随后，乘汽车下山。当晚到达吉安，住中共吉安地委招待所。

5月30日　下午，接见中共吉安地委、市委负责人。随后，乘汽车经峡江、分宜抵达樟树机场旁专列停放处。当晚住在专列上。

5月　作词《念奴娇·井冈山》："参天万木，千百里，飞上南天奇岳。故地重来何所见，多了楼台亭阁。五井碑前，黄洋界上，车子飞如跃。江山如画，古代曾云海绿。　弹指三十八年，

---

[1] 张国焘，1931年任中共中央政治局常委、鄂豫皖中央分局书记。1935年6月中国工农红军第一、第四方面军会师后，任红军总政治委员。他反对中央关于红军北上抗日的决定，进行分裂党和红军的活动，另立中央。1936年6月被迫取消第二中央，随后与红军第二、四方面军一起北上抗日，12月到达陕北。1937年9月起，任陕甘宁边区政府副主席、代理主席。1938年4月，逃离陕甘宁边区，投入国民党特务集团，成为中国革命的叛徒，随即被开除出党。

人间变了，似天渊翻覆。犹记当时烽火里，九死一生如昨。独有豪情，天际悬明月，风雷磅礴。一声鸡唱，万怪烟消云落。”

6月1日 乘专列到达杭州，住汪庄。

6月2日 阅中国科学院国际关系研究所五月三日编印的《帝国主义动向》第十五期。其中《从美国统治集团内部在越南问题上的争吵看美国扩大战争的动向》一文认为，约翰逊政府在积极准备进一步扩大越南战争，打算同中国进行一场较量。毛泽东批示：“江青阅。这是一个研究所的分析，可一看。他们认为有可能马上打仗。我看也许如此，也许暂时还不会。一、二、三年之后才打，我们就有准备了。但我们要放在马上打的基础上部署工作，中央已作了决定〔1〕了。”

6月9日 在杭州会见印度尼西亚合作国会议长阿鲁季和夫人，郭沫若和夫人于立群在座。毛泽东说：你们退出联合国就更加自由了。至于我们，现在他们不让我们进去，就是让我们进去，我们现在也不进去。要进去，必须由联合国声明取消中国是侵略者的决议，另作一个美国是侵略者的决议。希望你们好好搞，军事、政治、经济、文化各方面都成长起来，逐步地建立在自力更生的基础上。要搞些钢铁工业、机器制造业，石油工业你们已经有了，还要发展农业，粮食不要靠进口，不要从美国进口粮食。毛泽东说：如果美国人一步一步地向越南北方扩大侵略，打到河内，只要越南政府要求我们去，那我们是要参加的。如果美国人打到中国境内来，我们就有理由了，我们就可以打出去。现在我们要准备打仗，看来帝国主义是准备打的，实际上打起来他们一定会失败。第一次世界大战打出个苏联来；第二次世界大战打出个中国和许多社会主义国家，打出个印度尼西亚和几个民

〔1〕 指1965年4月14日发出的《中共中央关于加强备战工作的指示》。

族主义国家；如再打第三次世界大战，帝国主义就没有了。

同日　听取汪东兴汇报公安工作。当汇报到依靠群众专政，矛盾不上交时，毛泽东说：对矛盾不上交的认识得有一个过程，要对干部进行教育。要让他们懂得：发现有破坏活动的反革命分子，要放在本地，因为老百姓熟悉了解他们，便于监督改造。不要一发现反革命分子就统统逮捕起来，杀掉他们，这样会引起他们的子女同我们对立，同时也涉及到他们的劳动力和生活问题。汇报到整顿公安队伍时，毛泽东说：队伍不仅要整顿好，还要培养新生力量。

6月11日　在杭州汪庄接见中共中央华东局书记处成员，江华、叶飞、刘培善、贾久民、伍洪祥〔1〕、方志纯、唐亮〔2〕、谭启龙、魏文伯、陈丕显、陈光〔3〕、李葆华和陈伯达等参加。毛泽东说：韩先楚对我帮助很大，他在江西上高县作了调查，说县、省一级人太多。江苏以前说省级机构减到三千五百人，要那么多做什么，五百人即可。省委、县委顶事的就那么几个人，每个人带个秘书就够了。我想要彻底把这个问题搞一下。当魏文伯汇报一九六四年华东地区粮食产量达到一千一百亿斤，今年农业生产计划下面有些加码时，毛泽东说：粮食产量不要报多了，让下面瞒一点，报多了害人，将来危险，少报些好。农业生产计划不要层层加码，慢慢搞上去，越性急越搞不好。当魏文伯汇报一九七〇年可以达到一千五百亿斤时，毛泽东说：这个差不多。每

---

〔1〕　叶飞，当时任中共中央华东局书记处书记、福建省委第一书记、中国人民解放军福州军区政治委员。刘培善，当时任中国人民解放军福州军区第二政治委员。贾久民，当时任中共福建省委书记处书记。伍洪祥，当时任中共福建省委书记处书记兼省委党校校长。

〔2〕　唐亮，曾任中国人民解放军南京军区第二政治委员，当时因病休养。

〔3〕　陈光，当时任中共江苏省委书记处书记。

年增产八十亿斤靠得住吗？增产是否可以那么快？你要打上水旱灾害。当江华汇报今年讲过革命化春节，没有人买肉时，毛泽东说：要生产，也要消费。讲节约，结果猪肉没人吃，花布无人穿，东西卖不出去，节约节得先念不好过。猪肉有人要，农民才会养猪。物价是一个问题，贵得没有道理，货物多就要卖便宜些，薄利多销这个问题讲了多少年，总是行不通。当魏文伯汇报华东地区的社教运动准备一九六八年搞完时，毛泽东说：不要马马虎虎。一九六八年春万一搞不完，留点尾巴也可以。人总是大多数可以教育过来的，不要搞得很苦。你们是严还是宽？不严不成，太严也不成，要宽严结合。主要是教育，不是整人，对贫下中农可以说清楚。毛泽东还说：江苏省委要下面讲省委的缺点，很好。你们（问陈光）社教运动有主动权了吗？你们要下面都向省委提意见就有主动权。也不要老检查。检查要有分析，哪些是对的，哪些是不对的，弄得一无是处也不好，一不是反革命，二为人民多少做了一点事。检查三年一次就行了。毛泽东谈到某些干部的缺点时说：不要有什么山头，不要有宗派主义，不管南北中外，包括犯错误的，只要能改，就要团结，这样就能团结百分之九十五以上的人。我们不是要团结外国人吗？首先要团结我们自己。谈到文艺工作时，毛泽东说：文艺座谈会我讲了话，放了空炮，以后二十几年没有整个抓文艺战线，结果长期以来照样是帝王将相、才子佳人占统治地位，尽是那一套，劳动人民只是打武场、跑龙套。现在要改一改，让劳动人民当主人，才符合我们现在的情况。我们过去没有演戏的、画画的，医生也很少。成分还是要看的，但不要唯成分论，看表现，地主、资产阶级家庭出身的，背叛地主、资产阶级就可以了。

同日 审阅《人民日报》编辑部、《红旗》杂志编辑部为纪念《关于国际共产主义运动总路线的建议》发表两周年写的《把反对赫鲁晓夫修正主义的斗争进行到底》一文，批示："康生、冷西同志：此文已经看过，写得很好，照此发表。"这篇文章在六月十四日《人民日报》和同日出版的《红旗》杂志一九六五年第七期发表。

6月13日 下午，在杭州会见胡志明，董必武、江华在座。谈到越南问题时，毛泽东说：总之，我们是有准备的，美国要怎样打，我们就怎样打。约翰逊这个人不高明，不对头，不合逻辑，没个准。当胡志明谈到他上个月离开长沙后去了很多地方，参观了孔子的家乡曲阜时，毛泽东说：孔子的家乡我去过两次，一次是四十多年前，一次是解放后。孔子自己就乱杀人。他当了司寇才七天，就杀了他的反对派少正卯。少正卯只是爱说话，会说话些，他把孔子的学生争取过去了。孔子杀他，是为了抢学生。这件事后来被荀子揭发出来。荀子是唯物主义，孔子是唯心主义。孔子代表奴隶主、贵族，荀子代表地主阶级，儒家的左派。孟子和孔子一样，也是唯心主义。在中国历史上，真正做了点事的是秦始皇，孔子只说空话。有些事，秦始皇的办法不对。他虽然只统治了十三年，但影响有几千年。毛泽东对胡志明说：你什么时候感到需要休息，就到我们这里来，去什么地方都行。

6月15日 下午，在杭州汪庄召集本日由北京来杭州的周恩来、彭真、陈毅、李先念、罗瑞卿开会，研究第二次亚非会议的有关问题。

6月16日 上午，在杭州汪庄召开会议，听取余秋里关于编制第三个五年计划的汇报和谷牧关于三线建设的汇报，周恩来、彭真、陈毅、李先念、薄一波、罗瑞卿、江华出席。在汇报前，毛泽东说：昨天晚上我把你们的文件都看了。我看你们那么多项目，投资那么多，不仅各部各地方提的要求高了，你们的指标也高了。安排得少一点行不行？在余秋里谈到第三个五年计划的方针是要发展农业，大体上解决吃穿用时，毛泽东说：吃穿用不要降低现在水平，每年略有增加就好。农业投资不要那么多（一百四十亿元），农业要搞大寨精神。农业靠学大寨，工业靠学大庆。在余秋里谈到这次三五计划的方针中把加强国防建设放在第一位，有人认为这样是不是违反了以农业为基础、工业为主导的发展国民经济总方针，违反了农轻重安排原则时，毛泽东说：是要违反一下。不违反一下怎么行哩！是倒过来了。农业投资我看还要减。过去在农业方面花了些冤枉钱。在余秋里说我们理解发展国民经济的总方针是长期的，在一定时期内要具体化，要有所侧重时，毛泽东说：对嘛！在余秋里谈到三五计划期间无论如何要把三线主要东西搞起来时，毛泽东说：三线建设也可以准备两手，一个是搞成，一个是搞不成。搞不成无非是时间拖长一点。鉴于过去的经验，欲速则不达，还不如少一点慢一点能达到。余秋里说：工业布局不能太分散，要根据各行各业的特点来布局。毛泽东说：对。毛泽东针对三五计划的投资规模强调指出：我看五年搞一千零八十亿元的建设规模是大了，留的余地太少了。少搞些项目就能打歼灭战，大了歼灭不了。不要搞一千个亿，搞个八百亿、九百亿。一九七〇年那些指标不要搞那么多，粮食四千八百亿斤能达到吗？要考虑来个大灾或者大打起来怎么办。钢一千六百万吨就行了。你这个数字压不下来，就压不下那些冒进分子的瞎指挥。我看大家想多搞，你们也想多搞，向老百姓征税征粮，多了会闹翻，不行的。这是个原则问题。要根据客观可能办事，绝不能超过客观可能，按客观可能还要留有余地。留有余地要大，不要太小。要留有余地在老百姓那里，对老百姓不能搞得太紧。总而言之，第一是老百姓，不能丧失民心；第二是打仗；第三是灾荒。[1] 计划要考虑这三个因素，脱离老百姓毫无出路，搞那么多就会脱离老百姓。

同日　由杭州到达上海。

6月20日　上午，同复旦大学教授刘大杰、周谷城谈话，陈丕显、江青参加。谈话内容包括学术讨论、中国文学史、京剧现代戏、教育改革、《辞海》等。关于学术上的争论，毛泽东说：你们不要怕批评，要有批评才能进步。不是我们叫人家来批评你（指周谷城——编者注），而是群众自发地来批评你。这次批评了你一下，对于大家都有好处。目前你暂时且慢写文章，等他们不再批评你了，你再把他们的文章拿来好好地看一看，做一些研究。他们讲得对的地方，你应该接受，做些自我批评；有些地方如果你觉得可以辩论，你还可以再写文章同他们辩论。在逻辑问题的争论中，我同意你所主张的要把辩证法和形式逻辑区分开来的意见，我倒不同意把两者混淆起来的论点。形式逻辑，讲的就是形式，那就是关于思维形式的法则嘛。毛泽东对刘大杰说要看他写的《中国文学发展史》，并说以后你再有书出版一定要送我一部。刘大杰向毛泽东提出文学史方面的一些问题，毛泽东说：唐朝韩愈文章还可以，但是缺乏思想性。韩愈的诗文有点奇。韩愈的古文对后世很有影响，写文学史不可轻视他。柳宗元的文章思想性比较韩愈的高，不过文章难读一些。屈原写过《天问》，过了一千年，才有柳宗元写《天对》，胆子很大。柳宗元顶多可以说有些朴素唯物主义成分。刘禹锡的文章不多，他所作《天论》三篇，主张“天与人交相胜还相用”之说。他反对迷信。刘

〔1〕 周恩来1965年8月23日在国务院第158次全体会议上说：主席提出要我们注意三句话，注意战争，注意灾荒，注意一切为人民。这三句话，我想合在一起顺嘴点，就是备战、备荒、为人民。

禹锡可以说是一个朴素的唯物主义者。宋朝的王安石最可贵之处在于他提出了“人言不足恤”的思想，在宋神宗时代，他搞变法，当时很多人攻击他，他不害怕。封建社会不比今天，舆论可以杀人，他能挺得住，这一点不容易做到。我们要学习王安石这种精神，不要害怕批评，要敢于发表和坚持自己的见解。刘大杰问：唯心主义的东西要不要搞？毛泽东说：唯心主义的东西不要怕碰，不研究唯心主义的东西，唯物主义怎么能发展啊？研究过去的唯心主义著作，把它当作对立面，才有助于今天的学术研究，就是研究过去的东西也要留心去发现同一时代的对立面。比如，梁武帝和范缜就是对立面：一个提倡佛教，一个反对宗教。在唐代唐宪宗的时候也有这种对立面，提倡宗教和反对宗教。刘大杰问：对清代乾嘉学派如何评价？毛泽东说：对乾嘉学派不能估价太高，不能说它是唯一的科学方法，但是它的确有成绩。雍正时代对知识分子采取高压政策，兴文字狱，有时一杀杀一千多人。到了乾隆时代改用收买政策，网罗一些知识分子，送他们钱，给他们官做，叫他们老老实实研究汉学。与此同时，在文章方面又出现了所谓桐城派，专门替清王朝宣传先王之道，迷惑人心。鸦片战争以后，中国面临亡国的危险，有一些进步的知识分子像龚自珍这些人，出来既反对乾嘉学派，又反对桐城派。前者要知识分子脱离政治，钻牛角尖，为考证而考证。后者替封建统治阶级做宣传，两者都要反对。后来又出来康梁变法，都没有找到出路。最后还是非革命不可。谈到京剧改革时，毛泽东说：京剧改革的事还是要搞下去，目前先搞出几个好的剧目来，到处去唱。唱来唱去逐渐使他们成为传统剧目，逐渐使现代剧占领舞台。《红灯记》、《沙家浜》都不错，其中有些小地方可能还要斟酌。关于教育改革，毛泽东强调要少而精和启发式的教育。关于《辞海》，他说：我看了一些。关于过去的东西注解还过得去，关于现代的东西讲得要差一点，比如“共产党”、“共产主义”这些条目讲得太简单，不能说明问题。

同日 中午，离开上海。路过南京时，在专列上听取江渭清等的工作汇报。当晚到达蚌埠。二十二日回到北京。

6月25日 听取林克在河北新城县（今高碑店市）张八屯公社高镇大队蹲点搞社会主义教育运动情况的汇报。毛泽东首先问高镇大队的夏收情况，公社和县的情况，以及划阶级的情况等。当林克汇报到高镇大队划阶级时采取就低不就高的原则时，毛泽东表示赞成，指出：争取团结多数是列宁的思想，后来我们根据列宁的思想概括了几句话，即利用矛盾，争取多数，反对少数，各个击破。当汇报到选举干部时，毛泽东问：干部选得怎么样，是否选了原来的干部？群众是否满意？他说：对干部要一分为二，不一定大换班，要具体分析。

6月26日 上午，同汪东兴谈话。汪东兴谈到在第十四次全国公安会议上余秋里传达了毛泽东对第三个五年计划的指示精神时，毛泽东说：这次我又压了他们一下。早就讲要他们注意三线问题，没有大注意。这次一来了就是一千多亿〔1〕，这样老百姓怎么得了。搞这么大的建设，要供给粮食，运输搞不上去，西南三条铁路一下修不起来，钢材、木材供不应求，将来可能又要来个反复。不要把老百姓搞翻了。要他搞，要么就听不进去，就不搞，要搞就拼命搞。什么都怕过分，我先纠正他们一下，免得将来又反复。毛泽东说：一件事情，不能看得那么容易。有人想三线建设好了再打仗，我看美帝国主义不会等你的。它是不以我们的意志为转移的，它等你建设起来才打？也可能建设不起来就打，也可能建设起来又不打，要有两手准备。其实，大三线我有

---

〔1〕 指第三个五年计划期间的基本建设投资总额。

点担心，小三线我不担心，省里搞嘛，他有多少就搞多少。大三线就不同了，有的厂不能搬就不要搬。如鞍钢那么大，怎么能搬呢？旧的搬了，新的没有搞起来。能搬就搬，不能搬就算了。毛泽东说：你们不是讲矛盾不上交，少捕少杀吗？会不会偏到该捕的也不捕了，民愤大的、行凶杀人的连一个也不杀了，不要又偏到另一面去了。该捕的还要捕，硬不准捕也不对，捕得太多了不好。什么都不能过分。敌人，就是你们说的四类分子，也不要看成铁板一块。我就是怕我们的同志思想片面。

同日 同身边医务人员谈话。医务人员谈到买来两套医书是普及性质的，但可能与中国情况特别是农村情况有不符合的地方，毛泽东说：尽信《书》则不如无《书》。告诉卫生部：卫生部的工作，只给全国人口的百分之十五服务，这百分之十五中主要还是老爷。而百分之八十五的人口在农村，广大农民得不到医疗，一无医，二无药。卫生部不是人民的卫生部，改成城市卫生部或老爷卫生部，或城市老爷卫生部好了。医学教育要改革，根本用不着读那么多年。华佗读的是几年制？明朝李时珍读的是几年制？医学教育用不着收什么高中生、初中生，高小毕业生学三年就够了，主要是在实践中提高。这样的医生放到农村去，就算本事不大，总比骗人的医生和巫医要好，而且农村也养得起。书读得越多越蠢。现在医院那套检查治疗方法，根本不适合农村。培养医生的方法也只是为了城市，可是中国有五亿多人是农民。那种做法脱离群众，中国百分之八十五的人口在农村，不为农村服务，还叫什么为人民服务。工作中，把大量的人力、物力放在所谓尖端，高、难、深的疾病研究上，对一些多发病、常见病、普遍存在的病，如何预防，如何改进治疗，不管，没人注意，或放的力量很小。尖端的问题不是不要，只是应该放少量的人力物力，大量的人力物力应该放在农村，重点在农村。还有一件怪事，医生检查一定要戴口罩，不管什么病都戴，是怕自己有病传染给别人？我看主要是怕别人有病传染给自己。（医务人员说：有些是应该戴的，例如做手术，不戴，怕医生口腔、鼻腔的细菌传染病人伤口。）要分别对待嘛！干什么都戴，这首先造成医生与病人之间的隔阂。今后城市的医院应该只留下毕业一两年的医生，本事不大的医生，其余的都到农村去，把好的都放在农村。“四清”运动到一九六八年就扫尾基本结束了，可是“四清”结束，农村的医疗卫生工作并没有结束啊！把医疗卫生的重点放到农村去嘛！把这些都告诉卫生部。一九七〇年六月二十六日，周恩来将上述谈话的整理稿委托汪东兴报送毛泽东，毛泽东批示：“暂不发表，将来再说。退东兴同志存。”

同日　复信章士钊。信中说：“大作收到，义正词严，敬服之至。古人云：投我以木桃，报之以琼瑶。[1] 今奉上桃杏各五斤，哂纳为盼！投报相反，尚乞谅解。”

6月29日　审阅谢富治六月二十八日报送的他六月十一日在第十四次全国公安会议上讲话[2]的记录稿和公安部党组关于第十四次全国公安会议的会后报告，批示谢富治：“此两件都已看过，照此办理。会议如有好的意见，可以吸收。”“改了几句。”谢富治的讲话中说：“主席讲，天下太平，很好。天下不太平，也不见得是坏事。”毛泽东将“不太平”改为“大乱”。在这句话后加写：“乱（指战争）有乱的极大好处，例如我党经历过二十五年战争（中印边界战争不算在内），还不是都打胜了。”

---

〔1〕　见《诗·卫风·木瓜》。

〔2〕　谢富治的讲话包括4个方面的内容：要依靠群众专政，少捕，矛盾不要上交；公安工作的备战，包括思想上的备战和具体工作上的备战；坚决取缔反动会道门，取缔教会的非法活动；公安机关的“四清”要坚持到底，不能半途而废，要争取今明两年搞完。

同日 下午，在人民大会堂一一八厅会见由第二副总统卡瓦瓦的夫人率领的坦桑尼亚妇女代表团，邓颖超等在座。毛泽东说：你们要有自己的军队，没有军队政府就不巩固。学会军事比较快，学会自然科学，培养工程师，时间要长一点。如果不培养自己的科学家、工程师，就不能发展工业。

7月3日 阅《团的情况》（增刊）总第一五五期刊载的《北师一个班学生生活过度紧张健康状况下降》一文。文中说：据共青团北京市委在北京师范学院历史系二年级一个班调查发现，学生由于学习负担过重，体育锻炼运动量过大，课余活动过多，严重地影响了身体健康。毛泽东批示："陆定一同志：学生负担太重，影响健康，学了也无用。建议从一切活动总量中，砍掉三分之一。请邀学校师生代表，讨论几次，决定实行。如何，请酌。"

7月4日 下午，在人民大会堂一一八厅会见印度尼西亚共产党代表团。毛泽东说：我们国内还有阶级，还有阶级斗争。被推翻了的阶级是不甘心灭亡的，还产生了新的资产阶级。有些人当了权就贪污，投机倒把，实际上变成了小资本家，他们的资本还在原始积累阶段就是了。我们要消灭这种现象，因此进行了相当激烈的阶级斗争。这个斗争是采取教育的方式，帮助那些人回头。对犯错误的人，允许他们改正错误，不抓，更不杀。犯错误的多是共产党员，有的当支部书记、工厂党委书记、公社党委书记、车间主任。我认为，发生这些事是不奇怪的，不发生才是奇怪呢！进行社会主义教育后，也许不会再发生这个问题，但我认为还是会发生的。犯错误是好事，犯了错误可以总结经验教训。像人害病一样，害了病就可以产生抵抗力。错误是一笔财富，不要丢了。

7月12日　阅中共中央调查部关于李宗仁回国有关问题的意见的请示。请示说：关于李宗仁到达北京机场就发表书面声明的问题，可考虑两个方案，一、不必一进国门就发表声明，待回国商量后再发表声明；二、同意一进国门就在机场发表书面声明并接见记者，但声明稿应事先同国内商妥。我们倾向采用第一方案。周恩来七月九日批注："拟同意第一方案。"毛泽东批示："总理：似以第二方案为较好，稿子事前商好，并无坏处。请再酌。"十五日晨，毛泽东又批示："总理：你去上海是否多留几天，同李面商声明稿，并同机回北京。李回国，你似应到机场欢迎。"

7月14日　下午，在人民大会堂一一八厅会见乌干达总理奥博特，刘少奇、周恩来、陈毅等在座。毛泽东说：你们要摆脱帝国主义的控制，我是讲要逐步的，不要太急。你们没有干部，需要培养干部，培养工程师、地质勘查人员等。逐步进行培养，要时间。我们已经搞了十五年，但还不够。奥博特说：我们乌干达也感到干部缺乏。我们的希望和可能有矛盾，我们有危险，太急，不考虑可能性，会遭到困难。毛泽东说：我们也是这样，犯了错误，要搞多，要快，结果证明是不行的。经济要逐步上升，发展只能根据可能，不能只按照需要。要根据可能，根据希望，尽量努力达到目的，不要主观主义、官僚主义。主观主义在我们身上经常存在，特别是掌权以后，容易产生自以为是，不肯反复研究，不肯听反对意见。

7月15日　对军队文工团作指示：军队文工团只知道军队的事不够，还应知道工人、农民的事。因此，也应同地方文工团一样，要到工厂、农村去，特别要到农村去锻炼，去参加"四清"。

7月16日 下午，在人民大会堂福建厅会见由黄文欢[1]率领的越南国会访华代表团，刘少奇、彭真、郭沫若等在座。毛泽东谈到越南战争时说：消灭美国军队就好比吃饭，要一口一口地吃，逐步逐步地把它吃光。过去我们跟美国人打仗，打得不那么好，总想一口把他三个师都吃下来。美国一个师有两万多人，吃美国的师不能一口吃，要分几次吃。它的装备也比我们强，我们那时不行，我们三个军九个师的炮火，抵不了它一个师的炮火。任何反革命对人民战争是没有办法的，他是瞎子，我们有眼睛。但是动员群众要有时间。越南战争教育了越南人民，也教育了全世界人民。我们跟你们一样，相信那个日内瓦协议，结果他就是不遵守。你们把兵撤走了，他就杀人，他用杀人的方法来教育越南人民。我们还是照他的办法来对付他，叫做政治为主，军事为辅；以后叫做政治、军事并进；然后就是军事为主，政治保障军事。我们也是"逐步升级"，以"逐步升级"来对付"逐步升级"。

7月18日 阅中央美术学院教师闻立鹏、王式廓、李化吉关于美术院校使用模特问题给江青的信。信中说，从废除模特制以后，学校在教学活动中已经遇到不少困难，应届毕业生的创作质量有可能因此受到影响，学院不少教员和学生都为此而担心。信中提出：模特写生是资产阶级艺术教育技术训练体系的核心，但是模特写生作为解决美术基本功的初步训练方法，是可以批判地继承的。为了深入地研究人体的运动、结构、比例、造型，男女人体都应在技术训练中占少量的比例，需要有一定的对象供学生在课堂学习的时候使用。毛泽东批示："定一、康生、恩来、少奇、小平、彭真同志：此事应当改变。画男女老少裸体 Model

[1] 黄文欢，当时任越南劳动党中央政治局委员、越南国会常务委员会副主席。

是绘画和雕塑必须的基本功，不要不行。封建思想，加以禁止，是不妥的。即使有些坏事出现，也不要紧。为了艺术学科，不惜小有牺牲。请酌定。”毛泽东在信末批注：“齐白石、陈半丁〔1〕之流，就花木而论，还不如清末某些画家。中国画家，就我见过的，只有一个徐悲鸿〔2〕留下了人体素描。其余如齐白石、陈半丁之流，没有一个能画人物的。徐悲鸿学过西洋画法。此外还有一个刘海粟〔3〕。”

同日　就《柳文指要》〔4〕一书等问题复信章士钊：“各信及指要下部，都已收到，已经读过一遍，还想读一遍。上部也还想再读一遍。另有友人也想读。大问题是唯物史观问题，即主要是阶级斗争问题。但此事不能求之于世界观已经固定之老先生们，故不必改动。嗣后历史学者可能批评你这一点，请你要有精神准备，不怕人家批评。又高先生评郭文〔5〕已读过，他的论点是地下不可能发掘出真、行、草墓石。草书不会书碑，可以断言。至于真、行是否曾经书碑，尚待地下发掘证实。但争论是应该有的，我当劝说郭老、康生、伯达诸同志赞成高二适一文公诸于

〔1〕齐白石，画家。1957年9月去世。曾任中央文史研究馆馆员、北京中国画院名誉院长、中国美术家协会主席。陈半丁，画家。当时任全国政协委员、中央文史研究馆馆员、北京中国画院副院长、中国美术家协会理事、中国画研究会副会长。

〔2〕徐悲鸿，画家、美术教育家。1953年9月去世。曾任中央美术学院院长、中华全国美术工作者协会主席。

〔3〕刘海粟，画家。当时任南京艺术学院院长。

〔4〕《柳文指要》是章士钊撰写的研究柳宗元著作的专著，1971年9月由中华书局出版。

〔5〕指当时南京市文史研究馆馆员高二适写的《〈兰亭序〉的真伪驳议》。此文对郭沫若的《由王谢墓志的出土论到〈兰亭序〉的真伪》一文提出了不同意见，发表在1965年7月23日《光明日报》。

世。柳文上部，盼即寄来。”

同日 致信郭沫若。信中说：“章行严先生一信，高二适先生一文均寄上，请研究酌处。我复章先生信亦先寄你一阅。笔墨官司，有比无好。未知尊意如何？”“章信、高文留你处。我复章信，请阅后退回。”

同日 应张经武〔1〕请求，为《西藏自治区画集》题写书名。

7月19日 阅刘少奇七月十一日报送的湖北孝感的九个材料和他代中共中央起草的转发批示。刘少奇在附信中说：“王任重同志从孝感寄来九个材料，每个材料都不长。我看都很重要，对‘四清’运动后县、区、社、队如何进行工作，如何精简机构和人员，提出了一些很好的意见和具体做法〔2〕。请主席看看，是否可以转发各地参考，以便各地党委都来研究和解决这些问题。我代中央拟了一个批语附在后面。如主席认为可以，请主席批示。”毛泽东批示：“少奇同志：九个材料及你所写指示，都已看过，很好，照发。”

---

〔1〕 张经武，当时任中共中央西南局书记处书记、西藏工委书记、中国人民解放军西藏军区第一政治委员。

〔2〕 王任重寄来的9个材料，是湖北孝感县县直社教分团、孝感县卧龙区区直工作队、卧龙公社群益大队工作组在1965年5月至7月分别总结整理的。介绍的情况是：孝感县经过“四清”运动，县、区、社和所属的各部门总共可以减下干部一千三百多人。卧龙公社试行了配半脱产干部的办法。卧龙区对住机关的区、社干部家属进行了清理，将家属送回乡参加劳动。卧龙公社群益大队实行大队干部轮流值班的制度，值班的人负责处理日常事务，不值班的人在本队参加劳动。卧龙区、社的干部，也实行了轮流值班的办法。群益大队以生产队为单位，成立贫协小组，有关生产、分配、财务和生活救济等，队委会讨论决定之后，都要由贫协小组审定，贫协小组可以随时清查账目，查问现金等，但不直接管钱管账。生产队长、副队长可以参加贫协小组，但不能担任正副组长，生产队的会计、出纳、保管不能参加贫协小组。

7月20日 下午，在人民大会堂福建厅会见巴西共产党中央政治局委员丹尼利。毛泽东说：认识农村社会的阶级关系要有一个较长的时间，我们这个党经过很长过程才认识农村。去农村打游击，是白色恐怖的条件下才去的。就是说，在敌人白色恐怖教育下，我们这些人才跑到农村。光有主观愿望是不行的，还要有敌人的压迫。现在我们有些同志无论在城市、在农村都不重视调查研究。下乡去就只是看书面材料，听报告，一层转一层，不是直接到农村去蹲点。近年来我们才检查这个情况，现在我们已有一百多万人由城市到农村去工作，是强迫去的，讲是讲点道理，但不强迫一下也不行。如果大家都不去农村，列宁提出的工农联盟就搞不好。在介绍中国革命的经验后，毛泽东说：你不要相信我这些话都是对的，要根据你们国内具体情况和历史情况去工作，经过好几年的实际考验，就会制定较正确的政策，最后取得胜利。当丹尼利说唯有实际生活才能证明是不是正确时，毛泽东说：这是马克思主义的。检验真理的唯一标准是实践。

同日 为北京人民大会堂服务人员高殿英题字："好好学习，努力为人民服务。"

7月21日 为改诗事致信陈毅。信中说："你叫我改诗，我不能改。〔1〕因我对五言律，从来没有学习过，也没有发表过一首五言律。你的大作，大气磅礴。只是在字面上（形式上）感觉于律诗稍有未合。因律诗要讲平仄，不讲平仄，即非律诗。我看你于此道，同我一样，还未入门。我偶尔写过几首七律，没有一首是我自己满意的。如同你会写自由诗一样，我则对于长短句的词学稍懂一点。剑英善七律，董老善五律，你要学律诗，可向他们请教。""又诗要用形象思维，不能如散文那样直说，所以比、兴

---

〔1〕 毛泽东为陈毅改了一首《五律·西行》。

两法是不能不用的。赋也可以用，如杜甫之《北征》，可谓‘敷陈其事而直言之也’[1]，然其中亦有比、兴。‘比者，以彼物比此物也’[2]，‘兴者，先言他物以引起所咏之词也’[3]。韩愈以文为诗；有些人说他完全不知诗，则未免太过，如《山石》、《衡岳》、《八月十五酬张功曹》之类，还是可以的。据此可以知为诗之不易。宋人多数不懂诗是要用形象思维的，一反唐人规律，所以味同嚼蜡。以上随便谈来，都是一些古典。要作今诗，则要用形象思维方法，反映阶级斗争与生产斗争，古典绝不能要。但用白话写诗，几十年来，迄无成功。民歌中倒是有一些好的。将来趋势，很可能从民歌中吸引养料和形式，发展成为一套吸引广大读者的新体诗歌。又李白只有很少几首律诗，李贺除有很少几首五言律外，七言律他一首也不写。李贺诗很值得一读，不知你有兴趣否？”

同日 复信华罗庚：“来信及《平话》[4]，早在外地收到。你现在奋发有为，不为个人，而为人民服务，十分欢迎。听说你到西南视察，并讲学，大有收获，极为庆幸。”

7月23日 下午，在人民大会堂一一八厅会见索马里总统欧斯曼，刘少奇、周恩来、陈毅等在座。毛泽东说：我七十二岁了，快见上帝了，我已经是超过我的计划了。在欧斯曼向毛泽东介绍随同他访问的索马里新闻部新闻处长后，毛泽东说：世界上新闻多得很。在一万多公里以外的消息，当天就可知道，这是几十年前不可设想的。消息很广，世界变得小了。

7月24日 下午，在中南海颐年堂会见由第一副总统卡鲁

---

〔1〕 见《诗集传·周南·葛覃》朱熹注。

〔2〕 见《诗集传·周南·螽斯》朱熹注。

〔3〕 见《诗集传·周南·关雎》朱熹注。

〔4〕 指华罗庚所著《统筹方法平话》。

姆的夫人率领的坦桑尼亚桑给巴尔妇女代表团，康克清等在座。

7月25日 阅罗瑞卿本日关于派高炮师支援越南的报告。报告说：两个高炮师拟应越方要求于八月一日由两个方向开进入越。另在北线加了一个“五七”高炮团，理由是（一）加强此线力量，（二）我们的两个“五七”高炮团借机到越南去轮番锻炼一下。毛泽东批示：“瑞卿同志：此信看过，照办。”

7月26日 下午，在人民大会堂一一八厅会见缅甸联邦革命委员会主席、革命政府部长会议主席奈温，刘少奇、周恩来、陈毅等在座。毛泽东说：社会主义建设我们搞了十多年，过去对有些事情，自己也搞不清楚。我们在经济工作上也犯过一些错误。犯错误有两面性质：一方面不利，对自己不利，对人民不利；另一方面，也可以使以后的工作做得好一些。我们在经济建设上，头一个阶段，什么都照搬别国的。但是适合那个国家的，不一定都适合我们，都照搬过来就不对了。第二个阶段，我们自己搞，想搞大的，搞得太多、太急。现在我们的经验是：第一，要学外国，但不能照抄外国的；第二，要搞一点，但也不能搞得太多。

同日 复信于立群：“一九六四年九月十六日你给我的信[1]，以及你用很大精力写了一份用丈二宣纸一百五十余张关于我的那些蹩脚诗词，都已看过，十分高兴。可是我这个官僚主义者却在一年之后才写回信，实在不成样子，尚乞原谅。你的字好，又借此休养脑筋，转移精力，增进健康，是一件好事。敬问暑安！并祝郭老安吉！”

---

〔1〕 于立群在信中说：“今年是建国十五周年。为了纪念这个伟大的国庆节日，我把主席诗词三十七首用大字写了一份，计用丈二宣纸一百五十余张，打算作为向党和主席的献礼。”

7月27日 中午，在中南海接见李宗仁和夫人郭德洁〔1〕，彭真、郭沫若、于立群、徐冰、章士钊、刘仲容〔2〕在座。毛泽东说：你们回来，很好，欢迎你们。当李宗仁说为祖国的强大感到高兴时，毛泽东说：祖国是比过去强大了一些，但还不很强大，我们至少还得再建设二三十年，才能真正强大起来。当李宗仁说海外有很多人都怀念祖国，他们渴望回到祖国来时，毛泽东说：跑到海外的，凡是愿意回来，我们都欢迎。他们回来，我们都以礼相待。谈到台湾问题时，毛泽东说：不要急，台湾总有一天会回到祖国来的，这是不可逆转的历史潮流。接见后，设宴款待李宗仁夫妇，并建议他们到全国各地去看看。

7月29日 阅彭真七月二十八日报送的中共中央转发谷牧三月十六日在全国设计工作会议上关于设计革命运动的报告的批语（报告转发至省军级党委）。彭真附信说："这份报告批发的时候，你正害感冒，未专送阅。不知已否阅过。"谷牧的报告说：去年十一月一日毛主席发出关于开展群众性的设计革命运动的号召后，很快就在全国各设计单位中形成了群众性的革命运动的高潮。报告指出设计工作中存在的问题有：贪大求全，脱离当前的实际需要，不符合勤俭建国的方针；因循保守，不重视采用新技术；设计方法烦琐，效率低，周期长，影响了建设进度，等等。今后主要解决的问题是：树立深入实际、联系群众的革命化作风，提倡设计人员下楼出院，深入生产、施工现场，参加劳动，调查研究；改革不合理的规章制度；整顿设计队伍，把那些年轻有为的设计人员提拔到各级领导岗位。要开创出一条适合我国情况的设计工

〔1〕李宗仁、郭德洁夫妇于1965年7月18日回国到达上海，7月20日到达北京。

〔2〕刘仲容，李宗仁的旧友。曾长期任李宗仁、白崇禧部参议。当时任全国人大代表、中国国民党革命委员会中央常委。

作的道路。毛泽东批示："退彭真。已经看过，此件很好。但似应发到地委、中等工业城市市委以及重要工厂党委。各大小设计院都要印发。请酌定。"根据毛泽东的指示，中央于十月三日发出通知，将谷牧的报告印发上述单位学习和研究执行。

7月底或8月初 阅中共中央调查部七月三十日编印的《调查通报》第八七二号刊载的一位台湾人士谈李宗仁回国问题的材料，批示："此人谈得不错，海外许多人都想回来。"这位人士私下与人长谈时说：李宗仁回国，是共产党统战政策的一次胜利，是毛泽东"爱国不分先后"号召的胜利，是李宗仁多年苦闷、徘徊、观望、等待的结果。香港、台湾都有许多不得意于蒋家王朝的人，他们看到李的行动及北京的反应，不会无动于衷。不过条件未熟，时机未至，不能有所表示而已。这位人士还说：共产党有办法，是留港许多朋友的公论。我一向骂共产党，但现在内心也不得不佩服共产党。

8月1日 阅中共中央办公厅秘书室整理的《四清工作队员的一些意见》。其中，福建南安县工作队员反映：运动时间拖得太长，已九个多月，但有些省委领导人还提出搞运动不要受时间限制，使工作队员感到遥遥无期；工作队员在贫下中农家里吃饭，长期生活比较艰苦，最近两个月病号突增，约占总人数的百分之三十以上，许多人已经躺倒不能工作。毛泽东批示："少奇同志阅后，寄福建省委叶飞同志：这个问题值得注意，你们是如何部署的，盼告刘少奇同志和我。"

同日 批示身边工作人员："找唐人杜牧之全集给我为盼。"

8月3日 下午，在人民大会堂一一八厅会见法国总统戴高乐的特使、文化事务国务部长马尔罗，刘少奇、陈毅在座。马尔罗问：在毛主席之前没有任何人领导过农民革命获得胜利，你们是如何启发农民这么勇敢的？毛泽东说：这个问题很简单。我们同农民吃一样的饭，穿一样的衣，使战士们感觉我们不是一个特殊阶层。我们调查农村阶级关系，没收地主阶级的土地，把土地分给农民。马尔罗问：主席是否认为重要的是土地改革？毛泽东说：土地改革，民主政治，此外还有一条要打赢仗，如不打赢仗谁听你的话？要讲经验还有一条，就是在中国要把民族资产阶级和资产阶级知识分子团结起来，团结民族资产阶级和资产阶级知识分子中凡是不跟敌人跑的人。我们在一个时期里甚至同大资产阶级蒋介石建立了统一战线。如果蒋介石不进攻我们，我们也不会进攻他。马尔罗问：中国再一次要把自己变成为伟大的中国，当然中国不需要成为欧洲式的强国，要成为中国式的强国，不知需要什么东西？毛泽东说：需要时间，至少需要几十年。我们还需要朋友，例如同你们往来，建立外交关系，这就是朋友的关系。马尔罗提出：我认为，赫鲁晓夫、柯西金是在想办法远离共产主义，但他们要往哪里去，在找什么，连他们自己思想上也不清楚。毛泽东说：他们就是用这样一种糊里糊涂的方法迷惑群众。党是可以变化的。中国也有两种前途，一种是坚决走马列主义的道路，社会主义的道路，一种是走修正主义的道路。我们有要走修正主义道路的社会阶层，问题看我们如何处理。我们采取了一些措施，避免走修正主义道路，但谁也不能担保几十年后会走什么道路。马尔罗问：现在中国修正主义阶层是否广泛存在？毛泽东说：相当广泛，人数不多，但有影响。马尔罗问：主席看，在反对修正主义方面，下一步的目标是什么？我指的是在国内方面。毛泽东说：那就反对修正主义，没有别的目标。我们反对贪污、盗窃、投机商人，反对修正主义的一切基础，不只是党外，党内也有。马尔罗说：我感到你们的工业问题已解决了，或起码说是走上健全道路了。下一步的目标是否是农业问题？毛泽东说：工业和农业问题都没有解决。人民公社在组织机构和生产关系方面不会有什么改变，在技术方面开始有了些改变。农业可增加一些耕地面积，但主要的还是增加单位面积的产量，这里有很多文章可做。

8月5日　上午，在人民大会堂一一八厅会见由主席艾地率领的印度尼西亚共产党代表团，刘少奇、周恩来、邓小平、彭真、陈毅、康生等在座。谈到神的问题时，毛泽东说：中国到处有神。神的组织总是按照人的组织来建立的。人有皇帝，天上也有皇帝，人有文官，天上也有文官，人有武官，是打仗的，天上就有天兵天将，都是按照人的模型做成的。德国哲学家、唯物主义者费尔巴哈，是第一个看透神是人的思想意识的反映。他的书必须看。当然，黑格尔的书也必须看。列宁说，不读资产阶级唯物主义的书，不能成为共产主义者。也应该读唯心主义的书。我是相信过康德的。我也看过希腊亚里士多德的书，看过柏拉图的书，看过苏格拉底的书。不读唯心主义的书、形而上学的书，就不懂得唯物主义和辩证法。这是我的经验，也是列宁的经验，也是马克思的经验。毛泽东还介绍自己成为马克思主义者和夺取革命胜利的经历，然后说：现在百分之七十和八十的工作是由刘少奇同志、周恩来同志、邓小平同志等做的。我已经有几年没有参加政治局的会议，这些会议是由刘少奇同志主持的。邓小平是总书记，周恩来是总理，他们工作得比我好。我有一点官僚主义，那是必要的。如果不这样，反而是不好的。当艾地问毛泽东在打仗之前，是否看过有关军事著作时，毛泽东说：一本也没有看过。《三国演义》我看过，《孙子兵法》没有看过。打过仗以后，那是到了西北之后，为了总结经验，看了一些中国的、外国的军事书。书是靠不住的，主要是要创造自己的经验。在打仗时，不要带着书，要狠狠把它丢掉，认真打仗。打仗是个大学校。

同日　致信康生："章士钊先生所著《柳文指要》上、下两部，二十二本，约百万言，无事时可续续看去，颇有新义引人入胜之处。大抵扬柳[1]抑韩[2]，翻二王、八司马[3]之冤案，这是不错的。又辟桐城[4]而颂阳湖[5]，讥帖括而尊古义，亦有可取之处。惟作者不懂唯物史观，于文、史、哲诸方面仍止于以作者观点解柳（此书可谓《解柳全书》），他日可能引起历史学家用唯物史观对此书作批判。如有此举，亦是好事。此点我已告章先生，要他预作精神准备，也不要求八十五龄之老先生改变他的世界观。”

8月8日 下午，在人民大会堂一一八厅会见几内亚教育代表团和几内亚总检察长法迪亚拉和夫人，何伟、韩幽桐[6]等在座。毛泽东说：中国的经验不都是好的，有一部分是好的，有一部分是坏的。我们的工作，无论哪一项工作，都正在改造过程中，教育工作也是如此。法院、检察工作也是一样，到现在还没有颁布民法。究竟哪一年颁布民法、刑法、诉讼法？（韩幽桐：正在搞。）大概还要十五年。犯了罪的人也要教育，采取帮助他们的方法，慢慢来，不性急，绝大多数的人是可以进步的。将来把这些写进法典里去，民法、刑法都要这样写。我们有些干部不懂得要把改造人放在第一位，不要把劳动和生产放在第一位。办教育也要看干部。一个学校办得好不好，要看学校的校长和党委究竟是怎么样，他们的政治水平如何来决定。学校的校长、教员

---

〔1〕 柳，指柳宗元。

〔2〕 韩，指韩愈。

〔3〕 二王，指王叔文、王伾。王叔文在唐顺宗时任翰林学士，联合王伾等人进行政治改革。改革失败后，王叔文被杀，王伾遭贬。八司马，指韩泰、韩晔、柳宗元、刘禹锡、陈谏、凌准、程异、韦执谊。他们支持唐顺宗进行政治改革，失败后8人均被贬为远僻地方的司马，故有八司马之称。

〔4〕 桐城，指桐城派，清代散文流派。

〔5〕 阳湖，指阳湖派，清代散文流派。

〔6〕 何伟，当时任教育部部长。韩幽桐，当时任中国科学院法学研究所副所长、中国政治法律学会书记处书记、中国亚非学会理事。

是为学生服务的，不是学生为校长、教员服务的。

8月10日　致电慰问病愈的印度尼西亚总统苏加诺。电文说：我衷心地祝愿你保重身体，健康长寿，为亚非的团结反帝事业，继续不断地做出新的贡献。

同日　批示身边工作人员："韩昌黎全集找来一阅。"

8月11日　上午，主持召开中共中央政治局常委会议，听取罗瑞卿汇报林彪关于如何贯彻执行毛泽东诱敌深入战略方针的指示等。下午，继续开会，中央书记处成员也参加。毛泽东说：就是要诱敌深入。我最近研究历史，古今中外，凡是诱敌深入的，就把敌人歼灭了；凡是开始打了胜仗，兴高采烈，深入敌境的，就打败仗。中国、外国这样的例子多得很。总参谋部要研究用什么办法才能够把敌人放进来。不让敌人打些胜仗，尝到味道，它就不来了。这件事，要经常考虑研究才好。当彭真谈到现在和过去不同了，战争初期要争取时间疏散物资时，毛泽东说：是要争取时间，能争取半年时间就大体够了。物资可以预先搬走，搬不走的就主动发给人民。苏联修正主义可能对我们实行大包抄，要准备它来，总参谋部也要经常考虑、研究这个问题。如果北京被占领，我们就不在这里呆了。战时，领导集团要分散，打死一个，还有一个。打起仗来，老的打死了，年轻的就起来，接着打，一直打下去，打到底！要提拔新干部，培养接班人，南北干部要组织交流。年纪大了，还能做工作的，就继续做工作，不能做工作的，要很好安置，让他担任荣誉职务，或者退休。谈到越南战争时，毛泽东说：我看美国人软下来了，你们可以看赖斯顿、皮尔逊〔1〕的文章。美国那里，一个总统，一个国务卿，

〔1〕　赖斯顿，美国《纽约时报》驻华盛顿首席记者、专栏作家。皮尔逊，美国专栏作家、评论员。

一个国防部长，每天都要用全副精力处理越南问题，看来日子很不好混。我们就不是这样，不要用全副精力，也不要用很多精力，稍为注意一下就可以了。麦克纳马拉[1]说，他们也要打二十年。我和胡志明讲，再打三年半就差不多了。那时，美国要举行大选，约翰逊会垮台。在这次会议上，毛泽东还说：修正主义，也是一种瘟疫。领导人、领导集团很重要。我曾经说过，人长了个头，头上有块皮，歪风来了，就要硬着头皮顶住。六二年刮歪风，如果我和几个常委不顶住，点了头，不用好久，只要熏上半年，就会变颜色。许多事情都是这样，领导人一变，就都变了。毛泽东还说：彭德怀最近说，当时不写那封信就好了。把他们的问题传达到底下去，现在看来不妥。当时，你（指刘少奇——编者注）是主张不传的，可是又没坚持，也没有给我讲。我赞成分配彭德怀一点工作，可以让他到三线去当第四副指挥[2]。彭真同志可以去和他谈一次，恩来同志和王稼祥谈过了没有？这个人，历史上也做过几件好事，要他改正错误嘛。

8月15日 阅李先念八月二日关于纠正一些地区粮食征购任务过重问题还须下一番苦功夫的报告，批示："先念同志：'还须下一番苦功夫'，你的意见很对。请你在这几年内抓紧检查督促，务必达到藏粮于民的目的，绝对不可以购过头粮。"

同日 同卫生部部长钱信忠谈话。毛泽东说：过去农村卫生工作是无人管的，卫生厅也不大管。你说的半农半医这办法好。医务人员下去三分之一，任务一是医疗，二是训练农村医生。农村卫生员应给点工分。使用在农民身上的那部分药费，由国家出。避孕

---

〔1〕 麦克纳马拉，当时任美国国防部部长。

〔2〕 1965年冬，彭德怀到四川任中共中央西南局三线建设委员会第三副主任。

不能光宣传，应帮助解决药费和工具。卫生工作要照顾到打仗的问题，分科不要太细，不要内科不能看外科，医生不能搞护理。

8月17日　阅罗瑞卿八月十三日报送的军事工程学院政治部七月二十二日关于组织应届毕业学员和干部一千多人到黑龙江阿城县参加社教运动情况的报告，批示："少奇同志阅后，退还罗瑞卿同志。请军委讨论一下：（一）此件可否发到全军参考；（二）全军从排长以上，除年老、重病者外（像郭化若那样的病人，也去浙江搞了一期社教，大有好处，他给了我一个报告，总结了十条经验，现送给你们一阅。我看也可以转发一下，以供老同志们参考。这位同志的思想，几十年来，同我总是有些格格不入。现在我看他是通了），一律分期，在两年内（可分四期，每期半年，全军搞完），都到地方参加社教工作。以上是否可行，请你们研究决定。请用电话告林彪同志。"

同日　和刘少奇、周恩来、邓小平、董必武、彭真、贺龙、李先念、谭震林、陈伯达、康生、薄一波、罗瑞卿、杨尚昆接见击沉两艘美制蒋军军舰的海军舰艇部队的代表。

8月20日　阅刘少奇报送的谭震林要求转发的四份材料〔1〕。这些材料摘登了辽宁、河南、河北、浙江、福建、甘肃、新疆、黑龙江、江西、山东等地的群众来信，主要反映有些县、区、社和生产大队违反"六十条"的规定，随便没收社员的自留地、开荒地，强行砍掉开荒地的庄稼，没收社员的自留牲畜和羊

---

〔1〕　指中共中央办公厅秘书室1965年7月19日编印的《群众反映》第47期刊登的《有些地方违反六十条的规定》，8月2日编印的《群众反映》第55期刊登的《有关违反六十条的情况》，中央办公厅7月24日编印的《情况简报》第245号刊登的《部分地区夏荒情况》，中国农业银行7月26日整理的《关于部分地区在筹集水电资金方面存在的一些问题》。

只，有的地方还提出将生产队核算改为大队核算或联队核算，有些地方在筹集水电建设资金上硬性向社员摊派集资任务等。这些做法已引起部分干部、群众的不满和思想混乱。刘少奇附信说：谭震林要求将这几份材料转发各地，我意可以同意，请主席批示。毛泽东批示："照办。"这四份材料加上中共中央的批语（题为《中央关于当前农村工作问题的指示》）作为中央文件下发。中央指示指出：这些材料，都是反映当前农村工作在一个方面发生的一些问题的。请你们检查一下，如有这类情况，迅即采取措施，予以纠正和防止这类现象的继续发生。

8月22日 下午，听取周恩来汇报同赞比亚政府代表团、几内亚政府代表团会谈的情况。随后，在人民大会堂会见由农业部部长穆登达率领的赞比亚政府代表团，刘少奇、李先念、姬鹏飞在座。穆登达说，来中国以后印象很深的一点就是中国政府在各个方面都是从广大群众出发的。毛泽东说：群众不帮助就没有力量。为了发展一个国家，力量不是来自别的地方，而是在于群众自己。不联系群众的政府是不巩固的，因为政府只能代表群众。任何政府对人民来讲总是少数，任何军队对人民说来也是少数。

8月24日 阅中共中央办公厅编印的《情况简报》第二九九号刊登的《湖南各级社教领导机构实行革命化》材料，批示："少奇同志：此件有些新鲜办法，可以纠正过去一些缺点（如一个大省的各级社教办公室，竟有一万工作人员），大概各地也有类似情况。请你考虑，是否可以通知一下。"湖南的材料说：为使社教工作队集中精力做好工作，经研究后提出几点意见：取消一切不必要的表报；不要抽工作队员参加各部门的会议；尽量压缩社教简报；简化报批、立案手续；大力减少社教办公室的人员和事务。二十五日，中共中央将毛泽东的批示和湖南材料印发各地参照执行。

8月25日 下午，在中南海颐年堂会见由主席苏米亚洛率领的刚果（利）革命最高委员会代表团，张奚若、廖承志等在座。毛泽东说：凡是要搞革命战争，反对帝国主义和帝国主义的走狗，没有政治、经济等各方面的正确纲领是不行的。这样的纲领也不是一下可以产生的，在斗争中逐步总结经验才能产生。谈到不杀俘虏问题时说：你们不要杀俘虏，杀俘虏不好。我们也杀过，杀过敌人的将军，如张辉瓒。从这以后我们就不杀俘虏。杀没有好处，不能瓦解敌人。

8月26日 下午，在人民大会堂陕西厅会见参加中日青年友好大联欢的日本各代表团团长，刘少奇、周恩来、邓小平、彭真、贺龙、康生、郭沫若、刘宁一在座。毛泽东说：看来，中日两国人民是一年比一年更加接近了，互相了解，互相认识。我们两国人民结成了朋友，去对付我们共同的敌人就有把握了。会见后，毛泽东等同参加大联欢的四百多名日本朋友合影。

8月27日 下午，在人民大会堂福建厅会见由国务部长比塔特率领的阿尔及利亚政府代表团，刘少奇、陈毅、姬鹏飞等在座。在比塔特谈到毛泽东思想和中国的经验是神圣的，阿尔及利亚人和非洲人的眼睛都转向中国时，毛泽东说：中国的经验可供你们参考，但不能照抄。照抄外国经验是会犯错误的，外国经验总是外国经验。外国经验分两部分，一部分是成功的，一部分是失败的。你们到外国，要看到好的，也要发现错误。作为一个大使馆应当研究驻在国的历史。在中国就要研究中国的历史，研究中国共产党的历史。我们走过了艰苦曲折的斗争道路，目前我们仍有困难问题需要解决。阿尔及利亚是一个很好的国家，有很好的人民。中阿两国应友好相处，这是我们两国人民的愿望。在谈到将在阿尔及利亚举行的第二次亚非会议时，毛泽东说：要把亚非会议开好，应争取多数亚非国家参加，最好是大多数国家参加。

8月28日 下午，在人民大会堂一一八厅会见尼泊尔大臣会议副主席兼外交、土地改革、粮食和农业大臣比斯塔及夫人和尼泊尔友好代表团，刘少奇、陈毅等在座。当比斯塔说中国与尼泊尔之间没有任何障碍时，毛泽东说：没有什么障碍就很好。我们两国之间有一座很高的山，可是它阻碍不了我们的友谊。你们在中国可以多看看。我们有些成绩，也有一些不对的地方，请你们指出来。

8月29日 下午，在人民大会堂会见委内瑞拉民族解放军总司令加夫列尔和夫人，伍修权在座。在加夫列尔谈到拉丁美洲的新生一代从毛泽东的著作中学习到的马列主义，比从马克思、列宁的著作中学到的更加切实时，毛泽东说：你们是这样感觉。归结起来还是马列主义，离开了马列主义就无法引导无产阶级革命胜利。各国要依据自己的实际运用别国的经验，变成自己的东西。加夫列尔说：一九六三年九月委内瑞拉政府把所有共产党的议员都逮捕了，这些同志没有准备，以为自己是议员有豁免权。毛泽东说：这些经验对你们很有好处，就是不要相信资产阶级的任何欺骗。他们的话可以不算数，法律也可以不算数。受过几次骗，就要吸取教训。

8月30日 给在庐山为毛泽东做过保健工作的钟学坤题词：“学习白求恩，学习雷锋，为人民服务。”

8月底 审阅彭真八月二十九日报送的中共中央组织部关于在南方各省区培养提拔本地领导干部问题的报告，在报告中加写：“北方老干部在南方的革命和建设中立下了很大的功劳，这点必须肯定。但在提拔新干部问题上注意不够，现在应当改变这种情况。”

9月初 听取周恩来关于农业如何贯彻多种经营，继续发展农业问题的汇报。九月五日，中共中央、国务院发出《关于大力发展农村副业生产的指示》。指示指出：同国民经济其他部门比较，农村副业还是一个薄弱的环节。要求各级党委和政府进一步贯彻执行“以农为主，以副养农，综合经营”的方针，在继续大抓粮食和主要经济作物生产的同时，大抓副业生产，大力发展农村副业。发展农村副业，首先要大力发展集体副业，同时也要积极地指导和帮助社员发展家庭副业。凡属《农村人民公社工作条例（修正草案）》规定的家庭副业项目，都应当允许和鼓励社员经营。

9月5日　中午，在中南海颐年堂会见由邮电部部长阿拉萨纳·迪奥普率领的几内亚政府代表团，刘少奇、薄一波、朱学范〔1〕在座。毛泽东说：十五年后，我们可以对非洲国家，包括你们在内，多帮助一点东西。现在我们仍然是一个穷光蛋，稍微有点东西。在几内亚的中国专家应该同那里的群众一道工作，要做到我们的专家走了，你们的专家能接下手来。感谢几内亚政府和人民对中国的援助，因为你们站起来了，我们就得到了帮助。帮助是相互的，你们不要妄自菲薄，说什么只有外国帮助你们，你们就没有帮助外国，那个道理是不对的。世界上有三个东西很坏，第一个是帝国主义，第二个是修正主义，第三个是各国反动派。如果不反对这三个东西，就谈不到建设社会主义。当迪奥普谈到邮电是世界事务中的一条神经时，毛泽东说：我们的这条神经还不那么灵活，可能是一条落后的神经，同世界相比还差二十年，要赶上去。我们国家的电视还很少。电报、电话、广播、送信，这些事情是可以搞的。整个非洲国家都要独立自主，有暂时困难时，搞点外援也是必要的，但主要是依靠国内人民。九个指头要靠人民，一个指头就是所谓的外援。当然，这一个指头也是平等的，等价交换。第三世界人口多。你们不要迷信帝国主义了不起，我们自己就很不行，有自卑感，其实他们开头也很穷，而且很野蛮。

同日　为胡乔木的词二十七首致信胡乔木，由康生转交。信

〔1〕朱学范，当时任全国人大代表、全国政协常委、邮电部部长、中华全国总工会副主席、中国国民党革命委员会中央常委。

中说："这些词看了好些遍，是很好的。我赞成你改的这一本。我只略为改了几个字，不知妥当否，请你自己酌定。先登《红旗》，然后《人民日报》转载，请康生商伯达、冷西办理。"毛泽东对二十七首词写了一些批注："有些地方还有些晦涩，中学生读不懂。唐、五代、北宋诸家及南宋每些人写的词，大都是易懂的。""要造新词，天堂、霓裳之类，不可常用。"胡乔木收到毛泽东的信后，又对词二十七首作了一些修改，删去其中的六首，新增律诗五首，成为诗词二十六首，于九月十日再送康生请转交毛泽东。毛泽东于十五日再写信给胡乔木："康生同志转乔木同志：删改得很好，可以定稿。我又在个别字句上作了一点改动，请酌定。另有一些字句，似宜再思再改。如不妥，即照原样。唯'南针仰'[1]一句须改。"毛泽东将"南针仰"改为"方针讲"，批注："不使人误以为仰我南针，故改。"胡乔木的诗词二十六首，在一九六五年九月二十九日《人民日报》和十月一日出版的《红旗》杂志一九六五年第十一期发表。

9月7日 下午，在中南海菊香书屋主持召开中共中央政治局常委会议，提出：要重点设防，挖坑道，能争取三个月到半年的时间就行。

9月9日 上午，同周恩来谈话。

9月11日 下午，和刘少奇、周恩来、朱德、邓小平、董必武、彭真、贺龙、郭沫若、黄炎培、杨明轩、程潜、张治中等出席在北京工人体育场举行的第二届全国运动会开幕式。

同日 同周恩来谈话。

9月15日 上午，在中南海菊香书屋主持召开中共中央政

---

〔1〕"南针仰"，见胡乔木词《六州歌头》其二，有"晨钟响，南针仰，干戈掌，同仇广，阵容强"句。

治局常委会议，研究即将召开的中央工作会议的有关问题。根据毛泽东的意见决定工作会议的五项议程：一、计划问题。主要是把明年的计划定下来，长远计划议一下，这次定不下来。二、财贸方面的两个政策。粮食政策，主要是把两个三年（一九六五至一九六七年，一九六八至一九七〇年）的征购任务稳定下来，达到藏粮于民的目的；物价政策，在第三个五年计划期间要用二百亿元人民币调整物价，主要是降低有关农业的生产资料价格和一部分生活资料价格。三、党的建设问题。要扎扎实实地议一下，一是发展党的问题，主要发展青年和一部分壮年；二是整顿基层组织问题；三是干部政策问题，干部要年轻一点。毛泽东说后年开党代表大会，要增选一些年轻（例如四十岁左右）的中委。四、“四清”问题。有问题就议，没有问题就不议，不多议。对待“四不清”干部总的原则是思想批判从严，退赔不要太挖苦。五、形势问题。主要是反对修正主义，这个问题放在后面议，也可能在中间议。

同日 为中国人民广播事业创建二十周年题词：“努力办好广播，为全中国人民和全世界人民服务。”

同日 为《空军报》题写报名。

9月17日 下午，在人民大会堂一一八厅会见袴田里见，刘少奇、周恩来、邓小平、彭真等在座。毛泽东说：德国共产党在台尔曼领导的那个时候有很大的力量，是什么一个道理垮下来的？主要的恐怕还是没有抓民族旗帜，希特勒抓了民族旗帜。法国的经验值得研究，戴高乐抓民族旗帜，而法国共产党没有抓民族旗帜，就是说它不反对美国。应该承认，美苏之间有矛盾，这个矛盾是不可能解决的。但是，叫它现在反美，这是假的，办不到的。

9月18日—10月12日 中共中央工作会议在北京举行。会议批准了国家计划委员会提出的一九六六年国民经济计划纲要，纲要强调省、地、县、社四级党委要把农业放在首要地位，各地区、各部门必须在继续深入开展社会主义教育运动的同时，掀起一个群众性的增产节约运动。会议同意第三个五年计划“以国防建设第一，加速三线建设，逐步改变工业布局”的指导思想。关于财贸工作，会议同意稳定征购，三年一定，藏粮于民的指导方针，并决定在“三五”期间，拿出二百亿元来调整物价，降低农业生产资料和部分生活资料的价格，使广大城乡人民首先是农民获得好处。会议决定在经过“四清”的地方积极慎重地发展党员，争取农村人民公社每一个生产队都有党的小组或党员。

9月18日 下午，在人民大会堂河南厅出席中共中央工作会议全体会议。刘少奇主持会议，邓小平作会议日程的说明，余秋里汇报第三个五年计划的设想和一九六六年计划的安排情况。

9月19日 晨，审阅周恩来本日晨四时报送的外交部对印度政府九月十七日来照的复照稿。复照稿要求印度政府必须在九月十九日午夜以前拆除它在中锡边界中国一侧和跨中锡边界线上的所有侵略工事。毛泽东批示：“总理：只限一天，太匆促了，事实上印度方面办不到，也难得到各国和印度人民同情。改为限两天内拆掉如何？或者改为在三天内，即二十一日午夜。这样可能获取各国和印度人民的同情，更好些。请酌定。”按照毛泽东的意见，复照稿将拆除的期限改为二十二日午夜以前。复照于本日下午三时四十分交给印度驻中国大使馆。

9月23日 上午，和刘少奇、邓小平、彭真在中南海颐年堂同彭德怀谈话。在刘、邓、彭到达前，毛泽东对彭德怀说：早在等着你，还没有睡觉，昨天下午接着你的信[1]，也高兴得睡不着。你这个人有个犟脾气，几年也不写信，要写信就写八万言。当彭德怀表示愿去农村，不愿去三线时，毛泽东说：现在要建设大三线，准备战争，按比例西南投资最多，战略后方也特别重要，你去西南区是适当的。将来还可以带点兵去打仗，以便恢复名誉。当彭德怀谈到在庐山会议上自己提到的三条保证[2]时，毛泽东说，后面两条我还记得，也许真理在你那边。刘、邓、彭到后，毛泽东说：彭德怀同志去三线也许会搞出名堂来。建立党的统一领导，成立三线建设总指挥部，李井泉为主，彭为副，还有程子华。彭德怀表示愿去边疆搞农业，去三线担心因自己犯过错误，说话没人听。毛泽东说：彭德怀同志去西南区，这是党的政策。如果有人不同意，要他同我来谈。我过去反对彭德怀同志是积极的，现在要支持他也是衷心诚意的。对老彭的看法应当是一分为二，对我自己也是这样。在我的选集上还保存你的名字，为什么一个人犯了错误，一定就要否定一切呢？毛泽东对刘少奇说：请少奇、小平同志召集西南区有关同志开一次会，把问题讲清楚些。谈话进行了五个半小时，毛泽东留彭德怀和在座诸人共进午餐。

9月25日　致信邓颖超：“邓大姐：自从你压迫我写诗[3]

---

〔1〕1965年9月21日晚上，彭德怀写信给毛泽东。信中说：对去三线工作有些顾虑，愿去农村蹲点或到厂矿去工作。但是上述情况经中央考虑后，对分配我的工作无论改变或不改变决定，我都服从。信中提出，在他的工作决定后，希望毛泽东或者刘少奇、周恩来、邓小平约谈一次。

〔2〕三条保证是：一、不会自杀；二、不会当反革命；三、不能工作了可以回家种田，自食其力。

〔3〕关于信中的“你压迫我写诗”一说，邓颖超写有以下的说明：“1965年夏，毛主席接见女外宾时，我作为陪见人，曾问主席是否作有新的诗词？我说很久未读到主席的新作品，很希望能读到主席的新作品。故在主席批送我的词二首的批语中用‘压迫’二字。”

以后，没有办法，只得从命，花了两夜未睡，写了两首词。改了几次，还未改好，现在送上请教。如有不妥，请予痛改为盼！”两首词是《水调歌头·重上井冈山》和《念奴娇·鸟儿问答》。前一首词为：“久有凌云志，重上井冈山。千里来寻故地，旧貌变新颜。到处莺歌燕舞，更有潺潺流水，高路入云端。过了黄洋界，险处不须看。 风雷动，旌旗奋，是人寰。三十八年过去，弹指一挥间。可上九天揽月，可下五洋捉鳖，谈笑凯歌还。世上无难事，只要肯登攀。”后一首词为：“鲲鹏展翅，九万里，翻动扶摇羊角。背负青天朝下看，都是人间城郭。炮火连天，弹痕遍地，吓倒蓬间雀。怎么得了，哎呀我要飞跃。 借问君去何方，雀儿答道：有仙山琼阁。不见前年秋月朗，订了三家条约。还有吃的，土豆烧熟了，再加牛肉。不须放屁，试看天地翻覆。”〔1〕

9月28日 下午，在人民大会堂一一八厅会见由阿尔巴尼亚劳动党政治局候补委员、内务部部长卡德里·哈兹比乌率领的阿尔巴尼亚内务部代表团，谢富治、徐子荣在座。谈到劳改工作时，毛泽东说：我们还有缺点，主要是我们干部的政策水平不高。劳改农场总的方向是改造他们，思想工作第一，工业农业的收获多少、是否赚钱是第二位的。过去许多地方把它反过来了，把思想工作放在第二位，甚至很薄弱。

9月29日 下午，在人民大会堂会见柬埔寨国家元首西哈努克亲王和夫人一行，刘少奇和夫人王光美、周恩来等在座。西哈努克介绍说：在经济上，现在我们有社会主义的国营企业，也有公私合营和私营的工商业，甚至还保留了法国的橡胶园。毛泽东说：逐步来，不要急，法国殖民主义的经济在你们整个国家经济中所占的比重并不大。要考虑你们的国内国际环境，你们才独立十二年，

〔1〕 此处这两首词的文字，依照1976年1月1日公开发表稿。

不考虑这些因素，搞急了，反而不如你们现在这样搞好。你们所执行的政策是得人心的。谈到中国时，毛泽东说：我们也不是什么都搞得好的。总的说，中国的工业建设也是好的。但有些工厂还需要继续进行改造，有些人民公社生产搞得不算太好，也需要继续进行整顿。实际上世界上也没有一个完完全全好的国家。

9月30日　上午，在人民大会堂福建厅先后会见印度尼西亚、巴基斯坦、马里、古巴、罗马尼亚、刚果（布）、越南七国客人。在会见印尼客人时，客人谈到印尼急需发展冶炼工业，毛泽东说：你们搞一个十五年规划，就可以搞起来了，包括训练科学技术人才，包括地质勘探。也不要太性急，一样一样地搞。我们早几年吃了太性急的亏。现在，我们的条件比较好一些了，但是缺点、错误还很多。总之，中国比较世界上经济先进的国家，那就很落后。当印尼客人说苏加诺总统曾经总结归纳了三项原则，即在政治上独立自主，在经济上自力更生，在文化上具有自己的民族特点时，毛泽东说：对，讲得好。会见时，刘少奇、彭真、李先念、郭沫若、叶剑英等在座。

同日　晚上，出席在人民大会堂由周恩来主持举行的有五千多人参加的盛大招待会，庆祝中华人民共和国成立十六周年。周恩来讲话说：在过去的一年中，中国人民在社会主义革命和社会主义建设各个战线上取得了新的伟大成就。我国的工农业生产出现了新的全面高涨，我国国民经济进入了一个新的发展时期。毛泽东主席说过，我们的祖国是比过去强大了一些，但是还不很强大，我们至少还得再建设二三十年，才能真正强大起来。

同日　阅周恩来九月二十三日报送的纪念孙中山诞生一百周年筹委会名单（草案），批示："没有陈云，似应加入。"

9月　让身边工作人员找来《诗经》、《荀子》、《韩非子》，都要大字的。

10月1日 上午十时，和刘少奇、宋庆龄、董必武、朱德、周恩来、邓小平、彭真等党和国家领导人出席在天安门举行的中华人民共和国成立十六周年庆祝大会，检阅首都五十万人的游行队伍。

10月6日 上午，在中南海颐年堂会见泰国前总理比里·帕侬荣，廖承志、伍修权在座。毛泽东说：中国革命的道路是曲折的，并不那么顺利。以前犯过“左”的和右的错误，后来才比较正确。社会主义革命和建设的道路也是曲折的，经过了十六年，现在才好一些。你们要根据自己的情况去决定自己的政策，不要生搬硬套中国的经验。

10月8日 在中南海颐年堂召集有各中共中央局第一书记参加的会议。谈到阶级斗争问题时，毛泽东说：十中全会以前不是也说没有阶级斗争吗？许多人搞不清楚，不承认阶级斗争。以后两年也还没有完全搞清楚，到六四、六五年，到农村、到生产队一搞，就承认有阶级斗争。干部贪污的虽然少一点，但不是没有，不是那么一清如水。马克思的学说，就是阶级斗争的学说，政治经济学也是阶级斗争的理论。谈到苏共即将召开的二十三大时说，我们不去，发个贺电就行了。毛泽东问彭真：吴晗〔1〕是不是可以批评一下？彭真答：可以批评。毛泽东说：让下面批评嘛。

10月10日 上午，在中南海颐年堂召集有各中共中央局第一书记参加的会议。毛泽东说：我是应景文章，没有题目。会开

---

〔1〕 吴晗，历史学家。当时任全国人大代表、北京市副市长、北京市政协副主席、中国民主同盟中央副主席兼北京市委员会主任委员。因写作新编历史剧《海瑞罢官》等，受到错误批判。1969年10月被迫害致死。1979年3月，经中共中央批准，北京市委为吴晗彻底平反。

得怎么样？（有人说：会上谈了关于备战问题，大家思想都通了，比较统一。）比较统一吗？天天讲战争，他又不来打，那不变成周幽王起烽火？这是我叫起来的，你不叫，打来了怎么办？现在这么搞大三线、小三线，我看比较主动。我看可能有三年半的时间，余秋里说要争取五年，那时看美国总统是个什么腔调。就讨论这个问题吗？（有人说：讨论了计划、粮食、干部整党、“四清”等四个问题。）还讨论了什么？（有人说：小三线建设相当快。）但是各地想搞一些小钢铁厂，余秋里又不肯，明年一来搞些小的，最好一个省搞一个小钢铁厂。不搞小三线，打起仗来，光靠罗瑞卿怎么办？小三线很重要。有人说分散了怕造反。我看两条：准备化为水；不怕造反。如果中央出了修正主义，应该造反。如果中央搞得不对，不是讲小的不对，而是讲大的不对，如果出了赫鲁晓夫，那有小三线就好造反。一定要准备美帝国主义、修正主义整我们；要准备我们内部出修正主义、法西斯，地富反坏复辟，整贫下中农，那时老百姓不赞成，搞造反。（余秋里介绍会上提了好些意见，如修路。）公路可以修，铁路花钱太多。我看平顶山到宜都，张家口到白城子这两条路要考虑。平顶山有煤矿，宜都有铁矿，可以煤铁互换，这一条路也比较好修。川汉路现在勘察得怎么样？（有人说：还是先集中力量完成成昆路。）对呀！铁路不能搞多了，没有钱嘛！长江可以修整一下，利用水运。

同日 下午，和周恩来、朱德、邓小平等接见参加国庆观礼的工农兵等的代表，少数民族代表，今年击落侵入我国领空的美国F-104型战斗机、高空侦察机的海军航空兵部队的有功人员，活捉美国空军上尉飞行员的民兵代表等。

10月12日 上午，主持中共中央工作会议第二次全体会议。余秋里、李先念、彭真、朱德、周恩来分别就“三五”计划、粮食和财贸问题、党的问题、学习毛泽东思想问题、国际形势问题讲了话。其间，毛泽东不断插话。关于小钢铁厂问题，毛泽东说：我对这一条比较积极，我支持地方要搞五万吨左右的钢铁厂。搞矿山、炼钢、轧钢，才能造机器。各省都制造机器。关于修铁路和公路问题，毛泽东说：铁路修得太多了，平顶山到长阳那条铁路还可以考虑放后一点。宜都这个矿必须要开，它的矿藏量相当于八个大冶。关于粮食问题，毛泽东说：有些地方购过头粮，这个事情要解决。现在是要南粮北调，南粮不北调也不行。还有一个外粮中调，哪一天能做到一颗粮食也不进口了。关于党的问题，毛泽东说：中央出了修正主义，你们地方不出，不要紧。地方出了，中央照样出，那就不好了。中央如果出了军阀也好，修正主义也好，总而言之不是马克思主义，不造反就犯错误，要准备造反。你们不要年年造反，如果是对马克思列宁主义造反，那就吃亏。中央是马克思列宁主义，你造反，那你还不是修正主义吗？将来中央委员也选点年轻的。中央局、各级，也搞点年轻的。我们这些老头子掌舵，你们就放心了。支部建到连上，小组就要建到班上或者排上，至少建在排上嘛。现在农村最基本的细胞生产队没有小组，更没有支部。发展党员，哪里搞了“四清”哪里就发展，哪里没有搞“四清”就慢一点。青年团的基础也要建到生产队，支部建到大队。

10月20日 下午，在中南海颐年堂会见由范文同率领的越南党政代表团，周恩来、陈毅、罗瑞卿在座。毛泽东说：你们的仗打得很好，南方和北方都打得很好。全世界人民都支持你们，包括那些已经觉悟的人和一部分尚未觉悟的人。现在的世界是个不太平的世界。这并不是你们越南人到美国去进行侵略，也不是中国人到美国去进行侵略。我注意你们如何打美国人，怎样把美国人赶出去。到一定时候也可以谈判，但总是不要把调子降下来，要把调子提得高一点。要准备敌人欺骗你们。我们支持你们取得最后的胜利。胜利的信念是打出来的，是斗争中间得出来的。比如，美国人是可以打的，而且是可以打败的，这是一条经验。这条经验，只有打才能取得。要打破那种美国人不可打、不可以打败的神话。

10月28日 阅林彪报送的中国人民解放军总政治部《关于突出政治、落实四好、加强战备的情况和意见（草稿）》，批示："退林彪同志。此件已阅，很好。"

10月31日 阅中共中央办公厅十月三十日编印的《情况简报》第三六五号。简报介绍：全国（不含西藏）第二批开展城市"四清"运动的单位共有一万六千一百多个，职工六百九十五万五千余人，占全国职工总人数的百分之三十左右；参加第二批城市"四清"运动的工作队共计二十八万二千多人。晨五时，毛泽东批示："江青阅。大有希望，明冬后春可完。"

11月10日 上海《文汇报》发表姚文元《评新编历史剧〈海瑞罢官〉》一文。这篇文章，将《海瑞罢官》剧中的"退田"、"平冤狱"，牵强附会地同一九六二年的所谓"单干风"、"翻案风"联系起来，说这反映了剧作者吴晗是"要拆掉人民公社的台，恢复地主富农的罪恶统治"；要代表国内外敌人的利益，"同无产阶级专政对抗，为他们抱不平，为他们'翻案'，使他们再上台执政"。文章发表后，在全国引起强烈震动。这篇文章成为发动"文化大革命"的导火索。

同日 中共中央发出通知，免去杨尚昆中央办公厅主任职务，调任广东省委书记处书记。

11月12日 乘专列离开北京，到达天津。

同日 下午，在天津同林铁、刘子厚、万晓塘谈话，了解河北工业、农业及备战情况。林铁汇报河北省今年的粮食产量下面报一百九十亿斤，留有余地可能有一百八十亿斤，明年唐山、天津两个专区想争取收到七十亿斤粮食。毛泽东说：粮食收到手才算数。林铁等汇报计划沿京汉线、京榆线在三年内增加农田灌溉面积两千万亩，连现有的共搞到稳产高产田四千万亩。毛泽东说：搞到了才算数。接着问：你们看，搞“四清”好，还是不搞“四清”好？大家答：显然是搞“四清”好。从搞过“四清”的十八个县来看，除个别县因灾没有增产外，都增产很多。毛泽东问：大三线建设、小三线建设会不会是浪费？会不会化为水？大家答：不会的。就是敌人不来，从经济建设上来说，也是有用的。在谈到精简问题时，毛泽东说：精简主要是中央部门和省的部门。接着问：省里开过贫代会没有？刘子厚答：我们打算推迟到阴历年时开。毛泽东说：过年开会群众会有意见的，你们还是春节后开好。不管搞过“四清”的、没有搞过“四清”的，都来代表，像湖南那样，造成声势嘛！上中农表现好的要有代表参加，地富子女表现好的也要有代表参加，他们都有代表性。贫下中农的代表，有百分之七八十就行了。最后，毛泽东说：听你们今天谈的，像是很有希望的样子。

11月13日　在停靠济南的专列上同谭启龙、杨得志、苏毅然、刘秉琳〔1〕谈话，了解山东的农业收成、“三五”期间的重点工作安排等。毛泽东问：今年年景怎么样？是否还是五个丰收区包四个灾区？全省收了多少？山东负责人答：今年年景不坏，粮食总产量可以搞到二百五十亿斤，去年是二百二十八亿斤。毛泽东说：这样，农民手里的粮食就多一些了。在谈到解决领导思想作风时，毛泽东说：关于领导方法的决定〔2〕有两条。一是一般

---

〔1〕　刘秉琳，当时任中共山东省委书记处书记。

〔2〕　指毛泽东起草的中共中央《关于领导方法的决定》（1943年6月1日）。1965年7月20日中共中央发出指示，号召各级领导干部重新学习这个决定。

号召和个别指导相结合；一是领导和群众相结合，从群众中来，到群众中去，集中起来，坚持下去。河北省开会检查了三条：自上而下的多，自下而上的少；从领导到群众的多，从群众中集中起来的少；一般号召多，个别指导少。当谈到备战问题时，毛泽东说：要争取快一点把后方建设起来，三五年内要把这件事情搞好。把大小三线搞起来，二十亿元不够，三十亿元也可能不够。后方建设起来，敌人如果不来，浪费不浪费？没有什么浪费。打起仗来，不要靠中央，要自力更生。中央既没有粮，又没有布匹，现在还有点枪炮，打起仗来枪炮也没有了。真正打起仗来，中央只有发号施令。把敌人顶住三个月就行了，还是让敌人进来，尝点甜头，诱敌深入，好消灭它，先消灭它一个营，再一个团、一个师地消灭。在谈到“三五”期间山东要达到每人一亩稳产高产田，主要解决粮食问题时，毛泽东说：要搞到五千万亩，亩产五六百斤，一个人五六百斤就有吃的了。

11月14日 下午，在停靠徐州的专列上同中共徐州市委副书记、市长吴明政，徐州地委副书记丁平谈话，了解当地的工农业生产和备战等情况。关于农业，毛泽东详细询问今年的粮食产量以及修水库、打机井、修台田等情况。关于工业，毛泽东详细询问徐州有什么工业以及电力、煤矿等情况。关于备战，毛泽东问你们这里搞工事没有？接着说：我们军事上是诱敌深入。敌人来，一是想占地方，一是想抢劫。诱敌深入才好消灭它。美国人很怕死，也可能不敢深入。要来嘛，大概有几条路，东北除外，当然也有可能。一是从天津上来，奔向北京；一是从青岛上来，奔向济南；一是从连云港上来，奔向徐州、开封、郑州；一是从长江上来，奔向南京。从浙江上来不大可能，但也有可能，日本不是从乍浦上来到芜湖嘛！

11月15日 晨，在停靠蚌埠的专列上同李葆华、李任之、王光宇[1]谈话，主要谈三个问题。（一）三线建设问题。毛泽东说：我们在三年到五年的时间内，把大小三线建设起来，就不怕了。（二）社会主义教育运动和农业生产问题。当汇报到安徽经过“四清”运动的地区都普遍增产时，毛泽东说：经过“四清”运动，人的觉悟提高，产量增加，也是精神变物质。当汇报到“四清”运动中，运用主席著作很解决问题，思想就通了时，毛泽东让人拿出一本《毛主席语录》给大家看，并说，这本书共有三十三章，够了，比孔夫子的著作还多，老子的文章也只有五千字，还没有这个本子这么多。这个本子不错。李葆华等说：群众很欢迎这本书，最好一个生产队发一本，我们已向中央办公厅提出这个要求，这次在中央工作会议上也提了。毛泽东说：好嘛，向中央办公厅要，提不通，到下次中央工作会议上再提。谈到今年秋种时，毛泽东说：安徽今年庄稼不错，麦子比去年种得好，我从车上看麦子很整齐。当汇报到安徽今年上调粮食八亿五千万斤时，毛泽东说：你们不要调八亿五千万斤，给中央少调一点嘛。要稳，不要冒失，要藏粮于民。当得知农民没有钱花，沿江每人每年只有二十元时，毛泽东说：二十元太少了，除粮食外，每人有五十元、六十元就好了，将来要搞到一百元。（三）教育制度问题。毛泽东说：现在的教育制度要改革，一个小孩子要学习十七年，这不行。大学文科只要二年半到三年，要办抗大式的学校。社教就是大学，就是抗大。学校搞五分考试制，考五分不一定是好的，考三分也不一定是坏的。毛泽东问到安徽与河南的纠纷[2]解决了没有？说：你们要向河南让步，向江苏让步，你们一让步就主动了，你们让步，人家也会让步。又说：前几年高

〔1〕 李任之、王光宇，当时均任中共安徽省委书记处书记、副省长。

〔2〕 指关于淮河水利问题的纠纷。

征购、瞎指挥，我也有一份，你们有，我也有。

11月16日 在南京同江渭清、陈光谈话，了解江苏的工农业生产、社会主义教育运动、三线建设等情况。当得知江苏省各个专区粮食产量不平衡，有高有低时，毛泽东说：你们可从高产地区调一些地委书记、县委书记到低产地区去搞革命，搞建设。在谈到江苏人多地少要大抓节制生育问题时，陈光建议：现行的农村口粮分配办法，不利于节制生育。一个小孩一生下来，就能分到成年人的口粮的一半，有些人家就靠生小孩来多得口粮。将来是否可以采取分等定量分配的办法。毛泽东说：除此之外，避孕药、避孕手术最好采取少要钱、不要钱的办法，这还是划得来的。当了解到有一万五千个军队干部参加江苏社会主义教育运动时，毛泽东说：军队过去是三大任务：打仗，筹款，做群众工作。现在军队就是搞些生产，不大做群众工作了。我们还是要恢复过去的三大传统，要打仗，要生产，还要做群众工作。

11月17日 下午，在南京同中共江苏省委书记处书记、南京市委第一书记彭冲，南京市委书记处书记刘中谈话，了解南京的工业生产、备战等情况。当得知南京市现有产业工人十五万时，毛泽东说：南京解放时才六千工人。蒋介石应该失败，他不发展生产，怎能解决群众生活？在谈到南京已向群众作了备战动员时，毛泽东问：群众听了以后有没有抢购东西现象？有没有惊慌的现象？彭冲说：没有。职工的情绪很高，推动了生产。现在倒是有些人还不相信打得起来。毛泽东说：不说群众了，连我们党内还有人认为打不起来或者只是小打，大打不相信。他们是有道理的，我们本来就是两手准备的。谈到计划生育时，毛泽东说：把这件事搞好，意义大嘛。在谈到戏剧问题时，毛泽东说：旧戏已没有观众了，现在的青年对帝王将相、才子佳人不感兴趣，跟他们距离远了。只有我们这些懂点历史知识的人还看得懂，但是群众不要看旧戏，我们也只好和群众一起不看了，来个一刀两断。毛泽东最后说：今天主要是问问情况，现在的形势很好，无论全国、江苏、南京的形势都很好。

同日 晚上，在上海同陈丕显、韩哲一〔1〕、曹荻秋谈话，了解上海的工农业生产情况。陈丕显等汇报说：上海今年工业生产情况很好，估计可以完成二百四十八亿至二百五十亿元产值，品种质量都大大超过以往。今年整个华东工业生产情况也很好，预计可以完成四百八十亿至四百九十亿元产值。上海郊区农业生产也好，粮食今年可产三十八亿斤，平均亩产一千一百斤左右；棉花可能收购一百六十至一百七十万担，平均亩产一百二十多斤。上海养猪发展很快，今年有三百二十万头，平均每户三头。华东今年的收成也比较好，估计粮食有一千二百亿斤左右，棉花约一千五百万担。上海的技术革新、技术革命几年来搞得还不错。毛泽东问：备战动员向群众讲了没有，有些什么反映？陈丕显等回答：已经动员了，动员以后群众反映很好，工人都说这是党关心我们，相信我们。陈丕显还说，上海的小三线搞得还不慢，准备以后再向主席汇报。毛泽东说：好嘛！我还在这里住几天，以后再找你们谈。

11月中旬 阅《光明日报》总编室十一月十五日编印的《情况简编》第三六二期等。简编反映了《光明日报》记者十一月十四日去看吴晗的一些情况。谈起姚文元《评新编历史剧〈海瑞罢官〉》一文，吴晗激动地说：我不准备写答辩文章，正在给市委写个报告，直接送给彭真同志，只要领导了解就行了。我不怕。这样牵强附会的批评，乱扣帽子，这种风气很不好。谁还敢写东西?! 谁还敢谈历史?! 毛泽东批示："我都已看过。一夜无

〔1〕 韩哲一，当时任中共中央华东局书记处书记兼经济委员会主任。

眠。这些都送江青一阅。看后，着人送杭州。”

11月19日 上午，离开上海前往杭州，住汪庄。提出要陈伯达、胡绳、田家英、艾思奇、关锋于二十一日乘专机到杭州，研究为几本马、恩、列经典著作写序问题。

11月20日 阅林彪十一月十六日电话报告的记录。报告说：我根据海、空军最近的情况，提出了五条原则〔1〕，拟作为明年全军工作的方针，用以统率各种业务和任务。特此报告。毛泽东批示：“此件已阅。同意五项原则。退林彪同志。”

11月21日 在杭州汪庄同陈伯达、胡绳、田家英、艾思奇、关锋谈话。研究提倡读马克思、恩格斯、列宁的经典著作，选择几部著作出版，每部著作都要写我们的序言。写序言要注意结合中国革命的实践经验。

11月22日 从杭州到达上海。

11月23日 对北京各报不转载姚文元《评新编历史剧〈海瑞罢官〉》一文不满意，指示上海将姚文元文章出单行本，向全国征订。毛泽东说：他们不登，你们就出小册子。

11月24日 下午，在上海锦江饭店同斯特朗、柯弗兰夫妇、爱泼斯坦夫妇、李敦白夫妇、马海德等聚会，祝贺斯特朗八十寿辰，江青、廖承志、吴冷西等在座。斯特朗说：我希望听到主席对世界形势的看法。在我看来，最近一个时期中，世界形势

---

〔1〕 指林彪1965年11月14日对当天凌晨击沉、击伤美制蒋军军舰各一艘的中国人民解放军海军舰艇部队颁布的嘉奖令中提出的5项原则，即：（一）要更加加紧学习毛主席著作，一定要联系实际，在“用”字上狠下功夫；（二）更加加强部队的政治工作，坚持四个第一，特别是要大抓狠抓活思想；（三）领导要深入基层，进行面对面的领导；（四）大胆地提拔真正优秀的指战员，到关键性的负责岗位上；（五）苦练过硬的技术和近战夜战的战术。

有变化，这个变化的开始是今年二月美国轰炸越南北部和今年九月三十日至十月一日的印尼事变[1]。毛泽东说：最近，出现了几件新事。一件是美国的学生成群地示威；一件是印尼右派发动反革命政变。有些事情，在一个时候看起来好像很了不起，好像整个天都黑了。只要我们的政策正确，路线正确，人民总是会逐步觉醒起来，同我们站在一起的。不管有多少个赫鲁晓夫，又不管印尼右派怎么样猖狂，要想把人民革命的局面转变过来，是不可能的。只不过人民的胜利也许要经过相当的时间就是了。谈话后，毛泽东设宴款待斯特朗等。

11月25日 下午，在上海锦江饭店会见参加中日青年友好大联欢的十五个日本青年代表团和其他日本朋友。毛泽东说：现在世界上有一个值得注意的事情。不仅是日本的广大群众起来反对美帝国主义和本国的反动派，美国本身也有广大的青年群众起来反对美国政府侵略越南的政策。这是一种征兆，它预示着广大阶层要起来作斗争。现在世界上有两种运动，一种是像你们跟我们团结起来反对共同的敌人的运动；一种是帝国主义以及他们的朋友联合起来反对我们的运动。所谓反对我们，就是不仅反对中国人民，也反对日本人民。我们反对美国帝国主义，只是限于反对帝国主义分子，一定要把美国帝国主义分子同美国人民划分清楚。现在美国人民起来反对他们政府的侵略政策，我们表示高兴，表示欢迎。可是美国还没有像你们一样有几百人到我们中国来看一看，你们是经过三个月的斗争的嘛，美国还没有这种情况发生。美国的青年学生要到中国来，美国政府阻止他们来，他们还没有达到经过三个月的斗争来中国看一看的程度。美国的青年

〔1〕 1965年9月底10月初，印度尼西亚发生军事政变。印尼共产党被宣布为非法组织，遭到残酷镇压。总统苏加诺失去统治权力。

学生要来中国，我们欢迎。但是，他们的新闻记者要到中国来我们就不欢迎，或者说我们对大部分的不欢迎，只对个别的欢迎。

11月26日 听取周恩来汇报工作，罗瑞卿参加。周恩来讲完后，罗瑞卿说他准备第二天去苏州看望林彪。毛泽东说，去看看好。要他好好保养。

同日 从上海到达杭州。

11月 阅外交部办公厅十一月六日印发的关于越南抗美救国战争的材料。其中谈到越南南方中部中区山区人民武装主力部队供应困难，战士一般没有副食吃，营养不足。常年露营，多雨潮湿，蚊子特多，无房屋、吊床、雨布过夜，发疟疾病的很多。毛泽东批示："要送蚊帐、布匹、罐头、肉松、药品、雨布、吊床等物资去。并要大量地送。"

12月1日 林彪派叶群〔1〕到杭州向毛泽东诬告罗瑞卿，并带去林彪十一月三十日写给毛泽东的信和关于罗瑞卿的十份材料。

12月2日 致信陈伯达："乔木修改的那九篇文章〔2〕，不知看了没有？请交来人带回，我想查一件事。如未看完，改日送上，再请斟酌。"

同日 阅林彪十一月十八日报送的兰州军区党委关于五十五师紧急备战中突出政治的情况报告。报告说：九月下旬，五十五师奉命紧急备战，后转而进行了为时一周的摩托和徒步行军演习。从这次备战和演习中看到，几年来部队由于坚持以毛泽东思想为指针，活学活用毛主席著作，加强阶级教育，开展四好运动，特别是今年贯彻执行关于突出政治的指示，在各方面产生了巨大效

---

〔1〕 叶群，林彪的妻子。当时任林彪办公室主任。

〔2〕 指毛泽东在1941年9月中共中央政治局会议前后写的批判王明"左"倾机会主义路线的9篇文章。详见本卷第330页注〔1〕。

果，从根本上提高了部队的阶级觉悟，增强了贡献于革命战争的决心，进一步树立了常备不懈的思想，养成了快速、紧张的战斗作风。林彪在报告上写道："主席：从这份文件中可看出，如果战争爆发，其他部队情况可能是与这个部队近似。"毛泽东批示："林彪同志：完全同意你的看法，五十五师的情况，可能和各师、各军种、各兵种大同小异。请你考虑，可否将此件转发到各军区、各军种、各兵种、各军，到师党委为止，供他们参考。那些不相信突出政治，对于突出政治表示阳奉阴违，而自己另外散布一套折中主义（即机会主义）的人们，大家应当有所警惕。如何，请酌定。""此件如转发时，请先给少奇、恩来、彭真同志一阅。"

12月5日 从杭州到达上海。

12月7日 几次批示身边工作人员，通知一些负责人来上海："请用电话，告叶剑英、萧华、杨成武（在杭州）、谢富治四位同志，于本日下午到上海一谈。""宋任穷、陈锡联〔1〕（东北）、李雪峰、杨勇、廖汉生（北京）、杨得志一架飞机共七人（按毛泽东列的名字应为六人——编者注），于八日上午来此。""贺龙、董必武、王尚荣〔2〕、李天佑、张爱萍、雷英夫、徐向前、刘伯承〔3〕（如卧病，可不来）、朱德，共八人，于十二月八日上午来此。""许世友、韩先楚、陈毅、陶铸、王任重、李井泉、刘澜涛七人于十二月八日来上海。""邓小平、李富春、薄一波三同志：请于本日或明日到上海一谈。在四川，由成都转告。"

12月8日—15日 在上海主持召开中共中央政治局常委扩

〔1〕 陈锡联，当时任中共中央东北局书记处书记、中国人民解放军沈阳军区司令员。

〔2〕 王尚荣，当时任中国人民解放军总参谋部作战部部长。

〔3〕 刘伯承，当时任中共中央政治局委员、全国人大常委会副委员长、国防委员会副主席。1966年1月又任中共中央军委副主席。

大会议，讨论所谓罗瑞卿问题。会上，林彪、叶群、吴法宪、李作鹏[1]等人罗织罪名，诬陷罗瑞卿“反对突出政治”、“篡军反党”，对罗瑞卿进行突然袭击。叶群在会上分三次作约十小时的发言，捏造事实，说罗瑞卿如何逼林彪退位，要林“不要挡路”，“一切交罗负责”。这次会议，确定了处理罗瑞卿的五条意见：一、性质严重，手段恶劣。二、与彭、黄[2]有别。三、从长期看，工作有一定的成绩。四、惩前毖后、治病救人的方针。五、领导有责。处理两步走，调动职务，不搞面对面，冷处理。会后，罗瑞卿被调离了军事领导岗位，杨成武代理总参谋长。

12月11日 上午，在上海虹桥招待所会见老挝人民党代表团。关于老挝人民党领导的解放斗争，毛泽东说：要争取群众才行。不争取群众，这些反动武装就很难消灭，不论什么国家的兵士都是劳动人民，要争取他们的士兵。可以做些工作，优待俘虏，好的可以留下来，参加我们的军队；不愿留的，可以放回去，做些瓦解工作。不要虐待俘虏，要宽待他们，包括军官在内。帮助他们“洗脑筋”，不愿洗的顽固派，也可放他走，无非是第二次再来打我们。第二次抓到了，还可以再释放。现在越南南方的武装斗争，比我们过去抗战时期有发展，所以我们要向他们学习。劝你们也要向他们学习，整个东南亚的党也要向他们学习，学如何打美帝国主义、打走狗。整个说来，亚非拉是个火炉。有些地方还未动，有些地方动的还不那么厉害。

12月14日 同中共中央办公厅副主任李质忠谈话。毛泽东说：机要保密、警卫工作很重要，要保住党的机密，不要被修正

---

〔1〕 吴法宪，当时任中国人民解放军空军司令员。李作鹏，当时任中国人民解放军海军副司令员。

〔2〕 彭、黄，指彭德怀、黄克诚。

主义利用，并防止内部出修正主义，打起仗来要警惕牛鬼蛇神会出来破坏。要把这个意思告诉中央机要局、机要室，还要告诉军队的机要局、广播事业局的负责同志都要注意。

同日 同刘少奇谈话。刘少奇建议将《论十大关系》作为内部文件发给县、团以上各级党委学习。毛泽东表示同意。十五日，刘少奇为印发《论十大关系》一文致信毛泽东，信中说："此件我又看了一遍，觉得对于一些基本问题说得很好，对现在的工作仍有很重要的指导作用。建议将此件作为内部文件发给县、团以上各级党委学习。""望主席再看一遍，并批交小平、彭真同志办理。"十八日，毛泽东批示："送交小平、彭真同志照少奇同志意见办理。此件看了，不大满意，发下去征求意见，以为将来修改之助。此意请写入中央批语中。"

12月15日 从上海到达杭州。

12月19日 在杭州汪庄同陈云谈话。谈话中，陈云还就一九六二年对形势看法问题向毛泽东作检讨。

12月21日 就马克思主义经典著作写序问题，同陈伯达、胡绳、田家英、艾思奇、关锋谈话。毛泽东说：在农民战争之后，地主阶级只有反攻倒算，哪有什么让步政策！《清宫秘史》有人说是爱国主义的，我看是卖国主义的，彻底的卖国主义。戚本禹的文章〔1〕很好，我看了三遍，缺点是没有点名。姚文元的文章〔2〕也很好，点了名，对戏剧界、史学界、哲学界震动很大，但是没有打中要害。要害是"罢官"。嘉靖皇帝罢了海瑞的官，五九年我

---

〔1〕 戚本禹，曾在中共中央办公厅秘书室工作。当时任《红旗》杂志历史组组长。1966年5月又任中央文化革命小组成员。他的文章《为革命研究历史》发表在《红旗》杂志1965年第13期。

〔2〕 指《评新编历史剧〈海瑞罢官〉》。

们罢了彭德怀的官，彭德怀也是“海瑞”。关于写序问题，毛泽东说：马列主义经典著作，不但要写序言，还要作注释。写序言，政治的比较好办，哲学的麻烦，不大好搞。谈到哲学问题时，他说：你们搞哲学的，要写实际的哲学，才有人看。书本式的哲学，难懂，写给谁看？希望搞哲学的人，到工厂、农村去跑几年，把哲学体系改造一下。不要照过去那样写，不要写那么多。写哲学，能不能改变个方式。要写通俗的文章，要用劳动人民的语言写。哲学研究工作，要研究中国历史和中国哲学史的历史过程，先搞近百年史。历史过程不是矛盾的统一吗？近代史就是不断地一分为二，不断地斗。辩证法过去说三大规律，斯大林说四大规律。我的意见，只有一个基本的规律，就是矛盾的规律。质和量、肯定和否定、现象和本质、内容和形式、必然和自由、可能和现实，等等，都是对立的统一，哪里有平列的三个基本规律？形式逻辑是讲思维形式的，讲前后不相矛盾的。它是一门专门科学，任何著作都要用形式逻辑。现在有些人把形式逻辑和辩证法混淆在一起，这是不对的。在谈到教育问题时，他说：现在这个大学教育，我很怀疑。从小学到大学，一共十六七年，二十多年看不见稻、粱、菽、麦、黍、稷，看不见工人怎样做工，看不见农民怎样种田，看不见怎样做买卖，身体也搞坏了，真是害死人。大学教育应当改造。上学的时间不要那么多。要改造文科大学，要学生下去搞工业、农业、商业。至于工科、理科，也要接触社会实际。高中毕业后，就要先做点实际工作。单下农村还不行，还要下工厂，下商店，下连队。这样搞他几年，然后读两年书就行了。

12月22日 同彭真、康生、杨成武谈话。再次谈到吴晗的《海瑞罢官》要害是“罢官”，彭德怀也是“海瑞”。彭真说：根据调查，没有发现吴晗同彭德怀有什么组织联系。二十三日，约彭真谈话。毛泽东说：吴晗的问题两个月后作政治结论。

12月24日 晨，离开杭州前往南昌。

12月25日 阅彭真十二月二十三日报送的中共中央书记处十一月五日会议纪要，批示："此四件已阅。退彭真同志。"书记处会议讨论并原则上同意陈伯达、周扬、胡绳等关于中央马列主义研究院的方针任务和中共党史编写工作[1]的请示报告，决定马列主义研究院以研究党史和毛泽东思想为中心任务。会议还讨论了基本建设会议纪要，通过了中央组织部提请中央任免的干部名册。

12月下旬 作《七律·洪都》："到得洪都又一年，祖生击楫至今传。闻鸡久听南天雨，立马曾挥北地鞭。鬓雪飞来成废料，彩云长在有新天。年年后浪推前浪，江草江花处处鲜。"

同旬 书写叶剑英本年十月十六日在《光明日报》发表的《远望》一诗："忧患元元忆逝翁，红旗缥缈没遥空。昏鸦三匝迷枯树，回雁兼程溯旧踪。赤道雕弓能射虎，椰林匕首敢屠龙。景升父子皆豚犬，旋转还凭革命功。"

本年 对《哲学研究》一九六五年第四期刊载的中共中央高级党校教授赵纪彬发表的《孔子"和而不同"的思想来源及其矛盾调和论的逻辑归宿》一文，批注："孔门充满矛盾论。"

本年 重读一九三三年写的《长冈乡调查》，写了一段批注："什么叫马克思主义？那时的中央领导者们[2]，实在懂得很少，或者一窍不通，闹了多年的大笑话。但是这是难免的，人类总是要犯一些错误才能显出他们的正确。对客观必然规律不认识而受它的支配，使自己成客观外界的奴隶，直至现在以及将来，乃至

〔1〕 彭真在1965年11月5日中共中央书记处会议上说：关于党史编写工作，政治局常委讨论多次，毛泽东提名由董必武为主任，陈伯达具体主持，周扬、胡乔木、田家英参加。

〔2〕 指1931年至1934年犯"左"倾教条主义错误的中共中央领导人。

无穷，都在所难免。认识的盲目性和自由，总会是不断地交替和扩大其领域，永远是错误和正确并存。不然，发展也就会停止了，科学也就会不存在了。要知道，错误往往是正确的先导，盲目的必然性往往是自由的祖宗。人类同时是自然界和社会的奴隶，又是它们的主人。这是因为人类对客观物质世界、人类社会、人类本身（即人的身体）都是永远认识不完全的。如果说有一天认识完全了，社会全善全美了（如神学所说那样），那就会导致绝对的主观唯心论和形而上学，不是一个马克思主义者的世界观。”

本年　在李达[1]主编的《马克思主义哲学大纲》上册第三章第一节《两种对立的发展观》中批注：“辩证法的核心是对立统一规律，其他范畴如质量互变、否定之否定、联系、发展……等等，都可以在核心规律中予以说明。盖所谓联系就是诸对立物间在时间和空间中互相联系，所谓发展就是诸对立物（Anorises）斗争的结果。至于质量互变、否定之否定，应与现象本质、形式内容等等，在核心规律的指导下予以说明。旧哲学传下来的几个规律并列的方法不妥，这在列宁已基本上解决了，我们的任务是加以解释和发挥。至于各种范畴（可以有十几种），都要以事物的矛盾对立统一去说明。例如什么叫本质，只能说本质是事物的主要矛盾和主要矛盾方面。如此类推。”

本年　为《吉林日报》题写报名。

---

〔1〕李达，当时任全国人大常委会委员、武汉大学校长、中国科学院哲学社会科学部委员。

1966年　七十三岁

1月5日　在南昌同杨尚奎、方志纯、刘俊秀、白栋材、黄知真等谈话，汪东兴参加。谈到罗瑞卿问题时，毛泽东说：这个人就是盛气凌人，锋芒毕露。党也是一分为二的。十个指头，分一个小指头出去，也是一分为二；分一个大指头出去，也是一分为二。一分为二，不要怕，党还是要发展的。就是领袖坏了，也不要怕。七大的时候，有些人就"左"得很，坚决反对王明他们入选新的中央委员会。其实，选上他们，无非一个是改，一个是不改。不改也没有什么坏处。我也同罗瑞卿谈过，要他到哪个省去搞个省长，他不干。军队工作他是不能做了，要调动一下，可以到地方上去做些工作。谈到农业生产和粮食征购等问题时说：稳步前进嘛！还是要稍微积极一点，太急了也不行。既要有积极性，又要稳步前进。你们现在亩产五百多斤，五年达到八百斤，每年增长五十多斤，不少了嘛！做得到吗？今年可不可以不购过头粮？就是要藏粮于民，要下一番苦功夫。我看到过一个文件，陈毅同志也同我说过，还有苛捐杂税，福建省的苛捐杂税就不少。苛捐杂税是国民党的作风。你们去做点调查研究，抓住几个县，调查研究一番，搞个办法，报告中央。有些事情，中央不知道，恐怕你们省里也不知道。

同日　从南昌到达武昌，住东湖客舍。

1月6日　阅中共中央给苏共中央的复信稿，批示："很好。最好能早日交给苏联驻华大使。"苏共中央一九六五年十一月二十八日来信，对《人民日报》、《红旗》杂志编辑部一九六五年十一月十一日文章《驳苏共新领导的所谓“联合行动”》进行攻击。中共中央在复信中进行了反驳。此信于一月七日发出。

1月12日 上午，在武昌东湖客舍听取陶铸、王任重、陈郁〔1〕、张平化等汇报工作。谈到分配问题时，毛泽东说：要抓好分配。我们都讲政治经济学，政治经济学讲的生产关系包括三个方面：一是生产资料所有制（谁占有生产资料）。二是谁占统治地位，是资产阶级还是无产阶级，讲相互关系。资本主义是资产阶级占统治地位，社会主义是无产阶级占统治地位。在社会主义农村中，是贫下中农占统治地位，还是富裕中农、贪污分子占统治地位的问题。三是分配。这都是讲生产关系。谈到李达编写的《唯物辩证法大纲》时说：不把矛盾的对立统一作为唯物辩证法最根本的规律，离开矛盾的对立统一来谈什么运动、发展和联系，就不是真正唯物辩证法的观点。谈到中南地区准备争取在一九七〇年实现四、五、八〔2〕时说：四、五、八原定是第三个五年计划实现的，你们可以努力去做，也可能达到，也可能接近，也可能根本达不到。看来需要再长一些时间，再多十年实现也可以，不能勉强，勉强是不行的。谈到先进和落后的问题时说：湖南就没有先进的地区？可能你们不了解。要宣传本省、本地区的先进。河北省搞了十个试点县，说搞得很不错。但就没有比这十个县再好的了？我就不相信。不一定试点县就搞得好，不是试点

---

〔1〕 陈郁，当时任中共中央中南局第三书记、广东省委书记处书记、广东省省长。

〔2〕 指《一九五六年到一九六七年全国农业发展纲要》规划的粮食增产目标，即从1956年开始，在12年内，黄河、秦岭、白龙江、黄河（青海境内）以北地区亩产达到400斤，黄河以南、淮河以北地区达到500斤，淮河、秦岭、白龙江以南地区达到800斤。

县就一个好的也没有。果然，后来发现了井陉县，它不是试点县，却搞得很好。也要承认落后，要使这些地区的同志大吃一惊。他们需要刺一下，但也不要沉不住气，还是要扎扎实实地做好工作。王任重谈到曾写信请示关于总路线的内容有无补充修改的必要，毛泽东说：照你的提法，太长了。总路线还是不改，每个时期都会有所发展，有所强调，不必改。谈到突出政治的问题时说：突出政治，不是说不要业务。有的同志重业务、轻政治，是方向问题，但不是说不要业务。孙中山讲过："政治是众人之事。"他比古人讲得好一点，但他不讲阶级。什么是"众人之事"？各个阶级都有它自己的解释。还是《共产党宣言》上说得对，在阶级社会里，一切阶级斗争都是政治斗争。在阶级内部有矛盾、有斗争，在人民内部有矛盾、有斗争，就是在党内也会有纠纷，有矛盾、有斗争，但都脱离不开阶级斗争。去年十月，我在北京讲过，如果北京搞修正主义，你们地方怎么办？是不是学蔡锷起义，打倒袁世凯？我总感到要出问题。我讲了以后，一路上从天津到南昌，经过许多地区，都没有听到反应。谈到城乡"四清"运动时说：一定要认真搞好，可以再用三年时间，到一九六八年全部结束，但也不要再拖长时间。

同日 复信章士钊："一九六五年十二月十六日惠书及附件均已收读，极为感谢！《三国志》一部亦已收到，可作纪念，便时乞代致谢意。大著《柳文指要》康生同志已读完交来，兹送上。有若干字句方面的意见，是否有当，请酌定。"

1月16日 下午，同中共中央中南局书记处书记和中南各省负责人谈话。谈到湖北省委关于《政治统帅经济、业务、技术的通知》时，毛泽东说：我同意你们那个东西。现在折中主义思想实在不少，四平八稳、面面俱到就是折中主义。政治和经济的关系，矛盾的主要方面是政治，政治统帅经济。什么叫分析综合？比如国共两党，国民党为一方，共产党为一方。国民党军队多，装备好，地方大，有大城市、交通线、美国支援，等等，但它不得人心，脱离人民，人民反对它。共产党只有八九十万军队，一亿人口，武器装备不好，但人民拥护，士气很高。在战争中，我们一口一口吃掉国民党的军队，它的士兵大部分吸收参加了解放军，它的武器、弹药归我们使用。这不是综合吗？要这样分析综合才行。

1月21日 春节。出席中共湖北省委准备的宴会和晚会，接见湖北省委、武汉市委和其他各地市委的第一书记，并向参与警卫工作的干部赠送芒果。

1月29日 复信周世钊："数接惠书及所附大作诗词数十首，均已收读，极为高兴。因忙，主要因懒，未及早复，抱歉之至。看来你的兴趣尚浓，我已衰落得多了，如之何，如之何？"

2月1日 林彪让叶群打电话给中国人民解放军总政治部副主任刘志坚，传达他的话：江青同志昨天到苏州来，和我谈了话。她对文艺工作方面在政治上很强，在艺术上也是内行，她有很多宝贵的意见，你们要好好重视，并且要把江青同志的意见在思想上、组织上认真落实。今后部队关于文艺方面的文件，要送给她看，有什么消息，随时可以同她联系。

2月2日—20日 经林彪同意，江青在上海主持召开部队文艺工作座谈会。会议期间，除了看电影和看戏，主要是江青讲话。会后有关人员整理了一份座谈会纪要。江青对这个纪要不满意，先后交给张春桥〔1〕、陈伯达修改，然后报送毛泽东。纪要说："十六年来，文化战线上存在着尖锐的阶级斗争"，"被一条

---

〔1〕 张春桥，当时任中共上海市委书记处书记。1966年5月又任中共中央华东局宣传部部长、中央文化革命小组副组长。

与毛主席思想相对立的反党反社会主义的黑线专了我们的政”。我们一定要“坚决进行一场文化战线上的社会主义大革命，彻底搞掉这条黑线”。

2月3日 上午，同王任重谈话。谈到长江三峡水利工程问题时说：你们不要说得太绝对了，没有经过实践。是不是先在上游修？并嘱王任重报告中央考虑。对王任重提出的整理毛泽东一九五八年以来讲话记录的办法表示同意，并将一九六二年一月三十日在扩大的中央工作会议上的讲话稿给王任亶，在上面批示：“请考虑加以修改。”

同日 中央文化革命五人小组[1]召开会议，讨论自批判吴晗的《海瑞罢官》以来学术批判的形势、性质、方针、队伍等问题。五人小组成员除周扬缺席外，彭真、陆定一、康生、吴冷西以及许立群、胡绳等十一人出席。会后根据讨论情况写成《文化革命五人小组关于当前学术讨论的汇报提纲（草案）》（后被称为“二月提纲”——编者注）。提纲指出：对吴晗同志《海瑞罢官》的批判，以及由此展开的关于道德继承、清官、让步政策、历史人物评价和历史研究的观点方法等问题的讨论，已使思想界活跃起来了，盖子揭开了，成绩很大。这场大辩论的性质，是实行社会主义革命后，在学术领域中清除资产阶级和其他反动或错误思想的斗争，势必扩展到其他学术领域中去。要估计到这场斗争不是经过几个月，有几篇结论性文章，或者给某些被批评者做出政治结论，就可能完成任务的。要坚持毛泽东同志一九五七年三月在全国党的宣传工作会议上所讲的“放”的方针；要坚持实事求是，在真理面前人人平等的原则，以理服人；要准许和欢迎犯错

〔1〕 中央文化革命五人小组，是根据毛泽东的提议于1964年7月设立的，由彭真、陆定一、康生、周扬、吴冷西5人组成。

误的人和学术观点反动的人自己改正错误，不要不准革命；在报刊上点名给以重点批判要慎重，对于吴晗这样用资产阶级世界观对待历史和犯有政治错误的人，在报刊上的讨论不要局限于政治问题，要把涉及到各种学术理论的问题，充分地展开讨论。如果最后还有不同意见，应当允许保留，以后继续讨论。二月五日，刘少奇主持召开的中央政治局常委会议同意这个提纲，并要五人小组去武汉向毛泽东汇报，最后由毛泽东决定。

2月5日 阅彭真二月一日报送的有关《海瑞罢官》问题的七个材料，批示："江青：这批材料阅后，暂存你处。"这七个材料是：《北京六个报纸、杂志编辑部负责人座谈关于〈海瑞罢官〉讨论的情况和问题》，《汇报张春桥电话中的意见》，《汇报关锋等同志四篇稿件政治性的提法》，《关于郭沫若一封信的汇报》，《关锋在一九六二年写的几篇杂文、邓拓[1]在一九六二年写的一篇杂文》，《关于〈海瑞上疏〉和〈海瑞背纤〉的材料》，《报刊发表参加演出〈海瑞罢官〉的演员的检讨文章》。

同日 审阅中共中央对波兰统一工人党中央一九六五年十二月二十八日来信的复信稿，批示："退康生、吴冷西。同意。照办。"复信说，中共不派代表团参加波兰统一工人党建议召开的华沙条约成员国和亚洲社会主义国家共产党和工人党最高级会议。

2月6日 阅王任重二月四日关于印发毛泽东在七千人大会上的讲话稿等问题的请示信，批示："彭真同志：请商在京常委及康生、定一、伯达诸同志，修改一遍，并考虑是否应中南局的要求印发给县、团级同志看（只发中南局，作为试点，别地不发）。看来此问题很大，要真正实现民主集中制，是要经过认真的教育、试点和推广，并经过长期反复进行，才能实现的，否则

〔1〕 邓拓，当时任中共中央华北局书记处候补书记、北京市委书记处书记。

在大多数同志当中，始终不过是一句空话。王任重同志的修改是好的。”

2月8日 在武昌东湖客舍听取彭真、陆定一、康生、吴冷西、许立群、胡绳等汇报《文化革命五人小组关于当前学术讨论的汇报提纲》。谈到这场学术讨论两个月以后做结论的问题时，毛泽东说：两个月以后也做不了。谈到有人提出要批评郭沫若、范文澜〔1〕时说：这两人今后还要在学术界工作，以让他们表示一点主动，做一点自我批评为好。在询问“吴晗能不能算是反党反社会主义”这个问题之后表示：吴晗可以照样当他的副市长，他就不紧张了。谈到关锋一九六二年在《光明日报》发表的讲道德继承的杂文《人之有技，若己有之》（署名何明——编者注）时，说：写篇把杂文讽刺一下也可以，不要急于批判。这样的问题，三年以后再说。关于《汇报提纲》本身，毛泽东知道中央政治局常委会已经讨论并同意后，没有立刻表示不同意见。二月十二日，中共中央批转了这个提纲。

2月9日 在武昌东湖客舍听取康生、田家英汇报编辑《毛泽东选集》第五卷的工作。提出：大家既然觉得有用，不妨动手做准备。乔木还在养病，陈伯达又另有任务，田家英熟悉这一工作，可以先搞起来，将来再扩充班子。在七千人大会上的讲话，除当时发给各省一个记录稿供传达用之外，修改了多次，请大家在此再读一遍〔2〕，看还有什么要修改的，然后发给党内讨论之后，再公开发表。随后听取吴冷西受在京中央政治局常委的委托

---

〔1〕 范文澜，历史学家。当时任中国科学院哲学社会科学部委员、中国近代史研究所所长、中国历史学会副会长。

〔2〕 当时在武昌参加通读的有彭真、康生、陆定一、王任重、许立群、胡绳、田家英等，由康生主持。

汇报外事工作。谈到中苏两党的论战时，毛泽东说：现在苏共新领导，讲的都是陈词滥调，毫无新意，值不得浪费笔墨。现在不必管它，过一个时期再看，如果有新东西，才考虑答复。吴冷西说：国际上对毛泽东思想有多种多样的提法，国内最近也有新提法，如“毛泽东思想是马克思列宁主义的顶峰”、“毛泽东思想是最高最活的马克思主义”，在京常委都不同意上述两个新提法，请主席考虑是否仍然按照一九六〇年三月天津会议的提法，即一律提“马列主义、毛泽东思想”。毛泽东说：外国人怎么说法，我们管不了，由他去，但我们自己仍然按照天津会议的决定办，林彪的两个提法都不妥。毛泽东指定彭真和康生离武汉时先去苏州跟林彪当面说清楚这个问题。

2月12日　审阅彭真二月十一日报送的毛泽东在七千人大会上讲话的修改稿，批示：“彭真同志：都已看过，照此办理。”彭真在送审报告中说：“我们大家（任重同志参加）讨论了两次，提了些小的修改意见，供参考。请核定。”本日，这个讲话稿发至县团级党委。

2月14日　晚上，在武昌东湖客舍同陈伯达、王任重谈话，提出对马恩列斯著作，可以搞点摘要，还说：从来都是年轻人、学问少的人打倒学问多的老年人。年轻人一抓住真理就势如破竹。

2月19日　阅中共湖北省委二月五日《关于逐步实现农业机械化的设想》。这个设想提出，用本省生产的农业机械来实现农业机械化。从一九六六年算起，要力争在五年、七年、十年内，在全省实现机械化。毛泽东批示：“任重同志：此件看了，觉得很好。请送少奇同志，请他酌定，是否可以发给各省、市、区党委研究。农业机械化的问题，各省、市、区应当在自力更生的基础上做出一个五年、七年、十年的计划，从少数试点，逐步扩大，用二十五年时间，基本上实现农业机械化。至于二十五年以后，那是无止境的，那时提法也不同了，大概是：在过去二十五年的基础上再作一个二十五年的计划吧。目前是抓紧从今年起的十五年。已经过去十年了，这十年我们抓得不大好。”四月十日，中共中央印发了毛泽东的批示和湖北省委的这个文件。

同日 晚上，离开武汉，前往长沙。临走前，同王任重等谈到对马克思、恩格斯某些观点的理解问题。

2月21日 中共中央发出《关于编辑毛泽东同志著作的通知》。通知提出：立即着手把毛泽东一九五八年以来的主要文章、讲话和其他手稿，分批逐篇整理出来，先作为党内文件，印发党员干部阅读。《毛泽东选集》第五卷（一九四九——一九五七年），需要在一九六〇年编辑本的基础上，作进一步整理，争取尽早印发中央和地方负责人征求意见。

2月21日下午、22日上午 在长沙听取叶剑英、杨成武等汇报军事工作。汇报到诱敌深入问题时，毛泽东说：诱敌深入，过去对日本人灵，现在在越南不灵了。它不会轻易长驱直入，要做两手准备，它不深入怎么办？朝鲜战争，诱敌深入第一阶段灵，第二阶段就不灵了。可以搞些小的诱敌深入，例如几十公里之内。还是要堆山，你不搞，敌人就占了。我看美国不会走日本、希特勒的老路。像日本、希特勒长驱直入的办法，美国不敢搞，它没有多少兵，它怕死人，怕我们消灭它，所以要有第二手准备。诱敌深入，我们搞了几十年。第五次反“围剿”吃了没有诱敌深入的亏，现在大家都相信了，因为再没有其他办法。日本人长驱直入，除西北、西南地区以外，差不多交通要道都占了。今后诱敌深入，可能不灵。不管怎样，我们在第一线总得顶几个月，使后方有所准备。还要考虑顶不住。我们不可能一点空子都没有，敌人不从你设防周密的地方来，它要钻你的空子怎么办？汇报到沿海城市如何打法时，毛泽东说：利用城市打，也是个办法。采取斯大林格勒的办法。总不能把城市空出来，像上海人口七百万，搬到哪里去！工厂当然要搬出一些。沿海城市要多修几层工事，它突破一层，还有一层。还要注意城市侧翼的设防。敌人如果巴在沿海不前进，纵深工事等于浪费。同时，沿海城市它不可能都占，只能占一些地方。一个国家要消灭另一个国家，只要军队存在，人民大部存在，敌人就没有办法。因为要消灭一个国家，首先是消灭军队，然后是征服人民，强占土地。汇报到全军总定额及其他军兵种等问题时，毛泽东说：总定额现在不要缩小。铁道兵有几十万在西南修铁路，划得来嘛！省公安部队拨归省军区领导，这个办法我赞成。单独搞一个公安部队，搞两套，这是从苏联搬来的，我从来不赞成。汇报到周恩来、邓小平设想把全国工矿企业基建部队在今后三五年内逐步军事化、实现义务兵役制时，毛泽东说：这个办法我赞成。三月二十七日，毛泽东在林彪送审的这次谈话纪要上批示："此件看了，记录得不错，就照这样吧。"

2月23日　上午，在长沙听取张平化、王延春、李瑞山、华国锋、苏钢等汇报工作。汇报到农村的单干问题，毛泽东说：单干的问题，六二年、六三年、六四年、六五年，四年还没有解决，后年春可以解决。地、富、反、坏，还有富裕中农，许多人要走资本主义道路。一九六二年，湖北同志说搞单干的有三分之一。我的调查组在韶山，说百分之四十的农户要分田到户，百分之六十能保住就不错。还说一个生产队十五户，赞成分田的是多数，不赞成的只有几户。〔1〕他们没有进行思想教育。汇报到有人认为今年增产一成左右的提法低了，毛泽东说：一年增产一成

〔1〕1962年，毛泽东派出由田家英率领的调查组分别到湖南湘潭韶山、湘乡唐家圫和宁乡花明楼3处作农村调查。这是田家英经调查后，向毛泽东反映的情况。

左右就了不起。你们的农业厅长一年就要跨纲要，是不懂农业生产吧？少讲一点。汇报到农业机械化问题，毛泽东说：湖北省关于农业机械化的文件，中南局讨论了没有？值得各省注意。他们提出五年、七年、十年，我说打宽点，加五年。湖南有一定基础，要自己搞，要有个规划，有个设想。

同日 阅周恩来二月十七日报送的余秋里关于考察西南、西北大三线情况给中共中央政治局常委的汇报提纲，批示：“此件已阅。退周总理。”周恩来的送审报告说：余秋里对主席所关心的西南、西北地区在一九七〇年钢的生产能力争取达到四百三十万至五百五十万吨、二线争取达到六百五十万至七百万吨、一线争取达到一千一百四十万吨，已在开始进行新的布置。

2月24日 给人民大会堂服务员罗丽华题词：“要注意用批评与自我批评的方法去分析自己和对待人民内部的矛盾。”

2月25日 阅王任重一月二十四日在中共湖北省委常委会议上关于政治挂帅问题的发言稿，批示：“少奇同志：此件请你看看，是讲政治挂帅的。”王任重的发言稿说：现在农村有许多地方是工分挂帅，不是政治挂帅；许多工厂、商业单位则是奖金挂帅，其实质是物质刺激。对这些不合乎毛主席思想和生产发展的制度都可以改。以后主要靠政治挂帅来调动群众的积极性。

2月26日 晚上，离开长沙。次日到达杭州，住汪庄。

2月 同侄子毛远新谈话时说：科学的发展，由低级到高级，由简单到复杂，但讲课不能都按照发展顺序来讲。学历史，主要学近代史。现在有文字记载的历史才三千多年，要是到一万年该怎么讲呢？讲原子物理，不必要从最早的那个学派的理论讲起。你们这样学，十年也毕不了业。你们学自然科学的，要学会用辩证法。

3月8日 河北省邢台地区发生强烈地震。次日，周恩来代表中共中央、国务院到灾区慰问。他在隆尧县白家寨慰问灾区人民大会上说：你们受了灾，损失很大，党中央和政府非常关心你们，毛主席让我来看望大家，慰问大家。

3月上旬、17日、24日 三次审阅修改江青二月二日至二十日在上海主持召开的部队文艺工作座谈会纪要。十七日批示："江青：此件看了两遍，觉得可以了。我又改了一点，请你们斟酌。此件建议用军委名义，分送中央一些负责同志征求意见，请他们指出错误，以便修改。当然首先要征求军委各同志的意见。"二十四日批示："江青：各件都看了，都同意。只在《纪要》内的几处，增加少数文字，或者改了几个字。请酌定。现在原件退还给你。"毛泽东的三次修改，主要有：把纪要原题《江青同志召集的部队文艺工作座谈会纪要》，改为《林彪同志委托江青同志召开的部队文艺工作座谈会纪要》。把文中"毛主席的这四篇著作〔1〕""够我们无产阶级用几百年的了"，改为"毛主席的这四篇著作，够我们无产阶级用上一个长时期了"。删去称《新民主主义论》和《在延安文艺座谈会上的讲话》"是当代马克思主义文艺理论的最高峰"、"解放军是主席亲手缔造的"、"高高举起毛泽东思想伟大红旗"等语句。删去江青"同我们一起交谈，一起看影片、看戏"，"大家一致认为等于进了一次短期训练班"这一句中的后半句。把"歌颂我们伟大的党和伟大领袖毛主席英明领导的文艺作品"，改为"歌颂我们伟大的党，党的领袖和其他同志们英明领导的文艺作品"，并批注"这样较妥"。把"文化革命解放军要带头"，改为"文化革命解放军要起重要作用"。改写

〔1〕 指纪要中提到的毛泽东的《新民主主义论》、《在延安文艺座谈会上的讲话》、《关于正确处理人民内部矛盾的问题》和《在中国共产党全国宣传工作会议上的讲话》。

了以下几段话（加写和改写的文字用着重号标明）：（一）“我们一定要根据党中央的指示，坚决进行一场文化战线上的社会主义大革命，彻底搞掉这条黑线。搞掉这条黑线之后，还会有将来的黑线，还得再斗争。所以，这是一场艰巨、复杂、长期的斗争，要经过几十年甚至几百年的努力。”（二）“三十年代也有好的，那就是以鲁迅为首的战斗的左翼文艺运动。到了三十年代的后期，那时左翼的某些领导人在王明的右倾投降主义路线的影响下，背离马克思列宁主义的阶级观点，提出了‘国防文学’的口号。这个口号，就是资产阶级的口号，而‘民族革命战争的大众文学’这个无产阶级的口号，却是鲁迅提出的。有些左翼文艺工作者，特别是鲁迅，也提出了文艺要为工农服务和工农自己创作文艺的口号，但是并没有系统地解决文艺同工农兵相结合这个根本问题，绝大多数还是资产阶级民族民主主义者，有些人民主革命这一关就没过去，有些人没有过好社会主义这一关。”（三）“党性原则是我们区别于其他阶级的最显著标志。须知其他阶级的代表人物也是有他们的党性原则的，并且很顽强。不论是创作思想方面，组织路线方面，工作作风方面，都要坚持无产阶级的党性原则。”加写了以下两段话：（一）“过去十几年的教训是：我们抓迟了。毛主席说，他只抓过一些个别问题，没有全盘的系统的抓起来，而只要我们不抓，很多阵地就只好听任黑线去占领，这是一条严重的教训。一九六二年十中全会作出要在全国进行阶级斗争这个决定之后，文化方面的兴无灭资的斗争也就一步一步地开展起来了。”（二）“古人、外国人的东西也要研究，拒绝研究是错误的，但一定要用批判的眼光去研究，做到古为今用，外为中用。”

3月12日 就农业机械化问题复信刘少奇："三月十一日信[1]收到。小计委派人去湖北，同湖北省委共同研究农业机械化五年、七年、十年的方案，并参观那里自力更生办机械化的试点，这个意见很好。建议各中央局各省市区党委也各派人去湖北共同研究。有七天至十天时间即可以了。回去后，各做一个五、七、十年计划的初步草案，酝酿几个月，然后在大约今年八九月间召开的工作会议上才有可议。若事前无准备，那时议也恐怕议不好的。此事以各省、市、区自力更生为主，中央只能在原材料等等方面，对原材料等等不足的地区有所帮助，也要由地方出钱购买，也要中央确有原材料储备可以出售的条件，不能一哄而起，大家伸手。否则推迟时间，几年后再说。为此，原材料（钢铁），工作母机，农业机械，凡国家管理、地方制造、超出国家计划远甚者（例如超出一倍以上者），在超过额内，准予留下三成至五成，让地方购买使用。此制不立，地方积极性是调动不起来的。为了农业机械化，多产农林牧副渔等品类，要为地方争一部分机械制造权。所谓一部分机械制造权，就是大超额分成权，小超额不在内。一切统一于中央，卡得死死的，不是好办法。又此事应与备战、备荒、为人民联系起来，否则地方有条件也不会热心去做。第一是备战，人民和军队总得先有饭吃有衣穿，才能打仗，否则虽有枪炮，无所用之。第二是备荒，遇了荒年，地方

〔1〕 刘少奇1966年3月11日致信毛泽东说：你要王任重同志送给我的关于农业机械化的几个文件，我已送给恩来、小平同志阅后，连同主席批语印发给政治局、书记处各同志及有关部门研究，并准备意见。后来再由有在京副总理参加的中央常委会议上谈了这个问题。大家意见，要小计委就这个问题有关方面情况先摸一摸，并提出一个方案，中央再来讨论。恩来同志要小计委派人到湖北同省委共同研究他们提出的方案，先在湖北进行试验。

无粮棉油等储蓄，仰赖外省接济，总不是长久之计。一遇战争，困难更大。而局部地区的荒年，无论哪一个省内常常是不可避免的。几个省合起来来看，就更加不可避免。第三是国家积累不可太多，要为一部分人民至今口粮还不够吃、衣被甚少着想；再则要为全体人民分散储备以为备战备荒之用着想；三则更加要为地方积累资金用之于扩大再生产着想。所以，农业机械化，要同这几方面联系起来，才能动员群众，为较快地但是稳步地实现此种计划而奋斗。苏联的农业政策，历来就有错误，竭泽而渔，脱离群众，以致造成现在的困境，主要是长期陷在单纯再生产坑内，一遇荒年，连单纯再生产也保不住。我们也有过几年竭泽而渔（高征购）和很多地区荒年保不住单纯再生产的经验，总应该引以为戒吧。现在虽然提出了备战备荒为人民（这是最好地同时为国家的办法，还是'百姓足，君孰与不足'〔1〕的老话）的口号，究竟能否持久地认真地实行，我看还是一个问题，要待将来才能看得出是否能够解决。苏联的农业不是基本上机械化了吗？是何原因至今陷于困境呢？此事很值得想一想。以上几点意见，是否可行，请予酌定。”之后，毛泽东在这封信的打印稿上批示：“未发，拟不发，待讨论。”一九七七年十二月二十六日，《人民日报》发表了这封信，题为《关于农业机械化问题的一封信》。

3月13日 阅中国驻苏联大使馆党委关于苏联共产党邀请中国共产党参加苏共二十三大的分析材料，致信中共中央：“驻莫斯科党委的分析是正确的，这符合中央的第一次分析和不参加的结论。不参加出不了什么大问题，无非是大反华，越反越显得苏修不对，我们对。”“我们自己干自己的，自力更生，毫不拖泥带水，岂不更好？是否发贺电，也值得考虑。”“回信是要写一封

〔1〕 见《论语·颜渊》。

的，简单地说明不去的充分理由。对苏联人民的争取，是完全必要的。可以待他们会完了，写一篇批判文章就够了。”“灵活性，这十年来也很不少。现在双方国交未断，贸易在做，还有人员往来，文化交流和派留学生等。国际群众团体会议，我们也都参加，两党不断地还有书信往来。这些都是灵活性。将来一旦有事，灵活性可能更要多些。如果美国打苏联，而苏联又坚决抗战，我们是要声援他们的。”“以上意见，是否妥当，请你们在三月十七日来此谈一下，作出最后决定。”十八日，同刘少奇、周恩来、彭真等在杭州开会，决定不派代表团参加苏共二十三大。

3月15日　上午，在杭州汪庄同陈伯达、王任重谈话，谈到农业机械化、改变奖金与评工记分办法、计件工资、供给制等问题。

3月17日—20日　在杭州主持召开中共中央政治局常委扩大会议。出席会议的有刘少奇、周恩来、朱德、林彪、彭真、陈伯达、康生和各中央局第一书记、中央有关部门负责人，邓小平因在西北三线考察请假。十七日下午，召开第一次会议，主要谈罗瑞卿问题。

3月18日　主持中共中央政治局常委扩大会议，并讲话。在回顾党内斗争历史时，毛泽东说：要接受上代的经验，但到一定的时期要变。人也是遗传性与变异性的统一。比如生产工具，技术革新，生产节约，都是先照老样子，按照传统经验进行，但是总要发展，要创造。我在去年九、十月份中央工作会议结束时，专门讲了北京有人要造反，你们怎么办？也不要紧，造反就造嘛。整个解放军会跟上造反吗？我们这个党，曾经有多少次危险，比如陈独秀时期，危险得很。三次“左”倾，中央在上海也危险呀。各个阶层的代表人物，都是要登台的。有些人是认识问题，有些人是敌对的。没有这些对立面怎么行？这个党经历了多少危险，但是人更多了。谈到学术批判问题时说：我的意见，还是要打倒什么翦伯赞呀，侯外庐[1]呀等等一批才好，不是打倒多了。这些人都是资产阶级，帝王将相派。优柔寡断，我们党内这种人相当多啊！现在修正主义和各国反动派骂我们，等于当年蒋介石说我们坏一样，抬高我们的身价。我们不是被骂小的，也不是被打小的，我们的失败是我们自己犯错误搞的。几十年的革命教育了我们。谈到编辑《毛选》第五卷、第六卷时说：我也没有写什么，不如第四卷。毛泽东思想的提法，最高最活，不要那样提，也不要讲顶峰。谈到是否参加苏共二十三大问题时说：我们去不去参加，是一个重大的原则问题。去参加是一个重大步骤，不去参加也是一个重大步骤，都关系我们对中苏关系采取的方针。依我看，我们不能去。我们不去，旗帜鲜明，不拖泥带水。也不必发贺电，只告诉他们说我们不参加就行了[2]。至于十月革命节，那是苏联国庆，中苏之间目前还有国家关系，可以照过去一样发贺电。对受苏共影响较大的群众团体，比如国际妇联、国际青联、国际学联以及世界工联，还有世界和平会议等等，是否还参加它们的活动，也要区别对待。会议结束前，毛泽东对吴冷西说：《人民日报》登过不少乌七八糟的东西，提倡鬼戏，捧海瑞，犯了错误，要从错误中得到教训。我过去批评你们不搞理论，批评过多次。我说我学蒋介石，他不看《中央日报》，我也不看《人民日报》，因为没有什么看头。你们登学术研究的文章是我逼出来的。你们的编辑也不高明，登了那么多坏东西，没有马克思主义，或者只有三分之一甚至四分之一的马克思主

〔1〕 侯外庐，历史学家。当时任中国科学院历史研究所副所长、哲学社会科学部委员。

〔2〕 1966年3月22日，中共中央发出经毛泽东审定的致苏共中央的信，表示不派代表团参加苏共二十三大。

义。不犯错误的报纸是没有的，《人民日报》要从错误中吸取教训，可能以后还会犯错误，说从此不犯错误是不可能的。问题在于错了就改，改了就好。《人民日报》还是有进步，现在比过去好，我经常看，但要不断进步。当然，你们有你们的困难，你们是知识分子成堆，又是“公共汽车”，大家都去挤。中央给你们权力，对有问题的稿件，你们有扣压的权力，不管是谁看过的。解决知识分子成堆的问题，办法是要多下去，要蹲点，多接触实际，参加“四清”是个办法。《人民日报》要考虑打仗的时候怎么办。打得稀烂，你们还要出报，那时候怎么出？

3月19日　上午，主持中共中央政治局常委扩大会议，并讲话。毛泽东说：你们有工夫，最好把鲁迅的著作看看，翻译的不用看，看看创作的部分，很好地研究一下。看看他那时的形势，他的作战方法。可以摘个语录。马克思的也可以摘个语录。广东中山大学历史系教授杨荣国，是个党员，提议要把马恩列斯最精彩的东西摘出来，编个语录。这个人头脑比较清楚。切不要相信什么一贯正确，人总是要犯错误，又正确又不正确。这几年也是嘛，犯了多少错，一贯正确是没有的。比如高征购、瞎指挥，教育了我们。主要是瞎指挥，高征购也是瞎指挥。

3月20日　上午，主持中共中央政治局常委扩大会议，并讲话。谈到学术界、教育界的问题时，毛泽东说：过去我们是蒙在鼓里的，许多事情不知道，事实上是资产阶级、小资产阶级掌握的。我们对民族资产阶级及其知识分子，是区别于买办资产阶级的，这是改变苏区的政策。这种区别的政策是灵的，把民族资产阶级、小资产阶级同买办资产阶级等同起来是不对的。现在，大学、中学、小学大部分被资产阶级、小资产阶级、地富出身的人垄断了。没有五年到十年的工夫批评一下，讲点道理，真正培养、教育出一批接班人，就都要控制在他们手里。这是一场广泛的阶级斗争，全国二十八个省市[1]，现在只有十五个展开了这场斗争，还有十三个没有动。阶级斗争展开的面很广，包括各个方面，请各大区注意一下，学校、出版、报纸、文艺、电影、戏剧各个方面都要管。不要压制青年人的文章，好的坏的都不要压，对坏的要批评。现在要保几个，郭老、范老[2]是要保的。我们的政策是不要压制青年人，让他们冒出来。接班要那些年纪小的，学问少的，立场稳的、坚决的，有政治经验的。学生要造反，不起来不行。错误也要允许人家犯。宣传部不要卡死，不要搞成从前的农村工作部。谈到农业机械化问题时说：要联系到备战、备荒、为人民，不然他们不干。王任重的信[3]发到各省去议，这里议不出什么。我给少奇的信不要印了，不准确。我不放心，找了王任重、陈伯达谈。找他们一谈，就知道不准确。谈到中央和地方在经济方面的关系时说：地方积累要搞，不能都集中到中央而地方不能扩大再生产。苏联就吃了这个亏。现在就是不让人家有积极性，上边管得死死的，妨碍生产力的发展，是反动的。中央还是虚君共和好，只管大政方针、政策、计划。中央叫计划制造工厂，只管虚、不管实，也管点实，少管一点实。中央局、省、地、县，也层层征求下边的意见，经过大家的同意，然后制造出来，那就比较可靠了。要靠典型，脑子出计划，实践出好材料。这样地方与中央合作，制造出方针、政策、计划。中央只生产精神。中央计划要同地方计划结合，中央不能管死，省也不能完全统死，计划也不要统死。总而言之，不能太死。要卡，

---

〔1〕 这里指中国大陆的26个省、自治区和北京、上海两个直辖市。

〔2〕 指郭沫若、范文澜。

〔3〕 指王任重报送的中共湖北省委1966年2月5日《关于逐步实现农业机械化的设想》。

不能卡死。不论农业扩大再生产也好，工业扩大再生产也好，都要注意中央和地方分权，不能竭泽而渔。在林彪谈到“要学毛主席”时，毛泽东说：我在这里说一句，要突破，要创造，不要只解释，不要念语录，不能受束缚。列宁就不受马克思的束缚。不要迷信，要有新的论点，新的解释，新的创造，不然不行。在讲到有人反对形象思维时说：文学要形象，不能搞抽象。

3月26日 由杭州到达上海，住西郊宾馆。

3月27日 审阅周恩来、彭真本日下午送审的《中国共产党代表团与日本共产党代表团联合公报（草案）》稿。三月上旬，刘少奇、邓小平、彭真、康生等同由中央总书记宫本显治率领的日本共产党代表团在北京举行了三次会谈，这个联合公报草案稿是双方代表团起草小组根据双方会谈内容起草的。毛泽东审阅时作以下修改（加写和改写的文字用着重号标明）：（一）“两党代表团一致确认，为了粉碎美帝国主义的侵略和战争的计划，全世界人民和反帝力量团结起来，结成反对美帝国主义的最广泛的（不是狭隘的）最真实的（不是虚伪的）国际统一战线，是极其重要的国际任务。其中，全世界革命人民的团结最为广泛，又最为真实，因为他们是要真正革命的，因此我们对此要特别加以注意。”（二）“双方还认为，为了加强反对美帝国主义的国际统一战线，需要加强国际民主运动方面的活动，并且一定要坚持反映全世界革命人民愿望的真正革命的方针。”（三）“正如共产党和工人党代表会议一九五七年宣言和一九六〇年声明强调指出的，反对主要危险现代修正主义，同时一定要坚决反对并且克服我们两党自己内部的教条主义和宗派主义。而最主要的是要坚决反对我们两党内部的现代修正主义思潮，这种思潮是国内外资产阶级反共反革命反人民的思潮在我们党内的反映。如若不注意，并采取措施加以克服，那是十分危险的。以苏联领导集团为首的现代修正主义，在反对我们的时候，不说我们是修正主义者，而说我们是教条主义者、宗派主义者。这种说法，正是指的真正马克思主义和真正的国际革命党派和革命人民的团结，而不是别的。”此外，毛泽东还在三处“现代修正主义”之前加上了“以苏联领导集团为中心”的定语。

3月28日 上午，在上海会见宫本显治率领的日本共产党代表团，并共进午餐，康生、赵毅敏、魏文伯、赵安博[1]参加。毛泽东说：有一年藏原惟人同志不是问我一国能否建成共产主义吗？我说有帝国主义存在，建设共产主义是不可能的。现在我又想了一下这个问题，就是在帝国主义统统打倒的情况下，全世界都变成了社会主义，哪一年建成共产主义也还是说不定的。因为资产阶级虽然打倒了，并没有死，他们用各种方法腐蚀共产党。我们这个国家有大量的修正主义者，也有大批的教条主义者。所谓教条主义，就是迷信外国的东西，迷信中国的死人和外国的死人，也有外国的活人。我劝你们不要迷信了。你们不要迷信本国的死人同外国人，包括中国人在内。不要怕孤立，不要怕战争。你不准备孤立，哪个时候孤立了，就慌了。你不准备战争，战争来了，你就没办法了。我们现在准备美国人来打，准备修正主义来打，准备美苏合作，瓜分中国。做这个准备，到时候它们打进来，我们就有准备了。这是最坏的一种可能性，另一种可能性是它不敢来。我劝同志们，第一条不要怕孤立，第二条不要怕打仗。当然我们不希望孤立，但是孤立来了，怎么办？一是党内孤立，二是国际上孤立。有些事情，要坚持原则，决不能丧失原则。我改了一下公报，请你们研究。可以不接受我的，可以不发表，另外发一个消息就行了。因为你们不能强加于我们，我们也不能强加于你们。但是，由我个

〔1〕赵安博，当时任中国人民外交学会常务理事、中国日本友好协会秘书长。

人观察，我的改法对你们有利，对我们也有利。

3月28日、29日 同康生谈话。毛泽东说：北京市委、中宣部包庇坏人，要解散。为什么批评吴晗不能联系罢官，不能联系庐山会议？告诉彭真，不要包庇坏人了，要向上海道歉。学术批判要走群众路线。当然不要像一九五八年那样否定一切，要发扬五八年精神，去掉五八年的缺点，要试点。

3月29日 上午，在上海再次会见由宫本显治率领的日本共产党代表团，康生、赵毅敏、魏文伯、赵安博在座。毛泽东说：看来公报发表不成了。不发表公报没什么要紧，发个消息就是了。公报这种东西，是一种形式主义。你们原先是不愿意发表的，是我们向你们提出的。我说这样不对，应该由你们提。今天如果发联合公报，双方都不愉快。公报不发表了，双方都没有精神负担，轻松愉快。

3月30日 下午，同康生、赵毅敏、魏文伯、张春桥、江青等谈话。谈到学术批判问题时，毛泽东说：为什么吴晗写了那么多反动文章，中宣部都不要打招呼，而发表姚文元的文章却偏偏要跟中宣部打招呼呢？〔1〕你是阎王殿，小鬼不上门。打倒阎王，解放小鬼！十中全会作过决议，要在全国搞阶级斗争，为什么学术界、历史界、文艺界可以不搞阶级斗争？孙悟空闹天宫，你是站在孙悟空一边，还是站在天兵天将、玉皇大帝一边？中央早已作过决议，要搞阶级斗争，写反修文章，培养秀才。只反国际的修，不反国内的修？我历来主张，中央不对时，地方攻中央。去年九月工作会议，专门讲了这个问题，如果中央出修正主义，地方要造反。什么叫学阀？学阀就是那些包庇反共知识分子的人。

---

〔1〕 1966年3月11日，彭真让中宣部副部长许立群给上海市委宣传部部长杨永直打电话说，上海发表姚文元文章为什么不跟中宣部打个招呼。

要支持小将，保护孙悟空。再不支持，就解散五人小组[1]、中宣部、北京市委，不管哪个省市委。斗争要有策略，一个学校批评两三个人，他们就不能不讨论，不要太多。要区别对待。郭沫若、范文澜，我还是赞成保护。郭功大于过。谁也会犯错误。姚文元，放在市委，这个办法好。文化革命能不能搞到底，政治上能不能顶住？中央会不会出修正主义？没有解决。我们都老了，下一代能否顶住修正主义思潮，很难说。文化革命是长期艰巨的任务。我这一辈子完不成，必须进行到底。

4月1日 由上海到达杭州，住汪庄。

4月2日 晚上，周恩来致信毛泽东并中共中央书记处。信中说：三十一日康生回京，传达主席指示。与彭真、康生商定，拟开书记处会议，遵照主席指示，提出高举无产阶级文化革命大旗，彻底批判文史哲方面的反动学术思想，彻底揭露这些学术权威的反党反社会主义的资产阶级立场，并拟按此方针，起草一个中央通知，送主席审阅。同时，指出前送主席审阅的五人小组报告是错误的，拟由书记处召开五人小组扩大会议，邀集上海、北京有关同志加以讨论，或者进行重大修改，或者推翻重写。

4月9日—12日 邓小平主持召开中共中央书记处会议，周恩来参加。会上，康生传达毛泽东对中央文化革命五人小组《关于当前学术讨论的汇报提纲》的批评意见，并对彭真进行批评。会议决定：一、拟以中共中央名义起草一个通知，彻底批判文化革命五人小组《汇报提纲》的错误，并撤销这个提纲；二、成立文化革命文件起草小组，报毛泽东和政治局常委批准。起草小组由陈伯达任组长，江青、刘志坚任副组长，康生任顾问，成员有尹达、张春桥、

〔1〕 指中央文化革命五人小组。

陈亚丁[1]、关锋、戚本禹、吴冷西、王力、穆欣、杨永直[2]。会后，周恩来、邓小平、彭真联名致信毛泽东报告会议情况。

4月上旬 阅彭真四月一日送审的《中共中央转发〈林彪同志委托江青同志召开的部队文艺工作座谈会纪要〉的批语》稿，批示："已阅，同意。退彭真同志。"中央的批语说："经过毛主席三次亲自修改的座谈会纪要，对当前文艺战线上阶级斗争的许多根本问题，作了正确的分析，提出了正确的方针、政策，是一个很好的、很重要的文件。中央完全同意这个文件。它不仅适合于军队，也适合于地方，适合于整个文艺战线。各级党委应当联系本地区、本部门文艺工作的实际情况，认真讨论，认真研究，贯彻执行。"此件于四月十日发出。[3]

同旬 阅周恩来、彭真三月三十一日报送的《中共中央批发王任重同志关于政治挂帅问题的意见》稿，批示："同意。"中央批示指出："任重同志的发言，是讲政治挂帅的，他的意见提得很好。这是一个重大的问题。现在实行的一些奖金制度等，是不符合政治挂帅精神的。我们调动广大人民群众的积极性不是靠工资、工分以外的物质奖励，而是靠毛泽东思想，靠政治挂帅，靠多快好省地建设社会主义的总路线，总之是靠人们的政治觉悟的不断的提高。"此件于四月十日发出。

---

〔1〕 陈亚丁，当时任中国人民解放军总政治部文化部副部长。

〔2〕 王力，当时任中共中央对外联络部副部长、《红旗》杂志副总编辑。1966年5月又任中央文化革命小组成员。穆欣，当时任中共光明日报社党组书记、《光明日报》副总编辑（1966年6月任总编辑）。1966年5月又任中央文化革命小组成员。杨永直，当时任中共上海市委宣传部部长。

〔3〕 1979年5月3日，经中国人民解放军总政治部请示中共中央批准同意，撤销了这个《纪要》，并对因受《纪要》影响而被错误处理的人员和文艺作品予以甄别平反。

同旬 阅周恩来、彭真三月三十一日报送的《中共中央对湖北省委关于逐步实现农业机械化的设想的批示》稿，批示："同意。"中央批示指出："毛泽东同志很早就指出了我国农业的发展道路，是要在集体化的基础上，逐步实现机械化和电气化。他最近又提出各省、市、自治区要在自力更生的基础上做出一个五年、七年、十年农业机械化计划，争取从今年起，用十五年的时间，基本上实现农业机械化，这是一个极为重要的战略任务。这个任务是同他指示的备战、备荒、为人民的战略思想紧紧联系着的。"这个指示于四月十日发出。

同旬 阅《光明日报》总编室三月三十一日编印的《光明日报情况简编》第四七五期，批示："已阅，退江青同志。"这期情况简编刊载了《周予同[1]说按照翦伯赞的性格他是会写答辩文章的》、《寿进文[2]谈上海部分盟员在批判〈海瑞罢官〉中的动向》等材料。

同旬 阅江青四月一日报送的《文汇报》北京办事处编印的《记者简报》，批示："已阅。退江青。"这期简报刊载了一些历史学家对三月二十五日出版的《红旗》杂志发表的戚本禹等人的文章《翦伯赞同志的历史观点应当批判》的反应。有的历史学家，认为这篇文章分析不够全面，说"让步政策"不是翦伯赞的主要问题，早在一九四一年陈伯达就在《解放》杂志上提出了"让步政策"，后来影响到许多人都用上了。

4月14日 阅中共中央办公厅机要室四月十二日编印的《文电摘要》第一六八号。这期摘要刊载的《在京艺术院校试行

---

〔1〕 周予同，当时任中国科学院上海历史研究所副所长、复旦大学教授。

〔2〕 寿进文，当时任全国人大代表、中国民主同盟上海市委副主任委员兼秘书长。

半工（农）半读》一文，介绍中国音乐学院抽调部分师生试行在工厂办学和半农半读的情况。毛泽东阅后批示，指出："一切学校和学科（小学、中学、大学、军事院校、医学院校、文艺院校以及其他学校例如党校、新闻学校、外语学校、外交学校等等，学科包括社会科学、自然科学及二者的常识）都应当这样办。分步骤地有准备地一律下楼出院，到工厂去，到农村去，同工人农民同吃同住同劳动，学工学农，读书。工读比例最好一半对一半，最多是四比六。因此读书的部分要大减。书是要读的，但读多了是害死人的。师生一律平等，放下架子，教学相长。随时总结经验，纠正错误。"

同日 审阅全国机要保密会议编印的文件《毛主席关于保密工作的指示》。这个文件收录了毛泽东一九四九年九月二十一日在全国政协第一届全体会议开幕词中的一段话："帝国主义者和国内反动派决不甘心于他们的失败，他们还要作最后的挣扎。在全国平定以后，他们也还会以各种方式从事破坏和捣乱，他们将每日每时企图在中国复辟。这是必然的，毫无疑义的，我们务必不要松懈自己的警惕性。"毛泽东批注："这一段话讲得准确，请同志们经常地讨论这个问题。"

4月14日、17日至月底 多次审阅修改周恩来、邓小平、彭真送审的《中央关于撤销〈文化革命五人小组关于当前学术讨论的汇报提纲〉通知稿》[1]。十四日上午，修改四月十二日送审稿后批示："有一些修改，请斟酌。送恩来、小平、彭真、康生同志。"上午八时半批示："江青：送上北京来件二份，请你们研

〔1〕 这个通知稿经多次修改后，正式定名为《中国共产党中央委员会通知》，于1966年5月16日在中共中央政治局扩大会议上通过，通称"五一六通知"。这个通知1967年5月17日在《人民日报》发表。

究一下，有何修改？我已请康生、伯达诸同志于今日或明日去上海同你们共同讨论一次，然后由康生、伯达二同志于十六日夜间来此地[1]作报告，最后定案。”上午九时批示：“恩来、小平、彭真同志：四月十二日的信及附件，收到阅悉。请康生、伯达同志和其他可能去上海的起草小组同志于今天（十四日）或明天去上海，同上海同志商量一下文件问题，然后请康生、伯达二同志于十六日夜间或十七日上午来此地。你们可于十六日来此。各中央局是否要来人，请你们酌定。”从四月十七日至月底，毛泽东对通知稿又作了多次修改。毛泽东前后修改的主要情况如下（引文内的楷体字，均为原通知稿的文字）：（一）在通知稿的“中央决定撤销一九六六年二月十二日批转的《文化革命五人小组关于当前学术讨论的汇报提纲》”之后，加写：“撤销原来的‘文化革命五人小组’及其办事机构，重新设立文化革命小组，隶属于政治局常委之下。”（二）在通知稿的“这个提纲用混乱的、自相矛盾的、虚伪的词句，模糊了当前文化思想战线上的尖锐的阶级斗争，特别是模糊了这场大斗争的目的是对吴晗”之后，加写：“及其他一大批反党反社会主义的资产阶级代表人物（中央和中央各机关，各省、市、自治区，都有这样一批资产阶级代表人物）的批判。”（三）在通知稿的“无产阶级同资产阶级的斗争，马克思主义的真理同资产阶级以及一切剥削阶级的谬论的斗争，不是东风压倒西风，就是西风压倒东风，根本谈不上什么平等”之后，加写：“无产阶级对资产阶级斗争，无产阶级对资产阶级专政，无产阶级在上层建筑其中包括在各个文化领域的专政，无产阶级继续清除资产阶级钻在共产党内打着红旗反红旗的代表人物等等，在这些基本问题上，难道能够允许有什么平等吗？几十

[1] 毛泽东当时在杭州。

年以来的老的社会民主党和十几年以来的现代修正主义，从来就不允许无产阶级同资产阶级有什么平等。他们根本否认几千年的人类历史是阶级斗争史，根本否认无产阶级对资产阶级的阶级斗争，根本否认无产阶级对资产阶级的革命和对资产阶级的专政。相反，他们是资产阶级、帝国主义的忠实走狗，同资产阶级、帝国主义一道，坚持资产阶级压迫、剥削无产阶级的思想体系和资本主义的社会制度，反对马克思列宁主义的思想体系和社会主义的社会制度。他们是一群反共、反人民的反革命分子，他们同我们的斗争是你死我活的斗争，丝毫谈不到什么平等。因此，我们对他们的斗争也只能是一场你死我活的斗争，我们对他们的关系绝对不是什么平等的关系，而是一个阶级压迫另一个阶级的关系，即无产阶级对资产阶级实行独裁或专政的关系，而不能是什么别的关系，例如所谓平等关系、被剥削阶级同剥削阶级的和平共处关系、仁义道德关系等等。”（四）在通知稿中加写一段话：“毛主席经常说，不破不立。破，就是批判，就是革命。破，就要讲道理，讲道理就是立，破字当头，立也就在其中了。”（五）在通知稿的“提纲反对的锋芒是指向无产阶级左派，显然是要给马克思列宁主义者戴上‘学阀’这顶帽子，倒过来支持真正的资产阶级的学阀，维持他们在学术界的摇摇欲坠的垄断地位”之后，加写：“其实，那些支持资产阶级学阀的党内走资本主义道路的当权派，那些钻进党内保护资产阶级学阀的资产阶级代表人物，才是不读书、不看报、不接触群众、什么学问也没有、专靠‘武断和以势压人’、窃取党的名义的大党阀。”（六）在通知稿的“提纲的作者们对于无产阶级左派反击资产阶级反动‘权威’的文章，已经发表的，他们极端怀恨，还没有发表的，他们加以扣压”之后，加写：“他们对于一切牛鬼蛇神却放手让其出笼，多年来塞满了我们的报纸、广播、刊物、书籍、教科书、讲演、文艺作品、电影、戏剧、曲艺、美术、音乐、舞蹈等等，从不提倡要受无产阶级的领导，从来也不要批准。这一对比，就可以看出，提纲的作者们究竟处在一种什么地位了。”（七）在通知稿的“各级党委要立即停止执行《文化革命五人小组关于当前学术讨论的汇报提纲》。全党必须遵照毛泽东同志的指示”之后，加写：“高举无产阶级文化革命的大旗，彻底揭露那批反党反社会主义的所谓‘学术权威’的资产阶级反动立场，彻底批判学术界、教育界、新闻界、文艺界、出版界的资产阶级反动思想，夺取在这些文化领域中的领导权。而要做到这一点，必须同时批判混进党里、政府里、军队里和文化领域的各界里的资产阶级代表人物，清洗这些人，有些则要调动他们的职务。尤其不能信用这些人去做领导文化革命的工作，而过去和现在确有很多人是在做这种工作，这是异常危险的。”（八）在通知稿中加写一段话：“混进党里、政府里、军队里和各种文化界的资产阶级代表人物，是一批反革命的修正主义分子，一旦时机成熟，他们就会要夺取政权，由无产阶级专政变为资产阶级专政。这些人物，有些已被我们识破了，有些则还没有被识破，有些正在受到我们信用，被培养为我们的接班人，例如赫鲁晓夫那样的人物，他们现正睡在我们的身旁，各级党委必须充分注意这一点。”（九）在通知稿末尾加写：“这个通知，可以连同中央今年二月十二日发出的错误文件，发到县委、文化机关党委和军队团级党委，请他们展开讨论，究竟哪一个文件是错误的，哪一个文件是正确的，他们自己的认识如何，有哪些成绩，有哪些错误。”

4月16日—24日 在杭州主持召开中共中央政治局常委扩大会议，主要批判彭真，同时讨论撤销中央文化革命五人小组及其汇报提纲，重新设立文化革命小组等问题。出席会议的有：刘少奇[1]、周恩来、林彪、邓小平、彭真、陈毅、李先念、陈伯达、康生、聂荣臻、叶剑英、谢富治、萧华、李井泉、陶铸、李雪峰、刘澜涛、宋任穷、魏文伯、江华等。

4月20日 上午，在杭州主持中共中央政治局常委扩大会议。

4月22日 下午，在杭州主持中共中央政治局常委扩大会议，并讲话。毛泽东说：我不相信只是吴晗的问题。这是触及灵魂的斗争，意识形态的，触及的很广泛。朝里有人，各大区、各省市都有，比如文化局、宣传部等等。斗争要逐步地展开，真正有代表性的，省、市都要批评一二个。军队也有。所谓朝里，不光中央，部门，包括各大区、各省市。朝里那样清，我不相信。二月三日急于搞一个五人小组文件，迫不及待。在武汉谈整左派，我不同意。这些材料无非是对、基本对、不对三种。这个通知[2]也是三种，三个月中央翻中央的案，无非是翻、不翻，对、基本对或不对。各地方党委很不理解，很不认真，很不得力，都还没有提到议事日程。过去没有系统管，首先从我起，没有全面地抓。只要你不全面地系统地抓，就不行。往者不可谏，来者犹可追。现在抓嘛！不破不立，彻底破，破中有立。你破就要讲道理，讲道理就是立。比如马克思破黑格尔就是立，破空想的社会主义就立了科学的社会主义。出修正主义，不只是文化界出，党政军也要出，主要是党、军。多搞一点，都搞干净不可能，如“四清”一样，清不干净。中国出不出修正主义，两种可能：不出或出，早出或迟出。搞得好可能不早出。早出也好，走向反面。

---

〔1〕 刘少奇从1966年3月26日起，先后访问巴基斯坦、阿富汗、东巴基斯坦（当时属巴基斯坦，今为孟加拉国）、缅甸。回国后于4月20日到达杭州，出席中共中央政治局常委扩大会议。

〔2〕 指正在起草的《中国共产党中央委员会通知》。

4月23日 阅中共中央办公厅教育办公室四月十九日关于高教部党委召开座谈会部署深入开展学术批判运动的情况简报，批示："此件好，发各同志看。各地区大学师生，中学教员和高中学生，都应参加到文化革命运动中去。"

4月24日 在杭州主持中共中央政治局常委扩大会议。会议基本通过中共中央通知稿和中央文化革命小组名单，提交中央政治局扩大会议讨论。

4月25日 在杭州汪庄召集周恩来等开会。

4月28日 在杭州汪庄同陈伯达、康生谈话，继续批评彭真。毛泽东说：北京市一根针也插不进去，一滴水也泼不进去，彭真按照他的世界观来改造党，事物走向反面，他已为自己准备了垮台的条件，对他的错误要彻底攻。阶级斗争是不依人的意志为转移的。"西风吹渭水，落叶下长安"，灰尘不扫不少，阶级敌人不打不倒，倒了还要起来反抗。赞成鲁迅的意见，古书不可多读，但经史子集，也要硬着头皮读一下，不读人家会欺负你。

4月 阅胡乔木四月五日关于《毛主席诗词》（注释本）中几个问题处理意见的报告，批示："已阅。退乔木。"对胡乔木为《蝶恋花·从汀州向长沙》一词加的题注作了如下修改（加写和改写的文字用着重号标明）："一九三〇年，中央红军由福建汀州（长汀）进军江西。七月，又从江西向湖南进军，准备第二次攻取长沙，结果未能攻入。在当时敌我力量对比的条件下，敌人已有准备，进攻长沙是不正确的。但当时由于蒋、冯、阎在河南大混战，南方湘赣诸省在半年之内，除长沙、南昌诸城之外，其余地方都无强敌。所以红军乘此机会，攻取了大片地区，扩大了部队，为粉碎第一次敌人的'围剿'准备了条件。由于毛泽东同志的说服，中央红军的干部终于改变作战方针，分兵攻取茶陵、攸县、醴陵、萍乡、吉安、峡江、新余等地，使红军力量和农民土地革命斗争得到了很大的发展。这首词是写红军在进军中的豪情壮志的。”胡乔木的报告还说：“《水调歌头·游泳》一词中的‘一桥飞架，南北天堑变通途’，据袁水拍同志告主席意见，仍作‘一桥飞架南北，天堑变通途’。”“《七律·送瘟神》一诗中的‘千村薜苈人遗矢’，据读者来信和查阅有关典籍，拟改作‘千村薜荔人遗矢’。以上两处正文的更动，未知可否？请一并指示。”毛泽东批注：“可以。”

同月 阅长江流域规划办公室主任林一山三月九日关于修建三峡工程给中共中央、毛泽东的报告。报告说：长江规划和三峡工程的研究，在总理的亲自指导下，按照主席所指示的“积极准备、充分可靠”和“有利无弊”的方针进行工作。最近几年，根据主席的指示，我们着重研究了建筑物防护、水库淤积和分期建设等三个问题，进一步认识到分期建设更符合于“有利无弊”的方针，大大增加了近期建设三峡工程的可能性。根据当前国家经济发展情况，三峡工程宜早不宜迟，建议中央将这一工程列为第三、第四两个五年计划期间的建设项目。毛泽东批示：“已阅。需要一个反面报告。”

5月1日 阅即将召开的中共中央政治局扩大会议与会人员名单及有关材料，批示所有材料都先发给与会人员看。

5月3日 从杭州到达上海，住西郊宾馆。

5月4日—26日 中共中央政治局扩大会议在北京举行，刘少奇主持会议。会议根据毛泽东四月在杭州召开的中央政治局常委扩大会议上的意见，对彭真、罗瑞卿、陆定一、杨尚昆进行错误批判，并决定停止或撤销他们的职务。[1] 五月十六日，会议通过陈伯达等人起草、经毛泽东修改的《中国共产党中央委员会通知》（通称“五一六通知”），决定撤销《文化革命五人小组关于当前学术讨论的汇报提纲》，撤销“文化革命五人小组”及其办事机构，重新设立文化革命小组，隶属于政治局常委之下。召开这次会议及通过“五一六通知”，标志“文化大革命”全面发动。

5月5日 下午五时，在上海会见由谢胡[2]率领的阿尔巴尼亚党政代表团，并共进晚餐，周恩来、林彪、邓小平、伍修权参加。毛泽东说：我的身体还可以，但是马克思总是要请我去的。事物的发展是不以人的意志为转移的。马克思、恩格斯就没有料到亲手创立的社会民主党在他们死后被他们的接班人篡夺领导权，变为资产阶级政党，这是不以马克思、恩格斯的意志为转移的。他们那个党开始是革命的，他们一死变成反革命的了。苏联也不以列宁的意志为转移，他也没有料到会出赫鲁晓夫修正主义。事物不断地走向反面。不仅是量变，而且要起质变；只有量变，不起质变，那就是形而上学。我们也准备着。你晓得哪一天修正主义占领北京，现在这些拥护我们的人摇身一变，就可以变成修正主义。这是第一种可能。第二种可能是部分分化。鉴于这

---

〔1〕 1979年2月17日，中共中央发出《关于为彭真同志平反的通知》。1980年5月20日，中共中央发出《关于为罗瑞卿同志平反的通知》。1979年6月8日，中共中央转发中央组织部《关于陆定一同志问题的复查报告》，为陆定一平反。1980年10月23日，中共中央办公厅印发经中央书记处批准的《关于为原中央办公厅和杨尚昆等同志平反问题的请示报告》。

〔2〕 谢胡，当时任阿尔巴尼亚劳动党中央政治局委员、阿尔巴尼亚部长会议主席。

些情况，我们这批人一死，修正主义很可能起来。我们是黄昏时候了，所以现在趁着还有一口气的时候，整一整这些资产阶级复辟。总之，要把两个可能放在心里：头一个可能是反革命专政、反革命复辟。把这个放在头一种可能，我们就有点着急了。不然就不着急，太平无事。如果你不着急，太平无事，就都好了？才不是那样。光明的一面现在看出来了，还有黑暗的一面。有的时候我也很忧虑。说不想，不忧虑，那是假的。但是睡觉起来，找几个同志开个会，议论议论，又想出办法来了。在讲到邓小平时，毛泽东说：他是一个懂军事的，你看他人这么小，可是打南京是他统帅的。打南京是两个野战军，差不多一百万军队。接着打上海，打浙江，打杭州，打江西，打福建，然后他们第二野战军向西占领四川、云南、贵州。这三个省差不多有一亿人口。

5月7日　阅林彪五月六日报送的中国人民解放军总后勤部《关于进一步搞好部队农副业生产的报告》。报告说：从几年的情况来看，军队搞生产确实是一件大好事，具有重大的政治意义和经济意义：（一）恢复了我军的老传统；（二）可以为国家开垦一批农田；（三）可以为国家提供一批粮食；（四）全生产的部队仍可进行一定的政治教育和军事训练；（五）边疆部队搞生产，可以同发展边疆经济、建设国防结合起来，具有特殊意义。我们总的想法是：假如军队在战备时期多搞点生产，在三五年内为国家提供四五十亿斤粮食，这就等于准备好了大约七八百万人一年的军粮。这是战备的物资条件之一。毛泽东阅后致信林彪："我看这个计划是很好的。""只要在没有发生世界大战的条件下，军队应该是一个大学校，即使在第三次世界大战的条件下，很可能也成为一个这样的大学校，除打仗以外，还可做各种工作，第二次世界大战的八年中，各个抗日根据地，我们不是这样做了吗？这个大学校，学政治、学军事、学文化。又能从事农副业生产。又能办一些中小工厂，生产自己需要的若干产品和与国家等价交换的产品。又能从事群众工作，参加工厂农村的社教四清运动；四清完了，随时都有群众工作可做，使军民永远打成一片。又要随时参加批判资产阶级的文化革命斗争。这样，军学、军农、军工、军民这几项都可以兼起来。但要调配适当，要有主有从，农、工、民三项，一个部队只能兼一项或两项，不能同时都兼起来。这样，几百万军队所起的作用就是很大的了。同样，工人也是这样，以工为主，也要兼学军事、政治、文化。也要搞四清，也要参加批判资产阶级。在有条件的地方，也要从事农副业生产，例如大庆油田那样。农民以农为主（包括林、牧、副、渔），也要兼学军事、政治、文化，在有条件的时候也要由集体办些小工厂，也要批判资产阶级。学生也是这样，以学为主，兼学别样，即不但学文，也要学工、学农、学军，也要批判资产阶级。学制要缩短，教育要革命，资产阶级知识分子统治我们学校的现象，再也不能继续下去了。商业、服务行业、党政机关工作人员，凡有条件的，也要这样做。以上所说，已经不是什么新鲜意见、创造发明，多年以来，很多人已经是这样做了，不过还没有普及。至于军队，已经这样做了几十年，不过现在更要有所发展罢了。”十四日，毛泽东再次致信林彪：“此件如你同意，即可印发中央军委以及此次会议〔1〕，让他们带回去，加以讨论，如无意见，即可执行。印时，要请中央加个批语。请你酌办。”十五日，中共中央印发毛泽东五月七日给林彪的信和总后勤部的报告。毛泽东这封信，通称“五七指示”。

5月9日 审阅姚文元的文章《评反党反社会主义的大黑店“三家村”——〈燕山夜话〉、〈三家村札记〉的反动本质》，删去

〔1〕 指1966年5月4日至26日在北京举行的中共中央政治局扩大会议。

标题中“反党反社会主义的大黑店”。这篇文章五月十日在上海《解放日报》、《文汇报》发表，五月十一日《人民日报》转载。

5月上旬　审阅戚本禹《评〈前线〉〈北京日报〉的资产阶级立场》一文清样，批示：“字太小，改印五号字，今日印好，中午交来。”这篇文章发表在五月十一日出版的《红旗》杂志一九六六年第七期，五月十六日《人民日报》转载。

5月11日　阅中央马列主义研究院干部张恩慈〔1〕写的《我对北京大学“四清”运动的意见》。这份《意见》对北京大学“四清”工作队、北京大学党委和北京市委在领导北大“四清”运动方面，以及北大在贯彻教育方针等问题上，提出了不少尖锐的看法。毛泽东审阅时把标题改为《张恩慈同志对北京大学“四清”运动意见》，批示：“少奇同志阅后，印发有关同志。”十三日，刘少奇批示：“此件请即印发政治局扩大会议各同志。”

5月15日　从上海到达杭州。

5月16日　中共中央转发经毛泽东审阅的中央工作小组关于罗瑞卿同志错误问题的报告。报告说：“罗瑞卿同志的错误，是用资产阶级军事路线反对无产阶级军事路线的错误，是用修正主义反对马克思列宁主义、毛泽东思想的错误，是反对党中央、反对毛主席、反对林彪同志的错误。”中央的转发批语说：“中央决定停止罗瑞卿同志的党中央书记处书记、国务院副总理的职务”。

5月17日　阅章士钊五月十日关于暂不出版其著作《柳文指要》的来信，批示：“刘、周、邓阅。送康生同志，与章先生一商。一是照原计划出版；二是照章先生所提，假以一、二、三年时间，加以修改，然后印行。二者择一可也。”〔2〕章士钊在信

〔1〕张恩慈，原为北京大学哲学系教师。

〔2〕《柳文指要》一书，后经作者修改，于1971年由中华书局出版。

中说：连日读到各报刊关于文化大革命的详细记载，“我的思想不期受到绝大的震动。而将自己的笔墨工作，仔细检查，觉得最近提交中华书局准备出版的《柳文指要》，应当撤回重新检查”。毛泽东对这封信作了一些批注。信中说文化大革命“又是一开一阖速战速决斗争”，毛泽东批注：“不可能这样快。”信中说《柳文指要》“这一类著作，投在今日蓬勃发展的新社会中，必然促使进步奋发的农工新作者痛加批判”，毛泽东批注：“要痛加批判的是那些挂着共产主义羊头，卖反共狗肉的坏人，而不是并不反共的作者。批判可能是有的，但料想不是重点，不是‘痛加’。”信中说“我的所谓指要，纯乎按照柳子厚观点，对本宣科，显然为一个封建社会的文化僵尸涂脂抹粉”，毛泽东批注：“此语说得过分。”信中说自己因著《柳文指要》一书而“不知不觉间堕入反党反人民的黑线之内，得受膺惩”，毛泽东批注：“何至如此。”

5月18日 上午，林彪在中共中央政治局扩大会议上发表长篇讲话，集中讲政变问题。林彪说：“政变，现在成为一种风气。世界上政变成风。”“从我国历史上来看，历代开国后，十年、二十年、三十年、五十年，很短时间就发生政变，丢掉政权的例子很多。”“最近有很多鬼事，鬼现象，要引起注意。可能发生反革命政变，要杀人，要篡夺政权，要搞资产阶级复辟，要把社会主义这一套搞掉。”“毛主席的话，句句是真理，一句超过我们一万句。”“他的话都是我们行动的准则。谁反对他，全党共诛之，全国共讨之。”九月二十二日，中共中央转发了这个讲话。

5月中旬 阅林彪五月十七日报送的中国人民解放军总政治部的一份文件。这份文件说：林彪五月十一日指示，今后凡是大军区、军兵种和三个总部军政第一、二把手的任免，除了报军委各副主席以外，都要呈报毛主席、中央，经主席同意后再行公布。这个问题，要作为一个制度传下去。毛泽东批示：“退林彪。”

同旬 审阅周恩来五月十八日关于充实北京卫戍部队、调整首都要害部门保卫力量部署的报告，批示："照办。"

5月21日 康生通过电话向在杭州的毛泽东汇报正在北京举行的中共中央政治局扩大会议情况，请示准备组织一个审查委员会审查彭真、罗瑞卿、陆定一、杨尚昆问题，并在大会上宣布，以及江青等人提出让姚文元参加文化革命小组等。毛泽东表示同意。

5月23日 审阅中共中央书记处《关于陆定一同志和杨尚昆同志错误问题的说明（草稿）》，批示："小平同志：此件已看过，同意。"这个文件于五月二十四日发出。

同日 中共中央政治局扩大会议作出决定：一、停止彭真同志、陆定一同志、罗瑞卿同志的中央书记处书记的职务，停止杨尚昆同志的中央书记处候补书记的职务，以后提请中央全会追认和决定。二、撤销彭真同志的北京市委第一书记和市长的职务；撤销陆定一同志的中央宣传部部长的职务。三、调陶铸同志担任中央书记处常务书记，并兼任中央宣传部部长；调叶剑英同志担任中央书记处书记，并兼任中央军委秘书长。他们的中央书记处书记的职务，以后提请中央全会追认和决定。四、李雪峰同志兼任北京市委第一书记。五、上述决定，地方通知到县委以上，军队通知到团级以上。

5月28日 审阅在京中共中央政治局常委商定的中央文化革命小组（简称中央文革）名单，表示同意。名单如下：组长陈伯达，顾问康生，副组长江青、王任重、刘志坚、张春桥，组员谢镗忠〔1〕、尹达、王力、关锋、戚本禹、穆欣、姚文元。本日，中共中央把这个名单发到县团级党委。

5月29日 刘少奇、周恩来、邓小平等开会研究，决定由

〔1〕谢镗忠，当时任中国人民解放军总政治部文化部部长。

陈伯达率临时工作组进驻人民日报社，由张承先〔1〕率工作组进驻北京大学。三十日，刘、周、邓关于派临时工作组到人民日报社致信毛泽东，毛泽东批示："同意这样做。"三十一日，陈伯达率工作组进驻人民日报社并改组报社领导班子。

同日 清华大学附属中学成立全国第一个红卫兵组织——清华附中红卫兵。

6月1日 阅康生报送的北京大学聂元梓〔2〕等七人的大字报《宋硕、陆平、彭珮云〔3〕在文化革命中究竟干些什么?》〔4〕，批示："康生、伯达同志：此文可以由新华社全文广播，在全国各报刊发表，十分必要。北京大学这个反动堡垒，从此可以开始打破。请酌办。"当晚，中央人民广播电台全文广播这张大字报，六月二日在《人民日报》等报发表，《人民日报》还发表评论员文章《欢呼北大的一张大字报》和社论《触及人们灵魂的大革命》。

同日 《人民日报》发表陈伯达主持起草的社论《横扫一切牛鬼蛇神》。社论提出要"横扫盘踞在思想文化阵地上的大量牛鬼蛇神"和"破四旧、立四新"〔5〕。

同日 阅周恩来五月三十一日报送的《首都工作组全体会议

---

〔1〕 张承先，当时任中共河北省委书记处书记，并被任命为高等教育部副部长（未到职）。

〔2〕 聂元梓，当时任北京大学哲学系党总支书记。后来任北京大学文化革命委员会主任、首都大专院校红代会核心组组长、北京市革委会副主任。

〔3〕 宋硕，当时任中共北京市委大学科学工作部副部长。陆平，当时任北京大学校长、党委书记。彭珮云，当时任北京大学党委副书记。

〔4〕 这张大字报于1966年5月25日下午在北京大学大饭厅东墙贴出。康生报送毛泽东的是《红旗》杂志、《光明日报》总编室5月27日编辑的《文化革命简报》第13期刊载的这张大字报。

〔5〕 四旧，指旧思想、旧文化、旧风俗、旧习惯。四新，指新思想、新文化、新风俗、新习惯。

纪要》。五月二十六日召开的这次会议研究了首都工作组的任务、组织、当前工作安排、工作方法以及增调两个陆军师加强首都警卫力量等问题，并决定如遇紧急情况需要调动卫戍部队，周恩来不在时可报邓小平。毛泽东批示："总理：此件已阅，很好。"

6月3日 审阅新华社本日两篇电讯稿，分别批示："已阅。同意。"第一篇电讯稿说：中共中央决定由华北局第一书记李雪峰兼任北京市委第一书记，调吉林省委第一书记吴德任北京市委第二书记，对北京市委进行改组。北京市的社会主义文化大革命的工作，由新市委直接领导。第二篇电讯稿说：新改组的北京市委决定：一、派以张承先为首的工作组到北京大学对社会主义文化大革命进行领导；二、撤销北京大学党委书记陆平、副书记彭珮云的一切职务，并对北京大学党委进行改组；三、在北京大学党委改组期间，由工作组代行党委的职权。这两篇电讯稿在六月四日《人民日报》发表。

同日 刘少奇在北京主持中共中央政治局常委扩大会议，听取李雪峰关于北京高校文化大革命情况的汇报。会议同意李雪峰提出的开展运动的八条要求：（一）大字报要贴在校内；（二）开会不要妨碍工作、教学；（三）游行不要上街；（四）内外区别对待，不准外国人参观，外国留学生不参加运动；（五）不准到被揪斗的人家里闹；（六）注意保密；（七）不准打人、诬蔑人；（八）积极领导，坚守岗位。

6月5日 上午，阅中共中央办公厅机要室六月四日报送的关于外电十分注意我宣布改组北京市委并注意报道首都人民欢庆胜利的情况报告，批示："即送江青阅。另陈伯达率工作组（穆欣等）于六月一日〔1〕进入人民日报，吴冷西从文化革命小组名

〔1〕应为5月31日。

单上撤销。”

6月6日 同意周恩来关于六月十六日到罗马尼亚访问一周等事项的电话请示。

同日 《解放军报》发表题为《高举毛泽东思想伟大红旗，把无产阶级文化大革命进行到底——关于文化大革命的宣传教育要点》，公布了《林彪同志委托江青同志召开的部队文艺工作座谈会纪要》的要点。同日，《人民日报》加编者按转载这篇文章。

6月7日 答复周恩来的电话请示，同意刘少奇、周恩来、邓小平、康生、陶铸九日来杭州，并在杭州会见越南劳动党中央主席、越南民主共和国主席胡志明。

同日 答复康生关于有些文章提出周扬问题〔1〕，要点周扬名的电话请示，说：待常委同志来后再商定。

同日 同意邓小平关于六月六日中共中央书记处会议讨论陶铸调任书记处常务书记后书记处各同志调整分工的报告。报告说：邓小平负责中央调查部，陶铸负责中央办公厅、中央宣传部及文教办公室、中央组织部，李富春负责工、青、妇及中央统战部，康生负责中央联络部、中央党校，谭震林负责中央监察委员会，李先念、叶剑英、李雪峰因主管专门工作，故未分工管理中央部门。

6月8日 晨一时，在刘少奇、周恩来、邓小平六月七日关于重新调配中宣部副部长等问题的报告上批示：“九日会议拟请陈伯达、汪东兴及各大区负责人都参加，是否可以，请酌定。”

---

〔1〕 周扬在“文化大革命”开始后不久，被错误地指控为所谓“文艺黑线”的代表。1979年，中共中央宣传部批准文化部党组的决定，指出解放后17年根本不存在什么“文艺黑线”和以周扬等为代表的“黑线代表人物”问题，凡因所谓“文艺黑线”等错案受到打击和诬陷者，一律予以彻底平反。

6月9日—12日 在杭州主持召开中共中央政治局常委扩大会议，听取刘少奇、周恩来、邓小平、康生、陶铸等汇报有关工作，研究当前文化大革命运动中的问题。

6月10日 在杭州会见胡志明，康生、伍修权、江青在座。毛泽东说：我是今年、明年就差不多了，因为我们中国常说七十三、八十四。我明年七十三了，这关难过，阎王爷不请我自己去。杜甫有首诗说："酒债寻常行处有，人生七十古来稀。"〔1〕一切事物都是一分为二，对立统一，事物总是有两个对立面。如果只有完全的团结，没有对立面，就不符合实际。全世界的党都分裂嘛。马克思、恩格斯没有料到他们的接班人伯恩斯坦、考茨基成为反马克思主义者，他们创立和领导的党——德国社会民主党、法国社会党等，在他们死后就成为资产阶级的党。这条不注意，要吃亏的。只要理解了，我们有准备，全党大多数人有准备，不怕。我们都是七十以上的人了，总有一天被马克思请去。接班人究竟是谁，是伯恩斯坦、考茨基，还是赫鲁晓夫，不得而知。要准备，还来得及。总之，是一分为二，不要看现在都是喊"万岁"的。我们最近这场斗争，是从去年十一月开始的，已经七个多月了。最初，姚文元发难。他是个青年人，讨论清官问题。现在我们不搞清官、贪官这件事了，搞文化大革命，搞教育界、文艺界、学术界、哲学界、史学界、出版界、新闻界。谈到中国和越南的工业建设时，毛泽东说：可以从小型开始，逐步发展。有个十几年，就可以搞成。炼钢要采用新技术。不要搞急了、搞多了，我们吃了搞急了、搞多了的亏。一年搞了一千七百个基本建设项目，搞了几年不行，然后缩小下来，减了一千个，有的已经搞成了。那时就是贪大、贪多、贪全。此外，中国还有

---

〔1〕 见杜甫《曲江》二首之二。

一条经验是布局很不合理，百分之七十在沿海，只有百分之三十在内地。现在我们初步搬了，一个厂分成两个厂，一分为二。

同日 晚上，在杭州主持中共中央政治局常委扩大会议。毛泽东说：关于文化大革命，要放手，不怕乱，放手发动群众，要大搞，这样把一切牛鬼蛇神揭露出来。不一定派工作组，右派捣乱也不可怕。北大一张大字报，把文化革命的火点燃起来了，这是任何人压制不住的一场革命风暴。这次运动的特点是来势凶猛，左派特别活跃，右派也在顽抗、破坏，但一般不占优势。打击面宽是必定的，不可怕，以后分类排除。要在运动中把左派领导核心建立起来，使这些人掌握领导权。不要论什么资格、级别、名望，不然这个文化阵地我们还是占领不了的。在过去的斗争中出现了一批积极分子，在这场运动中涌现了一批积极分子，依靠这些人把文化革命进行到底。

6月12日 下午，在杭州主持中共中央政治局常委扩大会议。谈到文化大革命的搞法时，毛泽东说：先夺权，批评权威，再搞教学改革、学制改革。中央要搞个高中、大学入学考试制度，办法是学校推荐和选拔相结合。初中还要考试。今年大学招考推迟半年，闹半年文化大革命。高中、初中不变。教材要重编，初中、小学语文课本中，有毒的要去掉。过去教学改革、学制改革搞不动，改不了。这次要趁此来个大改革。大、中、小学如何教法，都要有典型。大学师生要互教互学。学生不读书了，半年之内我看不读书，最活的是读报纸。会上，有人谈到搞下去涉及人不少时，毛泽东说：打击面也不会太多，百分之五就不少了。有人谈到派工作组的问题，毛泽东说：派工作组太快了并不好，没有准备。不如让它乱一下，混战一场，情况清楚了才派。

6月14日 同意中共中央书记处报送的彭真、陆定一、罗瑞卿、杨尚昆四个专案小组的名单。

6月15日 离开杭州，前往长沙。

6月16日 专列途经南昌。在专列上同中共江西省委负责人谈话时说：这次运动，是一次反修防修的演习。我们的青年人，没有经过革命战争的考验，缺乏政治经验，应该让他们到大风大浪中去经经风雨，见见世面，让他们得到一个锻炼的机会，使他们成为坚定的无产阶级革命事业的接班人。我想通过运动，练练兵。

同日 晚上，到达长沙。晚十一时，阅外交部本日关于周恩来率党政代表团访问罗马尼亚的活动安排和会谈方案的请示报告，批示："拟同意。请刘、邓酌定。"方案建议同罗方着重谈国际形势、中苏关系和中罗关系三个问题。

6月17日 下午，乘汽车到韶山，住滴水洞。

6月19日 答复汪东兴六月十八日夜的电话请示。汪东兴请示说：胡乔木回到北京后，要求参加工作。邓小平、康生、陈伯达、陶铸等商量后请示，可否让他参加康生主持的编辑《毛泽东选集》工作。毛泽东答复说：可以，也可以参加其他工作，如文化大革命，但不一定参加文化革命小组。可以写写文章，如社论。到各大学看看大字报。

6月21日 给湖南省委接待处干部萧根如题词："努力学习"。

同日 下午，在韶山水库游泳。

6月23日 阅刘少奇、邓小平六月二十二日来信。信中提出：为了更好地推进全国的文化大革命运动，帮助各级党委和干部贯彻执行党的民主集中制，发扬民主，改进工作，书记处建议并得到几个常委同意，拟将主席一九六二年一月三十日《在扩大的中央工作会议上的讲话》，在"七一"这天发表。次日，毛泽东的机要秘书徐业夫电话告知中央办公厅：少奇、小平同志六月二十二日的信昨已送主席，主席阅后说，在党内印发就行了。二十七日，中共中央办公厅主任汪东兴在电话记录上批写："主席讲：暂不发表，再等一年。已告陶铸同志。"

6月26日 在韶山滴水洞接见中共湖南省委和湘潭地委、县委的负责人，听取他们的工作汇报。会见结束时，毛泽东说：以前我带你们长征，现在，我又要带你们"长征"了。湖南省委代理第一书记王延春请毛泽东为韶山灌区题词，毛泽东说：要高产才算，灵了再写。

6月28日 上午，离开韶山，途经长沙，晚九时专列到达武昌车站。在专列上听取王任重关于湖北省文化大革命情况的汇报。下专列后住东湖客舍。

6月30日 晨二时，复信刘少奇、邓小平，正式答复他们六月二十二日关于在建党四十五周年之际发表毛泽东在七千人大会上讲话稿的提议。复信说："来电早已收到。经过考虑，那篇讲演现在发表，不合时宜。在这次文化大革命过去之后，一定有许多新的经验可以对这篇讲演加以修改，那时再议是否发表不迟。王任重同志也不赞成现在发表。另外，请告伯达、康生、陶铸同志，将指导文化大革命运动的十二条草案〔1〕，扩成为二十条左右。因为十二条草案中有许多条混淆不清，有若干条，每条可分为两三条，使每一条只说一件事，明白晓畅，读者易懂，较为适宜。希望在一星期内，在北京讨论几次，并草成第二稿，给我送来两份为盼。另外，华东局二十一日给中央报告华东文化大

〔1〕 指导"文化大革命"运动的12条草案，曾扩展为23条，最后确定为16条，在1966年8月8日中共八届十一中全会通过，题为《中国共产党中央委员会关于无产阶级文化大革命的决定》，通称"十六条"。

革命的政策和部署那些方面[1]，值得参考。”

6月　作《七律·有所思》：“正是神都有事时，又来南国踏芳枝。青松怒向苍天发，败叶纷随碧水驰。一阵风雷惊世界，满街红绿走旌旗。凭阑静听潇潇雨，故国人民有所思。”

7月1日　《红旗》杂志第九期发表社论《信任群众，依靠群众》，引用了毛泽东的一段话：“在无产阶级文化大革命中，必须组织、发展无产阶级左派队伍，并且依靠他们发动群众，团结群众，教育群众。”

7月2日　阅刘少奇、邓小平六月三十日报送的《中共中央、国务院关于工业交通企业和基本建设单位如何开展文化大革命运动的通知（草稿）》。刘少奇、邓小平在送审报告中说：目前文化教育方面的文化大革命运动正在展开，如果工矿企业、基本建设单位一齐动起来，领导上顾不过来，容易出差错。在京同志讨论后认为，在运动的部署方面，重点放在文教部门、党政机关，对于工交、基建、商业、医院等基层单位，仍按原定的“四清”部署和“二十三条”结合文化大革命进行。这是一个重要决定，请主席考虑决定。拟了一个通知稿，请审核。毛泽东批示：“同意你们的意见，应当迅速将此通知发下去。”本日，中共中央发出这个通知。

---

〔1〕中共中央华东局1966年6月21日给中央、毛泽东并中央文化革命小组的报告中说：6月3日至6日，华东局召开书记处会议，传达和讨论了5月中央政治局扩大会议精神。关于进一步推进文化大革命的问题，会议研究了以下政策和部署：一、大胆、放手发动群众。二、坚定地依靠左派，争取中间派，孤立和打击右派。要注意把资产阶级“学阀”、“权威”，同有一般资产阶级学术思想的人严格区别开来。对于右派，要抓要害，抓要害的单位、要害的人物，特别是要首先抓党内走资本主义道路的当权派。三、重新组织革命的文化队伍。四、“四清”运动要以文化大革命为中心。五、加强党对文化大革命的领导。

7月8日 写信给江青。信中说："天下大乱，达到天下大治。过七八年又来一次。牛鬼蛇神自己跳出来。他们为自己的阶级本性所决定，非跳出来不可。我的朋友的讲话[1]，中央催着要发，我准备同意发下去，他是专讲政变问题的。这个问题，像他这样讲法过去还没有过。他的一些提法，我总感觉不安。我历来不相信，我那几本小书，有那样大的神通。现在经他一吹，全党全国都吹起来了，真是王婆卖瓜，自卖自夸。我是被他们迫上梁山的，看来不同意他们不行了。在重大问题上，违心地同意别人，在我一生还是第一次。""我是自信而又有些不自信。……但也不是折中主义，在我身上有些虎气，是为主，也有些猴气，是为次。""人贵有自知之明。今年四月杭州会议，我表示了对于朋友们那样提法的不同意见。可是有什么用呢？他到北京五月会议上还是那样讲，报刊上更加讲得很凶，简直吹得神乎其神。这样，我就只好上梁山了。我猜他们的本意，为了打鬼，借助钟馗。我就在二十世纪六十年代当了共产党的钟馗了。""现在的任务是要在全党全国基本上（不可能全部）打倒右派，而且在七八年以后还要有一次横扫牛鬼蛇神的运动，尔后还要有多次扫除"。"中国如发生反共的右派政变，我断定他们也是不得安宁的，很可能是短命的，因为代表百分之九十以上人民利益的一切革命者是不会容忍的。""这次文化大革命，就是一次认真的演习。有些地区（例如北京市），根深蒂固，一朝覆亡。有些机关（例如北大、清华），盘根错节，顷刻瓦解。凡是右派越嚣张的地方，他们失败就越惨，左派就越起劲。这是一次全国性的演习，左派、右派和动摇不定的中间派，都会得到各自的教训。结论：前途是

---

〔1〕 指林彪1966年5月18日在北京举行的中共中央政治局扩大会议上发表的长篇讲话。

光明的，道路是曲折的，还是这两句老话。”

7月10日　阅陶铸、张平化七月五日关于中共中央宣传部工作的来信。来信提出：一、彻底改组中宣部的领导。二、今后中宣部最根本的任务就是集中力量宣传毛泽东思想。三、计划在七、八两月，组织对处长以上重点对象的批判，把文化革命搞深搞透。同时，抓好九月召开的全国学习毛主席著作积极分子代表大会的筹备工作和一些日常工作。毛泽东批示：“陶铸同志：同意你们的意见。请中央常委最后决定。”

7月11日　下午，在武昌东湖客舍会见尼泊尔王国王太子比兰德拉，周恩来、韩念龙〔1〕等在座。毛泽东说：我们的鞍钢太大，对你们不合适，对我们也不合适，是抄外国的。要是打仗，一个原子弹就完了。还是搞中小型的比较好。我们的国家很穷，人口多。有些东西，人多一分就穷了。不能靠外国，重要的是独立。要有经济上的独立，才能有政治上的独立。当然和外国切断联系也不行，还是要互通有无。但是应当逐步做到基本自给，煤、钢、机械、石油应该自给。人是被迫努力的，我们也是被迫的。别人撕毁条约，撤退专家，我们没有办法，只好靠自己。我们一直说自力更生，可是有些干部并没有真正听。这一下，真的听了。所以，撕毁条约、撤退专家是件好事，迫使我们自力更生。我们搞了石油，还有其他建设项目。人家还逼我们还账，现在外债已经还清，只有内债，再过两年也可以还清，那时就无债一身轻了。一个政府要做一点好事。你们的政府要能为国家、人民做些好事，有些好处，就站得住。但是，要把煤、钢、机械等工业搞起来，需要很多时间。首先要有自然资源，还要有工程技术人员。资源要勘探，要有地质人员。旧中国只有二百多名地质人员，现在有

---

〔1〕 韩念龙，当时任外交部副部长。

三十多万，煤炭、铁矿、有色金属、石油等都能勘探。

7月11日下午、12日上午　在武昌东湖客舍同周恩来、王任重谈话，并给他们看了七月八日写给江青的信。[1] 周恩来建议找林彪谈谈，毛泽东表示同意。十四日，周恩来到大连同林彪谈话，转达了毛泽东这封信中的意见。林彪表示接受，答应回北京后修改五月十八日的讲话。

7月12日　阅北京语言学院七名学生六月二十八日来信。信中说：我们的父母都是革命干部、共产党员，过去他们在急风暴雨的阶级斗争中，在枪林弹雨的战场上经受了考验，不愧为英雄好汉。现在他们当了“官”，做了“老爷”，政治上有了地位，生活上有了特殊待遇，革命性也就远不如以前高了。长此以往，他们就会逐渐失去在革命道路上前进的“自由”，逐步蜕化成特殊阶层、修正主义者。为此，我们认为必须进行彻底的改革：一、降薪，取消各种特殊待遇。二、革命干部应该经常地参加劳动。三、凡是违犯党纪国法，做出不符合人民利益的事，应一律予以制裁。四、尽快在全国普及半工半读、半农半读的教育制度。五、在假期，青年学生经常组织起来，到工厂、农村去参加劳动，或者到部队去当兵。毛泽东批示：“伯达、康生酌处。此件已阅，请你们看一下。他们所谈问题，确实重要，应在运动中解决。请你们通知他们：信已收到，看到，并注意了。”毛泽东的批语和这封信，后来作为中共八届十一中全会文件印发。

7月16日　畅游长江。从武昌大堤口顺流而下，游到武汉

[1] 王任重1966年7月13日日记记载：“11日总理来，下午到主席处谈了三个小时，12日上午9时又到主席处谈了二个小时。主席写给江青的一封信，不赞成过分吹他的著作的作用，不赞成最高最活、当代顶峰的说法，这是强加于我，逼上梁山又强加于人。”

钢铁公司附近，一个小时多一点，游程近三十华里。毛泽东边游边说：长江又宽、又深，是游泳的好地方。长江水深流急，可以锻炼身体，可以锻炼意志。

7月17日 在武昌东湖客舍会见出席亚非作家紧急会议的代表以及国际组织的观察员，郭沫若、许广平、巴金、刘白羽〔1〕在座。

同日 下午三时，离开武汉回北京。途经郑州时在专列上听取中共河南省委第一书记刘建勋等简要汇报河南的工作。

7月18日 回到北京。住中南海游泳池，此后不再住菊香书屋。看了中央文革小组提供的有关工作组的材料，听取中央文革小组的汇报，对文化大革命运动的进展情况表示不满。

7月19日 根据毛泽东的意见，刘少奇主持召开中共中央政治局常委扩大会议，研究文化大革命的有关问题。陈伯达在会上提出要撤销工作组，刘少奇、邓小平等多数人反对。会后，请示毛泽东，毛泽东决定撤销工作组。

同日 晚上，在中南海怀仁堂主持召开中共中央政治局常委扩大会议。

7月21日 审阅《无产阶级文化大革命的形势和党的若干方针问题》〔2〕（七月十六日草稿），批示："伯达同志：此件看过，很好。工作组〔3〕开一二次会，然后经政治局会议（有各中

---

〔1〕 许广平，当时任全国政协常委、中国妇女联合会副主席、中国文学艺术界联合会副主席。巴金，作家。当时任中国文学艺术界联合会副主席、中国作家协会副主席。刘白羽，作家。当时任中共作家协会党组书记、中国作家协会副主席。

〔2〕 这个文件在1966年7月29日作为中共八届十一中全会文件印发时，题目改为《中国共产党中央委员会关于无产阶级文化大革命的决定》。

〔3〕 指文件起草小组。

央局及上海、北京两市负责同志参加）开两三天会，讨论通过，即可用中央委员会名义公开发表。以在八月一日发表为好。后两页有点修改。”毛泽东的主要修改是：（一）将“文化大革命，就是为的要使各项工作做得更好、更多、更快、更省”，改为“文化大革命，就是为的要使人的思想革命化，因而使各项工作做得更好、更多、更快、更省”。（二）将其中一条的小标题“毛泽东思想是无产阶级文化大革命的最高指示”，改为“毛泽东思想是无产阶级文化大革命的行动指南”。（三）将“在以毛泽东同志为首的党中央领导下，无产阶级文化大革命万岁”，改为“在以毛泽东同志为首的党中央领导下，无产阶级文化大革命将要取得伟大的胜利”。此后，毛泽东对这个文件又作了多次审阅修改。

7月23日　在钓鱼台十二号楼听取李雪峰、吴德〔1〕汇报北京市文化大革命情况，陶铸、康生等参加。毛泽东说：我考虑了一个星期，感到北京的运动搞得冷冷清清，我认为派工作组是错误的。现在工作组起了什么作用？起了阻碍作用。领导干部都不下去，不到有乱子的地方去看看。你们不去看，天天忙于具体事务，没有感性认识，如何指导？

7月24日　上午，在钓鱼台十二号楼召集中央文革小组成员谈话。毛泽东说：不要搞工作组，可以搞点观察员进行调查研究，不要发号施令。整风，关门整风才不行哩！过去《人民日报》不在我们手里，中宣部不在我们手里，文化部不在我们手里，北京市委不在我们手里，这些都不在我们手里。不发表聂元梓那样的大字报，那才不行哩！现在我们有些同志害怕群众，共产党员害怕群众那还了得，你们都要下去，下去搞两个钟头也

---

〔1〕吴德，当时任中共中央华北局书记处书记、北京市委第二书记、北京市代理市长。

好，不要老坐在屋里嘛！下去头脑就清醒一点。把工作组一撤，把黑帮停职反省就完了，这样可以快点。有这么一段，运动冷冷清清，就是六月二十号以后。根本撤出来，另外派几个人去当观察员，由学生、老师的左派组成革命委员会，自己来搞。现在搞文化革命斗争，一斗二改。斗什么？斗争那些党内走资本主义道路当权派，斗争那些学术权威。

同日 中共中央、国务院发出《关于改革高等学校招生工作的通知》，提出：从本年起，高等学校招生工作下放到省、市、自治区办理。高等学校招生考试取消，采取推荐和选拔相结合的办法。

7月25日 上午，在钓鱼台十二号楼召集中央文革小组成员和各中共中央局负责人开会，主要讨论修改《无产阶级文化大革命的形势和党的若干方针问题》。谈到工作组的问题时，毛泽东说：主要是要改变派工作组的政策。不要工作组，要由革命师生自己搞革命，成立革命委员会，不那么革命的中间状态的人也参加一部分。谁是坏人？坏到什么程度？如何革命？只有革命师生懂得，工作组不懂得。他们到了那里，不搞革命。学校里的问题，一个叫斗，或者叫批判，一个叫改。工作组一不会斗，二不会改，起坏作用，阻碍运动。最近一个月，工作组是阻碍群众运动的。阻碍革命势必帮助反革命，帮助黑帮。它坐山观虎斗，学生跟学生斗，拥护工作组的一派，反对工作组的一派。群众对工作组有意见，不让向上面反映，怕人告到中央。打不得电话，打不得电报，写信也写不得，西安交大就是这样。要允许群众通天，任何人都可以写信给中央！我们有些人不革命了。你不革命，总有一天命要革到自己头上来。现在到了这么一个阶段，要赶快改变方针了。文化大革命一定要依靠各学校、各单位的基本群众，左派，包括中间派。有一些部门，工作组，没有想一想：

中央宣布了大学、中学停课，事实上初中也停了，又给他们饭吃，他吃了饭不上课，他不闹事才怪啦！凡阻碍一斗二改者，统统驱逐之。你阻我驱，我们提出撤销工作组，代表广大群众的意见。

同日 阅新华社关于中宣部举行会议声讨周扬反党反社会主义反毛泽东思想罪行的电讯稿，批示："陶铸同志阅后，退张平化同志：此件看过，可用。在第五页上将'最高指示'〔1〕改为'指导方向'。以后请注意不要用'最高最活……'，'顶峰'，'最高指示'一类的语言。"

7月26日 中共中央政治局召开扩大会议，决定撤销工作组。二十八日，中共北京市委发出《关于撤销各大专学校工作组的决定》，文件说这一决定也适用于中等学校。

7月29日 中共北京市委召开北京大专院校和中等学校师生文化革命积极分子大会。李雪峰在会上宣读中共北京市委《关于撤销各大专学校工作组的决定》。刘少奇、邓小平在讲话中对派工作组一事承担了责任。周恩来在讲话中传达了毛泽东对学校提出的三项任务：一斗、二批、三改。大会结束时，毛泽东会见了全体代表。这次会议的录音分发到各省市播放，各地陆续撤销了工作组。

7月31日 给清华大学附属中学红卫兵复信，对他们的六月二十四日《革命的造反精神万岁》和七月四日《再论革命的造反精神万岁》两张大字报〔2〕表示支持。复信中说："你们在六月

---

〔1〕 这个电讯稿的第5页上说周扬"竭力反对以毛泽东思想作为文艺创作的最高指示"。

〔2〕 清华大学附属中学红卫兵1966年7月28日将这两张大字报送给江青，并请江青转送毛泽东，请求批示。这两张大字报后来刊载于8月21日出版的《红旗》杂志1966年第11期，题目分别改为《无产阶级的革命造反精神万岁》和《再论无产阶级的革命造反精神万岁》。

二十四日和七月四日的两张大字报，说明对一切剥削压迫工人、农民、革命知识分子和革命党派的地主阶级、资产阶级、帝国主义、修正主义和他们的走狗，表示愤怒和申讨，说明对反动派造反有理，我向你们表示热烈的支持。”“不论在北京，在全国，在文化大革命运动中，凡是同你们采取同样革命态度的人们，我们一律给予热烈的支持。还有，我们支持你们，我们又要求你们注意争取团结一切可以团结的人们。对于犯有严重错误的人们，在指出他们的错误以后，也要给以工作和改正错误重新做人的出路。马克思说，无产阶级不但要解放自己，而且要解放全人类。如果不能解放全人类，无产阶级自己就不能最后地得到解放。这个道理，也请同志们予以注意。”并在此信抄件上批示：“各同志〔1〕：请考虑此件及附件是否正确。有错误，请指正。”此信印发时日期署为八月一日，当时没有送给清华大学附属中学红卫兵，但由于已作为八届十一中全会文件印发，在社会上迅速传布。此后，大、中学校纷纷成立红卫兵组织。

8月1日—12日 中共八届十一中全会在北京人民大会堂举行，毛泽东主持会议。

8月1日 下午，主持中共八届十一中全会开幕会议。邓小平宣布会议的议程：一、通过关于无产阶级文化大革命的决定。二、讨论和批准八届十中全会以来关于国内国际问题的重大决策和重大措施。三、补行五月中央政治局扩大会议关于人事变动决定的手续。四、通过会议公报。刘少奇向会议报告了八届十中全会以来的中央工作，并对派工作组承担了责任。在陈伯达发言时，毛泽东插话说：很多工作组，百分之九十以上的完全是错误

---

〔1〕 指刘少奇、周恩来、邓小平、陶铸、陈伯达、康生、江青、王任重、张春桥、王力、姚文元、关锋、戚本禹、李雪峰、吴德。

的，不到百分之十的是好的。以后必须撤销，这一点要肯定。工作组一不能斗，二不能批，三不能改，起了一个镇压运动的坏作用。

同日 晚十时，在中南海游泳池住处召集周恩来等开会。会前，周恩来根据毛泽东的意见，先后约王光美、蒯大富[1]谈话。次日晨，周恩来又先后约派驻清华大学的工作组组长叶林和蒯大富等谈话，着手处理该校的工作组和文化大革命问题。

同日 为纪念中国人民解放军建军三十九周年，《人民日报》发表社论《全国都应该成为毛泽东思想的大学校》，其中引述了毛泽东"五七指示"的主要内容。社论说："按照毛泽东同志所说的去做，就可以大大提高我国人民的无产阶级意识，促进人们的思想革命化，促进人们同旧社会遗留下来的一切旧思想、旧文化、旧风俗、旧习惯决裂，从而能够进一步又多又快又好又省地建设社会主义，能够更快地铲除资本主义、修正主义的社会基础和思想基础。"

8月3日 下午，出席中共八届十一中全会。会议进行大会发言。在刘澜涛发言时，毛泽东插话说：撤销工作组，成立革命的师生员工文化革命代表会、文化革命委员会、文化革命小组，让他们自己去搞，这是马列主义态度。在宋任穷发言谈到对群众的态度时，毛泽东说：把架子放下来嘛，不要摆老资格。我们有很多同志有点架子，什么政治局委员、中央委员，什么中央局书记、省委书记，还有什么部长，可了不起呀。统统把架子放下来，当一个普通老百姓，群众就高兴了。

同日 晚九时，阅陈伯达送审的《关于无产阶级文化大革命

---

〔1〕 蒯大富，清华大学学生。后来是清华大学群众组织"井冈山兵团"负责人、首都大专院校红代会核心组副组长、北京市革委会常委。

的决定》（八月三日修正稿）后批示："伯达同志：改得很好，可即印发。"陈伯达在送审报告中说：今日上午，康生、陶铸、王任重、张春桥等同志和我，考虑小组会上的意见，对这个稿子，又作了些修改。

8月4日 下午，主持召开中共中央政治局常委扩大会议。在插话中说：中央自己违背了自己的命令。中央下令停课半年，专门搞文化大革命，人家起来了，又来镇压。不是没有人提过不同意见，人家提意见，就是听不进去，听另一种意见却是津津有味。什么群众路线，什么相信群众，什么马列主义，都是假的。已经是多年如此，凡碰上这类的事情，就爆发出来，明明白白站在资产阶级方面反对无产阶级。说反对新市委就是反党，新市委为什么不能反？看你站在哪个阶级方面，向哪个阶级作斗争。刘少奇说：我在北京，要负主要责任。毛泽东说：你在北京专政嘛，专得好！讲客气一点，是方向性错误，实际上是站在资产阶级立场，反对无产阶级革命。为什么天天讲民主，民主来了，又那么怕？叶剑英说：我们有几百万军队，不怕什么牛鬼蛇神。毛泽东说：牛鬼蛇神，在座的就有！会议结束时，毛泽东提出：今天大会不开了，开小组会好了。把这里讲的传达给大家，你们分别去参加。

同日 阅陶铸七月二十九日给中共中央和毛泽东的报告。报告说：中宣部召集首都各报负责人，传达讨论了主席七月二十五日关于今后不要用"最高最活……"、"顶峰"、"最高指示"一类语言的指示。大家建议采取如下步骤：一、在代表党政领导机关的发言和文件中，在报纸的社论、标题、按语和新闻导语中，都不用这类语言；二、外国朋友赞扬毛主席和毛泽东思想，应按照他们的原话报道，不要用推论的方法去加码。以上意见如认为可行，目前应传达到什么范围，请中央考虑决定。毛泽东批示："可发各省、市、区党委注意掌握。"本日，中共中央批转了陶铸的报告。

8月5日 在一份六月二日的《北京日报》[1]上批写一段文字："全国第一张马列主义的大字报和《人民日报》评论员的评论，写得何等好呵！请同志们重读一遍这张大字报和这个评论。可是在五十多天里，从中央到地方的某些领导同志，却反其道而行之，站在反动的资产阶级立场上，实行资产阶级专政，将无产阶级轰轰烈烈的文化大革命运动打下去，颠倒是非，混淆黑白，围剿革命派，压制不同意见，实行白色恐怖，自以为得意，长资产阶级的威风，灭无产阶级的志气，又何其毒也！联系到一九六二年的右倾和一九六四年形'左'而实右的错误倾向，岂不是可以发人深醒的吗？"随后，毛泽东对这段文字作了修改，并加上标题《炮打司令部——我的一张大字报》[2]，作为八届十一中全会文件印发，八月十七日印发到县团级。一九六七年八月五日，在《人民日报》公开发表。

同日 阅准备作为八届十一中全会文件印发的六月二日《人民日报》评论员文章《欢呼北大的一张大字报》，在文中的"对于无产阶级革命派来说，我们遵守的是中国共产党的纪律，我们无条件接受的，是以毛主席为首的党中央的领导"一句后，写了

---

〔1〕 1966年6月2日的《北京日报》，登载了聂元梓等的大字报，转载了6月2日《人民日报》评论员文章《欢呼北大的一张大字报》。

〔2〕 这张大字报标题中所说的"司令部"，是指"文化大革命"中被错误定性的所谓以刘少奇为"总头目"的"资产阶级司令部"。大字报中所说的"在五十多天里""实行资产阶级专政"和"实行白色恐怖"，是指"文化大革命"初期向一些单位派工作组一事，后来被错误地指责为"以刘少奇为代表的资产阶级反动路线"。1980年2月29日，中共十一届五中全会通过的《关于为刘少奇同志平反的决议》指出："文化大革命"初期，派工作组到一些单位指导运动，是我们党多年来解决基层问题的一种做法，不存在一条由刘少奇制定和推行的"资产阶级反动路线"。

一个批注："危害革命的错误领导，不应当无条件接受，而应当坚决抵制。在这次文化大革命中广大革命师生及革命干部对于错误的领导，就广泛地进行过抵制。"

同日 根据毛泽东的意见，中共中央发文宣布："中央一九六六年六月二十日批发北京大学文化革命简报（第九号）是错误的，现在中央决定撤销这个文件。"刘少奇六月二十日曾将反映驻北京大学工作组制止乱打乱斗事件的《北京大学文化革命简报（第九号）》转发全国，并在为中央起草的批语中指出："中央认为北大工作组处理乱斗现象的办法是正确的，及时的。各单位如果发生这种现象，都可参照北大的办法处理。"

8月5日、9日、11日 三次审阅修改中共八届十一中全会公报稿。五日审阅后批示："康生同志：改得好。我只在第五页上去掉一句。"毛泽东删去的一句是"全会热烈拥护刘少奇同志代表我国发表的声明[1]"。他还将"在毛泽东同志领导下"，改为"在毛泽东同志和中国共产党领导下"。九日审阅时，加写一段话："美帝国主义及其在各国的走狗所进行的反人民反革命的活动，正在促进各国人民的革命活动。美帝国主义及其在各国的走狗，貌似强大，实际上是很虚弱的。从长远看来，他们都是纸老虎。"将毛泽东关于文化大革命的一系列指示是马克思列宁主义"划时代的新发展"，改为"一个发展"。删去"为美帝国主义效劳的苏联修正主义领导集团"中的"为美帝国主义效劳的"九个字。在八届十一中全会号召"更高地举起毛泽东思想的伟大红旗，团结一切可以团结的人们"后面，加写："克服从反革命修正主义和'左'右倾机会主义诸方面来的阻力，克服困难，克服

〔1〕 指中华人民共和国主席刘少奇1966年7月22日发表的关于援越抗美的声明。

缺点，克服错误，克服党内和社会上的阴暗面”。审阅后批示：“康生同志：有些修改，请酌定。其他都同意。”十一日审阅后批示：“康生同志：可照此印发。”这个公报于八月十二日经全会通过，八月十四日在《人民日报》发表。

8月6日 晚上，在中南海游泳池住处召集周恩来等商量现有的和拟补选的中共中央政治局常委、委员、候补委员和中央书记处书记、候补书记名单。会后，周恩来根据商定的意见拟出一份名单（草案），报毛泽东审定。毛泽东调整了政治局常委的排列名次，把原列第七位的陶铸提到周恩来之后、陈伯达之前的第四位。

同日 让机要秘书通知在大连休养的林彪出席中共八届十一中全会。林彪当晚乘飞机回到北京，直接到人民大会堂出席会议。

8月7日 上午，在中南海游泳池住处召集周恩来等开会，讨论《中国共产党中央委员会关于无产阶级文化大革命的决定》稿。毛泽东提出：“在进行辩论的时候，要用文斗，不要武斗。”

同日 两次审阅《中国共产党中央委员会关于无产阶级文化大革命的决定》稿。下午二时，审阅后批示：“伯达同志：《决定》中‘无名小卒’，以改为‘无名青少年’较妥，请酌定。”根据毛泽东的意见，决定稿中“一批无名小卒成了勇敢的闯将”一句中的“无名小卒”，改为“无名青少年”。晚十时，审阅后批示：“即送伯达同志：同意修改之处。在第十页上改了几个字，请酌定。”决定稿中说帮助科学家、技术人员和一般工作人员“不断改造”世界观和作风，毛泽东将“不断改造”改为“逐步改造”。

8月8日 上午十一时，中共八届十一中全会举行全体会议，周恩来主持会议。会议通过《中国共产党中央委员会关于无产阶级文化大革命的决定》（通称“十六条”）。《决定》主要内容是：一、当前开展的无产阶级文化大革命，是一场触及人们灵魂的大革命，是我国社会主义革命发展的一个更深入、更广阔的新阶段。二、革命大方向始终是正确的。这是无产阶级文化大革命的主流。由于阻力比较大，斗争会有反复。三、党的领导敢不敢放手发动群众，将决定这场文化大革命的命运。四、无产阶级文化大革命，只能是群众自己解放自己，不能采用任何包办代替的办法。五、党的领导要善于发现左派，发展和壮大左派队伍，坚决依靠革命的左派。这次运动的重点，是整党内那些走资本主义道路的当权派。六、必须严格分别两类不同性质的矛盾，不要把人民内部矛盾搞成敌我矛盾，也不要把敌我矛盾当成人民内部矛盾。在进行辩论的时候，要用文斗，不用武斗。七、警惕有人把革命群众打成“反革命”。八、干部大致可分为四种：好的、比较好的、有严重错误但还不是反党反社会主义的右派分子、少量的反党反社会主义的右派分子。前两种人是大多数。九、文化革命小组、文化革命委员会、文化革命代表大会是群众在共产党领导下自己教育自己的最好的新组织形式。它是无产阶级文化革命的权力机构。十、改革旧的教育制度，改革旧的教学方针和方法，是这场无产阶级文化大革命的一个极其重要的任务。十一、在报刊上点名批判，应当经过同级党委讨论，有的要报上级党委批准。十二、对于科学家、技术人员和一般工作人员，只要他们是爱国的，是积极工作的，是不反党反社会主义的，是不里通外国的，在这次运动中，都应该继续采取团结、批评、团结的方针。对于有贡献的科学家和科学技术人员，应该加以保护。对他们的世界观和作风，可以帮助他们逐步改造。十三、文化大革命使城乡社会主义教育运动更加丰富、更加提高了。必须把两者结合起来进行。十四、抓革命，促生产。把文化大革命同发展生产对立起来的看法是不对的。十五、部队的文化革命运动和社会主义教育运动，按照中央军委和总政治部的指示进行。十六、毛泽东思想是无产阶级文化大革命的行动指南。八月九日，这个决定在《人民日报》全文发表。

同日 林彪接见中央文革小组成员。他说：这次文化大革命的最高司令是我们毛主席。你们这些同志这几个月起了作用，今后还希望起更大的作用。要弄得翻天覆地，轰轰烈烈，大风大浪，大搅大闹，这半年就要闹得资产阶级睡不着觉，无产阶级也睡不着觉。

8月10日 晚七时十五分，到中南海西门外中共中央的群众接待站接见前来庆贺中央通过关于无产阶级文化大革命的决定的首都群众，说："你们要关心国家大事，要把无产阶级文化大革命进行到底！"

8月11日、12日 叶群两次找人写诬告刘少奇的材料。十四日，林彪通过江青把这份诬告材料转报毛泽东。

8月12日 出席中共八届十一中全会闭幕会议。这次全会改组了中央领导机构。补选陶铸、陈伯达、康生、徐向前、聂荣臻、叶剑英为中央政治局委员。补选李雪峰、宋任穷、谢富治为中央政治局候补委员。选举中央政治局常务委员会，由原来的七人扩大为十一人，排序为：毛泽东、林彪、周恩来、陶铸、陈伯达、邓小平、康生、刘少奇、朱德、李富春、陈云。其中新进入常委会的是陶铸、陈伯达、康生、李富春。会议没有重新选举中央主席和副主席，除林彪外，刘少奇、周恩来、朱德、陈云的中央副主席职务不再提及。会议还改组了中央书记处，撤销了彭真、罗瑞卿、陆定一的中央书记处书记和杨尚昆的中央书记处候补书记的职务，批准了五月二十三日中央政治局扩大会议关于陶铸任中央书记处常务书记、叶剑英任中央书记处书记的决定，补选谢富治、刘宁一为中央书记处书记。

毛泽东在闭幕会上讲话。他说：关于第九次大会什么时候召集的问题，要准备一下。已经多年了，八大二次会议到后年就十年了。大概是在明年一个适当的时候再开，现在要准备，建议委托中央政治局同它的常委会来筹备这件事。这次全会所决定的问题，究竟是正确的还是不正确的，要看以后的实践。我们所决定的那些东西，看来群众是欢迎的。比如中央主要的一个决定就是关于文化大革命，广大的学生和革命教师是支持我们的，而过去那些方针，广大的革命学生跟革命教师是抵抗的，我们是根据这些抵抗来制定这个决定的。但是，究竟这个决定能不能实行，还是要靠我们在座的与不在座的各级领导去做。比如讲依靠群众吧，还是有两种可能性：一种是依靠，一种是不依靠；一种是实行群众路线，一种是不实行群众路线。决不要以为，决定上写了，所有的党委、所有的同志就都会实行，总有一小部分人不愿意实行。可能比过去好一些，因为过去没有这样公开的决定，并且这次有组织的保证。这回组织有些改变，政治局常委、委员、候补委员、书记处书记的调整，就保证了中央这个决定以及公报的实行。对犯错误的同志总是要给他出路，要准许改正错误。不要认为别人犯了错误，就不许他改正错误。我们的政策是惩前毖后，治病救人，一看二帮，团结——批评——团结。我们这个党不是党外无党，我看是党外有党，党内也有派，从来都是如此，这是正常现象。我们过去批评国民党，国民党说党外无党，党内无派，有人就说“党外无党，帝王思想。党内无派，千奇百怪”。我们共产党也是这样，你说党内无派？它就是有，比如说对群众运动就有两派，不过是占多数占少数的问题。如果不开这次全会，再搞几个月，我看事情就要坏得多。所以，我看这次会是开得好的，是有结果的。

8月13日—23日　中共中央工作会议在北京召开，贯彻八届十一中全会精神。

8月15日　阅陈伯达八月十三日关于中央文革小组工作部署的请示报告。报告说：昨晚文化革命小组开会，提出：一、强调各学校各单位要认真学习“十六条”，掌握“十六条”，按照“十六条”办事。拟由《人民日报》连续发表几篇社论。二、自然科学、技术各单位都要举起文化大革命这个纲，但应该作适当的分工部署，特别是各种要害、尖端的科研部门，必须继续进行，不得中断，保证如期完成任务，并保证高质量。毛泽东批示：“可以这样做。”八月二十日，中共中央将毛泽东的批示和陈伯达的请示报告发到县团级和相当于县团级的科技工交单位，以及有研究任务的大专院校。

同日 晚上，阅陈伯达、康生本日关于李雪峰不再兼任北京市委第一书记的请示报告。报告说：我们请主席考虑，雪峰同志是否可以集中力量管华北局，不必再兼北京市委书记，市委书记可由吴德同志接任。毛泽东批示：“林、周、陶、刘、邓、雪峰同志阅，请林主持开会谈一下。雪峰市委暂时似可名义上不动，实际工作交与吴德主持，华北局需要支持时去支持一下，似较好，请酌。”

8月16日 中共中央决定在北京召开百万人规模的“庆祝无产阶级文化大革命群众大会”，参加大会的主要是来自北京和全国各地的青年学生。毛泽东表示将出席这次大会，要求为他准备一套军装。

8月17日 应聂元梓请求，为北京大学新校刊题写刊名“新北大”。

8月18日 晨五时，身着军装到天安门出席北京和来自全国各地的百万革命群众参加的“庆祝无产阶级文化大革命群众大会”。大会由陈伯达主持。林彪发表讲话说：无产阶级文化大革命，就是要消灭资产阶级思想，树立无产阶级思想，改造人的灵魂，实现人的思想革命化，挖掉修正主义根子，巩固和发展社会主义制度。我们要打倒走资本主义道路的当权派，要打倒资产阶级反动权威，要打倒一切资产阶级保皇派，要反对形形色色的压制革命的行为，要打倒一切牛鬼蛇神。我们要大破一切剥削阶级的旧思想、旧文化、旧风俗、旧习惯，要改革一切不适应社会主义经济基础的上层建筑，我们要扫除一切害人虫，搬掉一切绊脚石！要把反革命修正主义分子，把资产阶级右派分子，把资产阶级反动权威，彻底打倒，打垮。周恩来发表讲话说：十一中全会是一次具有伟大历史意义的会议。这次会议通过的“十六条”，是在毛主席亲自领导下制定的，是无产阶级文化大革命的纲领。一切革命的同志，都要认真地学习它，熟悉它，掌握它，运用它。毛主席教导我们，革命要靠自己。一切革命者应当全心全意为人民服务，做人民的勤务员，先当群众的学生，后当群众的先生。要坚决反对包办代替，做官当老爷，站在群众头上瞎指挥。毛泽东在天安门城楼上接受北师大女附中红卫兵给他佩戴红卫兵袖章时说：“我坚决支持你们！”大会结束后，毛泽东在检阅游行队伍时对林彪说：“这个运动规模很大，确实把群众发动起来了，对全国人民的思想革命化有很大的意义。”在天安门城楼休息室同陈云进行简短交谈。还同萧劲光、苏振华〔1〕、李作鹏等人握手、交谈，要他们团结起来，并对李作鹏等人说：“萧劲光是老同志，苏振华是好同志，你们整萧劲光、苏振华做什么？”同薄一波握手时勉励他好好革命。整个活动持续六个多小时。期间，毛泽东走下天安门城楼，走进群众队伍中同周围的人握手。这是毛泽东第一次接见北京和来自全国的红卫兵和革命师生。

8月20日 《人民日报》发表社论《毛主席和群众在一起》，社论中第一次出现“伟大的导师，伟大的领袖，伟大的统帅，伟大的舵手毛主席”的提法。此前，八月十八日在天安门广

---

〔1〕 苏振华，当时任中共中央军委副秘书长、中国人民解放军海军政治委员。

场举行的“庆祝无产阶级文化大革命群众大会”上，陈伯达讲话中提出“伟大的领袖、伟大的导师、伟大的舵手”，林彪在讲话中说“毛主席是统帅，我们在伟大的统帅指挥下”。

同日 应蔡畅[1]八月十八日的请求，为《中国妇女》杂志题写刊名。

8月21日 上午，在人民大会堂福建厅会见由副总统鲁本·卡曼加率领的赞比亚政府代表团，董必武、周恩来、陈毅在座。毛泽东说：美帝国主义是我们的对头。我们对美国的了解也是逐步的，就像你们了解英国一样。不要认为英国是个强大的帝国，他们没什么了不起。不可轻视小国，小国也应该有充分的信心。对于非洲国家任何为独立而进行的斗争，我们都是支持的。希望你们好好地搞起来。斗争是会遇到困难的，但是也是能够克服的。我是根据我们的经验说的。现在我们还有困难，就是帝国主义包围我们，这也没什么，不要怕，最后胜利的绝不会是帝国主义，而是人民。

同日 下午，在中南海游泳池住处主持召开中共中央政治局常委扩大会议。毛泽东说：提倡文斗，不要武斗，这是今天要谈的第一个问题。在插话中又说：总之，我们不干涉，乱他几个月。我们坚决相信多数人是好人，坏人只占百分之几。北京就成了流氓世界了？不可能嘛！好人总是多数，坏人总是少数，怎么就成流氓世界？《人民日报》写篇社论，正面劝告工农兵不要干涉。

同日 经毛泽东批准，中国人民解放军总参谋部、总政治部发出关于绝对不许动用部队武装镇压革命学生运动的规定。

8月22日 中共中央转发公安部关于严禁出动警察镇压革命学生运动的规定。

8月下旬 经毛泽东同意，组成中共中央政治局常委（扩

---

〔1〕 蔡畅，当时任中华全国妇女联合会主席。

大）碰头会，吸收中央文革小组全体成员参加，讨论党政业务和文化大革命运动〔1〕。碰头会一般由周恩来主持。

8月25日　下午，在钓鱼台迎宾馆会见由尤素夫·希米德上校率领的坦桑尼亚军事代表团，周恩来、杨成武、彭绍辉〔2〕在座。在询问坦桑尼亚国内的情况后说：希望你们发展，希望整个非洲人民取得胜利。

8月26日　上午，在人民大会堂一一八厅会见由范文同率领的越南党政代表团，交谈越南战争问题。林彪、周恩来、陶铸、李先念、杨成武等在座。毛泽东说：一定会打出一个名堂来。主动权已经掌握在你们手里，再有半年我看情况要起变化。一个外国军队，它是侵略者，打到你们国家来，整个民族的大多数是要反对的。并且，敌人有很多的困难，不及本地人的地方很多，气候不适应，地形不熟悉，斗志不强，这几条合起来就比不上本地人。经验是打出来的，信心也是打出来的，信心越打越高。我们打美国人也是这样，打日本人也是这样，逐步认识，可以打。你们抓住了规律，主要的经验是你们找到的。从一九六〇年到一九六六年，七年了，逐步扩大，从打小胜仗到打较大的胜仗，再到打大的胜仗。从很少的几支枪一下发展到了几十万军队。美国为什么增兵？那还不是因为你们的力量厉害，他们是走一步看一步。工作也要在战争中才能发展，不打仗就不能取得经验。单是打仗不搞政治活动我看也不行，部队不能天天打仗。

同日　阅谢富治八月二十五日关于公安部机关精简设想的报告。报告说：根据今年四月主席在杭州关于公安部应砍掉三分之二

---

〔1〕 1956年中共八大以来处理中央日常事务的中央书记处，在八届十一中全会以后基本停止活动。

〔2〕 彭绍辉，当时任中国人民解放军副总参谋长。

的指示精神，我们设想，把现在的十二个局合并为六个，九十个处合并为三十多个，行政编制由一千四百多人减到四百多人。企事业单位现有七千多人，分别交给有关单位。在文化大革命运动后期，力争把行政编制减到二三百人。毛泽东批示：“印发政治局各同志研究。我看这个设想是好的，应在下一次会议上谈一下。”

8月28日 晨，阅陶铸送审的《人民日报》社论稿《革命青少年要向解放军学习》，批示：“已阅。退陶铸照办。”陶铸在送审报告中说：对当前的运动，需要从正面讲清楚一些政策问题。《人民日报》为此写了一篇强调要用文斗的社论。这篇社论于本日发表。

同日 上午，阅关锋、戚本禹八月二十六日关于北京市红卫兵和文化大革命情况给江青的报告，批示：“此件印发政治局、书记处、中央文革小组、北京市委以及薄一波、陶鲁笳〔1〕各同志。此事应当讨论一下。”报告说：北京市的红卫兵在八月十八日百万人大会后有了很大发展，各大、中学普遍建立了组织。运动的主流是健康的，但也有一些缺点，产生了一些副作用。例如捉人、打人的现象很多，特别是捉了、打了一些好人和中间群众；抄家的范围宽了一些；对群众日常生活中的习惯干预得多了一点，如剪女青年的辫子等。北京新市委的一些领导人对红卫兵的活动采取消极观望态度，不敢出来积极领导运动。特别值得注意的是：一、个别人利用某些学校的红卫兵对抗“十六条”。二、有些院校红卫兵的领导权落到了保皇派手里，他们实行没有工作组的工作组路线，薄一波、陶鲁笳等就是工交口各院校保皇派的支持者。报告提出北京新市委应站到运动第一线去领导运动、对工作组的路线应进行批判、陶鲁笳等人不宜继续领导北京市的学

---

〔1〕 陶鲁笳，当时任国家经济委员会第一副主任。

生运动、薄一波等人应当做出适当检讨等四点建议。

同日　上午，在中南海游泳池住处同《人民日报》代理总编辑唐平铸、《解放军报》代理总编辑胡痴谈《人民日报》改版等问题，陶铸、康生、张平化参加。毛泽东表示同意《人民日报》改为四个版，办四个副刊，个别的时候可以出六个版。并说：有些长文章，像姚文元的文章，还要登。出四个专刊这件事情，不要搞得太急，要很好准备，准备好了再出，明年一月出也不晚。《人民日报》的报头原来就是我写的，不要再写了。四个副刊的刊头，可以分别请林彪、陈伯达、康生写，另一个可以集鲁迅的字。人多一点写好嘛！过去《人民日报》十几年不听话，我公开宣布不看《人民日报》。好的理论文章不登，《光明日报》、《文汇报》去登。

同日　听取陶铸、康生、张平化汇报文化大革命的一些情况。陶铸谈到外地学生来北京的已有十四万人，还有人不断地来时，毛泽东说：让他们统统来，分期分批嘛，带点秋天的衣服。现在学生对一斗二批三改不感兴趣，心思不在学校，要到社会上去横扫牛鬼蛇神。一斗二批三改是我讲的，现在群众不听了，他们已经超出了学校的范围，超出了本单位、本市、本地区。现在学生心不在一斗二批三改，我们在领导上、在报纸宣传上硬要把学生拉到这个方面去，这是违反学生的潮流。文化大革命的时间，看来到年底还不行，先搞到春节再说。大学生，理科还要学一点，文科就不要再学，文化革命就是最好的学习。谈到学生到各地大串连的问题时说：让他们去嘛，留些人轮流看家就行了。他们要开介绍信，就统统开，管他是左派、右派。文化革命委员会的人要去，也可以让他们去。有些坏人也会出去，坏人出去无非是放毒。在家里放毒，到外面去放毒，都是一样。对外来的学生，要给他们搞伙食。有人说没有房子住，哪里没有房子住？房子多得很，这是借口。现在学生对这种事情，最热心了。谈到有些红卫兵到“黑帮分子”家里抄家，把古书都烧了时，毛泽东说：我家里也有一部《二十四史》，帝王将相的书。不读《二十四史》，怎么知道帝王将相是坏的？

同日 阅关锋报送的李富春八月二十一日的报告。报告中汇报了国务院八个口（外事、文教、科学三口除外）的机关两个多月来开展文化大革命运动的情况，对这些单位如何贯彻“十六条”，搞好文化大革命问题提出了十条意见。毛泽东批示：“印发政治局、书记处、文革小组各同志。此事应当讨论一下。”在八月二十九日举行的中共中央政治局常委扩大会议上，毛泽东说：一条也不要，何必十条。

8月29日 下午，主持召开中共中央政治局常委扩大会议。毛泽东说：文化大革命，发展到社会上斗批改。要文斗，不要武斗。同意文化革命小组的意见，工作队员大多数是好的，只有极少数人不好，工作队长不是个个都坏。派工作组的人要承担责任。国务院各口的负责人，要到群众中作检讨，到工作队员中去作检讨。这样，会解放大多数。“保皇派”这个名称要取消。中央下的命令，人家怎么不保？不能怪工作组，现在又怪到工作组底下的学生去了。机关红卫兵已经组织起来了，你把它解散也不行，不要禁止，也不要提倡。军队本身就是红卫兵，不必另搞。工厂、农村，让他搞。对学校红卫兵不同的组织派别，不要忙于合。谈到一些干部受冲击问题时说：全国的省委、大市委、中等市委，要垮一批。垮就垮，要准备个别中央局、一部分省委、一部分市委垮台。

8月30日 阅章士钊本日晨来信。信中反映八月二十九日晚被抄家情况，要求“在可能范围内稍稍转圜一下，当有解铃之望”。毛泽东批示：“送总理酌处。应当予以保护。”本日，周恩来根据毛泽东的批示，严厉批评了有关人员，并作三条指示：一、把抄走的东西全部归还章士钊。二、派两名解放军战士到章士钊家负责保卫工作，防止红卫兵再抄家。三、将章士钊秘密转送到三〇一医院加以保护。同时，亲笔写了一份应予保护的领导干部和著名民主人士的名单〔1〕。九月一日，毛泽东复信章士钊："来信收到，甚为系念。已请总理予以布置，勿念为盼！"

同日 中共中央发出通知：陈伯达因病经中央批准休息。在陈伯达病假期间或今后离京外出工作期间，他所担任的中央文化革命小组组长职务，由第一副组长江青代理。

8月31日 上午，审阅林彪将在本日下午接见北京和来自全国各地的红卫兵和革命师生大会上讲话的送审稿。送审稿中说："革命的小将们，毛主席和党中央热烈赞扬你们敢想，敢说，敢干，敢闯，敢革命的无产阶级革命精神。你们干了大量的好事，你们提出了大量的好倡议。我们十分高兴，我们热烈支持你们。"在这段话后，林彪亲笔加写："坚决反对压制你们！你们的革命行动好得很！"毛泽东批示："退林彪同志：这样修改，很好。"

同日 下午，在天安门接见北京和来自全国各地的五十万红卫兵和革命师生。在天安门城楼上，接受红卫兵佩戴红领巾和红卫兵袖章。同参加接见的陈毅谈话时说：陈老总，我保你！并挽着陈毅的胳膊一起照了相。这是毛泽东第二次接见北京和来自全国的红卫兵和革命师生。

8月 经毛泽东批准，周恩来在内部宣布：中央国家机关的

---

〔1〕 这个名单包括宋庆龄、郭沫若、章士钊、程潜、何香凝、傅作义、张治中、蔡廷锴、邵力子、蒋光鼐、沙千里、张奚若、李宗仁等，以及国家副主席，全国人大常委会副委员长、人大常委会委员，全国政协副主席，国务院副总理、部长、副部长，各民主党派负责人，最高人民法院、最高人民检察院负责人等。

运动到十月中旬告一段落。

9月1日 和刘少奇、朱德、周恩来致电越南党和国家领导人胡志明、长征[1]、范文同，祝贺越南民主共和国成立二十一周年。贺电说：现在，美国侵略者已陷入了越南人民战争的火海之中。美帝国主义妄图以扩大侵略战争和玩弄“和谈”骗局来挽救它的失败，但是英雄的越南人民是吓不倒、骗不了的，美国侵略者无法逃脱它必然失败的命运。中越两国是唇齿相依的社会主义兄弟国家。中国人民下定了决心，做好了准备，随时随地同越南人民一道，共同打击美国侵略者，直到取得最后胜利。

同日 中午，在中南海游泳池住处听取周恩来汇报新疆、青岛两地文化大革命运动中出现的一些情况。九月四日，阅周恩来当天送审的三份文件，批示：“照发。”其中一件是中共中央委托谭启龙负责妥善解决青岛工人与学生之间纠纷问题的电报。另两件是中共中央给新疆维吾尔自治区并西北局的电报，这两份电报分别指出：“中央根据民族政策，决定对赛福鼎采取保护方针。王恩茂同志正确执行了中央决定，并非包庇赛福鼎。此事可正式向群众宣布。并向北京学生们解释新疆是少数民族占多数地区，此地文化大革命运动必须是加强维汉民族的团结，防止苏修和少数民族主义者的挑拨利用。”“为了保障边境安全，不使苏修有机可乘，中央决定伊犁、塔城、阿勒泰等边境地区的文化大革命，在学校、机关、企事业等单位可以运用‘四大’进行鸣放，揭露问题。解决问题由区党委负责通过自上而下调整领导，以满足群众要求，不要采取群众直接‘罢官’的办法。特别要劝阻外地学生，不要进入这些地区进行串连。已去的外地学生，应经过说

---

〔1〕 长征，当时任越南劳动党中央政治局委员、越南民主共和国国会常务委员会主席。

服，动员他们离开。此事望你们严格掌握。”这三个文件均于四日当天发出。

同日　下午，阅中国人民解放军总政治部八月三十一日晚给毛泽东并中共中央的报告。报告提出：全军军以上机关原拟从九月份起，以两至三个月的时间开展文化大革命。鉴于不少省市的领导班子已经瘫痪，有些省市领导干部向部队告急，要求军区派人帮助，这时如部队各级同时进行大烧大整领导机关，一旦地方有事，则部队无人控制。为了使军队能够担负起保卫国防和保卫地方文化大革命的顺利进行，决定各大军区和驻大中城市的军、省军区、警备区等领导机关的文化大革命运动，暂缓进行，待地方文化大革命稍稳定以后，再继续进行。毛泽东批示：“照办。”

9月2日　圈阅周恩来本日报送的中共中央、中央军委关于不准外人进入二机部所属绝密工厂和研究设计单位的通知稿。这个通知于本日发出。

9月3日　阅傅连暲[1]八月二十八日来信。信中反映自己被扣上“反党反社会主义的黑帮分子”帽子的情况，请求给予保护。毛泽东批示：“送陶铸同志酌处。此人非当权派，又无大罪，似应予以保护。”本日，陶铸批示解放军总政治部负责人萧华、刘志坚：“望告总后勤部，按主席批示，对傅加以保护。”

9月初　同意李富春的提议，调余秋里、谷牧到国务院，协助抓经济工作。

9月5日　晨二时，审阅陶铸本日晨一时报送的拟在五日发表的《人民日报》社论稿《用文斗，不用武斗》，批示：“即送陶铸同志：此件看过，照发。”社论指出：毛泽东同志反复地告诉

〔1〕傅连暲，当时任全国政协常委、中华医学会会长。曾任中国人民解放军总后勤部卫生部副部长。

我们，无产阶级文化大革命是一场触及人们灵魂的大革命。又说，实现这一场大革命，要用文斗，不用武斗。用文斗，不用武斗，这是党在无产阶级文化大革命中的一项重要政策。我们一定要坚持这个政策，贯彻执行这个政策。

同日 上午，在中南海游泳池住处同贺龙谈话。把林彪指使吴法宪等写的诬告信交给贺龙，并说：你不要怕，我当你的保皇派。我对你是了解的。我对你还是过去的三条：忠于党忠于人民，对敌斗争狠，能联系群众。

同日 在中南海游泳池住处召集林彪、周恩来、王任重等开会。毛泽东说：关于少奇同志的生活会，不要再开下去了。越开调子越高，一定要说成反党反社会主义，再讲下去就是彭罗陆杨一帮了。我讲讲历史。一九二七年大革命批判陈独秀是右倾机会主义，并没有说他反党，以后是他自己搞分裂，组织托陈取消派，才被开除出党的。八七会议之后，瞿秋白搞盲动主义，也只讲是路线错误，后来又有立三路线。六届四中全会，出来一个罗章龙另立中央，但有许多好同志如李求实、何梦雄都排斥在外是不对的。王明路线统治了四年，造成很大损失。我们从一九三六年至一九四五年一直采取团结、批评、团结，惩前毖后、治病救人的方针。李立三、王明，七大还是选举他们为中央委员。请大家想一想，我们是怎么对待张国焘的？张国焘另立中央，另立中央也算了，难道说其中没有好人？有好人，如徐向前、李先念，还有四方面军的一大批干部。张国焘不走，现在还是会坐在这里开会的。我们历来采取这种政策，看来是有效的。一、一个不杀。二、团结犯错误的人，改正错误。惩前毖后、治病救人。没有在生活会上讲话的不要讲了。世界就是这样的，永远没有清一色。批得厉害，是为了改。看他们改不改，我看不改的少。洪洞县百分之九十九是好人，百分之一至二的是坏人。我劝不要整民主党派的人。看看《水浒传》，如卢俊义就是个大地主，还有不少起义将官。王明路线使我们吃的亏最大，但我们却从三个师发展到一百万军队。只要路线正确，人少一点不怕。我们这些人是剩下来的一些“残余分子”，做工作谨慎一点好。历史就是历史。希望犯错误的同志，谦虚一点，向人家学习一点，不要“自以为是，好为人师”，这是最危险的。

同日　中共中央、国务院发出《关于组织外地高等学校革命学生、中等学校革命学生代表和革命教职工代表来北京参观文化大革命运动的通知》。红卫兵“大串连”活动随即更加迅速地发展起来。

9月7日　阅中共青岛市委崂山县“四清”工作团副团长、青岛市副市长王效禹九月四日给中央文革小组的报告。报告中说：青岛市委崂山县“四清”工作团党委，不是号召工农兵坚决支持学生的革命行动，而是要工人农民对学生进行教育，说吃着农民的饭，穿着工人做的衣服，不能去胡闹。对学生不是叫他们在游泳中去学游泳，而是说服教育不准进城。这是和中央对立的。学生批判的方向是对的，组织工人农民支援批判对象，是方向的错误。毛泽东批示：“林彪、恩来、陶铸、伯达、康生、富春、任重、江青各同志：此件请一看。青岛、长沙、西安等地的情况是一样的，都是组织工农反学生。这样下去，是不能解决问题的。似宜由中央发一指示，不准各地这样做，然后再写一篇社论，劝工农不要干预学生运动，北京就没有调动工农整学生，除人民大学曾调六百农民入城保郭影秋〔1〕，其他都没有，以北京的经验告地方照办。谭启龙和这个副市长的意见，我看是正确

〔1〕　郭影秋，当时任中共北京市委书记处书记，中国人民大学党委书记、副校长。

的。请你们商议一下，酌定政策。”九月十一日，中共中央印发了毛泽东的批示和王效禹的报告，并就不准调动工农干预学生运动作了四条具体决定。

同日 《人民日报》发表社论《抓革命，促生产》。社论提出革命和生产两不误，要求各生产单位和业务部门加强领导，广大工人、社员和科技人员及其他劳动者应当坚守生产岗位，学生不要到农村和工厂去干预那里的革命和生产。

9月8日 阅阳早等四位美国专家给国务院外国专家局写的一张大字报，批示：“林彪、总理、陈毅、陶铸、伯达五同志：我同意这张大字报，外国革命专家及其孩子，要同中国人完全一样，不许两样，请你们讨论一下，凡自愿的，一律同样做。如何请酌定。”大字报提出八项要求：一、以阶级兄弟看待我们，而不是以资产阶级专家看待我们。二、允许并鼓励我们参加体力劳动。三、帮助我们进行思想改造。四、允许并鼓励我们紧密地结合工农。五、允许并鼓励我们参加三大革命运动。六、我们的孩子和中国人的孩子受到同样待遇和严格要求。七、生活待遇和同级工作人员一样。八、取消特殊化。

同日 审阅周恩来九月五日报送的中共中央政治局常委碰头会讨论提出的《关于党政干部任免审批手续的暂行规定（草案）》，批示：“印发政治局、书记处、文革小组、北京市委各同志。此事应在近日讨论一下。”这个规定指出：中央局书记和省部一级干部的任免，由中央常委会直接审定，或由常委碰头会提出，报毛泽东、林彪审批；党和政府系统的司局级干部，由常委碰头会提出，指定陶铸审批；大军区、军兵种和三总部的军政一、二把手的任免，都要呈报毛泽东和中央审批。

9月9日 阅陈毅本日报送的国务院外事办公室九月八日编印的《文化大革命中涉外问题情况简报》第九号。这份简报登载了一位奥地利人写给中共中央马恩列斯著作编译局的信。信中除对中国的文化大革命和红卫兵的行为表示赞赏外，还对中国派驻维也纳有关人员的衣着和用车过于高级豪华提出批评，希望向有关当局报告并且立即采取措施加以纠正。与这份简报一同报送毛泽东的，还有共青团中央机关文革筹委会、临时书记处九月八日印发的一位坦桑尼亚人对中国驻坦桑尼亚使馆在外交活动中讲排场、摆阔气提出尖锐批评的来信。毛泽东批示："退陈毅同志：这个批评文件写得很好，值得一切驻外机关注意，来一个革命化，否则很危险。可以先从维也纳做起。请酌定。"

同日 晚上，针对贺龙受林彪等诬陷一事，让机要秘书徐业夫给贺龙打电话说：经过和林彪还有其他几位老同志做工作，事情了结了，你可以登门拜访，征求一下有关同志的意见。次日，贺龙即根据毛泽东的意见同林彪谈话，明确表示：谁反对党中央、毛主席，我就反对谁；谁拥护党中央、毛主席，我就支持谁！

9月10日 自本日起，五次审阅陶铸报送的中共中央关于一九六六年国庆节挂像、抬像办法和标语口号的通知稿。十日，对一百条标语、口号作了大量删减，批示："陶铸同志：标语、口号太多，是烦琐哲学，要大精简，各有十几条就够了，至多总共不要超过三十条。多了，谁也不记得，不看作一回事了。请再议削，印出交来。"十二日，审阅陶铸重新报送的三十条标语口号后批示："陶铸同志：省得多了，不知送中央文革小组讨论过没有？如未，请送他们议一下。"十四日，审阅经中央文革小组讨论过的通知稿后批示："林彪同志阅后退陶铸同志照办。凡事要思索，不宜仓猝作出决定。凡大事要征求较多同志的意见。请陶、周、任重注意。标语、口号由一百条改为二十三条，较好，是一教训。"十五日，审阅陶铸本日晨二时报送的通知修改稿后批示："同意。"后又在陶铸十六日再次送审的通知修改稿上批示："同意。"这次送审稿中，加了“鼓足干劲，力争上游，多快好省地建设社会主义”和“巩固无产阶级专政！加强工农联盟”两条口号，成为二十五条。十七日，中共中央将这个通知发到县团级。

9月11日 晨，圈阅陶铸本日晨一时送审的《人民日报》社论稿《工农群众和革命学生在毛泽东思想旗帜下团结起来》。陶铸在送审时附信说：“这篇社论是根据主席的批示〔1〕起草的，并经过文化革命小组讨论修改过。”社论于本日发表。

9月13日 晚七时，致信林彪、周恩来、陶铸：“卧病三天，尚有微温，今天略好。可在明天（十四）或后天（十五）上午十时或下午五时在天安门开七十万人大会。我能起床，即去见见群众，不能起床，则请你〔2〕主持，我不去了。”

9月14日 阅周恩来、陶铸九月八日送审的中共中央关于农村县以下文化大革命的规定稿。周、陶附信说：此件已在今（八）日上午碰头会上谈过，并作了文字修改，现送上，请予审批。毛泽东批示：“可即发，不要讨论了。”这个规定于本日发出，共五条。规定指出：县以下各级的文化大革命，仍按“四清”的部署结合进行。北京和外地的学生、红卫兵，除省、地委另有布置外，均不到县以下各级机关和社、队去串连。秋收大忙时，“四清”运动可以暂时停下来。农村破“四旧”、立“四新”运动应在农闲搞。

同日 阅李富春九月九日送审的中共中央关于抓革命促生产的通知稿，批示：“可即发。”通知要求：把《人民日报》九月七日社论《抓革命，促生产》写成大字报，在各机关、企业事业单位张贴，并组织全体职工认真学习讨论。各生产企业，基本建设单位，科学研究、设计单位和商业、服务行业的职工，都应当坚守岗位。学校

〔1〕 见本卷第624页至625页1966年9月7日条。
〔2〕 指林彪。

的红卫兵和革命学生不要进入那些单位串连，以免影响生产、建设、科学研究、设计工作的进行。中央各部直属企业以及各地区的工矿企业、事业和商业、服务业、科研设计单位，凡已经开展文化大革命的，应当在党委统一领导下，迅速组成两个班子，一个抓革命，一个抓生产、抓业务。这个通知于本日发出，共六条。

同日 阅刘少奇《在北京各工作组领导干部会议上的检讨提纲（草案）》，批示："少奇同志：基本上写得很好，很严肃。特别后半段更好。建议以草案形式印发政治局、书记处、工作组（领导干部）、北京市委、中央文革小组各同志讨论一下，提出意见，可能有些收获，然后酌加修改，再作报告，可能稳正一些，请酌定。"十月二十三日，刘少奇根据修改后的检讨提纲，在中央工作会议上作了发言，对派工作组等问题再次承担责任。

同日 阅周恩来本日送审的九月十五日接见红卫兵和上天安门城楼人员名单等问题的报告，批示："已阅。"名单包括毛泽东、林彪、周恩来、陶铸、陈伯达、邓小平、康生、刘少奇、朱德、李富春、陈云、董必武、陈毅、刘伯承、贺龙、李先念、谭震林、徐向前、聂荣臻、叶剑英、李雪峰、谢富治、宋庆龄、郭沫若、何香凝、杨明轩、程潜、张治中、周建人、高崇民、蔡廷锴、邓子恢、李四光、傅作义、滕代远、沈雁冰、李烛尘、许德珩、杨秀峰、张鼎丞、粟裕、萧劲光、张云逸、王树声、许光达、徐海东等一百七十二人。

9月15日 晨，阅陶铸本日晨零时送审的《人民日报》社论稿《向工农兵致敬，向工农兵学习》，批示："照发。"社论指出：生产是不能停下来的。工厂、农村的文化革命，应当按原来的"四清"运动部署结合进行。农村在秋收大忙的时候，可以把运动暂时停一下。大、中学校的红卫兵和革命师生，不必要到工厂、农村去进行革命串连，干预那里的部署。这篇社论于本日发表。

同日 上午，审阅陶铸送审的林彪将在本日下午接见全国各地来京革命师生大会上的讲话稿，批示："很好。改了一点，请林酌定。"毛泽东修改如下（加写和改写的文字用着重号标明）："我们的国家，是无产阶级专政的社会主义国家。我们国家的领导权，是掌握在无产阶级手里。斗倒一小撮走资本主义道路的当权派，正是为了巩固和加强我们的无产阶级专政。很明显，一小撮反动资产阶级分子，没有改造好的地、富、反、坏、右五类分子和我们不同，他们反对无产阶级为首的广大革命人民群众对他们的专政，他们企图炮打我们无产阶级革命的司令部，我们能容许他们这样干吗？不能，我们要粉碎这些牛鬼蛇神的阴谋诡计，识破他们，不要让他们的阴谋得逞。他们只是一小撮人，但是他们有时能够欺骗一些好人。"

同日 上午，审阅周恩来将在本日下午接见全国各地来京革命师生大会上的讲话稿。周恩来在讲话稿上有一个批注："陶铸同志：我仍主只由林彪同志一人讲即可，已函请主席批示。"陶铸在向毛泽东报送周的讲话稿时附信说："我意明天还是由林总与总理两个都讲较好。请主席批示。"毛泽东批示："可以由两个人讲。"对周恩来的讲话稿，毛泽东批示："同意。"

同日 下午，在天安门接见北京和来自全国各地的百万红卫兵和革命师生。林彪、周恩来发表讲话。毛泽东在天安门城楼同三百多名学生代表一起照相，并同焦裕禄〔1〕的女儿焦守云单独合影。接见正在中国访问并应邀上天安门城楼的澳大利亚共产党

---

〔1〕焦裕禄，中国共产党的优秀干部。在任中共河南兰考县委书记期间，为治理内涝、风沙和盐碱三害，改变兰考面貌，不顾重病，坚持工作，带领群众同自然灾害作艰苦斗争。1964年去世。被誉为"县委书记的榜样"。

（马列）主席希尔和夫人。见到陈云，在问了他的身体情况后说：文化大革命，我并没有打倒你，你好好养病，将来好工作。这是毛泽东第三次接见北京和来自全国的红卫兵和革命师生。

9月17日 《人民日报》转载《红旗》杂志第十二期社论《掌握斗争的大方向》。社论指出：集中力量打击一小撮资产阶级右派分子，打击党内走资本主义道路的当权派，这是斗争的大方向。无产阶级文化大革命的目的，绝对不是斗争一切领导干部，也绝对不是斗争群众。决不允许用任何借口，任何方式，打击革命积极分子，挑动群众斗群众。

同日 阅周恩来本日关于印发、讨论刘少奇和邓小平检讨提纲的请示报告。报告说：遵照主席给少奇同志信中提的意见，将少奇同志的检讨提纲以草案的形式印发政治局、书记处、中央文革小组和北京市委各同志，请他们讨论并提出意见。少奇同志提出，在他的检讨发言稿上印上毛主席的批示。小平同志的检讨发言，前已送上，现再附一份，准备同时印发。毛泽东批示："退总理照办。小平的，我不看了，待各人提意见加以修改以后再看。"

9月中旬 阅康生九月十六日来信。康生在信中利用一九三六年薄一波等六十一人经中共中央批准出狱一事〔1〕，陷害刘少奇，说："我长期怀疑少奇同志要安子文〔2〕、薄一波等人'自首

〔1〕 薄一波等61人在1931年前后从事党的地下工作时被捕。1936年经中共中央批准同意他们履行简单手续后出狱。"文化大革命"中因此遭到林彪、江青反革命集团的迫害。1978年12月16日，中共中央同意中央组织部《关于"六十一人案件"的调查报告》。中组部的报告指出："在文化大革命中提出的所谓薄一波等六十一人叛徒集团是不存在的，是一个大错案。"他们履行的出狱手续是"组织上在当时特定的历史条件下采取的特殊措施"。

〔2〕 安子文，原任中共中央组织部部长。

出狱’的决定。”“有些人本来就已经或企图‘叛党保命’，少奇的决定，就使这些人的反共叛党合法化了。”毛泽东批示：“已阅。”十一月二十四日，阅周恩来当天起草的中共中央关于刘澜涛出狱问题给西北局的电报和刘澜涛十一月二十二日给周恩来、陶铸的信。刘澜涛的信中说：近日南开大学卫东红卫兵“抓大叛徒”战斗组在西安市散发张贴传单《刘澜涛是叛徒吗?》，现送上请阅。我们一九三六年履行自首手续出狱是经过中央批准的，现在不少同志问我这一情况，群众中也引起很大猜疑，究如何答复这一问题，请中央能给以指示。周恩来起草的电报指出：“请向南开大学卫东红卫兵和西安炮打司令部战斗队同学说明，他们揭发的刘澜涛同志出狱的问题，中央是知道的。如果他们有新的材料，可派代表送来中央查处，不要在大会上公布和追查。”毛泽东阅后批示：“照办。”

9月中下旬 阅林彪九月十七日报送的中国人民解放军总参谋部、总政治部建议农村、工矿企业、事业单位和党政机关、群众团体不成立红卫兵等组织的报告和中共中央转发这一报告的批语稿，批示：“照办。”中央的批语和总参、总政的报告于九月二十五日发出。

9月24日 阅周恩来本日主持中共中央政治局常委碰头会商定的给华东局、上海市委并北京市红卫兵南下兵团、北京市各大中学校在沪的红卫兵组织的电报，同意立即发出。电报说：必须严格执行“十六条”中要文斗、不要武斗的决定，二十五日在上海强制资本家上街游行示众和准备召开的群众大会，应该停止。北京红卫兵南下兵团和北京其他大中学校的红卫兵迅速结束在上海的工作，回北京参加国庆节，进行组织和维护秩序的工作。这个电报于本日发出。

9月26日 审阅同意周恩来本日报送的中共中央为转发华东局关于学生和红卫兵不得到医院进行串连，医院文化大革命按

“四清”运动部署进行的建议的批语。此件本日发出。

9月底 审阅陈伯达、张春桥起草的林彪在庆祝中华人民共和国成立十七周年大会上的讲话稿。讲话稿使用了“资产阶级反革命路线”的提法。陶铸等认为这个提法太重，建议改成“资产阶级反对革命路线”。毛泽东表示同意。十月一日，林彪在天安门庆祝大会上的讲话中说：“在无产阶级文化大革命中，以毛主席为代表的无产阶级革命路线，同资产阶级反对革命路线的斗争还在继续。”十月一日晚上，张春桥向毛泽东提出，林彪本日上午在国庆讲话中“资产阶级反对革命路线”的提法，从语法上讲不通，建议改回“资产阶级反革命路线”。毛泽东说：不要改回来了，以后提彻底批判资产阶级反动路线。

9月底 原则批准关于十月一日上天安门观礼的科学家和技术人员名单。名单包括钱学森、王淦昌、邓稼先、朱光亚、任新民〔1〕、周培源、金善宝、关肇直、陈中伟、陈永康、沈鸿、侯祥麟、顾天训〔2〕等六十余人。

---

〔1〕 王淦昌，核物理学家。当时任第二机械工业部第九研究院副院长、中国科学院学部委员。邓稼先，核物理学家。当时任第二机械工业部第九研究院理论部主任。朱光亚，核物理学家。当时任第二机械工业部第九研究院副院长。任新民，航天技术专家。当时任第七机械工业部第一研究院副院长兼液体发动机研究所所长。

〔2〕 金善宝，农学家。当时任中国农业科学院院长、中国农学会副理事长、九三学社中央常委、中国科学院学部委员。关肇直，数学家。当时任中国科学院数学研究所副所长。陈中伟，医学专家。当时任上海市第六人民医院外科副主任。陈永康，农学家。当时任中国农业科学院江苏分院研究员。沈鸿，机械工程学家。当时任第一机械工业部副部长、中国机械工程学会副理事长。侯祥麟，石油化工专家。当时任石油科学研究院副院长、中国科学院学部委员。顾天训，建筑工程专家。当时任中国建筑公司六局副总工程师。